Christoph Wrembek SJ

Die so genannte Magdalenerin

CHRISTOPH WREMBEK SJ

Die so genannte
Magdalenerin

Maria Magdalena – die namenlose Sünderin
und die Schwester von Marta und Lazarus

Bibliografische Information Der Deutschen Bibliothek
Die Deutsche Bibliothek verzeichnet diese Publikation in der Deutschen Nationalbibliografie;
detaillierte bibliografische Daten sind im Internet über http://dnb.ddb.de abrufbar.

ISBN 978-3-7462-2395-7

© St. Benno-Verlag GmbH
04159 Leipzig, Stammerstr. 11
www.st-benno.de
Umschlaggestaltung: Ulrike Vetter, Leipzig,
unter Verwendung eines Bildes von Eva-Maria Nolte, Bielefeld
Gesamtherstellung: Kontext, Lemsel (A)

INHALTSVERZEICHNIS

Warum ich dieses Buch nicht geschrieben habe 9

I.
MARIA VON MAGDALA IN LEGENDEN UND VITEN 15

Maria von Magdala in der Legenda Aurea 16
Schon Dominikus mochte die Magdalenerin 19
War sie in Rom? In Marseille? In Ephesus? 20
Rhabanus und Odo: Die vorbildliche Magdalenerin! 22

II.
MARIA VON MAGDALA
IN FRÜHCHRISTLICHEN TRADITIONEN 27

Gregor, Augustinus, Chrysostomus: Eine oder Drei? 27
Keine Verschmelzung in ostkirchlicher Tradition 32
Früheste Erinnerungen an die Magdalenerin 34
    Evangelium der Maria 37   Evangelium nach Philippus 39
    Hippolyt von Rom 40   Pistis Sophia 41   Didaskalía Apostolorum 42
„M.M." wird von der Aufklärung zu Papier gemacht 44
Und wenn die „alte Kirche" doch Recht hatte? 46
    An „M.M." entscheidet sich alles! 46   „Literarische
    Verschmelzungen" mit Löchern und Flicken 48

III.
DIE FRAU MIT DEM NAMEN „MARIA VON MAGDALA" 54

1. Lk 8, 2–3: Maria Magdalena – die Erste in der
Gruppe von Frauen, die Jesus und den Jüngern diente 57
    Eine kaum glaubliche Herabstufung 59   Vielfach entwurzelte,
    bettelarme Frauen? 60   Jesu Verständnis von Jüngersein und
    Dienen 63   Erst Dienen qualifiziert die rechte Nachfolge 70
    Organisationsstab und gehobenes Management 73   Die Frauen
    besaßen Vermögen 79   Maria Magdalena, die Leiterin in einem
    starken Team 82

EXKURS -1-
Magdala, eine reiche, multikulturelle Handelsstadt 90
Die Stadt mit dem Namen „Turm der Fische" 90
Tarichea/Magdala war im Römischen Reich bekannt 92
Gehörten Tarichea/Magdala und Tiberias zur Dekapolis? 94
Ähnlichkeiten zwischen Magdala, Herculaneum und Gadara . . . 98
Eine Virtuelle Stadtführung durch das alte Magdala 100
  Hafen und fischverarbeitende Industrie 102 Zulieferbetriebe für
  Fischindustrie und Bootswerften 104 Ein Mini-Gymnasion mit
  Peristyl in Magdala? 106 Magdala besaß ein Nymphäum 110
  Die römische Villa von Magdala – mit Badeset und Cargoschiff 112
  Magdala, eine Stadt mit vielen Stadtvierteln 117 An der fruchtbaren
  Ebene Ginnosar 119 Taricheas Karawanserei: Knotenpunkt
  weltweiten Handels 120 Das leichtlebige Magdala 124

2. Kennzeichnungen
   der Frau aus Magdala, die sich aus Lk 8, 2f. ergeben 127

EXKURS -2-
Dämonen in griechischer und jüdischer Welt 131

3. Krankheiten und Dämonen im Lukas-Evangelium 138
   Lk 4, 40–41 Ein Sammelbericht von Heilungen 142
   Lk 8, 26–39 Der „Besessene von Gerasa" 142
   Lk 13, 10–17 Dämonenaustreibung bei einer zweiten Frau . . . 144
   Lk 8,1-3 Der Bericht über die Befreiung jener Frauen,
         die Jesus und den Jüngern dienen werden, von bösen
         Geistern, Krankheiten und Dämonen 145
4. Maria Magdalena – weder Sünderin noch Büßerin 149
5. Die Frauen unterm Kreuz und am Grab 154
   Lk 23, 49–56 Die Frauen, die mit–nachgefolgt waren 155
   Joh 19, 25 Die Mutter, die Schwester und die Magdalenerin . . 156
   Mk 15, 40–41.47 und 16, 1 Einige Frauen und Salome 160
   Mt 27, 55–56.61 Viele Frauen und Maria aus Magdala und 161
6. Maria Magdalena am Ostermorgen nach den Synoptikern . . . 164
   Maria aus Magdala und die andere Maria (Mt 28, 1–10) 165
   Zwei Marias und wieder Salome (Mk 16,1-8) 166
   Da erinnerten sie sich an seine Worte (Lk 24, 1–12) 167
   Zusammenfassung der synoptischen Berichte 168

7. Maria am Ostermorgen nach Johannes (20, 1–18) 170
   Wem berichtet Johannes aus welcher Quelle? 170
   Die Entdeckung des leeren Grabes durch die Frauen 172
   Auch die zwei Apostel finden das Grab leer 174
   Wie heutige Exegese Joh 20, 11–18 literarkritisch liest 176

EXKURS -3-
„Maria" und „Marjam" im Neuen Testament 187

8. Maria aus Magdala findet ihren Herrn (20, 11–18) 198
   Noch einmal: „ungeschickte" literarische Figur u. a. 198
   Der Mensch Maria von Magdala 199
   Maria, die mit ihrem ganzen Sein Suchende 201
   Die neue Familie Gottes und der neue Mose 211

IV.
JOHANNES LÜFTET DAS GEHEIMNIS 215

In Israel konnte sie nicht bleiben 215
Mit Johannes und der Mutter Jesu nach Ephesus 227
Ein großes Geheimnis der Evangelien wird gelüftet 229

V.
STATIONEN IM LEBEN DER MAGDALENERIN 238

1. Lk 7, 36–50: Maria aus Betanien beim Pharisäer Simon 238
   Interpretationen der klassischen Exegese 241
   Um welche Stadt handelt es sich? 256
   Ein Einladung zur Überprüfung des Verdächtigen 260
   Die Freiheit der Frau 264

EXKURS -4-
Hetären im griechisch-römisch geprägten Lebensraum 269
   Die Bordellmädchen 272 Die Flötenspielerinnen 274 Die
   Hetären 277 Schlussfolgerungen für die „Dirne" in Lukas 7 293

Die Freiheit der Frau (Fortsetzung von Kap. V,1) 300
Die Freiheit Jesu 305
Das Gottesbild des Pharisäers 309

Das Gottesbild Jesu 311
Das Gleichnis vom Banker 318
Die Liebe der Frau 323
Drei Ursachen 331
Glaube oder Vertrauen? 339
Geschenkte Gemeinschaft 348

2. Mk 14,3-9 / Mt 26,6-13:
Simon der Aussätzige – der Vater der drei Geschwister 352
Interpretationen der klassischen Exegese 354
Sieben Möglichkeiten zu Simon dem Aussätzigen 360
Die namenlose Frau mit dem Alabastergefäß 369

3. Lk 10, 38–42: Jesus versöhnt die Geschwister 375
Interpretationen der klassischen Exegese 378
Eine Familientherapie mit Marta und Maria 389
Die „so genannte" Magdalenerin, die wieder Mariam heißt ... 395
Die verlorene Tochter, die unter die Räuber geraten ist 404

4. Joh 11, 1–44: „Jesus liebte Marta, ihre Schwester und Lazarus" . 410
Interpretationen der klassischen Exegese 412
Marta hat Maria wieder aufgenommen 418
Das Schweigen der Jünger und ein gelungener Coup Jesu 424
Vom Weinen der Maria und vom Weinen Jesu 434
Mariam, die Hauptperson 440

5. Joh 12, 1–11:
„Damit sie es tue für den Tag meines Begräbnisses" .,,,,,,, 445
Interpretationen der klassischen Exegese 447
Wer ist diese vermögende Frau? 458
Meinen Leib zur Auferstehung gesalbt 469

VI.
EINE NEUE THESE ZUR TRADITIONSGESCHICHTE - WIE
DIE EVANGELIEN VIELLEICHT ENTSTANDEN SIND 477

Abbildungen 515
Literaturverzeichnis 527

Warum ich dieses Buch nicht geschrieben habe

Am Anfang eines dicken Buches die Erklärung zu geben, warum man es nicht geschrieben hat, ist riskant. Der Autor könnte einfältiger Selbstgefälligkeit bezichtigt werden. Doch deckt die Formulierung zugleich eine Eigenheit der Sprache auf, nämlich ihre Mehrdeutigkeit. „Warum ich das Buch nicht geschrieben habe" könnte zwar bedeuten, das Buch wurde gar nicht geschrieben. Nun ja ... Der gleiche Satz könnte aber auch eines oder mehrere Motive angeben, um derentwillen das Buch nicht geschrieben wurde. Motiv im Sinne von Grund und Ziel in Einem. Die Mehrdeutigkeit der Sprache macht ihre Lebendigkeit aus. Lebendigkeit als Form kreativer Ungenauigkeit. Sie verlangt Mitdenken, Nachdenken, Forschen.

In diesem Buch geht es um eine kreative Ungenauigkeit. Ich fand sie in einem Schlüsselsatz. Doch wenn man diesen auf seine Genauigkeit hin befragt, verhält sich dieser Satz gerade entgegengesetzt wie das Licht. Fragt man das Licht: Bist du eine Welle?, antwortet es ernst: Nein, ich bin ein Korpuskel. Will man sich vergewissern und fragt ein zweites Mal: Bist du also ein Korpuskel?, antwortet das Licht wie ein närrischer Lausbub: Nein, ich bin eine Welle. Es gibt seine Natur als das Gegenteil dessen kund, nach dem es gerade gefragt wird. Das erscheint unseriös. So ist die Welt.

Ganz anders unser Satz: Er sagt treu und brav, dass er genau das sei, wonach er befragt wird. Meint er das wirklich oder hält auch er den Fragenden nur zum Narren? Indem er – trickreicher noch als das Licht – durch die befriedigende Sicherheit, welche seine die Frage einfach bestätigende Antwort einflößt, sich vor weiterem Forschen und Fragen in Sicherheit hüllt. Hier wäre wohl der Fragende nicht seriös genug. Auch so ist die Welt.

Also gut!

Ich habe das Buch nicht in aller Eile geschrieben, weil die Magdalenerin auf dem Markt von money & more gerade „in" ist. Ich bin ihr schon vor 30 Jahren nachgegangen, in aller Stille, und habe sie gefragt: Wer bist Du? Das rührte von meiner Arbeit als Exerzitienmeister her. Wenn man Exerzitien nach Ignatius gibt, legt man dem Exerzitanden ein Bild vor. Ein Bild aus der Bibel. Je nach Gegebenheiten und Umständen kann man es mehr oder wenig „ausmalen". In seinen Anleitungen nennt der hl. Ignatius dies: die „Vorstellung des Ortes" bereiten. Das geht so: Ich gebe dem Exerzitanden zur Betrachtung etwa den Text, wie Jesus vom Boot aus den Menschen am Ufer predigt. Indem ich die Teilnehmer einlade, sich das „vorzustellen", führe ich ihnen vor Augen, wie das Boot wohl ausgesehen hat, in dem die beiden saßen, dass Petrus gewiss im Rücken Jesu gehockt haben musste, damit die Menschen am Ufer den Rabbi sehen konnten. Wie der Fischer wohl die zwei schmalen Ruder in Händen gehalten und was er wohl getan hat, wenn der Wind das kiellose Boot verschob oder wenn Jesus gar so wild gestikulierte, dass der Kahn ins Schwanken geriet. Und ich mache sie darauf aufmerksam, dass der arme Petrus höllisch damit beschäftigt war, Boot und Jesus einigermaßen auf Kurs zu halten, damit der Meister am Ende nicht in die falsche Richtung predigte – und deshalb von den tiefen Gedanken seines Herrn selber vermutlich gar nicht viel mitbekommen hat.

Die Übung der „Vorstellung" ist meines Wissens noch keine anerkannte Methode der historisch-kritischen Bibelwissenschaft. Jedenfalls nicht, bevor sie dieses Buch gelesen hat. Mir aber hat sie unendlich viel geholfen, angereichert durch meine zahlreichen Wanderungen in Israel auf den Spuren Jesu und der Apostel. Las ich dann die Evangelien, formten sich die Buchstaben zu einem Bild, das Bild öffnete sich, der Lesende trat ein und konnte sehen, hören, berühren, riechen, schmecken – eine vieldimensionale Welt tat sich auf. Ich werde in diesem Buch auf das „Schauen" Wert legen und den Leser immer neu einladen, zu schauen und zu bedenken, was er schaut. „Komm und sieh!" Schon die biblischen Autoren sagen immer wieder: „wie ihr seht und hört". Gott ist Mensch geworden, er hat sich schauen lassen. Wer die Buchstaben der Frohen Botschaft nicht auf das Schauen ihrer lebendigen Personen hin öffnet, mit denen alles begonnen hat, öffnet die Offenbarung nur zur Hälfte. Denn die Offenbarung vollendet sich in der „visio beatifica", der beseligenden Anschauung. Worte kommen aus dem Schauen und gehen ins Schauen über.

Seit 30 Jahren also fesselt mich der Text in Lukas 7, wo der Evangelist den Besuch Jesu beim Pharisäer Simon erzählt, und wie da eine Frau mit einem Alabastergefäß hereinkommt und sich zu Füßen Jesu hinhockt und weint und trocknet und salbt und küsst – wie gesagt: Ich sah die Frau. Ich roch ihren Duft. Und wenn ich all die sichtbaren Details den Exerzitanden geschildert hatte, erwog ich mit ihnen die Bedeutung dieses Geschehens, seiner Einzelheiten, was das alles für die Frau voraussetzte und nach sich zog, wie auch für jeden von uns. Vielerlei Vorträge und Predigten vertieften das Gesehene.

Im Laufe der Jahre wuchs so eine Ahnung: Diese Frau verhält sich doch sehr ähnlich wie Maria aus Betanien, von der Johannes im 12. Kapitel seines Evangeliums berichtet. Und ähnlich auch wie die Maria in Lukas 10. Der Leser erinnere sich, es geht um das Licht: Was und wer bist du? Ich schlug nach bei den großen Gelehrten des Neuen Testamentes; ihre Antwort war, wenn nicht klar, so doch eindeutig: Das sind je andere Frauen. Das ist nicht die Magdalenerin. Also war ich ruhig. Aber nicht lange. In mir arbeitete das Bild.

Ich schaute wieder hin und fragte: Wer bist du, Frau? Sagst du auch: Ich bin's nicht – und dann kräht der Hahn?

Das ging just so weiter, wobei ich allmählich wagte, meinen Augen mehr zu trauen als die Wissenden ihren Köpfen. Mit den Jahren wurde ich frecher und fragte nach den Gründen, mit denen jene ihr striktes Nein untermauerten. Was dazu führte, dass sie mir nicht mehr ganz so seriös vorkamen, eher ein wenig nervös wie einer, der einen Knoten lösen will und nach vielem Herumfuchteln statt einem deren drei in Händen hält. Kurz und gut: Um die Jahrtausendwende war in mir das „gefühlte Wissen" sicher geworden: Das sind nicht drei Frauen, das ist nur eine. Aber der „impetus", der Stoß fehlte noch, warum ich darüber ein Buch schreiben sollte.

Es war Ende Februar 2004, als ich während eines Exerzitienkurses eine Broschüre las, in der behauptet wurde, hier werde zum ersten Mal ... Der Leser wird die Stelle finden. Unverständlicherweise hatte die Gelehrte behauptet, ohne zu schauen. Ich schaute, und siehe da: Windhauch. Nichts. Unfug. Ich erinnere mich noch, dass ich meinen Augen nicht traute, dann aufgeregt nachts einen Freund anrief, ob unter Fachgelehrten solch ein Fehler möglich sei? Er meinte: Ja.

Ich hatte bis dahin noch keinen Film über die Magdalenerin gesehen (bis heute nicht), keinen Roman über sie gelesen (ebenfalls), ich wusste nichts von der Welt der Legenden um und über sie, kaum etwas von dem heißen Eisen theologischer Debatten, das ich ahnungslos angepackt hatte. Aber der impetus war gekommen! Ich begann. Und dann floss es ...

Entstanden ist das anscheinend erste Buch, das wissenschaftlich die eine Frau nachweist! 1500 Jahre lang war dies nur schlichte Überlieferung der Christenheit. Die Aufklärung vor 500 Jahren behauptete, es seien drei verschiedene. Das wurde allmählich von allen Gelehrten übernommen und ist heute offizielle Lehrmeinung. Ich weise mit exegetischen Methoden nach, dass es doch eine Frau war und ist. Und dazu auch noch dies, dass die Evangelisten das wussten!

Ein Vorwort bietet Gelegenheit, vielen zu danken, ohne deren Hilfe nichts geworden wäre. Wem müsste ich danken? Da war diese Frau und jene, auch der Mann und noch einer – aber sie haben eher zu mir gesagt: Du mit Deinem ..., pass nur auf! Oder sie haben gesagt: Das geht so nicht. Mach' es so. Als die Sache im Groben und Ganzen ein erstes Mal stand, legte ich den Schlüsselsatz einem Fachmann vor: Sag mal, stimmt das ... Die Antwort kam Monate später: Du hast mehr Recht, als deine Nase dir gesagt hat. Beim weiteren Arbeiten fand ich neue Einsichten und Argumente, die im Entwurf noch gefehlt hatten und welche von Fachgelehrten bisher übersehen worden waren.

Das Licht überrascht beim Arbeiten.

Aber zweien müsste ich doch besonders danken: Da sind einmal die Bibel- und Glaubensgesprächskreise zwischen Cuxhaven und Bozen, die durch ihr Hören und Fragen geholfen haben, dass ich über viele Jahre hinweg eine Ahnung in mir aufbauen und sicher machen konnte. Und da ist Ignatius mit seiner „Vorstellung des Ortes": Ohne Zweifel hätte ich die Knoten der Wissenschaft nicht mit dem Kopf lösen können, es brauchte das Schauen in der Betrachtung. Und ebenso das „Nach-Schauen" in griechischen Lexika. Auch dabei halfen mir einige. Es gab auch die anderen, die entsetzt den Kopf abwandten, als sie vernahmen, welcher These ich nachging. Auch ihnen danke ich; sie haben mehr beigesteuert, als ihnen bewusst war.

Ein besonderes Anliegen war mir die Sprache. Natürlich musste ich wissenschaftlich argumentieren; dazu gehört die Analyse griechischer Worte. Doch durfte das Buch darüber nicht schwergängig werden, es sollte spannend geschrieben sein, den Leser fesseln und ihm den Atem, ruhig auch den Schlaf rauben. Was nützt die schönste Wahrheit, wenn sie langweilig oder kompliziert vorgetragen wird und man darüber einnickt? Also lieber etwas leichter schreiben und einen Fachmann verlieren, als schwer verstehbare Fachsimpelei bieten und Tausende gar nicht gewinnen. Bei der Überarbeitung habe ich deshalb manche Fachdiskussion wieder gestrichen. Was an diesen Stellen übrig blieb, mag den einen als Konstruktion erscheinen, anderen zu wenig Fakten bieten. Das liegt großenteils an der Materie: Zur Magdalenerin kennt die Wissenschaft nur wenige Fakten. Also müssen Schlussfolgerungen helfen. Die wiederum bleiben naturgemäß in der Schwebe und sind offen für weitere Forschungen. Was ich bieten möchte, ist deshalb nicht mehr als dies: Solide Argumente und reizvolle Hinweise für ein neues Bild von Maria Magdalena.

Und der Schlüsselsatz? Die kreative Ungenauigkeit?

Bei der Magdalenerin ist es wie mit dem Licht: Der Betrachter ist Teil seiner Frage. Fragt er nach einer, findet er nur Eine. Fragt er nach dreien, findet er Dreie. Also bleibt die Magdalenerin in alle Ewigkeit eine geheimnisvolle Verführerin?

Ich werde den Augenblick nicht vergessen, als ich jenen besonderen Satz zum hundertsten Mal las, bei diesem Mal aber stockte, den griechischen Text holte, las und schaute und schaute und las und den Kopf schüttelte – und dann gingen die Augen auf. Kreative Ungenauigkeit, das hieß auf einmal: Fragst du nach einer, schaust du drei. Fragst du nach dreien, schaust du nur eine. Weißt du, dass sie's ist, verlierst du, dass sie's war; weißt du, dass sie's war, findest du, dass sie's ist.

Ich habe dieses Buch geschrieben, weil ich es der Magdalenerin schuldig bin. Ich verehre sie. Was ich von ihr gefunden habe, ist so großartig, dass ich es mitteilen muss. Und fürwahr, sie hat es verdient. Aber auch wegen der Millionen Menschen ist dieses Buch geschrieben, die nach ihr fragen. Ausgerechnet und vor allem nach ihr. Gewiss, sie haben mitunter recht menschliche Fragen, eine der heißesten ist, ob sie denn nun vielleicht doch mit Jesus ...? Na ja, Sie wissen schon. Wenn man hinschaut, auch schaut in die Seele der Menschen, in die der Magdalenerin und in die Jesu, dann lässt sich diese Frage nach der Lektüre des Buches schon beantworten.

Weitere Motive wuchsen mir während des Arbeitens zu: Irrige Annahmen der Wissenschaft zu korrigieren, sind Grund genug für ein Buch. Einer uralten Tradition einen festen Grund zu verleihen, ebenfalls. Ich habe dieses Buch aber auch deswegen geschrieben, weil gerade an der Person der Magdalenerin sichtbar wird, wie Gott in seinem Sohn Jesus mit dem Menschen umgeht. Wie Gott also in Wahrheit ist. Es ist ein unglaublich schöner Gott. Er begegnet uns in Jesus, dem Sohn Davids, dem Nazoräer aus Nazaret. So schön ist er in seinem Verhalten zum Menschen, dass jeder Mensch Hoffnung haben darf.

Dafür steht Mariam ein, die so genannte Magdalenerin.

Ridala, 22. Juli 2007   *Christoph Wrembek SJ*

I. MARIA VON MAGDALA IN LEGENDEN UND VITEN

Wer nach Vézelay kommt, wird ohne Zweifel die malerische Hauptstraße den Bergrücken hinaufsteigen, dem Verweilen in lockenden Läden und verführerischen Cafés unter Fliederdächern widerstehen, um zuerst den Gipfel des Hügels über dem Flüsschen Cure zu erreichen, den Platz um die Kathedrale. Von dort genießen seine Augen einen Blick der Ruhe und Weite, schweifen über sanfte Hügel und grüne Täler, die sich in friedvoller Harmonie bis zum Horizont wellen. Tritt er dann ein, den wundervollen Narthex durchschreitend, ergreift ihn das Innere: Andächtig geht er im langen Mittelschiff, einem weiten Raum von „ausgeruhten Proportionen" mit überraschend reicher Farbigkeit, auf die Apsis zu, wird dort rechter Hand, wo der Umgang des Chores beginnt, vielleicht ein großes Buch aufgeschlagen finden, in dem Worte von Augustinus und Papst Gregor dem Großen verewigt sind. Die beiden erklären dem erstaunten Besucher, dass Maria von Magdala dieselbe Frau sei, die sonst als die Schwester der Marta überliefert ist und noch einmal dieselbe, die Lukas als die namenlose Sünderin beim Pharisäer Simon im siebten Kapitel seines Evangeliums geschildert hat.

In einem guten Reiseführer hatte der Besucher längst gelesen, dass Maria von Magdala bis nach Vézelay gekommen sei, nachdem sie mit ihrer Schwester Marta und ihrem Bruder Lazarus in Sainte-Marie-de-la-Mer vom Schiff an Land gegangen war. Lazarus, der „Freund Christi", so weiß die Legenda Aurea des Jacob von Voragine[1] zu berichten, habe als erster Bischof von Marseille die Christianisierung der Provence, der Länder um Aix, Avignon, Marseille und Arles eingeleitet.[2]

---

[1] Auszüge daraus in: Das große Buch der Heiligen. Geschichte und Legende im Jahreslauf, von *Erna* und *Hans Melchers,* München 1978, S. 448ff.
Sel. Jacobus a Voragine, um 1228 bei Genua geboren, 1244 Eintritt in den Dominikanerorden, Prior in Genua, ab 1286/1292 Erzbischof von Genua. Bekannt durch vier Predigtzyklen (Heiligen-, Sonntags-, Fasten- und Marienpredigten), vor allem durch die um 1263-67 verfasste „legenda aurea". Sie enthält 150 Heiligenleben und wurde in alle Sprachen des Abendlandes übersetzt. (Nach LThK, Freiburg/Basel/Rom/Wien 1996, Bd. V, Sp. 733.)
[2] Ich halte mich hier und im Folgenden an *Klaus Bußmann*, Burgund – Kunst, Geschichte, Landschaft, Köln ⁸1985, S. 139 u. 169ff. Ebenso an *Thorsten Droste*,

Wie seine Gebeine nach Autun (80 km südöstlich von Vézelay) gekommen sind, ist umstritten, jedenfalls lässt sich sein Kult in Autun schon seit dem 10. Jahrhundert nachweisen, während der der hl. Magdalena erst um 1050 in Vézelay aufkommt.

Maria von Magdala in der Legenda Aurea

Bereits um 860[3] nämlich, so weiß die Legenda Aurea, habe der Mönch Badilon im Auftrag des Grafen Girard de Roussilon, dem angeblichen Gründer des Klosters Vézelay, und des Abtes Eudes die Gebeine der heiligen Magdalena von Aix-en-Provence nach Burgund gebracht. Die Legenda Aurea erzählt dies folgendermaßen:[4]

„Und es geschah, dass nachdem der Herr gen Himmel gefahren war und die Jünger in mancherlei Länder zogen, um das Wort Gottes auszusäen, Maria Magdalena, Lazarus und Marta samt ihrer treuen Dienerin und vielen anderen Christen von den Ungläubigen auf ein Schiff gesetzt und ohne Steuer ins Meer hinausgestoßen wurden, damit sie untergehen sollten. Aber durch Gottes Fügung gelangten sie gen Massilien (Marseille). Als nun Maria Magdalena sah, dass das Volk sich am Ufer versammelte, um vor dem Tempel den Abgöttern zu opfern, stand sie auf mit heiterem Mut und riet ihnen mit weisen Worten ab von ihrem Götzendienst und predigte ihnen Christum mit großer Zuversicht. Da verwunderten sich alle über die Schönheit ihres Angesichts und die Süßigkeit ihrer Rede. Nachdem sich viele bekehrt und das Volk durch viele Wunder den rechten Glauben angenommen hatte und Lazarus einmütig zum Bischof der Stadt Marseille erwählt worden war, da begehrte Maria Magdalena nach himmlischer Beschauung und ging in die raue Wildnis. Hier wohnte sie unerkannt dreißig Jahre an einer Stätte, die ihr von Engelshänden gewiesen war. Dortselbst waren keine Wasserbrunnen noch Früchte an den Bäumen, woraus zu erkennen ist, dass der Herr sie nicht mit irdischer Nahrung sättigen wollte, sondern allein mit himmlischer Speise. An jedem Tage nämlich

---

Romanische Kunst in Frankreich – Ein Reisebegleiter zu allen bedeutenden romanischen Kirchen und Klöstern, Köln, ²1992.

[3] Etwa im Jahre 830 wurde von Bischof Theodomir mit Hilfe einer Offenbarung das Grab des hl. Jacobus bei Iria in Galizien entdeckt. – Nach *Adeline Rucquoi*, in: Welt und Umwelt der Bibel. Der Jacobsweg, Heft 3/2004, S. 22 ff.

[4] Aus *Melchers,* S. 450f.

wurde sie zu den Gebetsstunden von Engeln in die Lüfte geführt und hörte mit lieblichen Augen den Gesang der himmlischen Heerscharen. Und ward mit himmlischer Kost gespeist und danach wieder von den Engeln zurückgebracht. Als einmal ein Priester kam, fand er sie in ihre Zelle eingeschlossen. Er gab ihr seinen Mantel, den tat sie um und ging mit ihm in die Kirche. Dort nahm sie das hl. Abendmahl und entschlief mit betend ausgebreiteten Händen neben dem Altar in Frieden.

Zur Zeit Karls des Großen nun war ein frommer Herzog in Burgund mit Namen Gerhardus, der gab all sein Gut den Armen und baute viele Kirchen und Klöster. Als er das Kloster Vézelay gegründet hatte, sandte er einen Mönch aus, die Reliquien von Sankt Maria Magdalenens Grabe zu holen. Der Mönch fand die Stadt zerstört, aber ein Grab in Marmor ausgehauen und ein Bildwerk zeigte an, dass Maria Magdalenas Leichnam darin läge. Da machte er das Grab auf und nahm die Reliquien mit sich.

Die Heilige aber erschien ihm in der Nacht und sagte, er solle sich nicht fürchten und das Werk zu Ende führen. So machte er sich auf den Heimweg. Als er aber eine halbe Meile von seinem Kloster entfernt war, konnte er die Reliquien nicht mehr von der Stelle bringen, bis der Abt mit den Mönchen in feierlicher Prozession ihm entgegenging und die Reliquien in großen Ehren heimführte."

Der heutige Leser mag schon bezweifelt haben, dass an dieser Legende überhaupt noch etwas wahr sei. Das lässt sich für einiges doch behaupten, obwohl diese wenigen historischen Details arg durcheinandergewürfelt worden sind, um nur eine Sache zu „beweisen": Dass nämlich Vézelay der einzige Ort sei, der die Gebeine der hl. Maria Magdalena besitze. Dazu musste so etwas wie ein „heiliger Raub" herhalten.[5] Wie sonst hätte sich Vézelay gegen Verdun, Bayeux, Reims, Besançon und andere Städte durchsetzen können. Zu Beginn des 11. Jahrhunderts entstand nämlich an vielen Orten Europas eine Bewegung zur Verehrung dieser Heiligen. Einzig Vézelay aber besaß die Gebeine, wenn auch durch „räuberische Übertragung".

Sei es wie es wolle, jedenfalls waren die verehrten Gebeine der Heiligen vor dem Einfall der Sarazenen gerettet und nach Burgund in

---

[5] *Katherine Jansen*, L'arrivée de Marie Madeleine à Vézelay, in: Le Monde de la Bible. Visages de Marie Madeleine, Nr. 143, Juni 2002. (Jansen ist assoziierte Professorin für Geschichte an der Katholischen Universität von Amerika, Washington D.C.) Ihre Untersuchung zu den legendären Berichten über die Verehrung der Maria Magdalena in Vézelay hat köstliche Details zutage gefördert.

Sicherheit gebracht worden. Ob das nun im Jahre 750 geschehen war, oder fast 100 Jahre später oder überhaupt nicht, 200 Jahre lang bewirkte diese Überzeugung nichts weiter auf dem Berg von Vézelay. Das Kloster im Schutz der Burg entwickelte sich, ohne Aufmerksamkeit zu erregen, bis eben Anfang des 11. Jahrhunderts in der Provence der Kult der Magdalena und ihrer Geschwister sich zu verstärken begann. Nun erhoben die Mönche von Vézelay lauten Anspruch, dass sie im Besitz der Reliquien der hl. Magdalena seien. Und schrieben die Legende. Eine päpstliche Bulle bestätigte als wahr, was bislang Legende war. Und da in Autun, nicht weit von ihnen, die Gebeine des hl. Lazarus ruhten, setzte alsbald eine ungeheure Pilgerbewegung von Sündern und Kranken nach Burgund ein.

Aber, wie das in der Geschichte mit großen Damen wohl häufiger vorkommt: Die Leute aus Marseille und der Provence überließen ihre Magdalena nicht so ohne Weiteres den Leuten aus Burgund. Und nach heftigem Hin und Her – einem wirklichen Kampf zwischen Bevölkerung, Äbten, Bischöfen und Grafen, bei welchem viele ihr Leben verloren und der langwährende Neubau der Kirche mehrfach in Flammen aufging –, verzog sich die Verehrung der Frau aus Magdala wieder in den Süden Frankreichs.

Ob Geld dabei eine Rolle spielte? Es ging um Macht.

Sicher spielte eine Rolle, dass Vézelay zum Ausgangspunkt zweier Kreuzzüge geworden war. Den ersten hatte an Ostern 1146 Bernhard von Clairvaux am Hügel der Kathedrale ausgerufen, von hier aus wanderten unzählige Pilger auf der Via Lemovicensis nach Santiago de Compostella in Galicien, 1166 flüchtete hierher Thomas Becket, und Franziskus gründete 1217 seine erste Niederlassung in Vézelay. Aber fünfzig Jahre später kamen erste Zweifel an der Echtheit der Reliquien der hl. Magdalena auf – nicht ohne politischen Hintergrund. Karl II. von Anjou bedurfte eines göttlichen Zeichens für seinen Herrschaftsanspruch in der Provence. Er fand ihn in den vermeintlich echten Reliquien der hl. Magdalena in St-Maximin-la-Ste-Baume[6] – und da Papst Bonifaz VIII. seinerseits das Haus Anjou brauchte, anerkannte er die Authentizität der Reliquien von St-Maximin-la-Ste-Baume.

Hätte es damals schon einen Europarat in Brüssel und ein Europäisches Parlament in Strasbourg gegeben, ohne Reliquien hätten die Politiker keine Abstimmung gewinnen können.

---

[6] Heute an der Autobahn A 8 von Aix-en-Provence nach Cannes gelegen, etwa 32 km östlich von Aix.

Schon Dominikus mochte die Magdalenerin

Der junge Predigerorden der Dominikaner begann nun, Pilgerfahrten in die Provence zu organisieren, nach Saint-Maximin zu den „echten" Gebeinen der Frau von Magdala. Gegen solche Konkurrenz war Vézelay machtlos. Die Stadt wurde zum Dorf, das Dorf versank in Bedeutungslosigkeit. 1835 befand sich die wundervolle Kirche kurz vor dem Einsturz. Aber noch heute küssen Gläubige andächtig die Reliquien der Frau aus Magdala, die im gotischen Chor der Magdalenen-Kirche aufbewahrt werden. Paul Claudel hat diese Kirche inbrünstig geliebt.

So hat die Frau vom See Gennesaret in der Provence, am Meer der Camargue, eine neue Heimat gefunden. Der Dominikaner Georges Lauris[7] hat mit unvergleichlichem französischen Esprit und Charme die Magdalenerin in einem literarischen Gemälde gemalt, das jedem Exegeten einen Stoß ins Herz versetzen würde, doch einem Genießer der Sprache und der Musen in mystischem Liebreiz die Heilige vergoldet. Er nennt sie einfach „Marie de Provence".

Von ihm erfahren wir auch, die Krypta des Städtchens St-Maximin-la-Ste-Baume sei von hohem archäologischem Wert, da sie die Evangelisation des Südens Frankreichs seit den Anfängen des Christentums bezeuge. Sollte die Legende wieder ein Körnchen Wahrheit überliefert haben, wie sie das so oft tut? Weiter teilt er mit, dass die „mystische Vereinigung" zwischen Maria Magdalena und dem heiligen Dominikus, dem Gründer des Ordens der Prediger, ins 12. Jahrhundert zurückreiche. Und 1295, also 74 Jahre nach dem Tod des Dominikus, habe sich sein Orden unter das Patronat der Magdalena gestellt. Dies sei im Zusammenhang mit dem Bau der Reliquienkirche geschehen. Der Dienst an den zahlreichen Magdalenen-Pilgern hatte die Verehrung des ganzen Ordens für die Frau aus Magdala hervorgerufen.[8]

Diese geistliche Verwandtschaft zwischen Dominikus, den Dominikanern und Maria Magdalena könnte erklären, warum im fernen Estland das vielleicht älteste Kirchlein jenes Landes der hl. Maria Magdalena geweiht ist: die Kirche von Ridala in Läänemaa, deren Fundamente in die erste Hälfte des 13. Jahrhunderts zurückreichen sollen. Die Dominikaner kamen um 1248 nach Reval/Tallinn und begannen

---

[7] *Georges Lauris,* Marie-Madeleine. Muse et Reine de Provence, Paris 1999. Der Autor erhielt 1999 den Preis „Glaubender Schriftsteller" und ebenso einen Poesiepreis der Académie Française.
[8] *Lauris*, S. 151.

dort alsbald mit Schulunterricht. Gut denkbar, dass in ihrer Tradition die Verehrung der Magdalena nach Estland kam und diesem Kirchlein am Mare Balticum den Namen gab, den es bis heute behalten hat.

War sie in Rom? In Marseille? In Ephesus?

Das Mittelalter schuf und bewahrte noch weitere Legenden zu Maria von Magdala. Interessant sind in unserem Zusammenhang zwei Viten aus der Tradition von Byzanz. In dieser ostkirchlichen Überlieferung zu Maria Magdalena[9] gibt es eine „Vita", eine Lebensbeschreibung der Magdalenerin eines unbekannten Verfassers, wohl aus dem Mittelalter. Ich berücksichtige daraus nur jene Merkmale, die ich später für die eigene Erarbeitung auswerten möchte.

Da werden die Namen der Eltern genannt (leider nennt Anne Jensen diese nicht); Maria verlässt aber ihre Eltern, als sie von Jesus hört, und wird dessen Jüngerin. Ihre „sieben Dämonen" werden in der Vita als „moralische Schwächen" verstanden, die sie mit Christi Hilfe überwunden habe: Göttliche Gnade und menschliches Bemühen wirken zusammen. Überraschend tritt die Mutter Jesu auf und bestätigt, dass Jesus Maria von Magdala liebt. Noch verwunderlicher ist, dass die Mutter Gottes die Magdalenerin zu ihrer Gefährtin und Führerin am Grabe macht, aber eine Erscheinung Jesu vor seiner Mutter wird dennoch nicht berichtet. Aus Liebe zu Jesus sei Maria Magdalena nun nach Rom gefahren, um Pilatus vor dem Kaiser anzuklagen. Womit sie Erfolg hat. Danach kehrt sie nach Jerusalem zurück und ist dort zunächst Jüngerin des Petrus.

Aber 14 Jahre nach Tod und Auferstehung Jesu wird sie Jüngerin eines der 72 Jünger mit Namen Maximos. Bei einer Verfolgung wird sie mit Maximos und anderen Christen auf einem Schiff ohne Segel und Ruder auf dem Meer ausgesetzt. (In der Tat gab es, historisch korrekt, 14 Jahre nach jenem denkwürdigen Pascha des Herrn eine Verfolgung von Christen in Jerusalem, etwa im Jahr 44 (Apg 12); in deren Verlauf

---

[9] Das Folgende nach *Anne Jensen,* Maria von Magdala – Traditionen der frühen Christenheit, in: *D. Bader* (Hrsg.), Maria Magdalena – Zu einem Bild der Frau in der christlichen Verkündigung, Tagung der Katholischen Akademie Freiburg. München-Zürich 1990, hier S. 44 – 48. Man muss *Anne Jensen* ebenso wie *Elisabeth Gössmann* (Maria Magdalena als Typus der Kirche, in demselben Büchlein S. 51 – 71) für ihre Forschungen und Entdeckungen dankbar sein.

wurde Jakobus, der Bruder des Apostels Johannes, getötet, und Petrus verließ heimlich das Land.) Alle landen in Marseille, wie dies die eingangs zitierte Legenda Aurea später ebenfalls berichtet. Am Ende tauft Maria Magdalena nicht nur das Haus des dortigen Stadtpräfekten, sondern auch alle Bewohner der Stadt und predigt überall den Namen Christi. Dann aber bricht sie – überraschende Wendung – zurück nach Ephesus auf, wo sie „Johannes den Theologen", wohl den Apostel Johannes, trifft. Dort in Ephesus entschläft sie in Frieden. Dort befände sich auch ihr Grab. Ihre Reliquien schließlich seien im Jahre 899 nach Konstantinopel übertragen worden.[10]

Ephesus steht für unsere Überlegungen im Mittelpunkt auch einer zweiten Vita, der des Nikephoros Kallistos († 1335).[11] Dieser Vita zufolge lebt die Magdalenerin nämlich ebenfalls in Ephesus, und zwar zusammen mit Johannes und der Mutter Maria, die Jesus dem Lieblingsjünger am Kreuz anvertraut hatte. In dieser Vita bricht die Magdalenerin folglich von Ephesus nach Rom auf, um den oben erwähnten Prozess zu führen, und kehrt von Rom wieder nach Ephesus zurück. Dort stirbt sie und wird – eigenartige Variante – von Johannes und der Gottesmutter beerdigt.

Beachtenswert in beiden Erzählungen ist die auffallende Verbindung zwischen der Mutter Jesu und der Magdalenerin: Beide Marien stehen unter dem Kreuz, beide beweinen zusammen den Leichnam, die Magdalenerin aber überlässt die Liebkosungen des Gesichtes des Toten der Mutter. Diese wiederum sagt öffentlich, dass ihr Sohn die Magdalenerin geliebt habe. Beide zusammen erleben die Auferstehung und beide sind zusammen im Abendmahlssaal, als der Heilige Geist herabkommt. Beide fahren auch nach Ephesus und leben dort zusammen mit Johannes dem Apostel.

Wir markieren weitere Merkmale dieser Legenden, die die Frau aus Magdala betreffen: Neben der besonderen Beziehung der Magdalenerin zu der Mutter Jesu und dem Lieblingsjünger Johannes spielt Rom ein Rolle mit einem Prozess vor dem Kaiser, Südfrankreich mit einer Missionstätigkeit. Am deutlichsten verankert mit dem Leben der Frau von Magdala erscheint jedoch Ephesus. Dort habe sie lange gelebt, zusammen mit der Mutter Jesu und dem Evangelisten Johannes, dort sei sie gestorben, dort befände sich ihr Grab. Ferner gibt es da einen histo-

---

[10] Letztes aus: Das große Buch der Heiligen, S. 448.
[11] Rede über die heilige und apostelgleiche Salbenträgerin Maria von Magdala, PG 147, S. 539 – 576. Nach *Jensen*.

risch korrekten Zeitpunkt mit dem Jahre 43, an dem gewisse Persönlichkeiten der „Gemeinschaft vom Neuen Weg" Jerusalem verlassen haben. Gestorben wäre die Magdalenerin nach einer dieser Legenden noch vor der Mutter Jesu.

Rhabanus und Odo: Die vorbildliche Magdalenerin!

Kehren wir vom Osten zurück in den Westen. Kennzeichnend für mittelalterliche Auffassungen zur Magdalenerin scheint eine Vita zu sein, die unter dem Namen des Abtes Hrabanus Maurus von Fulda (780 – 856) überliefert ist. Hrabanus war einer der angesehensten Theologen seiner Zeit, ein Vermittler der Vätertheologie an die Mit- und Nachwelt. Ob das Lebensbild der Magdalenerin wirklich vom karolingischen Abt stammt oder späterer Zeit zugeordnet werden müsste, wie Gössmann[12] annimmt, bleibt für unsere Fragestellung zweitrangig.

Die Vita beginnt mit der Herkunft der Magdalenerin, sie sei die Schwester von Lazarus und Marta. Letztere, eher häuslich veranlagt, kümmerte sich um das reiche Erbe der Geschwister, Maria dagegen hätte ihre reichen natürlichen Gaben ungeordneter Weltliebe zugewandt. Schließlich sei sie Opfer des Reichtums und ihrer Schönheit geworden und habe ihre Keuschheit verloren. Als sie Jesus zum ersten Mal begegnet, hört sie von ihm eine ernste Mahnung, sich von ihren Sünden abzukehren und Buße zu tun. Daraufhin, schon halb bekehrt, kauft sie ein kostbares indisches Alabastergefäß, kommt zum Gastmahl des Pharisäers Simon (Lk 7, 36ff.), spricht ihr Reuegebet, und nach Austreibung der sieben Dämonen (Lk 8, 2) erhält sie die sieben Gaben des Heiligen Geistes sowie die drei Göttlichen Tugenden. Sie salbt Jesus die Füße, sammelt Gefährtinnen um sich und empfängt mit ihrer Schwester Marta Jesus zu Besuch (Lk 10, 38ff.).

Das „Castellum", in dem nach der Vulgata des Hieronymus die Schwestern wohnen, wird als „die Burg Magdalum" gedeutet. Dort findet ein großer Auftritt statt, mit allen 12 Aposteln und den 72 Jüngern und edlen Matronen. Aber dem Verfasser ist auch die Marta wichtig, die doppelte Nennung ihres Namens durch Jesus nimmt er als Zeichen, dass Jesus auch die Marta geliebt habe. Es folgt der Bericht

---

[12] Dies und das Folgende nach *Gössmann*, S. 57ff. *Gössmann* zitiert nach: De vita beatae Mariae Magdalenae, Migne, PL 112, S. 1431 – 1508.

vom Tod des Lazarus, von seiner Auferweckung und vom Mahl. Während Marta mit heiterem Blick die Gäste bedient, sei Maria mit einer besonderen Mischung von Spezereien gekommen, die alle „echt indisch" gewesen seien, und habe mit ihnen die Füße Jesu gesalbt, mit ihren Haaren getrocknet und dann auch das Haupt Jesu gesalbt.

Die Vita erzählt sodann die Ereignisse bis zum Kreuz. Nachdem die Erde gebebt hat, habe die Magdalenerin von neuem Aromata gekauft und sie mit ihren Tränen gemischt. Sie findet mit ihren Gefährtinnen das leere Grab, ruft die Apostel, rennt ganz unweiblich hinter ihnen her zum Grab zurück und begegnet dem Auferstandenen. Sie hört das geheimnisvolle „Rühre mich nicht an!", was bedeute: Halte mich nicht mit leiblichen Umarmungen, halte mich eher mit den Umarmungen des Herzens, indem du den Glauben an meine Auferstehung festhältst. (Das dürfte auf Augustinus zurückgehen, wie wir sehen werden.) Der Auferstandene schickt die in ihrem Glauben gewandelte Maria zu den Aposteln.

Es folgt die damals sehr beliebte „Eva-Magdalena-Parallele": Eva reichte ihrem Mann giftige Speise, Magdalena aber reicht den Aposteln den Trank ewigen Lebens. In ihr sind das kontemplative und das aktive Leben vereint. Die kostbaren gemischten Spezereien werden auf die in die Kirche eingehenden vielen Völker gedeutet. Ihre drei Salbungen Jesu werden als verschiedene Stufen der mystischen Annäherung der Seele an Gott gedeutet.

So weit der erste, biblische Teil der Vita.

Der zweite Teil der Vita des Hrabanus erzählt das Leben der Magdalenerin nach dem Pfingstereignis. Die drei Geschwister verkaufen ihre Habe, teilen die Erde in Missionsgebiete auf und reisen mit den 24 Ältesten und den 72 Jüngern nach Gallien und Hispanien. Maria Magdalena schließt sich dem hl. Maximinus an und kommt zur provincia narbonensis (Aix-en-Provence), um zu predigen und zu meditieren. Marta verkündet derweil das Evangelium in Vienne (südlich bei Lyon). Beide Schwestern wirken Wunder. Vor ihrem Tod hat Maria Magdalena eine Christusvision und hört Worte des Hohenliedes: Komm, meine Geliebte ...

Unschwer erkennt man, wie diese Vita das lateinische Konkurrenzmodell zur östlichen Vita darstellt, in welcher Maria von Magdala vor allem in Ephesus beheimatet ist. Doch auch umgekehrt: Die östliche Vita hat die westliche Tradition in manchen Teilen aufgenommen und mit der eigenen harmonisiert, indem sie die Magdalenerin zwar auch nach Gallien reisen lässt, aber schließlich doch wieder zurückholt nach Ephesus. Eine andere östliche Vita lässt die Magdalenerin gar nicht erst nach Massilien (Marseille) reisen.

Beschließen wir unseren Streifzug durchs weite Feld der Legenden zu Maria von Magdala mit einer letzten Vita aus dem Mittelalter, die unter dem Namen des Abtes Odo von Cluny (878 – 942) das spätere Mittelalter beeinflusst hat. Maria Magdalena wird hierin „zum Zeichen für die Treue Gottes gegenüber bekehrten Sündern ... , was wiederum auf Menschen beiderlei Geschlechts gemünzt ist. Die allegorisch-spirituelle Deutung der Magdalenengestalt macht sie zum Symbol des Menschlichen überhaupt."[13]

Bei Odo wendet sich Maria bei der Salbung des Hauptes Jesu im Hause Simons des Aussätzigen zu Jesus und sagt, fast im Stil der Bekenntnisse des Augustinus: „Der Du nicht den Tod des Sünders willst, sondern dass er sich bekehrt und lebt, weißt Du auch, was meine Seufzer und Tränen bedeuten. Ich, die ich meine frühen Jahre mit Sünden befleckt habe, flehe zu Dir."

Das Castellum Magdalum, der Ort ihrer Herkunft, schon in der Väterzeit als ein „fester Turm" gedeutet, wird in Odos Predigt zum Turm der Kirche. Magdalena wird bei ihm zu einer furchtlosen, starken Frau. Die Liebe zu Gott aus dem ganzen Herzen ist es, die diese Frau so stark mache. Wer seine eigene Schwäche ebenso wenig fürchte wie diese Frau den Stein vor dem Grab, fährt Odo fort, könne nicht ganz fehlgehen. „Der Garten mit dem Grab des Auferstandenen wird für ihn zum Ort der *clementissima pietas Dei* (überaus gütige Zuwendung, Pflichtgefühl Gottes) gegenüber dem weiblichen Geschlecht. Um die Schande der Eva wiedergutzumachen, wollte er, dass den Männern die Freude der Auferstehung durch das weibliche Geschlecht verkündet werde." Odo rundet seine Vita mit folgendem Gedanken ab: „Wenn die Apostel deshalb Apostel heißen, weil sie von Christus die Sendung zur Verkündigung des Evangeliums empfangen haben, dann ist, nicht weniger glücklich, Magdalena vom selben Herrn dazu bestimmt, zu den Aposteln zu gehen und Zweifel und Unglauben bezüglich des auferstandenen Herrn aus ihren Herzen zu entfernen."

Auf zwei Dinge möchte ich in den Viten hinweisen. Es sind überflüssige Nebensächlichkeiten – und gerade deswegen fallen sie auf. Da ist zum Ersten nachdrücklich von „echt indischer" Salbe die Rede. Gössmann möchte das „Indienbild" als Indiz für die „Unechtheit" des

---

[13] Wieder nach *Gössmann*, S. 60ff.

Textes werten.[14] Ich werde genau das Gegenteil beweisen. Zum Zweiten hören wir von einem „festen Turm": Auch ein Turm lässt sich im biblischen Magdala, wie ich zeigen werde, sowohl sprachlich wie archäologisch verifizieren.

Diese auffälligen Details könnten, wenn nach ihrem Ursprung gefragt wird, über frühe Pilgerberichte aus Palästina in die Viten gelangt sein. Hieronymus mag den Turm sogar noch gesehen haben.

Diese Lebensbilder, wo immer ihre Wurzeln wuchsen, benutzen mehr oder weniger die Magdalenengestalt zur Klärung bestimmter Themen der eigenen Zeit. Das historische Interesse ist gering, Maria Magdalena wird zum frommen Vorbild für die eigene Zeit modelliert. Dazu verwenden die Autoren bevorzugt die beliebte Parallele Eva – Maria oder Eva – Magdalena (Eva zieht dabei immer den Kürzeren) oder auch Adam – Christus. Hildegard von Bingen (1098 – 1179) z. B., die Klerus und kirchliche Amtsträger ihrer Zeit scharf kritisiert hat, nutzt die Magdalenerin zu der Aussage: Wer immer mit den Tränen wahrer Buße wie Maria Magdalena, die zu Füßen des Herrn weinte, sich von seinen Sünden befreit habe, brauche nicht mehr über sie zu erröten.[15]

So viel zu Legenden und Predigten über die Magdalenerin quer durch Jahrhunderte und Kirchen, bis hinauf ins späte Mittelalter. Gössmann hat in ihrer Arbeit darauf hingewiesen, wie zahlreich und untereinander verschieden die Äußerungen des Mittelalters zum Motiv der Magdalenerin ausfallen. Versuche man sie zu „klassifizieren und auszuwerten, so ginge es ohne eine Monographie von etwa 500 Seiten mit einer Bibliographie von mindestens 50 Seiten nicht ab"[16]. Dazu gehörten „Evangelienkommentare, theologische Summen, Magdalenenpredigten zum Fest am 22. Juli, Magdalenenviten, liturgische Dichtungen wie Hymnen und Sequenzen, geistliche Dramen wie Passions-, Oster- und Fronleichnamsspiele, Lateinisches und Volkssprachliches."

In unserer Zeit muss die Magdalenerin erneut herhalten, um den Geschmack von Hörern und Beschauern des 21. Jahrhunderts weltweit zu befriedigen. Weniger allerdings in Fragen des geistlichen und mystischen Lebens, weniger auch zu Umkehr und Lebenshingabe.

Dafür ist das historische Interesse gewachsen:

---

[14] *Gössmann*, Anm. 10, S. 71.
[15] Nach *Gössmann*, S. 62, die *Hildegard von Bingen*, De operatione Dei 4,66. Migne, PL 197, S. 852 zitiert.
[16] *Gössmann*, S. 52.

Wer war die Frau aus Magdala in Wirklichkeit? Was machte sie so anziehend, dass Heilige und Sünder, Große und Kleine, Männer und Frauen und ganz Europa über Jahrhunderte hinweg bis in unsere Tage die Nähe dieser hohen Dame suchen?

Ich habe meine Untersuchung mit dem weiten Feld der Legenden zur Magdalenerin begonnen. Gewissermaßen mit dem äußersten und unsichersten Kreis, was historische und biblische Exaktheit betrifft. Aber bereits in diesen legendären Überlieferungen finden sich Details und Wiederholungen, die zum Weiterfragen anregen: Aus welchen Vorgaben sind die Legenden gewachsen? Gab es eine feste Überlieferung zur Magdalenerin vor der Zeit der Legenden?

Was wusste der Anfang über sie?

II. MARIA VON MAGDALA IN FRÜHCHRISTLICHEN TRADITIONEN

Gregor, Augustinus, Chrysostomus: Eine oder Drei?

Verlassen wir also das Reich der Legenden und Viten über Maria Magdalena, die das Mittelalter und die Neuzeit bestimmt haben, und gehen wir weiter zurück in der Geschichte. Wir suchen nach Spuren mit mehr Aussagefähigkeit über diese Frau, als erbauliche Legenden sie bieten. Dabei soll uns die Frage leiten: Was war vor den Legenden? Woraus sind diese entstanden? Kann man in etwa die „Zeitphase" ausfindig machen, ab welcher die Verschmelzung von drei (oder vier oder gar fünf[17]) Frauen zu der einen legendarischen Magdalenerin Gemeingut in der Christenheit geworden ist?

Da stößt man auf Papst Gregor I., den Großen (geboren um 540 in Rom, Papst von 590 bis 604), „den die Experten als den Schuldigen an dem Vermischungswerk ausgemacht haben"[18]. Dieser bedeutsame Papst schrieb nämlich einen Brief an eine Gregoria (Gregor an Gregoria?), die angeblich Kammerfrau der Kaiserin war. Gregoria litt unter der Vorstellung, sie müsse sich wegen der großen Zahl ihrer Sünden anklagen. Im Brief des Papstes an sie heißt es:[19]

> „Doch ich weiß, daß ihr den allmächtigen Herrn glühend liebt, und ich vertraue auf seine Barmherzigkeit, denn der Mund der Wahrheit selbst spricht euch das Urteil, wie es auch jener heiligen Frau gesagt wurde: ,Ihr wurde viel vergeben, weil sie viel geliebt hat' (Lk 7, 47). Wie sehr ihr vergeben wurde, geht aus dem später folgenden hervor, denn

---

[17] Auf vier Frauen kommt man, wenn man die Szene vom Besuch Jesu in einem namenlosen Dorf (Lk 10, 38ff.), wo ihn eine Frau namens Marta aufnimmt, nicht auf die beiden Schwestern von Betanien deutet; dann wäre die hier genannte Maria eine vierte Möglichkeit zur Verschmelzung. Aber dann müsste man folgerichtig auch jene Szene berücksichtigen (Mt 26, 6ff./Mk 14 3ff.), die im Haus Simons des Aussätzigen in Betanien spielt: Die hier salbende Frau hat ebenfalls keinen Namen, sie wäre dann Nummer fünf zur Verschmelzung.
[18] *Jensen*, S. 35.
[19] Das Folgende wieder nach *Jensen*, S. 36.

sie saß zu Füßen des Herrn und hörte das Wort aus seinem Mund (Lk 10, 39). Sie hatte das aktive Leben bereits durcheilt, an dem ihre Schwester noch festhielt, und weilte im kontemplativen. Mit Eifer suchte sie nach dem begrabenen Herrn, nachdem sie ihn im Grab nicht gefunden hatte. Auch als die Jünger sich zurückgezogen, blieb sie weinend am Grab stehen, und es wurde ihr zuteil, den Toten, den sie suchte, als Lebenden zu sehen, und sie verkündete den Jüngern, daß er auferstanden sei (Joh 20, 1ff; Mt 28, 1ff. par). Dies ist die wunderbare Heilsordnung der Liebe Gottes, daß durch den Mund einer Frau das Leben verkündet werden sollte, da im Paradies der Tod durch den Mund einer Frau ausgesprochen wurde.

Zu einem anderen Zeitpunkt sah sie mit der anderen Maria den Herrn nach seiner Auferstehung, trat herzu und hielt seine Füße (Mt 28, 9). Bitte halte dir vor Augen, was für Hände wessen Füße festhielten. Es waren die Hände, die, von Schuld beschmutzt, die Füße dessen berührt hatten, der über den Engeln zur Rechten des Vaters sitzt. Stellen wir uns vor, wenn wir es können, wie groß das Herz der höchsten Liebe sein muß, damit die Frau, die durch die Schuld in den tiefsten Abgrund gestürzt war, durch die Gnade auf den Schwingen der Liebe soweit emporgehoben wurde ..."[20]

Schaut man sich diesen Text genau an, wird einem sofort klar: Sein Thema ist nicht die „Verschmelzung" von drei Frauen zu einer. Nicht Maria Magdalena ist das Thema dieser Zeilen – ihr Name wird überhaupt nicht erwähnt. Im Mittelpunkt der Gedanken des Papstes steht die Liebe als die neue wunderbare Heilsordnung Gottes.[21] Deswegen

---

[20] *Gregor der Große*, Epistula ad Gregoriam, Cubiculariam Augustae, Ep. Lib. VII. 25/PL 77, S. 877 ff. – Zitiert nach *Jensen*, S. 36 u. 49.

[21] *Jensen* fragt in ihrer Abhandlung nach der „Frauenfeindlichkeit" im Text des Papstes und stellt fest, diese geschehe nur „implizit", aber gerade das sei „subtile Perfidie", die darin bestehe, „was über Maria von Magdala nicht (mehr) gesagt" werde ... Dazu muss man feststellen: Erstens ist eine Schlussfolgerung aus etwas, was nicht gesagt wird, riskant. Zweitens wird der Name Maria von Magdala nicht genannt. Drittens spricht der Papst von der Liebe als der neuen Heilsordnung Gottes, und viertens demonstriert er diese neue Heilsordnung mit Hilfe von Frauen.

fährt Gregor (mit Blick auf Maria von Magdala am Ostermorgen beim leeren Grab) mit schönen Gedanken über Vergebung und Liebe fort:

> „Der/dem Liebenden (amanti) genügt es nicht, nur einmal hinzusehen, denn die Gewalt der Liebe vermehrt den Wunsch zu finden."[22]

Um seine Ansicht zu begründen, weist der Papst auf Äußerungen der Liebe im Neuen Testament hin und fügt, gewissermaßen sekundär im Sinne von Beispielen, drei Frauengestalten zu einer zusammen. Ziel ist, der Frau Gregoria praktisch seelsorgerlich zu helfen. In der Tat nimmt Gregor eine „Verschmelzung" vor, aber sie ist nicht sein thematisches Ziel. Jedoch hat die westliche Christenheit diese „Identifizierung" seitdem als selbstverständlich übernommen: Die namenlose Sünderin beim Pharisäer Simon ist die Schwester der Marta und des Lazarus und ist noch einmal die Frau, die im Haus Simons des Aussätzigen Jesus die Füße salbt – und diese ist Maria aus Magdala.

Da nun Gregor der Große drei biblische Frauengestalten völlig selbstverständlich in eine einzige zusammenfügt, wenn auch zu theologisch-pastoralem Zweck, legt das die Vermutung nahe, er müsse bereits schriftliche Vorlagen oder traditionelle Überzeugungen gehabt haben, die ihm die „beiläufige" Verschmelzung als unproblematisch erlaubten. Diese Vorgänger zu finden, scheint aber nicht so einfach zu sein, wie manchmal dargestellt.

Vielleicht hatte ihm eine weitere Legende den Weg bereitet, nämlich die Verschmelzung der drei Frauen mit der „Maria Ägyptíaca"[23]. Diese ist eine historische Gestalt des 5. Jahrhunderts. Die spätere Legende erzählt von dieser ehemaligen Prostituierten, wie sie nach ihrer Bekehrung fast vierzig Jahre in der Wüste gelebt, als Büßergewand angeblich nur ihre Haare benutzt habe und von Engeln ernährt worden sei.[24] Derlei Ausmalungen finden sich fortan in vielen mittelalterlichen Darstellungen der Magdalena wieder, für die die Ägyptíaca offensichtlich das „Anschauungsmaterial" lieferte.

---

[22] Nach *Jensen*, S. 36.
[23] *Susanne Ruschmann*, Maria von Magdala – Jüngerin-Apostolin-Glaubensvorbild, Katholisches Bibelwerk e.V., Stuttgart 2003, hier S. 14.
[24] Diese Schilderung kehrt in der Legenda Aurea des *Jacob de Voragine* wieder, wo dieser Maria von Magdala fast genauso schildert. (s. Kapitel I.)

Gehen wir vom Papst Gregor dem Großen 150 Jahre zurück und werfen wir einen Blick auf Augustinus (354 – 430), der etwa zur Zeit der Maria Ägyptíaca gelebt hat, bevor diese von der Legende vereinnahmt und ausstaffiert wurde. So weit die von mir untersuchten Quellen Aussagen ermöglichen, scheint Augustinus kein ausdrücklicher Vertreter der Verschmelzungstheorie gewesen zu sein. Von ihm wird die Magdalenenfigur, wie das schon Hippolyt von Rom gut 200 Jahre vor Augustinus getan hatte, mit einem weiteren biblischen Motiv verbunden: Die Frauen am Grab werden mit Eva im Paradies verglichen.[25] Aber während Adam, so beklagt der Bischof von Hippo, die Frucht aus den Händen der Frau angenommen habe, hätten die Jünger die Botschaft aus dem Mund „der neuen Eva" nicht angenommen.

Maria Magdalena avanciert also, wie schon bei Hippolyt, zur neuen Eva. „Dies mag auf den ersten Blick vielleicht als Auszeichnung erscheinen, ist aber untrennbar verbunden mit dem Bild der Frau als dem schwachen, verführungsanfälligen Geschlecht und als der Urheberin aller Sünde."[26] Im Fortgang seiner Osterpredigt[27] bietet Augustinus eine Deutung der Begegnung der Magdalenerin mit dem „Gärtner", dem Auferstandenen am leeren Grab, geht auf die Bemerkung des Evangelisten ein, dass der eine Jünger „sah und glaubte", und auf jenes „Berühre mich nicht!" Dabei wird Augustinus recht deutlich:

> „Wer ist so albern, dass er sagt, er habe sich zwar von den
> Jüngern vor seiner Auffahrt berühren lassen wollen, von
> den Frauen aber erst nach seiner Auffahrt zum Vater?"

Jensen fügt die Überlegung an, Augustinus habe hier volkstümlich-antifeministische Standpunkte seiner Zeit wiedergegeben, die ihm selber jedoch zu platt gewesen seien. Deshalb, so überlegt Jensen, vermutet Augustinus hinter diesem Satz „Rühre mich nicht an!" vielleicht ein Geheimnis:[28]

---

[25] *Jensen*, S. 37. – Wir werden zeigen, dass man die geistlich-allegorische Auslegung bis zu Kain und Abel, ja bis zu Mose weiter führen kann.
[26] *Ruschmann,* S. 14. – Frauen mögen nicht vergessen, dass eine Frau auch als die „Urheberin", die Quelle aller Gnaden gilt. Und zwei Männer Jesus verraten haben. Bloße „Geschlechtstheologie" übersieht vieles.
[27] Sermo 232, 2, nach *Jensen*. Die folgenden Gedanken hat *Jensen* entnommen dem Kommentar des Augustinus zum Johannesevangelium, 121. Vortrag.
[28] *Jensen*, S. 38. Sie fügt „eine typologisch/allegorische Deutung" an.

„In jener Frau wurde die Kirche aus den Heiden vorhergebildet, die an Christus erst glaubte, als er schon zum Vater aufgefahren war."

Der große Kirchenvater aus Mailand und Nordafrika lässt aber noch eine zweite Lösung offen: Jesus wolle, dass man ihn geistig berühre, dass man also glaube, er und der Vater seien eins.

„Denn in den inneren Sinnen desjenigen Menschen steigt er gleichsam zum Vater auf, der so in ihm fortgeschritten ist, dass er ihn als dem Vater wesensgleich erkennt … Wahrscheinlich aber glaubte Maria noch nicht so … Wie sollte denn nicht bis dahin ihr Glaube an ihn fleischlich sein, den sie als einen Menschen beweinte?"[29]

Es ist sympathisch, wie menschlich der große Theologe von der Frau aus Magdala gedacht hat.

Augustinus hat zwar einen Kommentar zum Johannes-Evangelium, aber keinen zu einem der anderen Evangelien geschrieben. Man kann bei ihm auch keine „exegetische" Erarbeitung im heutigen Sinn zur Frage der Verschmelzung oder Eigenständigkeit der drei Frauen erwarten. Zu seiner Zeit herrschte die allegorisch-geistliche Deutung der Evangelien vor, deren Ziel überwiegend „paränetisch" war: Ermahnendes Hinführen zu einer Lebensführung, die Christus angemessen ist. Im reichen dogmatischen Schrifttum dieses frühen lateinischen Kirchenlehrers wie auch in seinen Predigten wird man also höchstens beiläufig etwas zur „Identität" der drei Frauengestalten finden.

Nicht viel anders der griechische Kirchenvater Johannes Chrysostomus (344 – 407). Dieser „Goldmund" ebenso tiefer wie stachliger Predigten, der auch Hospize für Arme und Spitäler für Kranke bauen ließ, hat zwar Homilien zur Erklärung und religiösen Auswertung der Evangelien gehalten, die vermutlich mitstenografiert wurden, doch nur zu denen des Matthäus und Johannes. Jensen geht mit zwei Seiten auf ihn ein[30], doch hat sie ihre Darlegungen unter das Thema „Frauenfeindlichkeit" gestellt. So sei bei Chrysostomus von jenem Teil des Frauengeschlechtes die Rede, „der von Gold strotzt", den es am Hof von Konstantinopel zweifellos gegeben habe und der vom mutigen

---

[29] Nach *Gössmann*, S. 56.
[30] *Jensen*, S. 38–39.

Prediger kräftig angewettert werde. Ebenso sei vom Mitleid die Rede, zu dem das schwache Geschlecht neige, von jener Mischung aus Liebe und Neugier, die die Magdalenerin frühmorgens zum Grab habe laufen lassen, von dem sie aber kopflos wieder weggerannt sei ... (Wir werden dem guten Chrysostomus aufzeigen, dass sie im Gegenteil höchst rational und mit klugem Kopf gehandelt hat.) Doch habe Chrysostomus auch den Männern um Jesus kein Ruhmesblatt gemalt, denn sie hätten „ihrer Gefährtin" wohl deshalb nicht geglaubt, weil sie neidisch auf die ihr gewährte Erscheinung gewesen seien. Rücksichtsvoll sei Jesus seinen Jüngern deshalb noch am selben Abend erschienen ...

Wie Augustinus ist auch Chrysostomus ein Kind seiner Zeit. Niemand kann aus seinem Geschichtsrahmen ganz herausspringen. Die uns interessierende Frage nach der historischen Identität der drei Frauengestalten war für die damalige Welt ohne Belang. Nur dann könnten wir bei Chrysostomus zu diesem Thema wenigstens beiläufig etwas finden, wenn er einen Kommentar auch zu Lukas geschrieben und die dort weinende namenlose Sünderin und den nur von Lukas erwähnten Besuch Jesu bei den Frauen Marta und Maria erklärt hätte. Zum Evangelium des Johannes hat Chrysostomus zwar einen Kommentar hinterlassen, aber Jensen geht auf das dortige Kapitel 11 (Jesus in Betanien bei Maria und Marta und Lazarus) nicht ein – vermutlich, weil sie dort prinzipiell nicht nach der Magdalenerin suchen würde. Statt dessen beklagt sie, dass Maria von Magdala weder bei Augustinus noch bei Chrysostomus als „Apostolin" gekennzeichnet und geschildert, ihre Verkündigungsrolle statt dessen „heruntergespielt und uminterpretiert" werde; man habe damals halt Frauen aus missionarischen Aktivitäten zurückdrängen wollen.

Wir wollen später zeigen, dass Maria von Magdala mit gewisser Berechtigung weder Apostolin noch Jüngerin genannt werden sollte, dass andrerseits das Zurückdrängen von Frauen aus „missionarischen Aktivitäten" geschichtlich wohl stimmt, sofern man „missionarische Aktivitäten" auf besagte Ämter beschränkt.

Keine Verschmelzung in ostkirchlicher Tradition

Nach dem Blick auf die lateinische Kirche des Westens legt sich die Frage nahe, wie die Kirche des Ostens mit Maria Magdalena und den ihr ähnlichen Frauen der Evangelien umging?

Die Ostkirche ist den Weg der Verschmelzung der drei unterschiedlichen Frauengestalten nicht gegangen, aus welchen Gründen auch immer. „Die biblische Maria von Magdala wurde hier weiterhin als eine der ‚Salbenträgerinnen' des Ostermorgens, als Jüngerin und erste Osterzeugin verehrt. Bis heute feiert die Ostkirche am 2. Sonntag nach Ostern das Fest der ‚Myrophoren' (Salbenträgerinnen) und am 22. Juli das Fest der ‚Hl. Myrophorin und Apostelgleichen Maria von Magdala'."[31] Der 22. Juli als Fest der hl. Maria Magdalena findet sich seit dem 9. Jahrhundert auch im Römischen Kalender.

Auf den Ikonen der Ostkirche hat die Magdalenerin einen festen Platz. Häufig ist sie unter den „myrontragenden Frauen" zu entdecken, denen der auferstandene Herr erscheint. „Auf dieser Ikone werden außer dem Erlöser, der in einer Mandorla am Grab steht, auch Engel (einer oder zwei) und die myrontragenden Frauen dargestellt. Es sind dies Maria von Magdala, Maria Salome, Marta und Maria (die Schwestern des Lazarus) und Susanne."[32]

Das Geschick dieser Frau in der Liturgie der lateinischen Kirche des Westens ist eigenartig – und, aus der Sicht feministischer Theologinnen, wenig schmeichelhaft für deren Liturgiker. Ursprünglich wurde Maria Magdalena am 30. Juni gefeiert[33], dem „Fest zu Ehren der zwölf Apostel und aller, die in der liturgischen Sprache den Titel Apostel tragen". Im Mittelalter wurde an ihrem Fest noch das Credo gesungen, „was sonst nur bei Apostel- (und Marien-)Festen üblich war"; dieses Credo wurde erst 1955 gestrichen.

Seit der Liturgiereform des II. Vatikanum ist sie ohne Titel. Davor fand man sie im Römischen Messbuch am 22. Juli nicht unter der Rubrik „Weder Jungfrau noch Märtyrerin" – das hätte die Dame vom See Gennesaret lachend verkraftet –, sondern unter der „eigens für sie kreierten Kategorie der *poenitens*, der „Büßerin". Dagegen hätte sie protestiert. Und wir werden ihr Recht geben. Denn die mit dem Namen Maria von Magdala genannte Frau der Evangelien konnte nie Büßerin gewesen sein. Weil sie nicht zu büßen brauchte. Die orthodoxe Liturgie feiert sie unbekümmert als „Erstzeugin der Auferstehung"

---

[31] *Ruschmann*, S. 15.
[32] *Andrej Lorgus / Michail Dudko*, Orthodoxes Glaubensbuch, Eine Einführung in das Glaubens- und Gebetsleben der Russisch Orthodoxen Kirche, Würzburg 2001, hier S. 296 (Kapitel über die Ikonographie).
[33] Dies und das Folgende nach *Jensen*, S. 43f.

und als „Erstverkünderin" der Botschaft von der Auferstehung des Herrn. Diese Begriffe sind exegetisch korrekt, wie wir sehen werden.

Früheste Erinnerungen an die Magdalenerin

Wir haben einen kurzen Streifzug durch einige Schriften von Kirchenvätern des späten sechsten bis herunter ins späte vierte Jahrhundert zu Maria Magdalena vorgenommen, mit einem Abstecher in ostkirchliche Traditionen. Der Streifzug hat womöglich das Interesse an der einen entscheidenden Frage noch gesteigert: Und was war davor? Schauen wir also in die allererste Traditionsbildung über Maria Magdalena. Wir nähern uns dieser Frau, indem wir die Spuren, die sie in der Geschichte hinterlassen hat, sorgfältig zurückverfolgen, vom äußeren Rand bis ins innere Spektrum. Um letztendlich, wenn es möglich ist, ihr selber zu begegnen.

Nach einem ersten Abschluss der Kanonbildung des Neuen Testamentes, ungefähr um das Jahr 100[34], wurden weitere Schriften geschrieben, die Thomas, Jakobus, Petrus, Philippus und andere (Apostel) als Urheber angeben. Die Texte sind jedoch deutlich dem zweiten oder gar dritten Jahrhundert zuzuordnen, sie stammen also nicht aus der Feder der historischen Apostel.

Manche dieser Schriften setzen sich mit der Zeitströmung der Gnosis, der „Erkenntnis", auseinander oder sind von ihr beeinflusst.[35] Andere fallen durch Wundersüchtigkeit und volkstümlichen Erzählstil auf. Wo angebliche Worte und Taten Jesu überliefert werden, erinnern sie zwar an die Evangelien, erscheinen jedoch im Vergleich zu diesen ohne Geist und Sinn Jesu. Dagegen steht ein Interesse der Schreiber im

---

[34] Der Kanon des Neuen Testamentes kam endgültig erst im dritten Jahrhundert zum Abschluss. Dies geschah im Zusammenhang mit dem „geronnenen Ergebnis eines kirchlichen Kommunikationsprozesses" (*Walter Kard. Kasper*), in dem die Kirche die bischöfliche Verfassung in apostolischer Sukzession als die ihr von Jesus Christus gegebene Form erkannte und anerkannte.

[35] Zu „Gnosis" s. auch den Beitrag von *Hans-Josef Klauck*, Die antike Strömung der Gnosis. Erlösung durch Erkenntnis, in: Welt und Umwelt der Bibel (WUB), 3/2007, S. 25 – 27. Die Gnosis ist keine einheitliche Strömung, sondern der immer neue Versuch der Antike, auf Fragen nach dem Ursprung und Ziel der Welt und des Menschen im Zusammenhang mit dem beginnenden Christentum und seiner Offenbarung zu antworten,

Vordergrund, Erfahrungen und Ansichten ihrer Zeit rückzuprojizieren in die Zeit Jesu. Zur Bekräftigung ihrer manchmal eigenartigen Ausmalungen benutzen sie Jesus oder andere Personen, wobei sie mit illustren Details nicht sparen.

Verglichen mit diesen gnostischen Schriften fallen die vier Evangelien durch ihre rationale Knappheit auf, durch ihre Konzentration aufs Wesentliche und durch ihre logische Glaubwürdigkeit.

In dieser Zeit bildete sich natürlich auch eine Kirchenordnung heraus. Im Zusammenhang mit ihr war unter anderem die Frage zu klären, was Frauen bzw. Witwen in der Kirche tun dürften und was nicht. Und hier nun stoßen wir auf ein Phänomen: Die Magdalenerin spielt in diesen Texten eine konkurrenzlose Sonderrolle. In manchen der fiktiven Dialoge, die zur Klärung von Kirchenstrukturen dienen, muss sie den Part der sich unterordnenden Frau übernehmen und also begründen, warum Frauen nicht lehren dürfen. In anderen wiederum begründet sie eher die Gleichrangigkeit von Frauen, denn sie scheint das Gespräch im Kreis der Jünger und Apostel anzuführen. Ja, diese bitten sie sogar um Auskunft.

Die auffallende literarische Sonderstellung der Magdalenerin, die wir in den Apokryphen objektiv greifen können, lässt sich eigentlich nur dann schlüssig erklären, wenn diese Frau schon zu Lebzeiten eine ähnliche Stellung im Kreis der Jünger um Jesus inne gehabt hatte. Die Tradition wusste noch um die bestimmende Rolle der Magdalenerin. Denn es ist auffällig, dass derartige für das Frühchristentum des zweiten bis hinauf ins vierte Jahrhundert weichenstellenden Dialoge ausgerechnet mit ihr, der Frau aus Magdala, besetzt sind.

Auch nicht Johanna, die Frau des königlichen Beamten Chuza, wird in den Apokryphen zu einer Schlüsselfigur. Bauckham meint, von ihr nachweisen zu können, dass diese Johanna mit ihrem Mann im Römerbrief (16, 7) als „Andronikos und Junia" auftauche und also Apostolin gewesen sei.[36] Nicht einmal Petrus, der doch beim Apostelkonzil (Apg 15, 7ff.) vor dem Herrenbruder Jakobus das „letzte Wort" hatte, übernimmt in diesen Apokryphen die entscheidende Rolle. Im Gegenteil, Petrus kommt in manchen der gnostischen Texte gar nicht gut

---

[36] *Richard Bauckham*, Gospel Women – Studies of the Named Women in the Gospels. – Zu Maria Magdalena bringt *Bauckham* eigenartigerweise kein eigenes Kapitel, obwohl sie stets an erster Stelle der Frauen um Jesus genannt wird. Johanna/Junia taucht im Gegensatz zu ihr in den Apokryphen nicht auf. (S. meine Anmerkung 93.)

weg. Er scheint Frauen nicht zu mögen, insbesondere Maria von Magdala als unakzeptable Konkurrentin zu empfinden. Auch im Evangelium nach Petrus (2. Jh.) wird Maria Magdalena, die „Jüngerin des Herrn", die in der Morgenfrühe des Herrentages „mit ihren Freundinnen" zum Grab geht, mehrfach als furchtsam geschildert: sie „fürchtete", die Juden würden sie sehen.[37] Am Ende des Thomas-Evangeliums hören wir einen für jüdisch-gnostische Interpretation typischen Disput, zentriert um die Magdalenerin:

> Simon Petrus sagte zu ihnen: Mariham soll aus unserer Mitte fortgehen, denn die Frauen sind des Lebens nicht würdig. Jesus sagte: Seht, ich werde sie ziehen, um sie männlich zu machen, damit auch sie ein lebendiger Geist wird, vergleichbar mit euch Männern. Denn jede Frau, die sich männlich macht, wird in das Himmelreich gelangen.

Die unseren Ohren befremdlich klingende Begründung findet eine Erklärung in den Logien 21 und 22 des Thomas-Evangeliums. Logion 21 wird durch eine Frage der Magdalenerin (ausgerechnet sie!) an Jesus eingeleitet: „Wem gleichen deine Jünger?" Ist dies eine kritische, leicht zynische Frage? Jesus antwortet, sie gleichen kleinen Kindern, die sich auf einem Feld niedergelassen haben, das ihnen nicht gehört. Am Ende von Logion 22 erklärt Jesus den Jüngern:

> Wenn ihr aus zwei eins macht und wenn ihr das Innere wie das Äußere macht und das Äußere wie das Innere und das Obere wie das Untere und wenn ihr aus dem Männlichen und dem Weiblichen eine Sache macht, so dass das Männliche nicht männlich und das Weibliche nicht weiblich ist und wenn ihr Augen macht statt eines Auges und eine Hand statt einer Hand und einen Fuß statt eines Fußes, ein Bild statt eines Bildes, dann werdet ihr in das (Königreich) eingehen.

Dahinter hören wir Gedanken und Worte sowohl Jesu (Lk 20, 34 und Parallelen) als auch solche des Paulus (1 Kor 15, 35 – 54).

---

[37] Nach *Erich Weidinger*, Die Apokryphen. Aschaffenburg, 1985, hier S. 404. – Das folgende Zitat nach *Beate Blatz*, Das koptische Thomasevangelium, in: Neutestamentliche Apokryphen in deutscher Übersetzung, hrsg. von *Wilhelm Schneemelcher*, I. Band, Tübingen ⁵1987, S. 93 – 113.

Anhand von fünf Quelltexten soll sich der Leser nun selber ein Bild machen, wie die biblische Maria von Magdala in die früheste christliche Tradition eingegangen ist.

Evangelium der Maria

Das „Evangelium der Maria (Magdalena)" ist die einzige Schrift unter 57 apokryphen Texten, die nach einer Frau benannt ist! Der gnostische Text dürfte schon in der Mitte des 2. Jh. n. Chr. verfasst worden sein, nur die Hälfte ist im sahidischen Dialekt des Koptischen erhalten. Er schildert im ersten Teil ein Gespräch Jesu mit seinen Jüngern und im zweiten einen Visionsbericht Marias, in dessen Mittelpunkt ein Seelenaufstieg steht. In der Figur der Maria und des Petrus prallen zwei Welten aufeinander: „Auf der einen Seite Maria, die die trauernden und verzagten männlichen Jünger tröstet und ermutigt, also geradezu an die Stelle Jesu tritt, auf der anderen Seite ein eifersüchtiger, ignoranter Petrus, dem es wie seinem Bruder Andreas nicht gelingt, Marias Worten etwas Positives abzugewinnen, und der um sein Prestige fürchtet."[38] Autorität basiert auf spiritueller Reife, nicht auf Geschlecht oder Amt.

> Da stand Maria auf, küsste sie alle und sprach zu ihren Brüdern: „Weint nicht und seid nicht traurig und zweifelt auch nicht! Denn seine Gnade wird mit euch allen sein und euch beschützen. Vielmehr lasst uns seine Größe preisen, denn er hat uns vorbereitet (verbunden) und uns zu Menschen gemacht."
> Als Maria dies gesagt hatte, wandte sie ihr Herz (ihre Herzen) zum Guten, und sie begannen, über die Worte (des Erlösers) zu diskutieren.
> Petrus sprach zu Maria: „Schwester, wir wissen, dass der Erlöser dich mehr liebte als die übrigen Frauen. Sage uns die Worte des Erlösers, an die du dich erinnerst, die du kennst, wir (aber) nicht, und die wir auch nicht gehört haben."

---

[38] *Bernhard Heininger*, in: WUB 3/2007, S. 51. – Die folgende Übersetzung ist von *Judith Hartenstein*; Das Evangelium nach Maria (BG 1), in: Die Griechischen Christlichen Schriftsteller der ersten Jahrhunderte (GCS), Neue Folge, Band 12, Nag Hammadi Deutsch, 2. Band, Berlin/New York 2003, S. 833 – 844.

Maria antwortete und sprach: „Was euch verborgen ist, werde ich euch verkündigen."

[Es folgt eine Darlegung Marias über einen Traum, den sie hatte, ob man dabei durch die Seele oder durch den Geist sieht; wie sie dabei erkannt hat, dass das ganze Universum frei werden wird; wie die Seele sieben Gewalten oder Genossen des Zorns hinter sich lässt; und wie sie Ruhe erlangen wird im Schweigen.]

Als Maria dies gesagt hatte, schwieg sie, so dass der Erlöser bis hierher mit ihr gesprochen hatte. Andreas aber antwortete und sprach zu den Brüdern: „Sagt, was ihr meint über das, was sie gesagt hat! Ich nämlich glaube nicht, dass der Erlöser dies gesagt hat, denn diese Lehren sind wahrhaftig andere Gedanken!"
Petrus antwortete und sprach über diese derartigen Dinge; er fragte sie (die Brüder) wegen des Erlösers: „Hat er etwa mit einer Frau heimlich vor uns gesprochen und nicht öffentlich? Sollen auch wir umkehren und alle auf sie hören? Hat er sie mehr als uns erwählt?"
Da weinte Maria, sie sprach zu Petrus: „Mein Bruder Petrus, was denkst du? Denkst du, dass ich mir dies allein in meinem Herzen ausgedacht habe und dass ich über den Erlöser lüge?"
Levi antwortete und sprach zu Petrus: „Petrus, schon immer bist du jähzornig. Jetzt sehe ich dich, wie du gegen die Frau streitest wie die Feinde (ihr Feind). Wenn der Erlöser sie aber würdig gemacht hat, wer bist dann du, sie zu verwerfen (verachten)? Sicherlich kennt der Erlöser sie ganz genau, deshalb hat er sie mehr als uns geliebt. Vielmehr lasst uns uns schämen und den vollkommenen Menschen anziehen, ihn uns hervorbringen, wie er uns aufgetragen hat, und das Evangelium predigen, ohne eine andere Regel oder ein anderes Gesetz zu erlassen als das, was der Erlöser gesagt hat." Als (Levi aber dies gesagt) hatte, da begannen sie zu gehen, um zu verkündigen und zu predigen.

Evangelium nach Philippus

Das Evangelium nach Philippus entstand wohl gegen Ende des 2. Jahrhunderts n. Chr. Es wird der valentinianischen Gnosis zugerechnet und wurde 1945 im oberägyptischen Nag Hammadi gefunden. In zwei Logien wird Maria Magdalena nicht nur die „Gefährtin/*koinonos*" Jesu genannt, sondern es heißt, dass Jesus sie mehr liebte als alle Jünger und sie oft auf den Mund küsste. Zwar kann die koptische Bedeutung hinter dem griechischen *koinonos* (*hotr*) „Lebensgefährtin" bedeuten und mit Sexuellem verbunden werden; mehr ins Gewicht fällt die valentinianische „Philosophie" dahinter: Für den Gnostiker besteht das Ziel nämlich in einer Wiedervereinigung des irdischen Menschen (weiblich) mit seinem himmlischen Abbild oder Engel (männlich). Dafür geben Maria Magdalena und Jesus das Muster ab. Der „heilige Kuss" scheint im gnostischen Text eine Art Sakrament zu sein, der die Gnade vollkommener Erkenntnis verleiht.[39]

> Die Sophia, die die Unfruchtbare genannt wird, sie ist die Mutter der Engel und die Gefährtin des Erlösers. Der Erlöser liebte Maria Magdalena mehr als alle Jünger, und er küsste sie oftmals auf ihren Mund. Die übrigen Jünger gingen zu ihnen, um Forderungen zu stellen. Sie sagten zu ihm: „Weswegen liebst du sie mehr als uns alle?" Der Erlöser antwortete und sprach zu ihnen: ... „Weswegen liebe ich euch nicht so wie sie?" (Log. 55, 55b)

> Drei (Frauen) hatten ständigen Umgang mit dem Herrn: Maria, seine Mutter, (seine) Schwester und Magdalena, die seine Gefährtin genannt wird. Seine Schwester, seine Mutter und seine Gefährtin heißen nämlich alle Maria. (Log. 32)

Der „Kuss", der aus dem erotischen Bereich der Liebe herausgelöst wird, könnte von der Gnosis zum Ziel der „Wiedervereinigung" des irdischen Menschen mit seinem himmlischen Abbild umgedeutet und wiedergegeben worden sein.

---

[39] Die vorangestellten Gedanken nach *Heininger*, WUB 3/2007, S. 51f.
Die zwei Logien sind zitiert nach *Hans-Martin Schenke*, Das Evangelium nach Philippus, in: Neutestamentliche Apokryphen in deutscher Übersetzung, hrsg. von *Wilhelm Schneemelcher*, I. Band, Tübingen ⁵1987, S. 148–173.

Hippolyt von Rom

Hippolyt (170 bis 235) stellt die Magdalenerin unter dem Bild der Geliebten des Hohenliedes dar, die verzweifelt ihren Bräutigam sucht – ein Motiv, das von späteren Kirchenvätern gern aufgenommen wurde. Allerdings interpretiert er fälschlich die „andere Maria" (Mt 28, 1) als die Marta, die Schwester des Lazarus. Nachfolgend sein Text:[40]

> „Oh der seligen Frauen, die an Füßen halten, damit er nicht in den Aer emporfliege! Dies rief Maria und Marta, das gerechte Geheimnis wieder durch Salomo ankündigend. ‚Ich lasse dich nicht'[41] emporfliegen. ‚Ich gehe zu meinem Vater'. Trage empor ein neues Opfer, und trage empor Eva, die schon nicht verführte, sondern den Baum des Lebens festhalten wollende ...
> Nimm an Eva, die nicht mit Schmerzen Gebärende! Denn ‚es entfloh Schmerz und Leid und Seufzen.'[42] Nimm wieder an Eva, die fest kräftig lebende und fortan nicht nackende, noch mit Feigenblättern, sondern mit dem heiligen Geist umgürtete und bedeckte, und mit einem guten Gewand angethane, das nicht verderbt werden kann ...
> Nachdem dies aber geschehen, ruft sie ‚Eva' wieder durch die Frauen als gute Zeugen; Und Apostel der Apostel wurden sie, von Christus gesandt. Zu welchen die Engel redeten: ‚Gehet hin und sagt den Jüngern': ‚Er geht vor euch her nach Galiläa'. Aber damit sie nicht von einem Engel gesandt keinen Glauben hätten, begegnet Christus selbst sendend, damit auch Frauen Apostel Christi werden und den Mangel des Ungehorsams der ersten Eva durch den jetzigen zurechtbringenden Gehorsam offenbar machten. O wunderbarer Berater, Eva wird Apostel!
> Schon erkennend die Arglist der Schlange, und fortan verführt sie nicht der Baum der Erkenntnis, sondern den Baum der Verheißung empfangen habend, kostete sie. Von Chris-

---

[40] Das Zitat aus *Jensen*, S. 41f. Sie gibt als ihre Quelle an: „Hippolyt von Rom († 235), Kommentar zum Hohelied (ed. Nathanael Bonwetsch), in: Texte und Untersuchungen, NF 8, 1902, 64–70 (nur in grusinischer Sprache erhalten)."
[41] Vielleicht eine Anspielung auf Gen 32, 27.
[42] Anspielung auf Jes 35, 1–10.

tus der Ehre gewürdigt, begehrte sie eine Speise. Schon hungert und dürstet sie nicht wieder nach der menschlichen Verweslichkeit, nachdem sie die Gemeinschaft der Unverweslichkeit empfangen hat. Jetzt wird Eva eine Gehilfin durch das Evangelium.
Daher auch die Frauen Evangelium verkündigten. Die Ursache aber hiervon, dass die Gewohnheit war der Eva zu verkündigen Irrtum aber nicht Wahrheit. Was dies, bei uns verkündigen Frauen als Evangelium die Auferstehung? Dann erscheint ihnen Christus und spricht: ‚Friede sei mit euch!' Denn ich bin den Frauen erschienen und habe sie euch als Apostel gesandt.
Nachdem dies aber so geschehen, o Geliebte, rühmt sich im Weiteren nach dem Aufhören der Synagoge die Kirche."

Jensen fragt, ob die *Apostolin* Maria von Magdala diese Rolle nur am Morgen des Auferstehungstages innegehabt habe. Sie zitiert Paul-Marie Guillaume[43], der lapidar feststellt: „Wir wissen nichts über ihre Geschichte nach Ostern: Sie hat sich im Lichte Christi aufgelöst." Jensen aber möchte, „dass die Frauen, die Jesus von Anfang an nachgefolgt sind ... auch danach mit den Jüngern das Evangelium verkündeten"; das sei doch wahrscheinlicher als eine „Auflösungstheorie". Ich weise wieder darauf hin, dass nirgendwo im Neuen Testament von Frauen gesagt wird, dass sie „Evangelium verkündeten". Jedoch habe ich vor, eine andere „Auflösung" dieses Geheimnisses zu zeigen.

Pistis Sophia

Der Text, wohl aus dem 3. Jahrhundert, ist in einem koptischen Codex aus dem 4. Jahrhundert enthalten. Er schildert auf Griechisch Unterredungen des im zwölften Jahr nach seiner Auferstehung aus der Äonenwelt auf die Erde zurückgekehrten Christus mit seinen Jüngern. In Wechselreden werden sie belehrt über die Mysterien des Lichts, die Entstehung der Sünde in der Welt, über die Notwendigkeit der Buße und die Bestrafung des Sünders im Jenseits. Unter den Hörern befindet sich auch Maria Magdalena; sie stellt die meisten Fragen (an 67 Stel-

---

[43] Verfasser des Artikels über Marie-Madeleine im Dictionnaire de Spiritualité, ascétique et mystique 10, Paris 1980, Sp. 559 – 575.

len). Sie nimmt neben Johannes eine hervorragende Stellung unter den Jüngern ein, da sie am tiefsten in die Geheimnisse des Herrn eingedrungen sei. Über Petrus sagt sie einmal zu Jesus, sie würde sich vor ihm fürchten, weil er ihr drohe und das Frauengeschlecht hasse. Jesus vertritt vorzüglich die Rechte der Frauen. Maria Magdalena erhält eine Stellung, die in katholischer Tradition nur die Gottesmutter einnimmt: Gesegnet bist du vor allen Frauen. Im Logion 17 spricht Jesus:[44]

> „Maria, du Gesegnete, welche ich in allen Mysterien von der Höhe vollenden werde, rede in *parrēsía*/Offenheit. Du, deren Herz auf das Himmelreich mehr als alle deine Brüder gerichtet ist." (Kap.17)

> Und Petrus stürzte vor und sprach zu Jesus: „Mein Herr, wir werden diese Frau nicht ertragen können, denn sie nimmt von uns die Gelegenheit und hat niemanden von uns reden lassen, sondern sie hält Vorträge viele Male." (Kap. 36)

> „Aber Maria Magdalena und Johannes *parthénos*/der Jungfräuliche, werden vorzüglicher sein als alle meine Jünger und alle Menschen, die Mysterien in dem Unaussprechlichen empfangen werden. Und sie werden zu meiner Rechten und zu meiner Linken sein. Und ich bin sie und sie sind ich." (Kap. 96)

Didaskalía Apostolorum[45]

Der Text ist wohl Anfang des 3. Jahrhunderts in Nordsyrien, vermutlich von einem Bischof jüdischer Herkunft verfasst. Er gibt sittliche Ermahnungen, besonders für Eheleute, Witwen, Diakone. Der Text wurde zur Kirchenordnung ausgebaut und empfahl den Bischöfen, für

---

[44] *Josef Schmid*, in: LThK (1959), Bd. 8, Sp. 524. Die drei Logien werden zitiert nach www.gnosis.org/library/pistis-sophia und nach „Texte und Untersuchungen zur Geschichte der Altchristlichen Literatur", Hrsg. *Oscar von Gebhardt* und *Adolf Harnack*, VIII. Band, Leipzig 1892, S. 451–461.

[45] Das Folgende nach *J. A. Jungmann*, in LThK (1959), Bd. 3, Sp. 371. – Der nachfolgende Text ist übersetzt aus http://www.womenpriests.org/traditio/didasc.asp. – Latein. und griech. Text auch in: Didascalia et Constitutiones Apostolorum, hrsg. von *Franciscus Xaverius Funk*, Paderborn 1905, S. 190f.

bestimmte Dienste an Frauen vorzüglich Frauen als Diakone (Diakonissen) einzusetzen. Ihre Beauftragung hatte also funktionale Motive.

> Es ist deshalb weder recht noch notwendig, dass Frauen Lehrer sind, und dies insbesondere im Blick auf den Namen Christi und die Erlösung seines Leidens. Denn ihr seid nicht dazu ernannt worden, o Frauen, und vor allem nicht die Witwen, dass ihr lehren solltet, sondern dass ihr betet und bittet zu Gott dem Herrn. Denn Er, der Herr Gott, Jesus Christus unser Lehrer, sandte uns die Zwölf, die Menschen und die Heiden zu unterrichten; und da waren mit uns Frauen als Jüngerinnen, Maria Magdalena und Maria, die Tochter des Jakobus und die andere Maria; aber Er sandte sie nicht mit uns, um die Leute zu unterrichten. Denn wenn das erforderlich gewesen wäre, dass Frauen lehrten, hätte unser Meister selbst ihnen befohlen, mit uns Unterweisungen zu geben. (Kap. 15,2)

> Für diesen Fall sagen wir, dass der Dienst einer Frau als Diakon besonders nötig und wichtig ist. Denn auch unser Herr und Retter wurde bedient von Dienerinnen, die Frauen waren, von Maria Magdalena und Maria, der Tochter von Jakobus und der Mutter von Joses, und der Mutter der Söhne des Zebedäus, mit anderen Frauen noch dabei. Und so hast auch du (Bischof) das Bedürfnis nach einem Dienst einer Diakonin für viele Dinge. (Kap. 16,2).

Begnügen wir uns mit diesen fünf gnostisch eingefärbten Texten aus der frühchristlichen Literatur, in denen von Maria Magdalena die Rede ist. Vollständig wäre dieser Überblick für unsere Frage dann, wenn die gesamte außerkanonische Literatur dieser Zeit untersucht und jedwede ihrer Frauengestalten auf ihre jeweilige Rolle und Bedeutung erforscht worden wäre. Das war mir im Rahmen dieses Buches nicht möglich. In den zu Hilfe gezogenen Arbeiten der Fachleute habe ich jedoch keine Hinweise gefunden, dass in irgendeinem Text neben der Magdalenerin noch eine andere Frau in eine auffallend bestimmende Rolle gekleidet worden wäre. Meine Schlussfolgerung scheint mir daher ausreichend gesichert, dass von allen Frauen, die in den vier kanonischen Evangelien genannt werden, in der frühchristlichen Literatur nur Maria Magdalena in diese Rolle literarisch hineingewachsen ist. Diese Rolle stellt sie auf die Ebene der Apostel, lässt sie viele Gespräche führen, sogar den Petrus überragen und gibt ihr eine einzigartige Beziehung zu Jesus, dem Retter. Festgehalten werden soll ebenfalls, dass die zitierte frühchristliche Literatur keine Begebenheit aus dem Leben der Maria von Magdala überliefert, nur eben jene „Tatsache", dass sie die anderen Frauen, sogar die Jünger überflügelte.

„M.M." wird von der Aufklärung zu Papier gemacht

Wie ging es nach diesen ersten frühchristlichen Zeugnissen über die Maria Magdalena mit ihr in der Geschichte weiter?

Bereits in recht früher christlicher Zeit begann die allgemeine Meinung bezüglich der Frage zu schwanken, welche theologische Bedeutung der Magdalenerin beigemessen werden könne – was voraussetzt, dass sie bereits im Blickpunkt stand. Die Frage, ob man es mit einer oder mit drei Frauen zu tun habe, scheint dagegen nicht von Bedeutung gewesen zu sein. Die Kirchenväter gingen bezüglich dieser Frage in ihren Ansichten zunächst auseinander.[46]

Besonders bei Irenäus von Lyon (um 180) und Hippolyt (um 220), später auch bei Augustinus (354 – 430), wird die Magdalenenfigur dann mit einem weiteren biblischen Motiv verbunden: „Ausgehend von der Typologie Adam – Christus und in Parallelisierung des Ostermorgens mit dem Schöpfungsbeginn wurde Maria Magdalena zur neuen Eva. Dies mag auf den ersten Blick vielleicht als Auszeichnung erscheinen, ist aber untrennbar verbunden mit dem Bild der Frau als dem schwachen, verführungsanfälligen Geschlecht und als der Urheberin aller Sünde."[47] Hippolyt von Rom verbindet diese Typologisierung zugleich mit der Rolle der Maria Magdalena und der anderen Frauen am Ostermorgen als Apostolinnen („Apostel der Apostel wurden sie"), was zu einem Frauenbild mit zwei Gesichtern führte, wie der Ausschnitt aus seinem Kommentar zum Hohenlied zeigt.

Erst als Cassian (um 400), Ambrosius (339 – 397), Augustinus und schließlich Papst Gregor der Große (590 – 604) – letzterer durch seine einflussreichen Predigten zur Magdalenerin[48], flankiert durch die just

---

[46] Kirchliches Handlexikon, Hrsg. *Michael Buchberger*, Freiburg 1912, Sp. 822.
[47] Nach *Ruschmann,* S.14.
[48] *Sieglinde M. Ruf,* Maria aus Magdala – Eine Studie der neutestamentlichen Zeugnisse und archäologischen Befunde, in: Biblische Notizen – Beihefte, Nr. 9,

zu dieser Zeit entstehende Legende von der „Maria Ägyptíaca" – die Identität der drei Frauen unproblematisch vertreten, folgt ihnen die lateinische Tradition der Kirche. Weitere Verschmelzungen und „märchenhafte" Identifikationen mögen sich in den kommenden Jahrhunderten hinzufügt haben, bis dieser Prozess um 1265 seinen Höhepunkt in der Legenda Aurea erreichte und bis ins 16. Jahrhundert fortbestand.

Fast 1500 Jahre lang war die Magdalenerin also die eine Frau, die in drei literarischen Figuren im Neuen Testament in Erscheinung trat und dem Volk als Vorbild vorgehalten wurde.

Ihr vorläufiges Ende fand diese Entwicklung mit der beginnenden Aufklärung im Jahr 1521: Jacobus Faber Stapulensis (1517/19)[49], humanistischer Gelehrter der Sorbonne, trat offen für drei verschiedene Marien ein. Das wurde als Angriff auf die geltende kirchliche Lehre empfunden und brachte ihm am 9. November 1521/22 eine Zensur der Sorbonne ein. Doch damit nicht genug. Der aufgeklärte Humanist hatte einen Exegetenstreit entfacht, der 1522 mit seiner Exkommunikation endete und zu einer scharfen kirchlichen Stellungnahme für die unzweifelhafte Echtheit der einen Frau (aus dreien) endete.[50]

Heute dagegen, nach Vorgabe der fast einhelligen Meinung aller Fachleute, ist es Lehre der Kirche, drei verschiedene Frauen anzunehmen bzw. zwei literarische, papierne Duplikate der einen, vielleicht historischen Frau. „Noch am Anfang dieses [zwanzigsten] Jahrhunderts standen sich, grob gesprochen, in der theologischen Forschung die – eher katholischen – Vertreter der Einheitlichkeit der drei Frauen und die – eher protestantischen – Befürworter der Entflechtung von Magdalenenstoff und Magdalenenmotiv gegenüber. Inzwischen herrscht auf beiden Seiten weitgehende Übereinstimmung darüber, dass Maria aus Magdala nicht länger mit der Legendengestalt Maria Magdalena verwechselt werden sollte".[51] Ja, es hat den Anschein, als ob jedwede

---

Hrsg. von *Manfred Görg*, München 1995, hier S. 5. Sie nennt die Homilien XXV und XXXIII.

[49] Kirchliches Handlexikon, Sp. 822. – *Ruf* (S. 6) liefert noch folgende Notizen: „Der Titel seines Werkes lautete wohl ‚De Maria Magdalena, triduo Christi et ex tribus una Maria desceptatio, Parisiis 1518; 1519."

[50] S. *Ruschmann,* S. 19.

[51] *Ruf,* S. 6. – Die Arbeit von *Sieglinde M. Ruf* aus dem Jahre 1995, die von *Ruschmann* (Dissertation 2002) in ihrem Heft für das Katholische Bibelwerk (2004) nicht berücksichtigt ist, halte ich für hervorragend! Einerseits folgt *Ruf*

Reminiszenz an die Magdalenerin, soweit sie nur ein wenig Stoff aus Legenden oder Viten oder Apokryphen verwendet, von der aufgeklärten Exegese allein deshalb schon als unwissenschaftlich und völlig indiskutabel gar nicht erst auf den Tisch der Prüfungen zugelassen würde. Nichts aus Legenden darf in wissenschaftlichen Arbeiten auftauchen. Wer heute mit der These daherkommt, es seien vielleicht doch nicht drei Frauen bzw. zwei papierne Duplikate eines Urtextes gewesen, sondern es gab tatsächlich nur eine historische Magdalenerin, der mag sich gleich draußen bei billigen Romanciers tummeln.

Das wiederum erscheint mir unwissenschaftlich.
Ich bezweifle die Aufgeklärtheit der Aufklärer.
Ich wage den Weg in die umgekehrte Richtung.

Und wenn die „alte Kirche" doch Recht hatte?

An „M.M." entscheidet sich alles

Basierend auf den fünf zitierten Quellschriften und gestützt auf die zitierten Lebensbilder/Viten der Magdalenerin ist es jetzt möglich, eine Schlussfolgerung zu wagen: Wenn als stimmig angenommen werden darf, dass die vorgelegten Texte in ungefähr der zeitlichen Reihenfolge entstanden und aufgeschrieben worden sind, in der sie hier wiedergegeben wurden; wenn weiter vorausgesetzt werden darf, dass diese Texte eine repräsentative Wiedergabe der vorherrschenden Meinung in der sich formenden Kirche waren, dann lässt sich ein Wandel beobachten:

---

im exegetischen Teil ihrer Magisterarbeit der von ihr dargestellten Linie der heute vorherrschenden Überzeugung von eben drei Frauen. Dies ist von Nutzen, da sie in ihrer textkritischen Erarbeitung der biblischen Gestalt der Magdalenerin „Aussagen mit möglichst hoher historischer Wahrscheinlichkeit" zu erreichen sucht.

Zugleich scheint sie weit und breit die einzige Forscherin zu sein, die dem Ort Magdala – und damit auch der Person der Frau aus Magdala – gebührende Aufmerksamkeit gewidmet hat, indem sie nicht nur „vor Ort" war, sondern auch die Ausgrabungsberichte der Franziskanerarchäologen aus den 70er Jahren einer kritischen Würdigung unterzogen hat. Als Folge davon konnte sie eine aufregend neue und zugleich überzeugende Interpretation „der Steine" vorlegen. Ich werde dies immer wieder herausstellen und davon profitieren.

Je näher man am Ursprung ist, desto eher bestand in der sich entwickelnden Kirche zumindest ein Verständnis, wenn nicht gar eine positive Wertung und Annahme der Frau als Lehrerin oder in Leitungsfunktion. Dagegen zeigt der letzte Text (Didaskalía Apostolorum) eine grundsätzliche Ablehnung der Frau als Lehrerin in christlicher Gemeinde. In dieser Schrift treten nun auch andere Frauen an die Seite der Magdalenerin. Die Begründung dafür, dass sie nicht „Lehrerin" sein sollen („Jesus hat sie nicht mit uns ausgesandt, das Volk zu lehren"), ist durchaus korrekt, wie wir später sehen werden.

Worauf wir unser Augenmerk jetzt richten wollen, ist nur dieses eine, wahrlich Verwunderliche: Die sich wandelnde Lehre der Kirche wird vor allem mit Hilfe der Frau aus Magdala durchexerziert. Das jeweilige „Dafür" oder „Dagegen" wird mit literarischem Rückgriff auf ihre Person und ihre Persönlichkeit begründet. Etwas Ähnliches ist von anderen Frauen nicht bekannt. Auch nicht von der Johanna, die, wäre sie denn die Junia aus dem Römerbrief, Apostel gewesen wäre. Unabhängig vom dogmatischen und historischen Wert der apokryphen Texte (und Legenden) scheint eines aus ihnen sicher hervorzugehen: Zumindest als literarische Figur hat die Frau aus Magdala eine führende, wenn nicht gar eine einzigartige Rolle in der Formung der sich ordnenden jungen Kirche der ersten Jahrhunderte inne. Diese Tatsache reicht, um nach dem Grund zu fragen, warum gerade diese Frau zu dieser entscheidenden Figur avancierte.

Muss die Frau von Magdala als eine der Begleiterinnen Jesu nicht schon zu ihren Lebzeiten eine herausragende Rolle innegehabt haben, die sie gegenüber den anderen Frauen und Männern hervorhob? War sie so bedeutsam gewesen, dass sie sogar in Konkurrenz zu den männlichen Aposteln gestellt werden konnte? Nur dann, so scheint mir, würde einsichtig, warum sie in den Texten der frühchristlichen Tradition eine derart zentrale Rolle spielt. So zentral, dass mit dieser literarischen Person Kirchenfragen entschieden werden konnten.

Dann wäre auch verständlich, warum schon in früher christlicher Zeit das Bedürfnis entstanden ist, mehr über diese Frau zu wissen, als die Evangelien in ihrer geradezu kühlen Knappheit zu erkennen gaben. Oder wollten die Evangelien etwas verbergen? Denn die Maria Magdalena der Evangelien redet bis zum Ostermorgen kein einziges Wort! Die Magdalenerin der Apokryphen dagegen wird als äußerst redefreudig gezeichnet: „Sie redet mehr als die Apostel!"

Fabulieren die einen oder vertuschen die anderen?

„Literarische Verschmelzungen" mit Löchern und Flicken

Eine natürliche Neigung beim Homo sapiens besteht im Ausfüllen von Leerräumen. Das tun Kinder beim Malen; Filmregisseure, wenn sie sich Unmögliches einfallen lassen. An „Leerräumen" arbeiten Wissenschaftler monatelang ganze Nächte hindurch, immer den Nobel-Preis vor Augen; über Leerräumen grübeln Kriminologen, um Lücken in einem Mordfall zu füllen und den Täter zu finden. Ähnliches tun unzählige Leser von Kreuzworträtseln und irgendwie auch die Graffiti-Maler. Leerräume füllen die Esoteriker und die Fundamentalisten. Und ebenso jene Menschen, die gutgläubig jemanden als einen Heiligen verehren, von ihm aber wenig wissen – also füllen sie die Leerräume seines Lebens nach ihren Vorstellungen aus.

Solches „Auffüllen" sei, meint die Fachwelt, auch bei der Frau aus Magdala geschehen. Man wusste etwas von ihr, Anziehendes oder Anzügliches, aber das meiste kannte man nicht mehr. In der schriftlichen Überlieferung der vier Evangelien boten sich zwei Frauenfiguren an, deren Charaktere und Verhaltensweisen denen der Frau aus Magdala frappierend ähnlich schienen. Sie luden geradezu ein, die Figuren miteinander zu vermischen: Die der namenlosen Sünderin in Lukas 7 und ebenso die der Schwester der Marta und des Lazarus, Maria aus Betanien. Nun geschah etwas, was aus der Entstehung der Geschichte des Alten Testamentes (und anderswoher) genügend bekannt ist: Diese drei Figuren wurden als identisch erklärt. Sie wurden auf dem Papier „verschmolzen" und als ein und dieselbe Frau angesehen: Maria von Magdala war auf einmal auch die Sünderin, die Jesus beim Pharisäer Simon die Füße salbte, und diese war zugleich die Schwester der Marta und des Lazarus aus Betanien.

Die moderne Exegese hat diesen Verschmelzungsprozess[52] als zwar verständliche, aber eben doch von allzu menschlichen Wünschen produzierte, reine Erfindung verworfen. Sie verweist darauf, dass nur eine der Frauen mit dem Namen „Maria" den Zusatz „aus Magdala" erhalten habe. Nur diese also sei die Magdalenerin.

---

[52] S. *Ruschmann*, S.13. – Oder *François Bovon* in: Evangelisch-Katholischer Kommentar (EKK) zum Neuen Testament, Das Evangelium nach Lukas, 1. Teilband, Zürich/Neukirchen-Vluyn 1989, S. 399: „Besessenheit durch sieben Dämonen wird von Jesus und wohl allgemein von den Juden als besonders schlimm angesehen ... Diese Präsentation der Maria verbietet ihre Identifikation mit der Sünderin von Lk 7, 36 – 50." (Vgl. Anm. 196.)

Wenn also, so erklärt sie, die namenlose Sünderin in Lk 7 bei ihrem Auftreten mit der Salbe, mit ihrem Weinen, dem Abwischen der Füße Jesu usw. der Maria von Betanien in Joh 12, die ebenfalls Jesu Füße salbt und wischt, ähnlich sähe, so lägen hier nichts anderes als literarische Abhängigkeiten vor. Oder literarische Verdoppelungen, indem die spätere Tradition aus einer einzigen historischen Szene noch weitere auf dem Papier gestaltet habe. Nur dies allein sei als Problem zu klären, und zwar als Problem der Traditionsgeschichte des Textes. Interessant sei dabei einzig die Frage, wer auf welche Weise von wem und wann dies und das erfahren und in seine Redaktion des Evangeliums übernommen habe. Hat also Johannes etwas von Lukas oder umgekehrt Lukas etwas von Johannes übernommen? Oder beide etwas von Markus? Oder aus der Quelle Q?

Das Gleiche gelte für die Maria in Lk 10, 39: Ihr Sitzen zu Füßen Jesu sei als literarische Verschmelzung zu erklären, vermutlich mit dem Text bei Johannes 12 oder vielleicht auch mit Markus 14. Und natürlich sei dieses Dorf nicht Betanien gewesen, denn das wäre ja gesagt worden. Und überhaupt seien diese beiden anderen Frauengestalten in keiner Weise identisch mit der, die Magdalenerin genannt werde, das sei reine Verschmelzung, unwissenschaftlich aus Wunschdenken der breiten Masse geboren.

Mit dieser Art von Antwort übergeht die aufgeklärte Exegese jedoch stillschweigend die nicht unbegründete Gegenfrage, ob der „Erfindung" der Identifikation der drei Frauen in frühchristlicher Zeit *nur* menschliche Wunschvorstellungen und Fantasien zugrunde gelegen haben (was zu beweisen wäre) oder ob wir es vielleicht doch mit einem Gemisch aus Erfindungen *und* Tatsachen zu tun haben – was ebenfalls zu beweisen wäre!

Rein logisch folgt nämlich aus der Tatsache, dass nur eine der Frauen mit dem Namen „aus Magdala" überliefert wird, nicht zwingend, dass in der zusammenlegenden Interpretation der drei Frauengestalten zu einer einzigen (oder der Verdoppelung einer Szene in mehrere) eine „fantasievolle Erfindung" vorliegen *muss*. Die Exegeten kennen nämlich zahlreiche Texte, wo der wahre Schreiber sich hinter dem Namen eines berühmten anderen verbirgt, etwa bei den „Psalmen Davids" oder der „Weisheit Salomos". Oder wo überhaupt kein Name genannt wird, etwa in Mk 14, 51f: Hinter dem namenlosen, nackt davonlaufenden jungen Mann vermutet die gesamte Tradition den späteren Evangelisten Markus. Und wenn umgekehrt der Evangelist Lukas von Josef, dem Mann Mariens, sagt, er stamme aus Betlehem, aus dem Haus und

Geschlechte Davids (Lk 2, 4), so glaubt ihm das heute kaum ein Exeget. Und wenn bei Markus/Matthäus eine Salbung im Hause „Simons" des Aussätzigen stattfindet, fragen tatsächlich anerkannte Exegeten (ich werde später darauf zurückkommen), ob das nicht der Pharisäer Simon aus Lukas 7 sein könnte.

Die anderslautende oder ähnliche Nennung eines Namens, oder auch die Nichtnennung oder sogar die genaue Nennung eines Namens ist für die moderne Wissenschaft aus sich heraus noch kein Beweis für geschichtlich-historisch richtig oder falsch, identisch oder nicht.

Ich werde in Kapitel V, 3 eine famose Kuriosität präsentieren. Ich werde den exegetischen Beweis erbringen, dass die Zusatzbezeichnung der einen Maria mit *aus Magdala* selber darauf hinweisen will, dass diese Frau gerade *nicht* aus Magdala stammt!

Die ganze Geschichte, wie die Magdalenerin in die Tradition eingegangen ist, könnte auch ganz anders abgelaufen sein:

Anfangs, zur Zeit der Apokryphen, wusste man noch, dass die vier Evangelien von nur einer einzigen Frau sprechen, wenn sie die drei Szenen erzählen: Namenlose Sünderin beim Pharisäer Simon (Lk 7), Besuch Jesu bei den Schwestern Maria und Marta (Lk 10), Salbung Jesu in Betanien durch eben dieselbe Frau (Joh 12 und Parallelen bei Markus und Matthäus).

Doch diese noch gewusste reale Einheit der einen Frau in drei Szenen geriet, aus welchen Gründen auch immer, relativ bald nach der apostolischen Zeit mehr und mehr in den Hintergrund des Wissens. Vielleicht auch deswegen, weil der Name dieser Frau oft gar nicht genannt wurde. Wie ja auch Matthäus und Markus bis zum Ende ihrer Evangelien verschweigen, dass da viele Frauen Jesus und ihnen, den Aposteln und Jüngern, gedient haben. Was sie nichtsdestotrotz wussten! Die eine Frau blieb nur undeutlich und in unsicheren Traditionen erhalten, bis die ursprüngliche Gewissheit in wissenslose Fantasie umgeschlagen war. Erst Jahrhunderte später, in anderen Kulturräumen und unter völlig neuen kirchlichen Gegebenheiten, erfolgte eine Identifikation der drei literarischen Frauengestalten, vermutlich sogar aus falschen Motiven, in der Sache jedoch korrekt.

Den Wissenschaftlern von heute mutet dies Ergebnis jedoch wie ein Märchen an. Und da sie keine ausreichende Beweisführung sehen (Legenden sind eben keine Wissenschaft), behaupten sie einfach den bekannten Prozess der Verschmelzung.

Übrigens: Prinzipiell ist auch eine tatsächlich geschehene Wirklichkeit nicht davor gefeit, in späteren Zeiten durch Übermalungen und Dazudichtungen derart übertüncht zu werden, dass sie schließlich wie gänzlich erfunden erscheint, z. B. die „Heiligen Drei Könige" oder der „Stern von Betlehem".[53]

Mit anderen Worten: Die heute als verbindlich vorgelegte These, es handle sich bei den genannten drei literarischen Frauengestalten der Evangelien auch um tatsächlich drei verschiedene Frauen bzw. um literarische Duplikate einer nur einzigen Begebenheit, ist in Wirklichkeit ähnlich hypothetisch wie die bis ins 16. Jahrhundert herrschende Ansicht, die aus der Ähnlichkeit der drei Frauen ableitete, es handle sich um ein und dieselbe Person. Für die eine wie die andere Position müssen deutliche Beweise auf den Tisch.

Maria von Magdala nur in der auch so genannten Frau zu sehen, ist durchaus eine Möglichkeit, die Gründe für sich in Anspruch nehmen kann. Doch diese These ist nicht schon selbstverständlich die Wahrheit. Vielleicht kann man ebenso gute Sachgründe – und nur um solche geht es in diesem Buch – auch für die andere Hypothese anführen, nach der die Frau aus Magdala uns tatsächlich auch in den zwei anderen, namentlich nicht so überlieferten Frauen begegnet.[54]

Dabei bin ich auf etwas Auffälliges gestoßen:

Es werden in der heutigen Fachliteratur gar nicht so viele Sachargumente genannt, warum die drei literarischen Frauenfiguren auch drei tatsächlich verschiedene Frauen gewesen seien *müssen*. Oder warum es sich um nur eine einzige Begebenheit gehandelt haben könne, die in späterer Tradition verdoppelt oder verdreifacht worden sei.

Die Fachleute sehen natürlich die Ähnlichkeiten in den Evangelien, aber sie akzeptieren sie nur auf der Ebene der geschriebenen Texte, des Papiers, nicht auf der des gelebten Lebens. Ihr immer wieder angewandtes Erklärungsmodell der vielfachen literarischen Ab-

---

[53] *Christoph Wrembek*, Quirinius, die Steuer und der Stern – Warum Weihnachten wirklich in Betlehem war, Innsbruck 2006/Topos plus 612.
[54] *Gössmann*, S. 69, legt sich folgendermaßen fest: „Als Mediaevistin glaube ich bei all meiner Liebe zum Mittelalter nicht, dass die Mischgestalt der Magdalena, die wir als kulturelles Phänomen nicht rückgängig machen können, eine Zukunft hat." – Nicht als mittelalterliches Phänomen, sondern als historische Gestalt der Zeit Jesu möchte ich diese Frau lebendig machen und ihr eine Zukunft geben, die ihrer wirklichen Vergangenheit entspricht.
In der englischsprachigen Literatur ist vor allem auf das Werk von *Susan Haskins* hinzuweisen, die den Gang der Magdalenerin durch Kultur und Geschichte erforscht hat, etwa in „Mary Magdalen: Myth and Metaphor".

hängigkeiten und Beeinflussungen hat jedoch Lücken. Und die müssen mit neuen Hypothesen geflickt werden. Das aber macht die ganze Konstruktion nicht stabiler. Manchmal begnügen sich ihre Befürworter mit der lapidaren Feststellung, dass diese Frau „nicht identisch" sei mit der Magdalenerin; oder dass man nicht wisse, woher Lukas oder Johannes diese oder jene „Ausmalung" genommen habe; oder was der Evangelist überhaupt mit dieser Szene habe sagen wollen. Ich werde bei den einzelnen Texten darauf zurückkommen.

Damit stellen sich uns fünf Aufgaben:

Erstens ist zu klären, was der griechische Text der Evangelien wirklich sagt bzw. was der Evangelist tatsächlich sagen wollte.

Zweitens ist anhand der Texte und mit Hilfe unseres Wissens kritisch zu klären, was als historische Tatsache der Zeit Jesu gelten darf.

Drittens, was durch logische Schlussfolgerung aus diesen Tatsachen ebenfalls als gesichert gelten darf.

Viertens, was als sich nahelegende Vermutung, welche die uns bekannten gesellschaftlich-religiösen Umstände jener Zeit angemessen berücksichtigt, die Qualität einer gut begründeten Wahrscheinlichkeit erreicht, ohne deswegen absolut sicher zu sein.

Und schließlich Fünftens, was sich aus unserem allgemeinen Wissen über die damalige Zeit als eine Möglichkeit unter mehreren in die Leerräume einfügen ließe, um das Ganze zu einem stimmigen und lebendigen Bild werden zu lassen.

Wir kennen heute den „Ötzi", den Mann aus dem Eis, der 1991 im abtauenden Gletschereis des Similauns in Südtirol entdeckt wurde. Als die wissenschaftliche Forschung die Bedeutung der Mumie begriff, bemühten sich verschiedenste Forschungsrichtungen, sowohl den Weg dieses Mannes, den er vor 5000 Jahren (lange vor Abraham) hinaufgestiegen war, zu rekonstruieren als auch seine Motivation für diesen Aufstieg und die besonderen Umstände seines Sterbens herauszufinden, und sogar sein tatsächliches Aussehen wiedererstehen zu lassen. Ohne ein Zusammenspiel von Fantasie und kritischem Wissen, von Schlussfolgerungen und Vermutungen wäre das nicht möglich geworden. Eine Interpretation, die nur ein entweder historisch richtig oder gänzlich falsch kennt und dies als wissenschaftlich aufgeklärt verkauft, wird der Wirklichkeit in ihren vielen Schattierungen nicht gerecht.

Auf jeden Fall sind zwei Dinge bei der Magdalenerin deutlich erkennbar und gesichert: Die Frau aus Magdala spielte erstens eine sehr bedeutsame Rolle, für uns greifbarer zunächst in ausmalenden „Erfindungen" (?) der apokryphen Literatur der frühen Christenheit. Diese setzen jedoch logisch voraus, dass die Magdalenerin in ihrem tatsächlichen Leben im Umkreis Jesu bereits bedeutsam gewesen sein muss. Das Neue Testament bringt dies dadurch zum Ausdruck, dass es Maria Magdalena immer an erster Stelle nennt, wenn von der Gruppe der Frauen die Rede ist.

Zweitens muss etwas dahinter stecken, dass in späterer Zeit gerade diese Frau zur Identifikationsfigur wurde und nicht eine der anderen uns bekannten: Nicht Marta von Betanien, die so viel mit Jesus gesprochen hat; nicht die namenlose Samaritanerin am Brunnen von Sychar, der Jesus sein tiefstes Denken offenbart hat; nicht Maria, die Frau des Kleophas, die immerhin die Schwester der Mutter Jesu genannt wird; nicht Johanna, die vermögende Frau gar eines hochrangigen Finanzverwalters (*epítropos*) des Herodes, die manche Forscher schon als Apostolin eingestuft haben – von Maria, der Mutter Jesu ganz zu schweigen. Wenn in den Apokryphen gerade Maria von Magdala zur Identifikationsfigur emporstieg, dann kann dies nur die hervorgehobene Stellung dieser Frau bereits in ihrem Leben widerspiegeln.

Wenn das aber der Fall gewesen ist, dann deutet sich, wie in einem guten Kriminalfall, noch ein anderer Gedanke als zumindest möglich an: Die Apostel und Evangelisten wussten um die Bedeutung der Magdalenerin! Und sie wussten ebenso, dass in den drei genannten Szenen immer nur die eine und selbe Frau auftrat. Daher die Ähnlichkeiten in der Überlieferung der Evangelien.

Aber sie wollten diese Frau verbergen.

Warum?

III. DIE FRAU MIT DEM NAMEN „MARIA VON MAGDALA"

Nähern wir uns der Magdalenerin – nach Legenden und Lebensbildern, nach frühchristlicher Literatur und gnostischem Schrifttum – jetzt in einem vierten Schritt, indem wir in geläufigen Übersetzungen des Neuen Testamentes jene drei Stellen anschauen und bedenken, an denen eine Frau ausdrücklich mit dem Namen „Maria aus Magdala" vorgestellt wird.

Doch zuvor möchte ich den Leser einen flüchtigen Blick auf jene vier Stellen werfen lassen, in denen eine Frau ohne Namen oder mit Namen „Maria" auftritt, hinter der die Magdalenerin möglicherweise gemeint sein könnte. Was teilen die Autoren der Einheitsübersetzung zu diesen vier unidentifizierten Frauen als erklärende Anmerkung mit? Es sind die folgenden: Die namenlose Sünderin in Lk 7. Sodann Jesu Besuch bei zwei Schwestern in einem namenlosen Dorf, eine der beiden heißt Maria, Lk 10. Ferner die Salbung Jesu im Haus Simons des Aussätzigen, wo eine namenlose Frau den Herrn salbt, Mk 14 und Mt 26. Schließlich die Salbung in Betanien, wo Maria, die Schwester der Marta und des Lazarus, Jesus salbt, Joh 12.

Bei Lk 7, 36–50 (hier spielt die namenlose Sünderin beim Pharisäer Simon die Hauptrolle) findet der Leser keine Bemerkung. Erst recht nicht bei Lk 10, 38–42 (Jesus bei Marta und Maria in „einem Dorf"). Zur Salbung durch eine namenlose Frau im Haus Simons des Aussätzigen (bei Mk und Mt) gibt es ebenfalls keine Erklärung. Zu Joh 11, 1–16 (Jesus im Gespräch mit Marta und Maria in Betanien bei der Erweckung ihres Bruders Lazarus) vermerkt die Fußnote zu Vers 2, wo es heißt: „Maria ist die, die den Herrn mit Öl gesalbt und seine Füße mit ihrem Haar abgetrocknet hat": „Diese Maria (vgl. 12, 3) ist zu unterscheiden von der Sünderin (Lk 7, 37f.) und von Maria aus Magdala. Es handelt sich um drei verschiedene Frauen." Ein Grund, warum es sich um drei verschiedene Frauen handle, wird nicht genannt. So weit die Einheitsübersetzung.

Ähnlich ist es mit der Jerusalemer Bibel:
Sie vermerkt zu Lk 7, 37: *„eine Frau* Höchstwahrscheinlich nicht Maria von Magdala, 8$_2$, und noch weniger Maria, die Schwester der Marta, 10$_{39}$; Jo 11$_{1.2.5}$; 12$_{2-3}$". Zu Joh 11, 2 sagt die Anmerkung folgerichtig: *„Maria* Höchstwahrscheinlich nicht die Sünderin von Lk 7$_{37}$."

Auch hier wird kein Grund für die Nicht-Identität angegeben. Die Formulierung „höchstwahrscheinlich" lässt jedoch einen Spalt für Diskussion offen.

Nehmen wir noch ein geläufiges Bibel-Lexikon zur Hand.[55] Dort steht unter dem Stichwort „Maria" zu der uns interessierenden Problematik einer Identifikation der M. Magdalena mit den zwei anderen Maria Folgendes:

„Viel diskutiert ist die Frage der Identität von M.M. mit M. von Betanien ... und der Sünderin von Lk 7, 36–50 ... Die Identifikation gründet in der Nähe von Lk 8, 2 zu 7, 36–50 und in der irrigen Beziehung von Jo 11, 2 auf diese Erzählung. Dagegen versucht die neuere Literatur zumeist die Verschiedenheit der Frauen zu erweisen. Insofern dabei mit historischen Unterschieden der Salbungsgeschichten und der unterschiedlichen Psyche der Frauen argumentiert wird, dürfte die alte Überlieferung aber richtiger sein: Den drei Fassungen Mk 14, 3–9/Mt 26, 6–13, Jo 12,1–18, Lk 7, 36–50 liegt eine einzige Tradition zugrunde, die sich schon in der mündlichen Überlieferung verschieden entfaltet hat (so Mk und Jo) oder deren Motive in anderes Erzählgut eingedrungen sind (so Lk 7, 36–50). Dass die salbende Frau M.M. war, ist den Evangelien jedoch nicht zu entnehmen und durch die Unterscheidung von M.M. und M. von Betanien in Jo (vgl. auch Lk 8, 2 und 10, 39) eher ausgeschlossen."

Das Bibellexikon favorisiert also die Hypothese von der „Verdopplung": Eine ursprünglich und historisch einzige Begebenheit (und Frau) wurde später in drei Szenen literarisch ausgemalt. Die Formulierung „eher ausgeschlossen" deutet jedoch vage den noch hypothetischen Charakter dieser Auffassung an. Das lässt eine kleine Chance für begründetes Nachfragen.

Denn worauf sich die Behauptung stützt, dass eine Bezugnahme von Joh 11, 2 auf Lk 7, 36–50 „irrig" sei, wird nicht gesagt. Und ob Johannes zwischen „M.M." und „M. von Betanien" tatsächlich unterscheidet, wäre erst genau zu untersuchen – und dabei werde ich exegetisch aufzeigen, dass Johannes ganz im Gegenteil die Identität der M. von Betanien mit der „M.M." genau ausspricht!

Die Erklärung, eine ursprüngliche Tradition von einer Begebenheit habe sich in zwei (oder drei oder vier) Erzählungen hinein entfaltet, ist zunächst nur eine neue Behauptung und besitzt nicht mehr Qualität als die Hypothese von der Verschmelzung.

---

[55] *H. Haag* (Hrsg.), Bibel-Lexikon, Einsiedeln Zürich Köln ²1968, Sp. 1098f.

Jedenfalls ist die Diskussion keineswegs beendet.

Warum?

Zu auffällig, wenn nicht gar verdächtig ist nämlich, dass von den Fachleuten keine einzige positive Begründung *für* eine Identität der drei Frauengestalten wenigstens versucht wird. Ja mehr noch: Diese Variante wird nicht einmal objektiv als mögliche Hypothese auf den Tisch gelegt. Man gewinnt somit den Eindruck, vor dieser zumindest theoretischen Möglichkeit verschlössen alle Fachleute die Augen – und nähmen lieber zu schwierigen Ersatzkonstruktionen Zuflucht.

Das weckt Neugier.

Warum tun sie das?

1. Lk 8, 2-3: Maria Magdalena – die Erste in der Gruppe von Frauen, die Jesus und den Jüngern diente

Ganz solide gehen wir nun einen Schritt weiter. Wir wenden uns jenen drei Stellen zu, wo die Evangelien von einer Frau mit dem Namen „Maria von Magdala" berichten. Wir werden genau hin„schauen" und reflektieren, ob wir aus dem griechischen Text und dem Profil dieser Frau Rückschlüsse ziehen dürfen, die uns weiterführen.

Während die Synoptiker Markus und Matthäus die Magdalenerin und weitere Begleiterinnen Jesu erst bei der Passion Jesu erwähnen, wie sie dort mit wenigen anderen beim Kreuz gestanden hätten, bringt Lukas mitten in seinem Evangelium eine kurze Notiz von einem Dienen mehrerer Frauen, darunter der Magdalenerin.[56] Bei Gelegenheit der Kreuzigung fügen dann auch Markus (15, 41) und Matthäus (27, 55f.) wie beiläufig die Erinnerung an die Tatsache ein, dass diese Frauen Jesus schon seit Galiläa nachgefolgt seien. Aber wiederum nur Lukas erwähnt ein zweites Mal (durch den einen der beiden Emmausjünger, Lk 24, 22), dass diese Frauen „aus unserem Kreis" waren (*ex hēmōn*, aus unserer Mitte, von uns).

Wie sehr sie zum Kreis der Jünger gehörten, erhellt ferner aus der Notiz bei der Begegnung der Frauen mit dem Auferstandenen (wieder bei Lukas 24, 8), wo die „Männer" (Engel) die Frauen auffordern, sich zu „erinnern", was Jesus früher geredet hätte. Dann heißt es: „Sie erinnerten sich seiner Rede." Was einschließt, dass sie bei der Verkündigung Jesu an verschiedenen Orten dabei waren und zugehört und den Sinn der Verkündigung verstanden hatten! Sie, Frauen, sind also bei Lukas die ersten, die verstehen und das alles den Elfen „verkündigen"/*apēggeilan*.

Ebenso aufmerksam hatte nur Lukas an geeignetem Ort seines Evangeliums bereits berichtet, dass Frauen Jesus dienten. In einer

---

[56] Ohne Lukas wüssten wir auch von Maria, der Mutter Jesu, fast gar nichts! Ich werde belegen, dass Lukas Respekt vor Frauen und ihrem Engagement hatte. (Gegen *Schüngel-Straumann*, S. 15, die Lukas unterstellt, die „Rolle der männlichen Jünger zu beschönigen und die Funktion der Frauen herabzusetzen".) Wenn bei Lk 8, 21 die „Schwestern" fehlen (im Gegensatz zu Mk 3, 35 und Mt 12, 50), muss dies nicht ein Beleg für die Frauenfeindlichkeit des Lukas sein, es kann aus anderen Umständen erklärt werden. Im Schlusskapitel werde ich solche anderen Umstände aufzeigen.

„Sammelbeschreibung" teilt er etwas grundsätzlich Allgemeines nicht nur zu Jesu Art der Verkündigung mit, sondern auch von Frauen, die mit ihm und den Jüngern waren. Der Text (Lk 8, 1–3) lautet:

> ¹ In der folgenden Zeit wanderte er von Stadt zu Stadt und von Dorf zu Dorf und verkündete das Evangelium vom Reich Gottes. Die Zwölf begleiteten ihn, ² außerdem einige Frauen, die er von bösen Geistern und von Krankheiten geheilt hatte:
> Maria Magdalene, aus der sieben Dämonen ausgefahren waren,
> ³ Johanna, die Frau des Chuzas, eines Beamten des Herodes, Susanna und viele andere. Sie alle unterstützten Jesus und die Jünger mit dem, was sie besaßen."

So die Einheitsübersetzung. Sie übersetzt in diesen drei Versen drei Worte falsch. Bevor wir uns das griechische Original anschauen, was da wirklich steht, erlaube ich mir, aus diesen Versen und den oben genannten bei Markus und Matthäus eine erste, unbezweifelbare Schlussfolgerung zu ziehen:

Wenn eine Gruppe von Frauen Jesus und den Jüngern schon von Galiläa ab gedient hat, was Markus und Matthäus erst gegen Ende ihres Evangeliums als Tatsache bestätigen, wenn diese Frauen zum Kreis der Jünger gehörten, wie wir aus der Bemerkung des Emmausjüngers erfahren, wenn diese Frauen Jesu Verkündigung vom Reich Gottes genauso gehört (und verstanden) hatten wie die Jünger, dann konnten diese Frauen, historisch betrachtet, nicht unbekannt geblieben sein! Im Gegenteil: Jeder, der von der Jesusbewegung hörte, hörte auch vom Dienst dieser Frauen. Dies ist schon deswegen klar, weil es damals recht auffällig war, wenn Frauen in einer solchen religiösen Bewegung, die von Männern dominiert wurde, mitgingen. Dann aber wusste auch die gesamte Überlieferung, allen voran die Apostel und Evangelisten, von diesen Frauen und ihrem Dienen.

Und sie kannten natürlich auch ihre Namen.

Daraus folgt, so scheint mir, dass das Interesse heutiger Forscher nicht primär der Frage gelten kann, woher Lukas wohl seine Namensliste dieser Frauen habe – deren Namen kannten alle. Viel mehr müsste sie die Frage interessieren, warum die anderen Evangelisten diese Frauen, ihre Namen und ihren Dienst so lange verschwiegen haben? Warum berichten sie davon erst unter dem Kreuz und dann wie beiläufig? Obwohl sie von deren Dienst seit Galiläa natürlich wussten! Sie hatten ja davon profitiert. Was oder wen wollten sie verbergen?

Eine kaum glaubliche Herabstufung

Getreu unserer Absicht schauen wir nun genau hin, was Lukas in zweien seiner Verse an dieser Stelle über die Frauen alles an Tatsachen mitteilt. Das ist nämlich viel. Unglaublich viel. Aber es wird kaum beachtet und bedacht.

Jesus verkündete die frohmachende Botschaft vom Reich Gottes (Schürmann übersetzt mit „Königtum Gottes", Schnackenburg mit „Gottes Herrschaft und Reich"), jene alles überschreitende Liebe Gottes, des Vaters aller Menschen, die in der Person Jesu, in seinem Leben, seinem Tun, seinen Worten sichtbar, berührbar, erfahrbar und gewiss wurde. Die Zwölf begleiteten ihn. Jesus hatte sie namentlich ausgewählt, dass sie „mit ihm" seien, eingebunden in seine Verkündigung[57], mit ihm eine Einheit bildend, aus der sie lernen sollten.

In diesem Zusammenhang berichtet Lukas von einer weiteren „Überschreitung" Jesu: Der Mann aus Nazaret lässt auch Frauen zum offiziellen Kreis derer dazugehören, die „mit ihm" sind, ihn begleiten. Von einer eigenen Berufung von Frauen hören wir allerdings nichts in den Evangelien. Doch das „mit ihm/*syn autō*" der zwölf Männer wird durch ein ebenso bedeutsames wie einfaches „und/*kai*" ausgedehnt auf „einige/viele/*tines* Frauen", von denen wir nun auch Namen hören wie von den Aposteln. Und ähnlich wie bei diesen und anderen Jüngern ist auch die Zugehörigkeit der Frauen zu Jesus mit einer Funktion verbunden.

Die Einheitsübersetzung jedoch macht aus dem „und" des Evangelisten unerklärlicherweise ein „außerdem" (… einige Frauen), was auch noch durch ein Komma vom vorangehenden Text abgesetzt wird.[58] Das Komma steht zwar auch im griechischen Text von Nestle-Aland, doch die griechischen Originale – Papyri und Codices – sind ohne Komma geschrieben worden.[59] Die Revidierte Lutherübersetzung bringt statt „außerdem" ähnlich unterordnend „dazu" (… einige Frauen). Beide Übersetzungen deuten damit eine untergeordnete Zweitrangigkeit

---

[57] *Bovon* bemerkt (Bd. I, S. 399), das griechische *zyn* (statt *meta*) weise darauf hin, dass die Zwölf hier erst Begleiter, nicht Mitarbeiter seien.
[58] *Bauckham* (S. 110f) zitiert eine englische Übersetzung (NRSV), die das „mit ihm"-sein der Frauen stilistisch und grammatisch ebenfalls abtrennt vom „mitsein" der Männer. *Bauckham* sieht den Fehler und korrigiert: „Die Zwölf" und „einige Frauen" seien gleichgestellte Subjekte. Ich stimme ihm voll zu.
[59] Nestle-Aland sollte bei seiner nächsten Ausgabe dieses Komma streichen.

dieser Frauen an, wo der Arzt Lukas gerade Gleichrangigkeit ausdrücken wollte. Diese Frauen sind „mit Jesus" wie die Apostel.

Vielfach entwurzelte, bettelarme Frauen?

Bevor wir uns der Gruppe dieser Frauen zuwenden, die zur größeren Schar der Jünger Jesu gehörten und mit diesen dem Herrn nachfolgten, mögen einige Autoren und Exegeten zu Wort kommen, die diese Frauen charakterisieren. Ihre Aussagen gelten stellvertretend für manche andere. Ich füge sie an dieser Stelle in loser Sammlung ein, damit sie den Leser später nicht ablenken, wenn ich meine eigene Erarbeitung fortführe, wer die dienenden Frauen in Wirklichkeit waren. Einige der zitierten Ansichten scheinen traditionelle Vorstellungen etwas unreflektiert wiederzugeben, andere bemühen sich um gediegene Begründungen, warum z. B. die Jesusbewegung für viele Frauen attraktiv gewesen sei, auf dem Hintergrund der damaligen Zeit.

Zur ersten Gruppe gehört etwa folgende Ansicht:

Lukas habe sich für sein Evangelium ein recht spezifisches Bild von der Rolle der Frauen in der Jesusbewegung zurechtgelegt. Das würde jedoch an entscheidenden Punkten historisch nicht zutreffen. Er stelle sich nämlich vor, dass Frauen, die Jesus auf seinem Weg folgten, zum Teil aus vermögenden Kreisen stammten. Und aus ihrem Reichtum würden sie die Jesusbewegung unterstützen. Doch stamme seine Vorstellung von vermögenden Frauen an der Seite Jesu ganz gewiss aus späteren Erfahrungen der jungen Kirche in den Städten des Römischen Reiches, und zwar außerhalb Palästinas. Diese habe der Evangelist in die Zeit Jesu zurückprojiziert. Jedoch „in der unmittelbaren Umgebung Jesu, in der Schar bettelarmer, vielfach entwurzelter Männer und Frauen", würden diese vermögenden und selbständigen Frauen noch nicht auftauchen.[60] Ich werde zeigen, dass dies im Gegenteil sehr wohl möglich war und sich außerdem für die genannten Frauen ohne Probleme belegen lässt.

Allgemein gilt: Die Fischer vom See Gennesaret und ihre Angehörigen waren nicht „bettelarm". Sie gehörten höchstwahrscheinlich einem wirtschaftlichen Mittelstand an, für den sowohl der fischreiche See die Grundlage lieferte wie andernorts die enorme Bautätigkeit der Herodes-Familie. Entlang der neu angelegten Straßen für das römische

---

[60] *Luise Schottroff* (S. 101), zitiert bei *Renate Wind*, Maria – aus Nazareth, aus Betanien, aus Magdala: drei Frauengeschichten, Gütersloh 1996, hier: S. 75f.

Militär entwickelte sich zudem Kleinindustrie, die auch das Hinterland in den Kreislauf von Produktion und Verkauf einbezog. Genauso wenig war Jesus arm gewesen, der Sohn des *tekton*, des Baumeisters aus Nazaret, der auch Pflüge und Joche herstellte. Nazaret lag nur eine Stunde entfernt von der Provinzhauptstadt Sepphoris.

Die genannten Männer und Frauen waren auch nicht „entwurzelt", sondern hatten ihre festen Rollen in der jüdischen Gesellschaft des damaligen Galiläa. Während das Land und die Dörfer eher in jüdisch-traditioneller Gesetzestradition verwurzelt waren und blieben, hatte sich in den drei oder vier Städten Galiläas und deren Umland zur Zeit Jesu eher eine gesellschaftliche Mischform entwickelt, die mehr und mehr griechisch/römisch geprägt war oder gar als „multikulturell" bezeichnet werden konnte.[61] Der kulturelle Einfluss der Dekapolis, einem losen Wirtschaftsverbund, der „Hanse" vergleichbar, reichte weiter als bisher angenommen. Der dort gepflegte griechisch-römische Lebensstil war, im Gegensatz zum toratreuen jüdischen Land, liberal und ließ Freiräume zu. Unter den Frauen aus den höheren Schichten der Städte gab es schon damals in Israel „vermögende" Frauen.

Keinesfalls kann die Magdalenerin „aus der unteren sozialen Schicht" (*Wind*) herstammen, dann hätte sie, abgesehen vom bei Lukas erwähnten Vermögen, nicht jene Autorität besessen, der sich die anderen Frauen mit z. T. hoher gesellschaftlicher Stellung untergeordnet haben. Andere Einwände spekulieren, Lukas sei selber von hellenistischen Einflüssen geprägt gewesen, wenn er Frauen als „vermögend" darstelle. Der Situation in Palästina entspräche das nicht.

All diese Überlegungen haben sich offensichtlich wenig mit dem Hintergrund der jüdischen Geschichte und der Zeit Jesu befasst. Denn man kann mit Beispielen eindeutig nachweisen, dass auch jüdische Frauen und Töchter über Vermögen verfügen konnten, und zwar aufgrund von sieben verschiedenen Ursachen:[62]

1) Durch Erbschaft als Tochter; dieser Fall war von der Tora selber vorgesehen. Num 27, 8-11; 36, 2-12.

2) Durch Geschenk; es sind Fälle von reichen jüdischen Familien bekannt, wo Frauen ein beträchtliches Vermögen an Immobilien und Liegenschaften besaßen. Die Form des „Geschenkes" sollte Erbschafts-

---

[61] *Sean Freyne*, Galilee and Gospel: collected essays, Tübingen 2000, S. 62f, 66–68, 304, u. a.
[62] Ich folge hier der ausgezeichneten Erarbeitung bei *Bauckham*, S. 121–135. – S. auch *Ruf*, S. 52, Anm. 129, sie nennt nur drei Gründe.

gesetze umgehen, die Töchter und Frauen von Erbschaften weitgehend ausschlossen.

3) In Form von „*Ketubba*"; diese bezieht sich sowohl auf den jüdischen Ehevertrag als auch auf das Geld oder die Güter, die der Mann als Bürgschaft im Fall von Scheidung oder Tod der Frau schuldig war.

4) Durch Mitgift; diese wurde vom Vater der Braut bei der Hochzeit an deren Ehemann gegeben, welcher sie während der Ehezeit selber nutzen konnte. Doch im Fall von Scheidung oder Witwenschaft stand der Frau der gesamte Betrag voll zur Verfügung. Überliefert ist ein Fall, wo dies 2.000 Denare waren.

5) Unterhalt einer Witwe durch feste Einkommen (Grundbesitz, Liegenschaften, usw.) ihres verstorbenen Gatten.

6) Durch Erbschaft als Witwe. In Buch Judit (8, 7) wird berichtet, wie die schöne Judit als Witwe von ihrem Mann Manasse „Gold und Silber, Knechte und Mägde, Vieh und Felder" geerbt hatte. (Die Reihenfolge ist aufschlussreich.) Bevor sie starb, hatte sie „noch ihren Besitz an alle Verwandten ihres Gatten Manasse und an die Angehörigen ihrer eigenen Familie verteilt" (Jdt 16, 24). Ohne Zweifel ist Judit eine sehr wohlhabende und kinderlose Witwe, die völlig unabhängig von Vater, Ehemann und Söhnen war und dazu das Vermögen besaß, ihre Unabhängigkeit umzusetzen. Das biblische Buch, in gutem Griechisch verfasst, wurde wahrscheinlich an der Wende vom 2. zum 1. Jahrhundert v. Chr. geschrieben, reflektiert also auch die Möglichkeiten der Zeit Jesu. Aus Jesu eigener Zeit ist eine Marta, Tochter des Boethus, bekannt, die außerordentlich reich gewesen sein soll, wird sie doch als die sprichwörtlich „reichste Witwe" überliefert, die aus der Tradition bekannt sei. Sie soll zur aristokratischen Familie des Priesters Boethus gehört haben, der viele Hohepriester jener Periode unterstützt hatte. Sie wurde Witwe und später wieder verheiratet mit dem Hohenpriester Joshua, Sohn des Gamla. Ihr Reichtum gehörte ihr selber.

Im Neuen Testament ist von einer ähnlichen Frau zu hören in Apg 12, 12: Eine Maria, Mutter des Johannes mit dem Beinamen Markus, besaß mitten in Jerusalem ein offensichtlich großes Anwesen. Da ihr Sohn, anscheinend schon erwachsen, noch lebt, kann diese Maria das Haus nicht von ihrem (verstorbenen) Mann geerbt haben, es muss ihr selber gehören.

7) Schließlich konnten Frauen Geld und Vermögen durch eigene Arbeit gegen Lohn erwerben. Diese Arbeit meint nicht ihre Hausarbeit zum Wohlergehen der eigenen Familie, auch nicht die Arbeit von Sklavinnen, sondern was die (Ehe-)Frau mit eigenem Können herstell-

te und auf dem Markt verkaufen konnte, etwa Brot, Kleider, Agrarprodukte. Normalerweise dienten diese Neben-Einnahmen ihr selber und ihrer eigenen Familie, besonders in ärmeren Familien. Professionelle Vollzeitarbeit wurde meist von Männern getätigt. Jedoch wissen wir auch von unverheirateten (Jung-)Frauen, die die Vorhänge für den Tempel webten und zu dessen „Belegschaft" gehörten, die wohl auch für den Weihrauch und die notwendigen Kleider der Priester sorgten. Andere Beschäftigungen für Frauen waren, laut rabbinischer Literatur, sich um zahlende Gäste im Haus zu kümmern, ebenso Friseuse, Hebamme, Trauerweiber. Allgemein war es für eine Frau sehr schwer, ohne Anbindung an einen Mann zu leben; Liebeswerke im Judentum (und im jungen Christentum) für Witwen und Waisen deuten darauf hin, dass dieser Stand allein kaum durchs Leben kam.

Schließlich gab es noch die Prostituierten, falls sie nicht für einen Zuhälter oder eine alte Hetäre arbeiteten, die für sich Geld verdienen konnten. Doch beschränkte sich ihr Arbeitsbereich naturgemäß auf die Städte; und von denen gab es in Galiläa höchstens vier, nämlich Sepphoris, Gabara[63], Tarichea/Magdala und Tiberias.

Vermögen zu haben, war also in erster Linie nicht vom Geschlecht abhängig, sondern eher von „glücklichen Umständen" und erworbenen Fähigkeiten. Sehr wohl konnten jüdische Frauen der Zeit Jesu wohlhabend sein; von griechischer Kultur beeinflusste erst recht. Wenn Lukas also „vermögende Frauen" erwähnt, schildert er die gesellschaftlichen Möglichkeiten der Zeit Jesu in Galiläa und Palästina.

Jesus Verständnis von Jüngersein und Dienen

Eine aufreizende Provokation scheint für manche Autorinnen darin zu liegen, dass Lukas die Funktion der Frauen um die Magdalenerin mit „Dienen" benennt. In der Tat ist mit dem „Dienen" in der Geschichte der Kirchen und Religionen, der Institutionen und der Menschheit insgesamt manche Unmenschlichkeit getrieben und gerechtfertigt worden, bei Frauen, Männern und Kindern. Aber man hüte sich vor simplen Übertragungen. Für unsere Stelle bei Lukas, wo er vom „Dienen" der Frauen spricht, wird behauptet[64], die Beschränkung der Akti-

---

[63] Gabara liegt etwa 5 km nordöstlich von chirbet Quana, nahe dem heutigen Arraba, beim Aufstieg von der Battoff-Ebene nach Obergaliläa; es ist kaum bekannt. Tarichea/Magdala wird von den Forschern als Stadt nicht beachtet.
[64] *Bovon*, Bd. I, S. 398–400.

vität der Frauen auf die „Diakonie" entspringe „wohl der kirchlichen Tendenz, nicht der jesuanischen Intention". Es fällt nicht schwer, genau das Gegenteil aufzuweisen. Denn Jesus ist gekommen, „um zu dienen" (Mk 10, 45) und den Platz des Sklaven einzunehmen. Was in den Augen der Menschen „niedrige" Arbeit ist, getätigt von Sklaven, Frauen, Kindern für die, die „zu Tisch sitzen", das übernimmt Jesus als Ausdruck des Wesens Gottes, der dem Menschen dienen will.

Das Dienen Jesu ist weder etwas speziell Kirchliches noch etwas Menschenunwürdiges, sondern im Gegenteil die höchste Vollendung des Menschseins, für Männer wie für Frauen. Dieses Dienen ist ebenfalls die Vollendung der Sendung Jesu vom Vater, in der er das Wesen Gottes offenbart. Die genannten Frauen haben daran wie selbstverständlich teil, während die Männer, die Apostel, von Jesus dazu erst nachdrücklich ermahnt werden müssen.

Immerhin wird von solchen Autoren eingeräumt, die Frauen in Lk 8, 3 seien „für die Versorgung der Gemeinschaft Jesu verantwortlich und schöpfen für die Einkäufe aus ihrem eigenen Vermögen". Ich werde aufzeigen, dass es bei ihrem Dienen um weit mehr gegangen sein muss als nur darum, Einkäufe zu tätigen.

Für die Jesus-Nachfolge behaupten Autoren immer wieder, Jesus habe zu einem „radikalen Verlassen" der eigenen Familie oder der Verwandtschaft aufgerufen, ja sogar „Heimatlosigkeit" gefordert (etwa Lk 9, 57).[65] „Bruch der Sitte, sogar Hass auf die Familie (Lk 14, 26), Selbstverleugnung" werden als „Bedingungen der Jesusnachfolge" genannt.[66] Ich dagegen bin überzeugt, dass solch ein Verhalten überhaupt nicht zum Geist Jesu passt, der keine Familie zerstören möchte. Seine Bildworte vom „Bruch" und „Hass" gehören zu seiner provozierenden Redeweise (wie jene vom Abhauen der eigenen Hand, Mt 5, 30) und besagen, dass die Beziehung zu ihm, Jesus, über alle anderen Beziehungen zu setzen sei. Damit haben sie eher den Charakter einer „Selbstaussage" Jesu, aber sie bedeuten keine Aufforderung zu unsozialem Verhalten. In Mt 17, 24 und Mk 9, 28.33 hören wir denn auch von einem Zurückkehren der Jünger der Jesusgruppe nach Kafarnaum, damit die Männer sich wieder um ihre Familie und Angehörigen, für die sie zuständig waren, kümmern konnten.

---

[65] *Bovon*, Bd. I, S. 398–400, der *Witherington* und *Moltmann-Wendel* mit dieser Auffassung zitiert.
[66] *Ruf*, S. 49.

Wir dürfen Jesu (Bild)Worte grundsätzlich nicht so interpretieren, dass sie „gegen" andere Menschen gerichtet wären, sondern nur so, dass sie dazu auffordern, die je eigene Entschiedenheit in seiner Nachfolge, in der Beziehung zum Reich Gottes, wo es notwendig (!) wurde, über alle andere Beziehungen zu stellen.

Wenn auch Frauen, von denen drei mit Namen bezeichnet werden, „mit ihm" waren wie die Zwölf, kann man sie dann „Jüngerinnen" oder gar „Apostolinnen" nennen?[67]

Die Antwort auf diese oft mit Emotionen gestellte Frage ergibt sich relativ einfach aus Jesu eigenen Worten und seinem Verhalten. Er hat zwei Weisen von Jünger-Sein geschaffen: Einmal waren Jünger jene Menschen, die er, mit seiner wirkmächtigen Vollmacht ausgestattet, in die Städte und Dörfer sandte, um die frohmachende Botschaft vom Reich Gottes zu verkündigen, um Kranke zu heilen und Dämonen auszutreiben (etwa Lk 9, 1–2; Mk 6, 7ff.30). Zum anderen sagte er: „Wer mein Jünger sein will, der verleugne sich selbst, nehme (täglich) sein Kreuz auf sich und folge mir nach." (Lk 9, 23; Mk 8, 34) Dabei steht im Griechischen nicht „Jünger", also ein Amt mit einem Titel, sondern eine Tätigkeit: „wer mir nachgehen/folgen will".

Letztere Definition ist eine offene Einladung „an alle" (Lukas) bzw. an die „Volksmenge und seine Jünger" (Markus). In ihr geht es nicht um ein Amt, sondern um eine innere, existenzielle Qualität dessen, der Jesus nachfolgt, um eine seinsmäßige Bestimmung, die man Voraussetzung oder Maßstab nennen kann. Sie galt und gilt für Frauen und Männer in gleicher Weise, für Juden, Christen, Moslems, Hindus, also für jeden Menschen, der Jesus nachfolgen wollte und will.

Im ersten Fall dagegen handelt es sich um eine funktionale Bestimmung im Kulturraum des damaligen Galiläa und Judäa. Wir finden nun nicht den geringsten Hinweis, dass Jesus Frauen in jüdische Städte, Dörfer oder Orte geschickt hätte, ausgestattet mit Vollmacht, die Frohe Botschaft zu verkünden und Dämonen auszutreiben, dass er also Frauen funktional als Jüngerinnen eingesetzt hätte. Im funktionalen Sinn waren, laut Evangelien, Jünger nur Männer. Alle anderen Behauptungen sind Spekulation ohne objektive Grundlage.

In wissenschaftlicher Forschung wird immer wieder behauptet[68], dass „die Jesusbewegung von Anfang an ebenso Frauen wie Männer als

---

[67] *Rengstorf*, Das Neue Testament Deutsch (NTD), Hrsg. *P. Althaus* u. *G. Friedrich*, Göttingen 1963, hier S.105, lehnt den Titel „Jüngerin" ab, er sei schon vom Evangelisten „mit Absicht" vermieden worden.

ständige Mitglieder einschloss". Das stelle ich mit folgenden Argumenten grundsätzlich in Frage:

Erstens können auch diese Fachleute keine einzige Stelle aus den Evangelien für ihre Behauptung anführen, wo auch nur andeutungsweise berichtet würde, dass Jesus mit den Männer-Jüngern auch Frauen in jüdische Dörfer und Orte geschickt hätte, etwa Lk 10, 1: „Danach suchte der Herr 72 andere aus ..." (Die Zahl könnte auf die 71 Mitglieder des Hohen Rates verweisen, plus eins mehr.) Zuvor war von drei Männern die Rede, die Jesus nachfolgen wollten bzw. sollten. In Mt 10, 5–8 wird ausdrücklich Bezug genommen auf die gerade erwählten 12 Männer. Wenn Lukas überliefert, wie Jesus „die Zwölf" zu sich ruft und aussendet (Lk 9, 1), so kann man daraus nicht die Schlussfolgerung ziehen, dass diese Aussendung zum Predigen und Heilen stillschweigend auch Frauen einbezogen hätte.[69] Die Begründung für diese Annahme scheint mir etwas dubios: Weil Lukas in 8, 2 festgestellt habe, dass die Frauen „mit ihm" (mit Jesus) seien, müssten sie jetzt auch, wenn die Apostel ausgesandt würden, „mit diesen" ausgesandt sein ... Das leuchtet keineswegs ein. Sie sind ja eben „mit Jesus" verbunden und nicht „mit den Zwölf". Mit Jesus zu sein, kann recht verschiedene Sendungen für die einzelnen Jünger nach sich ziehen. So sagt denn Lukas auch deutlich genug, dass der besondere Dienst dieser Frauen als Zielgruppe „Jesus und die Jünger" hatte, nicht die Leute in den Dörfern.

Zweitens unterscheiden diese Fachleute nicht zwischen „Oberschichten-Frauen" aus griechisch-römisch geprägten Städten oder progressivem Judentum, denen ein Mitgehen mit der Jesusbewegung möglich war, und „Unterschichten-Frauen" vom Land und aus Dörfern, die traditionell jüdisch geprägt waren, aus denen sich die Jesus-Bewegung nach ihrer Ansicht jedoch rekrutierte.[70] Frauen aus jüdi-

---

[68] So auch *Freyne*, S. 272. Gleichzeitig mahnt er zu Vorsicht: Man dürfe die Spannung zwischen Land und Stadt nicht außer Acht lassen, wenngleich traditionell jüdisch-religiöse Werte auch bis in die Stadt hinein reichten.

[69] So *Bauckham*, S. 111.

[70] *Freyne*, S. 285. Er meint, die Jesus-Bewegung sei für Frauen aus unteren sozialen Schichten attraktiv geworden, weil gerade sie „durch die veränderten gesellschaftlichen Umstände marginalisiert" worden seien. Für seine Annahme muss *Freyne* jedoch ignorieren, was er an anderer Stelle (S. 71) aufgewiesen hat, dass nämlich die jüdische Gesetzestreue galiläischer Dorfbewohner auf dem Land ungebrochen fortbestand oder noch anwuchs.

scher Mittelschicht rund um den See Gennesaret waren mit Arbeit im Haus zur Genüge ausgefüllt, sie hatten keine Zeit, einem Rabbi nachzulaufen. Zudem „gehörten" sie ihrem Ehemann, der sie gewiss nicht mit einem fremden Mann mitlaufen ließ. Frauen aus jüdischer Unterschicht konnten erst recht nicht einfach von zu Hause weggehen, das hätte der Hausherr verboten, da er ihre Arbeitskraft brauchte. Außerdem hätten sie einen gesicherten sozialen Raum verlassen, sie hätten niemandem gehört und wären wohl bald aufgegriffen und als Sklavinnen verkauft worden.

Drittens beachten solche Fachleute zu wenig die Reinheitsgesetze im jüdischen Raum, die bis in unsere Tage mit an erster Stelle im Gesetz stehen, wenn es darum geht, den Willen Gottes zu erfüllen. Allein aus diesem Grund erscheint es mir undenkbar, dass Frauen so einfachhin ein jüdisches Haus in einem fremden Dorf hätten betreten können (Mt 10, 12), um dort eine Botschaft zu verkünden, um Kranke zu berühren usw. Die frommen Bewohner dieses Hauses hätten sich der Gefahr ausgesetzt gesehen, dass ihr Haus dadurch „unrein" gemacht worden wäre. Wenn gelegentlich darauf verwiesen wird, nicht nur die Jesusbewegung, schon das Pharisäertum sei für Frauen attraktiv gewesen, so kann daraus nicht einfach der Schluss gezogen werden, also waren Frauen auch Schülerinnen/Jüngerinnen der Pharisäer: Wegen der Reinheitsgesetze ist das genauso auszuschließen, wie Frauen vom gemeinsamen Gebet in der Synagoge ausgeschlossen waren.

Nach unserem Wissen von jener Zeit scheint es mir eher eine ideologische Projektion denn ein historischer Aufweis zu sein, dass eine Frau aus unterer oder mittlerer jüdischer Schicht im Galiläa der Zeit Jesu mit einem (fremden) Mann oder dass sogar zwei Frauen (ohne Mann) in Dörfer gegangen sein sollen, um dort eine neue Lehre zu verkündigen, Kranke zu heilen, Dämonen auszutreiben – die frommen Männer des Dorfes hätten sie auf der Stelle davongejagt! (Die weniger frommen hätten sie sich zu anderem Zweck geschnappt.) Noch heute ist es im arabisch geprägten Raum der Mann allein, der öffentlich auf der Straße auftritt oder sich zum Gebet versammelt.

Wenn die Evangelien also sagen, dass „einige Frauen ... noch viele andere Frauen" mit Jesus von Galiläa nach Jerusalem hinaufgezogen waren (Mk 15, 40f; Mt 27, 55), dass „einige Frauen aus unserem Kreis" die Männer-Jünger am Ostermorgen in Aufregung versetzt hatten, dann kann man nach meiner Überzeugung diese Frauen nicht als eine zahllose Schar von jüdischen Unterschichten-Frauen identifizieren, die Jünger/innen gewesen wären wie die Männer. Es muss sich bei ihnen um eine bestimmte Gruppe von Oberschichten-Frauen gehandelt haben. Nur diese „gehörten" nicht mehr einfach ihrem Mann, sie konnten über sich selbst verfügen, über ihre Zeit, ihre Tätigkeiten. Sie hatten ihre Sklavin, ihre Magd (genau übersetzt: „Knechtin"), die mit ihnen ging. Und sie verfügten über Geld und Ansehen. Nur solche Frauen können es gewesen sein, die in der Jesus-Bewegung eine besondere Funktion wahrnahmen. Sie wurden deshalb von Jesus auch nicht zur Verkündigung in die Dörfer gesandt, doch waren sie bei seiner Verkündigung hier und dort dabei. Ihre besondere Funktion werde ich später aufzeigen.

Ferner gehe ich davon aus, dass alle Begleiter Jesu, Männer wie Frauen, nach einigen Tagen der Verkündigung der Botschaft vom Reich der Himmel in den Dörfern und Städten Galiläas wieder an ihre Wohnorte zurückkehrten, um ihrer normalen Arbeit nachzugehen. Sonst hätten die Angehörigen nicht existieren können. Galiläa markiert einen nur kleinen Raum, wo man schnell wieder in Kafarnaum oder Betsaida ist.

Soll man diese Frauen nun „Apostolinnen" nennen? Tatsächlich ist zu beachten, dass Lukas in 8, 2 die Gruppe von Frauen direkt nach den 12 Aposteln einführt und sie durch das einfache „und" mit diesen (nicht mit den 72) auf eine Stufe stellt. Sie sind „mit Jesus" wie die Zwölf. Sind sie also Apostel?

Zur Stützung dieser Ansicht wird Maria von Magdala angeführt, da Jesus sie am Ostermorgen „als Apostola"[71] zu seinen Aposteln gesandt habe. Der griechische Text sagt das anders. Als Jesus die Zwölf aussendet mit Vollmacht, die unreinen Geister auszutreiben, da gebraucht Markus (3, 14) das Verb *apostellō*.[72] Als jedoch Jesus die Maria zu seinen Brüdern schickt, gebraucht Johannes das Verb *poreúō*/gehen. Entsprechend heißt es, dass Maria „geht" bzw. „kommt/*erchetai*" zu den Jüngern und dass sie „verkündet/*aggéllousa*".

---

[71] So *Gössmann*, S. 58.

[72] *Schüngel-Straumann* (in: *Dietmar Bader,* Maria Magdalena – Zu einem Bild der Frau in der christlichen Verkündigung, S. 22) erklärt: „Wer wirklich von Jesus gesandt worden ist und in der Mission arbeitet, hat ursprünglich diesen Titel getragen." Und wo wurde eine Frau von Jesus in die Mission gesandt? – Kroll, S. 230, gibt den Hinweis: *Apostolos* kommt vom aramäischen *schaliach*, „mit Vollmacht senden". Die Rabbinen verwendeten den Ausdruck zur Bezeichnung derer, die das Synedrium von Jerusalem zu den Juden der Diaspora sandte.

Dies ist die einzige Stelle im Neuen Testament, wo überhaupt eine Frau von Jesus zu jemandem mit einem Auftrag der Verkündigung geschickt wird. In Mt 28, 8 ist es der Engel, der die Frauen „zu seinen Jüngern" schickt, ihnen die Botschaft zu verkünden. Ob nun Hippolyt von Rom oder Augustinus von Hippo, ob orthodoxe Traditionen oder feministische Theologinnen – wer immer aus dieser einzigen Stelle in den Evangelien eine „Apostolin" konstruiert, tut dies ohne ausreichende exegetische Grundlage. Genau betrachtet erscheint Maria von Magdala (und ebenso die Frauen bei Matthäus) als ein „Bote" des Auferstandenen. Und da gibt es eine wunderschöne Parallele: So wie am Anfang der Menschwerdung der Engel Gabriel von Gott zu Maria gesandt wurde (*apestálē*) als „Bote/*ággelos*" Gottes mit der Botschaft der Verheißung (Lk 1, 26), so jetzt, am Beginn der neuen Schöpfung, die Frau aus Magdala vom Sohn Gottes, die neue Verheißung des Auferstandenen zu den Brüdern, den Jüngern, den Menschen zu bringen. Maria von Magdala steht auf einer Stufe mit dem Engel Gabriel.

Indem man der Magdalenerin nicht den Amtstitel einer Apostolin umhängt, sondern sie einen Boten Gottes sein lässt, ist meiner Ansicht nach jedoch nicht entschieden, ob Frauen nicht genauso gut wie Männer heute am „sakramentalen Amt der hierarchischen Kirche" teilnehmen sollten und dürften, was sie auch indirekt schon tun. Nur muss man das korrekt begründen.

Kehren wir zurück zu den zwei Formen von Jüngersein, dem einen mit dem Titel, dem anderen mit der Existenz.

Zwischen beiden Formen besteht nämlich eine Spannung: Denn der funktionale Jünger mit Titel hat nicht automatisch schon die seinsmäßige, existenzielle Qualität eines Jüngers, wiewohl dies eigentlich so sein sollte. Und umgekehrt braucht ein Mensch, Mann oder Frau, die seinsmäßig die Qualität eines Jüngers erreicht hat, nicht notwendig auch Träger einer Funktion zu sein. Heutzutage und in unserer Kirche könnte man das hier Gemeinte mit den Begriffen „der Geistliche" und „der geistliche Mensch" nachbilden: Der Geistliche (Funktion) sollte eigentlich ein geistlicher Mensch sein (innere Qualität), letztere kann aber fehlen. Und umgekehrt: Nicht jeder, der wirklich geistlich lebt, ist deswegen schon automatisch ein Amtsträger, ein Geistlicher. Er oder sie will das vielleicht gar nicht sein. Jesus hat kein Amt, keinen Titel angestrebt. Aber er war, wie alle wirklichen Heiligen nach ihm, ein geistlicher Mensch.

Erst Dienen qualifiziert die rechte Nachfolge

Wenn diese Frauen also nicht, wie die Zwölf, selber Mit-Gesandte der Verkündigung nach außen, in die Dörfer und Städte waren, was dann war ihr Charakteristikum, ihr besonderer Dienst?

Es bestand darin, „ihnen (Jesus und den Jüngern) mit dem, was sie besaßen, zu dienen".

Einige Textzeugen beziehen das Dienen der Frauen singulär auf Jesus allein „*autō*/ihm".[73] Doch klingt dies nach theologischer Interpretation und dürfte einer späteren christologischen Reflexion entstammen, die „den Christus" herausstellen wollte. Für die historische Situation kann man aus praktischen und menschlichen Gründen nicht annehmen, dass „etliche/viele Frauen" nur Jesus allein gedient hätten: Standen dann die Männer mit leeren Schüsseln dabei, während sich um Jesus die Frauen drängelten? Der Meister selber hätte dem widersprochen. Die Frauen erst recht.

Somit können wir Zweierlei festhalten: Der Dienst der Frauen galt ohne Zweifel nicht den Juden in den Städten und Dörfern Galiläas. Ihre Zielgruppe waren nicht „die Leute", denen sie die Botschaft vom Reich verkündigen sollten, wie das die Zwölf (Mt 10, 5) und die Zweiundsiebzig (Lk 10, 1) taten. Dann in der Tat hätte man sie „Jüngerinnen" oder „Apostolinnen" nennen können, im funktionalen Sinn der mit Vollmacht ausgesandten Jünger. Sondern ihre Zielgruppe waren Jesus und seine Jüngerschar, war die ganze Jesus-Bewegung selber. So steht es überdeutlich bei Lukas.

Wie sehr allerdings diese Frauen in ihrem existenziellen Sein Jünger waren, erhellt aus eben dieser Bemerkung, die Lukas nun anfügt: Sie dienten ihnen. Einen kleinen Moment sollten wir zunächst innehalten und uns bewusst machen, wer die „ihnen" waren.

Ohne jeden Zweifel gehörte Jesus selbst und der Kreis der Zwölf zu den Glücklichen, die durch den Dienst der Frauen erfreut wurden. Aber man muss damit rechnen, dass zusätzlich zu diesen 13 Männern noch andere der „72 Jünger" zeitweise auf den Wanderungen dabei waren. Dann aber war dies eine relativ große Schar von Männern, denen viel Arbeit von den Frauen abgenommen wurde.[74] Einer Gruppe

---

[73] *Bovon* (Bd I, S. 400) gibt in der Erklärung dem Plural *autois*/ihnen den Vorzug (Anm. 30), übersetzt den Text selber aber mit Singular!

[74] *Ruf* meint (S. 23, Anm. 39), es würde bei ihrer Fragestellung (die Züge der Maria aus Magdala und ihres Heimatortes sichtbar werden zu lassen) „keinen

aber von 30 oder 40 oder 50 oder noch mehr Männern, die immer wieder unterwegs war, zu „dienen", das war eine nicht geringe Herausforderung. Vor allem an die Organisationsgabe der Frauen. Wenn zum Pfingstfest sogar „120" Jünger versammelt waren, wäre dies ein Hinweis auf ein Anwachsen der Gruppe, auch wenn am Rande immer wieder etliche sich von der Bewegung trennten.

Was also ist mit dem „Dienen/*diakonéō*" der Frauen gemeint?

Manche weisen auf Folgendes hin: Der Fachbegriff für Nachfolge sei *akolouthéō*/nachfolgen, wie er bei Markus und parallel bei Lukas gebraucht wird: Wer mein Jünger sein will, der verleugne sich selbst, nehme sein Kreuz auf sich und „folge mir nach". Lukas aber würde an unserer Stelle (8, 2) diese exakte Bezeichnung der Nachfolge den Frauen verweigern. Denn sie würden Jesus nicht richtig nachfolgen. Deshalb würde er ihnen nur das „Dienen" zugestehen, und auch dieses noch eingeschränkt durch den Zusatz „die ihm mit ihrem Vermögen dienten". Reiche und vornehme Wohltäterinnen aber zeigten nicht das Idealbild der Nachfolge, „denn wer Jesus wirklich nachfolgt, verkauft seinen Besitz und wird arm".[75]

Dazu ist kurz Folgendes zu sagen: Das Wort „Verkaufe, was du hast, gib das Geld den Armen, und du wirst einen bleibenden Schatz im Himmel haben; dann komm und folge mir nach" (Mk 10, 21 und Parallelen) hat Jesus in einer bestimmten Situation zu einem bestimmten Mann gesagt als Antwort auf eine bestimmte religiöse Überzeugung. Der Mann war einer der führenden Männer (Lk 18, 18) in Jerusalem und reich. Löst man die Antwort Jesu an diesen Mann aus ihrer gesellschaftlich-religiösen Situation heraus und macht daraus ein generelles Prinzip für alle und alles, hat man den Sinn der Gedanken Jesu nicht verstanden. Man missbraucht sogar sein Wort – und macht viele Menschen unglücklich. Man könnte auch nicht erklären, warum Josef von Arimathäa und Nikodemus, reiche Ratsherren, ihren Reichtum nicht verkauft hatten – und doch Jünger Jesu blieben. Oder warum Jesus dem überaus reichen Oberzöllner Zachäus nicht zuerst dessen Reichtum abknöpfte, bevor er ihm sein Heil schenkte.

Unterschied" bedeuten, ob es nun „ihm" oder „ihnen" hieße. Das sehe ich völlig anders. Denn ob eine Frau nur einem Mann dient oder als Leiterin einer Gruppe von Frauen mit diesen zusammen einer großen Schar von Männern dient, führt zu einer gänzlich anderen Beurteilung ihrer Fähigkeiten und folglich auch der Persönlichkeit dieser Frau!

[75] So *Schüngel-Straumann*, S. 25.

Jesus war kein realitätsloser Armutsromantiker. Seine Bewegung brauchte Geld und Organisation.

Zweitens ist das Wort „*akoloutheō*/nachfolgen" in sich zu bedenken. Ohne Zweifel hat Jesus dazu eingeladen, ihm nachzufolgen. Aber in welchem Sinn? Als Jesus durch die Stadt Jericho ging, folgte ihm eine große Menschenmenge nach (Lk 19, 3) – aber ihr „Nachfolgen" ist rein äußerlich, inhaltlich steht es dem Meister sogar entgegen, wie die Reaktion der Menge gleich zeigt. Nachfolge ist so lange eine nichtssagende Hülse, als sie nicht mit konkretem Inhalt gefüllt wird. Viele Menschen folgten damals Jesus nach oder wollten es. Manche hat er selber abgelehnt, andere waren in ihrer Art „Nachfolge" eigentlich nur Mitläufer, Schmarotzer, denen es um das eigene Ego ging, andere folgten eigentlich mehr ihren eigenen Visionen nach und hofften, Jesus würde diese bald umsetzen. Die Nachfolge, die aber Jesus meinte, gab es nicht ohne „sich selbst verleugnen" und nicht ohne „sein Kreuz auf sich nehmen". Alles andere würde nur das wichtige Wort missbrauchen. Ich werde aufzeigen, dass diese Frauen „sich selbst verleugneten" und bereits „ihr Kreuz auf sich" genommen hatten.

Aber noch ein Drittes:

Jesus hat sein eigenes Leben nicht charakterisiert mit dem Begriff „Nachfolge". Nicht nur, weil dies bei ihm selber keinen Sinn gemacht hätte, sondern weil der Inhalt, der echte Nachfolge auszeichnet, eben das Dienen war und ist. „Der Menschensohn ist ... gekommen, zu dienen/*diakoneō*" (Mk 10, 45). Der eigentliche Inhalt seiner Sendung vom Vater ist das Dienen. Sehr schön drückt Matthäus diesen Sachverhalt aus, wenn er über die Frauen unter dem Kreuz sagt: „Sie waren Jesus seit der Zeit in Galiläa nachgefolgt und hatten ihm gedient" (Mt 27, 55). Den selben Sachverhalt drückt Johannes im Bericht von der Fußwaschung aus (Joh 13, 1–20) und Lukas in seinem ebenfalls für den Abendmahlssaal überlieferten Wort: „Ich bin unter euch wie ein Dienender/*diakonōn*" (Lk 22, 27).

Nachfolgen allein muss noch gar nichts besagen.

Lukas bringt aus seinen Quellen noch etwas Wunderbares. Als er von Jesus berichtet, wie der sein Kreuz hinausträgt, erwähnt er „eine große Volksmenge und Frauen, die klagten und weinten" (Lk 23, 27) und er sagt, dass diese Menschen Jesus „folgten". Im Griechischen steht unser Wort *akoloutheō*. Ohne jeden Zweifel bezeichnet dieses Wort an dieser Stelle nicht die „Nachfolge", zu der Jesus eingeladen hatte. Und weil Lukas den Unterschied weiß, kennzeichnet er einige Zeilen später jene Frauen, die Jesus „seit der Zeit in Galiläa nachgefolgt waren" (Lk 23, 49) im Griechischen mit *synakoloutheō*, zu Deutsch etwa „mitnachgefolgt". Es ist das einzige Mal, dass Lukas in seinem Evangelium diesen Begriff formt. Die Einheitsübersetzung und die Revidierte Lutherbibel unterschlagen seine Neuschöpfung. Mit dem Zusatz *syn* schlägt Lukas den Bogen zu jener Passage in 8, 3, wo er diese Frauen zum ersten Mal erwähnt hat als „*syn*/mit ihm" und „Dienende" wie Er.

Es ist schrecklich, wenn die Einheitsübersetzung dieses „Dienen/*diakoneō*" des Lukas in 8, 3 mit „unterstützen" wiedergibt. Wahrscheinlich wollten ihre Autoren sich nicht den Zorn mancher Frauen zuziehen, die bei „Dienen" nur wieder verstanden hätten, dass sie schön brav unterwürfig dienen müssten, während die Männer genüsslich davon profitieren könnten. Lukas aber sagt das Gegenteil: Diese Frauen nehmen mit ihrem Dienen bereits an jenem Dienen Anteil, das Jesu eigener höchster Lebensinhalt ist. Die falsche Übersetzung beraubt sie also einer theologischen Qualifikation allererster Ranges.

Unser Ausflug in die Nachfolge und das Dienen war notwendig, weil dem Lukas Frauenfeindlichkeit unterstellt wurde. Ich habe das Gegenteil erwiesen: Lukas war alles andere als frauenfeindlich.

Übrigens, er war auch nicht männerfeindlich.

Organisationsstab und gehobenes Management

Was nun war mit „Dienen/*diakoneō*" der Frauengruppe genau gemeint? War damit „Tischdienst" gemeint, wie das für Lk 10, 40 („Marta diente/*pollēn diakonían*") angenommen werden darf? Oder wie „Tischdienst" hinter dem Gleichniswort Jesu steht „er wird sie ... der Reihe nach bedienen" (Lk 12, 37; 17, 8)? Sein programmatisches Bildwort jedoch „Ich aber bin unter euch wie einer, der (be)dient" sprengt bereits bloßen Tischdienst (Lk 22, 26–27).

Der Unterschied der genannten Stellen zu der hier besprochenen Szene steht deutlich im Text selber: Diese vielen Frauen dienten den Männern um Jesus „mit ihrem Vermögen". Wir werden gleich untersuchen, was darunter konkret zu verstehen ist. Auf jeden Fall umfasst das hier gemeinte Dienen weitaus mehr als bloßen Tischdienst.

Man sollte sich dafür einmal konkret vor Augen führen, was allein „Tischdienst", der einer relativ großen Gruppe von Männern zu leisten war, damals alles voraussetzte und nach sich zog. Ein solcher „Koch- und Tischdienst" musste erst mal die Nahrung „für so viele" kaufen, frisch vom Markt, musste alles herbeischaffen und zubereiten, für Feuer, Töpfe, Unterlagen sorgen in der jeweils gegebenen und immer wieder wechselnden Situation der Dörfer und Städte; man saß ja nicht nur im grünen Gras. Jede einzelne dieser Handlungen, für eine Anzahl von 30 bis 70 Männer geleistet, war eine Aktion für sich. Ohne Sklaven ging das nicht. Und ohne viel Geld ebenso wenig. Wenn in den Dörfern und Ortschaften die dort wohnenden Frauen und Männer und Kinder Jesus und seiner Verkündigung zuhörten, dann kann man für das anschließende Essen nicht annehmen, dass die Jünger nun alleine schmausten und schmatzten, die Dorfbewohner aber mit knurrendem Magen dabei standen. „Gebt ihr ihnen zu essen!" Die Leute vor allem wollten was zum Essen haben, wie die zwei erwähnten Brotvermehrungen in den Evangelien deutlich genug sagen. All dies musste von den Frauen vorausbedacht und kalkuliert werden. Wasser war herbeizuschleppen, vielleicht gab es auch Spülen der Töpfe, des Geschirrs und am Ende Verteilung der übrig gebliebenen Stücke, und vieles mehr. Im Hintergrund war vielleicht noch die Behörde zu informieren und zu beruhigen.

Frauen, die heute in Kirchengemeinden für „Mittagessen mit Kaffee und Kuchen" sorgen, während die Männer drinnen diskutieren, wissen, welch umfangreiche Arbeit auf sie wartet.

Die Frauen um Maria Magdalena aber taten diesen Dienst über ein ganzes Land und über ein, zwei Jahre hinweg. Dass eine solche „Suppenküche" ein gehöriges Maß an Organisationsgabe verlangte und überhaupt nicht selbstverständlich funktionieren musste, hören wir beiläufig aus der Apostelgeschichte, als die Männer sich in diesem Metier versuchen – und scheitern (Apg 6, 2). Oder als sich bei der Brotvermehrung (Mk 6, 30–44) eine große Menge Menschen spontan versammelt hatte und das Essen nicht vororganisiert werden konnte.

Das Wort *diakoneō*/dienen hat an unserer Stelle aber eine noch unfassendere Bedeutung: Es dient zur Kennzeichnung eines grundlegenden und ganzheitlichen Dienstes.

Nach den sogenannten Versuchungen Jesu sind es Engel, die kommen und „Jesus dienten" (Mt 4, 11). Und am Ende seines Lebens fasst Jesus den Hauptsinn seiner Sendung vom Vater in eben dieses Wort zusammen: „Denn auch der Menschensohn ist ... gekommen, um ... zu dienen und sein Leben hinzugeben als Lösegeld für viele" (Mk 10, 45; par Lk 22, 27). Dienen als Form ganzheitlicher Lebenshingabe, um andere in die Freiheit zu führen. „Der Führende unter euch sei wie der Dienende (*diakonōn*)" (Lk 22, 26).

Das griechische *diakoneō* meint an unserer Stelle (Lk 8, 3) also überhaupt nicht ein eng funktional beschränktes Dienen der Frauen zur Nahrungsaufnahme der Männer. Ihr Dienen ist als eine umfassende wirtschaftliche und menschliche „Fürsorge", als ein „Sorgen für" die Gruppe der Männer, für die ganze Jesus-Bewegung zu verstehen. Sie sorgten für alles, was notwendig war, damit Jesus und seine Jünger frei und unbeschwert den Dienst der Verkündigung des Reiches Gottes tun konnten.

Hören wir zum „Dienen" noch eine weitere Erläuterung:[76]

„Der Begriff des Dienens wird im Griechischen durch mehrere Zeitwörter ausgedrückt ... *Diakonéo* hat den besonderen Klang, dass es die ganz persönlich einem anderen erwiesene Dienstleistung bezeichnet ... Es steht dem *hypēreteō* am nächsten; *hypērétēs* bedeutet häufig Adjutant [s. Apg 13, 5]... In den Augen der Griechen ist Dienen etwas Minderwertiges ... Nur dort erfährt Dienen eine höhere Wertung, wo es dem Staate gilt ... Das Judentum hat ein viel tieferes Verständnis für den Sinn des Dienens gehabt. Einem großen Herrn, gar Gott zu dienen, wird vollends bejaht. Das Grundgebot aus Lev 19, 18 ‚Du sollst deinen Nächsten lieben wie dich selbst' umschloss auch alle Bereitschaft und Verpflichtung zu echtem Dienst am Nächsten ... Jesus bezeichnet sich selbst grundsätzlich als den Dienenden (Lk 22, 27; Mk 10, 45; Lk 12, 37.42), er fasst Mt 25, 42–44 sehr mannigfache Tätigkeiten wie Speise und Trank darreichen, beherbergen, bekleiden, Kranke oder Gefangene besuchen in dem Begriff *diakonéo* zusammen, der dann also den Vollsinn christlicher Existenz gegenüber dem Nächsten und zugleich die rechte Jüngerschaft Jesu bezeichnet."

Wenn die Einheitsübersetzung gerade diesen zentralen Begriff Dienen/*diakonéo* mit „unterstützen" wiedergibt, so ist das traurig. Die dafür Verantwortlichen haben heutigen Frauen damit nicht „gedient", da sie den Frauen um Jesus jene einzigartige Auszeichnung genommen haben, die diese auf eine Stufe mit dem Meister stellte.

Und überhaupt: Ohne solches „Dienen" durch Frauen wie Männer würde unsere ganze Welt zusammenbrechen.

Nach dieser Klarstellung muss man sagen: Die Frauen um die Magdalenerin sorgten dafür, dass die 13 (plus zahlreiche weitere) Männer in Ruhe verkündigen konnten. Dazu stellten sie „die Logistik" bereit, organisierten umsichtig im Hintergrund, was für die Verkündigung durch Jesus und die Apostel benötigt wurde, von der Quartiersuche bis zu ausreichend Nahrung beschaffen, was ohne ihre Sklaven und Skla-

---

[76] *G. Kittel*, Theologisches Wörterbuch zum Neuen Testament, Stuttgart 1935/1957, Bd II, S. 81-87.

vinnen nicht machbar war, oder auch Erlaubnisse einholen, geeignete Orte und Wege ausfindig machen und vieles andere mehr. Dabei sollte man eines nicht übersehen: Sie sorgten vermutlich auch für die von ihren Männern und Brotverdienern zeitweise verlassenen Familien, wo das nötig war, für die Frauen samt Kindern und Großeltern, dass diese nicht verhungerten.[77]

Kurz und gut: Diese Frauen bildeten den „Organisationsstab" der Jesus-Bewegung. Heute würde man ohne Zaudern von „gehobenem Management" sprechen. Das aber ist so ziemlich das Gegenteil von einem schüchternen, unterwürfigen Dienen bei Tisch durch „arme und entwurzelte" Frauen.

Für ihr „Management" mussten diese Oberschichten-Frauen jedoch nicht den radikalen Entschluss fassen, ihren Mann, ihre Familie zu verlassen. Es hatte wahrscheinlich praktische Gründe, wenn die Gruppe der alles organisierenden Frauen „etliche" und „viele" umfasste – so konnten sie sich ihren Dienst einteilen und sich gegenseitig ablösen, je nach dem, wie die Einzelnen von ihnen gerade Zeit hatten und von zu Hause und ihren sonstigen Verpflichtungen abkömmlich waren.

Das alles bestätigt nur meine Sicht der Dinge:

Frauen waren nicht der „verkündigend redende" Teil der Volksbewegung um den Rabbi und Propheten Jesus, aber Frauen, „viele" Frauen bildeten den organisatorischen Hintergrund, man könnte auch sagen, die „materielle und logistische Basis" der Verkündigung der frohmachenden Botschaft durch Jesus und die 12 Männer und zahlreiche weitere Jünger. Das unterstreicht, was wir aus den Evangelien wissen: Jesus pflegte nicht nur einen auffallenden Umgang mit Frauen, er hat ihnen in seiner Gefolgschaft auch tragende Aufgaben zugewiesen oder es akzeptiert, dass sie diese Verantwortungen von sich aus übernommen haben. Das überschritt die Norm des damals Üblichen: im palästinensisch-jüdischen Raum war eine „Zulassung von Frauen" in eine tragende Verantwortung der Gefolgschaft eines Mannes, der behauptete, von Gott zu kommen, ein „anstößiges Verhalten"[78].

---

[77] Hierzu auch ein Hinweis bei *Bauckham*, S. 114, Anm. 13, auf die Arbeit von *D. Sim*, What about the Wives and Children of the Disciples? The Cost of Discipleship from Another Perspective, *HeyJ* 35 (1994), S. 373–390.

[78] So bei *Heinz Schürmann* (Das Lukasevangelium, Erster und Zweiter Teil, Freiburg/Basel/Wien 1969), Erster Teil, S. 446, Anm. 21: „Der Tatbestand ist für den palästinensischen Menschen unerträglich." (*Leipold*)

Diese Tatsache ermöglicht eine Zwischenfrage: Müssen wir bei diesen organisationstüchtigen Frauen, zumindest bei einigen von ihnen, nicht davon ausgehen, dass sie mehr in griechisch-römischer Gesellschaft beheimatet waren als in jüdischer? Oder anders ausgedrückt: Müssen wir nicht davon ausgehen, dass sie überwiegend aus städtischem Milieu und dort aus der Oberschicht herkamen? Wiewohl sich beim wirtschaftlichen Aufschwung Galiläas zur damaligen Zeit Wohlstand und „Oberschicht" auch bei jüdischen Familien ausbilden konnte, wo diese die Möglichkeit hatten, geschickt zu handeln.

Für Frauen im frommen jüdischen Raum galt allgemein:

Sie „durften keine Opfer bringen, sie zählten nicht mit, wenn festgestellt werden sollte, ob die für einen Synagogengottesdienst notwendige Mindestzahl der Teilnehmer anwesend war, sie waren in den Synagogen von den Männern getrennt. Doch nahmen sie an dem Sabbatmahl teil, und in Notzeiten betete die ganze Gemeinde mit Frauen und Kindern gemeinsam. In Bezug auf das Gesetz waren die Frauen mit den minderjährigen Kindern und den Sklaven zum Beobachten aller Verbote, aber nicht zum Halten aller Gebote verpflichtet, und zwar deswegen, weil sie unter der Gewalt eines anderen, nämlich ihres Mannes, standen. Frauen waren auch nicht zum Studium des Gesetzes verpflichtet, so hören wir auch nur einmal, im 2. Jahrhundert n. Chr., von einer schriftgelehrten Frau. Frauen konnten auch vor Gericht keine Zeugenaussage machen. Dass Frauen Jesus nachfolgten, ist ohne Vorgang im gleichzeitigen Judentum. Einer der ältesten rabbinischen Aussprüche aus der Zeit vor dem Neuen Testament lautet: ‚Rede nicht viel mit einer Frau'."[79]

Wie wenig Frauen bei den Aposteln und Männer-Jüngern angesehen und respektiert waren, ist uns bekannt: Als „seine Jünger" (natürlich gehörten nicht Frauen dazu) aus dem Dorf Sychar zurückkommen, wo sie Essen gekauft hatten, „ertappen" sie ihren Jesus am Brunnen im Gespräch mit einer (samaritanischen) Frau (Joh 4, 27). Sie „maulen" deutlich, wagen aber nicht, den Meister direkt mit der Tora zu konfrontieren, was wohl besagt, dass er sich solch überschreitendes Verhalten des Öfteren bereits erlaubt und dies auch noch als richtig verteidigt hatte. Diese kleine Anekdote verbietet einmal mehr die Annahme, Frauen hätten ganz problemlos zur Jesus-Bewegung dazugehö-

---

[79] *Werner Foerster*, Das Judentum Palästinas zur Zeit Jesu und der Apostel, Hamburg 1955, S. 128. Gegen ein zu einseitig negatives Bild lassen sich allerdings auch andere, wenngleich spärliche Überlieferungen von Rabbis anführen.

ren, geschweige denn zur Verkündigung ausgesandt werden können. Die Männer-Jünger um Jesus waren dafür noch lange nicht vorbereitet, nicht einmal bei der nachösterlichen Suppenküche.

Zu diesem frühen Zeitpunkt – die Begegnung am Brunnen von Sychar muss in den ersten Wochen oder Monaten des öffentlichen Lebens Jesu geschehen sein – scheinen die in Lk 8 genannten „vielen" Frauen noch nicht im Gefolge Jesu gewesen zu sein. Vielleicht war es die Ermordung Johannes' des Täufers, die die Frauen auf den Plan rief, sich der Jesus-Bewegung als Hilfe anzubieten. Ab dem Zeitpunkt, so wird man sagen müssen, hatten sich die Männer-Jünger daran zu gewöhnen (und das kann nicht ohne Spannung abgegangen sein), dass an ihnen vorbei nicht nur eine Frau mit dem Meister sprach, sondern viele Frauen. Welche im Hintergrund auch noch für sie alle sorgten und alles organisierten. In Sychar mussten die Männer noch selber Essen kaufen; bei der Brotvermehrung, als sich unvorhergesehen eine große Menschenmenge versammelt hatte, waren sie hilflos.

Wenn die apokryphen Texte davon berichten, dass Petrus und andere Jünger die Frauen ablehnend herabstufen, dann hat diese Bemerkung durchaus ein Fundament in der Realität von damals.

Die unbekümmerte, ja hochschätzende Art Jesu dagegen, mit Frauen umzugehen, sich von ihnen berühren zu lassen, ihnen zu helfen, ja, bei ihnen auszuruhen (wie man das von Betanien und den 3 Geschwistern, die Jesus „liebte", annehmen darf), gab den Frauen generell eine vergleichsweise neuartige Stellung und Anerkennung in der damaligen jüdischen wie griechischen Welt. Daraus erwuchs in der späteren Zeit der Formung der ersten Gemeinden, dass Paulus schreiben konnte: Es gibt nicht mehr „Mann und Frau"[80]. In den jüdischen Synagogengemeinschaften des hellenistischen Bereichs gab es zwar ebenfalls „vornehme gottesfürchtige Frauen" (Apg 13, 50; 16, 15; 17, 4.12), doch machen nicht alle von ihnen den Eindruck, als wären sie der „Organisationsstab" der jüdischen Synagoge gewesen.

Unsere Darlegungen zum Kreis der „dienenden" Frauen um Jesus und seine Jünger führen aber noch zu einer zweiten, sehr bedeutsamen Schlussfolgerung: Die von Lukas genannten Frauen *konnten* organisieren! Sie hatten dazu nicht nur die materiellen, sondern auch die notwendigen menschlichen Gaben und intellektuellen Fähigkeiten. Die Schlussfolgerung ziehe ich aus der Mitteilung der Evangelien, dass

---

[80] Gal 3, 28; der direkte Hintergrund für diese Formulierung ist allerdings eine bestimmte Form der damaligen Wasser- und Geisttaufe.

diese Frauen „bis unter das Kreuz" anwesend waren und dienten. Wären sie nur mittelmäßig oder gar Versager gewesen, ware ihr Dienen eingebrochen, sie hätten aufgeben müssen. Aber: Sie sind auch dann noch „im Dienst", als bei der Gefangennahme Jesu die Männer wie entgeistert die Nachfolge kündigen.

Wenn aber vorausgesetzt werden darf und muss, dass diese Frauen für solches Dienen – das eben nicht nur „Tischdecken" beinhaltete, sondern geradezu amtliche Jüngerschaft nach innen darstellte – ein Charisma hatten und organisatorisch talentiert gewesen sein mussten, dann schließt diese Fähigkeit sogar noch ein Zweites ein:

Menschen mit Fähigkeiten zur Organisation sind gewöhnlich Persönlichkeiten mit Selbstbewusstsein. Die erwähnten Frauen oder einige von ihnen waren wahrscheinlich gewohnt, Anweisungen zu geben, komplexe Abläufe strukturell zu überschauen, vorauszuplanen und zuzupacken, zu kontrollieren. Sie konnten Arbeiten delegieren, Aufträge an Sklaven geben, mehrschichtige Kommunikation führen. Und dies alles auch gegenüber Männern. Man denke an die Mutter Jesu auf der Hochzeit zu Kana, wie sie dort knappe Anweisungen an Männer gibt.

Die Frauen, die Jesus und den Jüngern „dienten", waren selbstbewusste Persönlichkeiten, die im Management zu Hause waren.

Die Frauen besaßen Vermögen

Schließlich: Die Frauen besaßen materielles Vermögen (Lk 8, 3). Was haben wir uns unter „Vermögen" vorzustellen?[81] Die Einheitsübersetzung schwächt das griechische Wort ab: (Sie dienten) „mit dem, was sie besaßen". Eine schwammige Übersetzung. Denn ein Bettler, der vor einer Bank bettelt, „besitzt" etwas, und der Chef in der Bank hinter ihm „besitzt" ebenfalls etwas. Dazwischen liegt ein Unterschied. (Die RL spricht von „ihrer Habe" – das ist genauso nichtssagend.)

Das griechische Wort an dieser Stelle lautet *hypárchonta*. Was müssen wir uns bei diesem Wort objektiv und konkret vorstellen?

---

[81] *Ruf* geht dieser Frage eigenartigerweise nicht nach, was sie bei ihrer Zielsetzung hätte tun müssen. *Bovon* tut es auch nicht. *Gabriele von Fuchs*, Maria Magdalena. Das ewige Rätsel, München 2007, sagt, über das „pekuniäre Vermögen" dieser Maria hätten wir keine Informationen (S. 65). Ich zeige gleich auf, dass wir sie haben. *G. von Fuchs* hat viel Material zusammengetragen, doch findet sich kaum wissenschaftliche Auseinandersetzung mit traditionellen Lehrmeinungen; eine Analyse griechischer Texte gibt es nicht.

Zunächst ist festzustellen, dass *hypárchonta* durchgängig im Neuen Testament wie auch außerhalb desselben im Sinn von materiellen Besitztümern bzw. in ökonomischer Bedeutung verwandt wird.[82] Zusammen mit dem Dienen weist *hypárchonta* dann darauf hin, dass es hier um Geld ging, und zwar um nicht wenig, da eine relativ große Gruppe über einen längeren Zeitraum zu versorgen war. Dies wiederum schließt Frauen aus der Mittel-, erst recht aus der Unterschicht aus, die dazu nicht in der Lage gewesen sein dürften. Es sei denn, eine hätte gerade ein recht großes „Geschenk" erhalten. Immerhin soll festgehalten werden, dass nicht die Männer der Jesus-Bewegung oder ein Jünger wie Josef von Arimathäa, ein Mann jüdischer Oberschicht, Jesus und seine Bewegung finanziell unterstützten, sondern Frauen. Und Judas, der die Kasse verwaltete, hat anscheinend sein Geld lieber im Säckel behalten als daraus die Kosten der Bewegung beglichen.

Schauen wir nun zu, was der Begriff *hypárchonta* bedeutet, wenn er von Lukas und Matthäus verwandt wird. (Markus und Johannes benutzen ihn nicht.)

Als Lukas die Begegnung Jesu mit dem Oberzöllner Zachäus in Jericho schildert (Lk 19, 1–10), verteidigt sich dieser gegen die Vorverurteilung der mitlaufenden Menge: Die Hälfte meines „Vermögens" will ich den Armen geben ... Im Griechischen steht unser Wort *hypárchonta*. Sein „Besitz" reichte also aus, sich in einer der schönsten Landschaften und Städte Palästinas, wo Herodes drei Paläste hatte, eine Villa zu bauen und die Hälfte seines Geldes weggeben zu können, ohne am Hungertuch nagen zu müssen. Ebenso Lk 16, 1: Das „Vermögen/*hypárchonta*" eines reichen (!) Mannes, das von seinem Verwalter verschleudert wird. Oder Mt 19, 21: Jesus fordert den „reichen Jüngling" auf, zu verkaufen „was du hast/*hypárchonta*". Am Ende hören wir, dass der Mann ein „großes Vermögen/*ktēmata*" besaß. *Ktēmata* aber weist auf Landgut, Grundbesitz, Besitz auch von Sklaven, Schätzen, Liegenschaften usw. hin. Der Begriff *hypárchonta* konnte also solche Güter mit einschließen.

Oder schließlich Mt 25, 14, der reiche Mann, der auf Reisen ging und „sein Vermögen/*ta hypárchonta autoú*" unter seine Verwalter verteilte. Fünf Talente Silbergeld, zwei, eines ... Nehmen wir diese acht Talente, so sind das zusammen 48.000 Denare. Ein römischer Legionär

---

[82] Nach *Bauckham*, S. 113–121. *Bauckham* weist die Bedeutung von *hypárchonta* nicht anhand von Schriftstellen im NT auf, ich werde das tun.

konnte mit 225 Denaren (oder 900 Sesterzen) Jahresgehalt rechnen.[83] Dann entsprachen 48.000 Denare (oder Drachmen) zur Zeit Jesu über 210 Jahresgehältern. Diese Summe verdiente ein römischer Provinzprokurator pro Jahr, wenn er zur Klasse der Ritter zweiten Ranges gehörte.[84] (Genau waren es 200.000 Sesterzen.) Rechnen wir diese Summe in heutige EURO nach ihrem Handelswert um und nehmen wir als ein Jahresgehalt einmal 25.000 €, dann entspricht die Summe von 210 Jahresgehältern über 5 Mio. €.

Das also war das Vermögen/*hypárchonta* des reichen Mannes aus Jesu Gleichnis. Und das ist der Begriff, den Lukas verwendet, wenn er von den Frauen sagt, sie dienten Jesus und der Bewegung mit „ihrem Vermögen". Vermögende Menschen haben zudem Beziehungen.

Was diese Frauen also „besaßen", ihre „Besitztümer"[85], war unter „sehr reich" einzuordnen. Auch wenn nicht jede Einzelne von ihnen Millionärin war, auch wenn die eine oder andere „nur" 1000 oder 2000 Denare beisteuern konnte, so wären auch das immer noch fünf bis zehn Jahresgehälter gewesen. Keine Mittelschichtenfrau hätte so viel Geld aufbringen können. (Bei der Speisung der 5000 hören wir, dass Brot für 200 Denare nicht gereicht hätte.) Sofort entsteht die Frage: Woher hatten diese Frauen so viel Geld? Was waren das für Frauen? Vielleicht deswegen drücken sich manche Autoren um die korrekte Übersetzung von *hypárchonta* herum, weil sie diese Frauen dann in ihr traditionelles Schema nicht mehr einordnen können.

Ist in der Aussage, dass Frauen Jesus und die Jünger aus ihrem Vermögen unterstützen, Maria Magdalena ausgeschlossen oder mitgemeint? Der griechische Text sagt „*aítines*/diese dienten ihnen aus ihrem Vermögen". Die Formulierung bezieht sich offensichtlich auf alle mit und ohne Namen genannten Frauen, wobei nicht erwähnt wird, wie viel Vermögen die eine oder andere besaß und beisteuerte. Maria Magdalena, die immer an erster Stelle genannt wird, aus den vermögenden Frauen herauszunehmen, müsste eigens begründet werden. Im Gegenteil scheint bei ihrer Leitungsfunktion die Annahme näher zu

---

[83] *R. Haensch*, in: Neues Testament und Antike Kultur (NTAK), Neukirchen-Vluyn, ²2005, Bd. 1, S. 158.

[84] *Ternes*, Die Römer an Rhein und Mosel, Stuttgart 1975, S. 87.

[85] Mit „Besitztümer" übersetzt *Heininger* (WUB 3/2007), S. 49. Wie viel das gewesen sei, ginge aus dem griechischen Text nicht eindeutig hervor. „Wenn es so wäre, müsste man sie sich als relativ vermögende Frau vorstellen, die vielleicht sogar ein Haus besaß. Doch bleibt auch dies letztendlich Spekulation."

liegen, sie habe sogar das größte Vermögen besessen. Was wir bisher über „Dienen" und „Vermögen" aufdecken konnten, erlaubt zudem die Vermutung, dass diese Frauen mehr als „ein Haus" besaßen.

Drittens hören wir in Lk 23, 55f. von diesen Frauen, dass sie Jesus und die 12 (plus x) Männer während deren gesamter Zeit des öffentlichen Lebens der Verkündigung begleitet haben. Ich gehe von drei Jahren aus, da wir bei Johannes, der, anders als die Synoptiker, historisch genauer berichten will, drei Besuche Jesu zum Pascha ausmachen können. Als Jesus ins Grab gelegt wird, heißt es: „Die Frauen, die mit Jesus aus Galiläa gekommen waren, gaben ihm das Geleit und sahen zu, wie der Leichnam in das Grab gelegt wurde. Dann kehrten sie heim und bereiteten wohlriechende Öle und Salben zu."

Noch einmal wird damit deutlich, dass diese Frauen (und deren Familien) wirklich Vermögen besaßen, um solch lange Zeit so viele Männer umsorgend zu verpflegen und den Verstorbenen kostbar zu balsamieren. Wie kostbar die Salben waren, wird den Leser noch einmal überraschen. Es ist ebenfalls klar geworden, dass die Frauen auch die Fähigkeiten weitsichtiger Organisation und funktionierender Kommunikation untereinander besitzen mussten.

Maria Magdalena, die Leiterin in einem starken Team

Drei Frauen[86] werden namentlich genannt: Eine Susanna; ihr damals eher seltener Name bedeutete wohl „Lilie"[87]. Von ihr hören wir im Neuen Testament nichts weiter. Sodann Johanna (ihr Name bedeutet: „Gott hat seine Gnade gezeigt"), „die Frau des Chuza[88], eines (Finanz-)Beamten des Herodes"[89]. Johanna wird von Lukas am Ostermorgen

---

[86] Hat Lukas die Dreizahl der Frauen bewusst verwendet, wie *Bovon* (Bd. I, S. 398) andeutet, um sie den drei Aposteln der inneren Gruppe des Zwölferkreises gegenüberzustellen? Am leeren Grab werden drei Frauen von Lukas erwähnt, während in Getsemani drei Männer schlafen (Mk 14, 32–42).

[87] *Bovon*, S. 400.

[88] „Den aramäischen Namen ihres Mannes ‚Chuza' kennt man aus nabatäischen Inschriften." *Bovon*, S. 399. Ausführlich dazu *Bauckham*, S. 150–157.

[89] Dieser Beamte erhält bei Lukas den Titel ‚*epítropos*'. Das ist ein „Verwalter, Aufseher, Statthalter" *(Bovon,* S. 398). Pilatus wird von *Josephus Flavius* mit dieser Bezeichnung eingeführt („Der Jüdische Krieg", II, 9, 2). Dieser Amtstitel konnte aber auch einen hohen Finanz- oder Steuerbeamten im Dienste des

erwähnt (24, 10), wo der Evangelist uns den „jesuanischen Organisationsstab" der Frauen erneut vor Augen führt: Maria Magdalena, Johanna, Maria, die Mutter des Jakobus, und die übrigen Frauen. Und schließlich Maria Magdalena, die immer an erster Stelle der Frauengruppe genannt wird.

Johanna als Frau des königlichen Finanzbeamten dürfte mit Verwaltung, Finanzen, Organisation vertraut gewesen sein. An der Seite ihres Mannes hat sie gewiss einiges gelernt. Man muss wohl davon ausgehen, dass Johanna aus jüdischer Oberschicht in Galiläa stammte, sodass sie die Ehe mit diesem hochgestellten Finanzbeamten eingehen konnte. Dadurch wurde sie in die Oberschicht von Tiberias integriert, die pro-herodianisch und pro-römisch ausgerichtet war, sogar anti-jüdisch, da die Gebote der Tora mehrfach verletzt wurden. Wenn Jesus später, mit Blick wahrscheinlich auf die neuen Paläste des Herodes am Bergabhang, unverhohlen kritisch von Leuten sprach, die „vornehm gekleidet sind und üppig leben", dann waren Johanna und ihr Mann unter den Adressaten seiner scharfen Worte (Lk 7, 25).

Wie, wenn die Frage interessiert, kam Johanna dazu, Jesus und seiner Bewegung mit ihrem Vermögen zu dienen? Vielleicht hatte ihr Entschluss folgenden Hintergrund:

Als Johannes der Täufer, der Verwandte und Freund Jesu, wegen seines öffentlichen Tadels an der Heirat des Herodes Antipas, der der Arbeitgeber von Herrn Chuza und Frau Johanna war, ins Gefängnis geworfen und dann ermordet wurde (Chuza und Johanna dürften dem Tanz der Tochter der Herodias zugeschaut haben, Mk 6, 21f), geriet auch Jesus mit seiner Bewegung in Gefahr. „Herodes will dich töten!", die Verse Lk 13, 31 deuten die gefahrvolle Spannung an. Die Jesus-Bewegung brauchte Fürsprecher beim König. Nun gab es in der blutvollen Geschichte der Herodesfamilie auch „rosarote" Seiten. Als im Jahr 7 v. Chr. 6000 Pharisäer den Treueid auf den Kaiser verweigerten, belegte Herodes sie mit einer hohen Geldbuße. Die Frau des Pheroras aber, des jüngsten Bruders von Herodes, zahlte die Strafe für die Pharisäer.[90] Diese Frau hat keinen Namen bei Josephus. Sie war eine Sklavin. Von ihren bezaubernden Reizen kam Pheroras nicht weg. Ihr wurde jedoch vorgeworfen, sie habe sich die Pharisäer durch ihr Geldgeschenk gefügig gemacht. Vielleicht erinnerte sich Johanna an diese

---

Kaisers bezeichnen. Herr Chuza war deswegen wahrscheinlich Finanzchef des Herodes Antipas im neu gegründeten Tiberias. So auch *Bauckham*, S. 136.
[90] *JosAnt*, XVI,7,3–5 und *JosBell*, I,29,2.

Geschichte und begann, die Jesus-Bewegung mit ihrem Vermögen zu unterstützen.[91]

Während einige Forscher auch diese Johanna als ständige Begleiterin der Apostel in der Nachfolge Jesu sehen, die also mit ihrer Familie ganz gebrochen hätte, sehe ich das als keineswegs notwendig, ja nicht einmal als möglich an. Johanna wie auch jede der anderen Frauen blieb selbstverständlich ihrem Haus, ihrem Ehegatten bzw. ihren je besonderen Verpflichtungen verbunden. Doch ihr hoher sozialer Status gab diesen Frauen Freiräume verschiedenster Art. Diese nutzten sie, um immer wieder für einige Tage, Wochen bei der Bewegung zu sein und diese organisatorisch und finanziell zu unterstützen.[92]

Mein Blick auf die gesamte Gruppe der Frauen lässt sich folgendermaßen zusammenfassen:

Die Frauen sind von Jesus nicht erwählt worden wie die Zwölf und die Zweiundsiebzig, sondern sie haben sich ihm für seine Bewegung selber angeboten; denn nirgendwo hören wir von einer Erwählung von Frauen. Diese Frauen müssen aus damaligen Oberschichten stammen, sei es aus städtischen wie der von Tiberias oder Tarichea/Magdala oder Sepphoris oder aus jüdischen, in denen sich durch florierenden Handel eine Oberschicht ausbilden konnte. Denn nur Oberschichten-Frauen besaßen ausreichend Vermögen und hatten die Freiheit, einer solchen Bewegung zu dienen. Zu ihnen stießen aber auch Frauen aus der Verwandtschaft Jesu, wie die Schwester seiner Mutter, die Frau des Klopas, u. a.; auch Maria, die Mutter Jesu, hat sich dieser Gruppe auf ihre Weise angeschlossen. Hier begann ihre besondere Beziehung zur Magdalenerin.

Zielgruppe dieser Frauen waren nicht die jüdischen Bewohner der Ortschaften, Dörfer und Städte in Galiläa und anderswo, zu denen Jesus sie gesandt hätte, die Botschaft vom Reich zu verkünden. Ihre Zielgruppe waren Jesus und die Zwölf und die übrigen Jünger, also die Jesus-Bewegung selber. Denn nirgendwo hören wir, dass Frauen zur Verkündigung in die Dörfer gesandt worden wären, um dort zu predigen und zu heilen. Das hätte auch nicht in die damalige Kultur gepasst, wo Männer dem, was Frauen sagten, von vornherein nicht glaubten (Lk 24, 11), und wo die Reinheitsgesetze ohnehin den Wirkungskreis von Frauen einschränkten. Dennoch waren diese Frauen „Jünger Jesu", und zwar im existenziellen Sinn der Nachfolge, nicht mit dem Titel

---

[91] So *Bauckham*, S. 162, der aber die Hintergründe nicht nennt.
[92] Dies gegen *Bauckham*, S. 163.

„Jüngerin" an der Seite der Männer-Jünger. Sie sorgten umfassend für diese als deren logistische Basis. Ihr Einsatzbereich war deshalb das Management der ganzen Bewegung. Dazu hatten sie sowohl Möglichkeiten als auch Fähigkeiten, denn sie besaßen Geld, Sklav(inn)en, sie hatten vielfältige Beziehungen und konnten diese einsetzen.

Natürlich waren nicht alle Frauen ständig anwesend bei der Bewegung, das war weder möglich noch nötig. Denn Jesus und seine Jünger kehrten nach einer Reihe von Tagen sowieso zurück in die Orte, wo die Jünger wohnten, damit die Männer für ihre Familien sorgen konnten. Der kleine Raum Galiläas hat lange Abwesenheiten vom Heimatdorf geradezu ausgeschlossen.

Im Laufe der drei Jahre wurden die Frauen, vor allem ihre Leiterinnen, immer mehr Teil des Kerns der Jesus-Bewegung. Zugleich wuchs eine Spannung zu den leitenden Aposteln, einmal weil Jesus zu einigen Frauen ein auffallend herzliches Verhältnis pflegte, zum anderen, weil einige dieser Frauen den Männern in verschiedener Hinsicht deutlich überlegen waren. Diese Frauen waren es, die als erste ahnten, wo der Weg des Nazoräers enden würde. Ihre Macht endete, als die religiösen Führer zugriffen. Bevor Jesus sein Kreuz auf sich nahm, nahmen sie das ihre auf sich, ihn nicht festhalten zu können. Bevor Petrus den Herrn verleugnete, verleugneten diese Frauen sich selber und stellten ihre Liebe zu Jesus hinter seine Sendung. Aber ihre Treue blieb bestehen bis zum Kreuz und zum Grab – und der Auferstandene begegnete ihnen zuerst.

In der Fachliteratur wird Johanna als die reichste der Frauen um Jesus gesehen. Manche vermuten in ihr die spätere „Apostolin Junia" aus Röm 16, 7; ihr Mann Chuza habe seinen Namen ebenfalls geändert und sei der „angesehene Apostel Andronikus" geworden.[93] Diese Frage lasse

---

[93] So *Bauckham*, S. 165–194. Trotz seiner bemerkenswerten Untersuchung zur möglichen Umwandlung des Namens Johanna zu Junia (Röm 16, 7), dessen grundsätzliche Möglichkeit ich nicht zu leugnen vermag, möchte ich *Bauckham* für diesen konkreten Fall doch nicht folgen. Mein Argument: Paulus hat in 16, 3 gerade ein anderes Ehepaar genannt, Priska und Aquila – und die Frau zuerst! Warum soll er dann gleich anschließend bei der Nennung „des nächsten Ehepaares" (so *Bauckham*) nun zuerst den Mann nennen und dann dessen Frau? Deswegen ist für mich an dieser Stelle Junia der Name eines Mannes.
Ferner geht *Bauckham* weder auf die Dämonen ein, von denen auch Johanna besessen war, noch berücksichtigt er die viel bedeutendere Tatsache der Führung der Frauengruppe eben durch die Magdalenerin. Wenn *Bauckham* also

ich unerörtert. Aber wenn aufgrund ihrer hohen gesellschaftlichen Stellung am Hof und dem damit zu erwartenden „Vermögen" diese Johanna als die reichste der Frauen um Jesus dargestellt wird, dann darf man zwei Dinge nicht außer Acht lassen:

Erstens: Auch Johanna ist nach Lukas eine von denen, die von irgendwelchen „Dämonen" besessen war und die durch Jesus davon befreit wurde. Und zweitens: Die Magdalenerin wird immer an erster Stelle genannt! Man kann gar nicht anders als anzunehmen, dass sie dann noch „über" der Johanna stand. Ganz abgesehen davon, dass Johanna/Junia in der frühchristlichen Literatur keine Rolle spielt.

Wer also ist diese Maria, „genannt die aus Magdala"?[94]

Diese Maria ist nicht eine x-beliebige aus dem Kreis der vielen dienenden Frauen. Sie wird an erster Stelle genannt. Dies ist deswegen von Bedeutung, weil, wo immer von diesen Frauen die Rede ist, die Frau aus Magdala immer an erster Stelle genannt wird.[95] Wenn die Magdalenerin aber bei jedem Evangelisten an erster Stelle genannt wird, dann war sie die Führende im Kreis der Frauen. Wie Petrus im Kreis der Männer.

Das jedoch führt zu einer weiteren Schlussfolgerung: Maria von Magdala war dann nicht nur mit all jenen Fähigkeiten ausgezeichnet, die wir schon für die anderen Frauen aufgezählt haben, sie besaß nicht nur Vermögen wie die anderen, wie Johanna und vielleicht mehr als diese, sie muss sich zusätzlich noch durch das Charisma der Führung empfohlen haben. Und das ist ein kostbares, ein seltenes Charisma.

Das aber machte sie zu einer außergewöhnlichen Persönlichkeit. Zu einer Frau mit sicherem Selbstbewusstsein. Zu einer Frau von natürlicher Autorität, die Menschenkenntnis besaß und mit Menschen

---

die Johanna so hoch herausstellt, wie hoch müsste er dann die Magdalenerin stellen – wenn er sich ihr mit ähnlicher Umsicht und Sorgfalt gewidmet hätte wie der Johanna.

[94] Lukas (8, 2) führt sie folgendermaßen ein: *„María hē kalouménē Magdalēnē"*, zu Deutsch: „Maria, die so genannte Magdalenerin." Diese Formulierung werden wir später (IV, 3) genau untersuchen und zu einem höchst überraschenden Ergebnis kommen.

[95] Gegen *Schürmann*, S. 446, Anm. 14. *Schürmann* verweist auf Joh 19, 25, wo Maria Magdalena „am Ende" stünde. Tatsächlich nennt Johannes bei den Frauen unter dem Kreuz zuerst Maria, die Mutter Jesu, dann die Frau des Klopas, die Schwester seiner Mutter. An dritter Stelle Maria von Magdala. Damit aber ist sie wiederum die erstgenannte Frau außerhalb der Verwandten Jesu!

umzugehen verstand. Zu einer Frau, die logisch denken und entscheiden konnte, die zu planen und zu organisieren wusste, – und der die anderen zudem willig folgten. Was keineswegs selbstverständlich ist. Jedenfalls hören wir bei den Frauen nichts von einem ähnlich heftigen Streit wie unter den Männern, wer einmal rechts und links vom königlichen David-Messias sitzen dürfe. Vielleicht war bei den Frauen längst klar, wer dort sitzen würde.

Wir können die Autorität der Frau aus Magdala anhand von Angaben der Evangelien sogar noch deutlicher herausstellen.

Zur Gruppe der Frauen, die Jesus und den Jüngern „mit ihrem Vermögen" dienten, gehörte auch die Mutter der Söhne des Zebedäus, Johannes und Jakobus. Diese Frau und Mutter ist uns durch Matthäus überliefert, der die Fischfirma „Zebedäus & Söhne" durch seine Zolltätigkeit im Umfeld von Kafarnaum und Betsaida gewiss kannte. Mehr noch ist sie uns durch ihr energisches Auftreten vor Jesus bekannt (Mt 20, 20ff): „Versprich (!), dass meine beiden Söhne in deinem Reich rechts und links neben dir sitzen dürfen." Diese Frau trat resolut, bestimmend auf, wie ein kleiner Drache. Ein echter „Domina-Typ". So wurden ihre Söhne zu „Donnersöhnen". „Herr Zebedäus" hat in den Evangelien nichts zu sagen, er bleibt wortlos im Hintergrund. Mit dieser Frau umzugehen, dürfte ein Kunststück gewesen sein. Maria von Magdala konnte es. Und umgekehrt: „Madame Zebedäus" akzeptierte die Konkurrentin und ordnete sich der Frau aus Magdala unter.

Es muss ein starkes Team gewesen sein. Und Maria Magdalena eine auffallende Persönlichkeit.

Womöglich auch zwei Männer von Rang in Jerusalem respektierten die Frau aus Magdala: Josef von Arimathäa, ein heimlicher Jünger Jesu (Joh 19, 38), Vertreter der Laienaristokratie im Hohen Rat, und Nikodemus, dem seit seinem nächtlichen Gespräch mit dem ungewöhnlichen Rabbi von Nazaret dieser Mann nicht mehr aus dem Sinn ging. Es ist gar nicht anders denkbar, als dass diese beiden Männer die Frau von Magdala gekannt haben; sie gehörte ja zum Kreis der Jünger um Jesus, wie wir hörten. Und eine Frau, die sehr reich war, kannte zudem jeder. Vor allem reiche Ratsherren.

Wir werden sehen, dass die Geschäftsbeziehungen der Frau vom See Gennesaret sie vermutlich nicht nur mit Jerusalem verbanden.

Ebenso ordnete sich Johanna der Magdalenerin unter, die Frau unseres Finanzbeamten Chuza, der im Dienst des Königs Herodes Antipas stand, Vierfürst von Galiläa und Peräa. Er regierte von 4 v. Chr. bis 39 n. Chr. Er prägte Münzen mit seinem Namen und seiner Residenzstadt

Tiberias, die er etwa 6 km südlich von Magdala angelegt hatte. Wenn auch die hochgestellte Frau dieses königlichen Beamten sich der Frau aus Magdala unterordnete, wirft dies ein weiteres Licht auf die Persönlichkeit der Magdalenerin: Sogar auf höchster gesellschaftlicher Ebene begegnete man ihr mit Respekt.

Maria von Magdala stand also auf der Seite der Frauen an der Position, die auf der Seite der Männer dem Simon bar Jona, dem Petrus zukam. Auch Petrus wird in den Apostellisten stets an erster Stelle genannt, und zwar mit Betonung (Mt 10, 2). Aber verglichen mit Petrus hatte diese Frau sich in der Gesellschaft unglaublich weit hochgearbeitet. Wie sie das geschafft hat, wissen wir nicht. So etwas formt einen Menschen. Durch ihre im sozialen Gefüge erworbene und herausragende Stellung besaß die Frau aus Magdala weit mehr an charakterlicher und gesellschaftlicher Autorität als Petrus. Der gute Fischer vom See war sicher nicht in der Lage, Millionär zu werden und dies einige Zeit auch zu bleiben.

Diese meine Gedanken sind Schlussfolgerungen. Sie ergeben sich aus dem schauenden Erfassen der realen, lebendigen Personen wie auch der konkreten Situation der damaligen Zeitumstände hinter dem griechischen Text. Sie mögen manchem Leser den Atem verschlagen, ihm zu subjektiv, zu neu anmuten und ihn verwirren. Doch Lukas nennt auch ein objektives Merkmal, das diese eine Frau von allen anderen unterscheidet:

Wir hören nicht, dass Maria Magdalena die Frau eines Mannes gewesen wäre, oder die Mutter von Söhnen, oder die Tochter von diesem oder jenem bekannten Mann. Letzteres kann allerdings nicht ganz ausgeschlossen werden; manche Forscher erwägen, ob sie nicht Witwe war. Aber nicht durch familiäre Bande wird diese Frau gekennzeichnet, sondern durch eine Stadt.

Manchmal kann man lesen, Maria Magdalena werde in ganz spezifischer Weise eingeführt, wenn doch gleich zu Beginn auf ihre „Besessenheit durch sieben Dämonen" verwiesen werde.[96] Aber das ist falsch. Schon deswegen, weil die „Besessenheit durch Dämonen und Krankheiten" nicht ihr Spezifikum alleine ist, sondern von mehreren Frauen ausgesagt wird. Es sei denn, jemand möchte gerade auf die Zahl „sieben" abheben. Aber selbst dann wäre diese „siebenfache Dämonenbesessenheit" nicht ihre erste Kennzeichnung.

---

[96] *Bovon,* Bd. I, S. 399.

Das allererste Spezifikum, das sogar den Namen dieser Frau geprägt hat, ist der Hinweis auf eine Stadt! Ist jenes „aus Magdala". Die „Magdalenerin". Man kann den Hinweis auf Magdala nicht allein darin begründet sehen, dass man diese Frau von anderen Frauen mit dem Namen „Maria" unterscheiden wollte. Gewiss sollte sie unterschieden werden können bei den vielen Marias, die es damals gab. Aber warum hat man zur Unterscheidung Magdala gewählt? Hatte Magdala vielleicht eine hervorragende Bedeutung, die auf diese Maria überging? Die sie so sehr prägte, dass sie kurz „die Magdalenerin" genannt wurde? Als würde man heute eine Frau „die Hamburgerin" oder „die Wienerin" oder „die Pariserin" nennen: das besondere Flair jener Städte hätte sich in dieser Frau verkörpert.

Wir wollen, ja wir müssen dieser Kennzeichnung deshalb ausführlich nachgehen. Und dabei werden wir Unerhörtes entdecken, was meines Wissens von Exegese, Geschichte und Archäologie in diesem zusammenschauenden Umfang bislang noch nicht beachtet worden ist. Überhaupt muss man sich wundern, wie wenig die Fachwelt bis heute all jenes zum Verständnis der Magdalenerin herangezogen hat, was wir seit Josephus Flavius über Magdala wissen, oder aus dem Talmud und erst recht durch die Ausgrabungen ab dem Jahre 1971.

War diese Stadt geeignet, charakteristische Merkmale für einen Menschen auszusagen? Für diese Maria? Bot sie etwas Spezifisches?

Was wissen wir von Magdala?

EXKURS -1-

Magdala, eine reiche, multikulturelle Handelsstadt

Die Stadt mit dem Namen „Turm der Fische"

Magdala war zur Zeit Jesu eine bedeutende Stadt an der Bucht des nördlich-mittleren Westufers des Sees Gennesaret, vor der Gründung von Tiberias im Jahre 18 (oder 22) n. Chr. sogar die größte. Der heute geläufige Name Magdala lautete damals, nach einer Überlieferung des Talmud, Migdal Nunaija[97].

Dieser Name sagt etwas über das Besondere von Magdala aus: Das aramäische „Migdal" bedeutet nämlich „Turm" ... und wir erinnern uns an das „castellum Magdalum" aus der Vulgata des Hieronymus, das in der Vita des Odo von Cluny zum „Turm" wurde. Bis in die heutige arabische Form für Magdala „el-medschdel" hat sich der alte Name mit „Turm" erhalten. Gute Landkarten zeigen den heutigen Ort etwa 2 km westlich vom Seeufer.

Der vollständige Name „Migdal Nunaija"[98] bedeutete „Turm der Fische". Diese Bezeichnung macht klar, dass der Ort in besonderer Weise mit dem Fischereigewerbe verbunden war. Nach Josephus hatte Magdala eine Fangflotte von 230 oder 330 Schiffen besessen. Diese Angabe wird uns zu weiteren Schlussfolgerungen nötigen.

Josephus berichtet ferner, dass Magdala 40.000 Einwohner gehabt hätte. Aber die Zahlenangaben des jüdischen Historikers sollten wohl mehr seine römischen Zuhörer beeindrucken und ihn selber als Helden herausstellen als verlässliche Grundlage für Geschichtsforscher bieten. Streicht man eine Null weg, dürften es allerdings deutlich zu wenig gewesen sein. Interessant ist nun, dass Josephus diese Stadt stets unter einem anderen, nämlich dem griechischen Namen erwähnt:

---

[97] Die folgenden Angaben zu Magdala sind entnommen *G. Kroll*, Auf den Spuren Jesu, Leipzig [10]1988, S. 203–212. Ebenso *Flavius Josephus*, Der Jüdische Krieg, und *S. M. Ruf*, Maria aus Magdala – Eine Studie der neutestamentlichen Zeugnisse und archäologischen Befunde, in: Biblische Notizen – Beihefte. Nr. 9, Hrsg. von *Manfred Görg*, München 1995.

[98] *R. Riesner* (Art. „Magdala", in: Das Große Bibellexikon, Wuppertal/Gießen 1988, Bd. 2, S. 909f.) verweist auf: b Pes 46a.

Tarichea/*Tarichéa*. Das griechische *tarichos*[99] bedeutet das „Einsalzen" der Fische. Frei übersetzt könnte man Tarichea auch „Fischpökelhausen" nennen und Magdala: „Türme" oder „Stadt der Türme".

Lange Zeit wusste die Forschung nicht, wo sie Magdala/Tarichea überhaupt suchen sollte. Das mochte noch von Plinius d. Ä. (23 – 79 n. Chr.) herrühren. Er schrieb u. a. eine 37-bändige „Naturgeschichte", in der er auch über die heilsame Wirkung der Quellen von Hammâth (bei Tiberias) berichtet, die schon vom Pharao Thutmosis III. erwähnt wurden. Dieser Plinius war im Jahr 79 n. Chr. just zu der Zeit Kommandant der römischen Mittelmeerflotte, als am 24. August mittags um 13.00 Uhr plötzlich der riesige Ausbruch des Vesuv begann. Am Strand von Tabiae ereilte Plinius der Tod. Sein Neffe, Plinius der Jüngere, befand sich zum selben Zeitpunkt etwa 40 km vom Vulkan entfernt, er konnte alles miterleben und später niederschreiben.[100]

Plinius d. Ä. nun hatte Magdala an das Südende des Sees von Galiläa „verschoben", und dies galt für viele Forscher bis ins 19. und 20. Jahrhundert hinein als Tatsache. Doch das dortige Ruinenfeld von chirbet el-kerak stellte sich als die Stadt Philoteria heraus. Von entscheidender Bedeutung war schließlich Gustav Dalman: Dieser anerkannte Archäologe wechselte 1917 seine Meinung über die Lage von Magdala: Vom Südende des Sees legte er es an seine originale Stelle nördlich von Tiberias zurück.

Als um etwa 1930 Dalmans Schüler Wilken das Heilige Land besuchte, kam dieser an den östlichen Ausgang des wâdi el-hamâm, des Taubentals, an dessen Fuß zum See hin das alte Magdala lag. Er hat seine Eindrücke in lebendiger Schilderung festgehalten. Wichtig ist seine Vermutung, dass zur Zeit Jesu diese Stadt nicht nur von Juden, sondern auch von Römern, vor allem von Griechen bewohnt gewesen sei, so dass hier drei Sprachen gesprochen wurden. Nach der Eroberung der Stadt durch Titus und Vespasian seien, so Josephus, 40.000 Menschen gefangen genommen und in das gewaltige Hippodrom ge-

---

[99] Die Wortformen des Verbs *taricheúō* können bedeuten: dörren, trocknen, einsalzen, einpökeln, auch einbalsamieren. *Tarichēiai* meint einen Ort zum Dörren und Einsalzen der Fische. *Michel/Bauernfeind* bringen in Anm. 95 zu Buch I des Jüdischen Krieges den Hinweis auf Herodot 2, 15. 113. *Herodot* spricht an beiden Stellen vom pelusischen *Tarícheiai*, einer Stadt am östlichen Hauptstrom des Nils im Nil-Delta.

[100] *M. Pagano*, Herculaneum. Eine Kleinstadt am Golf von Neapel, in: Verschüttet vom Vesuv – Die letzten Stunden von Herculaneum, Mainz 2005, S. 10.

sperrt worden, das sich längs des Gebirgsabhangs bis nach Tiberias erstreckt haben soll. In diesem den Juden verhassten Hippodrom wurden die Schwächsten unter den Gefangenen sofort hingerichtet. Dies sollen 1200 gewesen sein. Von den jüngeren Leuten wurden sodann 6000 der Stärksten ausgesucht und nach Griechenland transportiert, wo sie auf Befehl des Nero beim Kanalbau des Isthmus verwendet werden sollten. (Aber der wurde erst 1893 vollendet.)

Wilken bedauerte um 1930, Ausgrabungen würden keine Teile der alten Stadt Magdala mehr zutage fördern, denn die Bewohner des benachbarten Tiberias pflegten seit Jahrhunderten ihre Bausteine aus dem alten Magdala zu holen. Umso wertvoller erscheint mir sein Hinweis, den er seinerzeit vom arabischen Lehrer von el-medschdel erhielt, die kleinen Fischerhäuschen des Dorfes ständen ausnahmslos auf alten römischen Fundamenten! Diesem Hinweis scheint unter den Archäologen noch niemand nachgegangen zu sein.

Etwa 40 Jahre nach jener Begegnung haben Ausgrabungen tatsächlich stattgefunden. Und sie haben Erstaunliches zutage gefördert. Hören wir aber zunächst, was Josephus Flavius zu Magdala zu sagen hat.

Tarichea/Magdala war im Römischen Reich bekannt

Als erstes fällt auf: Wo immer Josephus in seinen drei Büchern[101] von „Magdala" spricht, gebraucht er ausschließlich den griechischen Namen *Tarichea*. Für den See Gennesaret sagt er einmal ausdrücklich, dass dieser „in der Sprache der Bewohner Gennesar" heiße[102], von Tarichea berichtet er nichts dergleichen. Umgekehrt nennen die christlichen und jüdischen Schriften den griechischen Namen nicht. Die aramäische Bezeichnung *Magdala*, und wiederum ausschließlich diese, taucht dagegen in rabbinischem Schrifttum auf.

Eine erste Erwähnung von Magdala/Tarichea stammt aus dem Jahre 43 v. Chr. Cassius, einer der Mörder Cäsars, schrieb aus Tarichea an den römischen Literaten Cicero einen Brief[103], der an postalischer Exaktheit nichts zu wünschen übrig ließ: „Data Nonis Martiis (Hirtio

---

[101] In *JosAnt* finden sich nur zwei Erwähnungen von Tarichea, Parallelen zu Schilderungen im ersten Buch *JosBell*. Ferner Stellen in *Leben*.
[102] *JosBell* III, 10, 1.
[103] *Kroll*, S. 208. – Nach *Zangenberg* („Leben am See Gennesaret", S. 93) schrieb diesen Brief Marcus Tullius Cicero an seinen Bruder Quintus (Cicero, Ad Familiares 12, 11); *Zangenberg* irrt, *Kroll* hat Recht.

Pansa cos[s]), ex castris Taricheis" – „Lager von Tarichea, 7. März (43 v. Chr.). Der Prokonsul Cassius an Cicero."[104] Josephus erwähnt beim Aufenthalt des Cassius in Tarichea, dieser hätte „30.000 Juden in die Sklaverei" verkauft.[105] Was bedeutete, Cassius brauchte Geld und beschaffte es sich auf die für ihn einfachste Weise. Der Wert eines Sklaven wurde natürlich unterschiedlich bemessen, 100 Denare lag am unteren Verkaufslimit. Für den Mörder Caesars ein einträgliches Geschäft. Insgesamt erpresste er 700 Talente aus Judäa.

Die nächste Erwähnung von Tarichea steht bereits im Zusammenhang mit Kaiser Nero, der das Reich des Agrippa II. vergrößert habe, und zwar um „Abila und Julias in Peräa und Tarichea und Tiberias in Galiläa"[106]. Das geschah etwa im Jahr 54 n. Chr., also rund 100 Jahre nach der oben erwähnten ersten Nennung von Tarichea. Auffallend ist, dass Josephus an dieser Stelle Tarichea vor Tiberias nennt.

Alle weiteren Erwähnungen Taricheas stammen aus der Anfangszeit des jüdischen Aufstandes. Dieser „Krieg gegen die Römer"[107] begann im Jahre 66 n. Chr., und Josephus richtete seinen Kommandostab in Tarichea ein, um von dort gegen das römisch eingestellte Tiberias vorzugehen. Dabei erwähnt er einen „Annaeus", den „einflussreichsten Mann von Tarichea"[108]. Kurz darauf nennt er „100.000 Bewaffnete", die sich gegen ihn versammelt hätten: „In der Rennbahn von Tarichea waren sie zusammengeströmt." Eine solche Menge verlangte die Größe des Berliner Olympiastadions.

Bei gleicher Gelegenheit zu Beginn des Jüdischen Aufstandes[109] ließ Josephus feindliche vornehmste Bürger „in die innersten Räume (seines) Hauses" in Tarichea bringen, wo er sie bis auf die Knochen gei-

---

[104] Ebenso *Ruf*, S. 58, Anm. 4. *Ruf* nennt weitere Stellen, wo von Tarichea die Rede ist: „bei Strabo XVI 2, 45; Plinius nat. V, 71; Sueton Titus, 4, 4; und schließlich mehr als 30 Nennungen bei Josephus."
[105] *JosBell* I, 8, 9 und *JosAnt* XIV, 7, 3. Vgl. auch *JosAnt*, IV, 7, 3: „Dann marschierte (Cassius) nach Tyrus und kam auch nach Judaea, griff Tarichea an, nahm es beim ersten Ansturm, machte gegen dreißigtausend Gefangene." Das *Taricheiai* im Nildelta kommt hier nicht in Frage.
[106] *JosBell* II,13,2. Den selben Vorgang erwähnt Josephus auch in *JosAnt* XX, 8, 4; dort nennt er Tiberias vor Tarichea.
[107] *JosBell* II, 17, 2. – Schon zur Zeit der Makkabäerkriege war das Gebiet am Arbel offensichtlich ein strategisch wichtiger Posten. S. 1 Makk 9, 2.
[108] *JosBell* II, 21, 3.
[109] *JosBell* II, 21, 8.9.

ßeln ließ, ohne dass die Menge draußen das bemerkte. Bei einem nachfolgenden Täuschungsmanöver gegen „2000 Bewaffnete", die sein Haus umstellt hatten, stieg er auf das Dach. Es muss sich also um ein größeres Haus mit zahlreichen Räumen und dicken Wänden gehandelt haben.

Groß muss auch das Gefängnis von Tarichea gewesen sein: Josephus ließ eine enorme Anzahl von Männern aus Tiberias ins Gefängnis von Tarichea sperren, bis er den „ganzen Rat der Stadt (Tiberias) mit seinen 600 Mitgliedern" und weitere 2000 gewöhnliche Bürger „auf den Booten" nach Tarichea gebracht hatte.

Die nächste Erwähnung Taricheas betrifft bereits das Lager des römischen Feldherrn Vespasian, das dieser „zwischen Tiberias und Tarichea" aufschlagen ließ.[110] Da wir bereits vom Prokonsul Cassius gehört haben, dass er sich 100 Jahre zuvor im „Lager von Tarichea" aufgehalten hatte, scheint die Frage berechtigt, ob dieses Lager nur zeitweise bestand, für konkrete militärische Operationen, oder ob es eine Art Winterlager war, das immer wieder von römischen Legionen frequentiert wurde?

Gehörten Tarichea/Magdala und Tiberias zur Dekapolis?

Welche Schlussfolgerungen dürfen wir aus den nebenbei eingestreuten Angaben des Josephus über Tarichea ziehen, die mehrheitlich aus den Jahren 66 und 67 im Zusammenhang mit dem jüdischen Aufstand und den Kriegshandlungen stammen?

Zunächst ist zu beachten, dass Tarichea eine „Pferderennbahn" besaß. Tatsächlich sagt Josephus im Griechischen: *„en tō katà Tarichéas hippodrómo"* (in dem Hippodrom bei Tarichea). Wie viele Menschen darin Platz fanden, ist vorerst nebensächlich. Die Existenz einer Pferderennbahn überhaupt (gelegentlich ist auch von einem „Stadion" die Rede) sagt etwas über den geistig-kulturellen Standort und die Mentalität der Einwohner von Tarichea aus, die lieber eine „Rennbahn" haben wollten als ihre Stadt ausreichend zu befestigen.[111] Bereits mit

---

[110] *JosBell* III, 10, 1. – Zur Bestimmung dieses Lagerplatzes s. auch die Anmerkung 111 bei *Michel/Bauernfeind*, Bd. I, S. 462 zu Buch III in „De Bello Judaico". Korrekt wird von diesen Autoren bereits 1959 der nördlichen Lokalisation der Vorzug gegeben, und zwar aus strategischen und kriegstechnischen Gründen. Schon hier wird vermutet, dass Plinius sich geirrt habe.

[111] *JosBell* II, 21, 3 und 9; oder: 2, 638–641.

dem Faktum dieser Rennbahn stoßen wir auf deutlich hellenistisch-römischen Einfluss. Die ausgegrabenen Hippodrome in Jericho und Caesarea am Meer maßen jeweils recht genau 320 m Länge und 82 m Breite. Das von Caesarea gab bis 20.000 Besuchern Platz.

Sodann die Anzahl der Boote: Nehmen wir die kleinere Zahl von 230. Der Leser möge einmal durchrechnen, welchen Raum 230 Boote benötigen, würde man sie nebeneinander im Hafen mit dem Bug zum Ufer vertäuen. Das beim Kibbuz Ginnosar gefundene Boot aus der Zeit Jesu misst nämlich 2,30 m Breite. 230 Boote verlangen also eine umfangreiche Hafenanlage. Dass Josephus 2000 Menschen in diesen 230 Booten transportiert haben will, ist rechnerisch möglich und praktisch durchführbar. Die Zahlen passen zueinander. Wenn eine Stadt aber 230 Boote (auch die Zahl 330 wird gelesen) besaß, muss sie ungemein groß, sehr gut organisiert gewesen sein und zudem einen stattlichen Hafen besessen haben.

Die wichtigste Mitteilung jedoch liegt in der Zahl „600".

600 Mitglieder zählte nämlich in den Städten der Dekapolis deren Ratsversammlung, die sog. *boulē* . „Dekapolis" bedeutet „Zehnstädtebund". Es war ein von Pompeius initiierter Bund in Form eines „Wirtschaftszusammenhanges" von 10 bis 18 Städten überwiegend im Ostjordanland. Dessen Mitglieder waren, bei kommunaler Selbstverwaltung, in hellenistisch-römischer Zeit der Provinz Syria zugeordnet. Zu ihnen gehörten Damaskus, Gadara, Gerasa, Philadelphia und andere.

Ich stelle die These auf, dass auch Tiberias dazugehörte und dass Tarichea dazugehören wollte.

In der Liste des Plinius werden jedoch weder Magdala noch Tiberias unter den Städten der Dekapolis aufgeführt.[112] Andrerseits gab es mehrere und unterschiedliche Listen zur Dekapolis. Plinius war zudem nie in Palästina gewesen, sein Irrtum bezüglich der Lage von Tarichea war nicht sein einziger.

Das Nichterwähnen Taricheas unter den Städten der Dekapolis kann aber auch in folgender Entwicklung seinen Grund gehabt haben: Bereits im Jahre 44 n. Chr., gleich nach dem Tod Herodes' Agrippa I., war die Stadt mit dem übrigen Galiläa der römischen Provinz Judäa zugeschlagen worden. Eine „kommunale Selbstverwaltung" war vielleicht nicht mehr erlaubt. Allerdings gab sich Magdala wie eine griechisch-römische Stadt, wie die Ausgrabungen belegen. Kaiser Nero hat

---

[112] *Robert Wenning*, „Dekapolis", in: NTAK Bd. 2, S. 145f. – Die Fachwelt lehnt heute eine Zugehörigkeit der beiden Städte zur Dekapolis kategorisch ab.

sie dann, wie schon erwähnt, im Jahre 54 Herodes Agrippa II. geschenkt; sie hatte also den Wert eines „Geschenkes" wie Tiberias. Etwa mit Beginn der sechziger Jahre, als die Spannungen zwischen Juden und Römern in Palästina immer hitziger wurden, gewannen jüdischzelotische Elemente die Oberhand und beendeten die liberalen Träume mancher Einwohner von Tarichea. Josephus stand zunächst auf der Seite der jüdischen Aufständischen, richtete seinen Kommandostab in Tarichea ein, musste sich dort aber „vornehmster Bürger" erwehren, die ihre griechisch-römisch geprägte Stadt nicht gegen die Römer aufbringen wollten. Doch rebellisches Gesindel, angeführt von einem gewissen Jesus, Sohn des Tupha, brachte die Stadt unter seine Kontrolle, bis die Römer auch dessen Träume beendeten.[113] Titus und Vespasian zerstörten Tarichea/Magdala allerdings nicht. „Nach dem Bar-Kochba-Aufstand (132–135) ließ sich in Magdala die Priesterordnung Jechezkel nieder."[114]

Weil die Stadt also keinen stabilen politischen Kurs zu steuern vermochte, sondern am Ende ihrer Zeit sogar zu einem Bollwerk gegen die Römer wurde, hat sie es nicht geschafft, offiziell Stadt der Dekapolis zu sein. Warum allerdings Tiberias in den Listen nicht aufgeführt wird, müsste erforscht werden. Nur wenige Landkarten von Galiläa zur Zeit des jüdischen Krieges ziehen das Gebiet der Dekapolis bis zum Westufer des Sees Gennesaret, mit einem schmalen Landstreifen hinauf über Tiberias bis nach Magdala/Tarichea.[115] Eine genaue Analyse der Texte des Josephus sowie das rechte Verständnis der Ausgrabungen in Magdala lässt es als begründet erscheinen, dass Tiberias zur Dekapolis gehörte und Tarichea dazugehören wollte.

Städte, die sich um die Zeitenwende zum griechisch-römischen Kulturkreis und zum Römischen Reich zugehörig fühlten, brachten dies in ihrer „wirtschaftlichen Mitgliedschaft" der Dekapolis zum Ausdruck.[116] An der oben zitieren Stelle hören wir, dass Josephus den „ganzen Rat/*boulē* der Stadt (Tiberias) mit seinen 600 Mitgliedern" und „zehn führende Männer/*dynatotatoi*" nach Tarichea verschleppt habe. Das bedeutet nichts weniger als dies: Tiberias hatte sich in deutlicher Weise nach hellenistisch-römischem Muster wie eine Stadt der Deka-

---

[113] *JosBell* III,10,10.
[114] *R. Riesner*, Das Große Bibellexikon, S. 909, zitiert „Dalman, 136".
[115] Etwa *„Der Jüdische Krieg"*, Goldmann Verlag, München ³1986, S. 652 u. 654.
[116] Nach *Nadine Riedl* in: Gesichter des Orients – 10.000 Jahre Kunst und Kultur aus Jordanien, Mainz 2004, S. 174.

polis organisiert. Oder es gehörte bereits zu diesem offenen Wirtschaftsverbund offiziell dazu.

Und das ältere Tarichea nebenan, das von Josephus sogar vor Tiberias genannt wurde? Warum hat Herodes Agrippa seine Provinzhauptstadt an den See verlegt und eine neue Stadt gebaut? Warum hat er nicht Tarichea dazu erhoben? Ich vermute, dass Tarichea anfangs das Fischerdorf Magdala war, das dank seiner Lage am See und an der Kreuzung von großen Handelsstraßen erst allmählich, aber dann viel zu schnell wuchs, unorganisiert und ohne rechte Stadtplanung. (Wie auch Rom, das bis zur Jahrtausendwende Stadtplanung nicht kannte und als überriechende Stadt ohne Kultur galt.) Alle möglichen Leute, die schnell Geld machen wollten, zogen nach Magdala. Die ursprünglich mehrheitlich jüdischen Bewohner wurden zur Minderheit, zurückgedrängt in ihr Stadtviertel. Mochte sich Tarichea auch griechisch-römisch herausputzen mit Pferderennbahn, Hafen und Schiffen, mit villenartigen Häusern, Plätzen wie in Athen und nachgebauten Prachtstraßen, für eine königliche Metropole blieb es ein chaotisches Durcheinander zugewanderter Ethnien. Schließlich gewannen jüdische und zelotische Einflüsse gegenüber der „liberalen" Entwicklung wieder die Oberhand. Tarichea wollte zu seiner Blütezeit zur Dekapolis gehören, aber es schaffte den Sprung nicht.[117]

Hinzu kommt viertens das Militärlager der Römer, das bei Tarichea gelegen hat. Ein römisches Lager bei Mainz für 2 Legionen „maß 600 mal 900 m, also 54 ha ... Die nur für eine einzige Legion bestimmten Lager waren nur 25 ha groß [410 x 610 m]."[118] Die Lage bei Tarichea wäre günstig für ein ständiges Winterlager gewesen, aber wo müsste man nach den Gräben und Wällen suchen, die das Lager umgaben? Vespasian ließ „zwischen Tiberias und Tarichea ein Lager" aufschlagen.[119] Viel Platz gab es nicht, da die Abhänge des Arbel dicht an den See heranreichen. Aber es muss ein bekannter Ort gewesen sein. Ob die Angaben bei Wilken einmal nachprüfbar werden, dass die Fischerhäuschen von el-medschdel auf römischen Fundamenten stehen? Gehörten diese zum Militärlager der römischen Legion oder zu Häusern

---

[117] *Freyne*, S. 30–44, räumt zwar ein, dass „Tarichaeae" neben Tiberias, Sepphoris und Gabara zu den vier Städten Galiläas gehörte; aber da er die Ausgrabungen anscheinend nicht kennt, widmet er Tarichea keine Aufmerksamkeit.
[118] *Ternes*, S. 76.
[119] *JosBell* III, 10, 1.

von Tarichea/Magdala? Letzteres würde für Magdala eine ungeahnte Ausdehnung bedeuten.

Ob dort nun ein ständiges römisches Lager gewesen ist oder ob der Platz immer wieder neu für römische Legionen genutzt wurde, in jedem Fall hat dies allerhand Gewerbe, Geschäfte und Menschen nach sich gezogen und für den wirtschaftlichen und kulturellen Aufschwung Magdalas gesorgt, bis es so groß und hellenistisch geprägt war, dass Josephus es nur noch Tarichea nennt. Damit hätten wir auch eine Erklärung, warum das rabbinische Schrifttum den Namen Tarichea nicht gebrauchte: Dies war eine heidnische, eine sündige Stadt.[120]

Versuchen wir, ein erstes Gesamtbild Magdalas zu erstellen.

Ähnlichkeiten zwischen Magdala, Herculaneum und Gadara

Die Lage der Stadt – im Süden und Westen durch die aufragenden Wände des Arbel, im Osten durch den großen See begrenzt, nach Norden zu erstreckte sich die weite und unglaublich fruchtbare Ebene Ginnosar (heute noch im Kibbuz Ginnosar gegenwärtig) – erlaubte keine unbegrenzte Ausdehnung wie etwa bei Gerasa mit seinen imposanten Tempelanlagen und Straßenzügen[121] oder Gadara. War Magdala also doch ein kleines, unbedeutendes Städtchen?

In der archäologischen Forschung zum Heiligen Land herrscht noch eine Ansicht vor, die folgendermaßen artikuliert werden kann: „Den Eindruck (architektur-)reicher röm. Städte, den die Ruinen der Dekapolis heute vermitteln, verdanken sie ihrer Blüte im 2./frühen 3. Jh. bzw. den byzantinischen Bauphasen. Für die frühröm. Zeit [50 v. Chr. – 70 n. Chr.] muss man sich von diesen Bildern lösen und einfachere ... Siedlungen annehmen."[122] Magdala, eine einfache jüdische Siedlung? Dem ist zu widersprechen: Tarichea alias Magdala ist bereits im 1. Jahrhundert keineswegs eine „einfache Siedlung" gewesen. Ein Hippodrom, 230 Boote mit Hafenanlage, großes Gefängnis, große Häuser – allein das würde ausreichen, um die traditionelle Ansicht objektiv zu verwerfen. Eine neue Analyse der Ausgrabungsberichte stellt denn auch klipp und klar fest: Die archäologischen Befunde bezeugen „ein-

---

[120] *R. Riesner*, Das Große Bibellexikon, S. 909, verweist dazu auf Billerbeck Bd. 1, 1047.

[121] S. Gesichter des Orients, Fotos S. 68 und 88.

[122] So *Wenning* in: NTAK Bd. 2, S. 147.

deutig eine römische Stadt an dieser Stelle"[123]. Wir werden noch weitere beeindruckende Argumente für Magdala als große griechisch-römische Handels- und Geschäftsstadt finden.

Interessanterweise lässt sich Tarichea mit Herculaneum vergleichen[124], das 79 n. Chr. bei dem gewaltigen Ausbruch des Vesuvs durch aufeinander folgende Glut-Asche-Wolken unter mehr als 20 m Asche verschüttet – und bewahrt wurde! Auch Magdala/Tarichea liegt am Wasser, hat einen Hafen, die Größe beider Städte mit ca. 20 ha (?) Ausdehnung und mindestens 4.000 Einwohnern (?) könnte ebenfalls übereinstimmen. Auch Herculaneum ist erst zum Teil ausgegraben. Hinter beiden Städten steigt bergiges Gelände an. Jedoch, solche geografisch-geologischen Merkmale sind weniger aussagekräftig, bedeutsamer erscheinen Parallelen in Architektur, Lebenskultur und Philosophie der genannten Städte.

Das heutige arabische Dorf Migdal liegt ca. 2 km östlich vom See. Das lässt eine Ausdehnung der damaligen Stadt Tarichea bis zu 1000 mal 1000 m als theoretisch möglich erscheinen. Sollten also im heutigen Migdal alias el-medschdel noch „römische Fundamente" zu finden sein, so würde das eine Ausdehnung der damaligen Stadt bis zu 100 ha zulassen. Das aber entspräche der Größe von Gadara, das etwa 30 km südöstlich von Tarichea jenseits des Jordans lag. Etwa im Jahre 63 v. Chr. hatte der römische Feldherr Pompeius die Stadt Gadara, die kurz vorher zerstört worden war, dem Gadarener Demetrius zuliebe, seinem Freigelassenen, wieder aufbauen lassen.

Dieses Gadara, das man von Hippos auf der anderen Seite des Sees relativ schnell erreichen konnte, wurde vom Dichter Meleager (geb. um 140 v. Chr.) als „neues Athen" bezeichnet. Eine ehrenvolle Auszeichnung. Schriften des Epikureers Phil(od)emos von Gadara (ca. 110 – 30 v. Chr.), einem Freund Ciceros, fanden sich unter den 1100 Papyri in der teilweise ausgegrabenen „Villa dei Pisoni" (oder „Villa dei Papiri") von Herculaneum. Von Gadara nach Herculaneum – eine erstaunliche Brückenbildung! Und Magdala lag nahe dabei.[125]

---

[123] *Ruf*, S. 60.
[124] *Josef Mühlenbrock* und *Dieter Richter* (Hrsg.), Verschüttet vom Vesuv – Die letzten Stunden von Herculaneum, Mainz 2005.
[125] *J. Zangenberg/P. Busch*, Hippos und Gadara – Ein Hauch von Welt am See, in: Leben am See Gennesaret, hier S. 123f., zählen noch weitere Geistesgrößen auf, die aus Gadara stammten oder mit dieser Stadt in Verbindung standen.

Die Ausgrabungen in Herculaneum haben einen unvorstellbaren kulturellen Reichtum ans Licht gebracht, der durch die Technik der Computersimulation zusätzlich anschaulich gemacht werden kann. Einige Häuser in Herculaneum waren sowohl von außen wie von innen derart schön und stilvoll gestaltet, dass reiche Leute sie sich heute in Kalifornien nachbauen ließen. Um eine erste auffallende Parallele zwischen Magdala/Tarichea und Herculaneum vorweg zu nehmen: Ein restaurierter Straßenzug in Herculaneum mit angrenzenden Häusern, überdachtem Bürgersteig und Läden weist Ähnlichkeiten mit einem Straßenzug auf, der in Magdala freigelegt wurde. Herculaneum wurde durch die Ascheschicht bewahrt und konnte nicht ausgebeutet werden. So dient es uns als anschaulicher Vergleich für eine Architektur und Struktur, die ähnlich auch in Magdala bestanden haben könnte.

Um Magdala/Tarichea vor unseren Augen erstehen zu lassen, können wir die dort ausgegrabenen Reste von Straßen, Häusern und Plätzen mit den weit umfangreicher erhaltenen Resten von Gadara und erst recht Herculaneum „auffüllen" – und auf einmal „sehen" wir Tarichea buchstäblich vor unseren Augen emporwachsen. Können wir aus dem ergänzenden Vergleich dieser Städte einiges davon auf jene Stadt übertragen, die den Namen der Magdalenerin für alle Zeiten geprägt hat? Das wäre im Sinn einer Forschungshypothese dann möglich, wenn Ausgrabungen in Magdala erste Hinweise auf eine griechisch-römisch geprägte Stadt ergeben hätten.

Und genau solche Hinweise haben wir!

Eine Virtuelle Stadtführung durch das alte Magdala

1971 begannen die Franziskanerpatres Virgilio Corbo und Stanislao Loffreda mit Ausgrabungen, die sich bis 1977 hinzogen.[126] Sie hatten mit hohen Geldforderungen der Arbeiter ebenso zu kämpfen wie mit hohem Grundwasserspiegel, zerstörtem Gelände, dessen alte Steine

---

[126] Das Folgende nach *Ruf* (S. 57–103), bei der sich, soweit mir bekannt, die am meisten durchdachte Dokumentation und kritisch neu wertende Interpretation zu den einzigen Ausgrabungsberichten der zwei Franziskanerpatres findet.
Vgl. ebenso *Jack Finegan*, S. 81–83 und natürlich *Gerhard Kroll,* [10]1988, S. 208–211, mit Fotos der Ausgrabungsarbeiten und einer Planskizze, die von *Zangenberg* (S. 96) übernommen ist. *Ruf* legt zwei eigene Planskizzen vor (S. 92 u. 93). – Als ich im Herbst 1986 zum ersten Mal in Magdala war, überwucherte bereits viel Gestrüpp das Ausgrabungsgelände.

von Bulldozern in den See geschoben worden waren, und zahlreichen anderen Problemen. Trotzdem gelang es ihnen, nicht nur ein byzantinisches Kloster am Ufer, sondern auch Gebäude, Straßenzüge, Kanäle für eine aufwendige Wasserversorgung, eventuell sogar das Zentrum der römischen Stadt Tarichea freizulegen. Ihre vier italienischen Veröffentlichungen lassen allerdings entscheidende Fragen offen. Und einen abschließenden Bericht haben die beiden Archäologen auch nicht vorgelegt. Das ist betrüblich, da die gesamte Sekundärliteratur direkt oder indirekt von diesen vier „Zwischen"-Berichten abhängt. Eine zweite Grabungsperiode scheiterte an überhöhten Geldforderungen der arabischen Helfer. Die Größe der jetzigen Ausgrabungsfläche misst 80 m x 55 m. Doch sind weitere Grabungen eigentlich zu erwarten, da das Gelände den Franziskanern gehört.

Die Patres legten eine 7 m – 10 m breite Straße aus exakt verlegten Pflastersteinen aus Basalt frei, ebenso Einmündungen anderer, rechtwinklig angelegter Straßen, einen „Bürgersteig" und Schwellen des Einganges zu einem mit Mosaiken ausgelegten Raum. Mosaikböden wurden auch andernorts gefunden. Man fand einen massiv gemauerten 6,5 m hohen Wasserturm (wieder der uns schon bekannte Turm, der den Namen der Stadt geprägt hat) und Kanäle der Wasserversorgung, die auf das 1. Jh. vor Christus datiert werden konnten. Gefundene Münzen reichen vom 1. Jh. v. Chr. bis in die Zeit Konstantins. Häuser aus sorgfältig behauenen Basaltsteinen, große Räume und Bäder verraten noch den Reichtum, ja Luxus der ehemaligen Stadt.

Ein großer quadratischer Platz mit innerem Säulenumgang bedeckt eine Fläche von über 1000 qm, sein Zugang mit Torverzierungen lag an der Hauptstraße. Ebenso wurden Hinweise auf Säulen (herzförmige Säulen an den vier Ecken des Platzes) gefunden. Derartige Säulen fanden sich auch in einem kleinen Raum, der von den Franziskaner-Archäologen als „Minisynagoge" bezeichnet wurde; dieser Titel hat sich seitdem in der Fachliteratur festgesetzt. Kroll (S. 209) erinnert zudem an Masada und Herodium, wo man vergleichbare Gebäude als Mini-Synagogen gedeutet hat. Doch ich folge S. Ruf, die dieses Gebäude mit überzeugenden Gründen als Nymphäum identifiziert hat.

Da es nicht Sinn dieses Buches ist, Ausgrabungsberichte zu Magdala und deren verschiedene Interpretationen wiederzugeben, mag es für unsere Zwecke reichen, wenn wir die Ergebnisse vorlegen. Dabei folge ich jener Interpretation, die mir allseitig am besten begründet erscheint. Hier und dort werde ich sie mit Zwischenberichten der Fachleute und spannenden Details anreichern.

So möchte ich nun den Leser gleichsam auf eine „Stadtführung" durch das alte Tarichea alias Magdala oder den „Turm der Fische" oder „Fischpökelhausen" mitnehmen. Was nicht mehr zu sehen ist, müssen wir zum Einen aus heutigem Wissen durch Schlussfolgerungen ergänzen, zum Anderen können wir es durch Vergleich mit Herculaneum und Gadara ergänzen und anschaulich vor unseren Augen wiedererstehen lassen. Beginnen wir unseren virtuellen Rundgang am Hafen. (S. die entsprechenden Abbildungen am Schluss des Buches.)

Hafen und fischverarbeitende Industrie

Migdal Nunaija, „Turm der Fische" alias Magdala, hatte mindestens 230 Boote. Jedes war mit wahrscheinlich 4 Rudern ausgerüstet. Eine solche Anzahl Boote mit über 8 m Länge und über 2 m Breite brauchte einen großen Hafen. Tatsächlich hat man Reste der Hafenanlage finden können.[127] Sie sind noch erhalten und besonders bei niedrigem Wasserstand gut zu erkennen. Rund um den See wurden etwa 16 Häfen, zumeist aus römischer Zeit, nachgewiesen. Der von Magdala lässt sich ins 1. Jahrhundert vor bzw. nach Chr. datieren.

Die Hafenanlage erstreckt sich auf einer Länge von etwa 200 Metern. Der südliche Teil ist zerstört. Die Hafenanlage war zweiteilig. (Übrigens jene von Alexandria in Ägypten ebenfalls.) „Im Norden wurde eine natürliche Bucht von einem hohen, etwa 70 m langen Steinwall zu einem umschlossenen Bassin ergänzt, das den Schiffen bei stürmischem Wetter einen ruhigen Liegeplatz bot und eine Fläche von ca. 40,5 a ... bedeckte. Bei gutem Wetter konnten die Boote an der langen Promenade anlegen, die sich nach Süden hin anschloss. Ein großer Stein mit Loch, der zum Vertäuen diente, wurde dort gefunden." Mitte der 80er Jahre entdeckte man zudem Reste von möglichen Lagerhäusern und solche eines Leuchtturms.

Die Hafenanlage von Magdala scheint eine der größten am See gewesen zu sein. Ausgrabungen des Hafens von Hippos, das Magdala etwas südlich gegenüber lag, haben begonnen. Die Dockanlagen von Tarichea zeigen eine hervorragende Bauweise, die notwendig war, damit der Hafen auch gegen den Wind angesteuert werden konnte. Rufen wir uns jetzt in Erinnerung, dass sowohl der griechische Name Tarichea als auch der hebräische Name Migdal Nunaija nicht nur auf Fischfang, sondern mehr noch auf Fischverarbeitung hinweisen. Dann

---

[127] *Ruf*, S. 87f. (mit einer Hafenskizze auf S. 100), wertet *A. Raban* aus.

müssen wir dies als unmittelbaren Hinweis auf die Bedeutung des antiken Magdala als Zentrum des Fischereigewerbes und vor allem der Fischverarbeitung in römischer Zeit bzw. der Zeit Jesu verstehen. In Magdala gab es fischverarbeitende Industrie.

Das bedeutet nichts weniger als dies: Die Fischfänge der mittelständischen Fischereiunternehmen oder der Familienbetriebe – aus Kafarnaum und Betsaida sind uns einige mit Namen überliefert – rund um den fischreichen See Gennesaret wurden nach Tarichea gerudert, dort entladen, verkauft und verarbeitet. Man konservierte mittels Einlegen in Salzlake oder Essig, durch Dörren, Trocknen oder Räuchern. Für den Transport wurden Amphoren, Körbe, Blätter benötigt. Wohin wurden die gepökelten Fische transportiert? Hauptabnehmer der konservierten Fische war vermutlich die Hauptstadt Jerusalem selber (ca. 38.500 Einwohner), die für die Festpilger (ca. 150.000[128]) besonders große Mengen benötigte. Im Norden Jerusalems gab es deswegen sogar ein besonderes „Fischtor", wahrscheinlich nordöstlich der heutigen Grabeskirche gelegen.[129]

Noch viel erstaunlicher aber ist dies: Der konservierte Fisch aus Magdala wurde sogar bis nach Rom exportiert. „Der Fisch aus dem See von Tarichéä, dort selbst in eigenen Fabriken zubereitet und gesalzen, stellt ein vorzügliches Gericht dar", berichtet der griechische Geograph Strabo.[130] Magdala, ein Zentrum der Fischverarbeitung mit Fabriken, die den Fisch sogar für den Export in das weite römische Reich vorbereiteten. Fisch gehörte zur täglichen Kost der Römer. Nicht nur Fisch, sondern auch exquisite Fischsoßen wurden exportiert. Ein Topf köstlich marinierter Fische aus dem See von Tarichea wurde in Ostia, dem Hafen Roms, als eine Delikatesse gehandelt, die 200 Denare kosten konnte.[131]

Wie viel Fisch wurde in den Fabriken von Tarichea verarbeitet? Über Schätzungen kommen wir kaum hinaus. Es gab 16 Häfen rund um den See, die vielen „Familienbootsstege" nicht mitgezählt. Wenn in Joh 21, 11 die Anzahl von „153 großen Fischen" als außergewöhnli-

---

[128] *Kroll*, S. 122 und 312.

[129] Vgl. Neh 3, 3; 12, 39; Zef 1, 10; s. auch *Kroll*, S. 118 (Karte).

[130] Nach *Willibald Bösen*, Galiläa als Lebensraum und Wirkungsfeld Jesu, Freiburg i. Br. 1985, hier S. 176. (*Riesner*, Das Große Bibellexikon, S. 909, ergänzt: Strabo, XVI, 2, 4) Strabo starb um 20 n. Chr. in Rom.

[131] S. *Gudrun Gerlach*, Colonia Ulpia Traiana – Essen und Trinken in römischer Zeit, Archäologischer Park Xanten, Schrift Nr. 9, Köln 1992, S. 5–35.

cher Fang dargestellt ist, dann gäbe eine Anzahl von 16 mal 150 Fischen pro Tag, also 2400 Fische, vielleicht einen oberen Wert an, den die Fabriken in Tarichea zu verarbeiten hatten.

Das Einpökeln der Fische wird in der Nähe der Landungsstege stattgefunden haben. Dort müssen wir zahlreiche „Fabrikhallen" annehmen, wo viele Hände die Fische ausnahmen (was ohne üblen Gestank und Myriaden von Fliegen nicht abging) und mit Salz, Gewürzkräutern, Essig konservierten und in Öfen so zubereiteten und verpackten, dass sie über lange Strecken sicher transportiert werden konnten. Das aber führt uns zu einer notwendigen Schlussfolgerung.

Zulieferbetriebe für Fischindustrie und Bootswerften

Sowohl die zahlreichen Boote als auch die fischverarbeitende Industrie in Tarichea brauchten Zulieferbetriebe. Die Boote mussten ja nicht nur geschrubbt oder repariert werden, es mussten auch neue Boote nach den Wünschen der Auftraggeber gebaut wurden. Dazu aber brauchte man vor allem Holz. Sehr verschiedene Hölzer, solche für teure und kostbare Boote, solche für kräftige Transportkähne oder schnelle Flitzer, und Hölzer für Reparaturen.

Nehmen wir als Anschauungsmaterial für damalige „Holzverarbeitung in der Bootsindustrie" einmal jenes Boot, das im Februar 1986 im Schlick des Sees bei niedrigem Wasserstand fast unversehrt gefunden wurde.[132] Das Boot zeigt eine Höhe von 1,2 m und war möglicherweise mit zwei Paar Rudern, einem Steuerruder und einem Segel ausgestattet. Die Verschalung bestand aus Libanonzeder, die Rahmen aus Eiche. Es konnten noch weitere zehn Holzarten identifiziert werden: Aleppokiefer, Johannisbrotbaum, Christusdorn, Weißdorn, Judasbaum, Lorbeer, Platane, Feigenbaum, Weide und Pistazie. Die Menge der verwendeten Hölzer lässt auf einen Mangel bei der Lieferung von qualitätsvollem Bauholz schließen. Deutlich waren viele Reparaturen zu erkennen wie auch der Ersatz einzelner Bauteile.

Jedem Kenner der Materie ist sofort klar: Es muss in Magdala auch Bootswerften[133] gegeben haben. Und Reparaturwerkstätten. Ja, noch mehr: Eine Bootsindustrie benötigt selber wiederum Zulieferbetriebe.

---

[132] Hier folge ich *Orna Cohen*, Ein Schiff wird kommen ..., Mainz 2003, S. 147–152 mit weiteren Fotos auf S. 97.

[133] Caesarea am Meer hatte – natürlich – Bootswerften; davon hören wir bei *Josephus* im Jüdischen Krieg II, 18, 1.

Da waren Nägel nötig, Segeltuch, Seile, Wachs, Asphalt, Werg und natürlich – Holz. Holz in jeder Menge und Qualität. Von den Fachleuten, die alles planen und bauen konnten, ganz abgesehen. Materialien für mindestens 230 Schiffe, ihre Masten und Ruder, ebenso für die Werkstätten. Zulieferbetriebe wiederum müssen ihre Materialien herbeischaffen und brauchen dazu gute Straßenanbindung – Magdala/Tarichea war bestens an das Verkehrsnetz des römischen Reiches angebunden. Wir werden das noch sehen.

Zulieferbetriebe waren ebenso für die Fischverarbeitung nötig. Und diese brauchte insbesondere – wir hörten es von Strabo – Salz. Salz in allen Sorten und Mengen. Dies wiederum musste auf langen Wegen vom Salzmeer südlich von Jericho herbeigeschafft werden. Heute wird angenommen, bei Qumran habe es Salzabbau und -export in großem Stil gegeben, auch Schiffsverkehr über das Salzmeer und natürlich Häfen samt gut entwickeltem Straßennetz.[134] Anschließend musste der gepökelte Fisch in bestimmte Blätter eingewickelt, in Amphoren und Kisten verpackt und für den Export fertig gemacht werden. Natürlich brauchte man auch viele Lasttiere und Transportwagen. Auch dies alles galt es zu organisieren und in Ordnung zu halten.

Also lag in Tarichea nicht nur das Zentrum des Fischhandels, der Fischverarbeitung (andere Orte dafür sind nicht bekannt, wegen seiner Anbindung an günstige Verkehrsverbindungen war Magdala kaum zu überbieten) und des Fischexports, sondern hier gab es auch das Zentrum der Bootsindustrie samt allen Zulieferbetrieben. Von hier mag auch Wein und Olivenöl aus Obergaliläa verpackt und nach Rom verschifft worden sein.[135]

Wenden wir uns zum Abschluss unseres Hafenrundganges noch jenem besonderen Boot zu, das auch „Jesusboot" genannt wird. Der Fund dieses 8,2 x 2,3 m großen „Kinneret-Bootes" sorgte für Wirbel. Das Boot, seine Konstruktion und Keramikreste in ihm (Öllampe und Kochtopf) erlaubten eine Datierung in die frührömische Zeit (50 v. Chr. – 70 n. Chr.), was durch die Radiokarbonmethode im Hinblick auf die Fällung des Bauholzes bestätigt wurde. Berücksichtigt man zudem Reparaturarbeiten, so stammt das Boot am wahrscheinlichsten aus dem letzten Teil dieser Zeitspanne.

---

[134] *Bettina Wellmann*, Qumran – eine Geschichte wird neu erzählt, in: Welt und Umwelt der Bibel, Stuttgart 3/2006, S. 2–9.
[135] *Freyne* weist ebenfalls auf die reichen ökonomischen Möglichkeiten Galiläas hin (S. 95 u. 100), ohne dabei dieses Magdala zu kennen.

Ein Mini-Gymnasion mit Peristyl in Magdala?

Begeben wir uns nun zum damaligen südlichen Ortseingang von Magdala/Tarichea, zu einer Straße, die vom 6 km entfernten Tiberias am Hippodrom vorbei hierher führte – jedenfalls ab dem Jahre 22 n. Chr. etwa; davor gab es Tiberias[136] noch nicht, nur die heißen Quellen von Hammâth. Anhand der Straßenzüge können wir wiederum zeigen, dass Magdala als römische Stadt angelegt war.

Die Nord-Süd-Straße, der *Cardo maximus*, auf dem wir stehen, wurde durch Ost-West-Straßen (*decumanus*) unterbrochen. Der Cardo in Magdala mit Bürgersteig (!), soweit die Ausgrabungen ihn freigelegt haben, misst die staunenswerte Breite von bis zu 10 m! Das lässt erahnen, welche Prozessionen oder Aufmärsche hier stattgefunden haben. Wenn wir das Hippodrom oder Stadion südlich der Stadt nicht aus den Augen verlieren, dann war eine derart breite Straße für die Pferde und Wagen bei den Rennen durchaus erforderlich. Erst recht für das Militär der Römer und ihre Auf- oder Durchmärsche. Wir sehen die erhaltenen Basaltsteine des *Cardo Maximus* und staunen, wie exakt sie verlegt worden sind. Auch in Herculaneum wurden breite Straßen (z. B. der *cardo III*) freigelegt; sie deuten Rinnen für Abwässer an den Seiten und ebenfalls einen Bürgersteig an, der teilweise unter Kolonnaden verläuft. Reste davon können wir in Andeutungen auch hier in Magdala sehen. In späterer Zeit kamen noch Aquädukte dazu, die über frühere Wasserleitungen gebaut wurden.

Nach den Angaben des Talmud war Magdala in mehrere Stadtviertel eingeteilt. In dem einen wohnten die Fischer, in einem anderen die Färber. Außerdem soll es dort etwa 80 Webereien gegeben haben, in denen Vorhänge für den Tempel gewoben worden seien[137], und nicht weniger als 300 Verkaufsstellen für Opfertauben, wohl aus dem nahen Taubental (Wadi el-Hamam) mit seinen zahlreichen Nistplätzen für Tauben in den Felsennischen (Hld 2, 14). Dies lässt uns einmal mehr eine intensive Handelstätigkeit für Magdala erahnen, samt Zulieferbetrieben. Entsprechend hoch ist die Einwohnerzahl der Stadt mit verschiedenen Ethnien (Volksgruppen) zu schätzen. Die einzelnen Stadtviertel werden uns später noch ausführlich beschäftigen.

---

[136] Der Bau von Tiberias ist zwischen 18 und 22 n. Chr. anzusetzen, aber wann die Stadt fertig gebaut und bewohnbar geworden ist, sagen die Quellen nicht. Am Tempel von Jerusalem wurde über 50 Jahre gebaut.

[137] *R. Riesner*, Das Große Bibellexikon, S. 909, erwähnt dafür „b Ket 106a".

Wir betreten Taricha/Magdala nun von Süden her auf dem breiten *Cardo Maximus*. Die wichtigeren städtischen Straßen wurden in romischer Tradition abschnittweise durch die Errichtung seitlicher Kolonnaden ausgebaut, wobei einige Bürger einzelne Säulen, andere wiederum ganze Säulenreihen und Toranlagen, aber auch andere monumentale Bauwerke stifteten. Nicht selten war die Hauptstraße, wenn möglich schnurgerade angelegt, die Fortsetzung der Überlandstraße. Zum Stadtbild einer griechisch-römisch geprägten *Polis* gehörte eben diese „Blickachse", die *via sacra*, die „Heilige Straße": Sie folgte dem Verlauf des *Cardo*, also nach Süden oder Norden (genau dies ist die Richtung der „Breiten Straße" in Tarichea) und endete in einem triumphalen Bauwerk, meist einem Tempel des Zeus oder Jupiter, und diente somit auch als Prozessionsstraße.[138] Den Cardo im neuen Tiberias ließ Herodes Antipas gleich auf 33 m Breite anlegen.

Rückwärtig an die Kolonnaden grenzten Läden an (*tabernae*); in Gadara ist ein solcher Straßenabschnitt mit zugehörigen Läden weit besser erhalten.[139] Durch Toranlagen oder Bogenmonumente wurden Straßenabschnitte nicht nur gegliedert, sondern auch räumlich miteinander verbunden. Andere Gestaltungsprinzipien in großen Städten waren *Nymphäen*[140], Altarmonumente, Thermenanlagen, Fleischmärkte (*macellae*), Theater, Hippodrome oder die *Propyläen*[141] der Heiligtümer entlang der Hauptverkehrsstraße. Zusätzlich gliederten vor die Bauflucht der Kolonnaden vortretende Monumente die Straße, oder eine veränderte Höhe oder andere Stellung der Säulen hob das dahinterliegende Gebäude hervor, ein Theater oder *Odeion*[142].

---

[138] Nach *Claudia Bührig*, Alle Wege führen nach Rom – Die Einbindung der Dekapolis-Städte in das römische Verkehrsnetz, in: Gesichter des Orients – 10.000 Jahre Kunst und Kultur aus Jordanien, S.183–193. – In Berlin z. B. folgt solcher Idee noch heute der Kaiserdamm mit seiner geraden Führung und dem Blick auf die Siegessäule, das Brandenburger Tor, usw.
[139] *J. Zangenberg/P. Busch*, Hippos und Gadara …, hier S. 123.
[140] Heiligtum der Nymphen in einem Hain oder an wasserführender Grotte. In hellenistisch/römischer Zeit Rundbauten und monumentale Rechteckbauten mit Wasserbecken oder Brunnenanlagen. (Gesichter des Orients, S. 275)
[141] Ein „Propylon" ist ein baulich hervorgehobener Eingang oder Torbau eines Heiligtums, von Palästen oder öffentlichen Gebäuden. Ein Propylon hatte meist drei Durchgänge (der mittlere war befahrbar), die durch innere Säulenstellungen voneinander getrennt waren. (Gesichter des Orients, S. 276)
[142] Geschlossener, theaterförmiger Bau mit Bühne und ansteigenden Sitzreihen.

Oder ein *Gymnasion*!

Durch ein schönes Tor zur Rechten betreten wir ein großes Areal auf der östlichen Seite des Cardo. Es fällt sofort auf, dass es ganz und gar unähnlich zu jüdischen Siedlungen angelegt ist, im Gegenteil geradezu hellenistisch anmutet. Seine Außenmauern sind zwischen 30 und 33 m lang, sie schließen eine Fläche von 1036 qm ein. Die Länge des *Quadriporticus* ergibt sich zu 19,85 m bis 21 m. Die innere Fläche ist mit Basalt gepflastert, den es hier reichlich gibt. Die Fläche des „Hofes" mit etwa 416 qm ist offen, während die zwischen Säulen und Außenmauern umlaufenden Wandelhallen von einem Dach überspannt sind. Die Art der Säulen, von denen mehrere Stücke zu sehen sind, weisen ins 1. Jahrhundert n. Chr. In einer südlichen Mauer entdecken wir wiederverwendetes Material: Säulensockel, Bogenstücke mit griechischem Relief und eine Soldatenbüste mit phrygischem Helm, Reste wohl einer Statue. Zwei herzförmige Kapitelle (wir sollten uns diese Sonderbarkeit merken), einige andere Säulenabschnitte und ein phallusförmiges Rohr können wir nahe dabei bewundern.

Solche Gegenstände lassen sich nicht einer „großen Synagoge" zuordnen, wie Corbo 1976 das Areal deuten wollte. Die Ausgräber datierten das Gebäude ins 1. Jahrhundert n. Chr., während die Teile der Umbauten in die spätrömische Zeit fallen, andere Teile sogar an das Ende der römischen Zeit oder in die byzantinische gehören.[143]

Um was für einen Platz könnte es sich hier gehandelt haben?

Die Archäologen vermögen keine definitive Auskunft zu geben. Dürfen wir einmal schauen und kombinieren? Ich habe aus Neugier den Umfang des Platzes gemessen, weil dessen vier seitliche Längen so ungewöhnlich unregelmäßig sind. Der Umfang addiert sich insgesamt zu 124 m ... und da fällt mir ein, dass diese Zahl fast haargenau ein Drittel des klassischen Gesamtumfanges eines damaligen Gymnasion ist, nämlich 371 m! Hat hier jemand in bescheidener Weise etwas nachbauen und der Stadt ein griechisches Gesicht geben wollen, indem er ein „Mini-Gymnasion" errichtet hat? Um den Begriff „Gymnasium/*gymnasion*" nicht durch heutige Vorstellungen zu verfälschen, lassen wir aus unserer Besuchergruppe einen Professor für griechische Geschichte eine kurze Darstellung dessen einflechten, was man sich unter „Gymnasium" der griechisch-römischen Zeit vorzustellen hat[144]:

---

[143] Alles zitiert nach *Ruf*, S. 73f.
[144] Das Folgende nach *Hans Licht*, Sittengeschichte Griechenlands, Stuttgart ⁴1965, S. 64f.

„Das griechische Wort *gymnos* heißt ‚nackt, entblößt, unbekleidet' – und das bedeutet, was die zahlreichen Vasen- und Schalenbilder der damaligen Zeit zur Genüge herausstellen: Die Knaben und Jünglinge an den Gymnasien waren allesamt unbekleidet, völlig nackt. Die Römer hielten dies anfänglich für nicht anständig, gewöhnten sich aber bald an die von den Griechen übernommene unbefangene Auffassung vom Nackten und vermittelten ihrerseits den Griechen die Sitte, dass Männer und Frauen gemeinsam badeten. Die Nacktheit an den Gymnasien ist also eine bekannte Tatsache.

Ein gewisser Vitruvius, der zur Zeit des Kaisers Augustus (und auch Jesu) lebte und ein wertvolles Werk über Baukunst hinterlassen hat, schreibt folgendes:

‚Das Gymnasium, wie der uns geläufigere lateinische Ausdruck lautet, enthält zunächst ein großes Peristyl, das heißt einen von Säulen umgebenen Platz im Umfang von zwei Stadien (371m), und zwar umgeben auf drei Seiten von einfachen Säulengängen, auf der nach Süden von einem doppelten, innerhalb dessen sich das Ephebeion befand, der Übungsplatz für die Epheben, das heißt die nach Eintragung in das Gemeindebuch ihres Demos für volljährig und bürgerlich selbständig erklärten jungen Männer, was in Athen in der Regel im 18. Jahr geschah. An den Seiten waren Bäder, Hallen und sonstige Räumlichkeiten verteilt, wo sich Philosophen, Rhetoren, Dichter und alle die zahlreichen Freunde männlicher Schönheit zur Unterhaltung zusammenzufinden pflegten.' So weit Vitruvius.

An das Peristyl schlossen sich weitere Säulengänge an, darunter der Xystos, der hauptsächlich den Übungen der Männer gedient zu haben scheint. Mit dem Gymnasium verbunden war wohl meist auch die Palästra, der Haupttummelplatz der Leibesübungen und Spiele der Knaben. Dass sämtliche Räume mit Kunstwerken aller Art, mit Altären und Standbildern des Hermes, Herakles und zumal des Eros, aber auch der Musen und anderer Gottheiten, geschmückt waren, muss kaum hervorgehoben werden. Zu der Schönheit der durch regelmäßige Leibesübungen harmonisch entwickelten Knaben-, Jünglings- und Mannskörper kam so noch der tägliche Anblick zahlreicher Wunderwerke der Kunst ...

So wurden die griechischen Gymnasien und Palästren ... zu Orten, die man aufsuchte, um viele Stunden des Tages dort zu verweilen und zu verplaudern; die ausgedehnten Säulenhallen dienten zu regelmäßigen Spaziergängen, Philosophen und Wanderlehrer versammelten dort die Scharen ihrer Schüler und Zuhörer um sich ... Ab dem 2. Jahrhundert v. Chr. kamen neben zahlreichen Schulzimmern auch eine umfangreiche Bibliothek hinzu, so dass körperliche und geistige Ausbildung in Wettstreit treten konnten. Erst aus dem 5. Jahrhundert n. Chr. hören wir in Karthago von einem Gymnasium, das ausdrücklich als Spracheninstitut und Erziehungsstätte genannt wird.

Nach dem übereinstimmenden Zeugnis aller Quellen hielten die Griechen ihre Gymnasien ‚frauenrein', das heißt: Kein weibliches Wesen durfte diese der Ausbildung des Männlichen geweihten Stätten je betreten."

So weit unser Professor mit seiner Darstellung der Gymnasien in griechisch geprägten Städten. Sollte dieser Platz ein kleines *Gymnasion* in Tarichea gewesen sein, versteht sich einmal mehr, warum die frommen Juden Magdala der „Sittenlosigkeit" angeklagt haben.

Wir verlassen den großen Platz und gehen auf dem Cardo einige Schritte nach Norden. Angrenzend an „unser Gymnasium" breitet sich zu unserer Rechten ein Grabungssektor aus, der arg zerstört bzw. ausgeplündert ist. Hier reihte sich einmal Raum an Raum. Die Funktionen der Häuser lassen sich nur vage erahnen: Waren das entlang der Hauptstraße Läden/*tabernae* oder Werkstätten? Ein Becken, eine bedeckte Zisterne, eine quadratische Rohrleitung aus Terrakotta, vielleicht ein *Caldarium*, ein Warmbad?[145] Die aus sorgfältig behauenen Basaltsteinen erbauten Häuser, die großen Wohnräume, Bäder oder Läden lassen den Reichtum und Luxus der Stadt noch erahnen.

Der große Platz, den wir gerade verlassen haben, ist nur durch einen knapp 1 m breiten „Gang" von diesem Gelände getrennt. Unter diesem verläuft ein 1,5 m tiefer mit Steinplatten bedeckter Kanal in Richtung zum See. Alle Münz- und reichlichen Keramikfunde deuten in die gleiche Epoche, in die erste römische Zeit bis hinauf ins 4. Jahrhundert. Zur Zeit Jesu und der Frau aus Magdala war dieses Gelände also belebter Wohn- und Arbeitsplatz.

Magdala besaß ein Nymphäum

Gehen wir auf dem Cardo ein paar Schritte weiter nach Norden. Zu unserer Linken begleitet uns ein Wasserkanal, weiter vorne links sehen wir die Reste des (Wasser-)Turmes. Wann genau er gebaut wurde, lässt sich ohne weitere Grabungen nicht sagen. Wieder zu unserer Rechten sehen wir jetzt ein kleines Gebäude, das über die Maßen inte-

---

[145] Hier und im Folgenden nach *Ruf*, S. 73f. und *Kroll*, S. 208–209.

ressant ist. Deswegen erscheint es auf vielen Fotos. Zum einen sind seine Fundamente verhältnismäßig gut erhalten, zum anderen kann die traditionelle Deutung dieses Gebäudes nicht stimmen. Die fanziskanischen Ausgräber nämlich (und nach ihnen fast alle anderen Archäologen) interpretierten es als „jüdische Minisynagoge". Schauen wir einmal genau hin.[146]

Das fast quadratische Gebäude liegt an der Hauptstraße, dem Cardo, auf dessen westlicher Seite der Wasserturm steht. Auch nördlich und südlich ist das kleine Gebäude von einer schmalen Straße umgeben. Es misst etwas mehr als 8 m Länge und 7 m Breite. Wo zur Zeit der Magdalenerin der Eingang gelegen hat, ist nicht genau zu bestimmen, vermutlich aber im Norden, denn dort fehlt an einer bestimmten Stelle eine Säule – weil eben gerade dort der Eingang über fünf Stufen herunter führte. Das Dach des Gebäudes wurde früher von sieben Säulen getragen. Die zwei südlichen Ecksäulen fallen durch ihre herzförmig gebildeten Schäfte auf – es sind genau die gleichen, die wir schon in unserem „Gymnasion" bewundert haben. Die fünf unterschiedlich hohen Stufen führen zu einem mit sorgfältig gemeißelten Basaltsteinen ausgelegten erhöhten Mittelschiff. Die tiefer gelegenen Umgänge waren mit Wasser gefüllt. Das ganze Niveau des Gebäudes lag ursprünglich 1 m unter dem Niveau der vorbeiführenden Straße.

War das nun eine jüdische Minisynagoge oder etwas Anderes?

Glücklicherweise sind israelische Archäologen wie E. Netzer (er fand das Herodesgrab) den Unsicherheiten und Widersprüchen auf den Grund gegangen und haben definitiv mit einsichtigen Argumenten festgestellt (1987, hebräischer Aufsatz): Keine Minisynagoge!

Gegen eine solche sprechen vor allem vier Argumente: 1) Die Abtiefung bereits des ersten Fußbodens mit ca. 1 m unter Straßenniveau. 2) Die Ursprünglichkeit der Kanäle. 3) Die Stufen an nur einer Seite (und nicht „umlaufende Sitzbänke", wie einer schrieb). 4) Schließlich die Maße des Gebäudes: 6,5 x 5,5 m Innenmaß inklusive Säulen und Kanälen. Es handelt sich bei diesem Gebäude eindeutig um ein „Quellenhaus" oder ein Nymphäum. Diese Deutung kommt unserer Annahme natürlich entgegen, die wir schon den großen Platz als Gymnasion gedeutet haben; zu diesem wie auch zur griechisch geprägten Stadt allgemein gehörte damals fast zwangsläufig ein Nymphäum. Diese Feststellung kommt auch dadurch nicht ins Wanken, dass Fragen offen bleiben und dass, bei dem hohen Grundwasser nicht anders zu erwar-

---

[146] Wir folgen wieder *Ruf*, S. 63–74.

ten, Überbauungen am Gebäude in spätrömischer Zeit vorgenommen wurden, die einiges verändert haben. Man hatte mit unerwartet vielem Wassereinbruch fertig zu werden, ein Phänomen, das an dieser Seite des Sees bis hinauf nach Tabgha bekannt ist.

Ehud Netzer hat versucht, das ursprüngliche Nymphäum – auch in Hippos gab es ein Nymphäum, an der Hauptsraße gelegen – zu rekonstruieren und seine Vorstellung in einer Zeichnung dargelegt. Für solch ein Nymphäum ist ein vergleichbares Gebäude nicht in Israel, sondern nur in Formia in der sog. Villa des Cicero bekannt. (Formia liegt ca. 85 km nordwestlich von Herculaneum!) Es stammt aus der ersten Hälfte des 1. Jh. v. Chr.[147] Wieder also stoßen wir auf konkrete Beziehungen der Städte am See Gennesaret bis nach Italien.

Ähnlichkeiten mit Säulenhallen von Synagogen auch in Israel reichen nicht aus, die übrigen Merkmale, die klar für ein Nymphäum sprechen, aus dem Weg zu räumen. Dieses Gebäude fügt also zu den schon erwähnten Indizien ein weiteres hinzu, das uns Magdala mehr und mehr als eine hellenistisch geprägte Stadt erahnen lässt. Das bestätigen überdies die Wohnviertel vom jüdischen Kafarnaum: Sie sehen den in Magdala ausgegrabenen überhaupt nicht ähnlich.

Die römische Villa von Magdala – mit Badeset und Cargoschiff

Wir steigen aus dem Nymphäum die fünf Stufen wieder hinauf und überqueren eine schmale Straße von nur etwa 2 m Breite. Gleich gegenüber erwartet uns der wohl überraschendste Bau, den die Ausgrabungen in Magdala freilegen konnten. Es ist die „Römische Stadtvilla", wie man das Haus wegen seiner eindrucksvollen Innengestaltung nennt. Wer sich nicht vorstellen kann, wie die Innenräume in ihrer ehemaligen Schönheit womöglich ausgesehen haben, mag sich jetzt die Computersimulationen der Villa dei Papiri von Herculaneum anschauen. Er käme aus dem Staunen nicht mehr heraus.[148]

---

[147] *L. Crema*, L'Architettura Romana, Enciclopedia Classica, Sez. III, vol. XII, Tomo I, Torino u.a. 1959, S. 123.124f und hinten Abb. 6. – Nach *Ruf*, S. 78f. Forscher haben festgestellt, dass bestimmte architektonische Typen der hellenistischen Säulenhallen Pate gestanden haben könnten sowohl für Nymphäen wie für Synagogen. So fanden sich z. B. in der Synagoge von Gamla Säulenmerkmale, die denen im Nymphäum von Magdala gleichen.

[148] *J. Mühlenbrock* und *D. Richter* (Hrsg.), Verschüttet vom Vesuv – Die letzten Stunden von Herculaneum, Mainz 2005, mit zahlreichen Fotos.

Wir betreten die Villa von ihrer Südseite her. Ein Innenhof, in dessen Mitte ein Wasserbassin plätschert, empfängt den Besucher. Über fünf Stufen könnten wir in das 1,4 m tiefe Becken hinabsteigen. Sein Wasser kommt durch eine Zuleitung aus dem unter der gerade überquerten Straße führenden Kanal. Das Haus gibt sich als luxuriöses Bürgerhaus zu erkennen. Das Besondere an ihm ist sein Mosaik.

Wir lassen uns seine Bedeutung von R. Reich von der „Israel Antiquities Authority" erklären, der zur Erhellung der Bedeutung der dargestellten Dinge parallele Funde heranzieht.[149] Bei seinen Erklärungen können wir schmunzeln, denn dieser Fachmann hat sicher nicht an jenes Thema gedacht, das uns im Hintergrund so brennend interessiert: Kennzeichnet die Stadt Magdala in spezifischer Weise die Magdalenerin?

„Die Figur oben links auf dem Mosaik", beginnt Mister Reich seine Erläuterungen, „ist die exakte Abbildung zweier *strigiles* (lat.; Schabeisen aus Metall oder Horn, beim Baden zum Abstreifen des Öls beim Salben der Haut gebraucht), zwischen denen ein *aryballos* (griech.; Salbgefäß, Vase) mit einer Kette an dem zugehörigen Ring befestigt ist. In dem Halbkreis zur Rechten könnte ein drittes Objekt vermutet werden, das in der Regel zusammen mit *strigilis* und *aryballos* abgebildet wird, nämlich eine *patera* (lat.; flache Schale).

Die drei Dinge hatten damals", erklärt der Fachmann uns staunenden Besuchern, „die Bedeutung, die heute ein Badeset für uns hat. Sie wurden üblicherweise beim Sport und im Bad verwendet, jedenfalls gelten sie als typisches Zubehör fürs Badehaus bzw. *Gymnasion*. Die zum Einreiben des Körpers benötigte Ölmenge wurde aus dem *aryballos*, der Ölflasche bzw. allgemein dem Salbgefäß, in die *patera* gegossen und konnte aus der offenen Schale leicht aufgenommen werden. Nach der Gymnastik dienten die *strigiles*, eine Art Schaber mit langem Stiel, dazu, das Öl samt dem ihm anhaftenden Staub vom Körper zu entfernen."[150]

Der Fachmann Reich hält es für nicht unmöglich, „dass derartige Objekte griechisch-römischer Herkunft der jüdischen Bevölkerung Palästinas gehört haben."

---

[149] Ich zitiere dafür *Ruf* (S. 88–90), die sich nach *R. Reich* richtet; *Zangenberg* (S. 95) folgt der gleichen Interpretation.
[150] Das Beiheft zur Ausstellung „Duftnoten – Was Griechen und Römern in die Nase stieg ..." zeigt mehrere solcher *strigiles* in unterschiedlichen Größen und Formen. (Kestner-Museum Hannover, Museum Kestnerianum 10, 2006)

An dieser Stelle erlauben wir uns, dem gelehrten israelischen Führer eine Zwischenfrage zu stellen: Müssen wir uns diese jüdische Bevölkerung dann nicht recht hellenistisch-römisch „eingefärbt" vorstellen? Führt das nicht notwendig zu dem Gedanken, dass sich die Stadt Magdala, vielleicht nur für einige Jahrzehnte, in einem kulturellen Prozess der Umwälzung befunden hat? Ein Teil der Einwohner, womöglich der wohlhabendere, tendierte mehr und mehr zum hellenistisch-römisch geprägten Kulturraum der Dekapolis, ein anderer zog sich mehr und mehr in jüdische Traditionen zurück und „schimpfte" („Hurerei!") über den „Liberalismus" und die „Gesetzlosigkeit" der Mitbewohner. Sozial müsste sich das so niedergeschlagen haben, dass verschiedene Stadtviertel entstanden: Mindestens eines für die progressiven Liberalen, die mit Rom und der weiten Welt anbändelten – und dieses hat sich noch einmal in „ethnische" Stadtviertel aufgeteilt, je nach zugewanderten Volks- und Sprachgruppen – , und ein anderes für die an der Tradition der Tora festhaltenden Juden, die eine Villa wie die, in der wir gerade stehen, nie betreten hätten. Die letzteren sprachen trotzig nur von „Magdala", die ersteren gebrauchten den griechischen Namen „Tarichea".

Ob es so etwas gegeben haben könnte, fragen wir unseren Führer.

„Nun ja", antwortet dieser, „aus dem damaligen Alexandria ist ein solches jüdisches Stadtviertel, ein recht großes übrigens, überliefert. Und aus dem heutigen Jerusalem", fügt er hinzu, „kennen wir ein dezidiert toratreues Stadtviertel ebenfalls." Wir können ihm beipflichten, so etwas sei aus allen Großstädten aller Kontinente bekannt. Der Mensch wolle halt unter seinesgleichen sein. Nur bei denen fühlt er sich wohl, die denken und handeln, essen und riechen wie er selber.

„In der Tat", nimmt unser Führer den Faden wieder auf[151], „es gab vermutlich mehrere Stadtviertel. Die talmudischen Zeugnisse für Magdala überliefern für den Ortsnamen drei Varianten: Das aramäische Magdala (Turm), das hebräische *Migdal Sebayah* (Turm der Färber) und *Migdal Nunayah* (Turm der Fische). Dieser Befund hat den Auslegern anfangs Schwierigkeiten bereitet, sie haben alle möglichen Loka-

---

[151] Hier und das Folgende hauptsächlich nach *Ruf*, S. 58f. – Für weitere Stellen aus rabbinischer Literatur verweist sie auf *F. Manns*, Magdala dans les Sources Litteraires, in: Studia Hierosolymitana, Band I. Studi Archaeologici, SBF.Cma 22, Jerusalem 1976, 307–337. – Zur Geographie des Talmud müsse man sich heute – so *Ruf* – an *G. Reeg*, Die Ortsnamen Israels nach der rabbinischen Literatur, BTAVO.B 51, Wiesbaden 1989, halten.

lisationen versucht. Schließlich fand man genau dies heraus: Die rabbinische Tradition hat Magdala tatsächlich gleichgesetzt mit *Migdal Sebayah* (Turm der Färber). Und die inhaltlichen Charakterisierungen des talmudischen Magdala alias *Migdal Sebayah* passten wiederum außerordentlich gut zu denen, die Josephus für Tarichea genannt hatte. Heute nähert sich die Forschung allgemein der Überzeugung, dass *Migdal Nunayah* alias ‚Turm der Fische' nicht nur zu Magdala gehort habe, sondern dass es sich bei *Migdal Sebayah* und *Migdal Nunayah* schlicht um zwei verschiedene Stadtteile des sich am Seeufer entlang erstreckenden Magdala gehandelt haben muss."

Nach dieser Erklärung zum damaligen Magdala verstehen wir, dass die Stadt ganz gewiss in mehrere Stadtviertel unterteilt war, dass die frommen Juden davon nur eines, vielleicht das mit dem Namen „Turm der Färber" bewohnten, wo ausgewählte Jungfrauen die Vorhänge für den Tempel fertigten und färbten und ebenso die heiligen Gewänder für Priester und Leviten; während die übrige, in verschiedene Sprachgruppen gemischte Bevölkerung sich auf weitere Stadtviertel mit je ihren Erwerbszweigen verteilte. Und alle genossen den liberalen Freiraum der griechisch-römischen Handelsstadt, wofür die frommen Juden nur das Schimpfwort „Hure" übrig hatten.

Die „römische Stadtvilla", in der wir uns noch befinden, mag ein Mittelpunkt der neuen, liberalen Welt gewesen sein. Denn in dieser Villa sehen wir auf dem Mosaik noch andere Dinge, die unser Bewundern herausfordern.

Dort ist nämlich noch ein Boot abgebildet. Auf den ersten Blick möchte man es für ein normales Fischerboot halten, doch entgegen aller spontanen Erwartung ist es kein Fischerboot.[152] Es ist ein Handelsschiff! Man könnte sagen: ein „Cargo-Schiff". Dafür sprechen, nach Ansicht der Fachleute, „stark seine Form, vor allem das Fehlen von verschiedenen charakteristischen Merkmalen, die auf anderen zeitgenössischen Mosaiken stets vorhanden sind (z. B. für Fischerboot oder Kriegsschiff). Von allen bekannten Bootstypen ähnelt es am meisten einem sog. *myoparo*. Dieser hochseegängige Schiffstyp mit Ruder und Segel war im östlichen Mittelmeer wohl allgemein verbreitet ..."

Sollte diese Deutung stimmen, dann würde das Mosaik-Boot dieser Villa ein Handelsboot abbilden, das etwa auf der Ost-West-Route des Sees Gennesaret, zwischen Magdala und Kursi (und Kafarnaum, Betsaida Julias, Hippos ...) eingesetzt war. Und ganz sicher gab es auf dem

---

[152] So *Ruf* (S. 86–90), ergänzt durch *Zangenberg*, S. 93–98.

See nicht nur „Cargo-Boote", sondern auch „Taxi-Boote" für die, die es ganz eilig hatten, und dann wohl auch die „Linien-Boote" für die normale Bevölkerung, wenn sie auch ihre Tiere transportieren wollte.

Auf dem Mosaik unserer „römischen Villa" entdecken wir noch weitere Abbildungen: In der Mitte des Bildes befindet sich ein großer *Kantharos* (Weinkrug) mit zwei elegant geschwungenen Henkeln und einem konischen Fuß – ein Gegenstand, der, ähnlich einem „dionysischen Trinkbecher", den kulturellen Wohlstand und das hellenistische Milieu des Hauses gut darstellt. Ob Jesus diesen Krug gesehen hat? Ihm wurde ja angehängt, er sei ein „Fresser und Weintrinker" (*oinopótēs*).[153] Darunter ein Fisch, kaum zu erkennen, der wie zum Verspeisen zubereitet erscheint. Weitere Abbildungen könnten „Gerätschaften aus dem Freizeitbereich" sein, Spielgeräte oder Musikinstrumente; andere meinen, es wären Körbe, Transportgefäße.

Ein Problem bereitet, dass auf dem Mosaik alles in gleicher Größe abgebildet ist, ein „Stillleben" in „eigenartiger Unproportioniertheit". Mr. Reich hat dafür einen Typ römischer Mosaiken ausfindig gemacht, die Gegenstände wie in einem Stillleben auf einem Tisch stehend darstellen. Das Boot könnte dann auch ein Gefäß oder eine Öllampe in Schiffsform sein.

Auf jeden Fall – dazu brauchen wir keine weiteren Beweise – war der Besitzer der Villa wohlhabend. Er hatte wohl eine besondere Beziehung zu Schiffen, womöglich zu Schiffen auf dem Mittelmeer und bis nach Italien, und zu hellenistisch-römischer Kultur allgemein. Er hatte sich mehrere, aus sorgfältig behauenen Steinen errichtete Räume mit Mosaiken leisten können, dazu ein Bad, einen direkten Zugang von der gepflasterten Hauptstraße. Seine Besucher begrüßte auf der Hausschwelle ein Spruch in Griechisch: „Auch Du!" Ähnliches ist aus Antiochia bekannt. Das Mosaik dagegen ist ohne Parallele. Leider ist es beschädigt und nur teilweise erhalten.

Eines ist klar: In dieser Villa hat kein Jude gewohnt, der nach der Tora lebte. Vielleicht einer, der mit Athen und Rom liebäugelte, der mediterrane Lebensgewohnheiten bevorzugte – oder überhaupt ein „Zugereister" aus dem weiten römischen Reich. Vielleicht ein pensionierter Centurio? Hat in solch einem Haus Josephus Flavius seinen Kommandostab eingerichtet? Oder ein Inhaber von Fischhallen? Sollte es mehrere solcher Villen in Magdala gegeben haben, ist es wahrlich zu verstehen, dass Tarichea in seiner Blütezeit die reichste Handels-

---

[153] *Freyne* erörtert (S. 273–282) Deutungen dieser Bemerkung aus Lk 7, 34.

stadt Galiläas gewesen ist. Die Stadt war so vermögend, dass von hier aus eine ganze Wagenlast voller Steuergelder an den Königlichen Hof des Herodes geschickt wurde.[154]

Magdala, eine Stadt mit vielen Stadtvierteln

Es gab in Magdala also neben dem Viertel der Fischer und fischverarbeitenden Industrie, neben dem Viertel der Boots- und Holzindustrie mindestens noch ein Viertel der Färber. Und wenn wir den Talmud berücksichtigen, dass es in Magdala auch 80 Webereien gegeben habe und 300 Verkaufsstellen für Tauben, so kommen wir auf mindestens fünf Stadtviertel! Nachdem die Fischindustrie damit begonnen hatte, für ihr Viertel ein „Wahrzeichen", einen (Wasser-)Turm (migdal) zu bauen, haben die anderen Viertel dies nachgemacht. So kam es zu den verschiedenen Nennungen im Talmud wie auch zu jenem legendär scheinenden Turm der Viten des Mittelalters. Vermutlich ist mit noch weiteren Handelszweigen zugereister Volksgruppen zu rechnen, die mit fremden Völkern Geschäfte machten und Reichtum erwarben und je ihre Viertel hatten, aus denen die frommen Juden sich mehr und mehr zurückzogen und die von ihnen gemieden wurden.

Soweit Magdala sich bemühte, eine Stadt der Dekapolis zu werden, sah seine Verwaltungsstruktur womöglich so aus: Auf kommunaler Ebene traf in den Städten der Dekapolis die *boulē* (Ratsversammlung) die Entscheidungen.[155] Sie bestand aus bis zu 600 Mitgliedern, man wurde für ein Jahr oder auch auf Lebenszeit zum „Bouleuten" ernannt. Innerhalb der Ratsversammlung gab es Amtsinhaber mit Spezialbereichen, so für das Finanzwesen (*decaprotoi*) oder für die Bauaufsicht größerer städtischer Bauunternehmungen (*epimelitēs*). Die Bürger dieser Städte bewiesen ihr starkes Engagement, indem sie den Bau zahlloser, oft prunkvoller öffentlicher Gebäude finanzierten; Ehreninschriften verewigten sie, im besonderen Fall erhielten sie Statuen[156]. Oder sie organisierten kulturelle Aktivitäten in der Stadt und über-

---

[154] Bei *Wilken*, zitiert S. 120, Anm. 7, nach *Dalman*. – Die jährlichen Steuereinnahmen des Herodes betrugen 900 Talente.
[155] Vgl. auch *R. Wenning*, in: Gesichter des Orients, S. 146.
[156] Vgl. *Andres Furger*, Übrigens bin ich der Meinung. Der römische Politiker und Landmann Marcus Cato zu Olivenöl und Wein, S. 116. „Mir ist es lieber, man fragt mich, warum ich keine Statue habe, als warum ich eine habe." Aber dann ließ Cato es doch zu, dass ihm in Rom eine Statue gesetzt wurde.

nahmen die unterschiedlichsten kommunalen Ämter. Diese Magistrate wurden nicht etwa üppig bezahlt, sondern sie arbeiteten ehrenamtlich und stifteten umgekehrt nicht unerhebliche Summen tyrischer Silberdrachmen anlässlich ihres Amtsantrittes und auch später. (Als würden heute die Reichen einer Stadt ihren Mitbürgern Parkhäuser stiften, eines funktionaler und kunstvoller als das andere.) Man „bediente" sich also nicht kraft seines Postens, sondern man „diente" den anderen kraft persönlicher Habe. Ruhm und öffentliche Ehrungen wurden ihnen dafür zuteil. In Tarichea floss viel Geld.

Wenn nun in Magdala derart viele Handelszweige ansässig waren, die international agierten, dann ergibt sich daraus notwendig ein weiterer Geschäftszweig: Magdala muss auch ein Viertel der Geldwechsler und Geldverleiher gehabt haben! Es klingt manchem vielleicht überraschend, aber es gab zur Zeit Jesu bereits Bankinstitute. „Da gibt es zu Arsinoe in Ägypten eine Heraklid-Bank in der Getreidegasse, eine Serapion-Bank am Gymnasiumsplatz, eine Isidor-Bank, eine Athene-Bank, eine Hermas-Bank. Selbst einfache Dörfer, wie etwa Dionysias in der Nachbarschaft von Arsinoe, haben eine Bank."[157] Dort konnte man Geld zum Zinsertrag einlegen und abheben, dort konnte man sogar per Scheck von Bank zu Bank bezahlen. Ebenfalls gab es schon Terminspekulationen und Börsenkurse.

Aus Vergleichen mit Ägypten darf man also für Tarichea annehmen, dass sich in einer Straße gleich mehrere Bankhäuser befunden haben können. Eben, das Bankenviertel. Die Magdalenerin aus einer Stadt der Banken? Hat Jesus beim Pharisäer Simon (Lk 7), als die namenlose Frau zu seinen Füßen weinte, diesem nicht ausgerechnet ein Gleichnis von einem Geldverleiher, einem Banker erzählt?!

Magdala ist mit seinem Handel reich geworden, aber „wegen seines gottlosen Wandels wurde es zerstört", sagten die Rabbinen.[158] Das lässt auf eine innere Spannung zwischen den einen und den anderen Bewohnern von Magdala schließen. Soziologisch verschiedene Stadtviertel mit sozial unterschiedlichen Bevölkerungsschichten würden dazu genau passen. Die oben geschilderten Ausgrabungen hätten dann etwas aus dem hellenistisch-römisch geprägten „liberalen" Teil von Magdala zu Tage gefördert.

---

[157] *Willam*, Das Leben Jesu im Lande und Volke Israel, Freiburg 1934, S. 365ff.
[158] Der römische Feldherr Titus, der Sohn Vespasians, hat die Stadt im Spätsommer 67 n. Chr. nicht zerstört. 70 Jahre später siedelte dort eine jüdische Priesterkaste.

An der fruchtbaren Ebene Ginnosar

Verlassen wir nun die Stadt nach Norden und wandern in die berühmte Ebene Ginnosar. Denn nicht nur der See mit seinem wunderbar weichen Wasser, das trinkbar war, und dem unerschöpflichen Fischvorrat gab der Stadt ihren Reichtum, sondern auch diese Ebene, die sich nordwestlich von ihr erstreckte. Sie war eine der fruchtbarsten in ganz Israel – und ist es bis heute. Josephus Flavius[159] konnte nicht genug die Schönheit und den Reichtum dieses Naturwunders rühmen:

„Am See Gennesar entlang erstreckt sich das Land gleichen Namens, wunderbar in seiner Naturschönheit. Die Üppigkeit des Bodens erlaubt jede Art von Bepflanzung, und die Einwohner bauen tatsächlich auch alles an, zumal das wohltemperierte Klima den verschiedensten Gewächssorten entgegenkommt. Der Nussbaum, der mehr als alle anderen Pflanzen eine kühle Witterung braucht, gedeiht dort herrlich und in großer Menge. Neben ihm wächst die Palme, die der Hitze bedarf, ebenso der Feigenbaum und der Ölbaum, denen ein milderes Klima zuträglich ist. Man möchte fast glauben, die Natur trage dort einen Wettstreit aus, um mit aller Mühe sämtliche denkbaren Gegensätze an einem einzigen Platz zu konzentrieren; oder man könnte von einem edlen Wetteifer der Jahreszeiten sprechen, von denen jede es dieser Gegend in besonderem Maße recht machen will.

Nicht nur die verschiedensten Obstsorten gedeihen dort, so verschieden, dass sie kaum vereint vorstellbar sind, sondern der Boden schafft auch alle Voraussetzungen für eine langdauernde Erntezeit und für reife Früchte. Weintrauben und Feigen, die königlichsten Früchte, kann man zehn Monate lang ohne Unterbrechung ernten, die anderen Früchte sogar während des ganzen Jahres. Denn nicht nur, dass die Witterung dort sehr mild ist, sondern die Fruchtbarkeit des Bodens wird noch dadurch erhöht, dass eine sehr wasserreiche Quelle für die Bewässerung sorgt; die Einwohner nennen sie Kafarnaum. Vielfach wurde diese Quelle für eine Wasserader des Nils angesehen, denn es kommt dort eine Fischgattung vor[160], die dem Rabenfisch im See von Alexandrien ähnelt."

---

[159] Zu *Flavius Josephus* s. auch „Welt und Umwelt der Bibel", Nr. 32, 9. Jg.
[160] Der sogenannte „St. Petersfisch" ist ein Buntbarsch, der bis zu 42 cm lang wird, dessen nächste Verwandte zu den wichtigsten Speisefischen der alten Ägypter gehörten und eine weite Verbreitung in den ostafrikanischen Seen

Taricheas Karawanserei: Knotenpunkt weltweiten Handels

Wenden wir uns nach diesem Spaziergang in die frische Natur der Ginnosar-Ebene wieder nach Süden, der Stadt zu. Irgendwo hier, nord-westlich von Taricheas, muss es eine große Karawanserei gegeben haben; durch sie war die „Indusstriestadt" Magdala ans weltweite Straßennetz angebunden. Eine Karawanserei ist Umschlagplatz für Waren und ein Umschlagplatz der Kulturen. Beides bringt Geld und Leben. Tarichea lag äußerst günstig an einer der wichtigsten Handelsstraßen der ganzen damaligen Welt.[161]

Gleich westlich der Stadt lag das Tal des Arbel, das Wadi el-Hamam oder auch Taubental, durch das ein Strang der damals bekanntesten Fernhandelsstraße, der *via maris*, führte. Deswegen hatten sich dort auch Räuber festgesetzt, die ihren privaten Zoll von den Karawanen abschöpften. Es war eine Abzweigung jener Karawanenstraße, die von Ägypten heraufkam, an Nazaret vorbei und, nachdem sie sich mit einer anderen wichtigen Straße von Ptolemais am Mittelmeer vereinigt hatte, in Windungen durch das Tal des Arbel hinunter nach Magdala am See, 200 m unter dem Meeresspiegel, führte. Von hier bog sie nach Norden, streifte Kafarnaum, ging bis Damaskus und, unter neuen Namen, über Palmyra und andere Oasen weiter bis nach China.

Wegen seiner hervorragenden Lage am vorzüglichen Wasser bot sich diese Stadt als Rast- und Umschlagplatz für die Karawanen aus aller Welt geradezu an. Magdala muss eine große Karawanserei gehabt haben, vergleichbar den heutigen, immer größer werdenden Rastplätzen an den Autobahnen für die „Brummis". Der spanische oder ukrainische Fahrer kennt natürlich die Rastanlage bei Vechta oder Magdeburg, wo er auf Kollegen trifft und Erfahrungen austauscht. Karawansereien bringen Geld. Und weiteren Zulieferhandel. Und Nahrung und Wasser auch für die Tiere. Und Informationen aus aller Welt.

Das Palästina der Zeit Jesu war im Norden über Damaskus und Palmyra, Seleukia/Bagdad, im Süden einmal über Petra, Hagra, Qana (in Hadramaut, am heutigen Golf von Aden) und zum anderen über Gaza an die großen internationalen Handelsstraßen mit der weiten Welt des Ostens und Südens verbunden. Im näheren Raum der Dekapolis kam von Osten eine Fernhandelsstraße über Bostra (wo eine römische

---

haben. – Nach *O. Keel/M. Küchler,* Orte und Landschaften der Bibel, Bd. I, Zürich/Einsiedeln/Köln 1984, S.170.

[161] Auch *Freyne,* S. 89ff, hebt die Bedeutung des Straßennetzes hervor.

römische Legion lag), Adraa (wo eine Straße aus dem südlichen Philadelphia/Amman über Gerasa einmundete), Capitolia und Gadara nach Tarichea/Magdala. Direkt aus dem Süden im Jordantal führte die Straße von Jericho über das berühmte Skythopolis herauf. Eine weitere kam von der Jesreel-Ebene und zog südlich des Arbel hinunter zum See, etwa dort, wo das Hippodrom gelegen haben müsste, und dann nach Magdala, dem „Umschlagplatz für Güterverkehr".

Gerasa, 70 km südöstlich von Magdala, bildete in diesem Verkehrsnetz einen anderen Knotenpunkt (gewissermaßen ein „Autobahnkreuz"). Von hier konnte man weiter nach Nordwesten in Richtung Pella ziehen, von dort auf der gut belegten Ost-West-Route den Jordan überqueren, weiter über Skythopolis und Legio zum Mittelmeerhafen Caesarea. Oder eben über Magdala/Tarichea nach Ptolemais am Mittelmeer. Man vergesse nicht, dass man Magdala auch über den See per Schiffstransport erreichen konnte.

So muss man für Magdala eine ansehnliche Karawanserei annehmen samt den dazugehörigen Läden und Herbergen, wo man nicht nur Geld, sondern auch Tiere und Güter wechseln konnte. Die eine Karawane übergab ihre Waren einer anderen, die damit ihren Weg weiterzog, während die erste mit neuen Waren wieder zurückkehrte. Gegenüber allen anderen Karawansereien hatte die von Tarichea nun den Vorzug, dass sie nicht nur Brunnenwasser bot, sondern den ganzen See Gennesaret den Tieren zum Saufen und den Männern zum Schwimmen anbieten konnte.

Noch etwas sehr Wichtiges muss bedacht werden: Diese Straßen dienten zum einen der logistischen Zufuhr für das im Osten stehende Militär der Römer und umgekehrt für den Transport der Fernhandelsgüter über die Mittelmeerhäfen nach Westen. Zum anderen übernahmen die beteiligten Städte die Verteilerrolle für die Nachschublieferanten im Süden, vor allem die aus der Kornkammer Ägypten und den Provinzen Syria und Arabia, in denen ein Großteil des Militärs stationiert war. Kein Wunder, wenn die an diesen Handelsrouten liegenden Städte einen einzigartigen wirtschaftlichen Aufschwung erlebten – er wird gerade erst erforscht.

Noch heute ist es so, dass erst nach ausreichendem Ausbau der Substrukturen, also der Straßen und anderem, eine Region wirtschaftlich aufblühen kann. Es hat keinen Zweck, etwas zu produzieren, wenn ich es anschließend nicht transportieren kann. Entlang der Autobahnen und guten Straßen blühen auch heutzutage die Unternehmen auf. Damals war es genau so: Transport von Luxusgütern, Versorgung des

Heeres, Einbeziehung des Ostens in das Wirtschaftsgefüge der Region ließen die Städte aufblühen, die an diesen Straßen lagen. Ihrerseits trugen sie durch Kultivierung des Umlandes zur Versorgung der Bevölkerung bei und schufen Produkte zum „Export". Mit diesem Wirtschaftswachstum wuchs gewissermaßen nebenbei auch die Stadtplanung und ebenso die Straßenplanung und Qualität der Straßen.[162]

„Eine der längsten und ältesten Handelsrouten, die die Verbindung zwischen dem Fernen Osten und den Mittelmeerländern herstellte, ist die Seidenstraße. Sie besteht eigentlich aus mehreren Routen ... Dabei diente die Seidenstraße keineswegs ausschließlich als Handelsweg, sondern war gleichzeitig Verbindungselement unterschiedlichster Kulturen. Aus den Mittelmeerländern führte sie über (Palmyra, Seleukia, Ekbatana/Hamadan, Teheran) Buchara, Samarkand nach Kaschgar ... und endete in der chinesischen Kaiserstadt Xi'an ...

Die Oasen Zentralasiens zählten zu den größten und bedeutendsten Handelsumschlagplätzen, an denen Güter von einer Karawane auf die nächste übergingen, die sie dann zu ihrem jeweiligen Bestimmungsort brachte ... Die zentralasiatischen Gebiete wurden, weil auf diesem Weg die Seide in den Westen gelangte, schon im Altertum meist als *Serica* bezeichnet. Das Wort hängt mit dem Namen *Seres* für die am Seidenhandel Beteiligten zusammen, das sich wiederum vom altchinesischen Wort für Seide ableitete. Die Bezeichnung *Serinda* für das Seidenland, die einige spätantike Autoren verwenden, verknüpft *Seres* einfach mit *Indien*."[163]

„Im 1. Jh. v. Chr. wurden gewaltige Einnahmen aus der Besteuerung der Karawanen gewonnen. Die Preise für Weihrauch aus Dofar, Perlen vom Persischen Golf, Seide aus China, Gewürze und Baumwolle aus Indien verdoppelten sich während der Durchquerung des von den Nabatäern kontrollierten Gebietes."[164]

Die Nabatäer[165] waren ein nomadisches Volk aus dem Innern Arabiens, das im 6./5. Jh. vor Christus im ehemals edomitischen Gebiet

---

[162] Nach *Claudia Bührig*, Die Einbindung der Dekapolis-Städte in das römische Verkehrsnetz, S. 183–193.

[163] *Marianne Yaldiz u. Xavier Tremblay*, Die Seidenstraße, in: Welt und Umwelt der Bibel, Sonderheft Seidenstraße, S. 40–45.

[164] Aus Herders Großer Bibel-Atlas, S. 160.

[165] Zu Nabatäer vgl. auch *Günther Schauerte / Robert Wenning*, Verschmelzung der Kulturen: Petra – Dekapolis, in: Gesichter des Orients – 10.000 Jahre Kunst und Kultur aus Jordanien, S. 138-148.

vorherrschend wurde und von seiner Hauptstadt Petra aus in Transjordanien bis nach Damaskus und im Negev ein kleines, reiches Handelsimperium errichtete. Seine strategisch wichtigen Städte im Negev waren Oboda, Subeita, Nessana, Ruhebe, Avdat, Mamshit. Sie wurden bekannt durch beachtliche Bewässerungsanlagen in der Wüste, einen ihrer Staudämme kann man noch bei Mamshit bewundern.

Von Petra her führte eine Karawanenstraße, die „Weihrauchstraße" (transportiert wurden neben Weihrauch auch Myrrhe, Safran, Balsam, Aloe, Zimt, Pfeffer, Galbanum, Edelsteine, Bitumen und Salz) in ziemlich gerader Linie nach Nordwest durch die Arava, die Skorpionensteige hinauf quer durch die heutige Yamin-Ebene nach Mamshit.[166] Neben anderen dienten auch Avdat und Mamshit als Karawanserei der Gewürzstraße, wie Ausgrabungen belegen.[167] Von dort brachte man über Beersheba und Hebron die Waren nach Jerusalem oder transportierte diese sogleich weiter im Jordantal auf der „Königsstraße" Richtung Damaskus.

Neben den zahlreichen „Gewürzstraßen", auf der die oben genannten Gewürze aus Indien und Malaysia und Indonesien herkamen, gab es auch die Elfenbeinstraße, die Bernsteinstraße, die Salzstraße nach Westafrika. Sie alle verbanden das kleine Israel mit der großen Welt der damaligen Zeit, brachten Reichtum durch Handel und viele fremde kulturelle Elemente bis an den See Gennesaret.

Sagen wir es anschaulich: In Magdala konnte man Seide aus China ebenso kaufen wie Elfenbein aus Afrika oder Gewürze aus Indonesien und Wurzeln aus dem Himalaja.

Hinzu kam, dass Magdala durch eine Straße von Ptolemais am Mittelmeer, die am galiläischen Kana der Hochzeit Jesu vorbeiführte, mit der gesamten auch westlichen Welt des Römischen Imperiums verbunden war. Römisches Militär, vom Prokonsul bis zu den späteren Kaisern Vespasian und Titus, war in Magdala zu Hause gewesen. Auch Josephus Flavius hat ja in Magdala später sein Hauptquartier aufge-

---

[166] S. auch *O. Keel / M. Küchler*, S. 679. – Ich bin die Skorpionensteige mehrfach hinaufgestiegen. Ihren Namen erhielt sie nicht von möglichen Skorpionen, sondern von ihren „Haarnadelkurven" – sie glichen dem gekrümmten Schwanz des Skorpions. Wie wir bei uns in den Alpen von „Serpentinen" sprechen – und dabei keineswegs an Schlangen denken. Die Haarnadelkurven ermöglichten den Karawanen überhaupt erst den Übersteig über das sonst unzugängliche Felsmassiv entlang der Arava.

[167] Ende der 90er Jahre wurde in Mamshit auch die Karawanserei ausgegraben.

schlagen. Daneben wohnten oder handelten dort Kaufleute aus aller Welt. Bedenkt man noch, dass auf der fruchtbaren Ebene Ginnosar „gleich nebenan" Ölbäume, Feigen und Weinstöcke wuchsen, die wichtigsten Früchte Israels, die zu seinem Symbol wurden, dann kann man den Reichtum der Stadt und die Anzahl seiner Einwohner eher nur unterschätzen. Quellen belegen[168], dass die „Griechenstädte der Dekapolis" etwa zur Zeitenwende (und später noch einmal) einen beachtlichen kulturellen Aufschwung nahmen, der sich u. a. in einer uns kaum bekannten Bautätigkeit äußerte. Dass Gadara, knapp 15 km südöstlich des Sees Gennesaret gelegen, vom Dichter Meleager als „neues Athen" bezeichnet wurde, haben wir schon registriert. Philosophen und Dichter leben und schreiben ja nicht in einfachen Siedlungen, sie brauchen lebendige, kulturvolle Städte. Stadion mit Rennbahn und dazugehöriges Gewerbe, Dockanlagen, Fischindustrie und weitere Handelszweige – das brachte Leben, Kultur und Geld.

Das leichtlebige Magdala

Aber mit Reichtum kamen auch Lust und Leichtlebigkeit. Man wollte das verdiente Geld auch wieder zur eigenen Fröhlichkeit ausgeben. Magdala/Tarichea präsentierte am Hippodrom neben „Pferdestärken" gewiss auch anschauliche „Boxenbabes", weibliche wie männliche, und in der Stadt gab es vermutlich ein „Rotlichtviertel". Die Bevölkerung der Städte der Dekapolis war ein Gemisch aus Aramäisch und Arabisch sprechenden „Ureinwohnern" (Phönizier, Juden, Nabatäer, auch als „Syrer" bezeichnet), zu denen mit der Zeit griechische, makedonische und römische Zuwanderer hinzukamen.

Letztere bestanden vermutlich zu einem großen Teil aus Veteranen der römischen Legionen; Soldaten für die Legion wurden nur aus römischen Bürgern ausgewählt. Wenn diese ihre „Pension" erhielten, bis zu 12.000 Sesterzen oder 3.150 Denaren, also 14 Jahresbruttogehälter, falls sie lange genug *„sub vexillo/*unter der Fahne" gedient hatten[169], nutzten sie ihr Geldsäckel wohl gerne dazu, sich in dieser anmutigen Gegend am erfrischenden See ein nettes Landgut oder eine Stadtvilla von der Armee zuteilen zu lassen – das Land gehörte ja dem Kaiser. Wenn die

---

[168] Vgl. *Nadine Riedl*, Leben in den „Griechenstädten" der Dekapolis, in: Gesichter des Orients – 10.000 Jahre Kunst und Kultur aus Jordanien. S. 169–178.
[169] *Rudolf Haensch*, Das römische Heer und die Heere der Klientelkönige im Frühen Prinzipat, in: NTAK, Bd. 1, S. 158.

Umstände es erlaubten, sollten sie auch noch Getreide anpflanzen, um der kaiserlichen Kornkammer aus ständigen Klemmen zu helfen.[170] So etwas Schönes wie den See hatte das imposantere Gadara gegenüber nicht zu bieten. Ein paar zuverlässige Sklaven und hübsche Sklavinnen noch dazu, und dann ein schöner Lebensabend. Solche Leute brachten Geld. Und umgekehrt wollten sie ihren „Ku'damm", ihren Sunset Boulevard samt Amüsements.

Nicht Mini-Synagoge, sondern Mini-Gymnasion!

So viel Volk zieht natürlich ein bestimmtes Völkchen nach sich. Und einmal mehr wird verständlich, warum Magdala eine ob ihrer Unzucht berüchtigte Stadt war, und warum „Juden aus den Nachbarorten die Stadt Magdala wegen der dort herrschenden Sittenverderbnis zerstört" hätten, wie man die Moral aus der Geschichte zog.[171]

Wir sind am Ende unseres virtuellen Rundganges in und um Magdala. Was können, was müssen wir nun für diese Stadt annehmen?

Zur Zeit Jesu war die Tarichea/Magdala sehr wahrscheinlich weniger von Juden, sondern mehr von semitisch-arabischen Zuwanderern verschiedener ethnischer Herkunft, vor allem aber von makedonischen und römischen Siedlern oder Bürgern bewohnt. Sie hatten den griechisch-römischen Lebens- und Verwaltungsstil mitgebracht und etablierten ihn in Gebäude und Strukturen hinein. In Tarichea hatten sich in mehreren Stadtvierteln Menschen niedergelassen, die lieber unter den „liberalen Einflüssen aus dem Westen" lebten als unter den Gesetzen der jüdischen Religion. Natürlich wurden hier auch mehrere Sprachen gesprochen. Die griechisch-römisch orientierte Mischbevölkerung machte dabei zweifellos den Hauptteil der Einwohner aus und hatte vermutlich den größten Teil des internationalen Handels in ihren Händen. Das jüdische Viertel von Magdala war einverleibt ins moderne Tarichea. Eine blühende Industrie war entstanden: Webereien und Färbereien, Konservieren und Exportieren von Fischen, Keramik, Bootswerften, Holzindustrie, Taubenhandel, Geldverleih und vieles mehr wurde in Magdala betrieben. Das alles machte die Stadt reich und berühmt, vielleicht auch berüchtigt.

Reichtum und Aufblühen floss ihr auch durch ihre Lage an einer der bedeutendsten Handelsstraßen der damaligen Zeit mit der dazugehörigen Karawanserei zu, die Magdala mit der ganzen Welt verbanden. Die Bouleuten von Tarichea strebten danach, ihre Stadt der Dekapolis

---

[170] *Freyne*, S. 97, berichtet Ähnliches auch von Herodes und dessen Soldaten.
[171] Nach Midrasch Ekka II, 2 und *Schürmann*, Erster Teil, S. 446, Anm.13.

einzugliedern und bauten dazu nach großen Vorbildern der hellenistisch-römischen Welt sowohl öffentliche wie auch private Gebäude. Die Reichen von Magdala hatten, wie jene von Tiberias, Landbesitz auf dem Golan.[172] Den größten Anteil am Reichtum kassierten wohl schon damals die Geldverleiher, die Vorläufer unserer Banken. Kurz und gut: Magdala/Tarichea war, wenn auch nur für wenige Jahrzehnte, eine sehr reiche Handelsstadt.

Es war dann sicher auch eine selbstbewusste Stadt, ein Schmelztiegel von Religionen, ein selbstgebrautes Gemisch allerlei Kulturen. Dort gab es Reichtum und Spiele, Feste der Großen und Festgelage für die Bürger. Natürlich gab es dort ein Hippodrom mit allem, was dazu gehört. Auch Theater? Ein Gymnasium? Auch reiche mehrstöckige Häuser mit kostbaren Mosaikböden und Möbeln, hinter Kolonnaden, von entzückenden Parkanlagen mit Nymphäen umgeben?

Der Charakter dieser griechisch-römisch geprägten Stadt mag auch erklären, warum die Autoren des Neuen Testamentes kaum davon berichten, dass Jesus je dort gewesen wäre. Aber wenn nicht davon berichtet wird, dann wird auch nur „nicht berichtet" – woraus noch nicht der Schluss gezogen werden kann, dass Jesus nicht doch dort gewesen wäre. Er war freier, offener, progressiver als seine Jünger und die, die über ihn schrieben. Er hat manche Gesetze übertreten, die sie noch Jahre später nur mit göttlicher Nachhilfe zu übertreten wagten: Petrus im Haus des römischen Hauptmanns Cornelius in Caesarea (Apg 10, 28). Nur Matthäus (15, 39) gibt einen Hinweis: „Danach ... stieg er ins Boot und fuhr in die Gegend von Magadan." Einige alte Textzeugen schreiben hier „Magdala".

Das passt zur Einschätzung der frommen Rabbinen, dass diese Stadt wegen ihrer „Hurerei" zugrunde gegangen sei: In Magdala herrschten liberale Einflüsse aus dem Westen. Aus der Sicht der gesetzestreuen Rabbinen konnte man sich damals unter „Hurerei" sowohl das Gewerbe der Prostitution, Geschlechtsverkehr mit fremden Männern, vorstellen, wie auch Handelsverkehr mit fremden Völkern.[173]

---

[172] *Freyne*, S. 99.
[173] Nach *Ruf* (S. 61, Anm. 17), die dazu auf *F. Manns* hinweist.

2. Kennzeichnungen der Frau aus Magdala, die sich aus Lk 8, 2f. ergeben

Aus dieser Stadt also kam unsere Maria, „die so genannte Magdalenerin". Und es ist klar, dass diese Stadt eine damalige Frau, die Vermögen besaß, sehr spezifisch kennzeichnete.

Maria Magdalena war kein „Mädchen vom Lande"!

Sie war nicht bettelarm, nicht entwurzelt, kam gewiss nicht aus unteren Schichten – dann wäre sie in dieser Stadt nie zu einer Persönlichkeit geworden, der sich andere selbstbewusste und vermögende Frauen unterordneten. Sie wäre als Sklavin verkauft worden.

Und Magdala war kein verschlafenes Dörfchen am stillen See.

Und die Jünger keine verträumt angelnden Fischer.

Im Gegenteil: Magdala war eine für damalige Verhältnisse große, weltoffene Stadt mit verschiedenen Industriezweigen, die mit der ganzen Welt in Verbindung standen. Die Handelshäuser von Tarichea verkauften ihre Waren bis Jerusalem und Rom, nach Afrika, Indien, China und in die ganze Welt. In ihren Straßen und Häusern tummelten sich Menschen allen Standes und aller Kulturen – zumindest für eine kurze Zeit. Magdala war eine reiche Handelsstadt mit luxuriösen Wohnungen, mit breiten Straßen, von Kolonnaden gesäumt, mit Parkanlagen und Plätzen und Nymphäen, vielleicht sogar mit einem Mini-Gymnasion.

Mit dem Namen dieser Stadt bezeichnet zu sein, übertrug die Hauptelemente von Tarichea auf die Magdalenerin. Die primäre und spezifische Kennzeichnung ihrer Person in den Evangelien ist genau diese Stadt. Wenn nun ihre Persönlichkeit die Verkörperung dieser Stadt war, kann man verstehen, dass sich um eine solche Person leicht Legenden rankten. Allzu gern wollte man gerade über diese Frau noch mehr wissen, zusätzlich zu all dem, was über sie in frommen wie fiesen Kreisen ohnehin getuschelt wurde. Denn obwohl sie unverheiratet lebte, war die Dame vermögend. Vor allem aber: sie besaß eine besondere Autorität. Ja, sie war Autorität. Denn unangefochten leitete sie die Frauengruppe, die Jesus und den Jüngern über einen langen Zeitraum diente bzw. alles organisierte, damit die Herren verkündigen konnten und ihre Familien überlebten.

Nimmt man den griechisch/römischen Namen der Stadt Tarichea, „Einsalzen", dann war diese Maria aus Tarichea sozusagen „gepfeffert und gesalzen": eine mit allen Gewürzen gepfefferte Chefin. Gewissermaßen eine Kombination aus „Eiserner Lady" und „Pretty Woman". Jedenfalls konnten die Menschen von damals einen solchen „Beigeschmack" im Wort der Großstadt Tarichea als passende Kennzeichnung dieser Frau assoziieren – und schmunzeln.

Ebenso unvermeidbar ist auch die Schlussfolgerung, dass die Fischer vom See Gennesaret, eingeschlossen die späteren Jünger Jesu, ihre Fischfänge nach Magdala gebracht haben, um sie an die dort ansässige Fischindustrie zu verkaufen. Ob die Magdalenerin einen Teil davon besaß, ist zwar Spekulation, doch irgendwelche gutgehenden Geschäfte muss sie besessen haben. Aber so oder so: Simon und Andreas, Johannes und Jakobus dürften die „Frau aus Magdala" schon seit Jahren gekannt und in vermutlich ambivalenter Weise geschätzt haben.

Wenn nun die Magdalenerin in der Gruppe der Frauen, die Jesus und den Aposteln dienten, die Leitung innehatte, dann korrespondierte ihre Fähigkeit zur Leitung mit dem Charakter ihrer Stadt Tarichea, wo man Organisation lernen musste, wollte man, als alleinstehende Frau erst recht, mit seinem Vermögen nicht untergehen. Wo man Talente brauchte, um sich zu behaupten, einen kühlen Kopf, um mit Zahlen und Konten und Banken umzugehen. Wo man schnell die Grundlagen von Handel und Geschäftemachen lernen musste. Bei ihrem „Vermögen" hatte sie schnell kapiert: Geld muss arbeiten, sonst zerrinnt es. Man muss produzieren und kaufen und verkaufen ... und nicht nur „bewahren und vergraben", wie ein Rabbi es später einmal sagen wird. Ganz richtig, so entsteht kein Vermögen.

Marcus Cato, der römische Senator, stellte im Jahr 170 v. Chr. fest, „dass das große Geld mit Landgütern nicht zu machen ist; tatsächlich verdiene ich heute mit meinen anderen Betrieben, den warmen Quellen, Teichen, Walkereien und Pecherzeugungsanlagen viel mehr, am meisten aber mit Geldverleih". Später nennt er den Geldverleih „anrüchig" und spricht von einem „einträglichen Geschäft der Seedarlehen"[174]. Wenn Schriften aus Gadara nachweislich nach Herculaneum gelangten, in dessen Nähe Cato seine Landgüter gehabt hatte, warum sollte die Magdalenerin nicht die Sätze des großen Römers, 200 Jahre vor ihr, gelesen und beherzigt haben.

Wir haben schon gesehen, dass Frauen damals selbständig wirtschaften konnten, vor allem in der hellenistisch-römisch geprägten Welt. Genau dies gilt für Magdala. Das „soziale Umbruchklima des

---

[174] *Furger*, S. 90; das Folgende auf S. 116.

Hellenismus brachte einen neuen Frauentyp hervor, nämlich die vom Mann emanzipierte und innerhalb der Familie und Gesellschaft geachtete Oberschichtenfrau."[175] Die Purpurhändlerin Lydia in Philippi (Apg 16, 14) dürfte ebenfalls zu vermögenden Frauen gezählt haben. Sie führte einen Wirtschaftsbetrieb, den sie aus Thyatira in Lydien (daher wohl ihr Name ‚Lydia') nach Philippi mit seiner Hafenstadt Neapolis an der großen Verkehrsstraße verlegte, mit einem Hafen auf der einen Seite und Gold- und Silberbergwerken im Pangaios-Gebirge auf der anderen. Das klingt nach profitorientiertem Geschäftsdenken. Auch bei Lydia hören wir von keinem Mann, der das Geschäft leitete.

Aus den „Erzählungen" des Josephus Flavius über Zustände und Vorgänge rund um den Hof des Herodes geht zudem hervor, dass Frauen recht eigenständig in der damaligen Gesellschaft ihre Rolle zu spielen verstanden. Da wechselten schon mal hundert Talente oder ähnlich teure Kostbarkeiten den Besitzer. Aber auch die jüdische Tradition selber kannte reiche Frauen.

Auffallend wird es dennoch gewesen sein, wenn eine unverheiratete Frau zu Vermögen gekommen war.[176] Welchen Vorgang wir uns im Fall der Maria Magdalena vorstellen müssen, durch den sie zu Vermögen gekommen ist, darüber breitet das Evangelium den Mantel des Schweigens. Verschwiegenheit in Bezug auf ihre Person scheint ein beständiges Merkmal dieser Frau zu sein.

Doch drängt sich der schon vorhin angetippte Gedanke nun noch mehr auf: Wenn Maria von Magdala in dieser Handelsstadt zu Vermögen gekommen war, wenn eine vermögende Frau vom königlichen Hof sich ihr unterstellte, dann muss sie eine Unternehmerin gewesen sein, ein CEO, wie die großen Manager heute respektvoll sagen würden, die ihr „Portfolio", ihre verschiedenen Geschäftsbereiche gut aufgestellt hatte, die Anteile an Kapital und internationalen Geschäften besaß. Ja, wenn man die Erfahrung des alten Cato (unsere heutigen Banker würden ihm zustimmen) auch hier gelten lässt, dass man mit Geldverleih am meisten Geld verdient, dann war diese Frau nicht nur etwa Eignerin von Schiffen, um Getreide nach Rom zu bringen und

---

[175] *Chr. Urban*, Die Rollen der Familienmitglieder, in: NTAK, Bd. 2, S. 18f.
[176] Vgl. *A. Furger*, S. 102: „Dieses Gesetz verbietet den reichsten Bürgern, den Classicis, eine Frau zur Erbin einzusetzen. Denn eine finanziell unabhängige Frau ist für die Männer eine potentielle Gefahr ... Die Frauen sollen unter der Bevormundung ihrer Väter, Brüder oder Männer stehen bleiben." Aus dem Jahr ca. 160 v. Chr. in Rom.

dessen notorischen Mangel an Getreide, beim Fehlen einer eigenen Staatsflotte doppelt schmerzhaft, auszunutzen.[177]

Sie war vor allem im Geldgeschäft tätig.

Maria Magdalena war wahrscheinlich eine Bankerin.

Für ihr Handelsimperium aber brauchte sie erstens gute Menschenkenntnis und zweitens Selbstbeherrschung. Und: Sie durfte niemandem trauen. Vor allem den Schmeichlern nicht. Und davon gab es um sie herum vermutlich nicht wenige. Wenn sie mit internationalen Geschäftsleuten jeglichen Standes, mit Männern andersartiger Kultur, fremder und hoher Herkunft, die eine solche Frau gewiss im Blick hatten, Geschäfte aushandelte, das Feilschen und wahrscheinlich auch das Austricksen beherrschte und mit all dem ihr Vermögen zu vermehren verstand, dann musste sie eine reife Persönlichkeit sein. Sie musste geistige und menschlich-frauliche, aber auch eiskalt-sachliche Qualitäten besitzen, die ihr solche herausragende Position erst ermöglichten und sicherten.

Da man den Evangelien nach annehmen muss, dass Maria Magdalena nicht verheiratet war, kam dieser Person noch mehr Profil zu: Aus dem berühmt berüchtigten Tarichea stammend? Reich und nicht verheiratet? Und heute Chef des Organisationsstabes der Frauen für die Jesus-Bewegung? Und die Johanna macht da mit? Ohlala.

Maria von Magdala muss eine Persönlichkeit gewesen sein, die sich in der Handels- und Geschäftswelt der Männer, im Vielerlei der Kulturen, des Geldes, der Macht auskannte und sich zu behaupten verstand. Daran aber reift und wächst ein Mensch – oder er geht unter und wird einsam. Gewinnt alles und verliert sich selbst. Erst recht eine sensible Frau in der damaligen Männerwelt.

Nun nennt Lukas aber noch ein zweites Merkmal für die Frau aus Magdala/Tarichea, dies jedoch nicht für sie allein, sondern auch für Susanna und Johanna und „einige" andere: Sie waren „geheilt von bösen Geistern und Krankheiten". Sie waren befreit. Für die Frau aus Magdala merkt der Arzt Lukas noch etwas Spezielles an: Aus ihr waren „sieben Dämonen ausgefahren" durch Jesu rettend-heilendes Handeln.

Was ist hier mit „bösen Geistern" und Krankheiten, mit „Dämonen", die „ausfahren" können, gemeint?

---

[177] *Freyne*, S. 96.

EXKURS -2-

Dämonen in griechischer und jüdischer Welt

Dem griechischen *daímon*-Begriff liegt die Anschauungswelt des Animismus zugrunde, die im griechischen Volk nie ganz geschwunden ist.[178] Die Philosophen haben sich bemüht, den Animismus zu überwinden, dabei mussten sie sich an den volkstümlichen Vorstellungen orientieren – und dadurch haben sie uns diese überliefert. In der volkstümlich-animistischen Gedankenwelt bezeichnet *daímon*[179] vor allem Untergötter (so auch bei Plato), die ursprünglich vielleicht auch Geister waren; man gebrauchte diesen Begriff z. B. auch dann, wenn etwas noch nicht Gekanntes, Übermenschliches im Spiel war, oder auch, wenn den Menschen ein Geschick traf. Von da war es nur noch ein Schritt zur Vorstellung von *daímon* als einer Schutzgottheit, unter der das Leben eines Menschen oder bestimmte Abschnitte (z. B. ab der Hochzeitsnacht[180]) seines Lebens standen.

War *daímon* im Volksglauben zunächst eine allgemeine göttliche Kraft, so wurden daraus unter dem Einfluss der Philosophen persönliche Zwischenwesen, vielleicht spielten auch orientalische Einflüsse eine Rolle. Die Hauptaufgabe dieser Zwischenwesen war, zwischen Göttern und Menschen Bote zu sein bzw. die Menschen zu beaufsich-

---

[178] Die folgenden Erklärungen sind entnommen *G. Kittel,* Bd. II, S. 1–20. Das NTAK bietet einen kurzen Artikel (*Josef N. Neumann,* „Besessenheit", in: NTAK, Bd. 2, S. 71–74) zu unserem Thema. Unter „Stellen im NT" wird Lk 8, 2 nicht erwähnt. Die Ausführungen zum Thema bringen gegenüber unseren Erläuterungen nichts wesentlich Neues.

[179] Die Etymologie von *daímon* ist unsicher. Vielleicht steckt dahinter „zerteilen, zerreißen", *daímon* als Leichenfresser; das würde der animistischen Vorstellungswelt entsprechen. Bei *Homer* hat der Begriff wohl die Bedeutung einer übermenschlichen Macht, etwas Unfassbareres noch als Gott.

[180] Man lese die amüsante (Lehr-)Geschichte von Tobit! In 6, 8 heißt es: Wird ein Mann oder eine Frau von einem Dämon oder einem bösen Geist gequält ... 6, 15: Ein Dämon liebt sie und bringt alle um, die ihr nahe kommen ... 8, 3: Sobald der Dämon den Geruch spürte, floh er in den hintersten Winkel Ägyptens, dort wurde er von dem Engel gefesselt ... Die Gegenfigur (Schutzgottheit) zum Dämon ist der Engel Rafael. – Das Tobit-Buch stammt aus dem 2. Jh. und ist in Palästina in Griechisch geschrieben.

tigen. Am Ende dieses Prozesses waren die Dämonen der Natur eingegliedert, ja, alles in der Natur konnte von Dämonen verwaltet sein.

Dämonen wurden besonders mit den Teilen der Religion in Verbindung gebracht, die dem Animismus am nächsten standen: mit Magie, Zauberei, Beschwörung. In der ausgebildeten Form dieser Vorstellung wurden die Dämonen zu Mächten, die von der rechten Gottesverehrung abzubringen suchten. Sodann wurden Dämonen als Verwalter des menschlichen Geschickes in besonderer Weise mit Unglück und Not zusammengebracht: Ihr Verhalten schadete dem Menschen. Schließlich noch konnten Dämonen den Menschen „besessen" machen; sie konnten sich z. B. mit Blut und Fleisch in den Körper eines Menschen einschleichen, um böse Begierden zu erwecken.

Ins Ethische gewandt, wurde Lüge als dem Wesen der Dämonen zugehörig aufgefasst.[181]

Für den Volksglauben waren die Dämonen besondere Gespenster, die an allen möglichen Orten, besonders an einsamen hausten und dort mit Vorliebe des Nachts. Manchmal erschienen sie als unheimliche Tiere oder wurden zu Geistern, die sich in verschiedenartigen Schädigungen zeigten: Wurden z. B. stets an derselben Stelle der Rennbahn die Pferde scheu, so steckte vermutlich ein Dämon dahinter. Verursachten Geister Besessenheit, so war man nah am Bereich der Zauberei – und nah an „Heilungen" durch besondere Steine etwa, oder, wie im Buch Tobit, durch Herz, Leber und Galle eines Fisches. Auch Krankheiten wurden auf Geister zurückgeführt.[182]

Zusammenfassend lässt sich sagen:

Im griechisch beeinflussten Volksglauben bezeichnete *daímon* ein Wesen, oft als Geist(er) Verstorbener gedacht, mit übermenschlichen Kräften, die launisch und unberechenbar waren. Sie traten an außergewöhnlichen Stellen auf, zu besonderen Zeiten, in meist schrecklichen Ereignissen in Natur und Menschenleben. Der Mensch versuchte, sie durch magische Mittel zu besänftigen, zu beherrschen oder von sich fernzuhalten. Durch die Philosophie wurden die Dämonen zu

---

[181] Vgl. Joh 8, 44, wo Jesus sagt: „Ihr habt den Teufel zum Vater, und ihr wollt das tun, wonach es euren Vater verlangt. Er war ein Mörder von Anfang an. Und er steht nicht in der Wahrheit; denn es ist keine Wahrheit in ihm. Wenn er lügt, sagt er das, was aus ihm selbst kommt; denn er ist ein Lügner und ist der Vater der Lüge."

[182] Sauls Schwermut, Depression, z. B. nennt *Josephus Flavius* als von Dämonen verursachte Krankheit. *JosAnt.* VI, 8, 2.

Zwischenwesen, die dem Göttlichen gleichgeartet waren. Das konnte dazu führen, dass der ganze Kosmos als „beseelt" angesehen wurde oder die Luft zum besonderen Aufenthaltsort der Dämonen wurde.[183]

Im Alten Testament finden sich mancherlei Spuren eines Glaubens, der dem volkstümlichen griechischen Geisterglauben nahe kommt. Die im Zauber zu befragenden Totengeister des Weibes von Endor (1 Sam 28, 13; ebenso Jes 8, 19) entsprechen den griechischen Dämonen. Geschichtswirksam aber wurde eine Stelle aus Num 23, 23: „Zauberei wirkt nicht gegen Jakob, Beschwörung hilft nicht gegen Israel." Dieses Verbot der Zauberei hat bewirkt, dass das ganze Gebiet der Dämonenvorstellung und des Animismus im AT nur am Rande erscheint. Zusammenfassend muss man sagen, dass das AT keine Dämonen kennt, mit denen es sich in Zauberei auch nur abwehrend eingelassen hätte.[184]

Für die Mächte allerdings, die zwischen Gott und den Menschen vermitteln, hat das AT einen besonderen Namen geprägt, den des Boten Gottes, des Engels. Nicht die Dämonen wirken gegen die Menschen Böses, Schädliches, sondern das tut im AT Gott selbst durch seine Boten. ER ist die einzige Ursache für alles.

Des Weiteren wird in der Sprache des AT ein neuer Begriff eingeführt: der des *daimónion*. *Daimónion* bezeichnet den Geist/die Geister des Volksglaubens, denen der Mensch mit Grauen gegenübersteht: Solche Wesen sind die Götter der Heiden. Wo solche bösen, neidischen, angreifenden, tötenden Geister auftreten, werden sie vom AT konsequent *daimónia* genannt.

Im Judentum der Zeit Jesu tritt uns ein ausgedehnter Glaube an die Existenz von Geistern entgegen, erkennbar an der Fülle verschiedener Namen, die man ihnen vor allem im Rabbinat gab. Die Vorstellung entstand in Anlehnung an die der Engel. Diese Geister hatten ebenfalls Flügel und besonderes Wissen, andrerseits glichen sie den Menschen, indem sie sinnliche Bedürfnisse hatten. Dem „heiligen Geist Gottes"

---

[183] Vgl. *Paulus* im Römerbrief 8, 38f: „Gewalten in der Höhe oder Tiefe..."
[184] *Neumann*, „Besessenheit", NTAK Bd. 2, S. 71: „Es kann aber gezeigt werden, dass sich das aus Mesopotamien bekannte hierarchische Schema der Krankheitsverursachung zwischen Gottheit und Dämon in der Bibel wiederholt, nur mit dem Unterschied, dass nicht eine kosmische Gottheit, sondern Jahwe seinen Schutz dem ‚töricht' handelnden Frevler (Ps 38, 5f.; 39, 9; 41, 5) entzieht und ihn dem Einfluss der bei Tag und Nacht wirkenden Dämonen überlässt, so dass Krankheit ihn überfällt mit heftigen Kopfschmerzen (2 Kön 4, 18–20) oder Fieber, das brennt wie Feuer (Ps 102, 4)."

tritt somit der „unreine Geist" gegenüber, der an „unreinen" Stätten wohnt, besonders auf Gräbern.

Hauptfunktion der Dämonen im rabbinischen Judentum ist, den Menschen Schaden an Leib und Leben zuzufügen. So kann es nicht wundern, wenn auch Krankheiten auf Geister zurückgeführt wurden, z. B. Erblindung. Vor allem für unerklärliche Handlungen, wie wahnsinnsartige Anfälle, waren Geister die Ursache. Oder wenn ein Mann eifersüchtig wurde, lag das vermutlich an einem Dämon, der in ihn gefahren war. Und wenn Johannes der Täufer kein Brot aß und keinen Wein trank – dann steckte sicher ein Dämon dahinter (Lk 7, 33).

Doch werden solche Geister nicht in eine feste Verbindung mit dem Satan gebracht, sie wollen nur den Menschen an Leib und Leben schädigen. Man traute zwar Gott und seinen Engeln, auch der Beschäftigung mit der Tora die Kraft zu, vor den Dämonen zu schützen, aber allmählich führte die Dämonenfurcht doch zu allen möglichen, äußeren Vorsichtsmaßnahmen, was auf einen schwach werdenden Glauben hinweist. Aber es blieb die Hoffnung Israels, dass einst nicht nur die Völker, sondern auch die Geister sich vor Israel fürchten müssten.

Das Entscheidende der jüdischen Dämonenlehre war, dass die Dämonen böse Geister waren und blieben und dass die Verbindung mit den Seelen Verstorbener ausgeschlossen war.[185] Das Judentum stieß aber gerade dort auf die Vorstellung von Dämonen, wo es um das eigene Zentrum ging, nämlich um die Erfüllung des Gesetzes: Es fand die im Menschen seinem eigenen guten Willen entgegenstehende böse Macht und führte diese auf Dämonen zurück.

Das Neue Testament steht zunächst in der Linie, die vom AT vorbereitet ist. Von Totengeistern wird nicht geredet, die Toten schlafen bis zur Auferstehung. Engel und Dämonen sind Gegensätze. Anspielungen auf Gespensterglauben, der im Rabbinat noch einen großen Platz einnimmt, fehlen jedoch völlig. Wo Paulus von den Gefahren seiner vielen Reisen spricht (2 Kor 11, 23ff.), nennt er keine, die von Dämonen ausgegangen wären. Im Übrigen ist zu beobachten, dass die

---

[185] Dagegen *Josef N. Neumann*, S. 72: „Der Glaube an Dämonen ist somit eng verbunden mit dem an Totengeister, die auf der Suche nach einem neuen materiellen Träger sind, der ein Mensch (Num 19, 11–13) oder auch ein Gegenstand, z. B. ein Gefäß (Num 19, 15), sein kann. In diesem Kontext ist möglicherweise der Brauch zu sehen, Tote in Tongefäßen, in Kanaan in Tonsärgen zu bestatten."

Dämonen dem Satan untertan sind: Das Reich Satans kann nicht gespalten sein (Mk 3, 24ff.).

Die deutliche Botschaft des NT ist die frohmachende Botschaft, dass Jesus, sein Wort, die Dämonen austreibt. Dabei spielte es in der damaligen Weltanschauung, die nicht naturwissenschaftlich geprägt war, keine Rolle, ob ein Dämon eher „natürlich" oder „übernatürlich" zu bewerten war: Gott wirkte alles in allem. Er hatte nur eine Welt erschaffen. Deshalb rettet, befreit Gott in Jesus den Menschen von bösen Mächten, die ihn gefangen halten oder schädigen. Das Böse kommt aus jedem Menschen selbst, aus seinem Herzen (Mt 15, 19; Mk 7, 21), nicht von außen.

Wo von Besessenen die Rede ist, können Dämonen die Verursacher der Krankheit gewesen sein. Aber nicht alle Krankheiten werden auf Dämonen zurückgeführt, vielleicht aber auf den Teufel. Durch Besessenheit wird die schöpfungsgemäße Gottebenbildlichkeit des Menschen zerstört und ins Gegenteil verkehrt, indem das Selbst des Menschen von fremder Macht lahmgelegt ist. Der Mensch ist nicht mehr sein eigenes Subjekt, das ist statt seiner der böse Geist, und der Mensch wird durch ihn zum Objekt.

Indem Jesus aus den Besessenen die bösen Geister austreibt, gibt er diesen Menschen ihr Ich wieder, ihre ursprüngliche Gottebenbildlichkeit. Es ist eine „Befreiung aus Gefangenschaft", in der der Mensch als Besessener nicht mehr sein eigener Herr war. Manchmal eignet dem bösen Geist im Besessenen ein besonderes Wissen, das „natürlicherweise" nicht erklärbar zu sein scheint. Doch erstens unterschied man damals nicht zwischen „natürlich" und „übernatürlich", Gott wirkte gleichermaßen in allem; und zweitens entsprach dieses Wissen nicht jenem Bekenntnis, das Jesus anstrebte: Es interessierte ihn nicht.

Wenn umgekehrt von Juden Jesus vorgeworfen wird, er sei „von einem Dämon besessen" (Joh 7, 20; Joh 8, 48.52; 10, 20f.), so ist dieser Vorwurf im jüdischen Milieu die schärfste, weil religiös begründete Ablehnung seiner Person. Wer einen *daimónion* hat, den darf man nicht hören. Daher die scharfe Erwiderung Jesu.

Ein Beispiel für „dämonische Aktivitäten" aus Israel um 1930

Auf seiner ausgedehnten Forschungsreise durch das Israel etwa des Jahres 1930 kam der schon genannte Archäologe Karl-Erich Wilken auch in die Gegend von Naim. Von dort ritt er auf seinem Esel, den

Tabor zur Linken, nach En-Dor. Was er dort erlebt hat, sei hier in Auszügen unter Berücksichtigung unseres Themas wiedergegeben:[186]
„Bald habe ich das berüchtigte En-Dor erreicht. Viele kleinere und größere Höhlen starren mich gähnend an ... In einer dieser Höhlen muss einst Saul gesessen haben, um sich von der Wahrsagerin den Geist Samuels heraufbeschwören zu lassen [1 Sam 28, 3–25]. Immer unheimlicher wird mir zumute, und das Unheimliche dieses Ortes verstärkt sich noch dadurch, dass sämtliche Höhleneingänge und Fensternischen mit der blauen Schutzfarbe gegen die bösen Geister angetüncht sind. Schwirren doch nach der Meinung der Bevölkerung nachts böse Geister durch die Luft. Sie dringen selbst durch die kleinsten und unscheinbarsten Öffnungen in alle Behausungen ein und befallen heimtückisch Menschen und Tiere.

Von allem, was schön ist, nehmen sie Besitz. Sie sind die Anstifter jeglichen Unheils und aller Krankheiten. Schöngestaltete Menschen, vor allem Frauen und Kinder, aber auch edle und wertvolle Haustiere wie Esel, Pferde und Kamele sind dem bösen Blick der Geister ausgesetzt. Selbstverständlich weiß sich der Mensch vor diesem Blick zu schützen.

So hat man herausgefunden, dass die bösen Geister die blaue Farbe nicht vertragen können. Wer blaue Augen hat, ist von Natur aus gegen sie geschützt, der braucht kein Amulett, der kann sich ruhig schlafen legen. Der böse Geist, der nachts am Lager vorüberschleicht, kann sogar durch die geschlossenen Augenlider hindurch die blaue Farbe der Iris erkennen. Weh aber dem, der keine blauen Augen hat. Er wird unweigerlich ein Opfer der bösen Geister, wenn er sich nicht rechtzeitig zu schützen weiß. Frauen und junge Mädchen lassen sich daher rings um die Lippen tätowieren und wollen dadurch verhindern, dass der böse Geist in das Innere ihres Körpers eindringen kann ... Die Tätowierungen und Hässlichkeitsbezeugungen allein vermögen aber noch nicht, die bösen Geister von den Behausungen der Menschen und Tiere fernzuhalten ...

Das einzig Beruhigende beim Glauben an die bösen Geister ist die Gewissheit, dass sie zu täuschen sind. Bei all ihrer Gefährlichkeit werden sie von der ländlichen Bevölkerung für dumm gehalten und können daher leicht betrogen werden. Dies macht sich besonders der zunutze, der ein Haus zu bauen gedenkt. Ist er der Überzeugung, dass

---

[186] *Karl-Erich Wilken*, Biblisches Erleben im Heiligen Land, Lahr-Dinglingen 1953, Bd. 1, S. 82–86.

sein Wohnraum genügend groß sei, so schafft er trotzdem noch Steine, Kalk und Mörtel auf das Dach, um den bösen Geistern dadurch vorzutäuschen, dass er weiterzubauen gedenke und sein Haus noch lange nicht fertig sei ... Der Neid der bösen Geister könnte durch ein fertiges Haus erregt werden und Unglück bringen. An einem unfertigen Gebäude geht der Böse Geist jedoch interesselos vorüber ..."[187]

So weit die „bösen Geister" vor 80 Jahren in Israel.

Zusammenfassend lässt sich für das Neue Testament sagen:

Die griechische Vergöttlichung des Dämonischen unterbleibt. Die ständige Furcht vor Dämonen wird abgebaut. Aber im Volkstum bleibt ein Gefühl des Finsteren, des Grauenhaften bestehen. In der Dämonie der bösen Geister wird der Wille des einen *Satanas* spürbar, der auf die Zerstörung und Knebelung des geistlichen und leiblichen Lebens des Menschen gerichtet ist. Jesus überwindet den Satan, die bösen Geister ohne jede Zauberriten, ohne jede Anstrengung, wie spielend und selbstverständlich. Er ist der, der rettet und den Menschen zu seinem Selbst nach dem Bild Gottes befreit.

Für das rettende Handeln Jesu macht es keinen Unterschied, ob er einem „Krankheitsdämon" gegenübertritt, für den wir heute eine physische oder psychische Krankheit benennen würden, oder ob es ein Dämon ist, den Laien und Theologen heute als „personalen Teufel" bezeichnen: Alles ist ihm untertan, weil Gott Herr über alles ist.

So weit eine kurze und allgemeine Darstellung dessen, was man damals mit den Begriffen „Böse Geister", „Dämonen", „Besessenheit" im griechisch geprägten Israel verbinden konnte.

---

[187] In den Barrios von Mexico-Stadt z. B. werden unfertige Hütten der Ärmsten, solange sie ohne Dach sind, vom Staat nicht als steuerpflichtige Wohnungen betrachtet.

3. Krankheiten und Dämonen im Lukasevangelium

Nach diesem kurzen Blick auf die allgemeine Bedeutung von Dämonen und den Umgang mit ihnen im griechischen und jüdischen Kulturraum muss man für das Magdala der Zeit Jesu analoge Einflüsse annehmen. Denn in dieser Stadt, die zur Dekapolis gehören wollte, spielten jüdische Elemente nur am Rande eine Rolle, bestimmender waren hellenistische. Griechenland und Italien waren die Vorbilder, ob philosophisch oder volkstümlich, durchmischt mit kulturellen Elementen aus der ganzen damals bekannten Welt. Dieser Geist hatte in der multikulturellen Handelsstadt gegenüber jüdischen Traditionen die Oberhand gewonnen. Die tora-treuen Juden werden zur Blütezeit Magdalas in hoffnungsloser Minderheit gewesen sein.

Wenn Lukas nun von Susanna, Johanna, Maria Magdalena und anderen Frauen sagt, dass sie von bösen Geistern besessen und von Krankheiten geplagt waren, von denen Jesus sie geheilt habe, und wenn Jesus aus Maria Magdalena sieben Dämonen (zusätzlich?) ausgetrieben hatte, was hat man sich in der Sprache des Evangelisten und Arztes Lukas darunter vorzustellen?[188]

---

[188] *Schürmann* (S. 444–449) gibt an dieser Stelle keine Erklärung zur Bedeutung von „Dämon" oder „bösen Geistern". In geringem Umfang hat er dies bei Lk 4, 33–37 getan, doch verlangt unsere Stelle eine eigene Deutung, zumal die „bösen Geister" neben den „Krankheiten" stehen, und schließlich „sieben Dämonen" ausgetrieben werden; allerdings erhalten wir von der Austreibung selber keinen Bericht.
Zu Lk 4, 33–37 schreibt *Schürmann* in Text und Anmerkungen (S. 247f.): Luk erklärt seinen hellenistischen Lesern das Phänomen der Besessenheit aus ihrer Vorstellungswelt – der Genitiv *daimoníou akathártou* ist nicht ein solcher der Eigenschaft, der eine nähere Bestimmung gibt ... Luk ersetzt sonst gern *pneũma (akátharton)* durch *daimónion* ... oder redet von sich aus lieber von *pneũma ponērón* – : Ein *daimónion*, das hellenistischen Lesern nicht schon als solches *akátharton* sein musste (vgl. Apg 17, 18), hatte sein unrein machendes *pneuma* eingegeben. – Luk denkt sich die Besessenheit weniger gern (vgl. jedoch 8, 30 diff. Mk; Apg 19, 16) als eine personale „Einwohnung", lieber als Durchwirktsein von einer dämonischen Kraft ... Auch 8, 29b diff. Mk ist der Besessene von außen von dem Dämon getrieben ... Der Mensch kann einen unreinen (bösen) Geist „haben": Lk 8, 27; 13, 11; Apg 8, 7; 16, 16; 19, 13.

Aus der allgemeinen Erarbeitung zu diesem Thema ist schon deutlich geworden: Von „bösen Geistern" besessen oder in der Macht von „Dämonen" gefangen zu sein, bedeutete in der Wirkung, der Mensch konnte nicht „Ich-selbst" sein. Etwas oder jemand anderes herrschte über ihn. Er fühlte sich gefangen, gefesselt, beherrscht. Er kam von etwas nicht los, war von Ängsten gelähmt und verlor den Faden, die Freude seines Lebens. Die fremde Macht zwang ihn, Dinge zu tun, die er selber nicht wollte.

Mit der Sprache unserer heutigen Zeit könnten wir sagen: Jemand ist in Abhängigkeiten geraten oder gar einer Sucht verfallen. Er ist gewissen Trieben ausgeliefert und nicht zurechnungsfähig. Bei bestimmten seelischen, geistigen Abhängigkeiten ist davon auszugehen, dass sie dem Betroffenen gar nicht bewusst sind.

Wir haben für derlei Krankheiten heute wissenschaftliche Begriffe der Medizin und Psychologie geformt. Wo aber genaue Definitionen fehlen, sucht der Mensch nach Erklärungen, woher dieses und jenes Böse wohl komme. Und je nach seiner kulturellen Einbindung und Herkunft, nach seiner Überzeugung und Tradition, mag er das Unerklärliche dann auch mit „fremden Mächten" erklären. In gewissen Kreisen, so kann man heute den Eindruck gewinnen, sind „Strahlen" oder „Wellen" ähnliche geheimnisvolle Kräfte, die Ursache für Unerklärbares sein sollen.

Was der Mensch auf keinen Fall aushält, ist, etwas nicht erklären zu können. Im Notfall greift er zu irrationalen Ableitungen. Das geschieht auch in der wissenschaftlichen Welt. Denn es drängt jeden Menschen zutiefst, dem Unheimlichen, Unbekannten, das über ihn Gewalt hat, gewissermaßen „einen Namen" zu geben – und wenn es der eines un(be)greifbaren „Dämon" ist, eines bösen Geistes. Aus einer „fremden Macht" wird dann leicht die „Macht eines Fremden". Die unbekannte Ursache wird „personalisiert".

Die „sieben Dämonen", von denen die Frau aus Magdala durch Jesus befreit wurde, wären somit – in unserer Sprache – ein ganzer Packen von ungeordneten Abhängigkeiten und Süchten gewesen, von Verfallensein an dies und jenes, so dass diese Frau nicht mehr ihr eigenes Leben leben konnte. Fremde Mächte hatten sie im Griff und lenkten von außen ihr Leben. Der Text bei Lukas zwingt jedenfalls nicht zu

---

Bovon (1. Teilband S. 225, S. 240) gibt zu Lk 4,40f oder zu Lk 5,13 nur dürftige Hinweise; bei Lk 8,2 fehlt eine grundsätzliche Erörterung von „(sieben) Dämonen", „Krankheiten", „Geistern" usw. völlig.

einer „übernatürlichen" Erklärung der Dämonen dieser Frauen, etwa in Form einer Besessenheit „überpersönlicher" Art, gegen die in südlichen Ländern schnell ein Exorzist gerufen würde. Nach den Worten des Evangelisten bleibt bei den Frauen, auch bei den sieben Dämonen der Magdalenerin, alles in einem Rahmen, den wir heute „natürlich" nennen.

Sollte die Magdalenerin ungefähr so gewesen sein, wie unsere Rückschlüsse sie aus den mitgeteilten Tatsachen des Evangeliums und der historischen Wirklichkeit von Tarichea rekonstruiert haben, dann war diese Frau als „internationale Geschäftsfrau" trotz ihrer Abhängigkeiten und Süchte, so meine ich, zu realistisch, um in volkstümlicher Weise angeblich des Nachts in der Luft schwirrende böse Geister zu fürchten. Nach der Tradition bei Lukas war auch der Tetrarch Herodes zu aufgeklärt, um in Jesus den wunderbar wiedererstandenen Johannes zu sehen (Lk 9, 9). Diese Geschäftsfrau war nüchtern intelligent. Ihr Verfallensein an dieses und jenes schob sie nicht auf fiese Dämonen ab. Ein Mensch in ihrer Position musste das Prinzip beherzigen: Wenn etwas schief läuft, schaue ich zuerst bei mir nach! Vielleicht war sie in Depressionen geraten und dazu auch noch immer fettleibiger geworden. Aber ihre Süchte, Triebe und Begierden waren ihr bekannt. Sie war zu realistisch, als dass sie diese durch viel Beten oder Opfern zu verschleiern versucht hätte, abzuschieben auf fremde Ursachen. Sie hätte sich damit nur selbst betrogen. Die Frau aus Magdala, so dürfen wir annehmen, wusste über sich Bescheid – sonst wäre sie nicht vermögend geworden.

Aber zugleich fühlte sie sich verloren. Sie tat Dinge, die sie nicht tun wollte, und versank immer tiefer im Sumpf ihrer ungeordneten Abhängigkeiten. In der Sprache ihrer Zeit und der des Griechen Lukas nannte man das Ganze „von Dämonen besessen".

Und irgendwie stimmt das ja auch.

Wenn heute jemand Alkoholiker ist oder süchtig nach Tabletten oder Glücksspiel, nach Drogen oder Computer, oder ebenso nach Macht und schmeichelhaften Auftritten in Zeitung und Fernsehen – wäre es so ganz unsinnig, von „geheimnisvollen Mächten", von „Dämonen" zu sprechen, die diesen Menschen im Griff haben? So sehr, dass er nicht mehr er selber ist? Dass er Dinge tut, die er gar nicht will? Und dass er folglich jemanden sucht, der ihn davon befreit? Sagen nicht auch wir: Der Alkohol hat ihn im Griff. Oder: Die kommt von dem Mann nicht mehr los. Oder: Seine Kindheitserlebnisse holen ihn immer wieder ein, der starke Vater, die dominante Mutter, oder die fehlende Zärtlichkeit und Zuwendung der Eltern überhaupt. Und seitdem das Wetter bei uns Namen bekommt, ist „Oscar" an den Toten schuld ...

Wir kennen mit unserem heutigen Wissen mehr „Verursacher" als die Menschen vor 2000 Jahren und brauchen deswegen nicht auf die damals für alles zuständigen Dämonen zurückzugreifen – außer wir geraten in schreckliche Lebensumstände, für die uns jede Erklärung abgeht, dann kommen auch beim Menschen des 21. Jahrhunderts wieder „naturhafte", „primitive" Erklärungsschemata zum Einsatz.

Schauen wir zu, inwieweit Lukas, wo er von „Dämonen", „bösen Geistern" im Umfeld Jesu spricht, unser bisheriges Ergebnis bestätigt.

Lukas kommt aus der griechisch geprägten Welt Antiochias, er schreibt sein Evangelium im Blick auf den Kulturraum des römischen Reiches. Ganz sicher ist er mit dem Problem „dämonische Besessenheit" vertraut gewesen. Als Arzt aber hat er sich ihm in rationaler Sachlichkeit genähert, wie wir das gleich sehen werden. Zugleich muss ihn aber auch die einzigartige Weise interessiert haben, wie Jesus Dämonen austrieb, und zwar mit bleibendem Erfolg. Dabei konnte er sich allerdings nicht auf eigene Beobachtungen stützen (an der Seite des Paulus erlebte jedoch auch er Wunder), er musste den Berichten der Menschen, den Überlieferungen der beginnenden Tradition vertrauen, bzw. er versuchte, diese möglichst kritisch zu hören und zu befragen.

Im seinem Evangelium[189] sollen uns nur folgende vier Berichte interessieren: Zunächst sein erster Sammelbericht zu Heilungen in Lk 4, 40–41. Zweitens ein spezifischer Fall von Dämonenbesessenheit, detailliert beschrieben in Lk 8, 26–39 (der Besessene von Gerasa). Drittens der einzige zweite Bericht einer Heilung einer Frau von „Dämo-

---

[189] Im Blick auf die allgemein gebrauchten Bibelübersetzungen ist mit Betrübnis festzustellen, dass die „Revidierte Fassung der Luther-Bibel" von 1984 alle Stellen, wo im Griechischen „*daimon/ía*" oder verwandte Formen stehen, generell mit „böse Geister" übersetzt. Das ist deswegen falsch, weil das Griechische für „böse Geister" einen eigenen Ausdruck verwendet, nämlich *pneumátōn ponērōn*. Dem Leser der Luther-Übersetzung ist somit der Zugang zu dem, was im griechischen Original steht, versperrt. Der Hinweis, es ginge letztlich doch um dasselbe, mag in der Sache richtig sein, aber dem Leser wird dennoch statt einer Übersetzung eine Vor-Interpretation geboten, wenn nicht gar eine Art Vorzensur. – Die Einheitsübersetzung von 1979 verfährt an diesen Stellen korrekt und übersetzt mit „Dämon(en)", leistet sich dafür aber andere Patzer, wie wir in diesem Kapitel noch sehen werden.

nen" in Lk 13, 10–17 (die gekrümmte Frau). Schließlich viertens der Sammelbericht über die Frauen, die Jesus und den Jüngern dienen, in Lk 8, 2–3.

Lk 4, 40–41: Ein Sammelbericht von Heilungen

Nach dem Ende des Sabbats werden Kranke mit „allen möglichen Leiden" zu Jesus gebracht, er „legt jedem die Hände auf und heilt alle". „Von vielen" fahren „auch Dämonen aus", die daran zu erkennen sind, dass sie ein besonderes Wissen über Jesus haben („Du bist der Sohn Gottes!"). Jesus legt auf ihre Äußerungen keinen Wert.

Für uns ist nur wichtig, dass hier Kranke, Krankheiten, Dämonen in eine gewisse Nähe, ja Einheit miteinander gebracht werden; denn die Dämonen fahren aus vielen Kranken aus. Man kann also krank sein und außerdem noch einen Dämon haben. Oder aber: Der Dämon selber ist der Verursacher der Krankheit.[190] Es gab aber auch Krankheiten, bei deren Heilung kein Dämon ins Spiel kommt.

In besonderen Fällen unterscheiden sich gewisse Dämonen von „Krankheitsdämonen" dadurch, dass sie ein besonderes Wissen um Jesus haben. Die normalen Krankheitsdämonen erhalten auch den Terminus „Geist einer Krankheit" (*pneūma échousa astheneías*), wie wir gleich sehen werden, und haben dieses Wissen nicht.

Lk 8, 26–39: Der „Besessene von Gerasa"[191]

Hier handelt es sich um einem Fall, der das Fachinteresse eines Arztes wie Lukas unbedingt wecken musste. Der „Patient" wird zunächst in seinem äußeren Zustand exakt beschrieben: Er kommt nackt daher, trägt seit langem keine Kleider mehr, lebt in Grabhöhlen, kommt aus

---

[190] *Bovon*, S. 240: „Ob Lukas diese Krankheit als Dämon und die Genesung als Austreibung verstanden hat, ist ungewiss. In 4, 40–41 unterscheidet Lukas die Kranken von den Besessenen. In 5,15 spricht er von Heilung von Krankheiten, wozu der Aussatz in V.12 gehört."

[191] *Lukas* folgt der Tradition, aus der schon Markus geschöpft hat, Matthäus berichtet den Fall deutlich kürzer. Exegetische Einzelheiten sind in der jeweiligen Fachliteratur nachzusehen, z. B. bei *Bovon*, S. 429–441.

der Richtung der Stadt Jesus entgegen, ist von mehreren Dämonen besessen, die in diesem Fall ein überraschendes Wissen über Jesus kundtun („Sohn des höchsten Gottes"), er sieht voraus, dass er „gequält" werden wird, bittet darum, ihn nicht zu quälen. Die Zusammenfassung der ärztlichen Anamnese ergibt nach Lukas: Der Mann kann nicht über sich selbst verfügen, er ist in der „Gewalt" eines „unreinen Geistes". Zum Krankheitsbild kommt noch hinzu: Die Leute haben ihn immer wieder an Händen und Füßen gefesselt,[192] der Kranke zerriss diese jedoch und wurde von seinen Dämonen in menschenleere Gegenden getrieben. Soweit die ärztliche Krankheitsakte.

Dann wird der erstaunliche, überraschend leichte Prozess der Austreibung der Dämonen geschildert: Die „Legion" Dämonen/unreine Geister will nicht in den „Abgrund"[193] geschickt werden, so ersäuft sie in den Schweinen im See.[194]

Drei Begriffe können in diesem Fall einander ersetzen: Der führende Begriff ist „die Dämonen", es sind unzählbar viele. Statt dessen kann aber auch im Singular gesprochen werden von „der Dämon". Und dieser wiederum kann auch genannt werden „unreiner Geist". Letztere Bezeichnung verweist auf jüdisch-orthodoxen Hintergrund, wo das Gegensatzpaar „rein-unrein" von höchster Bedeutung war: verstand man doch Gott, den Heiligen, zugleich als den Reinen.

Letztlich entscheidend für den griechischen Arzt Lukas, bei aller medizinischen Unerklärbarkeit des seltsamen Phänomens, war das Ergebnis: Nach den gebietenden Worten Jesu befand sich der gerade

---

[192] Als ich auf meinen Wanderungen durch Israel 1989 am Rande des heutigen Jericho an einem palästinensischen Flüchtlingslager vorüberging, erhaschte ich einen Blick durch ein halb geöffnetes Tor in einen Hof; dort saß auf der Erde ein junger Mann, etwa 18 Jahre alt, finster blickend, an den Füßen mit einer kräftigen langen Eisenkette an einem Pflock in der Mitte des Hofes festgebunden. Das Tor schloss sich sogleich.

[193] Es ist nicht einsehbar, warum die Einheitsübersetzung das griechische *abysson* im Haupttext mit „Hölle" übersetzt, um dann in der Fußnote zu erklären, dass das Wort eigentlich „Abgrund" bedeute.

[194] Wer dieses Geschehen als real annehmen möchte, kann am Ostufer des Sees dafür nur eine einzige Stelle ausfindig machen, wo der bergige Abhang so nah an den See heranreicht, dass die Schweine es wohl geschafft haben könnten, das Wasser zu erreichen. Die bei Markus (5, 13) gezählten „2000" Tiere dürften folgenden Ursprung haben: Der hebräische Buchstabe für „M" konnte, je nachdem, wo er im Wort stand, „60" bedeuten. Übertrug man ihn über das Griechische ins Lateinische, bedeutete dort „M" die Zahl 1000!

noch schwerkranke Mann nicht mehr in fremder Gewalt. Er war daraus befreit, war wieder „er selbst", war bei Verstand und ordentlich gekleidet (eine zweite Anamnese zum Abschluss des Prozesses), ja, nun wollte er gern bei Jesus bleiben – ein verständlicher menschlicher Wunsch, der keinen christologischen Hintergrund hat. Er verkündet die große Tat „Jesu", wohingegen Jesus ihm aufgetragen hatte, zu erzählen, was „Gott" für ihn getan hat.

Lk 13, 10–17: Dämonenaustreibung bei einer zweiten Frau

Um die Dämonenaustreibung bei „M.M." und ihren Gefährtinnen besser zu verstehen, wenden wir uns der einzigen Dämonenaustreibung zu, die das Neue Testament noch von einer anderen Frau berichtet, jener „mit dem gekrümmten Rücken".

Lukas führt auch sie mit einer genauen Anamnese ein: Seit 18 Jahren krank, ihr Rücken verkrümmt, kann nicht mehr aufrecht gehen. Die Ursache: Sie wird geplagt von einem „Geist, der sie krank machte". Die Heilung: Mitten in der Synagoge (wo genau saß die Frau dort?) ruft Jesus sie „zu sich" (in den Raum der Männer) und sagt: Frau, du bist von deinen Leiden erlöst. Dann legt er ihr die Hände auf – und die Frau richtet sich auf. Sie preist Gott (nicht Jesus). Sabbat ist hier nicht Tag der Ruhe Gottes, sondern Tag seines rettenden Handelns. Die erboste Reaktion des gesetzestreuen Synagogenvorstehers übergehen wir. Wichtig ist Jesu Schlusswort: Diese Tochter Abrahams hielt der Satan (!) schon seit 18 Jahren gebunden, sie sollte am Sabbat davon nicht befreit/gelöst werden?

Die Krankheit der Frau sei also von einem „Geist/*pneûma* (des Siechtums)" verursacht – nach dem Wissensstand seiner Zeit vermag der Arzt Lukas offensichtlich keine spezifisch körperlich-seelische Ursache oder einen Unfall als Auslöser für dieses Leiden zu benennen. So schließt er sich dem Volksglauben an, einen „Geist" als Ursache anzunehmen. Irgendeine Ursache muss benannt werden, erst dann kann sich der Mensch gegen jemanden oder etwas wehren.

Jesus lebt zwar in eben diesem griechisch-jüdisch beeinflussten Umfeld, aber auf Krankheiten, Dämonen, böse Geister reagiert er gleichermaßen „neutral", sachlich. In diesem Fall macht er überhaupt keinen Unterschied: Er löst die Frau von ihrem „Siechtumsgeist" und spricht im anschließenden Disput ungeniert von *Satanas*/Verwirrer[195], der diese Frau gefesselt hielt „seit 18 Jahren". Ob Jesus damit wirklich seine eigene Überzeugung wiedergibt oder ob er sich nur der Vorstellungs- und Sprachwelt seiner Umgebung anpasst, kann von dieser Stelle allein nicht geklärt werden.

Die Frau ist von ihrem „Gekrümmtsein" erlöst, das sie ihrer Würde als aufrecht gehender Mensch beraubt hatte. Denn sie ist eine „Tochter Abrahams", wie später der Oberzöllner Zachäus ein „Sohn Abrahams" ist; das bedeutet: Er und sie ist ein Mensch! Und für Gott und seinen Sohn, den er gesandt hat, steht der Mensch in der Mitte. Für den Menschen tut er alles. Dass Jesus hier in der Synagoge allerdings von einer „Tochter Abrahams" spricht, ist nach damaligen Gepflogenheiten, wo nur die Männer etwas galten, schon auffallend.

Diese Frau, dieser Mensch ist befreit aus fremden Mächten, die nicht mehr zuließen, dass sie in der Ebenbildlichkeit Gottes leben konnte. Dies fesselte sie in einen Zustand des „Leidens". Jesus will nicht, dass der Mensch entstellt ist. Er erlöst die Frau da heraus.

Lk 8,2-3: Der Bericht von der Befreiung der Frauen, die Jesus und den Jüngern dienen werden, von bösen Geistern, Krankheiten und Dämonen

Dieser Sammelbericht fällt nach den soeben geschilderten Heilungen vor allem dadurch auf, dass er nichts berichtet. Keine Anamnese, keine Worte der Heilung, kein Hinweis auf spezifische Krankheiten. Knapp wird nur das Ergebnis mitgeteilt. Diese Schilderung, die nichts schildert, erweckt geradezu den Verdacht, es sollte bewusst nichts mitgeteilt, stattdessen ein Schleier des Schweigens über etwas oder jemanden gebreitet werden. Denn die Austreibung von Dämonen bei mehreren Frauen, in einem Fall von sieben, hebt den Fall in die Kategorie der sowohl ärztlich und erst recht volkstümlich interessanten Fälle – und dann wird nichts gesagt? Auffallende Verschwiegenheit lässt nach einer Ursache fragen. Soll hier über bestimmte Personen ausdrücklich

---

[195] In dem bekannten Disput Jesu mit „den Leuten" (Lk 11, 14–26) nennt Jesus ebenfalls ganz unproblematisch den „Beelzebul", den Anführer der Dämonen, auch „Satanas"; „Beelzebul", wohl der „Gott der Fliegen", scheint der vorherrschende Sprachgebrauch dieser „Leute" gewesen zu sein.

nicht geredet werden? Nach allgemeiner Abmachung? Wir werden später auf diese Möglichkeit zurückkommen. [196]

Das Ergebnis der „Befreiung aus Abhängigkeiten" (der Text verlangt nicht, dass wir „übernatürliche" Ursachen annehmen) besteht in diesem Fall nicht darin, dass die Befreiten Gott oder Jesus mit Worten preisen und loben, wie wir das bisher gehört haben. Das Ergebnis besteht bei diesen Frauen darin, dass sie Jesus und den Jüngern mit ihrem Vermögen dienen. Es ist eine Liebe, die „mehr in die Taten als in die Worte" gelegt wird (Ignatius von Loyola). Das weist auf eine existenzielle Umkehr des ganzen Menschen hin.

Auch wenn sowohl über die Krankheiten wie über den Vorgang der Heilung und Befreiung ein Mantel des Schweigens gelegt ist, scheint es dennoch möglich, einiges Grundsätzliche zur heilenden Befreiung dieser Frauen festzustellen. Denn die oben erörterten drei Schilderungen des Lukas helfen uns zum Verständnis auch der „bösen Geister" und „Krankheiten" von Johanna und Susanna und lassen uns verstehen, dass bei der Frau aus Magdala nicht noch zusätzlich „sieben Dämonen" ausgefahren sind.

Fünf Ergebnisse können wir festhalten:

Erstens dürfen wir nach unserer Kenntnis der Sprache des Lukas und Jesu die Begriffe „Krankheit", „böse Geister", „unreine Geister", „Geist der Krankheit", „Dämon(en)" samt „Satan" oder „Beelzebul" als deren obersten Anführer und zusätzlich eine Kombination von ihnen allen nicht als medizinisch definierte Begrifflichkeit verstehen. Die Bedeutungswelten dieser Worte überschnitten sich. Es haftete ihnen eine (volkstümliche) Ungenauigkeit an, die den rationalen Arzt ratlos machte, weil die Begriffe weithin gegeneinander austauschbar waren.

---

[196] *Bovon*, S. 399: „Besessenheit durch sieben Dämonen wird von Jesus und wohl allgemein von den Juden als besonders schlimm angesehen ... Diese Präsentation der Maria verbietet ihre Identifikation mit der Sünderin von Lk 7, 36–50." Eine rätselhafte Behauptung! Vielleicht ein Übersetzungsfehler? *Bovon* bleibt einen Beleg für seine These schuldig. (Vgl. dagegen unseren Exkurs 2.) Diese Frau ist ja von Dämonen befreit worden! Und Jesus ist gerade dazu gesandt, Sünder zu berufen! „Dämonische Besessenheit" muss zuerst untersucht und definiert werden, ehe man behauptet, „Juden und Jesus" hätten sie „allgemein als besonders schlimm" angesehen. Juden hielten sie vermutlich für verdächtig, aber Jesus brachte eine „neue Lehre", nach der er auch einen Zöllner in seine Gefolgschaft gerufen hat!

„Die Leute" hingegen fühlten sich gerade durch die Ungenauigkeit zu allerlei Vorstellungen animiert.

Daraus ergibt sich eine erste klare Schlussfolgerung: Die Frau aus Magdala hatte nicht noch zusätzlich zu Krankheiten und bösen (Krankheits-)Geistern Dämonen, sondern ihre sieben Dämonen sind als eine besonders intensive Form der zuvor von Lukas genannten bösen Geister und Krankheiten zu verstehen. (Erst recht verbietet es sich, die sieben Dämonen der Magdalenerin gegen die 6000 (Legion) des Besessenen von Gerasa aufzurechnen.) In unserer Sprache: Diese Frau sah keine Chance mehr, aus ihren Süchten und sie fesselnden Abhängigkeiten je herauszukommen. Die Zahl „sieben" deutet auf eine umfassende Unfreiheit hin.

Zweitens ergibt sich eine klare Feststellung: Bei Maria Magdalena sind diese Dämonen nicht zurückgekehrt, wie Jesus dies aus trüber Erfahrung in anderen Fällen wusste. (Lk 11, 26: Wenn der böse Geist zurückkehrt, dann bringt er „sieben noch schlimmere Geister" mit.[197]) Das „Ausfahren" der Dämonen war bei ihr endgültig. Dies ist eine Schlussfolgerung aus ihrem bekannten Leben, denn die Evangelien schildern uns diese Frau unter dem Kreuz und am Ostermorgen als weiterhin völlig gesund und heil.

Drittens ergibt sich das wichtige Ergebnis: Ob damals jemand von Krankheiten mit oder ohne böse/unreine Geister oder Dämonen als deren Verursacher befallen war – der Mensch befand sich in fremder Gewalt. Welche (natürliche) Ursache für diese Krankheit anzunehmen war, blieb für Jesus zweitrangig: Ob Krankheitserreger, böse Geister, Unfälle, Satan – er heilte alle und alles.

Viertens steht das heilende, rettende, herauslösende Handeln Jesu am Ende all dieser Begegnungen. Mögen die Krankheitsbilder in einigen Fällen zwar in der Mitte der literarischen Schilderung stehen und dramatisch-gruselig anzuschauen sein, das Heilen Jesu geschieht im Gegensatz dazu völlig ruhig, ganz einfach und selbstverständlich, souverän, ohne Effekte, nach keinem festen Schema, wie dies z. B. Variété-Zauberer benötigen. Nicht sich selbst stellt Jesus in den Mittelpunkt als den großen Überwinder der Dämonen und/oder Satans, sondern den befreiten Menschen. Ihm gibt er die Würde seiner Schöp-

---

[197] In unserer heutigen Sprache würden wir von einem „Rückfall" sprechen, manchmal durch Verschleppung oder durch nicht wirkliches Auskurieren verursacht, der in der Tat bösartiger ausgehen kann als der erste Schub der Krankheit.

fung zurück, sein Selbst, sein Ich, damit der Mensch es entfalte bis zur Vollendung (Eph 4, 13).

Fünftens bleibt nach diesen sicheren Ergebnissen ein Rest übrig, der sich im Moment nur als Frage formulieren lässt:

Warum hat Lukas (und/oder die Überlieferung, auf die er zurückgreift) die Heilungen dieser drei Frauen, insbesondere die Befreiung der Frau aus Magdala von „vielen Dämonen", Abhängigkeiten oder Süchten nicht ausführlich geschildert? Warum schreibt Lukas hier noch knapper als bei seinem ohnehin kurzen Sammelbericht von vielen Heilungen und Austreibungen (Lk 4, 40f.)? Warum erfahren wir mehr über den Besessenen von Gerasa mit seinen „vielen" Dämonen, warum mehr über die „gekrümmte Frau", die beide im Fortgang des Evangeliums keine Rolle mehr spielen werden?

Sollte bei den Frauen und insbesondere bei der Frau aus Magdala etwas verborgen bleiben, gerade weil sie in der Entwicklung der jungen Gemeinde eine Rolle spielten?

Das Motiv könnte folgendermaßen formuliert werden: Diese Personen schlossen sich zwar der Jesus-Bewegung an, und ohne sie und ihre finanziellen und sonstigen Hilfen wäre die Bewegung nicht weit gekommen. Aber ihr früheres Leben, diese „Dämonen" und was alles mit ihnen in Verbindung gebracht werden konnte, hätte gegen den „Neuen Weg" ausgelegt werden können. Solange Jesus lebte, wagte niemand etwas zu sagen, wenn er „Sünder" berief, wie den Zöllner damals. Seine Autorität war Schutz und Garantie. Aber nach Pfingsten fanden die Apostel und die sich formende „Gemeinde vom neuen Weg" es leichter, wenn derlei Personen nicht mehr als nötig erwähnt wurden. Hatten einige der Frauen sogar noch eine Verantwortung für die Gemeinde übernommen, durfte ihr früheres Leben[198] nicht Anlass zu Gerede, Verdächtigungen und Ausgrenzungen geben.[199] Erst der später angefügte Markusschluss erwähnt die „sieben ausgetriebenen Dämonen" der Maria Magdalena. Könnte das bedeuten, dass zu dieser Zeit eine solche Formulierung niemandem mehr schadete, weder der Gemeinde noch der Frau?

---

[198] Vgl. Kol 3, 7: „Früher seid auch ihr darin gefangen gewesen, jetzt aber ..."
[199] Ungewollt hat *Bovon* mit seiner Argumentation – Anm. 196 – solch ein Denken in Jüngerkreisen skizziert, das aber nicht Jesu Intention entsprach.

4. Maria Magdalena – weder Sünderin noch Büßerin

Maria Magdalena gilt allgemein als die große Sünderin und, was sie zur Heiligen machte, als die große Büßerin. An diesem Bild hat vor allem die Legende gemeißelt, wie eingangs zu lesen war. Darauf aufbauend haben zahlreiche Generationen von Moralaposteln sich dieser willkommenen Fiktion bedient, um die drohenden Folgen eines sündenvollen Lebens aufzuweisen oder umgekehrt die Magdalenerin zum „Prototyp der Büßerin" zu erheben, die durch Umkehr und Buße der Gnade Gottes doch noch teilhaftig wurde.[200] Die einen drohten mit ihr, die anderen flüchteten zu ihr und hofften auf gleiche Umkehr und göttliche Barmherzigkeit.

Die Deutung der Magdalenerin als Sünderin und Büßerin funktioniert jedoch nur, wenn man die namenlose Sünderin von Lk 7 als Maria Magdalena deutet. Diese nähme dann als Maria von Betanien, also als die Schwester der Marta im Fortgang der Geschichte irgendwie Buße auf sich. Schließlich, als bekehrte Maria Magdalena, erführe sie unterm Kreuz und am Ostermorgen die Gnade der Begegnung mit dem Auferstandenen.

In den bisherigen Darlegungen haben wir uns aber auf jene Frau beschränkt, die ausdrücklich Maria Magdalena genannt wird. Nehmen wir nur diese Frau in den Blick, dann geht die traditionelle Interpretation von Maria Magdalena als Sünderin und Büßerin an der Wirklichkeit dieses Menschen vorbei: die mit diesem Namen benannte Frau wird an keiner Stelle des Neuen Testamentes Sünderin genannt. Und von Buße oder Umkehr hören wir bei ihr folgerichtig auch nichts, weder unter dem Kreuz noch am Ostermorgen. Zur „Sünderin" wird sie nur aus der Identifikation mit der Frau aus Lk 7 – der Volksglaube hat dann die „Büßerin", die dem Satan und Dämonen widersagt hat, in frommer Absicht dazugedichtet.

Aber macht nicht die Besessenheit durch Dämonen einen Menschen tatsächlich zu einem Sünder? Es gibt einen Grund, warum Maria Magdalena auch in diesem Fall keine Sünderin sein konnte.

---

[200] Vgl. den lesenswerten Artikel von *Gabriele von Siegroth-Nellessen*, Maria von Magdala – Sünderin, Suchende, Verkünderin. Zu ihrem Bild in der Literatur unserer Zeit, in PASTORALBLATT für die Diözesen Aachen /Berlin /Essen /Hamburg /Hildesheim /Köln /Osnabrück, Juni 6/2004, S.171–176.

Schürmann fügt in seinem Kommentar zu Lk 8, 1–3 eine kleine Bemerkung in der Anmerkung ein[201], die richtig ist, deren Bedeutung und Konsequenz ihm aber anscheinend nicht klar wurde: „Sünde und Besessenheit werden im NT nicht identifiziert." Mit anderen Worten: Wo Sünde vorliegt, kann nicht zugleich Besessenheit diagnostiziert werden. Oder umgekehrt: Besessenheit ist nicht Sünde, bzw. ein Besessener kann nicht sündigen.

Das ist völlig richtig. Im Neuen Testament gibt es eine Stelle, wo dieser Sachverhalt geradezu „taktisch" eingesetzt wird. In Mk 3, 20f. hören wir, wie Jesus so sehr „umlagert" wird von vielen Menschen, dass er und seine Jünger nicht einmal mehr essen können. „Als seine Angehörigen davon hörten, machten sie sich auf den Weg, um ihn mit Gewalt zurückzuholen; denn sie sagten: Er ist von Sinnen."

Worum es hier geht, erhellt aus einer Stelle im Buch Deuteronomium. Im Kap 13 wird dort ausführlich und drastisch geschildert, was mit jemandem zu geschehen habe, der vielleicht als Prophet auftritt und die Leute dazu verleitet, anderen Göttern nachzufolgen und sie vom rechten Weg der Überlieferung abbringen will: Du sollst das Böse aus deiner Mitte wegschaffen!

„Wenn in deiner Mitte ein Prophet oder ein Traumseher auftritt und dir ein Zeichen oder Wunder ankündigt, wobei er sagt: Folgen wir anderen Göttern nach, die du bisher nicht kanntest, und verpflichten wir uns ihnen zu dienen., und wenn das Zeichen und Wunder, das er dir angekündigt hatte, eintrifft, dann sollst du nicht auf die Worte dieses Propheten oder Traumsehers hören[202]; denn der Herr, euer Gott,

---

[201] *H. Schürmann*, S. 446, Anm. 19: „Die Neueinführung dieser ‚Magdalenerin' verbietet es, sie mit der alten Tradition mit der ‚Sünderin' von 7, 36–50 zu identifizieren ..., zumal ‚Sünde' und ‚Besessenheit' im NT nicht identifiziert werden."

[202] Die Verse Mt 7, 22f („Herr, Herr, sind wir nicht in deinem Namen als Propheten aufgetreten, und haben wir nicht mit deinem Namen Dämonen ausgetrieben und mit deinem Namen viele Wunder vollbracht? Dann werde ich ihnen antworten: Ich kenne euch nicht. Weg von mir, ihr Übertreter des Gesetzes!") bekommen unter dieser Perspektive einen völlig neuen Sinn! Sie geben die Möglichkeit frei, dass sie keineswegs von Jesus so gesprochen worden sind, da hier das Gesetz als oberster Maßstab angegeben wird; das genau ist das Motiv des erbosten Synagogenvorstehers in Lk 13,14. Im Gegenteil können tora-treue Widersacher der Botschaft Jesu dieses „korrigierte Logos" später ins Evangelium hineingeschrieben haben, um diesen Propheten zu maßregeln, der sein Heilen über das Toragebot des Sabbats gestellt hat.

prüft euch, um zu erkennen, ob ihr das Volk seid, das den Herrn, seinen Gott, mit ganzem Herzen und mit ganzer Seele liebt. Ihr sollt dem Herrn, eurem Gott, nachfolgen, ihn sollt ihr fürchten, auf seine Gebote sollt ihr achten, auf seine Stimme sollt ihr hören, ihm sollt ihr dienen, an ihm sollt ihr euch festhalten. Der Prophet oder Traumseher aber soll mit dem Tod bestraft werden ..."[203]

Und gleich darauf ein noch schärferer Spruch:

„Wenn dein Bruder, der dieselbe Mutter hat wie du, oder dein Sohn oder deine Tochter oder deine Frau, mit der du schläfst, oder dein Freund, den du liebst wie dich selbst, dich heimlich verführen will und sagt: Gehen wir, und dienen wir anderen Göttern, ... dann sollst du nicht nachgeben und nicht auf ihn hören. Du sollst in dir kein Mitleid mit ihm aufsteigen lassen, sollst keine Nachsicht für ihn kennen und die Sache nicht vertuschen. Sondern du sollst ihn anzeigen. Wenn er hingerichtet wird, sollst du als erster deine Hand gegen ihn erheben, dann erst das ganze Volk. Du sollst ihn steinigen, und er soll sterben ..."[204]

„Wenn du aus einer deiner Städte, die der Herr, dein Gott, dir als Wohnort gibt, erfährst: Niederträchtige Menschen sind aus deiner Mitte herausgetreten und haben ihre Mitbrüder vom Herrn abgebracht, indem sie sagten: Gehen wir, und dienen wir anderen Göttern, ... dann sollst du die Bürger dieser Stadt mit scharfem Schwert erschlagen, du sollst an der Stadt und an allem, was darin lebt, auch am Vieh, mit scharfem Schwert die Vernichtungsweihe vollstrecken. Alles, was du in der Stadt erbeutet hast, sollst du auf dem Marktplatz aufhäufen, dann sollst du die Stadt und die gesamte Beute als Ganzopfer für den Herrn, deinen Gott, im Feuer verbrennen ..."[205]

Ohne Zweifel galt Jesus als ein Verführer, der das Volk wegführte vom überkommenen Glauben, von den „Überlieferungen der Menschen" (Mk 7, 8). Wer das Sabbatgebot übertrat, galt als Gesetzesverächter[206], ja als einer, der Gott, der ja selber dieses Gebot dem Mose gegeben hatte, lästerte. Ganz allgemein galt: Wer in frecher, anmaßender Weise bewusst und frei gegen die Tora sprach, der musste hingerichtet werden. Denn er lehnte sich offen gegen Gottes heilige

---

[203] Dtn 13, 2–6.
[204] Dtn 13, 7–11.
[205] Dtn 13, 13–17.
[206] Num 15, 30ff.

Worte auf. Wegen des Deliktes der „Gotteslästerung" (Mk 14, 64) wurde Jesus vom Hohen Rat schließlich auch verurteilt.

Das aber hatte Folgen für die eigene Familie, ja, für die Stadt, in der dieser Mensch wohnte. Wahrscheinlich ist hier der Grund für die Ablehnung der Bewohner Kafarnaums und Chorazins und Betsaidas gegen Jesus zu suchen[207]: Sie fürchteten, dass ihre Stadt wegen dieses Toraübertreters mit dem Bann belegt werden könnte. Wunder hin, Heilungen her – das wäre denn doch zu viel.

Und ebenso fürchtete seine eigene Familie, wegen der gotteslästerlichen Verführungen ihres Familienmitgliedes selber der Steinigung anheimzufallen. Sie durften kein Mitleid mit ihm haben.[208]

Jesus galt also in den Augen der Frommen in Israel als Sünder, als großer Sünder, als Gotteslästerer. Man musste ihn anzeigen. Sonst lief man Gefahr, selber dem Bann zu verfallen.

Da gab es nur einen Ausweg: Man musste versuchen, ihn als „von Sinnen" zu erklären. Wenn man nachweisen konnte, dass er „verrückt", „von Dämonen besessen" war, dann war er nicht mehr zurechnungsfähig, dann galt seine Sünde nicht.[209] Es ist also diese Stelle bei Markus (3, 21) als ein „verzweifelter Rettungsversuch"[210] seiner nächs-

---

[207] Mt 11, 20–24.

[208] Ein Text beim Propheten *Sacharja* sagte dies überdeutlich: „Auch die Propheten und den Geist der Unreinheit werde ich aus dem Land vertreiben. Wenn dann noch einer als Prophet auftritt, so werden sein Vater und seine Mutter, die ihn hervorgebracht haben, zu ihm sagen: Du sollst nicht am Leben bleiben; denn du hast im Namen des Herrn Falsches gesagt. Sein Vater und seine Mutter, die ihn hervorgebracht haben, werden ihn durchbohren, weil er als Prophet auftrat" (Sach 13, 2f).

[209] Es muss sich irgendwo im weiten jüdischen Schrifttum ein Text finden, der genau dies feststellt: Der seiner nicht mehr mächtige Jude (oder Fremde) kann für sein gotteslästerliches Tun nicht mehr zur Rechenschaft gezogen werden. Ähnliche Normen müssten sich im Islam finden.
Vgl. dazu *R. Pesch*, Das Markus-Evangelium, Freiburg/Basel/Wien 1976, Bd. II, Teil 1, S. 213, der *M. Hengel* zitiert: Es ist sehr wohl verständlich, „dass das jede Konvention sprengende Verhalten Jesu gerade bei seinen nächsten Verwandten höchsten Anstoß und Ärgernis bis hin zum Vorwurf der Verrücktheit bzw. der Besessenheit erweckt hatte". – S. auch Joh 10, 20f.

[210] Vgl. *Kroll*, S. 254. – *W. Förster* (Anm. 36, S. 23) zitiert, dass eine jüdische Frau nicht zum Halten aller Gebote verpflichtet war, „weil sie unter der Gewalt eines anderen, nämlich ihres Mannes, stand(en)". Ähnliches darf man für unseren Fall der dämonischen Besessenheit annehmen.

ten Verwandten zu verstehen, damit sie selber nicht dem von der Tora vorgeschriebenen Bann verfielen.

Wenn aber einer, der von Dämonen besessen war, der sich somit „in fremder Gewalt befand" und nicht mehr frei und zurechnungsfähig für sein Tun war, keine Sünde begehen konnte bzw. wenn alles, was er an Verwerflichem nach dem Maßstab der Tora tat, ihm nicht als seine eigene Sünde angerechnet wurde, dann kann und darf Maria Magdalena nie und nimmer als Sünderin eingestuft werden. Soweit man unter ihr nur jene Frau versteht, die diesen Namen trägt. Sie war nach dem jüdischen Gesetz ihrer Zeit „von Sinnen". Fremdes hatte in Form von sogar sieben Dämonen Macht über sie. Davon musste sie erst befreit werden, um überhaupt sündigen zu können.

Wenn sie aber bei sieben Dämonen, die über sie herrschten, nie Sünderin sein konnte, dann brauchte sie auch nie Büßerin werden. Diese Einstellung ist ein Gebot der Menschlichkeit, aber auch der Sachlichkeit, die die Seele des Menschen mit all ihren Trieben und Bestimmtheiten kennt.

5. Die Frauen unterm Kreuz und am Grab

Auf den vergangenen Seiten haben wir uns die Mühe gemacht, die wenigen Worte des Evangelisten Lukas aus seinem 8. Kapitel zu begreifen, sie zu „öffnen" und einzutreten in die Realität hinter ihnen. Es ging um das Schauen, aus dem die Worte geboren werden. Was bedeutete es damals, wenn Frauen Jesus und den Jüngern mit ihrem Vermögen dienten? Was bedeutete es, wenn der Name der Stadt Magdala/Tarichea auf eine Frau überging und sie bezeichnete? Die Magdalenerin ist uns zwar noch nicht als lebendige Frau begegnet, sie hat noch kein Wort gesagt, aber wir haben das Fluidum gespürt, in dem sie lebte, sozusagen ihr Parfüm in die Nase bekommen, wenn wir durch die Straßen von Tarichea gingen. Es konnte uns auch eine Ahnung kommen, warum gerade diese Frau in der frühen Zeit der Kirche derart in den Mittelpunkt rückte, wie die Apokryphen und frühchristlichen Schriften das überdeutlich bewahrt haben. Die Tätigkeiten der Frauengruppe, die alles für Jesus und seine Jünger organisierte, waren auffallend genug. Und ihre Leiterin erst recht.

Aber nach dieser allgemeinen Erwähnung in Lk 8, 2–3, wo der Evangelist sie in Augenhöhe mit den Aposteln einführt, verschwinden die Frauen aus den Evangelien. Auch die Magdalenerin. Die Leser von Matthäus und Markus wissen nicht einmal, dass es sie gibt. Um dieses „Verschwinden" nicht einseitig zu interpretieren, muss man beachten, dass auch andere wichtige Personen „verschwinden": Maria z. B., die Mutter Jesu, bleibt nach der Hochzeit zu Kana in den Schilderungen aller Evangelien verborgen; hier und dort taucht sie in einer Sammeldarstellung auf („deine Mutter und deine Brüder"). Insgesamt aber steht sie so sehr im dunklen Abseits, dass man überrascht ist, sie auf Golgota unter dem Kreuz ihres Sohnes wiederzusehen. Aber auch Josef, ihr Mann, der kein Wort redet, „verschwindet" nach dem Besuch im Heiligtum, wo die Eltern den 12-jährigen Sohn suchen. Und jener Matthias, einer von den Männern, die die ganze Zeit mit den Jüngern zusammen waren, als der Herr bei ihnen ein und aus ging (Apg 1, 21), ist zuvor nie erwähnt worden.

Wenn also die Frauen, auch wenn sie Zeugen seines Lebens waren und Zeugen seiner Auferstehung sein werden, nicht mehr in den Blick kommen, so ist das nichts Besonderes. Man muss sogar umgekehrt sagen: Dass Lukas sie so früh hervorgehoben hat, ist außergewöhnlich.

Aber dann auf Golgota: Wie aus dem Nichts tauchen einige der Frauen unter dem Kreuz wieder auf, nahe bei Jesus, wo immer ihr Platz gewesen war.

Allerdings fehlen jetzt die Männer um Jesus. Zwei bis drei Jahre lang hatten die Frauen die Männer-Gruppe begleitet, hatten den Männern und deren Familien mit ihrem Vermögen, mit ihren Fähigkeiten und ihrer ganzen Existenz gedient. Sie hatten in der Tat „sich selbst verleugnet", hatten auf das verzichtet, was sie in ihrer gesellschaftlichen Stellung normalerweise hätten tun können und müssen. Statt dessen hatten sie sich für die Jesus-Bewegung hingegeben, damit die Männer ohne Not die neue Botschaft von der Freiheit der Kinder Gottes in Jesus, dem Christus, verkündigen konnten.

Und jetzt, nach relativ kurzer Zeit, mussten sie auf der Schädelstätte miterleben, dass alles umsonst gewesen war.

Schauen wir zu, was die Frauen nach dem Bericht der Evangelisten in den letzten Stunden bis zum Anbruch des Sabbats taten, und wer alles zu ihnen, zu dieser fest eingearbeiteten Gruppe gehörte. Es ist die zweite Stelle in den Evangelien, wo auch Maria Magdalena namentlich erwähnt wird.

Lk 23, 49–56: Die Frauen, die mit–nachgefolgt waren

Lukas, der als Einziger über die dienenden Frauen bereits berichtet hat, schildert jetzt am wenigsten von ihnen:

> „⁴⁹ Alle seine Bekannten aber standen in einiger Entfernung, auch die Frauen, die ihm seit der Zeit in Galiläa [mit-] nachgefolgt waren und die alles mit ansahen ...
> ⁵⁵ Es folgten aber die Frauen nach, die mit ihm gekommen waren aus Galiläa, und beschauten das Grab und wie sein Leib hineingelegt wurde. ⁵⁶ Dann kehrten sie heim und bereiteten wohlriechende Öle und Salben zu ..."

Wenn Lukas und Markus berichten, alle seine Bekannten hätten „in einiger Entfernung" gestanden, so ist dies als historisch korrekt einzustufen. Lukas nennt nicht die Namen der Frauen, die unterm Kreuz gestanden haben, nicht einmal den der Mutter Jesu, von der er als Einziger am Anfang seines Evangeliums so viel berichtet hat. Dagegen hebt er in Form einer knappen Sammelbeschreibung jene Gruppe von Frauen hervor, die Jesus seit Galiläa nachgefolgt waren; sie alle müssen nun tatenlos das Sterben Jesu und seine Grablegung geschehen lassen. Diese Frauen werden mit „*kai*/und" an die zuvor erwähnte Gruppe „aller Bekannten" (Jesu) angeschlossen – das erinnert an die Stelle in Lk 8, 2, wo Lukas die Frauen mit dem gleichen „*kai*/und" den Aposteln gleichgestellt hatte. Sind unter „all seine Bekannten" hier vielleicht doch Männer, Apostel zu verstehen? Oder ist Lukas höflich und sagt nicht, dass es nur einer war?[211]

Es ist das einzige Mal in seinem Evangelium, dass Lukas das Wort *synakoloutheō*/mitnachfolgen verwendet. Nur noch Markus gebraucht es, einmal für die zwei Jünger, die „mit" Jesus in das Haus des Synagogenvorstehers hineingehen, zum anderen für den namenlosen jungen Mann, der in Getsemani dem gefangenen Jesus „mitnachfolgen" will, dann aber Reißaus nimmt. Lukas kann mit seiner Wortschöpfung eine Verbindung zur ersten Erwähnung der Frauen in seinem Evangelium in 8, 1ff herstellen, wo das *syn*/mit auf Jesus bezogen ist: Sie sind und waren immer mit Ihm, ohne davonzulaufen.

Es ist das einzige Mal in den Evangelien, dass von Lebenden eine Nachfolge Jesu als bereits vollbracht berichtet wird. Diese Frauen waren dem Herrn schon „mitnachgefolgt". Petrus, Johannes und andere werden die Aufforderung erst noch befolgen müssen. Diese Frauen aber haben die Nachfolge Jesu schon selbstverständlich und ohne im Blickpunkt zu stehen, erfüllt, indem sie Jesus und den Jüngern dienten, wie Gott in Jesus den Menschen dient.

Joh 19, 25: Die Mutter, die Schwester und die Magdalenerin

Das Evangelium des Johannes bietet eine davon leicht verschiedene Darstellung. Bei ihm ist nicht von „vielen Frauen" die Rede, sondern nur von dreien, die er dafür namentlich nennt, und diese stehen „beim Kreuz":

> „²⁵ Bei dem Kreuz Jesu standen seine Mutter und die Schwester seiner Mutter, Maria, die Frau des Klopas, und Maria von Magdala."

---

[211] *Bauckham*, S. 222, weist allerdings darauf hin, dass Lukas hier nicht „Jünger" schreibt, sondern seine „Bekannten" oder gar „Freunde/*gnōstoi*".

Zuerst erwähnt Johannes zwei Verwandte Jesu: Maria, seine Mutter (und bei ihr steht er selbst, der Jünger, den Jesus liebte), sodann ihre Halbschwester Maria, die Frau des Klopas, des Bruders des Josef,[212] die Mutter des Jakobus (des Kleinen) und des Joses. Als erste und einzige Frau nach diesen Verwandten nennt Johannes – ausgerechnet Johannes – noch die Frau aus Magdala.

Die Formulierung „beim/*para*" Kreuz deutet auf eine Ausnahme hin. Normalerweise war es bei Kreuzigungen verboten, dass außer den Offiziellen noch jemand anders „unter" dem Kreuz stehen durfte; eine Vorsichtsmaßnahme gegenüber aggressiven Anhängern, die den Sterbenden womöglich noch herunterholen wollten. Wenn Johannes berichtet, die Mutter Jesu und zwei weitere Frauen (in V. 26 erfahren wir, dass auch der Jünger, den Jesus liebte, dabei war) seien bis unters Kreuz Jesu gelangt, so ist dies nur durch eine besondere Gunst des diensthabenden römischen Hauptmanns zu erklären. Entweder hatte dieser Erbarmen und gute Menschenkenntnis, die ihn schnell erkennen ließ, dass dieser Jesus kein üblicher Verbrecher war; oder jemand von den „Bekannten" Jesu hatte eine gute Beziehung zur römischen Militärbehörde und eine Ausnahme erwirkt. Das könnte Johannes oder die Frau aus Tarichea gewesen sein.

Johannes erwähnt allerdings keine Frauen, die nach dem Tod Jesu zugesehen hätten, wie der Leichnam vom Kreuz abgenommen und in das Grab gelegt wurde. Im Gegensatz zu Lukas sind es hier Männer (aber keine Apostel), Josef von Arimathäa und Nikodemus, die nun eine „Mischung aus Myrrhe und Aloe" bringen, „etwa hundert Pfund"[213], den Leichnam mit Leinenbinden umwickeln,[214] „zusammen mit den wohlriechenden Salben", und Jesus in dem nahe liegenden Grab beisetzen (Joh 19, 38–42).

---

[212] *Bauckham* widmet ihr sein Kapitel 6, S. 203–223; darin sammelt er Belege, warum diese Maria mit ihrem Mann Kl(e)opas, einem Bruder des hl. Josef, ein weiteres Ehepaar sei, das zu den Aposteln gerechnet werden sollte.

[213] Ein Pfund entspricht etwa 320 gr.

[214] Dass Tote damals in Leinenbinden eingewickelt wurden, ist neuerdings durch einen Fund bestätigt worden: In Jordanien, auf halbem Weg zwischen Petra und Sabra, bei einer weithin sichtbaren Karawanen- und Zollstation, fand man auf einer Felskuppe Senkgräber mit dem mumienähnlichen Umriss einer menschlichen Gestalt. Der Fund dürfte belegen, dass die Nabatäer die Wicklung einer Leiche mit Totenbinden praktizierten. – S. Artikel von *U. Hübner*, in: Welt und Umwelt der Bibel, Heft 3/2004, Nr. 33, S. 62f.

Warum Johannes Frauen bei der Grablegung nicht erwähnt, soll uns kein Problem werden. Von der Sache her ist es nicht nachvollziehbar, dass Frauen zunächst „beim Kreuz Jesu" gestanden haben, nach dessen Tod aber weggegangen wären und nicht mitgeholfen hätten, den Toten abzunehmen und ins Grab zu bringen. Johannes scheint generell dem Prinzip zu folgen: Was die anderen Drei schon berichtet haben, muss ich in meinem Evangelium nicht noch einmal schreiben. Umgekehrt berichtet dann er Ereignisse, die die Synoptiker nicht erwähnt haben. Es muss sich ebenfalls nicht ausschließen, dass die beiden Männer bei der Grablegung Jesu noch schnell den schweren Teil an Salben bringen und das Notwendigste für den Leichnam tun, doch den Rest, die „Feinarbeit", den Frauen für den Tag nach dem Sabbat überlassen.[215]

Überlegen wir einen Moment, was der Pharisäer Nikodemus da herbeibringt, diese Mischung „wohlriechender Salben" aus Myrrhe und Aloe. Es sind 32 kg, mehr als drei Zehn-Kilo-Säcke. Ein Mann alleine kann das kaum tragen, vom Volumen der Salbenmischung ganz abgesehen. Sie wird in Säcken oder Körben herbeigeschafft worden sein. Was war das für eine Salbenmischung? Woher kam sie, wozu diente sie?[216]

Myrrhe ist ein Gemisch aus Harz, ätherischem Öl und Schleim. Die Stammpflanze der Myrrhe (der *Commiphora myrrha*-Baum gehört zu den Balsambaumgewächsen) wächst in heißen Wüstenregionen, in Somalia, Äthiopien, dem Jemen, im Sudan, wohl auch in Indien. Der Baum wird knapp 3 m hoch, die arabischen Myrrhenbäume bis zu 10 m. Die Myrrhe wird seit Jahrhunderten am Wildstandort gesammelt. Ihr Name geht auf den bitteren Geschmack zurück („bitter" auf arabisch „murr", auf assyrisch-babylonisch „murru" und auf somalisch „molmol"). Als Handelsware wird die Myrrhe in einzelnen Stücken, nussgroß oder als Körner traubig vereinigt, transportiert. Sie sind graubraun oder gelbbräunlich, der Geruch ist aromatisch und der Ge-

---

[215] *Bauckham*, S. 283–286, macht daraus ebenfalls kein Problem, als sei die Magdalenerin nun nicht in der Lage, am Ostermorgen das rechte Grab zu finden. Er konzentriert seine Darlegungen auf den Ostermorgen.

[216] Die Angaben zu Myrrhe und Aloe kann man dem Internet entnehmen, bei de.wikipedia.org/wiki/Myrrhe/Aloe). Oder: pages.unibas.ch/botgarten/commiphora/index.html. Ich beschränke mich auf die Mitteilungen, die meinem Thema dienen. Zu Aloe s. auch *M. Zohary*, Pflanzen der Bibel, Stuttgart 1986 oder *Paul Faure,* Magie der Düfte, mit vielen Stellen.

schmack würzig, kratzend oder nachhaltig bitter. Die Myrrhe wurde im alten Ägypten auch zu Einbalsamierungen verwendet und wegen ihres Wohlgeruchs hochgepriesen. Sie galt (und gilt) als Heil- und Desinfektionsmittel, wirkt entzündungshemmend und antiseptisch bei Wunden und Geschwüren, wird aber ebenso als Kosmetikum und Narkotikum bis in die heutige Zeit angewandt.

Aloe (Hebräisch: *ahaloth*, Sanskrit: *aghal*, Griechisch: *xylaloe* oder *agallochon*) ist eine Pflanzenart, die nur in heißen und trockenen Zonen Ostafrikas und Nordindiens beheimatet war. Wegen seines Duftes und seiner Öle für teure Parfüme war der schlanke Baum sehr gefragt. Wenn die Pflanzen mehrere Jahre alt sind, bilden sie über 1 m hohe erdnahe Blütenstände mit traubig angeordneten rötlichen, dreizähligen Blüten. Die Pflanze kann bis zu 10 Jahre alt werden. Sie enthält Mineralstoffe wie Calcium, Magnesium, Zink, Selen. Ebenso Vitamine und Aminosäuren. Insgesamt sind derzeit ca. 400 verschiedene Inhaltsstoffe bekannt. Alexander der Große ließ Verletzungen seiner Soldaten mit dem Saft der Aloe behandeln. Nofretete und Cleopatra verwendeten eine Aloe-Paste zur Haut- und Schönheitspflege. Der griechische Arzt Dioskurides (1. Jh.) beschreibt die Aloe in seiner *Materia Medica* als eine Pflanze, die „austrocknende, den Körper verdichtende, den Bauch lösende, den Magen reinigende Kraft" habe, die mit Wasser getrunken gegen Gelbsucht helfen und bei Wunden und Geschwüren Wirkung zeigen soll.

Also eine wohlriechende, heilende und balsamierende Salbenmischung war es, die die Männer herbeischleppten. Sie musste mit Karawanen aus weit entfernten südlichen oder östlichen Ländern nach Israel eingeführt werden. Kaum anzunehmen, dass ein Privatmann eine derartige Menge dieser Salbenmischung auf Reserve vorrätig hatte. Die Freunde und Jünger Jesu waren zudem auf den Tod ihres Meisters absolut nicht eingestellt, niemand von ihnen konnte etwas Derartiges vorbereitet haben. Seit der plötzlichen Gefangennahme waren gerade erst zwanzig Stunden vergangen. Deshalb ist es wahrscheinlich, dass solch eine Menge dieser exotischen und kostbaren Salbenmischung von einem Geschäftsmann stammte, der eine „Import-Export-Firma" führte und solche Salben in seinen Lagerbeständen vorrätig hatte. Gerade zu dieser Zeit hatte Rom einen direkten Weg vom Mittelmeer zum Golf von Aden ausfindig gemacht;[217] dieser neue Seehandelsweg über Sokotra nach Indien und zurück, über den auch Myrrhe

---

[217] Nach *Faure*, Magie der Düfte, S. 236f.

kam, machte die Handelswege kürzer als über Mesopotamien und ersparte eine Menge Geld. Wer aber hatte einen solchen „Außenhandel" in Jerusalem und war zudem bereit, so schnell so viel wertvolle Ware (10.000 Denare?) herzugeben?

Wir hatten schon darauf hingewiesen, dass die geschilderten und die zu erschließenden Umstände es nahe legen, dass die Frau aus Magdala als Chefin der Frauengruppe Josef von Arimathäa und Nikodemus aus Jerusalem kennen musste. War sie es vielleicht gewesen, die mit ihrer besonderen Autorität diese beiden Männer für den Toten und dessen eilige Bestattung gewonnen hatte? Und die dazu jetzt ihre Geschäftsbeziehungen spielen ließ?

Bei der Grablegung werden die Frauen also nach Johannes nicht genannt, sie bereiten die „wohlriechenden Öle und Salben" in ihren Häusern zu. Dafür sind nach diesem Evangelisten am Morgen der Auferstehung die Männer nicht dabei.

Mk 15, 40–41.47 und 16, 1: Einige Frauen und Salome

Der Evangelist Markus fügt zwei neue Namen hinzu:

> „⁴⁰ Auch einige Frauen sahen von weitem zu, darunter Maria aus Magdala, Maria, die Mutter von Jakobus dem Kleinen und Joses, sowie Salome; ⁴¹ sie waren Jesus schon in Galiläa nachgefolgt und hatte ihm gedient. Noch viele andere Frauen waren dabei, die mit ihm nach Jerusalem hinaufgezogen waren ...
> ⁴⁷ Maria Magdalena aber und Maria, die Mutter des Joses, beobachteten, wohin der Leichnam gelegt wurde ...
> ¹⁶,¹ Als der Sabbat vorüber war, kauften Maria aus Magdala, Maria, die Mutter des Jakobus, und Salome wohlriechende Öle, um damit zum Grab zu gehen und Jesus zu salben."

Hier wird eine Salome erwähnt, die Lukas nicht genannt hat (auch nicht in 8, 3). Über sie wissen wir nichts weiter als gerade das, was Markus hier sagt: dass sie zu dem Kreis der „vielen anderen Frauen" gehört, die Jesus und den Jüngern seit Galiläa nachgefolgt waren und ihnen gedient hatten. Markus (oder der ihm diktierende Petrus?) scheint ein besonderes Verhältnis zu dieser Salome gehabt zu haben, denn er als Einziger erwähnt sie noch einmal am Ostermorgen beim

Grab. Die Mutter Jesu dagegen erwähnt dieser Evangelist (ebenso Matthäus) überhaupt nicht, weder unter dem Kreuz noch am Grab. Markus beschränkt das „Dienen" wie auch die „Nachfolge" der Frauen auf Jesus allein – was immer er damit ausdrücken will.

Überhaupt fällt der Bericht des Markus gegenüber den anderen auf: Sein Evangelium endet in 16, 8 mit dem leeren Grab, ohne dass Erscheinungen erwähnt werden. Und bei ihm sagen die Frauen zu niemandem etwas.[218] Es ist unverkennbar, dass Markus die Frauen in kein gutes Licht stellt, sondern sie als „furchtsam", voll „Zittern und Entsetzen" charakterisiert. Eine Erklärung dafür könnten die genannten apokryphen Texte liefern, die eine deutliche Spannung zwischen Petrus und den Frauen festgehalten haben. Im Schlusskapitel entfalte ich eine These, wie und wo Petrus dem Markus das Evangelium diktiert haben könnte.

Die drei Synoptiker wissen nur, dass die Frauen „von weitem" zusahen oder „in einiger Entfernung" standen. Nur Johannes weiß darum, dass sie bis unters Kreuz gelangt sind – weil er dabei war.

Mt 27, 55–56.61: Viele Frauen und Maria aus Magdala und …

Der Evangelist Matthäus bringt nichts Neues:

> „⁵⁵ Auch viele Frauen waren dort und sahen von weitem zu; sie waren Jesus seit der Zeit in Galiläa nachgefolgt und hatten ihm gedient. ⁵⁶ Zu ihnen gehörten Maria aus Magdala, Maria, die Mutter des Jakobus und des Josef, und die Mutter der Söhne des Zebedäus."

Matthäus erwähnt von den Männern nur den Josef von Arimathäa. Die Mutter Jesu wird nicht genannt, dafür die Mutter des Jakobus und

---

[218] *Bauckham*, S. 286–295, geht dieser Frage nach. Am Ende gibt er der Erklärung den Vorzug, dass die Frauen mit ihrem Schweigen nur „gehorsam" gewesen seien, sie hätten das Geheimnis nicht „der Welt" verraten – aber sie sollten ja nur den Jüngern, dem Petrus etwas sagen. Und selbst das tun sie nicht. Auch sein Hinweis auf die Verklärung (Mk 9, 6) passt nicht, dort hatten die Jünger zwar ebenfalls Furcht, aber Jesus verbot ihnen das Erzählen.

Johannes, die wir als „Donnersöhne"[219] kennen; sie gehörte also ebenfalls zum weiblichen Organisationsstab der Magdalenerin. Als „Chefin" des Fischunternehmens „Zebedäus & Söhne" war sie gewiss eine Frau mit organisatorischer Begabung, die ein Ziel planmäßig verfolgen konnte. Matthäus (20, 20) erwähnt, dass sie es war, die mit ihren Söhnen zu Jesus ging, um die ersten Plätze im neuen Reich für ihre Familie sicherzustellen. Das mochte im Kreis der übrigen Frauen nicht sonderlich gut angekommen sein, aber davon hören wir nichts. Als derart dominante Frau aus einem Fischunternehmen war sie sicher häufig in Tarichea bei den dortigen Lagerhallen zur Fischkonservierung, um die Fänge ihres Mannes und ihrer Söhne gut zu vermarkten. Dabei mag sie auch die Maria aus Magdala kennen gelernt haben.

Nehmen wir alle Namen der Frauen, die in den vier Evangelien genannt werden, zusammen, dann waren folgende Frauen unter dem Kreuz bzw. sahen aus der Nähe zu:

Maria, die Mutter Jesu; Maria, ihre Halbschwester, Frau des Kl(e)opas und Mutter des Jakobus des Kleinen und des Joses; Maria, die Frau aus Magdala; die Mutter der Söhne des Zebedäus; Salome. Das sind fünf Frauen, davon zwei aus der Verwandtschaft Jesu. Aber die Evangelisten fügen stets hinzu, dass „viele" oder „einige" Frauen von weitem zusahen. Aus dieser größeren Gruppe werden namentlich die fünf genannt, die wir bei den vier Evangelisten finden. Das besondere Zeugnis für Tod, Grablegung und Auferweckung liegt überwiegend bei den Frauen.

Matthäus ist der einzige Evangelist, der mit keinem Wort die Salben und Öle erwähnt, die zur Balsamierung des Toten gekauft und zubereitet wurden, weder im Blick auf die Frauen noch auf die Männer. Von Josef von Arimathäa wird nur kurz berichtet, dass er den Leichnam Jesu in ein reines Leinentuch gehüllt habe.

Zusammenfassend lässt sich sagen:

Die Gruppe der „vielen Frauen", die Jesus von Galiläa aus nachgefolgt waren und ihm und den Jüngern mit ihrem Vermögen gedient

---

[219] Vgl. Mk 3,17: Jesus selbst gab diesen Männern, Fischern aus dem Nachbarort des Petrus und Andreas, Betsaida, diesen Namen, der wohl etwas über ihren natürlichen Charakter aussagen sollte: Denn in Lk 9, 54 hören wir, wie gerade diese beiden Apostel über die Samaritaner, die Jesus und den Jüngern keine Herberge geben wollen, Feuer und Schwefel vom Himmel herabwünschen, was Jesus ihnen verbietet. In der Mutter dürfte etwas vom Charakter der aufbrausenden Söhne zu finden gewesen sein.

hatten, war angesichts seiner Verhaftung, des Prozesses und der Kreuzigung nicht davongelaufen. Die Frauen blieben treu an seiner Seite, auch als sie nichts mehr tun konnten. Namentlich werden fünf Frauen genannt, auffallend selten die Mutter Jesu, auffallend oft und immer an erster Stelle die Frau aus Magdala.

Nach dem Tod Jesu am Kreuz, so berichtet Markus, habe Josef von Arimathäa den Leichnam vom Kreuz genommen, in ein Leinentuch gewickelt und ihn in ein Grab gelegt, vor das ein Stein gewälzt wurde.[220] „Maria aus Magdala aber und Maria, die Mutter des Joses, beobachteten, wohin der Leichnam gelegt wurde" (Mk 15, 47). Bei Matthäus heißt es kürzer: „Mariam aus Magdala und die andere Maria waren dort; sie saßen dem Grab gegenüber" (Mt 27, 61). Lukas berichtet ausführlicher, nennt aber keinen Namen: „Die Frauen, die mit Jesus aus Galiläa gekommen waren,[221] gaben ihm das Geleit und sahen zu, wie der Leichnam in das Grab gelegt wurde. Dann kehrten sie heim und bereiteten wohlriechende Öle und Salben zu. Am Sabbat aber hielten sie die vom Gesetz vorgeschriebene Ruhe ein" (Lk 23,55f).

Wenn die Evangelisten Frauen aus dem Organisationsstab Jesu bei der Grablegung erwähnen, ist auf jeden Fall Maria aus Magdala dabei, und auf jeden Fall wird sie an erster Stelle genannt.

---

[220] Eine recht anschauliche Form solchen Grabeinganges mit einem schweren Rollstein als Verschluss findet man, wenn man den Ort kennt, in Jerusalem hinter dem David-Hotel in einer Gartenanlage. Forscher sind sich uneins, ob es sich nicht vielleicht um ein altes Grab in Zusammenhang sogar mit Herodes handle.

[221] Genauer: „Es folgten aber einige Frauen nach, die mit ihm gekommen waren aus Galiläa …"

6. Maria Magdalena am Ostermorgen nach den Synoptikern

Die Berichte der drei Synoptiker stimmen darin überein, dass nach dem Sabbat in der Frühe des ersten Wochentages Frauen zum Grab gingen, um Jesus zu salben. Sie stimmen nicht mehr überein, wenn sie Namen und Anzahl der Frauen nennen; auch in anderen Dingen bestehen Unterschiede. Doch sie alle sind weder für unser Thema noch für den Glauben von Bedeutung.

Nur Johannes schildert das Geschehen vom Ostermorgen mit deutlich anderer Akzentuierung: Bei ihm steht Maria Magdalena so sehr im Vordergrund, dass die Anwesenheit anderer Frauen nur indirekt erschlossen werden kann. Die Apostel treten hinter der Frau aus Magdala vollends zurück. Außerdem liefert sein Bericht von der Begegnung der Frau aus Magdala mit dem Auferstandenen derart viele Details, dass er den Verdacht erweckt, von der Augenzeugin selber zu stammen. Wir werden darauf zurückkommen.

Die unterschiedlichen Schilderungen bei den Synoptikern beruhen – worauf immer schon hingewiesen wurde – auf persönlicher, lebendiger Wahrnehmung eines unerwarteten und unerwartbaren Geschehens, das die Gemüter und Gefühle der Zeuginnen dieser Begebenheit total durcheinander wirbelte. Eine ruhige, sachliche, klare und übereinstimmende Schilderung des Vorgefallenen, zumal von verschiedenen Zeugen, ist unter solchen Umständen objektiv überhaupt nicht vorstellbar. Im Gegenteil, sie wäre verdächtig.[222]

Somit werden die Unterschiede in der Wiedergabe des Geschehenen in zweitrangigen Dingen sogar zum Kriterium der Echtheit der Berichte. Denn das Wesentliche, dass das Grab leer war, ist in allen Berichten selbstverständlicher Kern.

Schauen wir uns zunächst die Berichte der drei Synoptiker an, um anschließend ausführlicher bei der Schilderung des Evangelisten Jo-

---

[222] *Theißen u. Merz*, Der historische Jesus, Göttingen ³2001, S. 439: „(Es) ergibt sich ... ein kleines Plus für die Möglichkeit, dass die Überlieferung vom leeren Grab einen historischen Kern hat. Aber es ist nur ein kleines Plus." Gegen diese Auffassung möchte ich in einem späteren Buch darlegen, dass im Gegenteil der Osterglaube vom leeren Grab herkam, in dem Sinn, dass er ohne das leere Grab gar nicht hätte entstehen können.

hannes zu verweilen, der die Frau aus Magdala, verglichen mit ihrer bisherigen „Rolle" in seinem Evangelium, in einer unverhältnismäßig starken Weise in den Vordergrund stellt und sie allein als die erste Zeugin der Auferstehung hinstellt.

Maria aus Magdala und die andere Maria (Mt 28, 1–10)

„¹ Nach dem Sabbat kamen in der Morgendämmerung[223] des ersten Tages der Woche Mariam aus Magdala und die andere Maria[224], um nach dem Grab zu sehen. ² Plötzlich entstand ein gewaltiges Erdbeben; denn ein Engel des Herrn kam vom Himmel herab, trat an das Grab, wälzte den Stein weg und setzte sich darauf. ³ Seine Gestalt leuchtete wie ein Blitz, und sein Gewand war weiß wie Schnee. ⁴ Die Wächter begannen vor Angst zu zittern und fielen wie tot zu Boden. ⁵ Der Engel aber sagte zu den Frauen: Fürchtet euch nicht! Ich weiß, ihr sucht Jesus, den Gekreuzigten. ⁶ Er ist nicht hier; denn er ist auferstanden, wie er gesagt hat. Kommt her und seht euch die Stelle an, wo er lag. ⁷ Dann geht schnell zu seinen Jüngern und sagt ihnen: Er ist von den Toten auferstanden. Er geht euch voraus nach Galiläa; dort werdet ihr ihn sehen. Ich habe es euch gesagt. ⁸ Sogleich verließen sie das Grab und eilten voll Furcht und großer Freude zu seinen Jüngern, um ihnen die Botschaft zu verkünden. ⁹ Plötzlich kam ihnen Jesus entgegen und sagte: Seid gegrüßt![225] Sie gingen auf ihn zu, warfen sich vor ihm nieder und umfassten seine Füße.
¹⁰ Da sagte Jesus zu ihnen: Fürchtet euch nicht! Geht und sagt meinen Brüdern, sie sollen nach Galiläa gehen, und dort werden sie mich sehen."

Im Blick auf unser Thema ist nur Folgendes wichtig: Maria von Magdala ist eine der beiden Frauen, die zum Grab eilen, sie wird an erster Stelle genannt. Die Frauen schauen die Stelle, wo Jesus gelegen hat,

---

[223] Das weist auf eine Zeit kurz nach 5.00 Uhr morgens hin.
[224] Entsprechend seiner Darstellung der drei Frauen unter dem Kreuz (27, 56) muss diese andere Maria „die Mutter des Jakobus und des Josef" sein.
[225] *Chaírete* – der gleiche Gruß, den der Engel Gabriel in Nazaret zu Mariam sagte: *chaíre* (Lk 1, 29).

er ist nicht mehr dort. Ein Engel erklärt, was geschehen ist. Die Wächter sind außer Gefecht. Die Frauen eilen voll „Furcht und Freude" (Furcht und Freude wird in Lk 2, 10 auch bei der Verkündigung der Engel an die Hirten erwähnt) zu den Jüngern, um ihnen die Botschaft zu verkünden. Auf dem Weg begegnet ihnen unerwartet Jesus, grüßt sie, schickt sie zu seinen „Brüdern" mit der Aufforderung, diese sollen nach Galiläa gehen. Die Formulierung „Geh aber zu meinen Brüdern" wird uns bei Johannes wieder begegnen.

Eine kuriose Frage: Wenn Jesus den vom Grab wegeilenden Frauen „begegnet", ging er dann in Richtung zum Grab oder in dieselbe Richtung wie die Frauen? Oder kreuzte er ihren Weg? Bei solchen Fragen merkt man, dass es in diesem Fall nicht um örtliche Beschreibungen geht, sondern um das „Ereignis": Leeres Grab, auferstandener Jesus, Sendung.

Zwei Marias und wieder Salome (Mk 16,1–8)

„[1] Als der Sabbat vorüber war, kauften Maria aus Magdala, Maria, die Mutter des Jakobus, und Salome wohlriechende Öle, um damit zum Grab zu gehen und Jesus zu salben. [2] Am ersten Tag der Woche[226] kamen sie in aller Frühe zum Grab, als eben die Sonne aufging. [3] Sie sagten zueinander: Wer könnte uns den Stein vom Eingang des Grabes wegwälzen?
[4] Doch als sie hinblickten, sahen sie, dass der Stein schon weggewälzt war; er war sehr groß. [5] Sie gingen in das Grab hinein und sahen auf der rechten Seite einen jungen Mann sitzen, der mit einem weißen Gewand bekleidet war; da erschraken sie sehr. [6] Er aber sagte zu ihnen: Erschreckt nicht! Ihr sucht Jesus von Nazaret, den Gekreuzigten. Er ist auferstanden; er ist nicht hier. Sehr, da ist die Stelle, wo man ihn hingelegt hatte. [7] Nun aber geht und sagte seinen Jüngern, vor allem Petrus: Er geht euch voraus nach Galiläa; dort werdet ihr ihn sehen, wie er es euch gesagt hat. [8] Da verließen sie das Grab und flohen; denn Schrecken und Entsetzen hatte sie gepackt. Und sie sagten niemand etwas davon; denn sie fürchteten sich."

---

[226] Diese zweite Zeitangabe klingt wie eine Wiederholung der ersten, aus einer anderen Überlieferungsquelle.

Der Bericht nennt drei Frauen, die früh zum Grab eilen, Maria von Magdala wird an erster Stelle genannt. Dazu Maria, die Mutter des Jakobus, und jene Salome, von der nur Markus berichtet. Die drei erörtern das Problem des schweren Steines, er ist jedoch schon weggewälzt. Im Grab sitzt rechts ein junger Mann, der ihnen erklärt, Jesus sei auferstanden. Die Stelle, wo er lag, ist leer. Der Engel sendet sie zu den Jüngern, vor allem zu Petrus. Sie verlassen voll Schrecken den Ort und reden zu niemandem. Im Unterschied zu Matthäus findet hier keine Begegnung mit dem auferstandenen Jesus statt.

Der etwas später angefügte zweite Schluss erwähnt dann Maria Magdalena alleine, allerdings in ambivalenter Weise. Zunächst heißt es, dass Jesus ihr „zuerst" erschienen sei, das hebt sie gegenüber den Jüngern, auch gegenüber Petrus heraus. Diese Vorrangstellung wird aber sogleich wieder „zurechtgerückt", indem ein besonderes Merkmal dieser Frau nachgefügt wird, nämlich die „sieben Dämonen", die Jesus aus ihr ausgetrieben hatte. Diese beiden Kennzeichnungen könnten gut auf Petrus zurückgehen, der, berücksichtigen wir die Apokryphen, mit dieser Frau nur widerwillig zusammenarbeitete.

Da erinnerten sie sich an seine Worte (Lk 24, 1–12)

„[1] Am ersten Tag der Woche gingen die Frauen mit den wohlriechenden Salben, die sie zubereitet hatten, in aller Frühe zum Grab. [2] Da sahen sie, dass der Stein vom Grab weggewälzt war; [3] sie gingen hinein, aber den Leichnam Jesu, des Herrn, fanden sie nicht. [4] Während sie ratlos dastanden, traten zwei Männer in leuchtenden Gewändern zu ihnen. [5] Die Frauen erschraken und blickten zu Boden. Die Männer aber sagten zu ihnen: Was sucht ihr den Lebenden bei den Toten? [6] Er ist nicht hier, sondern er ist auferstanden. Erinnert euch an das, was er euch gesagt hat, als er noch in Galiläa war: [7] Der Menschensohn muss den Sündern ausgeliefert und gekreuzigt werden und am dritten Tag auferstehen. [8] Da erinnerten sie sich an seine Worte. [9] Und sie kehrten vom Grab in die Stadt zurück und berichteten alles den Elf und den anderen Jüngern. [10] Es waren Maria Magdalene, Johanna und Maria, die Mutter des Jakobus; auch die übrigen Frauen, die bei ihnen waren, erzählten es den Aposteln. [11] Doch die Apostel hielten das alles für Geschwätz und glaubten ihnen nicht. [12] Petrus aber stand auf und lief zum Grab. Er beugte sich vor, sah aber nur die Leinenbinden. Dann ging er nach Hause, voll Verwunderung über das, was geschehen war."

Wie schon zuvor unter dem Kreuz und bei der Grablegung nennt Lukas zunächst nur allgemein „die Frauen", die früh zum Grab gehen. Der Stein ist schon weggewälzt, der Leichnam nicht zu finden. Zwei Männer in leuchtenden Gewändern erklären ihnen, was geschehen ist: Jesus ist auferstanden. Sie sollen sich an seine Worte von der Auslieferung, der Kreuzigung und der Auferstehung erinnern. Sie erinnern sich, sie gehören ja zum Kreis der Jünger (24, 22), kehren vom Grab zurück in die Stadt und berichten alles den Aposteln und anderen Jüngern. Jetzt erst erfahren wir, welche Frauen dabei waren, doch nur von den ersten Dreien werden die Namen genannt, Maria Magdalena wieder an erster Stelle. Die Apostel glauben nicht, doch Petrus geht zum Grab, überzeugt sich selbst, ist verwundert.

Zusammenfassung der synoptischen Berichte

Vergleichen wir die drei Synoptiker und beschränken uns dabei auf die Frauen am Grab, dann ergibt sich Folgendes:

Bei Matthäus sind es zwei, bei Markus und Lukas drei Frauen, die namentlich genannt werden: Maria, die Mutter des Jakobus, Salome (Markus), Johanna (Lukas), Maria Magdalena. Allein Letztere wird von jedem genannt und immer an erster Stelle. Nur Lukas berichtet, dass noch weitere Frauen bei den genannten Dreien dabei waren.

Bei Matthäus haben die Frauen eine Begegnung mit einem Engel, bei Markus mit einem jungen Mann, bei Lukas mit zwei jungen Männern, jedes Mal durch das leuchtende Gewand als Engel zu begreifen. Die Worte des Engels weisen in allen drei Berichten auf das leere Grab, dazu spricht der Bote deutende Worte. Bei Lukas allein verweist er auf eine „Trias", die Jesus auch den Frauen verkündet hätte: Auslieferung – Kreuzigung – Auferstehung. Die Frauen erinnern sich und gehen nach Hause.

Bei Markus sind sie erschrocken und furchtsam, bei Matthäus voll Furcht und Freude, bei Lukas kehren sie einfach zurück und berichten sachlich korrekt die Botschaft. Bei Markus vermitteln die Frauen keine Botschaft an die Jünger. Wie schon gesagt, kommen Frauen bei Markus relativ schlecht weg bzw. finden wenig Beachtung. Lukas dagegen schätzt sie hoch ein. Der nachgetragene Markusschluss lasst wenigstens Maria aus Magdala zu den Jüngern gehen. Bei Matthäus ergeht die Botschaft des Engels durch die Frauen an die Jünger. Einzig Matthäus berichtet, wie den Frauen auf ihrem Weg zu den Jüngern Jesus begegnet ist.

Auch als Nichtfachmann kann man noch spüren, wie die Überlieferungen der drei Synoptiker zu einer Zeit entstanden sind, als das ganze Geschehen der Auferstehung Jesu theologisch noch zu erfassen und anhand von Bildern und Begriffen der jüdischen Traditionen wie auch der Zeitumstände zu deuten war. Dabei hatte man die jeweilige Hörerschaft im Blick zu behalten, der die Botschaft mitgeteilt wurde. Der real-historische Ablauf des Geschehens zwischen Grab und Aufenthaltsort der Jünger erschien zwar nicht unwichtig, doch wurde er der noch wichtigeren theologischen Interpretation des Geschehens nachgeordnet.

7. Maria Magdalena am Ostermorgen nach Johannes (20, 1–18)

Wem berichtet Johannes aus welcher Quelle?

Johannes kannte die Schilderungen der anderen drei Evangelien[227]. Was in ihnen geschrieben war, erzählte er im allgemeinen nicht noch einmal. Außerdem scheint zu seiner Zeit der Prozess des theologischen Erfassens der Auferstehung Jesu, des „Kyrios", in einer ersten Etappe abgeschlossen gewesen zu sein. Damit aber wurde Raum frei sowohl für die Schilderung des realen Ablaufs an jenem Morgen als auch für Details, welche die anderen drei unerwähnt gelassen hatten, gleichwohl sie diese ebenfalls kannten.

Zudem befand sich die Hörerschaft des alten Johannes, wie allgemein angenommen, nicht nur örtlich weit von Israel, sondern auch zeitlich um Generationen von jenem Tag entfernt. Aus ihrer anderen gesellschaftlichen Situation heraus äußerten diese Hörer mehr Interesse und kritische Fragen nach dem, was an jenem Morgen denn tatsächlich geschehen war. Die Schlussfolgerung daraus wollten diese Männer und Frauen, die in der Kultur Kleinasiens beheimatet waren, zudem selber ziehen und sich „Glauben" nicht vom letzten und alten Augenzeugen vorschreiben lassen.

Unter dieser Rücksicht erscheint der Bericht des vierten Evangelisten über das Geschehen am Ostermorgen realer und nachvollziehbarer als die Glaubensberichte seiner „Kollegen" (bis auf Lukas); diese zeigen noch deutliche Spuren theologischer Reflexion. Johannes ergänzt gewissermaßen deren Berichte durch seine eigenen Anschauungen vom Geschehen der Auferstehung; sie sind einzigartig auf die Frau aus Magdala ausgerichtet. Ja, man darf sagen: Die Auferstehung Jesu ist geradezu in ihr „persönliches Flair" getaucht.

Könnte das damit zusammenhängen, dass die Frau aus Magdala, wie die östliche Tradition der Kirche es überliefert, in Ephesus gelebt hat? Müsste sie dann nicht in der Gemeinde des alten Evangelisten

---

[227] Unter den Fachexegeten besteht die Überzeugung, dass das Johannesevangelium erst in den achtziger oder gar neunziger Jahren entstanden sei, vielleicht in Ephesus. Ich will im Schlusskapitel eine Hypothese vorlegen, nach der es schon Anfang der sechziger Jahre entstanden ist.

Johannes eine Rolle gespielt haben, als letzte Augenzeugin des Geschehens vom Morgen dieses Tages? Oder ist sie zum Zeitpunkt der Niederschrift des vierten Evangeliums schon verstorben und Johannes lüftet nun ein Geheimnis, das er alleine von ihr persönlich erfahren hat?

Unter solcher, nicht gänzlich irrealer Annahme erscheint der Gedanke folgerichtig, dass die alte Magdalenerin den unübersehbar persönlich gefärbten Bericht von ihrer Begegnung mit dem Auferstandenen dem Johannes selber erzählt hat. Objektiv kann dafür ein Detail sprechen, das von den Fachexegeten nicht immer berücksichtigt wird: Dass nämlich gerade dieser Bericht von der Begegnung der Magdalenerin mit dem Auferstandenen, wider alle Regeln der Grammatik, vielfach zwischen Imperfekt und Präsenz hin- und herspringt, was von der Einheitsübersetzung unterschlagen wird.[228] Der Wechsel geschieht vor allem bei dem Wort „sehen" – als könne der Bericht, sooft er erzählt wird, das ursprünglich Widerfahrene niemals mehr abschütteln. Als träte es jedes Mal neu in anrührender Lebendigkeit vor Augen.

„Ich sehe ihn immer noch …!"

Viel stärker als bei den drei Synoptikern steht für das Erstzeugnis vom Auferstandenen bei Johannes diese Frau im Mittelpunkt, ja: Das Geheimnis der Auferstehung ist um sie herum angeordnet. Das überrascht. Denn so, wie die Magdalenerin hier in den Vordergrund tritt und die Handlung bestimmt, hat dies bei Johannes überhaupt kein Pendant in der Zeit des öffentlichen Lebens Jesu. Eine solch intime Nähe zu Jesus ist literarisch vom vierten Evangelisten nicht vorbereitet worden – so scheint es jedenfalls.

Im Evangelium des Johannes ist die Frau aus Magdala nach herrschender Auffassung bis zur Stunde auf Golgota nicht präsent. Und am Ostermorgen ist sie auf einmal die Hauptfigur? Der sogar der Apostel Petrus noch nachgeordnet ist?

---

[228] Die Verse 20, 1–2 sind im Präsens historicum geschrieben, das im Griechischen häufig anzutreffen ist. Folglich könnte man fortfahren: „ … als es noch dunkel *ist*" und „ … weggenommen *ist*." Die Einheitsübersetzung nimmt verfälschend das Imperfekt. Ferner: Im Griechischen (V. 2) steht „*sie* haben … weggenommen"; ob damit bestimmte Leute gemeint sind, bleibe hier offen.

Die Entdeckung des leeren Grabes durch die Frauen

Hören wir, nein: Schauen auch wir, was Johannes überliefert:

> „[1] Am ersten Tag der Woche kommt Maria von Magdala frühmorgens, als es noch dunkel ist, zum Grab und sieht, dass der Stein vom Grab weggenommen ist. [2] Da läuft sie schnell zu Simon Petrus und dem Jünger, den Jesus liebte, und sagt zu ihnen: Sie haben den Herrn aus dem Grab weggenommen, und wir wissen nicht, wohin sie ihn gelegt haben."

Sieben Dinge fallen allein in diesen zwei Versen gegenüber den anderen Evangelien auf:
    1. Es ist keine Rede von mitgetragenen Salben oder Ölen für den Leichnam, was sich folgerichtig aus der Bemerkung des Evangelisten ergibt, dass Josef von Arimathäa und Nikodemus bereits gleich nach der Grablegung Salben gebracht haben. 2. Das Problem des wegzurollenden schweren Steines spielt hier keine Rolle. 3. Es erfolgt kein Schauen in das leere Grab bzw. den leeren Grabtrog. 4. Es tritt kein Engel mit einer erklärenden Botschaft auf. 5. Der Blick ist auf eine Frau allein gerichtet, so als sei Maria von Magdala allein zum Grab gekommen. 6. Doch als sie dem Petrus und dem Lieblingsjünger Jesu das unfassliche Fehlen des Leichnams meldet, spricht sie plötzlich in der „wir-Form": Wir wissen nicht, wohin (man ihn gelegt hat)/sie ihn gelegt haben. Der Evangelist erlaubt sich also die literarische Freiheit, die anderen Frauen, von deren Anwesenheit er natürlich weiß, zunächst unerwähnt zu lassen – was die getan haben, konnte man in den anderen Evangelien nachlesen, das war hier nicht wichtig. 7. Im Namen auch der anderen Frauen bekundet die Frau aus Magdala, dass sie zusammen sofort rund um das Grab nach dem Leichnam gesucht hätten – nur so kann man die Aussage verstehen: Wir wissen nicht, wohin sie ihn gelegt haben. Nämlich dort, wo wir in der Kürze der Zeit suchen konnten, dort war er nicht.

    Johannes konzentriert seine Schilderung auf die eine Frau aus Magdala. In der Tat kann man sich bei diesen Versen vorstellen, er hätte das alles von ihr persönlich erfahren (deshalb die Präsens-Form), und zwar später, zu einer Zeit, als sie davon sprechen konnte und wollte.

    Versuchen wir, noch genauer hinzuschauen und zu sehen, was der Evangelist indirekt alles notiert hat:

Von der Frau aus Magdala berichtet Johannes (oder sie selber) keine Gefühlsausbrüche (wie Markus das tut), sondern eine reaktionsschnelle, korrekte, geradezu kühl-vernünftige Aktion: Sie organisiert ein gemeinschaftliches Suchen mit den anderen Frauen, etwa nach dem Schema: Ihr geht da herum, wir gehen hier herum. Dieses Suchen setzt voraus, dass sie sich zuvor überzeugt hatte, dass der Grabtrog leer war. Das Suchen der Frauen im Gebüsch oder hinter Steinen rechts und links bleibt jedoch ohne Erfolg. Daraufhin läuft sie „schnell" zu den männlichen Leitern der Jesus-Bewegung und informiert diese, eine Fortführung jenes „Dienens" der Frauen gegenüber dem Jüngerkreis in den vergangenen Jahren.

Dabei gibt es etwas zu beachten. Gleich wird das Weinen der Magdalenerin berichtet werden. Doch als erstes handelt sie! Und zwar „schnell". Das bedeutet, dass diese Frau ihre Gefühle beherrschen und zurückstellen kann, solange zuerst sachlich mit dem Kopf gearbeitet werden muss: es muss erst nachgeschaut werden, wo er eventuell ist. Dann zuverlässig auf der höheren Kommunikationsebene Bericht erstatten. Und dann erst, als alle diese Pflichten der Vernunft und Hierarchie getan sind, kann sie sich Zeit nehmen für sich selbst, für ihre Seele, ihre Gefühle.

Das ergänzt den Charakter dieser kühlen Geschäftsfrau um einige bedeutsame Linien, welche wir allerdings schon vermuten durften. Denn dass sie mit dem Kopf arbeiten und nüchtern und schnell das Notwendige tun kann, überrascht uns nicht mehr. Wir wissen ja, dass sie Jahre in der internationalen Geschäftswelt von Tarichea verbracht und später die kompetente Frauengruppe geleitet hat, mit der sie die ganze Jesus-Bewegung organisierte. Die anderen Frauen mögen, nach den drei Synoptikern, erschrocken und furchtsam reagiert haben, diese hier bewahrt einen kühlen Kopf.

Das Evangelium des Johannes schildert nun (Verse 3–10), wie „Petrus und der andere Jünger" dieser Frau tatsächlich glauben. (Johannes kann hierzu womöglich auf eigene Erfahrung zurückgreifen, wenn er selber „der andere" Jünger war, der mit Petrus zusammen zum Grab gelaufen ist.) Das wiederum verdient Beachtung, denn in damaliger Zeit war es nicht selbstverständlich, Frauen zu glauben. Man denke an die Notiz bei Lukas: Die Apostel hielten das alles für Geschwätz und glaubten ihnen (den vielen Frauen) nicht. Petrus aber stand auf und lief zum Grab ... (Lk 24, 11f.).

Daraus dürfen wir schließen, dass die Frau aus Magdala für Petrus eine solche amtliche Bedeutung hatte, dass er ihr Wort, aus langjähriger Erfahrung im Umgang mit ihr und ihrem Dienst, für glaubwürdig hielt, entgegen der Einstellung der anderen. Wenn diese Frau etwas sagt, so mag Petrus gedacht haben, sollte ich besser davon ausgehen, dass es stimmt.

Vielleicht hätte der Apostel Thomas dieser Frau geglaubt.

Auch die zwei Apostel finden das Grab leer

So sehr glauben Petrus und der andere Jünger ihr, dass nun sie ihrerseits in die Sandalen steigen und zum Grab laufen. Dort finden sie alles so, wie die Magdalenerin es gesagt hatte. Ohne zu verstehen, kehren die beiden nach Hause zurück. Hören wir den Text:[229]

> „³ Da gingen Petrus und der andere Jünger hinaus und kamen zum Grab; ⁴ sie liefen beide zusammen dorthin, und der andere Jünger lief schneller als Petrus und kam als erster ans Grab. ⁵ Er beugte sich vor und sieht die Leinenbinden liegen, ging aber nicht hinein. ⁶ Da kommt auch Simon Petrus, der ihm gefolgt war, und ging in das Grab hinein und sieht die Leinenbinden liegen ⁷ und das Schweißtuch, das über dem Kopf Jesu gelegen hatte; es lag aber nicht bei den Leinenbinden, sondern zusammengebunden daneben an besonderer Stelle. ⁸ Da ging auch der andere Jünger, der zuerst an das Grab gekommen war, hinein; er sah und glaubte. ⁹ Denn sie wussten noch nicht aus der Schrift, dass er von den Toten auferstehen musste. ¹⁰ Dann kehrten die Jünger wieder nach Hause zurück."

Theologisch hat Johannes für seine Zuhörer diesen Abschnitt um die drei Worte „sehen – wissen – glauben" strukturiert. Das „Sehen"[230] ist

---

[229] Wir folgen nicht der Einheitsübersetzung. *Ruschmann* zitiert weder die EÜ noch die RL, sondern legt eine um Nuancen veränderte eigene Übersetzung vor, die sich bemüht, näher am griechischen Text zu bleiben.

[230] Die EÜ verfälscht erneut das griechische Präsens historicum in einen Bericht, der durchgehend im Imperfekt erzählt sei: „sie liefen … kam als erster … beugte sich vor … sah die Leinenbinden … ging aber nicht hinein." Das griechische Original des Johannes erlaubt sich jedoch Zeitsprünge, die grammatisch nicht falsch sind und zudem eine Lebendigkeit bieten, die das vor Jahren Erlebte als gegenwärtig neu geschehend vor Augen treten lassen.

das führende Wort bzw. das führende Geschehen bei Maria von Magdala und mehr noch bei den beiden Aposteln. Das „Wissen" führt bei dem Ereignis des leeren Grabes ein kümmerliches Dasein, es erreicht nur ein „Nicht-Wissen". Aus dem „Sehen" erwächst schließlich, für einen der Apostel bereits jetzt, das „Glauben".

Johannes schildert anschließend, dass Maria draußen vor dem Grab gestanden und geweint habe. Das lässt uns schlussfolgern, dass sie hinter den beiden Männern her zum Grab zurück gelaufen ist – aus der realen Situation, die sich in diesen Minuten überwiegend im Gefühlsleben der Beteiligten abspielte, völlig zu verstehen. Im Gegenteil anzunehmen, dass Maria aus Magdala, die über alles in der Welt ihren Rabbi suchte, nun im Haus geblieben wäre, ist völlig unmöglich. Ihr spontan-irrationales „Denken" mag gehofft haben: Vielleicht finden wir ihn ja doch noch ...

Wenn der Evangelist ihr Zurücklaufen zum Grab nicht eigens schildert – wie auch ihr Hineinschauen in die Grabkammer nicht – , so tut er auf literarische Weise das Gleiche, was heute Filmregisseure tun: Sie zeigen nicht jeden logischen Schritt einer Handlungssequenz, sondern lassen Zwischenschritte aus, wodurch der Zuschauer gezwungen ist, sich selber einzubringen und mitzudenken und die fehlenden Passagen in eigener Fantasie zu ergänzen. Ähnlich tut es hier der Evangelist.

Ich werde für die folgende Passage das Präsens beibehalten, wo es auch im Griechischen steht, entgegen der Einheitsübersetzung. In dieser Form vermittelt der Text noch mehr das ursprünglich Erlebte, Persönliche und Überraschende, als wenn es im sachlichen Imperfekt erzählt würde. Doch noch weitaus mehr spüren wir „hautnah" das Erleben der Frau, wenn wir – gestützt auf die Annahme, sie selber habe dem Johannes das erfahrene Geschehen mitgeteilt – den Text in der „Ich-Form" lesen: Ich stand draußen vor dem Grab und weinte. Während ich weinte, beugte ich mich ... da sehe ich ...

Die RL, ebenso *Ruschmann*, springt korrekt vom Imperfekt ins Präsens, Johannes tut dies ausgerechnet beim „Sehen": „... kam als erster zum Grab, und sich nach vorne bückend *sieht* er die Leinentücher daliegen, jedoch ging er nicht hinein. Da kommt auch Simon Petrus, ihm folgend, und ging in das Grab hinein und *sieht* die Leinentücher daliegen." (nach *Ruschmann*)

Wie heutige Exegese Joh 20, 11–18 literarkritisch liest

Hören wir nun den ganzen folgenden Abschnitt, der eine äußere und mehrere innere, seelische sowie theologische Ebenen miteinander mischt, wie es immer geschieht, wo wir lebendigen Menschen in ihrer ganzheitlichen Wirklichkeit begegnen.

> „[11] Maria aber stand draußen vor dem Grab und weinte. Während sie weinte, beugte sie sich in die Grabkammer hinein. [12] Da sieht sie zwei Engel in weißen Gewändern sitzen, den einen dort, wo der Kopf, den anderen dort, wo die Füße des Leichnams Jesu gelegen hatten. [13] Die Engel sagen zu ihr: Frau, warum weinst du? Sie antwortet ihnen: Sie haben meinen Herrn weggenommen, und ich weiß nicht, wohin sie ihn gelegt haben. [14] Als sie das gesagt hatte, wandte sie sich um und sieht Jesus dastehen, wusste aber nicht, dass es Jesus ist. [15] Jesus spricht zu ihr: Frau, warum weinst du? Wen suchst du? Sie meint, es sei der Gärtner, und sagt zu ihm: Herr, wenn du ihn weggebracht hast, sag mir, wohin du ihn gelegt hast. Dann will ich ihn holen. [16] Jesus sagt zu ihr: Mariam! Sich wendend sagt sie zu ihm auf Hebräisch: Rabbuni!, das heißt: Meister. [17] Jesus sagt zu ihr: Halte mich nicht fest, denn ich bin noch nicht zum Vater hinaufgegangen. Geh
> aber zu meinen Brüdern und sag ihnen: Ich gehe hinauf zu meinem Vater und zu eurem Vater, zu meinem Gott und zu eurem Gott. [18] Mariam von Magdala geht zu den Jüngern und verkündet ihnen: Ich habe den Herrn gesehen. Und dies habe er ihr gesagt."[231]

Ruschmann nennt diesen Abschnitt einen „sperrigen" Text.[232] Ihre Art der Interpretation wendet die übliche wissenschaftliche Methode der Texterarbeitung an. An ihrer Analyse kann deswegen gut gezeigt werden, was diese Methode vermag und was nicht. Ich werde später einen

---

[231] In seinem großen Kommentar zum Johannes-Evangelium (Freiburg, Basel, Wien, 1975; hier III. Teil, S. 353–380) geht *Rudolf Schnackenburg* auf diesen Wechsel der Zeiten überhaupt nicht ein. *Ruschmann*, die den Zeitenwechsel dagegen berücksichtigt, folgt in ihrer Arbeit vielfach den Ergebnissen von *Schnackenburg*, ohne ihn unter „Literatur" zu nennen.
[232] *Ruschmann*, S. 22ff.

anderen Zugang wählen, um das Geschehen hinter dem Text zu sehen und zu erfassen, indem ich mich der besonderen Rolle der Maria von Magdala von der Seite des „Schauens" nähere. Ich werde davon ausgehen, dass hier wirklich eine Begegnung passiert ist, und werde versuchen, „dabei" zu sein, gewissermaßen zu „berühren"[233].

Als Kontrast sei zuvor der Kommentar von Ruschmann nach ihrer Methode ungekürzt wiedergegeben:

„Schon beim ersten Blick fallen zahlreiche Brüche, Doppelungen und scheinbare Lücken auf. Für die meisten davon hat man bislang mit den klassischen Methoden historisch-kritischer Auslegung keine befriedigenden Erklärungen gefunden. Am auffälligsten sind folgende Textspannungen:

In V 2 erzählt Maria den Jüngern, dass das Grab leer ist (obwohl sie gar nicht hineingeschaut hat); in V 11 steht sie wieder weinend am Grab, ohne dass ihre Rückkehr erzählt wurde. Die einzelnen Personen nehmen beim Blick in das gleiche Grab ganz Verschiedenes wahr: Der geliebte Jünger sieht die Leinenbinden (V 5), Petrus ebenfalls, aber dazu noch das Schweißtuch (V 6f). Maria sieht in V 12 Engel in weißen Gewändern.

Die Engelszene wirkt insgesamt überflüssig und wird in V 14 einfach abgebrochen. Jesus wiederholt in V 15 die Frage der Engel, und von Maria wird V 16 zum zweiten Mal gesagt, sie wende sich um. Jesu Befehl „Halte mich nicht fest!" (V 17) klingt unbegründet, da gar nicht gesagt wird, dass Maria ihn festhalten will.

Traditionell werden diese Spannungen versuchsweise damit erklärt, dass hier mehrere Erzähleinheiten miteinander verwoben wurden. Einige dieser Nahtstellen seien noch klar erkennbar, so der Bruch zwischen V 10 und 11, der den Text in zwei Doppelhälften gliedert: den zwei Grabbesuchen (Maria, die beiden Jünger) folgen zwei Erscheinungsgeschichten (die Engel, Jesus). Auch die Nahtstellen innerhalb der beiden Hälften sind recht deutlich: In V 3 setzt eine neue Handlung mit zwei neuen Personen ein, wenn auch V 2 bereits dazu überleitet. Der Wechsel von der Engel- zur Christuserscheinung ist in V 14 durch die kurze Überleitung ‚als sie dies gesagt hatte' und das ‚Umwenden' Marias gegeben."

So weit Ruschmanns Darlegungen der „literarischen Schwierigkeiten" nach den Methoden heutiger Bibelauslegung.

---

[233] Im Vorwort habe ich die „Vorstellung des Ortes" und das Schauen schon hervorgehoben.

Sie fügt eine „Anmerkung zur Traditionsgeschichte" an. Darin wiederholt sie die gängige Interpretation, dem Text lägen „drei ursprünglich unabhängige(n) Erzählstücke(n)" zugrunde, Passagen also, die schon bei den Synoptikern zu finden seien, zu denen Johannes später aus eigenem Überlieferungsgut noch Weiteres hinzugefügt habe. Schließlich folgt bei Ruschmann ein Abschnitt „Exegetische Erläuterungen".

Ich habe schon darauf hingewiesen, dass ein Urteil wie „Brüche, Doppelungen und scheinbare Lücken" stillschweigend voraussetzt, der Evangelist hätte einen bestimmten literarischen Stil anwenden und durchhalten müssen; weil er dies nicht getan habe, müsse sich sein Text den Vorwurf von „Brüchen, Doppelungen und scheinbaren Lücken" gefallen lassen.

Dagegen ist jedoch erstens zu sagen, dass der Evangelist in der Wahl seines literarischen Stils frei gewesen ist. Nicht er musste sich einem späteren Kritiker unterordnen und dessen Wünschen folgen, sondern umgekehrt: der Kritiker heute muss den Stil des Evangelisten ertasten und diesem folgen. Wir haben schon auf die heute gängige Vorgehensweise bei Drehbüchern für Filme hingewiesen (und damit nur ein Beispiel genannt), wo ebenfalls in Handlungssequenzen Sprünge eingebaut sind, jedoch ganz bewusst, aus unterschiedlichen Motiven. Ein Kritiker wird aus diesem Grund nicht von „Brüchen, Doppelungen und scheinbaren Lücken" im Film reden.

Zweitens zeigt der Einwand aus der Schule der Literar- und Traditionskritik ein grundsätzliches Manko der Methode der „historisch-kritischen" Bibelauslegung[234] auf: Aufgrund ihrer methodischen Konzentration auf die textkritische, literarkritische, formgeschichtliche und redaktionsgeschichtliche Methode, die allesamt wichtig zur ge-

---

[234] Vgl. *H. Zimmermann*, Neutestamentliche Methodenlehre. Darstellung der historisch-kritischen Methode, Stuttgart 1967.
Die *textkritische Methode* will möglichst den ursprünglichen Wortlaut der neutestamentlichen Schriften feststellen; die *literarkritische Methode* sucht die literarische Eigenart und Zielrichtung des Textes zu erfassen, die Entstehungsverhältnisse der Schriften zu klären und ebenso die Frage nach der Verfasserschaft; die *formgeschichtliche Methode* fragt nach den literarischen und vorliterarischen Formen bzw. Gattungen und ihrer Geschichte, ihrem jeweiligen „Sitz im Leben"; die *redaktionsgeschichtliche Methode* schließlich will eine Erklärung der Entwicklung des Werkes bis zu seiner jetzigen Gestalt geben. Zusätzlich ist noch die *Traditionsgeschichte* zu berücksichtigen.

nauen Erfassung eines Textes sind, vermag diese Methode andrerseits nur schwer über die von ihr erfassbaren ersten Schreiber und deren „Sitz im Leben" hinauszukommen. Sie konzentriert sich ja, wie die vier klassischen Bereiche anzeigen, auf den geschriebenen Text, auf seine kritische Erfassung, seine Einordnung und Entwicklung in der Tradition mit wiederum ihren Einflüssen und Abhängigkeiten.

Jesus aber hat nichts geschrieben. Er in seiner Person ist das mit Fleisch und Blut geschriebene Wort Gottes.

Also kann diese viergestaltige Methode wegen ihrer Methode ihn selber nicht erfassen. Die historisch-kritische Methode studiert die ihr vorliegenden Texte, die von Späteren geschrieben sind und die über Jesus, seine Taten und Worte ihren Lesern berichten. Deswegen findet man in Büchern, die dieser Methode strikt folgen, regelmäßig Formulierungen wie: Bei Markus sagt Jesus ... Lukas lässt Jesus sagen ... Nach der Theologie des Matthäus hat Jesus ... Die nachösterliche Gemeinde aber war überzeugt, dass ihr Jesus ... Die Priorität des Markus-Textes ist nicht in Zweifel zu ziehen ... Usw.

Nun sind wir aber nicht durch die „nachösterliche Gemeinde" erlöst, sondern durch Jesus, den Christus.

Ihm folglich muss unser erstes Interesse gelten. Er aber war, wie auch seine Jünger und die Frauen, die ihnen dienten, ein lebendiger Mensch aus Fleisch und Blut oder, um mit heutigen Termini zu reden, ein Mann mit Seele, Emotionen, Geist und Leib. Wo eine Methode um ihrer arbeitstechnischen Genauigkeit willen diese integralen Bereiche des Menschen ausspart, weil sie für diese kein methodisches Werkzeug zur Hand hat, liefert sie dem nach Glauben strebenden Menschen die zwar unverzichtbare Grundlage gesicherter Traditionen und Texte, präsentiert mit ihnen aber nur ein papiernes Zwischenergebnis. „Ihn selbst aber sahen sie nicht." Der lebendige Mensch in all seinen menschlichen Vollzügen und Bezogenheiten wird dahinter nur schemenhaft oder als „Bruch" erahnbar.

Die historisch-kritische Methode müsste sich über ihre vier geläufigen Methoden hinaus[235] erweitern und nach weiteren geeigneten Methoden, „Werkzeugen", Ausschau halten, die in der Lage sind, durch die Schriften und über sie hinaus die lebendigen Menschen zu

---

[235] In der Fachliteratur rechnet man noch die *Begriffsgeschichte* und den *religionsgeschichtlichen Vergleich* als weitere Methoden hinzu (s. *Zimmermann*, S. 258, Anm. 1), doch auch sie bleiben im Bereich des „Papiers", der Analyse geschriebener Texte.

erfassen in all den Dimensionen des Lebendigen und Gesellschaftlichen, die zum menschlichen Verhalten gehören. Von ihnen her müsste sie dann den Weg bis zum Feststellen des Ursprungs durch die ersten mündlichen und schriftlichen Zeugnisse gehen.

Eben dies ist mein Anliegen: Mit den Methoden der historisch-kritischen Forschung den Weg zurück freilegen, durch alles Papier hindurch, und den Zugang zu den lebendigen Menschen der biblischen Ursituation finden. Sodann diese Menschen in ihrem damaligen Umfeld plastisch erstehen lassen und sie dem heute die Grundlage seines Glaubens Suchenden lebendig präsentieren. Dann kann dieser selber in die vergegenwärtigte Situation eintreten und mit Leib und Seele und Geist dabei sein. Dann mag er selber das damalige Geschehen in und zwischen den Menschen um Jesus in seinem eigenen Innern nacherleben, erspüren und ertasten – und dies auf gesicherter kritischer Grundlage des Textes.

Um ein Beispiel zu geben:

Wenn Kriminalbeamte einen Mordfall zu bearbeiten haben, müssen sie oft genug von Indizien ausgehen, von winzigen Dingen, die am Tatort sichergestellt worden sind. Dabei haben sie sich davor zu hüten, diese Dinge durch eigenes Berühren zu verfälschen. Sodann müssen diese Beweisstücke mit den modernsten Methoden der Analyse in verschiedenen Laboratorien erforscht werden: Was die rote Farbe an der Spitze des Metallstücks in Wirklichkeit ist, auf welche Schere dieses Kantenprofil hinweist, was den Einstich am Unterarm verursacht haben könnte, auf welche Todeszeit der Zustand des Mageninhalts des Leichnams schließen lässt, usw. All diese Untersuchungen werden in Berichten auf Papier festgehalten, sie ergänzen sich gegenseitig, werden gesammelt in Aktenordnern.

Doch all diese papiernen Ergebnisse sind noch nicht der Mörder.

Der aber ist das Ziel. Nicht der Aktenordner!

Auf den Mörder muss der menschliche Verstand der Fachleute anhand der analysierten Beweisstücke zurückschließen. Dazu muss der Kriminalbeamte alle Dimensionen berücksichtigen, die für einen Menschen typisch sind, also auch die Psyche des Gesuchten herausfinden und analysieren. Psychische Zustände, familiäre Prägungen wie z. B. Machtstreben oder Minderwertigkeitskomplex oder angestauter Hass oder Liebesentzug lassen normalerweise keine materiellen Indizien zurück. Doch die Psyche des Mörders liegt wie ein innerer Beweggrund gleichsam „unter" allen einzelnen Beweisstücken, haftet ihnen an und verbindet sie logisch zu einer Einheit. Die Menge der gefundenen Teile plus ertasteter Psyche, „Motivation", ermöglicht schließlich, sie als Puzzleteile, ergänzt durch die schlussfolgernde Fähigkeit des Kriminalkommissars, zu einem ganzheitlichen Phantombild zusammenzusetzen. Dieses bietet zunächst nur ein hypothetisches Profil des Mörders, mit dessen Hilfe aber der Flüchtige gesucht werden kann.

Die historisch-kritische Methode scheint mir zu oft bei der Analyse der einzelnen „Beweisstücke" stehen zu bleiben. Diese sind selbstverständlich unerlässlich, will man nicht Fantastereien und eigenen Wünschen oder Ängsten verfallen (alias Verfälschung der Beweisstücke durch eigenes Berühren) und sowieso nur das herausfinden, was man selber immer schon geglaubt hat. Aber das Ziel unserer Forschung sind ja nicht die „Beweisstücke", sondern das Ziel ist der Mensch dahinter, Jesus oder Maria von Magdala oder andere. Und zu diesem Ziel müssen vorhandene Methoden durch immer bessere ergänzt werden.

Deshalb wird diese Arbeit die gefundenen „Beweisstücke", also die Ergebnisse der textkritischen Forschungen, immer neu so zusammenfügen, bis sich aus ihnen das „Profil" des Menschen erspüren und erschließen lässt, den wir suchen. Deshalb war es z. B. unerlässlich, die Stadt Magdala gleichsam dreidimensional vor unseren Augen erstehen zu lassen, weil doch dieses „Beweisstück" unüberhörbar eines der beiden charakteristischen Hauptmerkmale der Frau aus Magdala ist.

Dann erst können wir ein „Szenario" dieses Menschen aufbauen und der Personen und der Welt, in der er lebte, ihrer Geschäfte und gesellschaftlichen Ebenen[236], ein Szenario der Bezogenheiten dieses Menschen zu seiner eigenen Geschichte, zu seiner Zeit und zu den Menschen um ihn herum und dieser untereinander, um schließlich schlussfolgernd ein lebendiges Bild erstehen zu lassen, weit mehr als Papier, nämlich Menschen aus Fleisch und Blut, mit Verstand und

---

[236] Es ist deshalb für mich nicht zu verstehen, warum weder *Ruschmann* (S. 9) noch *Schürmann* (S. 446) noch *Bovon* dieses „Beweisstück" Magdala genauer identifizieren und somit das primäre Charakteristikum der Frau gar nicht auswerten. Damit bleibt sie ohne Profil, „unverstanden".
Schnackenburg unterlässt es gleichfalls, etwas zu Magdala zu sagen, als er in seinem Kommentar zum Johannes-Evangelium (III. Teil, 1975) die Frau aus Magdala zum erstenmal (19, 25) erwähnt. Er sagt nur (Anm. 37 auf S. 322): „Nach Pressemeldungen wollen jetzt zwei italienische Forscher die genaue Lage des alten Ortes festgestellt haben." *Kroll* kann in der 5. Auflage (1975, Leipzig) seines Buches „Auf den Spuren Jesu" erheblich mehr zu Magdala sagen. Ganz abgesehen von *Josephus Flavius* und anderen Forschungen.

Gefühlen, mit Geschichte und Entwicklung, mit Emotionen und Zielen – um schließlich die Wahrheit oder Wahrscheinlichkeit dieser Hypothese dadurch zu testen, ob sich dieses lebendige Szenario so auf Papier für Spätere wiedergeben lässt, wie die Evangelisten es getan haben.

Kommen wir zurück zum Grab und den Vorgängen am Ostermorgen, wie der Evangelist Johannes sie schildert. Die „Brüche, Lücken, Doppelungen" bestehen nur (!) in der Vorstellung der Kritiker und nicht im realen Geschehen an diesem Ort, an diesem Morgen, mit diesen Menschen und ihrer seelischen Verfassung.

Ruschmann bezeichnet die Nennung der Herkunftsbezeichnung der Frau aus Magdala durch Johannes am Anfang (19, 25) und am Ende (20, 18) ihres „Auftrittes" in seinem Evangelium eine „feierlich klingende Namensnennung"[237] – diese Einstufung ist nur möglich, wenn man zuvor nicht recherchiert hat, um was für eine Stadt es sich bei Magdala/Tarichea gehandelt hat, von der die Evangelien nicht berichten, dass Jesus sie betreten habe.

Sodann analysiert Ruschmann, Jesus werde in der Botschaft, die Maria dem Petrus und dem anderen Jünger überbringt, „zum ersten Mal im Johannesevangelium innerhalb einer Erzählung als ‚Herr' (griech.: *kyrios*) bezeichnet."

Es ist mir nicht klar, was die Autorin mit „innerhalb einer Erzählung" meint. Der Begriff *kyrios* ist im Johannesevangelium jedenfalls schon vielfach verwendet worden: Die Frau am Brunnen von Sychar (Joh 4) redet den unbekannten jüdischen Mann mehrfach mit „Herr/*kyrios*" (4, 11.15.19) an, ebenso der königliche Beamte (4, 49) wie auch der Kranke am Betesda-Teich (5, 7) und der Blindgeborene nach seiner Heilung (9, 36.38). Vor allem aber die Schwestern Marta und Maria nach dem Tod ihres Bruders Lazarus gebrauchen in Joh 11 durchgehend in ihrem Zwiegespräch mit Jesus die Anrede „Herr/*kyrie*". In 11, 2 schließt sich der Evangelist dieser Redeweise selber an: Maria ist die, die „den Herrn/*ton kýrion*" mit Öl gesalbt ... Im 12. Kapitel bei Johannes ruft die Menge: „Gepriesen, der da kommt im Namen des Herrn, der König Israels" (V. 13), und anschließend sprechen einige griechische Festpilger den Apostel Philippus mit „Herr/*kyrie*" an (Joh 12, 21). Ebenso spricht Petrus seinen Meister bei der Fußwaschung mit „Herr" an (13, 6.9) – und Jesus selber schließlich fasst dies

---

[237] *Ruschmann*, S. 24.

alles zusammen, indem er am Ende der Fußwaschung sagt: „Ihr ruft mich ‚Meister' und ‚Herr' ..." (13, 13).

Wenn also Menschen, die Jesus gar nicht kennen, ebenso wie solche, die ihn kennen, ihn mit „Herr" anreden, Frauen wie Männer, wenn nicht nur Jesus, sondern auch andere Männer damals mit „Herr/*kyrios*" angeredet werden können[238], und wenn Jesus selber diese Anrede seiner Person als eine gängige Form neben der des „Meisters" wie in einer Zusammenfassung bestätigt – wie kann man dann sagen, Jesus werde hier zum ersten Mal innerhalb einer Erzählung als „Herr" bezeichnet? Johannes gibt nur einen üblichen realen Sprachgebrauch wieder, der damals in Palästina und Griechenland sowohl allgemein üblich war als auch im Besonderen auf Jesus angewandt wurde. Nur beim Einzug in Jerusalem, wo die Menge „Hosianna" ruft, wird Jesus deutlich in die Parallele zu Psalm 118, 26 gestellt: „Gesegnet sei er, der kommt im Namen des Herrn/Jahwes."

Ferner bemerkt Ruschmann unter „Exegetische Erläuterungen"[239], es falle auf, dass „die Szene 20, 3–10 mit dem Kontext 20, 1.2.11–18 (ausgenommen der Personenangaben in Vers 2) nicht verwoben ist und für die nachfolgende Handlung wirkungslos bleibt ... Die Verse 3–10 bilden eine eigene Einheit und können aus der sie umgebenden Erzählung herausgelöst werden, ohne dass für deren Fortgang und Inhalt ein Verlust entsteht."

Hieran wird wieder deutlich, was der „mainstream" der Bibelkritik tut: Er führt den Leser auf die Ebene des Geschriebenen, als wär's ein Roman mit erfundenen Figuren, die es als fiktive natürlich nur auf dem Papier gibt. Und dann fragt man vorwurfsvoll: Warum wurde das eigentlich geschrieben, wenn es doch gar keinen Zusammenhang mit dem Folgenden hat?

Ich dagegen bemühe mich, in die reale Situation an diesem Morgen einzutreten, die auftretenden Personen mit ihrer je eigenen Vergangenheit zu erfassen, mit ihrer seelischen Not, die sie durchleben nach all dem, was passiert ist. Dieses komplexe Innen- und Außenleben will ich nachempfinden. Dann, so erwarte ich, bildet alles Geschriebene eine absolut logische, reale Einheit.

Die Verbindung zwischen den Versen 1–2 und dem Lauf der Männer zum Grab (Verse 3–10) ergibt sich aufgrund der inneren damaligen

---

[238] Der Hausherr im griechischen *oikos* (Haus, Hauswesen, Grundstück) hieß allgemein *kyrios*.
[239] *Ruschmann*, S. 25 und folgende.

Notwendigkeiten: Die Magdalenerin war verpflichtet, den Männern, die in der Jesus-Bewegung zuständig waren, Bericht zu erstatten. Und die Männer mussten prüfen, ob diese Frau – wieder einmal – recht berichtete. Selbst wenn Johannes diesen Bericht (3–10) vom Lauf der beiden Apostel zum Grab usw. herausgelassen hätte, wir hätten ihn aufgrund der damals und in dieser Gruppe um Jesus herrschenden „Strukturen" als sicher annehmen müssen!

Hinzu kommt aber Folgendes (und da mag Ruschmann etwas gespürt haben, ohne es genau identifizieren zu können): Wir vermuten ja, dass beide Texte – der Gang der Männer zum Grab als auch die „Geschichte der Maria" (Verse 1–2 und 11–18) – je eigene Geschichten sind, die auf das Berichten von selbst Erlebtem zurückgehen. Der Evangelist hätte dann in eine „Maria-Geschichte" seine eigene, die „Petrus/Johannes-Geschichte" redaktionell und zugleich der Wirklichkeit entsprechend eingefügt, ohne im Text viel zu verändern.

Für Vers 11 und folgende bemerkt Ruschmann, dass Maria dort am Grabe stehe und weine, aber der Grund für ihre Trauer werde nicht genannt ... Himmeldonnerwetter noch mal, das hätte gerade noch gefehlt! Ruschmann überlegt dann, dass Maria wohl weine, weil ihre Suche nach dem verschwundenen Leichnam vergeblich sei. Was sie nicht reflektiert, ist die Aussagekraft des Weinens, mithin die psychische Situation der Frau. Denn wenn jemand weint, weil ein Leichnam verschwunden ist, dann muss der Frau an diesem Leichnam bzw. an der zuvor lebendigen Person viel, sehr viel gelegen haben. Die anderen Frauen weinen nicht, sind anscheinend gar nicht mehr mit ihrer „Chefin" zurückgegangen zum Grab, deshalb kann die Frau aus Magdala auch anschließend ganz korrekt sagen: „Man hat meinen (!) Herrn weggenommen, und ich weiß nicht, wohin man ihn gelegt hat."

Sehr schön bemerkt Ruschmann hierzu, die Antwort der Frau aus Magdala höre sich so an, „als habe man etwas von ihrem Eigentum genommen". In der Tat! Eben das sollte eine genaue Analyse, die die Seele des Menschen nicht ausklammern darf, berücksichtigen.

Maria weint also nicht aus Formsache.

Weiter: Ruschmann findet, dass Marias Vorbeugen ins Grab hinein seltsam gestellt wirke. „Es ist eigenartig, dass sie das Grab nicht betritt, während sie mit den Engeln im Grabesinnern spricht."

Wiederum ist zu sagen, dass das Ganze nur dann „seltsam gestellt" erscheint, wenn man auf dem Papier bleibt. Geht man jedoch an das Grab, das die Archäologen seit Jahrhunderten in Jerusalem in der Anastasis freigelegt haben, berücksichtigt man, dass alles Äußere davon aus späteren Jahrhunderten stammt, dass nur der Grabtrog, ja sogar nur das Innere dieses Steintroges noch das Original von damals ist, versetzt man dann diesen Grabtrog in Grabkammern, die der des Joseph von Arimathäa ähnlich und uns erhalten geblieben sind (im Umgang der Rotunde der Grabeskirche hinter dem Grab finden sich solche einfachen Grabkammern), dann erscheint nichts „seltsam gestellt", sondern völlig natürlich: Es reicht ein „beugte sich hinein", um die Gestalten „rechts" (Mk 16, 5) auf dem Rand des Troges sitzen zu sehen.

Johannes berichtet eben ein Geschehen, das in Natura wirklich passiert, nicht auf dem Papier erfunden ist.

Kommen wir zu jener zentralen Begegnung der Frau aus Magdala mit dem, den sie zunächst für den Gärtner hält. Übergehen wir, was Ruschmann einen „ungeschickt wirkende(n) Übergang" nennt, wo das „Motiv des Gärtners" aus der johanneischen Überlieferung erklärt wird – es ist schrecklich: Alles bleibt auf dem Papier. Niemand geht an Ort und Stelle und schaut. Niemand ertastet die Psyche, die das alles erlebt und durchlitten hat.

Dann kommt Ruschmann auf die Namensform zu sprechen, mit welcher der Gärtner/Jesus die Frau aus Magdala anspricht: Maria. Ruschmann schreibt:

„Für die Namensform, mit der Jesus sie anspricht, ist im griechischen Text ‚Mariam' am besten bezeugt. Diese griechische Form des hebräischen Namens ‚Mirjam' ist die eigentliche Form des damals weit verbreiteten Namens. Maria von Magdala ist im Johannesevangelium dennoch die einzige Maria, die ‚Mariam' genannt wird, und zwar erstmals von Jesus in 20, 16, während sie in 19, 25 und 20, 1.11. ‚Maria' heißt. In 20, 18 wird sie dann nochmals ‚Mariam' genannt."[240]

Das war die Stelle, wo ich stockte.

Wo ich den griechischen Text holte, las und schaute und schaute und las und den Kopf schüttelte ...

Diese Behauptung ist nämlich falsch.

Die Frau aus Magdala ist im Johannesevangelium keineswegs die einzige Maria, die ‚Mariam' genannt wird! Ein Blick in den griechischen Text des Johannesevangeliums (man braucht dazu 9 Sekunden) zeigt einen ganz anderen Sachstand: In Joh 11, 2, wo von der Krankheit des Lazarus in Betanien berichtet wird, erwähnt der Evangelist gleich in Vers 2 das „Dorf, in dem Maria und ihre Schwester Marta

---

[240] *Ruschmann*, S. 27.

wohnten". Er fährt fort: „Maria*m* ist die, die den Herrn mit Öl gesalbt und ..." Ebenso heißt sie in Vers 20 „Maria*m*", und noch einmal so in Vers 32: „Als Maria*m* dorthin kam, wo Jesus war, ..."

Maria von Betanien wird achtmal im Johannes-Evangelium mit ‚Mariam' bezeichnet!

Wie ist es möglich, dass eine Theologin eine Dissertation über Maria von Magdala schreibt und eine derart falsche Aussage machen kann? Wer alles hat nicht bemerkt, dass auch eine andere Maria im griechischen Text des Johannes-Evangeliums mit ‚Mariam' wiedergegeben wird?

Aber ich bin Frau Ruschmann vor allem zu Dank verpflichtet: Denn durch mein Stolpern über ihren Irrtum ist mir an eben dieser Stelle (Joh 11, 2) bei der weiteren Bearbeitung das aufgegangen, was ich das „große Geheimnis" des Johannes nennen werde, das er gelüftet hat.

Die nebensächliche Ungenauigkeit von Ruschmann verlockte mich zunächst aber, nachzuforschen, wie der Name „Maria/m" in den vier Evangelien gebraucht wird.

EXKURS -3-

„Maria" und „Marjam" im Neuen Testament

Der Name „Maria" taucht im Neuen Testament unter allen Frauennamen am häufigsten auf. Die bekanntesten Frauengestalten mit diesem Namen in den vier Evangelien sind Maria, die Mutter Jesu, und Maria, die Frau aus Magdala. Hinzu kommen noch Maria, die Schwester der Marta, und Maria, die Frau des Kl(e)opas.

Die hebräische Form des Namens Maria lautet „mirjam" (oder auch „marjam"). Das „j(ah)" deutet auf „Jahwe" hin, und dieser Name bedeutet im Wesentlichen: „Gott, der das Volk begleitet"[241]. „Der Name ‚Maria' besteht aus zwei Wurzeln, einer ägyptischen und einer hebräischen. *Myr* besagt im Ägyptischen: Geliebte, während *jam* im Hebräischen eine Abkürzung für Jahwe (ja oder jam) ist. Somit bedeutet Maria oder Mirjam: die Geliebte Jahwes oder Vielgeliebte Gottes."[242]

Die Bedeutung dieses Namens lässt es verständlich erscheinen, wenn viele Mütter ihren Töchtern gerne diesen Namen gaben.

Doch gibt es in den vier Evangelien einen wechselnden Gebrauch dieses Namens, der den Lesern der (deutschen) Einheitsübersetzung und der revidierten Lutherübersetzung verborgen bleibt: 25mal wird im Griechischen der Name „Maria" gebraucht, und 26mal (!) die andere Form desselben Namens, nämlich „Mariam"[243]. Doch die beiden genannten Übersetzungen bringen an allen Stellen im Deutschen einheitlich das bekannte „Maria". Die Übersetzer folgten damit wohl der Annahme, dass mit dem Wechsel des Namens kein bedeutender Unterschied in der Sache einhergehe.

An dieser Stelle wollen wir einhaken und genauer nachfragen: Haftet dem Wechsel im Gebrauch des griechischen Maria und dem des

---

[241] *Leonardo Boff*, Ave Maria – Das Weibliche und der Heilige Geist, Düsseldorf 1982, S. 72f.

[242] *Boff*, S. 43. „Diese philologische Herleitung besitzt einen hohen historischen Wahrscheinlichkeitsgrad; denn die erste Frau, die unter dem Namen Maria bekannt ist, ist die Schwester von Mose und Aaron, die in Ägypten geboren sind: Mirjam (Ex 15,20)."

[243] *Joachim Gnilka*, Das Matthäusevangelium, Freiburg 1986, 1.Teil, S. 514: Letztere Form „lässt noch das hebräische Mirjam durchschimmern".

hebräischen Mirjam/Mariam vielleicht eine gewisse Bedeutung an oder ist er willkürlich, ohne erkennbaren Grund?

Zunächst ist der Sachbestand zu erheben. Der ergibt Folgendes: Alle vier Evangelisten gebrauchen (im Griechischen) den Namen Maria (ebenso die Apostelgeschichte und der Römerbrief), den Namen Mariam jedoch gebrauchen nur Matthäus, Lukas und Johannes – Markus gebraucht diesen Namen nicht.

Wie bezeichnen die Evangelisten mit diesen beiden Namen die Mutter Jesu und die Frau aus Magdala?

Wie wird die Mutter Jesu bezeichnet?

Die Mutter Jesu wird von Matthäus sowohl Maria genannt (in 1, 16.18.20 und 2, 11, also in Texten aus dem Stammbaum, von der Ankündigung der Geburt und der Huldigung der Sterndeuter) als auch Mariam (in 13, 55, bei der Ablehnung Jesu in Nazaret).

Markus fällt für unsere Erhebung heraus, da er ausschließlich die griechische Form Maria verwendet.

Lukas zeigt einen überraschenden Gebrauch:

Die Mutter Jesu nennt er nur an einer Stelle mit dem griechischen Maria, nämlich beim Besuch Marias bei Elisabet (1, 41). Doch im Umfeld der gleichen Szene nennt er die Mutter Jesu nur noch mit dem hebräischen Mariam, so bei der Verkündigung durch den Engel (1, 27.30.34.38) und noch einmal in der Einleitung zum Besuch bei Elisabet (1, 39) und ebenso beim anschließenden *Magnificat* 1, 46 und 1, 56. Auch im folgenden Kapitel über die Geburt heißt die Mutter Jesu nur Mariam: 2, 5 (in 2, 6 steht im Griechischen kein Name), 2, 16 und 2, 19. Und noch einmal beim Segen Simeons im Tempel wird die Mutter Jesu mit dem hebräischen Mariam (2, 34) bezeichnet. Danach wird sie von Lukas namentlich nicht mehr erwähnt (auch nicht unter dem Kreuz), erst wieder in der Apostelgeschichte (1, 14) und hier erneut mit dem hebräischen Mariam.

Dem Evangelisten Lukas, Arzt von Beruf, müssen wir sehr dankbar sein, er hat Maria gewissermaßen „gerettet": Ohne seine Überlieferung von der Mutter Jesu wüssten wir von Maria bedeutend weniger. Vielleicht hatte Lukas ein besonderes Verständnis für das Weibliche.

Das Evangelium nach Johannes bietet eine weitere Überraschung: Dieser Evangelist nennt die Mutter Jesu weder mit dem griechischen Maria noch mit dem hebräischen Mariam, sie wird von ihm stets nur „die Mutter (Jesu)", „seine Mutter" genannt.

Fassen wir zusammen: Die Mutter Jesu wird von Matthäus mehrheitlich Maria genannt, von Lukas dagegen (fast) ausschließlich Mariam. Markus gebraucht sowieso nur die griechische Form Maria. Johannes nennt sie nur „Mutter".

Wie wird die Magdalenerin bezeichnet?

Am Anfang der Evangelien taucht diese Frau naturgemäß nicht auf. Ihre erste Nennung bringt Lukas in einem Hinweis auf die Gruppe von Frauen, die Jesus und die Jünger begleiteten. Erst ab der Kreuzigung taucht die Frau aus Magdala bei den anderen Evangelisten namentlich auf. Bei den Frauen unter dem Kreuz nennt Matthäus diese Frau einmal griechisch Maria (27, 56) und gleich darauf (27, 61), nach dem Tod Jesu, mit dem hebräischen Mariam. Ebenso heißt sie beim Gang zum Grab am frühen Morgen bei ihm Mariam (28, 1).

Markus nennt im 15. und 16. Kapitel die Frau aus Magdala, getreu seiner Entscheidung, ebenfalls nur mit dem griechischen Maria.

Lukas nennt die Frau aus Magdala (8, 2) in jener Gruppe von Frauen, die für Jesus sorgten, mit der griechischen Form Maria; Maria heißt sie auch am leeren Grab des Ostermorgens (24, 10). Mit dem hebräischen Mariam kennzeichnet er die Frau aus Magdala nicht. Dafür aber eine andere, wie wir sehen werden.

Johannes nennt die Frau aus Magdala zum ersten Mal unter dem Kreuz (19, 25), und dort heißt sie Maria. Mit dem gleichen Namen wird sie bezeichnet, als sie am Ostermorgen zum Grab eilt (20, 1), und als sie etwas später allein vor dem Grab steht, heißt sie bei ihm ebenfalls Maria. Doch gleich darauf, in derselben Szene am Grab, als der Auferstandene sie anspricht, nennt er sie mit dem hebräischen Mariam (20, 16), und so wird sie auch genannt, als sie zu den Jüngern geht (20, 18). Doch auch Johannes nennt eine weitere Frau Mariam.

Hier ergibt die Zusammenfassung folgendes Bild:

Die Frau aus Magdala wird von Matthäus einmal mit dem griechischen Maria benannt, zweimal mit dem hebräischen Mariam. Markus gebraucht sowieso nur den griechischen Namen Maria. Lukas bezeichnet sie nur mit dem griechischen Maria, Johannes dagegen nennt sie, in eng beieinander liegenden Szenen, dreimal Maria und anschließend zweimal Mariam.

Eine Hauptlesart aus vielen Textzeugen

Bis hierher konnte sich die Erhebung zum Bestand des Vorkommens der beiden Namensformen damit begnügen, dass wir nachschauten, was „im Griechischen" steht. Doch hier stoßen wir auf eine Schwierigkeit. Denn „das" Griechische[244], das heute als Grundtext für alle Übersetzungen dient, gibt es gar nicht. Genau betrachtet, ist es eine sogenannte „Hauptlesart", die im Lauf von über 100 Jahren Forschung aus über 6000 kleinen, kleinsten und großen Texten nach gewissenhaften Kriterien und Regeln herausgebildet wurde. Bei manchen Originaltexten ließ sich mühsam nur ein Buchstabe zweifelsfrei entziffern. Die „Hauptlesart" ist also ein „Konstrukt" aus vielen griechischen (und anderen) Texthandschriften, das nach bestimmten Qualitätsmerkmalen ausgesucht ist.

So gibt es für die Evangelien „Ständige Zeugen erster Ordnung". Zu ihnen gehören etwa 40 „Papyri"[245] und an die 100 „Majuskeln"[246], dazu viele Minuskelfamilien. Sodann gibt es „Ständige Zeugen zweiter Ordnung" und daneben z. B. noch alte lateinische, syrische, armenische, ägyptische, koptische Übersetzungen. Letztere entstanden seit dem 3. Jahrhundert in sieben Dialekten. So gibt es z. B. eine Gesamtübersetzung des NT im koptischen Dialekt des Sahidisch und des Bohairisch, und dies alles noch einmal gesondert für Evangelien, Apostelgeschichte, Paulusbriefe usw. Im „Apparat", also in den Fußnoten, erscheint nach bestimmten Regeln jede Abweichung von der Hauptlesart. In die

---

[244] Ich folge hier dem Text *Nestle-Aland*, Das Neue Testament Griechisch und Deutsch, Griechischer Text: 27. Auflage, Deutsche Texte: Revidierte Fassung der Lutherbibel von 1984 und Einheitsübersetzung der Heiligen Schrift 1979, Münster ²1995.

[245] Papyrus ist ein aus dem Mark der Papyrusstaude gewonnenes papierähnliches Material, das vor allem in Ägypten gezüchtet und verwandt wurde. Wegen seiner Festigkeit wurde es auch für Segel, Matten u.ä. verarbeitet. Das älteste beschriebene Papyrus-Fragment stammt aus der Zeit um 2700 v.Chr. Die frühesten Papyri für das Neue Testament stammen aus dem 2. Jh.: P^{52}, der sogenannte Papyrus Rylands; P^{66} (Papyrus Bodmer 2, um 200) enthält fast vollständig das Johannesevangelium.

[246] „Majuskeln" bestehen aus gleich hohen Buchstaben (Großbuchstaben), während „Minuskeln" Ober- und Unterlängen haben. Bei *Kroll* (Auf den Spuren Jesu, Leipzig) kann man auf der Deckelinnenseite in Majuskeln den Codex Vaticanus (Anfang 4. Jh.) und rechts den Codex Sinaiticus (Mitte 4. Jh.) sehen. Der Vaticanus bringt Mt 1,1-18, den Namen Maria kann man entdecken.

Hauptlesart aufgenommen werden vor allem Papyrustexte, denen aufgrund ihres Alters besondere Bedeutung zukommt, z. B. P⁴⁵.

Mit anderen Worten: Wenn in einer bestimmten Zeile eines Evangeliums der Name Maria erscheint, heißt das nicht, dass nun alle griechischen Texthandschriften, die wir besitzen, in ihrem Text an dieser Stelle ebenfalls den Namen Maria anführen – manche bringen an dieser Stelle nämlich Mariam. Oder wo als Hauptlesart Mariam bevorzugt wurde, entdecken wir im Apparat, dass andere Textzeugen diese Textstelle mit Maria wiedergeben.

Wenn wir also wissen wollen, ob dem Wechsel des Namens Maria zu Mariam oder umgekehrt eine Bedeutung zugrunde liegt, die mehr ist als wenn man heute einmal „Maria" sagte und beim nächsten Mal in flottem Englisch „Mary", dann reicht es nicht, „das" Griechische zu befragen. Wir müssen vielmehr die einzelnen Textzeugen gesondert anschauen. Da dies aber die Feinarbeit von Fachleuten erfordert, begnügen wir uns mit zusammenfassenden Ergebnissen.

Was findet sich bei Matthäus?

Aus 15 Textzeugen sind es nur zwei (P¹ und A)[247], die bei insgesamt acht Textstellen, an denen Matthäus die Mutter Jesu oder die Frau von Magdala nennt, ausschließlich mit der griechischen Form Maria arbeiten. Bei den übrigen 13 Textzeugen finden sich für beide Frauen beide Formen.

In 1, 18 ebenso wie in 2, 11 wird nur die griechische Form Maria benutzt, in 1, 20 dagegen überwiegend die hebräische Mariam, die jedoch nicht im Haupttext erscheint. Umgekehrt wird Maria, die Mutter Jesu, in 13, 55 von allen Textzeugen für Matthäus nur Mariam genannt – doch die Hauptlesart bei Markus zur selben Stelle (6, 3) nennt die Mutter Jesu Maria, ohne dass es eine andere Lesart gäbe.

Am Ende seines Evangeliums spricht Matthäus nicht mehr von der Mutter Jesu, nur noch von anderen Frauen, vor allem von der Frau aus Magdala. In 27, 56 wird sie griechisch Maria genannt, aber ebenso viele Textzeugen nennen sie – und die Maria des Jakobus(!) – an dieser Stelle Mariam. 5 Verse weiter (27, 61), als Jesus schon ins Grab gelegt ist, nennt die größere Zahl der Textzeugen (und die bedeutenderen) die Frau aus Magdala Mariam. Am Ostermorgen am Grab wird sie

---

[247] „P¹" Abkürzung für „Papyrus 1": aus dem 3. Jahrhundert, heute in Philadelphia; „A" (oder 02) Abkürzung für den Codex Alexandrinus, 5. Jh.

dagegen von mehr Textzeugen Maria genannt als Mariam, sogar von solchen (B und f¹)[248], die sie gerade noch Mariam genannt haben. Mariam wurde in den Haupttext genommen.

Zu beachten ist vielleicht, dass Matthäus in 27, 61 („Auch Mariam von Magdala und die andere Maria waren dort") nur die erste der beiden Frauen mit dem hebräischen Mariam bezeichnet.

Mir scheint, der Befund lässt keine besonderen Schlüsse zu. Maria, die Mutter Jesu, wird von den alten Textzeugen etwas öfter mit dem griechischen Namen als mit dem hebräischen bezeichnet, die Frau aus Magdala umgekehrt etwas mehr mit dem hebräischen als mit dem griechischen. Warum manchmal ein Namenswechsel auch in derselben Quellschrift erfolgt, ist nicht ersichtlich.

Der Befund bei Markus

Eingangs mussten wir sagen, Markus bringe für unsere Erhebung nichts, da er ausschließlich die griechische Form Maria benutze; das bezog sich auf die Hauptlesart des griechischen Neuen Testamentes. Schaut man jedoch die verschiedenen Textzeugen an, so ergibt sich, dass diese auch bei Markus die hebräische Form Mariam kennen.

Zunächst eine etwas überraschende Feststellung: Die Mutter Jesu spielt im Evangelium des Markus keine Rolle. Nur in 6, 3 („ist das nicht der ... Sohn der Maria?") wird sie indirekt erwähnt, ansonsten nur in der allgemeinen Formulierung „seine Angehörigen" oder „seine Mutter und seine Brüder". Auch bei den Frauen unter dem Kreuz wird die Mutter Jesu von Markus nicht genannt. Sollte das Markus-Evangelium vom Apostel Petrus diktiert worden sein, müsste man fragen, warum er die Mutter seines geliebten Meisters aus seiner Botschaft fast gänzlich herauslässt. In der genannten Stelle Mk 6, 3 wird der Name Maria nur in der griechischen Form überliefert.

Außer an dieser Stelle erwähnt Markus den Namen Maria noch sechsmal: Viermal als den der Magdalenerin und zweimal als den der Mutter des Jakobus (Frau des Klopas). Die Hauptlesart bei Markus spricht bei der Frau aus Magdala von Maria, einige gewichtige Textzeugen nennen sie aber auch Mariam – unter dem Kreuz in 15, 40 und bei der Grablegung in 15, 47, wo auch die Mutter des Jakobus von diesem Textzeugen Mariam genannt wird. Nur einen Vers später am

---

[248] „B" (oder 03) Abkürzung für den Codex Vaticanus, 4. Jh. - „f¹" Bezeichnung für eine Minuskelfamilie.

Ostermorgen (16, 1) heißt die Frau aus Magdala wieder Maria. Und noch einmal in 16, 9 nennt ein Textzeuge sie Mariam.

Zusammenfassend lässt sich sagen, dass Markus die Frau aus Magdala eher mit ihrem griechischen Namen nennt oder kennt als mit dessen hebräischer Form. Die fünfmal geschehenden Wechsel des Namens innerhalb desselben Textzeugen entziehen sich einer systematischen Erfassung.

Wie sieht es bei Lukas aus?[249]

Lukas und seine späteren Abschreiber scheinen einen Sinn fürs Systematische gehabt zu haben: Am Anfang seines Evangeliums in den Kapiteln 1 und 2 taucht zwölfmal (!) der Name Mariam für die Mutter Jesu auf, und zwar durchgängig in der hebräischen Form. Und vor allem: Es gibt, bis auf die Stelle 2, 19 („Mariam aber bewahrte alles in ihrem Herzen"), keine Textzeugen, welche die griechische Form überliefert hätten.

Genau umgekehrt ist es dann im weiteren Verlauf seines Evangeliums: Die Mutter Jesu wird als „Mariam" nach dem 2. Kapitel nie mehr erwähnt, ab Kapitel 8 ist von unseren beiden Marias nur noch von Maria aus Magdala die Rede – und sie wird, ebenso eindeutig und überwiegend, nur mit dem griechischen Maria wiedergegeben.

Im Kapitel 10 (Verse 39 und 42) tritt jedoch noch eine dritte Maria auf, nämlich die Schwester der Marta (aus Betanien). Diese Maria wird in der Hauptlesart mit dem hebräischen Mariam wiedergegeben, wobei mehrere Textzeugen, auch Papyri, sie jedoch auch als Maria kennzeichnen.

Zusammenfassend lässt sich sagen: die Mutter Jesu, die nur in den ersten beiden Kapiteln namentlich erwähnt wird, heißt ausschließlich und eindeutig nur Mariam. Die Frau aus Magdala wird in Kapitel 8 und 24 ebenso eindeutig und ausschließlich nur griechisch als Maria wie-

---

[249] *Schürmann*, Das Lukasevangelium, 2. Teil, S. 155f., geht der Frage der Namen im Blick auf Lk 10, 39 nach. Im Wesentlichen finden wir unsere Annahmen dort wieder, doch gehen wir dieser Frage ausführlicher nach.
Auch *Schürmann* kapituliert vor der Textunsicherheit („wenn die Textüberlieferungen nicht so stark variieren würden"). Eine Lösung kann er nicht anbieten, nur eine vorsichtige Frage formulieren, ob die gleiche Benennung mit *Maria* für Maria Magdalena, die Maria des Jakobus und die Mutter des Johannes und jetzt für die Schwester der Marta etwas bedeuten wollte.

dergegeben. Allein jene dritte Maria, die Schwester der Marta, wird in der Hauptlesart Mariam genannt, in anderen Textzeugen heißt aber auch sie Maria.

Der Befund bei Johannes

Der Evangelist Johannes setzt uns damit in Erstaunen, dass er die Mutter Jesu niemals mit deren Namen Maria/Mariam nennt. Sie heißt bei ihm durchgehend nur „die Mutter Jesu" oder „seine Mutter". Vielleicht war der Evangelist Johannes sein Leben lang vom Wort des geliebten Meisters am Kreuz geprägt: Siehe da, deine Mutter! – und fortan konnte er sie nur so nennen. Die Tatsache als solche erinnert an das Markusevangelium.

Dennoch taucht der Name Maria bei Johannes nur einmal weniger auf als bei Lukas. Die insgesamt 15 Nennungen des Namens Maria im Johannesevangelium verteilen sich auf folgende drei Frauen:

Maria, die Schwester der Marta aus Betanien: Sie wird neunmal (!) erwähnt. Dabei steht ihr Name (bis auf Joh 11, 1, dort womöglich wegen des Genitivs) in der Hauptlesart stets in der hebräischen Form Mariam. Aber auch gewichtige Textzeugen[250] bringen sehr wohl die griechische Form Maria.

Maria, die Frau des Kl(e)opas, wird einmal unter dem Kreuz erwähnt (19, 25), die Hauptlesart bringt ihren Namen griechisch.

Zusammen mit ihr wird auch die Frau aus Magdala genannt. Auch ihr Name erscheint in Griechisch. Der Codex Sinaiticus nennt allerdings beide Frauen mit dem hebräischen Mariam. Alle restlichen vier Erwähnungen des Namens Maria gelten der Frau aus Magdala: In 20, 1 und 20, 11 steht in der Hauptlesart die griechische Form Maria, in den folgenden Versen 16 und 18 aber die hebräische Form Mariam. Letztere geht hier vor allem auf den gewichtigen Textzeugen Papyrus 66 (Papyrus Bodmer II, wohl um 200 entstanden) zurück – der vorher die Schwester der Marta (nur) einmal mit dem hebräischen Mariam be-

---

[250] So Papyrus P[66]; dieser Papyrus wechselt allerdings aus nicht ersichtlichen Gründen den Namen dieser Frau, den er fast nur mit Maria wiedergibt, einmal von Vers 11, 31 zu 11, 32 ins Hebräische, und gleich anschließend (11, 45) wieder zurück in die griechische Schreibweise. Die gleiche griechische Schreibweise überliefert auch der Papyrus P[45], dazu durchgängig der Codex Sinaiticus, während der Codex Alexandrinus einmal für diese Frau die hebräische Namensform wiedergibt (11, 28).

zeichnet hat. Der Codex Sinaiticus nennt an den letztgenannten vier Stellen die Frau aus Magdala durchgehend mit dem hebräischen Mariam.

Eine Zusammenfassung erscheint bei Johannes schwierig, zu sehr hängen die Namensbezeichnungen von den jeweiligen Textzeugen ab, die wiederum ihre Namensform nicht stringent durchhalten.[251] Bemerkenswert ist vielleicht, dass bei Johannes zwei Marien namentlich im Vordergrund stehen: Die Schwester der Marta und die Frau aus Magdala. Der Codex Sinaiticus nennt erstere durchgehend griechisch Maria, letztere durchgehend hebräisch Mariam.

Wir scheinen also mit unserer Frage: Liegt dem Wechsel des Namens irgendeine tiefere Bedeutung zugrunde?, keinen Schritt weitergekommen zu sein. Die verschiedenen Haupttextzeugen stimmen weder miteinander noch mit sich selbst überein. Die Frau aus Magdala wird mal griechisch Maria, mal hebräisch Mariam genannt, und dies sogar abwechselnd von Vers zu Vers. Das entzieht sich einem systematischen Sinn.

Spielt direkte, persönliche Anrede eine Rolle?

Doch ist noch eine letzte Frage an den spezifischen Gebrauch der Namensformen Maria und Mariam in den Evangelien möglich: Unterscheiden sich die Formen vielleicht je nach persönlicher, direkter Namensanrede von Person zu Person im einen Fall, während im anderen Fall, wo der Name vom Evangelisten als von einer dritten Person verwandt wird, eine andere Namensform auffallend wäre?

Die direkte namentliche Anrede eines Gegenüber, von Person zu Person, kommt in den Evangelien zwar vor, ist aber relativ selten. In Lukas 10, 41 wird eine andere Frau als die beiden Maria persönlich angeredet: „Marta, Marta, du kümmerst dich um vieles ..." Ebenfalls bei Lukas in 22, 48 (Gefangennahme in Getsemani) spricht Jesus seinen Verräter direkt namentlich an: „Judas, mit einem Kuss verrätst du den Menschensohn?" Bei der Auferweckung des Lazarus sagt der Herr: „Lazarus, komm heraus!" (Joh 11, 43), und etwas später spricht er zu einem der Apostel ebenso persönlich mit Namensanrede: „...und du kennst mich nicht, Philippus?" (Joh 14, 8). In Joh 21, 15 redet Jesus

---

[251] Der Codex Vaticanus (4. Jh.) z. B. nennt die Schwester der Marta zwar überwiegend mit dem hebräischen Mariam, aber zweimal eben auch mit dem griechischen Maria. Beim Codex Alexandrinus (5. Jh.) ist es umgekehrt.

seinen Petrus direkt an: „Simon, Sohn des Johannes, liebst du mich mehr als diese?" Der Satz korrespondiert mit dem ersten Wort Jesu an Petrus in Joh 1, 42: „Du bist Simon, der Sohn des Johannes, du sollst Kēphas heißen."

Und wie steht es mit dem Namen Maria? Einmal wird die Mutter Jesu direkt persönlich angeredet, vom Engel Gabriel: „Fürchte dich nicht, Mariam!" (Lk 1, 30) Es ist jene Stelle, die durchgehend mit Mariam bezeugt ist, wie aber auch alle anderen in diesem Kontext. Die einzige weitere Stelle, wo der Name Maria in persönlicher Anrede auftaucht, ist jene Begebenheit am Ostermorgen (Joh 20, 16), als der unerkannte Auferstandene die Frau aus Magdala nur kurz mit ihrem Namen anspricht: „Mariam!" Die Hauptlesart bringt hier die hebräische Form, andere Textzeugen auch die griechische.

Das Ergebnis dieser zusätzlichen Frage lässt wiederum keine besonderen Rückschlüsse zu: Auch wenn die Hauptlesart sowohl bei Lk 1,30 als auch bei Joh 20,16 jeweils Mariam lautet – bei Lukas ohne eine griechische Textvariante, bei Johannes mit griechischen Textvarianten – , so lässt sich daraus kein weiterer Rückschluss ziehen. Zu vielfältig und scheinbar zufällig bleibt das übrige Bild.

Doch noch ein Ergebnis

Was lässt sich abschließend zur Frage nach „Maria und Mariam" sagen? Mir scheint, wir können doch eine Schlussfolgerung ziehen.

Dem Leser des deutschen Textes wird das Problem gar nicht erst bekannt gemacht; er liest an allen 51 Stellen immer nur Maria. Die griechische Hauptlesart des Neuen Testamentes bringt selbstverständlich beide Namensformen, Maria und Mariam. Doch nur, wer in den Apparat schaut, entdeckt, dass die Quelltexte vielmals zwischen Maria und Mariam wechseln, nicht selten von Vers zu Vers.

Stecken hinter solchem Wechsel der Namensform tiefere Gründe, lautete unsere Frage. Einen tieferen theologischen oder spirituellen oder sonstigen Grund konnte ich mit meinen bescheidenen Möglichkeiten nicht herausfinden. Und dies unabhängig davon, ob der Name vom erzählenden Evangelisten oder in einem Gespräch von Person zu Person als direkte Anrede gebraucht wurde.

Aber eine Auffälligkeit gilt es nun doch zu klären: Warum wechseln die griechischen Textzeugen bei Matthäus, Markus und Johannes zwischen Maria und Mariam hin und her – während sie beim Evangelisten Lukas fast einheitlich nur eine Namensform bringen?

Im Palästina lebten die Menschen in (mindestens) zwei Sprachwelten, Aramäisch und Griechisch. Entsprechend gab es beide Namensformen. Die Überlieferung hat diese „Spontaneität des Alltags", in der man die Frauen mal mit Maria und mal mit Mariam ansprach, so weitertradiert, wie ihnen das mitgeteilt worden war. Die ersten Schreiber der mündlichen Überlieferung haben darauf verzichtet, in ihrer schriftlichen Niederlegung der mündlichen Tradition den in der Tat zufälligen Wechsel der Namensformen zu „glätten" oder ihm irgendwelche Bedeutungen zuzuordnen. Nein, im Wechsel der Namensformen, der sich einer systematischen Erfassung entzieht, begegnet uns die unsystematische Alltagswirklichkeit, die lebendige Sprachwelt Palästinas zur Zeit Jesu. Aber ebenso die Genauigkeit der Überlieferung. Ein literarischer Urheber der Texte hätte nicht die Namensform seiner Protagonisten von Vers zu Vers geändert, wohl aber tut das die alltägliche Wirklichkeit: Von Maria zu Mary, von Josef zu Joe, von Christoph zu Chris, von Jakobus zu Köbes, usw.

Und Lukas?

Auch Lukas stieß bei seinen Recherchen um das Jahr 60 auf diese lebendige Sprachwelt, die schon längst begonnen hatte, sich schriftlich niederzuschlagen. In ihr begegnete er jenem „irrationalen" Wechsel der Namensformen. Ihm, dem Arzt, lag aber „Rationalität" näher, systematische Eindeutigkeit. Was die Tradition ihm an situationsbezogener Vielfalt und unerklärbarem Wechsel präsentierte, das „glättete" er für sein Lesepublikum ins Einheitliche. Das „Einheitliche" aber ist eine „Kunstform", die Natur ist vielgestaltig.

Dann jedoch dürfen wir sagen: Die erste Überlieferung hat unglaublich genau gearbeitet. Sie hat den Wechsel der lebendigen Sprache bei der schriftlichen Niederlegung – gegen alle rationalen Regeln – beibehalten. Nur Lukas begann, die Vielfalt der Namensformen in die Einheitlichkeit zu glätten. Und die Abschreiber seines Evangeliums haben sich wiederum genau an ihre Vorlage gehalten.

Dieses Ergebnis lässt uns wieder ein Stück mehr vertrauen in die Korrektheit der Überlieferung.

8. Maria aus Magdala findet ihren Herrn (Joh 20, 11–18)

Mariam aus Magdala ist also keineswegs die einzige Maria, die Mariam genannt wird, nicht einmal im Johannesevangelium. Vielleicht könnte es sogar von Bedeutung sein, dass auch die Schwester der Marta, zumindest bei einigen Textzeugen und sicher in der Hauptlesart des griechischen Textes, genauso wie Maria Magdalena mit der hebräischen Form „Mariam" überliefert wird. Aber darauf kommen wir noch zurück.

Noch einmal: „ungeschickte" literarische Figur u. a.

Nach meiner Methode wird es nicht zum Problem werden, wie die Szene mit den zwei Engeln in weißen Gewändern zu interpretieren ist, ob sie eine „redaktionelle Zufügung"[252] sei oder sinnbildlich als Indiz für das leere Grab, mithin für Auferstehung gelten soll; ob der Übergang von der Engelszene zur Erscheinungserzählung mit Jesus „ungeschickt" wirkt[253]; ob die Frage des „Gärtners" an die Frau „Wen suchst du?" den traditionsgeschichtlichen Hintergrund verrät, nämlich die synoptische Darstellung, die der Evangelist übernommen und um christologische Akzente verstärkt habe; ob das Sich-nach-„rückwärts"-Wenden der Frau die „künstliche Einfügung der Engelszene" verrät, denn „warum sollte Maria, die doch von den Engeln eine Auskunft erwartet, sich von ihnen abwenden?"[254]; ob Jesu Anrede „Frau" ganz „natürlich", während umgekehrt ihre Anrede des Fremden mit „Herr" einfach „höflich" ist; ob von einem späteren Schreiber ein „Verwechslungsmotiv" eingeführt wird (während zugleich zugestanden wird, dass der Auferstandene „Gestalt und Gewand für diejenigen" annimmt, denen er sich offenbaren will); ob es sich bei der Vermutung der Frau, der fremde Gärtner habe den Leichnam ohne schlechte Absicht an einen anderen Platz getragen, um ein „erzähltechnisch verwendete(s) Motiv" handelt; ob der Schmerz und Eifer, den diese Frau blind ma-

---

[252] So *Schnackenburg*, S. 372.
[253] *Ruschmann*, S. 26; anders *U.* Wilckens, Das Evangelium nach Johannes, NTD Bd. 4, Göttingen 1998, S. 308.
[254] Die zwei letzten und die folgenden Gedanken nach *Schnackenburg*, S. 373.

chen für den, der vor ihr steht, „ein dramaturgisches Mittel" ist, um den Überraschungseffekt zu verstärken, usw.

Man merkt, wie diese wissenschaftlichen Ausführungen auf der Ebene des Papiers, der Schreiber und der Redaktoren bleiben, wie primär nachgeforscht wird, wer wessen Vorlage benutzt hat, wer wo etwas eingefügt haben könnte, wo Tradition weiterentwickelt oder abgewandelt wurde, was aus Gründen der Dramaturgie eingefügt wurde, usw. Es sind diese Puzzlestücke der Forschungsarbeiten, die im Vordergrund stehen – Jesus selbst und die lebendige Frau aus Magdala in ihren menschlichen Dimensionen kommen nur gelegentlich und auch dann leicht theologisch verschleiert in den Blick: „Sie wendet sich ihm zu – eine äußere Geste, die zugleich ihre innere Öffnung und gläubige Offenheit für den auferstandenen Herrn ausdrückt"[255]: Es erscheint mir fragwürdig, ob in solch existenzieller Situation von größtem Verlust ein Mensch primär theologisch denkt.

Der Mensch Maria von Magdala

Getreu meinem Ansatz versuche ich, den umgekehrten Weg zu gehen: Ich gehe vom Menschen aus, von der Frau aus Magdala, von ihrem Erleben in diesen Minuten. Es gilt nachzuempfinden, was sie innerlich bewegte, das Suchen, ihre Leere; es gilt zu schauen das Hin und Her. Von dieser realen Person gehe ich aus und prüfe die Überlieferung, die Traditionen und Redaktionen der späteren Schreiber, wie sie das historische und zugleich persönliche Geschehen nachträglich theologisch begriffen und also interpretierend niedergeschrieben haben.

Als Maria von Magdala zusammen mit anderen Frauen in der Morgenfrühe zum Grab eilte, herrschte in ihr ein Gemisch aus Trauer und Liebe, aus Verzweiflung und Leere – das ergibt sich zweifelsfrei aus ihren anschließenden Fragen, aus ihrem Verhalten gegenüber den Engeln und gegenüber dem Fremden. Nicht objektive Überlegungen bestimmten sie, sondern seelischer Schmerz und ohnmächtige Hilflosigkeit. Vielleicht war ja am Grab doch noch etwas zu tun? Aber eigentlich wollte sie nur bei dem sein, den ihre Seele liebte: „Wohin ist dein Geliebter gegangen? Wir wollen ihn suchen mit dir ... Doch der

---

[255] *Schnackenburg*, S. 375.

Geliebte war weg, verschwunden. Mir stockte der Atem, er war weg ..."[256]

Natürlich wusste sie von dem schweren Rollstein – und als die Frauen sahen, dass der weggerollt war, stockte ihnen der Atem: Sie mussten nicht unbedingt in das Grab hineinschauen, aber vielleicht hat es eine von ihnen doch getan? Das Zeichen des schwarzen Loches sprach für sich: Hier war etwas Schreckliches passiert! Leute hatten den Leichnam gestohlen. Vielleicht dachte Maria dabei sogar an bestimmte Personen, weil sie anschließend dem Petrus mitteilt: „Sie haben den Herrn aus dem Grab weggenommen".

Gab es bestimmte Verdächtige? Grabräuber? Immerhin hätte ein Verbrecher – als ein solcher war Jesus verurteilt worden – mit den zwei anderen in einem Massengrab verscharrt werden müssen. Josef von Arimathäa hat das durch seinen persönlichen Einsatz verhindern können. Waren da also verärgerte fromme Fanatiker am Werk gewesen? Oder Diebe, denen die kostbare Salbenmischung zu Silber machen wollten? Sehr wahrscheinlich suchten die Frauen sofort die nähere Umgebung des Grabes ab, da sie gleich anschließend den Jüngern mitteilten: „Wir wissen nicht, wohin sie ihn gelegt haben."

Aber in dieser Situation – nach dem ersten Schock und dem jetzt noch tiefer gewordenen Entsetzen – bricht ihr nüchterner Verstand durch: Das muss ich melden! Den Männern, dem Petrus mitteilen, was da passiert ist. Petrus und weitere Jünger – darunter die beiden, die sich auf den Weg nach Emmaus machen werden – befinden sich also noch in der Stadt. Von den Frauen, die mit der Magdalenerin gekommen sind, hören wir nun nichts weiter. Die Frau aus Magdala dagegen läuft den kurzen Weg in die Stadt (es musste also klar sein, wo sie den Petrus findet; war es ihre eigene Dependance in Jerusalem?), berichtet vom leeren Grab, vom verschwundenen Leichnam, der nirgends zu finden sei. Nun geht die Verantwortung an die Männer über. Die beiden Apostel, die dieser Frau Glauben schenken, schauen selber nach. Verhält es sich wirklich so, wie die Chefin der Frauengruppe erzählt hat, obwohl das ja keinen Sinn macht?

Was sie sehen, die Leinentücher, das Schweißtuch, soll uns hier nicht interessieren. Wenn gesagt wird, dass der andere Jünger, den Jesus liebte, „sah und glaubte", und gleich anschließend bemerkt wird: „sie verstanden noch nicht die Schrift, dass er von den Toten auferstehen musste", so passt das gut zusammen: Vom Verstand her, aus der

---

[256] Hld 6, 1; 5, 6.

Lektüre und dem Hören der heiligen Schriften war ihnen noch keine Einsicht gewachsen, dass Jesus auferstehen müsste, aber das unmittelbare „Sehen" (der geordneten Tücher, die Grabschänder in ihrer Eile eben nicht zusammengefaltet hätten) reichte jetzt einem von ihnen, um zu ahnen, was alles Schauen überstieg.

Wie in einem Film wechselt die Szene zurück an das Grab. Dort steht noch die eine, die Frau aus Magdala. Sie ist kein Stück Papier, keine Stufe der Traditionsbildung, keine theologische Figur, sondern ein lebendiger Mensch, eine Frau mit Seele und Verstand.

Aber zu verstehen gibt es für sie nichts mehr. Ihre Seele blutet.

Nun hat sie alles verloren. Sogar den Leichnam. Sie kann nicht einmal zu einem Grab gehen, um den zu beweinen, den ihre Seele liebt. Wieder und wieder geht sie zu der leeren Stelle, schaut hinein – wie jemand, der seine Hausschlüssel verloren hat und zum wiederholten Mal in der Tasche kramt, ob sie nicht doch irgendwo versteckt liegen. Es ist die Phase des „Nicht-wahrhaben-Wollens", wie man sie bei allen Verlusten im Leben durchleidet.[257]

Sie erblickt die zwei Engel in weißen Gewändern, am Kopf- und Fußende des Grabtroges, dort wo der Leichnam Jesu nicht mehr liegt. (Woher wusste sie übrigens, welches das Kopf- und welches das Fußende war?) Sie ist weder erschrocken noch verfällt sie in mystische Erstarrung.

Engel interessieren den nicht, der Jesus sucht. „Sie haben meinen Herrn weggenommen, und ich weiß nicht, wohin sie ihn gelegt haben."

Maria, die mit ihrem ganzen Sein Suchende

Vielleicht spiegelt ihre überraschend gelassene Reaktion auf das Erscheinen der Engel sogar eine „abgebrühte" Reife ihrer Seele wider, gewachsen durch Enttäuschungen in ihrem Leben. Diese Frau ist als Chefin eines international agierenden Handelsbetriebes schon oft mit „hohen Herrschaften" zusammengetroffen, Repräsentanten von Kaisern und Königen und Konsuln. Engel beeindrucken sie nicht mehr.

---

[257] Den größten seelischen Stress, sagen Psychologen, erlebe der Mensch im Erleiden von Tod, den zweitgrößten im Erleiden von Scheidung. Dem entsprechen auf der Seite positiver Energie „Immer-bei-dir-bleiben" und Treue.

Sie sucht nur den einen.

Zu den Aposteln hatte sie sachlich von „dem" Herrn gesprochen, der weggenommen war, jetzt aber spricht ihre Seele, schluchzt ihr Gemüt, bäumt sich ihr ganzes Leben in abgrundtiefer Verlorenheit auf: Sie haben „meinen Herrn" weggenommen.

Keine andere Frau in den Evangelien hat je diese Aussage gewagt: Er ist „mein Herr". Er gehört mir! Wie Jesaja unübertrefflich die Liebe Gottes zu seinem Volk formuliert hatte: „Du gehörst mir" (Jes 43, 1). Und schon dort wurde ein Wort gesagt, das auch hier am Grab gleich erklingen wird: „Ich habe dich beim Namen gerufen." In welch inniger, vertrauter Beziehung muss diese Frau zu Jesus gestanden haben.

Wer Jesus so liebt, der hat kein Auge für Engel. Die Frau wendet sich von ihnen ab. Bei denen findet sie nicht, was sie sucht. Nirgendwo im AT sind Engel so stehen gelassen worden wie hier.

Es beginnen die vier „Wendungen"[258] der Magdalenerin: Sie wendet sich um[259] und „sieht" Jesus dastehen, ohne zu wissen, dass er es ist. Der fragt, was schon die Boten Gottes gefragt hatten: Frau, was weinst du? Wen suchst du? Als wolle er sagen: Warum weinst du eigentlich? Es gibt doch gar keinen Grund zum Weinen.

Das griechische Wörtchen für das „was" (weinst du) der Einheitsübersetzung lautet *tí*. Als Jesus am Kreuz den Psalm 22 zu beten begann, hörten die Umstehenden das aramäische Wort *lema*/warum; auf Griechisch *eis tí*. So wie für Jesus dieser Psalm aus dem bodenlosen

---

[258] Wo immer jemand diese Szene bedenkt und betrachtet, wird ihm *Patrick Roth's* wunderschöne Erzählung „Magdalena am Grab" in den Sinn kommen. (Frankfurt a. M. und Leipzig 2003), jene „Magdalenensekunde", die „vierte entscheidende Wendung", die die „fünfte" einleitet: Dass sie weggehen und verkünden kann. – Übrigens hat sich auch *Papst Benedikt XVI.* ins „Buch der Wendungen" eingetragen: In „Einführung in das Christentum" (München 1968, S. 28) schreibt Prof. *Ratzinger:* „(Glaube) ist eine Wende des Seins, und nur wer sich wendet, empfängt ihn." Einige Zeilen später schreibt Ratzinger: „Immer schon war (Glaube) eine die Tiefe der Existenz anfordernde Entscheidung, die allzeit ein Sichherumwenden des Menschen fordert, das nur im Entschluss erreichbar ist". Bei der Magdalenerin begegnet uns allerdings ein „Sichherumwenden", das aus der Sehnsucht jener Liebe hervorströmt, die Gott in seine eigene Schöpfung hineingelegt hat. Denn Er hat sich als Erster dem Menschen zugewandt: Wo bist du, Adam? und in jeden Menschen das Sichherum-Wenden zu seinem Gott als Existenzial hineingelegt.

[259] Vers 14: „wandte sie sich um/*estráphæ*", V. 16: „wandte sie sich ihm zu/*strapheisa*". – Vgl. auch Anm. 267 und S. 324.

„Warum" sich wendet in den Jubel vollbrachten Werkes (Vers 32 in Psalm 22), so nimmt er hier die in bodenloser Trauer weinende Frau in dieses *tí* hinein: Warum eigentlich?

Lass dich wenden! Lass dich wenden ...

Wende dich, wende ich, Schulammit...! (Hld 7, 1)

Und noch etwas: Wen suchst du?

Das erste Wort, das der Evangelist Johannes von Jesus überliefert, damals am Jordan, als sich die zwei Johannes-Jünger unsicher vom prophetenhaften Johannes weg dem Fremden zuwandten, lautete: Wen sucht ihr?[260] Mit dem gleichen Wort, dem ersten nach seiner Auferstehung, spricht er jetzt die Frau an: Wen suchst du? Dort waren es zwei Männer, hier ist es eine Frau; damals suchten die zwei voller Unsicherheit, jetzt sucht die eine voller Liebe; damals war es der Lebendige, jetzt der Verschwundene; damals suchten sie das „Lamm Gottes", jetzt sucht sie „meinen Herrn".

Gott liebt die Suchenden. Die sich der Unsicherheit, den Tränen des Suchens aussetzen. Nicht das „Finden" ist das Problem des Menschen, das wird ihm geschenkt – sondern sein „Suchen".

Noch eine andere, eine allegorische Deutung des hier Geschehenden drängt sich aus der Schrift auf: Am Morgen der ersten Schöpfung, als der Bruch zwischen Schöpfer und Geschöpf geschehen ist und Gott in der Kühle des Abendwindes auf den Wegen des Paradieses daherkommt, verstecken sich Adam und seine Frau unter den Bäumen des Gartens (Gen 3, 8ff.). Das erste Wort Gottes, des „Gärtners", an seinen Menschen lautet: „Wo bist du?" Gott sucht den Menschen – und findet den Anfang des Untergangs des Menschen, den Anfang des Grabes und allen Todes. Aber Gott, der alle retten will, hat seine Schöpfung weitergeführt. Und jetzt sucht der Mensch, die Frau im Garten der Welt ihren Gott: Wo bist du, mein Schöpfer? Und Gott, der Gärtner, verlässt sein „Versteck", das Grab, und kommt dem Menschen entgegen. „Frau, warum weinst du?"

Nicht mehr in Furcht versteckt sich der Mensch, sondern in Liebe sucht er seinen Gott. Und neu schafft Gott durch das Wort des neuen Namens die Frau, den neuen Menschen, der „ihn erkennt".

---

[260] Leider übersetzt die Einheitsübersetzung Joh 2, 38 *tí (tina) zäteite* an dieser Stelle mit „Was wollt ihr?", während sie das gleiche Wort (*tína zäteĩs*) in Joh 20, 15 mit „Wen suchst du?" wiedergibt. Ein Grund für den Wechsel des deutschen Wortes ist nicht erkennbar.

Die Augen voller Tränen, den Körper vom Schluchzen gekrümmt, weint sie ihre alte Klage dem vermeintlichen Gärtner entgegen: „Herr, hast du ihn weggetragen, so sage mir, wo du ihn hingelegt hast, dann will ich ihn holen."

Der Gärtner hatte gefragt: „Wen suchst du?" Als gäbe es bei Gott keine Toten. Die Frau beantwortet die Frage nicht, gibt keine Erklärung zur Identität des Gesuchten. Es ist nicht die Stunde objektiver Definitionen, sondern des Schmerzes um den einen Verlorenen – als bestände die ganze Welt nur aus diesem einen Menschen. Ihrem Herrn. Nur der ist würdig des Suchens und aller Tränen.

Darauf spricht der Fremde ein einziges Wort:

„Mariam!"

Und sie wirbelt sich wendend herum und weint in fassungsloser Freude „Rabbuni!" „Mein Meister"!

Was hier in kürzester Sprachform wiedergegeben ist, steigt aus den unendlichen Gefühlen der Seele dieser Frau herauf, ist Existenz zwischen Ende im Nichts und Fülle von Leben, ist unfassbares Gefühl der Liebe, den wiedergefunden zu haben, dem ihr ganzes Leben gehört, ist Erfüllung des Menschseins zwischen Freundin und Frau und Mutter, das Wiederfinden des Verlorenen, wie Jesus selber es in seinem Gleichnis geschildert hat ... und auch dort nahm der Vater ganz natürlich den wiedergefundenen Verlorenen voll Freude in die Arme, hielt ihn fest, ein Fest zu feiern.

Wie kann man Theologie betreiben, ohne die Natur zu achten?

Und doch bleibt für uns, die wir wie aus einiger Entfernung scheu zuschauen, etwas verwunderlich: Warum erkennt die Frau aus Magdala „ihn", ihren Jesus an dem einen Wort? An ihrem Namen? War es seine Stimme? Ihr Klang? War es sein Gesicht, sein Lächeln? Aber sie hatte doch soeben seine Stimme gehört, hatte gerade noch seine Augen geschaut – und nichts erkannt.

Warum auf einmal rollt dieses eine Wort ihres Namens weg den Stein vor dem Grab ihres Herzens?

Nachdem wir wissen, dass eine begründete Wahrscheinlichkeit besteht, dass Jesus die hebräisch/aramäische Form ihres Namens „Mariam" benutzt hat, könnte man denken: Vielleicht hat er sie immer mit Mariam angeredet und daran erkennt sie ihn nun. Doch diese Erklärung berücksichtigt nicht, dass die Namensform „Mariam" derart häufig im alltäglichen Leben für fast alle Marias im Gebrauch war, dass die aramäische Form Mariam kein spezifisches, kein einzigartiges Schlüsselwort sein konnte.

Was dann war das Spezifische, Einzigartige in diesem Namen, der für Mariam alles wendete? Man könnte annehmen, Jesus habe diesen Namen in einer ganz besonderen Weise formuliert, gewissermaßen mit einer besonderen „Verformung", mit einer Melodie vielleicht?

Wenn wir Menschen sprechen, singen wir immer. Kein Wort wird gesprochen ohne eine Art von Melodie, denn der Mensch ist Gesang. Die geschriebene Sprache kann nichts davon wiedergeben, sie verbirgt in ihrer papiernen Trockenheit jenen Klang, an dem wir sofort einen Menschen erkennen.[261] Hatte Jesus als der Gärtner zuvor seine Stimme verstellt? Wir wissen es nicht.

Enthält die Schrift aber vielleicht doch unausgesprochene, hintergründige Argumente für eine spezifische Einzigartigkeit dieses Namens in dieser Situation, die wir mit einer kleinen Wahrscheinlichkeit schlussfolgern dürften?

Wir wissen, dass die Frau aus Magdala die Leiterin der Frauengruppe war, die Jesus und die Jünger nicht nur begleitet, sondern mit ihrer ausgezeichneten Organisationsgabe den Männern ihr Auftreten vor dem Volk erst ermöglicht und ihnen den Rücken frei gehalten hat. Daraus ergibt sich, dass Jesus (als Hauptperson der ganzen Gruppe) mit der Frau aus Magdala (als der Hauptperson der Frauengruppe) in bevorzugter Weise immer wieder einiges zu besprechen, zu klären, zu planen, zu entscheiden hatte. Die Apokryphen haben den Protest der Apostel bewahrt: Warum spricht er mehr mit ihr als mit uns? Dabei entstand eine schöne Form von Vertrautheit zwischen Jesus und der Magdalenerin, manchmal auch von Spannung wegen unterschiedlicher Ansichten und Einschätzungen. Das ist sehr normal und darf deshalb angenommen werden. Auch ein Papst mag eine Frau haben, der er besonders viel verdankt und mit der ihn eine tiefe Beziehung des Vertrauens verbindet.

Von der Frau aus Magdala, gerade wie sie uns an diesem Ostermorgen entgegentritt, können wir mit Sicherheit sagen, dass sie Jesus liebte: „Meinen Herrn." Das Verhalten ihrer ganzen Existenz am Grab, wie wir es nachgezeichnet haben, drückt dies aus.

Von der Seite Jesu her hören wir in den Evangelien kein einziges Wort, dass er die Frau aus Magdala, wo sie uns mit diesem Namen

---

[261] Man stelle sich vor, in einem Western-Film mit John Wayne würde dessen Stimme einmal von einem anderen Mann als dem synchronisiert, den wir immer als „John Wayne" hören – man könnte „seinen" John Wayne mit dieser „falschen" Stimme nicht mehr erkennen.

begegnet, geliebt oder gemocht hätte. Ganz im Gegenteil: Die Evangelien halten diese Frau, verglichen vor allem mit ihrer unbezweifelbaren Stellung in der Jesus-Bewegung, auffallend im Hintergrund.

Dennoch legt sich ein Gedanke aus der Natur der Sache nahe: Es gehört zur menschlichen Kommunikation, besonders dann, wenn sie intensiv, langdauernd, vielfältig und zugleich vertrauensvoll ist, dass die Partner füreinander „Kurzformen" ihrer Namen finden. Es können ganz geläufige sein oder auch ausgefallene. Jesus selbst zeigt einen solchen Sinn für „Namen", wenn er dem Simon bar Jona einen offiziellen Beinamen gibt oder die Zebedäus-Söhne „Donnersöhne" nennt oder gewisse Pharisäer „Schlangenbrut" oder den Herodes „Fuchs". Die „Kurzform" eines Namens in unserem Fall zwischen Jesus und Mariam würde gewiss etwas Spezifisches an dieser Frau benennen als auch Zuneigung für sie ausdrücken. Und im Lauf der Zeit, wenn die Kommunikation immer dichter und die Vertrautheit immer normaler wird, wandelt sich solche Kurzform in eine „Koseform", die nur die beiden kennen und gebrauchen. Der übliche Name wird in eine nette Sonderform umgestaltet.[262] Dies geschieht immer und überall ganz natürlich, wo Menschen viel miteinander leben und zu schaffen haben.

Kurz und gut: Sie hatten ein „Kosewort" füreinander gefunden.

Bevor fromme oder dogmatische Leser jetzt in Ohnmacht fallen, sollten wir uns an die ganz besondere Beziehung zwischen Jesus und der Frau aus Magdala erinnern: Er hatte aus ihr „sieben Dämonen" ausgetrieben. Die Frau hatte also durch ihn ihr Leben, ihre Würde als Mensch und als Frau zurückerhalten. Das schafft eine starke innere Beziehung der Dankbarkeit, der Liebe: Ich will von jetzt an für dich da sein. Und Jesus wusste und erlebte es jeden Tag: Ich habe sie in diese Freiheit und Schönheit der Existenz, in die Schöpfung ihres neuen Lebens zurückführen dürfen. Nicht auszuschließen ferner, dass es zwischen ihnen eine „geistige Verwandtschaft" gab, wie sie sich im Gespräch Jesu mit der Samaritanerin am Brunnen von Sychar andeutet oder mit dem Schriftgelehrten, der „nicht fern ist vom Reich Gottes". So auch eine besondere geistige Verwandtschaft mit dieser Frau, die viele Monate, Jahre mit ihm verbracht hatte.

Diese Frau konnte für Jesus nicht nur eine „Karteikarte" geblieben sein, ein Fall unter vielen. Ihre tägliche Kommunikation miteinander, von der viel abhing, spiegelte gewiss etwas von gegenseitiger Dankbar-

---

[262] Welcher Ehemann hätte seine geliebte Ehefrau nicht schon mit Namen gerufen, die nicht für die Öffentlichkeit bestimmt sind.

keit wider: Sie hatte von ihm ihr neues Leben, er hatte von ihr die Organisation seiner Verkündigung erhalten.

Natürlicherweise entstehen da besondere Namen, Anreden, und also gab es sehr wahrscheinlich ein solches „Kosewort" zwischen Maria und Jesus. Und aus dem war jetzt ein „Codewort" geworden, vielleicht lautete es „Ria", an dem sie ihn erkannte.[263] Denn nur einer kannte diese Anrede. Und nur einer durfte sie benutzen. Und nur einer hatte diesen „Schlüssel" zu ihrer Seele. Und jetzt hörte sie diesen Namen.

Er war es!

Identität durch Kontinuität.

Ob die Evangelisten, hier Johannes, diese einzigartige Anrede gekannt haben, muss im Dunkel bleiben. Denkbar ist beides, dass Jünger diese Anrede gehört hatten – und schmunzelten. Und ebenso, dass sie sie nie zu hören bekamen und Mariam dem Johannes nur die „offizielle" Version von diesem Morgen nach dem Pascha mitteilte. Alles andere blieb ihr und ihrer beider Geheimnis.

Manchem Leser mag das hier Vorgetragene zu viel sein. Dann möge er sich auf seine eigenen Gebete besinnen, auf die stillen, die innerlichen, die er alleine mit seinem Gott spricht: Ist es da nicht so, dass du den Verborgenen mit verborgenen Worten anredest? Mit einem Stammeln der Liebe den, den deine Seele sucht? Mit Worten, die nur du sagst? Die nur er kennt? Wer wirklich liebt, findet besondere Worte seiner Liebe. Das ist eigentlich naturhaft natürlich, wenn auch nicht theologisch.

„Rabbuni" ist die aramäische Entsprechung zu Rabbi und bedeutet „mein Meister". Die possessive Bedeutung „mein" schwingt in der aramäischen[264] Sprache, die das nicht eigens ausdrückt (wie z. B. auch im Vater"unser"), stets mit. Das „Rabbuni" drückt somit die gleiche

---

[263] Eine interessante Parallele findet sich in Lk 24, 35 bei den Emmaus-Jüngern: „Wie sie ihn erkannt hatten, als er das Brot brach." Das griechische Wort, das in der Einheitsübersetzung mit zeitlich ‚als' wiedergegeben wird, lautet griechisch *hōs*. Das aber kann genauso gut mit ‚wie' übersetzt werden: (Wie sie ihn erkannten hatten) ‚an der Art und Weise, wie er das Brot brach' – und das ergibt an dieser Stelle mehr Sinn, weil diese Übersetzung Identität aus Kontinuität ausdrückt.

[264] Wenn im Griechischen steht: Sie spricht zu ihm „auf Hebräisch", so ist damit das Aramäische gemeint. *(Schnackenburg, S. 375)* Aus „Mariam" und „Rabbuni" dürfen wir also schließen, dass Jesus und die Frau aus Magdala hauptsächlich Aramäisch miteinander gesprochen haben.

persönliche Beziehung zu Jesus aus, wie die Frau sie schon zuvor mit ihrem Wort „meinen" Herrn formuliert hatte.²⁶⁵ Nur noch der blinde Bettler Bartimäus bei Jericho (Mk 10, 51) gebrauchte diese persönliche Anrede: Rabbuni, dass ich wieder sehen kann!

Wenn aber Mariam diese vertraute Form der Anrede wagte und damit nur das ausdrückte, was sie als Tatsache immer schon unter ihrem Herzen getragen hatte, dann ist es wohl nicht mehr ausgeschlossen, dass auch Jesus seinerseits, als er Mariam anredet, eine persönliche, vertraute (spezifisch aramäische) Form einfließen ließ. Er hatte ja keine Scheu, seine Liebe zum Menschen zu zeigen.²⁶⁶

Gott ist es, der wie in einer neuen Schöpfung beginnt, den Menschen bei seinem Namen der Liebe zu rufen, ihn wieder vertraut anzusprechen und darin seine Zuwendung zu zeigen. Diese liebevolle Zuwendung wendet Maria von einer Blinden zur Sehenden.²⁶⁷

Nun hören wir jenes „Halte mich nicht fest" mit der angefügten Begründung: „denn ich bin noch nicht zum Vater hinaufgegangen", eine Formulierung, welche die Exegeten zu endlosem Grübeln und Spekulieren angeregt hat.²⁶⁸ Spricht Jesus hier von seiner Himmelfahrt? Steht er noch nicht als der Verherrlichte vor der Frau? Oder muss man einen „merkwürdigen Zwischenzustand zwischen dem Hervorgehen aus dem Grab und der Rückkehr zum Vater" annehmen? Ist eine „volle Berührung" erst später, in der Herrlichkeit des Himmels möglich? Vor allem scheint da eine gewisse Diskrepanz zu jener feierlich und distanzierter klingenden Botschaft zu bestehen, die Mariam den „Brüdern" bringen soll; für sie lässt Jesus ausrichten: „Ich steige hinauf zu meinem Vater und eurem Vater, zu meinem Gott und zu eurem Gott" (Joh 20, 17).

---

²⁶⁵ *Schnackenburg*, S. 375; ebenso *Ruschmann*, S. 27.
²⁶⁶ Wie wir das ausdrücklich hören in Joh 11, 5 „Jesus liebte Marta, ihre Schwester und Lazarus"; ebenso von dem „Jünger, den Jesus liebte".
²⁶⁷ Das griechische Wort, das hier für „sich umwenden" verwandt wird, lautet „*strephestai*", das auch „sich zuwenden" bedeutet. Das gleiche griech. Wort kennzeichnet das „Sich-Zuwenden" Jesu in der Szene zwischen ihm und der namenlosen Sünderin beim Pharisäer Simon in Lk 7, 44: Jesus wandte sich der Frau zu ... Und hier wendet sie sich Ihm zu! Aber Gott ist es, von dem alle Zuwendung zum Menschen ausgeht.
²⁶⁸ S. *Schnackenburg*, S. 375 – 378. – Wir erinnern uns, dass schon Augustinus gewisse Auslegungen des „Rühre mich nicht an" verworfen hatte.

Schnackenburg meint, die Hörer sollten hiermit an frühere Worte Jesu erinnert werden, etwa an 14, 1–3, den Anfang der Abschiedsreden: „Glaubt an Gott und glaubt an mich!" Und die Begründung für dieses „Weggehen", hier „Hinaufsteigen" ist, den Jüngern Jesu eine Wohnung „im Haus meines (!) Vaters" zu bereiten. Indem Jesus anknüpfe an seine früheren Worte, stelle er einen Zusammenhang und zugleich eine Interpretation für das jetzt Geschehende her (Identität aus Kontinuität) und gebe somit den „Brüdern" Sicherheit, dass nur das eingetreten sei, was er ihnen im Voraus schon gesagt habe.

Das scheint eine einfache, einleuchtende und passende Erklärung zu sein. Doch lässt sie einige Zwischentöne unbeachtet:

Wenn Jesus zu der Frau aus Magdala einfach sagt: „... denn ich bin noch nicht zum Vater hinaufgegangen", so klingt in dieser Formulierung erneut jenes mehr „persönlich-private" Sprechen an (und hier ohne Unterscheidung in „meinen" und „euren/deinen"), das den Dialog zwischen den beiden schon vorher gekennzeichnet hat. Hat die Frau vielleicht nicht jene theologische Unterscheidung zwischen „meinem" und „deinem" Vater bzw. Gott nötig wie die Jünger, sondern etwas Anderes? Denn zugleich eröffnet diese Formulierung Jesu eine unausgesprochene Schlussfolgerung: Sobald ich zum Vater hinaufgegangen bin – dann kannst du mich festhalten.

Damit weist Jesu Wort die Frau darauf hin, dass mit der theologischen Meta-Ebene in der Wirklichkeit des Menschen untrennbar verbunden immer die psychologisch-spirituelle Dimension vorhanden ist. Wie könnte das obige Wort Jesu auf der psychologisch-spirituellen Ebene verstanden werden?

Du willst mich festhalten? Ja, das sollst du auch! Aber wenn du mich jetzt festhältst, gleichsam auf materielle Weise, dann wirst du den, den du so festhältst, verlieren. Hältst du mich aber als den fest, den du nicht mit Händen halten kannst, dann wirst du mich für immer fest haben. Auch für diese Interpretation finden sich Worte aus dem Leben Jesu, etwa: Wer sein Leben retten/erhalten will, wird es verlieren; wer aber sein Leben um meinetwillen verliert, der wird es retten/erhalten (Lk 9, 24).

Diese Worte enthalten zugleich immer eine psychologische, fast dialektische Weisheit: Nur das kann ein Mensch „für sich fest" haben, was er als Materielles im Grund seines Herzens losgelassen hat. Wenn z. B. Eltern ihre Kinder „festhalten" wollten, würden sie sie in einer Weise „besitzen", dass sie deren eigenes Sein nicht zulassen und sie somit als eigenständige Wesen verlieren. Einen anderen lieben, heißt immer, ihm sein je eigenes Sein lassen – und ihn also nie „festhalten", gerade weil man ihn liebt.

In einem nicht unbedeutenden Sinn kann man diesen Sachverhalt auf gewisse Fromme in unseren Kirchen übertragen: Indem diese „ihren Gott" festhalten, also bestimmte Weisen ihrer Frömmigkeit, ihrer Vorstellung von Gott und Glauben, in denen sie „ihren Gott" sehen und „haben", verhindern sie eine geistliche Entwicklung, einen Prozess ihres Wachsens und Reifens, der immer ein Loslassen enthält wie das Schreiten von Stufe zu Stufe. Tut ein Mensch das nicht, dann hält er einen Gott fest, der mehr aus seinen eigenen Wünschen und Ängsten gezimmert ist als den Gott, der immer ein Geheimnis ist, immer größer als alle Vorstellungen des Menschen – den ich also nur als den „Unbegreifbaren" begreifen, nur als den fassen kann, der nicht zu fassen ist. Der immer größere Christus. Nun aber ist es typisch und tragisch für die fundamentalistisch Frommen, dass sie Sicherheit brauchen und also ihre Wahrheiten „festhalten" wollen und müssen – und sie gerade dadurch verlieren.

Die Frau aus Magdala hat offensichtlich einen längeren Weg ihrer Psyche durchschritten, auf dem ihr Jesus anfangs gestattet haben muss, ihn festzuhalten; sonst wäre er gegenüber der Frau, die von dämonischen Gewalten festgehalten wurde, unmenschlich gewesen. Jemand, der rettet, hält anfangs den, den er retten will, fest und lässt auch sich festhalten – um anschließend den Geretteten daran zu hindern, ihn weiter festzuhalten. Statt dessen lässt er ihn los zu sich selber. Sonst befände sich der Gerettete wiederum in „fremder Gewalt", diesmal in der seines Retters. Jedes Kind muss am Anfang seiner Entwicklung Papa und Mama festhalten dürfen, um diese äußere Sicherheit allmählich in eine innere des eigenen Selbst zu wandeln.

Die Frau aus Magdala trägt diese neue Sicherheit in sich selbst. Und jetzt kann „ihr Herr", der sie gerettet hat, sie leicht und sanft lösen vom materiellen, äußeren Festhalten an seinem Leib.

Es ist müßig oder fast schon ärgerlich, mit Ruschmann darüber zu spekulieren: Hat sie ihn nun angefasst oder nicht?[269] und die Antwort dem Bereich der „Interpretation" zu überlassen.

---

[269] *Ruschmann,* S. 28: „Der Text bietet keine Grundlage für die Annahme, Maria habe Jesus berührt oder sich gar vor ihm niedergeworfen und seine Füße umfasst. Es wird lediglich gesagt, dass sie sich umwendet" ... „Ob diese Bewegung mit einer Berührung oder einem versuchten Festhalten verbunden war, ist vom Text her offen. Wird also Jesu ‚Halt mich nicht fest!' als Reaktion auf eine mit

Die Tradition, die Matthäus weitergibt, kennt ein Sich-Niederwerfen der Frauen und ihr „Umfassen" der Füße Jesu. Matthäus gebraucht dafür das Verb *kratein*, Johannes verwendet *haptestai*/berühren, anfassen. Es kommt nur an dieser Stelle seines Evangeliums vor, sonst noch in 1 Joh 5, 18: „Wer von Gott stammt, sündigt nicht, sondern der von Gott Gezeugte bewahrt ihn, und der Böse ‚tastet' ihn nicht an." Die Bedeutung von *haptestai* würde dann eher im übertragenen Sinn zu verstehen sein.

Erinnern wir uns: diese Frau ist als Liebende zum Grab geeilt, um ihren Herrn zu haben und festzuhalten. Dann ist das (beabsichtigte) Berühren[270] (nicht Klammern) der Füße Jesu eine spontane Reaktion ihrer ganzen Natur. Johannes muss nicht erst jede Bewegung niederschreiben, damit wir sie sehen dürfen. Er sagt auch nicht, dass Jesus Maria Magdalena „anschaut" oder dass sie Jesus „anschaut" – und doch ist das sicher nicht eine Frage der Interpretation.

Die neue Familie Gottes und der neue Mose

Viel weiter führt uns das Wort Jesu „Geh aber zu meinen Brüdern und sag ihnen ...". Darin klingen heilige Worte aus Gesetz, Propheten und Schriften an, die sich dem erschließen, der mit jüdischen Ohren hinzuhören vermag.

Marias Umwenden verbundenen Geste gedeutet, so geschieht das auf der Ebene der Interpretation" ... „Die griechische Form des hier zugrundeliegenden Verbs [*mē háptou*, Imperativ Präsens Medium von *háptomai*] drückt jedoch klar die Beendigung einer bereits stattfindenden Berührung aus: ‚Halt mich nicht länger fest, lass mich los!'" [Letzter Satz wörtlich wie *Schnackenburg*, S. 376, aber ohne Angabe der Herkunft!] – Welche Art von Berührung will *Ruschmann* nun feststellen?

[270] Nach *Erwin Preuschen*, Handwörterbuch zum Griechischen Neuen Testament, Gießen 1910, wird das vom Evangelisten Johannes verwendete griech. Wort *háptōmai* in folgendem Sinn im Neuen Testament verwandt: Jemanden oder etwas berühren, anfassen, z. B. Speisen anrühren, die Frau nicht berühren (im Sinn von ehelichen Umgang haben), Berührung unreiner Dinge; oder auch: Kein Übel wird dich treffen. Häufig auch von der Berührung zum Zweck einer Heilung, z. B. kranke Glieder, das Ohrläppchen, den Sarg berühren. Für unsere Stelle schlägt *Preuschen* vor: Jemanden anfassen, um sich von seiner Existenz zu überzeugen. Nach diesem Sachbefund würde das Verb *háptōmai* konkretes Anfassen meinen.

Am Kreuz hatte Jesus den Psalm 22 gebetet: „Mein Gott, mein Gott, warum hast du mich verlassen ..." Jesus hatte den ganzen Psalm gebetet. Dessen zweiter Teil beginnt mit den Worten: „Ich will deinen Namen meinen Brüdern verkünden, inmitten der Gemeinde dich preisen" (Ps 22, 23). Es ist fast so, als lasse Jesus dieses Wort, das er drei Tage zuvor gebetet hat, jetzt Wirklichkeit werden. So wie sein Wort von „meinem Vater und eurem Vater, meinem Gott und eurem Gott" an seine früheren Worte erinnerte und somit Identität aus Kontinuität herstellte und Sicherheit gab, so jetzt diese Sendung der Frau aus Magdala zu seinen Brüdern: Das hatte er zuvor schon im Sterben am Holz des Kreuzes gebetet und vorausgesagt, dass am Ende nicht der sinnlose Tod stehe, sondern die alle erreichende Verkündigung vom Werk Gottes. Jetzt vollendet sich dies Wort in der Tatsächlichkeit des Geschehens: „Deinen Namen den Brüdern verkünden."

Und noch ein Letztes.

Jesus gibt der Frau aus Magdala einen Auftrag: „Geh aber zu meinen Brüdern und sag ihnen!" Das erinnert an einen ähnlichen Auftrag, mit dem die ganze Geschichte Israels ihren Anfang nahm. In Ex 3, 10 (und 4, 18) erhält Mose von Gott den Auftrag: „Und jetzt geh. Ich sende dich zum Pharao. Führe mein Volk, die Israeliten, aus Ägypten heraus!" Das Geschehen des Pascha, das Jesus gerade gefeiert und dem er einen neuen Sinn der Rettung gegeben hatte, war zentral mit der Erinnerung an die Befreiung der Israeliten aus Ägypten verbunden, durch die Israel überhaupt das Volk Gottes wurde.

Damals war Mose die zentrale Figur, die im Namen Gottes gesandt wurde – jetzt ist es die Frau. Damals wurde Mose verwehrt, näher an den brennenden Dornbusch heranzutreten – jetzt darf die Frau den Auferstandenen berühren. Damals verhüllte Mose sein Gesicht und fürchtete sich – jetzt schaut die Frau „enthüllten Angesichts", denn „sobald sich einer dem Herrn zuwendet, wird die Hülle entfernt" (2 Kor 3, 16) und „freut sich in übergroßer Freude gar sehr" (Mt 2, 10). Damals bat Mose Gott um ein Zeichen, eine Kraft, seinen Namen, und Gott offenbarte sich als der „Ich bin der Ich bin für euch Daseiende" – jetzt erhält die Frau das neue Zeichen, den neuen Namen Gottes: Mein Vater und euer Vater, mein Gott und euer Gott: Ihr seid an meine Seite erhoben worden.

Ihr seid die neue Familie, das neue Volk Gottes!
Der neue Mose ist die Frau aus Magdala.
Sie hatte niemanden erschlagen, sondern allen gedient.

Maria Magdalena wird von Jesus zu seinen „Brüdern" (griechisch *adelphoi*) gesandt, dann aber hören wir, dass die Frau diese Botschaft den „Jüngern" (*matētai*) verkündet. Hat dieser Unterschied etwas zu bedeuten oder ist mit den unterschiedlichen griechischen Worten doch dieselbe Personengruppe gemeint?[271]

Schnackenburg erörtert diese Frage, da sie wohl „Beachtung" verdiene. Sein Vorschlag zur Lösung lautet: Der bei Johannes stehende Auftrag (im Gegensatz zu dem bei Matthäus) sei aus der Reflexion des Evangelisten über den vorgefundenen Ausdruck „meine Brüder" erwachsen: „Wenn Jesus die Jünger, zu denen er Maria schickt, seine ‚Brüder' nennt, dann will er sie, so reflektiert der Evangelist, auch in ein neues und besonderes Verhältnis zu seinem Vater setzen. Dies entspricht, wie wir sahen, den Verheißungen Jesu an seine Jünger in der Abschiedsstunde. Daraus erklärt sich die singuläre Ausdrucksweise; andernfalls bliebe unerklärt, aus welchem Grund der Evangelist jene Redeweise in sein Ev übernommen hat."[272]

So fein die Interpretation Schnackenburgs ist, so sehr verwechselt sie den hauptsächlichen Adressaten: Jesus schickt Maria eben nicht zu seinen Jüngern, sondern zu seinen Brüdern. Aber Johannes nennt die Brüder nun Jünger und kann deshalb Maria zu den Jüngern gehen lassen.

---

[271] Ärgerlich ist der Kommentar von *Ruschmann* zu dieser Stelle (S. 28): „Als nächstes fällt der Blick auf Jesu Auftrag: ‚Geh aber zu den Geschwistern (griech.: *adelphoi*) und sag ihnen' ... Die Bezeichnung ‚*adelphoi*' (urspr.: Brüder) für Jesu JüngerInnen taucht im Johannesevangelium nur hier auf."
Erstens ist die Identifizierung von griech. *adelphoi* mit „Jünger" falsch. Auch noch von „JüngerInnen" zu reden, ist pure Ideologie! Das Evangelium auch des Johannes gebraucht für „Brüder" das Wort *adelphpoí* und für „Jünger" das Wort *matētai*. Und beide meinen nicht dieselbe Personengruppe, was aus Joh 2, 12 (und 3, 22; 4, 2.27 u. a.) deutlich wird: „Danach zog er mit seiner Mutter, seinen Brüdern (*adelphoi*) und seinen Jüngern (*matētai*) nach Kafarnaum hinab."
Zweitens ist *Ruschmanns* Behauptung, „die Bezeichnung *adelphoi* für Jesu JüngerInnen" im Johannesevangelium tauche „nur hier" auf, falsch. Sie findet sich bereits in 2, 12. *Schnackenburg*, der wohl wieder als Vorlage gedient hat (ohne in der Literaturangabe zu erscheinen), schreibt zu Joh 20, 17 korrekt: „... die Bezeichnung ‚Brüder', die hier – einmalig im Joh.Ev – im Munde Jesu [!] auftaucht." (S. 378)
[272] *Schnackenburg*, S. 378/9.

Tatsächlich verdient diese Gleichsetzung Beachtung, denn sie will die erste Frucht der Auferstehung ansagen. Zwischen Jesus und seinen Brüdern bestand ja, was alle Exegeten wissen, ein spannungsgeladenes Verhältnis, und seine leiblichen Brüder gehörten nicht zum Kreis der erwählten Jünger. Nicht – bis zu dieser Stunde der Auferstehung. Und genau dies will die Identifizierung des Evangelisten aussagen: Die bisher nur leibliche Brüder des Herrn waren, die gehören ab dieser Stunde, durch diese Botschaft der Frau, auch zum Kreis der Jünger, zur neuen Familie Jesu.

Damit erfüllte sich in dieser Morgenstunde, was Jesus früher gesagt hatte (Mt 12, 48–50): „Wer sind meine Brüder? Und er streckte die Hand über seine Jünger aus und sagte: Das hier sind meine Mutter und meine Brüder. Denn wer den Willen meines himmlischen Vaters erfüllt, der ist für mich Bruder und Schwester und Mutter."

Mariam gewinnt die Brüder zu Jüngern.

Die Botschaft, die Maria von Magdala bringt, beginnt mit den Worten: „Ich habe den Herrn gesehen!" Noch einmal kann sie somit in Parallele zu Mose gesetzt werden, der den Herrn bat: „Lass mich doch deine Herrlichkeit sehen" (Ex 33, 18ff.) und der die Antwort vernahm: „Kein Mensch kann mich sehen und am Leben bleiben."

In der neuen Schöpfung aber, wo Gott und Mensch einander wieder begegnen auf gleichen Wegen, hat Gott seine ganze Schönheit erscheinen lassen, damit der Mensch ihn schaue von Angesicht zu Angesicht und dadurch selber zur neuen Schöpfung gewandelt werde, die Vollgestalt seines Menschseins erreiche durch das Angeschautwerden seines Schöpfers und Herrn.

IV. JOHANNES LÜFTET DAS GEHEIMNIS

In Israel konnte sie nicht bleiben

Ab Kapitel III sind wir der Frage nachgegangen, was die wissenschaftliche Exegese über jene Frau zu sagen weiß, die an drei Stellen der Evangelien mit dem Namen „Maria Magdalena" bezeichnet wird.

Dabei ist ein befremdliches Ergebnis herausgekommen: Die Fachwissenschaftler wissen über jene Frau wenig zu sagen. Befremdlich, weil sie Fragen, die sich im Blick auf die Magdalenerin eigentlich nahe legen, nicht stellen, etwa nach ihrem „Vermögen", nach der Stadt, deren Name sie kennzeichnet und die sie verkörpert, oder was es alles bedeutet, Leiterin einer Frauengruppe zu sein. Ein neues, ausgezeichnetes Fachbuch, das Frauen in den Evangelien behandelt, bringt kein Kapitel zur Magdalenerin.[273] Der Verdacht ist nicht wegzuwischen, es könnten Voreinstellungen sein, die den Fachautoren die Augen verschließen, gewisse Dinge zu sehen und zu hinterfragen; z. B. ob nicht wenigstens die theoretische Möglichkeit bestände, dass die Schwester der Marta und des Lazarus identisch sein könnte mit Maria Magdalena. Wo immer wir in den folgenden Kapiteln den Wissensstand der Fachwelt zur Magdalenerin abrufen, werden wir dieser selektiven Wahrnehmung erneut begegnen, als gäbe es da eine unsichtbare Mauer, jenseits derer nichts sein darf und also auch nichts ist.

Löst man sich jedoch von vorgegebenen Denkkrillen und schaut genau auf die griechischen Worte der Schrift, kommen ganz neue Zusammenhänge und Wirklichkeiten in den Blick. Dann erstehen aus den Trümmern der Traditionen und Worte lebendige Menschen aus Fleisch und Blut. Und alles fügt sich sehr natürlich zusammen.

Nehmen wir nur die primäre Kennzeichnung dieser Frau, durch die sie in die Weltgeschichte eingegangen ist, nämlich ihren Herkunftsort Magdala/Tarichea. Wie wir aufzeigen konnten, war das damals eine liberale, römisch/griechisch geprägte Stadt am See Gennesaret mit inter-

---

[273] *Richard Bauckham*, Gospel Women – Studies of the Named Women in the Gospels. Der Autor bringt Studien zu Elisabeth und Maria in Lukas 1, zu Anna aus dem Stamm Asher, zu Johanna der Apostolin, zu Maria Clopas, zu den zwei Salomes – aber keine Studie zu Maria Magdalena, die die „Chefin" der Johanna war. Ihr Name wird stets nur beiläufig erwähnt.

nationaler Geschäftswelt in verschiedenen Stadtvierteln. Archäologische Funde und geschichtliche Überlieferungen machen diese Annahme schon fast zu einer Sicherheit. Aber die Fachwissenschaft der Exegese, jene neueren Kommentare, die wir für unsere Arbeit herangezogen haben, interessiert sich nicht für diese Stadt und ihr Gepräge.[274] Dabei ist Magdala doch das primäre Kennzeichen der Magdalenerin.

Ferner sind da die Dämonen, von denen Jesus die Magdalenerin befreit hat[275], und die Aussage des Lukas, dass diese Frau „Vermögen" besaß und zusammen mit anderen vermögenden Frauen Jesus und den Jüngern gedient hat. Und dass sie die Leiterin dieses Kreises war. Wofern man diese keineswegs neuen Daten der Evangelien umfassend und logisch vollständig erkundet, gewinnt man ein „Profil" der Frau aus Magdala, das diesen Menschen lebendig vor Augen erstehen lässt.

Zum Beispiel „Vermögen/*ta hypárchonta*": Was muss man sich für die damalige Zeit unter einem „vermögenden" Menschen vorstellen? Wir haben schon eindeutige Beispiele aus den Evangelien angeführt. Fügen wir noch weitere aus dem damaligen gesellschaftlichen Umfeld des römischen Reiches hinzu:

Wer zur Zeit des Augustus dem Ritterstand angehören wollte, musste ein Vermögen von mindestens 400.000 Sesterzen (= 100.000 Denare) vorweisen. 1 Denar war ein Tageslohn. Im Jahre 2007 müsste man als Äquivalent für einen Tageslohn 60 EUR ansetzen. Die höchsten uns bekannten Vermögen der Zeit Jesu besaßen ein M. Licinius Crassus mit 170,4 Mio. Sesterzen, der Philosoph Seneca, Zeitgenosse Jesu, mit 300 Mio. Sesterzen. 24.000 Sesterzen oder 6.000 Denare entsprachen 1 Talent[276] oder dem heutigen Gegenwert von 360.000 EUR.

Ein gewisser Redner Apollodoros, aus dessen Rede wir über „den Fall Neaira" wissen, hatte in Athen „von seinem Vater ein Vermögen von mehr als 43 Talenten geerbt, als dieser 369 oder 370 v. Chr. gestorben war". Das wäre eine Summe von 258.000 Denaren bzw. mehr als 1 Mio. Sesterzen oder mehr als 15 Mio. EUR.[277] Der Mann galt vermutlich als vermögend.

---

[274] Auch das hervorragende Buch von *Sean Freyne*, Galilee and Gospel, Boston/Leiden 2002, widmet der Stadt am See keine Überlegungen. Die Ausgrabungen dort scheinen dem Autor nicht bekannt zu sein.

[275] In seiner umfassenden Darstellung der Johanna, die ebenfalls von „bösen Geistern und von Krankheiten" befreit wurde, geht *Bauckham* darauf nicht ein.

[276] Nach *E. Herrmann-Otto*, „Reiche und Arme", in NTAK, Bd. 2, S. 86ff.

[277] Nach *Debra Hamel*, Der Fall Neaira, Darmstadt 2004, S. 147.

Und noch zwei Beispiele aus dem Neuen Testament:

Der römische Oberst, der Paulus auspeitschen lassen wollte (Apg 22, 28), gestand dem Apostel ungläubig, er habe das römische Bürgerrecht „für ein Vermögen", „*pollou kephalaiou*/viel Kapital" gekauft. Wie viel könnte das gewesen sein? Der Vater des schon genannten Apollodoros hatte den Athenern einmal 1000 Schilde gestiftet, sodann zu fünf Anlässen „die Bemannung und den Unterhalt für ein athenisches Kriegsschiff bezahlt" – und dafür die Verleihung des Bürgerrechts erworben.[278] Das also war „Vermögen". Und die 100 Pfund Mischung aus Myrrhe und Aloe, mit der Jesus einbalsamiert werden sollte, hatte ebenfalls einen stattlichen Preis (10.000 Denare ist ein von mir geschätzter Wert anhand anderer Preise), der nur von Frauen oder Männern aus reicher Oberschicht aufzubringen war.

Die Frau aus Migdal Nunaija muss eine brillante Persönlichkeit gewesen sein. Eine Frau mit klarem Verstand und zahlreichen Talenten. „Talenten" im doppelten Sinn des Wortes.

Berücksichtigt man zudem, dass sie in der Gruppe der vermögenden Frauen, die Jesus bis unters Kreuz und zum Grab gedient haben, die führende Position innehatte, der sich die anderen, keineswegs „bettelarmen und entwurzelten", sondern ebenfalls profilierten und selbstbewussten Frauen unterordneten, dann müssen wir in Maria aus Magdala eine außerordentliche Frau sehen, die mit ihren geistigen und menschlichen Qualitäten – von den kaufmännischen ganz zu schweigen – den Männern um Jesus Probleme bereiten konnte oder gar musste: Sie hatte Autorität und sie war eine.

Doch zugleich war sie auch gefangen in unbekannten Abhängigkeiten und Süchten, denen sie wie einer fremden Gewalt ausgeliefert war. Jesus hatte sie daraus befreit. Diesen Rabbi aus Galiläa, dem sie ihr neues Leben verdankte, liebte sie fortan mehr und mehr. Wie sehr sie Jesus liebte, wurde uns schließlich in der Analyse des Berichtes vom Ostermorgen überdeutlich, wobei vor allem der Evangelist Johannes diese Frau in einer einzigartigen, schönen und natürlichen Lebendigkeit überliefert hat. Der Bericht schildert mit historischer Glaubwürdigkeit eine Realität, die zugleich transparent ist auf vielfältige theologische Deutung hin.

Die detaillierten Besonderheiten dieser ersten Begegnung mit dem Auferstandenen nährten in uns die Vermutung, Maria Magdalena habe das dem Johannes persönlich mitgeteilt. Wie dies geschehen und wie

---

[278] Nach *Debra Hamel*, S. 153.

es zu den Texten bei Johannes und Lukas gekommen sein könnte, werden wir im letzten Kapitel in einer neuen These vorlegen.

So weit, so gut.

Doch mit dem Bericht von ihrer Begegnung mit dem Auferstandenen am Ostermorgen verschwindet diese außerordentliche Frau aus der kanonischen Überlieferung. An nur drei Stellen war ihr Name, dort in hervorragender Position, überliefert worden: Als Lukas zum ersten Mal die Frauengruppe erwähnte, die Jesus und den Jüngern diente, als Jesus auf Golgota am Kreuz starb und ins Grab gelegt wurde, als er von den Toten auferweckt wurde. Nach diesen drei namentlichen Erwähnungen der Magdalenerin hören wir nichts mehr von ihr. Keine Spur findet sich von ihr in der Apostelgeschichte. Selbst bei der Gelegenheit der Wahl der sieben Diakone – weil zuvor die Organisation der Versorgung der Witwen der Hellenisten nicht geklappt hatte (die Apostel hatten sich da nämlich selber in Logistik versucht) –, selbst bei dieser Gelegenheit, als man auf ein gut eingespieltes, fähiges Team von Frauen hätte zurückgreifen können, werden diese nicht erwähnt. Dabei hatten die Frauen einen viel umfangreicheren Dienst schon über längere Zeit patent ausgeübt. Neu zu wählende Männer sollten jetzt den Dienst an den Tischen übernehmen.

Maria Magdalena, nach ihrer Sendung durch Jesus zu den Jüngern in der Frühe des ersten Wochentages, ist in der Apostelgeschichte „literarisch tot".

Das ist jedoch kein Einzelfall im Neuen Testament. Josef von Arimathäa und Nikodemus „verschwinden" nach jener Tätigkeit am Abend des Pessach ebenfalls. Doch hat sich um diese beiden Männer, die immerhin Jünger Jesu waren, in der Kirche kein „Sagenkranz" vieler Legenden gewoben. Auch in der frühchristlichen Traditions- und Kirchenbildung spielen diese beiden Personen, die im Gegensatz zu den Aposteln Männer von gehobener Stellung im Judentum waren, keine Rolle mehr. Sogar von den meisten der Apostel hören wir nach der Auferstehung so gut wie nichts mehr. Nur Lukas ist es wieder, der in seinem Bericht von den „Taten der Apostel" festhält (Apg 1, 12–14), wie die Elf „im Obergemach" in Jerusalem zusammenkamen, „wo sie nun ständig blieben", zusammen mit Maria, der Mutter Jesu und „mit den Frauen". Unter den „Frauen" haben wir uns gewiss jene Gruppe vorzustellen, die Lukas schon früher ins Bild gesetzt und die Kleopas noch einmal erwähnt hatte: „Frauen aus unserem Kreis". Mit dieser allgemeinen Bemerkung verschwinden die Frauengruppe und viele Apostel aus der kanonischen Überlieferung.

Und die Magdalenerin?

In der kanonischen Überlieferung ist sie verschwunden, nicht aber in der frühchristlichen Traditionsbildung. Diese hat ihr Gedächtnis in den Apokryphen bewahrt. Und das ist das Merkwürdige: Die Erinnerung an ihre Person bleibt dort überraschend stark und farbenreich lebendig. Das Bild, das von ihr weitergetragen wird, und die Rolle, die sie in der frühchristlichen Kirchenbildung spielt bzw. wie sie dort literarisch eingesetzt wird, lassen erahnen, wie viel bedeutsamer als die oben erwähnten Männer sie gewesen sein muss, sowohl zu Jesu Lebzeiten als auch in der Zeit der sich formenden Kirche.

Wie kann man dieses paradoxe Phänomen historisch deuten und lebensnah rekonstruieren? Findet sich ein Grund, warum diese Frau, solange Jesus lebte, in den kanonischen Texten erwähnt und dabei als leitende Person konsequent herausgestellt wird, und warum sie nach seinem Tod in der kanonischen Versenkung verschwindet? Findet sich ein zweiter Grund, warum ausgerechnet die Magdalenerin in der frühen Traditionsbildung eine überraschende Auferstehung feiert?

Diese Frau, die auf der Frauenseite dem Petrus rangähnlich gegenüberstand und diesem und anderen Jüngern in mancher Hinsicht überlegen war, muss ein auffälliges Schicksal durchlaufen haben. Warum erwähnen drei Evangelien sie nur beiläufig erst unter dem Kreuz und am Ostermorgen? Untersuchen wir zur Lösung dieser Fragen noch einmal jene Details, die wir bei Lukas gefunden haben, als er als einziger zum ersten Mal die Frauen erwähnte, die Jesus nachfolgten und ihm und den Jüngern mit ihrem Vermögen dienten.

Dort erwähnt er, dass Jesus aus einigen Frauen „böse Geister und Krankheiten" ausgetrieben habe, nur jedoch bei „Maria, genannt die Magdalenerin" seien „sieben Dämonen ausgefahren". Und ausgerechnet diese Frau wird in der nachfolgenden Zeit die Leiterin der Frauengruppe. Ich habe diese Dämonen – meiner Meinung nach zu Recht – als ein ganzes Bündel von Süchten und Abhängigkeiten analysiert, in denen diese bemerkenswerte Frau gefangen war. Der Text verlangt nicht, mehr hinter diesen Dämonen anzunehmen. Dabei habe ich es unterlassen, eine konkrete Sucht oder Abhängigkeit zu nennen – einmal, weil der Evangelist es auch nicht getan hat (so scheint es bisher); zum anderen, weil ich mich damit auf das Niveau der „Schlüssellochgucker" begeben hätte. Ich will aber mit der Lupe arbeiten.

Was uns der Evangelist offiziell mitteilt, reicht indes, um eine gediegene Schlussfolgerung auf den Tisch zu legen:

Diese Frau muss eine markante Persönlichkeit in der Geschäftswelt Taricheas gewesen sein. Ihr Ruf war sicher bis nach Jerusalem gedrungen. Durch ihre weitreichenden Handelsbeziehungen hatte sie erhebliches Vermögen ansammeln können. Sie war eine Autorität, der andere hochgestellte Frauen sich unterordneten – und die Männer um Jesus mussten ihr ebenfalls gehorchen. Zugleich steckte sie in Süchten und Abhängigkeiten, die nicht verborgen blieben. Damit konnte man sie demütigen, sie beschämen, sie fertig machen. Vielleicht gab es noch mehr Auffälligkeiten an ihr, die damals mit „Dämonen" in Verbindung gebracht wurden. In jedem Fall stand eine solche Person, nach damaliger Auffassung der „Gerechten", auf der Seite der Frauen um Jesus auf dem untersten Platz der Liste der „Frevler". Sie gehörte zu den „Bösen", die nicht gerettet wurden. Gerade ihre Handelskontakte mit heidnischen Völkern erschienen nach dem Maßstab der Frommen als Hurerei, als „Geschlechtsverkehr mit fremden Völkern", und machten diese Frau zur öffentlichen Sünderin.

Maria von Magdala stand auf der Seite der Frauen auf jenem Platz, den bei den Männern die „Zöllner" einnahmen. Und da gab es einen, den Jesus ausdrücklich berufen hatte: den Zöllner Levi-Matthäus! War Maria Magdalena das weibliche Gegenstück zum Zöllner Matthäus, der ebenfalls Verkehr mit heidnischen Völkern hatte?

Wir hören in den Evangelien oftmals, dass Jesus Dämonen ausgetrieben hat. Wir hören keinen Fall, wo er einen solchen, von Dämonen erlösten Menschen, in seine Nachfolge, in seinen Dienst berufen hätte – außer bei diesen Frauen und insbesondere bei der einen.[279] Wer einwenden will, diese Frauen seien doch gar nicht „berufen" worden wie die 12 Apostel, hat damit zunächst recht. Von einem analogen Vorgang wie dem der Berufung der zwölf Männer hören wir in der Tat bei den Frauen nichts Vergleichbares.

Doch erinnern wir uns daran, wie Lukas diese Frauen eingeführt hat (Lk 8, 1f.): Wanderte Jesus „von Stadt zu Stadt ... verkündete das Evangelium vom Reich Gottes *und* die Zwölf (waren) mit ihm *und* einige Frauen." Die Frauen werden hier nicht auf der Ebene der 72 Jünger eingestuft (Lk 10, 1), sondern auf der Ebene der Zwölf, die Jesus mit Namen gerufen hat. Ebenso werden auch von diesen Frauen Na-

---

[279] Auch *Rengstorf*, S. 105, weist darauf hin. Die namentliche Erwähnung dieser Frauen versteht er so, dass sie, aufgrund ihres Umgangs mit Jesus zu dessen Lebzeiten, in der ersten Gemeinde in hohem Ansehen gestanden hätten. Das stelle ich in Frage, weil die kanonische Überlieferung sie nicht weiter erwähnt.

men genannt. Und sie werden durch dasselbe „und" mit Jesus verbunden wie die Zwölf, stehen also neben ihnen. Sie begleiten ihn genauso wie die Zwölf und dienen schon besser als die Zwölf. Denn auf Golgota heißt es, dass sie ihm bereits „mitnachgefolgt" (Lk 23, 49) seien. Das „mit" bezieht sich nicht auf die Zwölf, sondern auf Jesus.

Man könnte also sagen, dass die Folge der Berufung – konkreter Dienst in der Nachfolge – bei diesen Frauen entschiedener und deutlicher vorhanden gewesen ist als bei den elf Männern, die bis auf Johannes vor dem Kreuz Reißaus genommen haben.

Nun aber fällt Maria von Magdala bei den Frauen noch dadurch auf, dass sie im Netz einer ganzen Horde von Dämonen verfangen war. Süchte und Abhängigkeiten bleiben nicht verborgen, darüber redete man in Tarichea/Magdala, vermutlich sogar im ganzen Land in gewissen Kreisen. Aber Jesus, der als (dionysischer) „Weintrinker" geächtet werden sollte, akzeptierte, dass ausgerechnet diese Frau ihn begleitete wie die Zwölf, ja, dass sie das Sagen im Kreis der Frauen hatte: Sie wird stets an erster Stelle genannt. Es scheint somit Hinweise zu geben, dass Maria Magdalena das weibliche Gegenstück zum Zöllner Matthäus darstellte.

Dieser Matthäus wird zum letzten Mal in Apg 1, 13 erwähnt, dann verschwindet auch er aus der kanonischen Literatur. Als Zöllner gehörte er jenem Berufsstand an, dessen Mitglieder beim Beginn des Jüdischen Aufstandes gegen die Römer im Jahre 66 n. Chr. von fanatisierten Massen als erste umgebracht wurden. Der Apostel Matthäus als der ehemalige Zöllner dürfte der in Jerusalem und Palästina sich bildenden Gemeinschaft der Juden vom „Neuen Weg" ein unreiner Klotz am Bein gewesen sein. Gewiss, er übte diesen Beruf nicht mehr aus, aber die Verkündigung der Frohen Botschaft von der „Rettung durch die Gnade Jesu, des Herrn" (Apg 15, 11), hielt ihn und sein Gedächtnis positiv wach.

Der Ruf dieser Gemeinschaft war ohnehin ständig Verdächtigungen und Anfeindungen ausgesetzt. Vor allem Paulus selber: Er würde, so wurde von allen Seiten lamentiert, die Menschen zu einer Gottesverehrung verführen, die gegen das Gesetz verstoße (Apg 18, 13). Übergriffe bis hin zur Ermordung von Mitgliedern der Gemeinschaft sind überliefert (Apg 8, 1–3; 12, 1–2). Musste die Leitung der Gemeinschaft zu alledem auch noch positiv begründen, dass man ehemalige Zöllner als Vollmitglieder in der Gemeinschaft hatte, sogar im „Vorstand" (Zwölferkreis der Apostel), belastete dies das unsichere religiöse und politische Selbstverständnis der kleinen Schar noch mehr, von denen „Tausende ... Eiferer für das Gesetz" waren (Apg 21, 20). Sich von solch einem Mann trennen zu können, auf welche Weise auch immer, wird manchen von ihnen als Hilfe in der Not erschienen sein, wenn nicht gar als „Wille Gottes".

Im Babylonischen Talmud[280] findet sich ein „legendärer Bericht", in dem von fünf Namen von Jüngern Jesu die „einzige historische Erinnerung" der Name des Jesus-Jüngers Matthäus als *Matai* ist. Wahrscheinlich ist aber, so meine ich, auch die Erwähnung eines *Nezer*-Jüngers historisch. Denn mit „*nezer*/Spross" könnte Jakobus aus der Familie Jesu gemeint sein. Im Text heißt es: „Sie führten Matai vor. Er sagte zu ihnen: Soll Matai getötet werden? Es steht doch geschrieben: Ich, Matai, werde kommen und vor Gottes Angesicht erscheinen (Ps 42, 2). Sie sagten zu ihm: Doch, Matai soll sterben und sein Name verloren gehen (Ps 41, 6)." Deutet man diesen Text auf den Apostel Matthäus und gibt ihm historisches Gewicht, dann wäre Matthäus zusammen mit dem Herrenbruder Jakobus im Jahre 62 oder 63 getötet worden.[281]

Maria von Magdala dürfte der sich bildenden Gemeinschaft vom Neuen Weg in Jerusalem und im jüdischen Palästina ein ebensolcher Dorn im Auge gewesen sein wie der ehemalige Zöllner Matthäus. Denn die Gemeinschaft vom „Neuen Weg" mit ihrem Zentrum in Jerusalem zeichnete sich durch eine wachsende Tendenz zur Vorrangstellung der Tora vor Jesus aus. Nicht durch die „Gnade Gottes" wurde man gerettet, sondern nur durch strikte Einhaltung der Tora zusammen mit der Beschneidung (Apg 15, 1.5; 21, 20). Aber ein ehemaliger Zöllner und eine landesweit bekannte Sünderin waren für die „Sammlung vom Neuen Weg" im wahren Israel keine guten Aushängeschilder: „Zöllner und Dirnen" bei uns im Leitungsteam? In 1 Makk 14, 14 hieß es deutlich, dass „Verräter (des Gesetzes) und Sünder" ausgerottet werden müssen. Für seinen Verrat am Gesetz, seine Gotteslästerung, war schon Jesus gekreuzigt worden, diese Geschichte musste man nicht noch einmal durchleiden.

Solange Jesus da war, hatte er die Frau geschützt, sie sogar den Aposteln vorgezogen, sagen die Apokryphen. Dabei hatte sie doch eine zweifelhafte Vergangenheit. Wer wusste schon genau, dass die Dämo-

---

[280] *Der Talmud*, München ⁶1980, S. 207f., daselbst zitiert als *„Sanhedrin 43a"*.
[281] Vgl. *Josephus Flavius*, Jüdische Altertümer, XX, 9, 1: Der Hohepriester Ananus lässt den Jakobus, „den Bruder des Jesus, der Christus genannt wird", steinigen. Josephus Flavius war zu dieser Zeit Mitglied des Sanhedrin. (S. *Christoph Wrembek SJ*, Quirinius, die Steuer und der Stern, S. 26)

nen nicht zurückkehren würden? Und was einige Männer wohl besonders ärgerte: Sie war den meisten von ihnen in vielerlei Hinsicht überlegen.

Da kommen Gefühle des Neides, der Unsicherheit, vielleicht sogar der Rache hoch. Wenn schon die Witwen der Hellenisten übersehen wurden, dann konnte man diese Frau auch übersehen. Man konnte sie jetzt ungestraft an den Rand schieben, nach dem Motto: Dein Jesus ist gegangen, jetzt haben wir das Sagen! Ihre Geschäfte in Magdala und was da sonst noch alles gewesen war, mochte die große Dame zwar aufgegeben haben. Aber jetzt war auch der Dienst der Frauengruppe vorbei. Und ihre herausragende amtliche Position ganz besonders. Und der Nazoräer, der sie am meisten geschützt hatte, dessen Zeit war auch vorbei. Ihre frühere Vorrangstellung und vielfache Überlegenheit nutzten der Frau jetzt nichts mehr[282] – und das konnte man sie spüren lassen.

Wenn wir Maria Magdalena bisher einigermaßen richtig eingeschätzt und nachgezeichnet haben, dann hat sie über solche Animositäten nur lachen können. Sie war in ihrer eigenen inneren Entwicklung schon viel weiter gegangen. Reichtum, Einfluss und Macht bedeuteten ihr nichts mehr. Sie musste nichts mehr „festhalten". Von derlei Kompensationen war sie frei. Von anderen Abhängigkeiten ebenfalls. Für sie war nur einer auf der Welt wichtig. Und nur ein Dienst. Und wenn ihr jetzt immer öfter die kalte Schulter gezeigt wurde, wenn sie immer auffälliger „vergessen" wurde, wenn die guten Brüder und Schwestern immer spitzere Bemerkungen fallen ließen, dann verlor sie deswegen nicht die Fassung. Diese Spielchen waren nicht ihr Niveau. Die brauchte sie nicht. Sie hatte schon ganz andere Spiele gewonnen und Anfeindungen bestanden.

Im Stillen mochte sie jedoch denken: Ihr wisst gar nicht, wer ich wirklich bin. Niemand von euch kennt mich. Und der einzige, der mich kannte, der ist mir voraus gegangen. In ihm allein lebe ich ... Vielleicht war es ihr sogar recht, dass sie nun in Zurückgezogenheit und relativer Einsamkeit ein neues Leben beginnen konnte. Die Vergangenheit war abgestreift, zurückgelassen, sie war frei, sich „in Christus" einer neuen Zukunft zuzuwenden. Aber welcher Zukunft?

Der letzte Wendepunkt ihres Lebens war die Begegnung am leeren Grab gewesen. Dort hatte Jesus ihren Namen ein letztes Mal genannt und zu ihr gesagt: Geh! Was bedeutete dieses Wort, das er ihr zuge-

---

[282] Siehe „Pistis Sophia" (Kap. II, 1, b).

sprochen hatte, für ihr künftiges Leben? „Geh aber zu meinen Brüdern und sage ihnen: Ich gehe hinauf zu meinem Vater und zu eurem Vater, zu meinem Gott und zu eurem Gott."

Was hatte er ihr damit sagen wollen? Was war nun ihre Sendung? Ihr Tarichea oder Migdal Nunaija oder Magdala war eine liberale, griechisch-römisch geprägte Stadt. Dorthin kehrte sie nicht zurück. Jerusalem war das ganze Gegenteil, das war „Tora-Land". Hier herrschte das Gesetz des Mose. Hier brodelte ein Kessel mit religiösem und politischem Fanatismus. Hier hatte sie so wenig eine Chance wie Jesus, den sie hier umgebracht hatten (Apg 5, 30). Als angeblichen Lästerer Gottes und seiner Weisung. Welche Verdrehung der Wirklichkeit! Dabei hatte er nur unterschieden zwischen dem, was wirklich Weisung Gottes war, und dem, was Überlieferungen der Menschen waren (Mk 7, 8). Was diese allerdings zur Festigung ihrer Macht als „Wort Gottes" ausgaben. Er hatte nur gezeigt, dass die Liebe des Vaters viel größer war, als die Lehrer überhaupt denken konnten. Und denken wollten! Hätten sie zugestimmt, dann hätten sie ihre Theologie auf den Kopf stellen müssen – und ihre Macht drangeben. Aber die wollten sie festhalten. Ganz fest.

Die Frau aus Magdala kannte das nur zu gut.

Ihr Jesus hatte den Menschen, sogar den letzten Sünder in die Mitte gestellt, ihm die Zuwendung des Vaters zugesprochen und dafür, für diesen Menschen, die Tora übertreten, bei ihr damals, beim Pharisäer Simon, beim Zöllner Matthäus, beim Mann mit der verdorrten Hand und vielen anderen. Schon damals hatten sie deswegen seinen Tod im Auge, weil solches Tun nach der Tora verboten war und Jesus damit bewusst gegen den Willen Gottes gehandelt hätte. Diese Toren! Und als er auch noch sagte, dass Zöllner und Dirnen eher im Reich Gottes wären als die Frommen, ja, dass sogar die Bösen, die Gesetzlosen den Hochzeitssaal füllen werden, da war sein Schicksal besiegelt. Nein, ihr Herr wollte nicht nur etwas Anderes, er brachte eine ganz neue Lehre (Mk 1, 27). Und er suchte „neue Schläuche" für seinen neuen Wein, nämlich die ehrliche Gesinnung des Herzens. „Was ihr von anderen erwartet, das tut ihnen; darin besteht das Gesetz!" (Mt 7, 12) Und wenn selbst er die religiösen Führer nicht hatte überzeugen können, dann würde sie, die Frau aus Tarichea, es noch weniger können.

Gerne wollte sie wie er, wie „mein Rabbi", leben und wirken. Sein Geist, sein neues Denken waren in ihr lebendig. Aber sie war kein Rabbi. Sie war eine Frau. Die Juden würden ohnehin auf keine Frau hören. Erst recht nicht auf eine, die von Dämonen besessen gewesen war. Man konnte ja nie wissen. Sie als Frau, außerhalb ihrer Geschäftswelt, ohne ihre früheren Beziehungen, ohne die alten Spiele der Macht, die sie fabelhaft einzufädeln verstanden hatte, stand hier allein und ohne Chance.

Es musste ihr klar werden, dass sie in Jerusalem, in Galiläa, ja überhaupt in Palästina nicht bleiben konnte. Hier würde ihre Vergangenheit vorherrschen. Nicht in ihr, aber in den Menschen. Die wollten immer wieder „die große Dame" von Magdala sehen und anfassen, jene tolle Frau mal zum Essen einladen, von der man so verrückte Geschichten erzählte. Im Grunde wollten sie mit ihr spielen. Und innerhalb der „Sammlung vom Neuen Weg" würde man ihr bestenfalls ein Schattendasein zugestehen. Das sah sie voraus.

Also blieb nur eine Lösung: Sie musste das Land verlassen und anderswo ihren Wohnort nehmen.

„Geh ...!"

Die Apostel mögen dieser Entscheidung erleichtert zugestimmt haben. Vielleicht haben sie der Magdalenerin sogar angeboten, ihren Namen und ihre Geschichte aus allen Gesprächen und Lehren und der Verkündigung des Evangeliums weitgehend herauszuhalten – und deshalb existiert sie in den Evangelien des Markus und Matthäus nur unter dem Kreuz und am Ostermorgen. An den anderen Stellen bleibt sie namenlos, anonym. Sie sollte langsam aus der Erinnerung der Leute und deren Sucht nach Skandalen und kunterbuntem Geschwätz verschwinden. Erst Lukas hebt sie deutlicher heraus. Und Johannes.

Meine bisherigen Gedankengänge entstanden aus dem Bemühen, einen Grund einmal für die auffallende Zurückstellung dieser bedeutsamen Frau der Zeit des öffentlichen Lebens Jesu in der kanonischen Überlieferung zu finden, während zum anderen die apokryphen Texte ihr Gedächtnis sehr lebendig bewahrten. Was könnte vorgefallen sein, das die eine wie die andere Tatsache erklärte? Meine Gedanken waren zwar nur forschende Hypothesen, achteten aber darauf, die Angaben des Neuen Testamentes als Grundlage zu berücksichtigen. Aus ihnen zog ich vernünftige Schlussfolgerungen. Diese waren allerdings nur möglich, indem ich auch die Psyche der Beteiligten beachtete. Das ist keineswegs unwissenschaftlich. Ganz im Gegenteil. Menschen und Vorgänge zwischen ihnen kann man ohne Einbezug der zahlreichen Bezüge ihrer seelischen Ebenen und deren Geschichte und Abhängigkeiten nicht darstellen. Nur bleiben die so gewonnenen Erkenntnisse wegen der Vielgestaltigkeit und Verborgenheit des Seelischen immer in der Schwebe: Manches könnte auch anders gelaufen sein.

Doch darf man festhalten: Die vorgetragenen Überlegungen zur Magdalenerin, die aus der Analyse ihres Lebens anhand biblischer Daten gewonnen sind, fügen sich nahtlos in jene Fakten und geschichtlichen Entwicklungen ein, die uns aus den Evangelien und unserem Wissen um die damalige religiös-politische Situation als sicher bekannt sind. Als vorläufiges Fazit dürfen wir deshalb festhalten: Die ehemalige vermögende Geschäftsfrau, in Magdala von Dämonen besessen, konnte als bekehrte Anhängerin Jesu weder im gesetzesorientierten Palästina noch in der beginnenden jüdischen Gemeinschaft vom Neuen Weg Fuß fassen.

Wir kennen einen ähnlichen Fall: Etwa vier Jahre nach Tod und Auferstehung des Herrn kam der ehemalige, eifernde Pharisäer Saulus zur jungen „Sammlung vom Neuen Weg". Realistisch schätzte er das Problem seiner Eingliederung in die sich vorsichtig formende Gemeinde als kompliziert ein (Apg 9, 13f.; 26ff.) und zog sich zunächst in die Wüste zurück. Auch für sich selber. Und als er dann auftrat, mit den gesetzestreuen Juden Streitgespräche begann und von diesen getötet werden sollte, da brachte er mit seinem Mut, seinem Eifer und Wissen eine gefährliche Krise über die junge Gemeinde. Diese war froh, als sie den „Kontroverstheologen" unter dem Schein brüderlicher Besorgtheit abschieben konnte. Nach Tarsus. Jetzt hatte man wieder Frieden.

Irgendwann ist Maria Magdalena mit Paulus sicher zusammengetroffen. Sie müssen sich sofort verstanden haben. Zwei Menschen mit weitem Geist. Weltbürger von Format. Mit kritischem Verstand und großartigem Herzen, in dem mystische Liebe das Anerbieten geschaffen hatte, sich bis zum letzten Atemzug im Dienst ihres Herrn aufzureiben (2 Kor 12, 15; Apg 20, 23ff.). Den braven Leutchen in Jerusalem werden die beiden eher unheimlich vorgekommen sein.

Paulus und Magdalena aber werden laut gelacht haben, als sie sich ihren jeweiligen „Rausschmiss" erzählten. Ihr Herz und Sinn waren ganz woanders verankert. Ob sie rausgeschmissen wurden oder drin blieben, ob sie im heiligen Land oder in unheiliger Fremde lebten, ob sie geachtet waren oder verachtet, ob ihr Leben noch lange dauerte oder ob sie morgen umgebracht würden, ob sie reich oder arm waren, hungerten oder gut zu essen hatten – sie gehörten ihrem Herrn. (Röm 14, 8 und Ignatius von Loyola, Exerzitienbuch Nr. 23) Ihn immer innerlicher zu erkennen, war ihr einziges Verlangen. Nichts konnte sie scheiden von der Liebe Gottes in dem Messias Jesus.

Aber während wir wissen, wohin Paulus ging, wissen wir es bei der Frau aus Magdala nicht. Oder haben wir doch Hinweise?

Mit Johannes und der Mutter Jesu nach Ephesus

In der orthodoxen Tradition der Kirche wird bewahrt[283], dass Maria Magdalena in Ephesus gelebt habe und dort begraben sei. Und zwar sei sie dort mit „Johannes dem Theologen" und Maria, der Mutter Jesu, gewesen. Mit diesen beiden wird sie in der ostkirchlichen Tradition aufs Engste verbunden. Legendäre Lebensbilder bieten keine historischen Daten; aber sie enthalten womöglich stimmige Erinnerungen. Mitteilungen aus Legenden und Viten überhaupt nicht zu berücksichtigen, nur weil sie legendär seien, würde ihren Wert unterschätzen. Man müsste ihre Hinweise mit Hilfe historisch gesicherten Materials zu werten suchen.

Nach anderen Traditionen soll Maria, die Mutter Jesu, nach Tod und Auferstehung ihres Sohnes ebenfalls einige Jahre in Ephesus verbracht haben. Ihr Grab jedoch dürfte sich in Jerusalem befinden, gehört es doch zu jenen Stätten der Heiligen Stadt, die durch Archäologie und Tradition am besten bezeugt sind, nämlich bei Getsemani, tief unten im alten Kidrontal. Am sichersten in der Tradition verankert ist ein Aufenthalt des Lieblingsjüngers und Evangelisten Johannes in Ephesus und in der Provinz Kleinasien; dort soll er, so wird allgemein angenommen, sein Evangelium vor gänzlich anderem Publikum geschrieben bzw. verkündet haben, und zwar recht früh.[284]

Historisch sicher ist, dass Jesus vom Kreuz herunter diesen Jünger Johannes und seine Mutter eng, sehr eng aufeinander verwiesen hat. Und die einzige Frau außer der verwandten Frau des Klopas, die noch unter dem Kreuz stand, war – nach dem Evangelium des Johannes – die Frau aus Magdala.

Ich sage nicht: Also waren die drei sicher zusammen! Und zwar sicher in Ephesus. Aber da ein Weggang aus Israel für Maria Magdalena sinnvoll, unter menschlich-religiöser Hinsicht geradezu zwingend erscheint und wir als Hinweis auf ihren Weggang aus Israel die Parallele bei Paulus haben, und da die ostkirchliche Tradition einen gemeinsamen Aufenthalt des Johannes mit der Gottesmutter und mit der Magdalenerin in Ephesus überliefert, dürfen wir versuchsweise annehmen, dass die Magdalenerin nach Ephesus gegangen ist. Und

---

[283] S. meine Darlegungen in Kapitel I, 3.
[284] Ich werde im Schlusskapitel zu traditionsgeschichtlichen Fragen und der Entstehung aller Evangelien vor der Zerstörung des Heiligtums eine neue These aufstellen.

zwar zusammen mit Maria, der Mutter ihres Herrn, und mit Johannes, dem Lieblingsjünger und späteren Evangelisten.

Können wir diese hypothetische Annahme aus der ostkirchlichen Tradition und anderen Schriften stützen?

In der apokryphen Schrift „Pistis Sophia", Kap. 96, werden Johannes und Maria Magdalena zusammen genannt: „Aber Maria Magdalena und Johannes, der Jungfräuliche, werden überragen alle meine Jünger und alle Menschen, ... und sie werden zu meiner Rechten und zu meiner Linken sein, und ich bin sie und sie sind ich."[285] Auch in dieser gnostischen Schrift also stehen Maria von Magdala und Johannes durchgehend im Vordergrund. Im „Evangelium des Philippus" wird die Magdalenerin zusätzlich mit der Mutter Jesu verbunden.

Eingangs hatte ich die Vita des Nikephoros Kallistos angeführt, in der die Magdalenerin ebenfalls in Ephesus lebt, zusammen mit Johannes und der Mutter Maria. Sie stirbt hier als erste der drei und wird von Johannes und der Mutter Jesu beerdigt. Die enge Verbindung beider Marien wird in dieser Lebensbeschreibung außergewöhnlich herausgestellt, indem sie nicht nur zusammen unter dem Kreuz stehen, sondern auch zusammen den Leichnam beweinen, wobei die Magdalenerin die Liebkosungen des Gesichtes des Toten der Mutter überlässt. Diese wiederum gibt öffentlich kund, dass ihr Sohn die Magdalenerin geliebt habe. Beide erleben die Auferstehung und sind im Abendmahlssaal, als der Heilige Geist herabkommt. Beide fahren nach Ephesus und leben dort zusammen mit Johannes dem Apostel.

Diese Texte können meine Vermutung auf eine innere Nähe sowohl der beiden Marias zueinander als auch der Magdalenerin zu Johannes bestärken. Denn beide Frauen durchlitten ein gleiches Schicksal, das unter allen Frauen in Israel einzig diese beiden Marias betraf: Weder die Mutter Jesu noch die Magdalenerin durften festhalten. Beide mussten den loslassen, der Inhalt ihres Lebens gewesen war.

Johannes nahm die Gottesmutter mit nach Kleinasien. Die Magdalenerin blieb bei der Mutter des Mannes, dem ihr Leben gehörte, und stützte sie; und diese wiederum stützte jene Frau, die für ihren Sohn so bedeutsam gewesen war. Zwei Marien, die nicht festhalten konnten und durften, die sich gegenseitig stützten und für die Johannes sorgte.

---

[285] *Erich Weidinger*, Die Apokryphen, S. 425. – Zur Rechten und zur Linken Jesu standen auf dem Berg der Verklärung Mose und Elia.
Ebenso in *http://www.webcom.com/~*gnosis/library/pistis-sophia/ps101.htm. – S. auch unser Kap. II, 1, b.

Diese Annahme würde die Erklärung dafür geben, warum gerade Johannes diesen wunderbaren Bericht von der Begegnung der Magdalenerin mit dem Auferstandenen als einziger in seinem Evangelium berichten konnte. Markus und Matthäus (Lukas ist noch einmal anders zu sehen, wie wir entdecken werden) bringen nur „Sammelberichte", zwar mit Maria Magdalena an erster Stelle, denn das war in der Tat so geschehen, dass sie als erste dem Auferstandenen begegnet war. Diese unbestreitbare Tatsache sollte auch gesagt werden, so war es unter ihnen abgesprochen. Aber mehr zu veröffentlichen schient den Verantwortlichen nicht klug. Vieles wussten sie allerdings auch gar nicht.

Jetzt in Ephesus nun hörte Johannes von Mariam selber, was da alles in der Verborgenheit ihrer persönlichen Begegnungen bis zum Morgen des ersten Wochentages noch geschehen war.

Doch wenn Johannes in seinem Evangelium – das er später schrieb als die anderen drei, jedoch vor der Zerstörung Jerusalems im Jahre 70 – aller Welt von dieser einzigartigen Begegnung berichtet und somit den Schleier der Verschwiegenheit lüftet, dann müsste das bedeuten, dass Maria Magdalena ihm diese Veröffentlichung gestattet hatte. Oder, dass sie zu diesem Zeitpunkt schon „heimgegangen" war zu „ihrem" Herrn. Um ihn wieder zu sehen. Und jetzt durfte der Evangelist von all dem berichten, was bis dahin verborgen war.

Hat Johannes in seinem Evangelium tatsächlich Schleier gelüftet?

Ein großes Geheimnis der Evangelien wird gelüftet[286]

Sollten diese meine Überlegungen einen gewissen Grad von nicht unbegründeter Wahrscheinlichkeit besitzen, dann können sie noch etwas Anderes im Evangelium gerade des Johannes klären: Als dieser vierte Evangelist in seiner Frohen Botschaft die Auferweckung des Lazarus berichtet (Joh 11, 1–44), schreibt er dort zur Einleitung in Vers 2 etwas recht Merkwürdiges:

---

[286] Manchen Theologen wird diese Überschrift verärgern. Ein „großes Geheimnis" sei unsere Erlösung. Aber genau besehen ist diese kein Geheimnis mehr, denn Gott hat uns „das Geheimnis seines Willens kund getan" (Eph 1, 9), und das „Geheimnis unseres Glaubens" (be)kennen wir in jeder Hl. Messe. Was jedoch Theologen und Exegeten seit den Tagen der Apostel verborgen blieb, ist das Geheimnis der Identität der Magdalenerin. Ein „Geheimnis" gewiss auf anderem Niveau – aber alle Welt ist gespannt, es enthüllt zu bekommen.

„¹ Ein Mann war krank, Lazarus aus Betanien, dem Dorf, in dem Maria und ihre Schwester Marta wohnten. ² Mariam[287] ist die, die den Herrn mit Öl gesalbt und seine Füße mit ihrem Haar abgetrocknet hat; deren Bruder Lazarus war krank."

Merkwürdig daran ist die Identifizierung der Mariam. Der Evangelist hat sie ja soeben erst identifiziert als die Schwester der Marta. Und zusätzlich noch als jene Maria, die in Betanien wohnt. Und gleich noch ein drittes Mal als die Schwester des Lazarus. Drei Identifizierungen auf einmal! Die dazwischen genannte vierte – „die den Herrn mit Öl gesalbt und seine Füße mit ihrem Haar abgetrocknet hat" – ist von der Sache her nicht mehr notwendig. Der Hörer bzw. Leser weiß ja bereits, welche Maria das ist. Außerdem scheint die vierte Identifikation irgendwie neu einzusetzen, als sei sie ein eigener Gedanke, der eine Botschaft in sich ist.

Es kommt aber noch etwas Verwirrendes hinzu:

Diese vierte Identifizierung ist genau genommen unlogisch und für den Leser/Hörer keine Hilfe zur Identifizierung. Denn das Geschehen mit dem Salben und Trocknen passiert ja erst „später" und wird erst im nachfolgenden Kapitel 12 erzählt, wo diese Frau dann schon zur Genüge bekannt ist. Die vierte Identifizierung hilft also nicht zu dem, was sie angeblich soll. Denn etwas, was noch nicht bekannt ist, kann nicht zur Identifizierung einer Person dienen. Wenn jemand identifiziert werden soll und wenn zu diesem Zweck auf etwas hingewiesen wird, was dieser Mensch getan hat, dann muss diese Tat in der Vergangenheit liegen, nicht in der Zukunft. Das ist ja klar. In unserem Fall kommt noch hinzu, worauf ich gerade hingewiesen habe: Diese zusätzliche vierte Identifizierung ist gar nicht notwendig. Der Hörer weiß ja schon, wer diese Mariam ist!

Das aber führt zu einem aufregenden Gedanken: Dann geht es womöglich gar nicht darum, diese Mariam zu identifizieren. Sie ist ja bekannt! Es soll jemand anderes identifiziert werden, der nicht bekannt ist! Und zwar mit Hilfe dieser Mariam, die bekannt ist.

Schauen wir uns das griechische Original einmal genau an. Unsere Stelle (Joh 11, 2) lautet dort: *Ēn dè Mariàm, (hē...)* Genau übersetzt: „(Es) war aber Mariam, (die...)" Die Einheitsübersetzung verändert,

---

[287] Abweichend von der Einheitsübersetzung übernehme ich für den Namen „Maria" stets die Namensform, die in der griechischen Hauptlesart steht; im Kapitel 11 bei Johannes durchgehend „Mariam".

verfälscht diese drei Worte, man möchte es nicht glauben, in gleich fünf Punkten! Ihre Übersetzung lautet:
„Maria ist die, (die...)"

Falsch ist erstens, dass die drei Worte statt im Imperfekt im Präsens übersetzt werden (ein grober Fehler), dass zweitens statt des hebräischen Mariam das griechische Maria gebraucht wird, dass drittens die Positionen der Worte vertauscht werden, indem mit dem Namen „Maria" (ist die, die ...) begonnen wird, dass viertens das erste „die (, die") hinzugefügt wird, dass fünftens das griechische *dè* unübersetzt gelassen wird.

Die Lutherübersetzung („Maria aber war es"; die Jerusalemer Bibel übersetzt genau so.) bringt das Imperfekt, berücksichtigt das *dè*, lässt das erste „die" weg, bevorzugt allerdings auch die Wortumstellung („Maria" gleich am Anfang) und vernachlässigt die hebräisch/aramäische Form des Mariam.

Die Veränderungen der Einheitsübersetzung dürften als Grund haben, dass die Autoren von der selbstverständlichen Voreinstellung ausgegangen sind, die genannten drei Frauengestalten seien in Wirklichkeit drei verschiedene Individuen oder literarische Duplikate einer nur einzigen Frau. Deshalb konnte es sich bei der von Johannes in 11, 2 erwähnten Salbung durch Maria in jedem Fall nur um jene anschließend in Joh 12 berichtete „Salbung in Betanien" durch eben diese Maria handeln: „Maria ist die, die" ... in ein paar Tagen dem Herrn die Füße salben wird. Allerdings ergaben sich daraus logische Ungereimtheiten, ferner musste man dazu den griechischen Text falsch übersetzen. Aber all das hat man sozusagen „geschluckt", um das schon feststehende Ergebnis gegen den Text durchzudrücken. Ein weiterer Beleg, wie eine Voreinstellung dazu führen kann, das Original des Evangeliums folgenschwer zu verfälschen.

Denn die drei Worte müssen, wie schon gesagt, folgendermaßen übersetzt werden – und dann liegt die Betonung nicht mehr auf „die, welche", sondern auf „Mariam" (wie im Griechischen):
„(Es) war aber Mariam, die den Herrn ..."

Dieser Satz blickt eindeutig in die Vergangenheit. Und damit ist klar, dass er nicht eine vierte Identifikation mit Hilfe von etwas Zukünftigem bieten will. Statt dessen stehen wir vor einer ganz anderen Frage: Welche Frau der Vergangenheit soll mit der merkwürdig „enthüllenden" Formulierung „Es war aber Mariam gewesen, die ... (hat)" bekannt gemacht werden? Denn mit Hilfe dieser hier und jetzt allen Hörern und Lesern bekannten Mariam aus Betanien, der Schwester des

Lazarus und der Marta, soll eine andere Frau aus den Evangelien, die bisher nicht bekannt gemacht worden war, namhaft gemacht werden.
Und wer ist das?
Das kann nur die namenlose Sünderin aus Lukas 7 sein.

Auch von ihr, und nur von ihr, haben wir im Evangelium bisher dieses Salben und Trocknen der Füße gehört.[288] Interessanterweise sagen einige Exegeten zu jenem Passus Lukas 7, 36–50, er sei in seiner literarischen Form „johanneisch" gefärbt – das würde zu unserer Vermutung passen, dass Maria von Magdala selber dem Johannes Ereignisse aus ihrem Leben mit Jesus (in Lk 7 ihre erste Begegnung mit ihm) erzählt hat, die sie niemand anderem als nur ihm und Lukas mitgeteilt hat und die Johannes erst „veröffentlichte", als die Magdalenerin die Wiedergabe erlaubte oder als sie schon tot war.

Wie der Passus zu Johannes und Lukas gekommen ist, soll am Ende des Buches überlegt werden. Hier mag der Hinweis reichen, dass Paulus im Jahre 59 auf seinem Weg nach Jerusalem einige Städte an der Küste Kleinasiens besuchte: Mitylene, Samos, Milet, wohin er die Ältesten von Ephesus einberief. Weiter nach Kos, Rhodos, Patara... und Lukas war dabei. Er konnte Überlieferungen sammeln, die im Raum um Ephesus entstanden waren. (Apg 20, ab 13)[289] Wenn Johannes hier aber ein Geheimnis aus der Vergangenheit lüftet, in dessen Mittelpunkt eben diese Maria von Betanien steht, ein Geheimnis, das von dieser Mariam etwas mitteilt, was bis zu diesem Augenblick der Öf-

---

[288] Zu Beginn des Kap. III haben wir den Stand der Exegese zu dieser Frage auszugsweise vorgetragen: Durchgehend wird eine Identifizierung – Maria von Betanien = namenlose Sünderin aus Lk 7 – abgelehnt. Doch keiner der genannten Exegeten bringt dafür einen Beweis. Im Gegenteil lassen einige, weil sie ihre Annahme nicht voll (mir scheint: überhaupt nicht) belegen können, eine theoretische Möglichkeit der Identität offen. Die Ähnlichkeiten in Lk 7 und Joh 12 vermögen sie nur mit Hilfe von „Zweckkonstruktionen" zu erklären.

[289] *Schnackenburg* (Das Johannesevangelium, II, S. 428–433) führt Überlegungen zur „traditionsgeschichtlichen und geschichtlichen Problematik der Lazarus-Geschichte" an. Darin heißt es: „Die beiden Schwestern Marta und Maria werden ebenfalls nur noch im luk. Sondergut nebeneinander genannt, bei der Einkehr Jesu im Haus der Marta (Lk 10, 38–42) ... Da aber die Begegnungen der beiden Schwestern mit Jesus von Joh gestaltet sind und die Frauen in anderem Licht als in Luk 10 erscheinen, kann man obendrein besondere, dem Evangelisten verfügbare Traditionen oder Informationen vermuten ... Lukas hat die joh. Tradition, dass Maria die salbende Frau von Betanien war, nicht gekannt."

fentlichkeit verborgen war, dann könnte man die griechischen Worte *Ēn dè Mariàm* noch ein wenig anders übersetzen, und zwar wie folgt:
„Es war *nämlich* Mariam gewesen, die den Herrn ... hat"!

Nämlich diese Mariam, von der hier die Rede ist, die Schwester der Marta und des Lazarus, diese Mariam von Betanien, ja, sie war jene Frau, die damals beim Pharisäer Simon Jesus die Füße gesalbt hat. Das war ihre erste Begegnung mit ihm. Ihre Identität kannten zwar einige, aber wir Apostel wollten sie weder nennen noch herausstellen.

Mariam von Betanien *ist* die namenlose Frau von Lk 7, 36–50!

Später werden wir in der exegetischen Analyse der Texte (sowohl von Lk 7, 36–50 als auch von Joh 11, 1–44 und weiteren) auf Einzelheiten eingehen. Hier mag nur noch ein Detail genannt werden, das seltsam erscheint: Ist es vorstellbar und korrekt, dass man mit Öl gesalbte Füße mit Haaren abtrocknen will und kann? Öl zieht von selber ein und soll einziehen in die Haut. Abtrocknen passt eher zu Wasser. Aber das wird in Joh 12, 3 nicht benutzt. Wohl aber gibt es reichlich „Wasser", nämlich Tränen, in Lk 7, 38. Ich werde dazu eine Erklärung versuchen.

Was haben wir nun gefunden? Auf der Suche nach Spuren von Maria Magdalena sind wir auf die Schwester der Marta und des Lazarus gestoßen und haben plötzlich entdeckt, dass der Evangelist Johannes in seiner Frohen Botschaft ein Geheimnis lüftet: „Mariam von Betanien" und die namenlose Frau, die „Sünderin" aus Lk 7, sind ein und dieselbe Person. Der Hinweis darauf steht deutlich im griechischen Text.[290] Dann aber sind wir jetzt so weit vorangekommen, dass wir bereits nicht mehr von drei, sondern nur noch von zwei Frauen sprechen müssen, deren „irrtümliche Verschmelzung" die Tradition angeblich vorgenommen hat. Die Frau ohne Namen beim Pharisäer Simon hatte und hat einen Namen, einen sehr bekannten: Mariam von Betanien! Die Schwester der Marta und des Lazarus.

Nach diesem aufregenden Fund ergeben sich Fragen: Dann gibt es also nur zwei Frauen, die uns interessieren, Mariam von Betanien und Maria Magdalena? Oder meinen auch diese Namen nur dieselbe Frau? Und wie kommt Mariam von Betanien in jene Stadt, wo der Pharisäer

---

[290] *Freyne*, S. 271, spricht von einer „intimate relationship between Jesus and Mary Magdalene" und zitiert als Beleg dafür, man höre und staune, Joh 11, 2! (Und natürlich auch 20, 1–2, 11–18). Ist ihm da ein Fehler unterlaufen oder hat sich die traditionelle Volksmeinung über sein Fachwissen geschoben? Denn natürlich hält auch er diese Maria von Betanien nicht für die Magdalenerin.

Simon Jesus zum Essen eingeladen hat? War das vielleicht Magdala am See Gennesaret? Finden sich bei Johannes oder Lukas Hinweise, die die Identität auch dieser beiden Frauen belegen können?

Zunächst freilich müssen wir lernen, Mariam von Betanien neu zu sehen. Denn nun erhält diese eine Frau (aus Joh 11 und Lk 7) ein erweitertes und prägnanteres Profil, als man das in der traditionellen Darstellung ihrer Person bisher gezeichnet hat. Jetzt hat diese Mariam von Betanien eine Vergangenheit. Jetzt hat sie eine schon längere Geschichte mit Jesus hinter sich. Wenn wir sie jetzt in Joh 11 anschauen, müssen wir einige Dimensionen zu ihrer Persönlichkeit hinzufügen: Jetzt gilt, dass ihr das Omen der „Sünderin" anhängt, dass es da allerhand aus dem Umfeld jenes Gastmahles beim Pharisäer Simon zu klären gibt. Dass Jesus schon damals von einer „Liebe" in dieser Frau gesprochen hat, die Sünden tilgt. Und dass sie schon damals mit kostbarem Salböl auftrat ...

Und, nicht zu vergessen: Lukas nennt nach seinem Bericht über die „Sünderin Mariam von Betanien" beim Pharisäer Simon gleich anschließend zusammen mit den anderen Frauen zum ersten Mal auch Maria, „die so genannte Magdalenerin" (Lk 8, 2).

Vielleicht können wir mit diesem neuen Persönlichkeitsprofil der „Mariam aus Betanien" auch einige Probleme lösen, die von den Exegeten nicht befriedigend erklärt werden konnten, nämlich die Verschiebung einer „Dominanz" von Marta zu Mariam, wie dies bei der Erweckung des Lazarus im Text steht.[291]

Beim ersten Besuch Jesu nämlich in Betanien[292] – wir müssen uns nun zu etwas Ungewohntem zwingen, nämlich die zuvor von Lukas in Kap. 7 geschilderte Vergangenheit zu dieser Mariam hinzufügen – berichtet der Evangelist, wie Marta sich aktiv in Arbeit vergräbt, Mariam (Lukas gebraucht 10, 39.41 die hebräische Namensform) dagegen passiv zu Füßen Jesu hockt. Wie Marta kräftig das Wort führt, während Mariam wie in stiller Scheu nichts sagt. Die Dominanz liegt eindeutig bei Marta. Sie wird anfangs denn auch als jene vorgestellt, die Jesus „aufnahm", als würde Mariam nicht existieren. Das nächste Mal hören wir von den beiden Schwestern zum Zeitpunkt des Todes ihres Bruders

---

[291] *Schnackenburg*, S. 430, stellt im Blick auf Marta und Maria durchaus korrekt fest: „In der [Zeichen-]Quelle dürfte Maria die gewichtigere Stellung im Vergleich zu Marta innegehabt haben."

[292] Lk 10, 38–42. Ich werde später aufzeigen, dass das Dorf des hier angeführten Besuches Jesu bei den Schwestern Betanien gewesen sein muss.

Lazarus. Man kann sofort spüren, dass in der Zwischenzeit Mariam an Bedeutung gewonnen haben muss, denn zu Beginn des Berichtes der Erweckung des Lazarus (11, 1) spricht der Evangelist (wörtlich) „von Betanien, dem Dorf Marias[293] und Martas, ihrer Schwester". Mariam wird überraschend als erste genannt, als sei sie in irgendeiner Weise die führende Person geworden, die sie früher nicht war.

Im anschließenden langen Gespräch der beiden Schwestern mit Jesus scheint dann wieder Marta die dominierende zu sein, denn „Mariam aber blieb im Haus" (V. 20). Doch als schließlich auch Mariam zu Jesus geht, hören wir, dass Juden bei Mariam im Haus gewesen waren, um sie zu trösten wegen ihres Bruders; diese gehen jetzt mit ihr. Die jüdischen Besucher blieben also bei Mariam, als Marta wegging zu Jesus. Wieder scheint Mariam in irgendeiner Weise die bedeutendere zu sein. Sogar Jesus ist den Besuchern weniger wichtig.

Unzweifelhaft deutlich hören wir schließlich diese Dominanz der Mariam nach der Lazarus-Erweckung in Vers 45: „Viele der Juden, die zu Mariam gekommen waren, und gesehen hatten, was Jesus getan hatte ..." Mariam alleine, die dominierende. Die „domina", als würde nun umgekehrt Marta nicht existieren. Nicht Betanien ist interessant, nicht Lazarus oder Marta, sondern diese Mariam.

Mariam scheint die Hauptperson in Betanien geworden zu sein. Offensichtlich in einem Prozess der Entwicklung, an dessen (vorläufigem) Ende sie wichtiger, vorrangiger als Marta ihre Schwester und der Bruder Lazarus geworden ist. Wie lässt sich das erklären?

Wenn Mariam von Betanien jene namenlose Frau beim Pharisäer Simon gewesen war, dort Jesus kennen gelernt hatte, dann war schon in Lk 10, 38–42 eine „Sünderin" in ihre Familie zurückgekehrt.[294] Anfangs noch scheu und hörend zu Füßen Jesu, in verständlicher Spannung zu ihrer ordentlichen Schwester, jetzt aber (beim Tod des Bru-

---

[293] Nur hier steht im Griechischen die Form „Maria" ohne Schluss-„*m*". Das kann damit zusammenhängen, dass Johannes einen Genitiv formen musste (*ek tēs kōmēs Marías kai Márthas*) und ihm dieser mit der hebräisch-aramäischen Form „Mariam" nicht gelang bzw. einfach *Marías* lautet, ohne „*m*". Deshalb bleibt er beim üblichen griechischen Genitiv.

[294] Die Hauptmeinung in der Fachwelt der Exegese lehnt rundweg ab, dass in Lk 10 von „unserem" Geschwisterpaar aus Betanien die Rede sei. Das seien andere Marta und Maria; ein überzeugender Grund wird dafür nicht beigebracht. Ich werde zeigen, dass Lukas selbstverständlich von „unseren" Schwestern spricht.

ders Lazarus) bereits von Juden gesucht und umlagert. Sie war zu der führenden Person in Betanien geworden. Wie das?

Dass sie früher nur einfach woanders gewohnt hatte, erklärt noch nicht die Bedeutung, die ihr in Joh 11 von den Juden entgegengebracht wird. Ebenso werden Juden nicht extra nach Betanien laufen, um eine „normale Sünderin" zu sehen, die heimgekehrt ist. Diese Frau wird zudem nicht schon nach kurzer Zeit an erster Stelle wie eine „Herrin" genannt werden. Es muss etwas Besonderes um diese Mariam gegeben haben, etwas, das sie derart schnell und nach dieser „Sünderzeit" auch unerwartet zur Führenden gemacht hat. Anders gesagt: Die Juden mussten mit dieser Mariam noch etwas „Attraktives" verknüpfen, in dem Sinn: Die wollen wir jetzt kennen lernen!

Ist dieses „Attraktive" vielleicht die Vergangenheit der Mariam gewesen? Eine Vergangenheit örtlich weit weg, wo man sie nicht kennen lernen konnte? Ist sie jene weithin bekannte „Frau aus Magdala"? Jene Geschäftsfrau, die einem Handelsimperium vorstand? Die Frau, aus der Jesus sieben Dämonen ausgetrieben hatte? Die Jesus und den Jüngern mit ihrem Vermögen gedient hat? Über die so viel geredet und getuschelt wurde und immer noch wird? Das wäre eine Erklärung, warum Marta ihre Schwester zunächst abgelehnt hatte (Lk 10), warum nach gewisser Zeit diese Mariam aber die interessantere der beiden Frauen in Betanien geworden ist, und warum der Evangelist sie an erster Stelle nennt, wenn er von den beiden Schwestern spricht. Denn diese Frau war eine Autorität. Immer noch.

Wie aber können wir mit ausreichender Sicherheit herausfinden, ob Mariam aus Betanien wirklich die Frau aus Magdala ist? Hat Johannes auch dazu einen Schleier leicht gelüftet?

Johannes berichtet im folgenden Kap 12, 3 von der Salbung in Betanien. „Da nahm Mariam ein Pfund echtes, kostbares Nardenöl, salbte Jesus die Füße und trocknete sie mit ihrem Haar." (Die Salbenmischung bei der Grablegung wog 100 Pfund.) Diese Verschwendung ärgerte den Judas und die anderen Jünger gewaltig: Das hätte man für 300 Denare verkaufen können! 300 Denare, das waren damals 300 Tageslöhne. Also ein Jahresgehalt.[295] In heutige Währung umgerechnet

---

[295] *Elisabeth Herrmann-Otto*, in: Neues Testament und Antike Kultur (NTAK), Bd. 2, S. 90: „Das Existenzminimum liegt pro Kopf bei 40 Denaren jährlich. Von dem festgesetzten Tageslohn von einem Denar (= 64 Lepta; Mt 20, 1–16) kann ein Mann mit fünfköpfiger Familie leben, vorausgesetzt er findet jeden Tag

wagt man die Summe, die sich dann ergibt, gar nicht auszusprechen. Ein derart teures Salböl? Unmöglich! Das gibt es doch nur in den besten Läden von Paris oder Dubai, New York oder Amman.

Die Frage lässt sich nicht umgehen: Woher hat eine unbekannte Mariam in einem unbedeutenden Dorf hinter dem Ölberg aus einer unbekannten Familie ein derart kostbares Salböl? Oder anders gefragt: Wie kommt diese Mariam aus Betanien zu solcher Unmenge von Geld? Darauf kann die gängige Exegese keine Antwort geben – und stellt die Frage erst gar nicht.

Wenn aber diese Mariam aus Betanien auch jene Frau war, die bereits damals beim Pharisäer Simon mit ähnlich kostbarem Öl Jesus die Füße gesalbt hatte, dann wäre da eine Spur. Dann würde der Name Mariam von Betanien (alias Maria Magdalena) auf die internationale Geschäftsstadt Magdala/Tarichea verweisen, dann könnte klar werden, dass der Pharisäer Simon in Magdala gewohnt hatte und es sich bei der Frau, die in sein Haus kam, als er Jesus eingeladen hatte, um jene vermögende Geschäftsfrau aus Magdala gehandelt hat.

Und jetzt war diese Frau, von aller Welt nur noch genannt „die Magdalenerin", zurückgekehrt in ihre Familie nach Betanien.

Arbeit." Die Umrechnung – 1 Denar täglich, 40 Denare jährlich – leuchtet nicht ein.

V. STATIONEN IM LEBEN DER MAGDALENERIN

1. Lk 7, 36–50
Maria aus Betanien beim Pharisäer Simon

Ich bin mir bewusst, dass diese Überschrift auf dem Hintergrund der traditionellen Überzeugungen eine Provokation darstellt. Muss doch die gängige Exegese die Behauptung „Jesus ist der Maria aus Betanien bereits in der namenlosen Sünderin beim Pharisäer Simon begegnet" als populistisches Fantasieprodukt ärgerlich abtun. Doch scheint mir die Beweislage gar nicht so eindeutig gegen meine These zu sprechen. Die Exegeten, die ich berücksichtigt habe, stellen zwar lapidar fest: „Diese Frau ist nicht identisch mit der Maria Magdalena!", oder „Eine Identität anzunehmen ist irrig!", oder diese Frau sei „höchstwahrscheinlich nicht identisch mit Maria Magdalena". Doch nirgendwo dafür wird ein Beweis geliefert. Ja, die gegenteilige Hypothese wird gar nicht einmal erörtert.

Nach meinem Kenntnisstand ist die Frage nach der Identität dieser Frau oder der Frauen bisher von keinem Autor so umfassend exegetisch und archäologisch-geschichtlich fundiert erörtert worden wie auf den vergangenen 230 Seiten. Ich kann ein Ergebnis vorlegen, das mir besser begründet erscheint als die Position der Tradition. Gegenüber den monoton wiederholten Behauptungen der herrschenden Meinung habe ich für meine These einsichtige Argumente auf den Tisch legen können. Gewiss müssen diese in der wissenschaftlichen Diskussion ihre Standfestigkeit noch beweisen. Doch im Augenblick stehe ich mit meiner Hypothese, die namenlose Sünderin aus Lukas 7 sei die Maria aus Betanien, vergleichsweise „gut aufgestellt" da.

Sogar meine weiterreichende Ahnung, diese Mariam von Betanien könnte auch Maria Magdalena gewesen sein, kann schon jetzt einige Pluspunkte für sich verbuchen und rückt in den Bereich interessanten Forschens. An diesem Punkt des Buches lässt sich allerdings noch nicht sagen, ob wir auch dafür stichhaltige Belege finden werden.

Wenden wir uns nun jener Episode zu, die nach meiner Auffassung die erste Begegnung Jesu mit der Maria aus Betanien im Evangelium bzw. im Neuen Testament darstellt. Ich tue das weder im Brustton der Überheblichkeit, als wäre alles schon eindeutig sicher, noch im Zittern des Zweifels, als sei alles doch nur auf Luft gebaut. Ich gehe mit der sicheren Erwartung an den (griechischen) Text, dass er in seiner genauen Erarbeitung noch mehr Geheimnisse lüften wird – und als Übersetzung womöglich korrigiert werden muss. Hören wir zunächst den Text nach der Einheitsübersetzung:

> [36] Jesus ging in das Haus eines Pharisäers, der ihn zum Essen eingeladen hatte, und legte sich zu Tisch. [37] Als nun eine Sünderin, die in der Stadt lebte, erfuhr, dass er im Haus des Pharisäers bei Tisch war, kam sie mit einem Alabastergefäß voll wohlriechendem Öl [38] und trat von hinten an ihn heran. Dabei weinte sie, und ihre Tränen fielen auf seine Füße. Sie trocknete seine Füße mit ihrem Haar, küsste sie und salbte sie mit dem Öl. [39] Als der Pharisäer, der ihn eingeladen hatte, das sah, dachte er: Wenn er wirklich ein Prophet wäre, müsste er wissen, was das für eine Frau ist, von der er sich berühren lässt; er wüsste, dass sie eine Sünderin ist. [40] Da wandte sich Jesus an ihn und sagte: Simon, ich möchte dir etwas sagen. Er erwiderte: Sprich, Meister! [41] (Jesus sagte:) Ein Geldverleiher hatte zwei Schuldner; der eine war ihm fünfhundert Denare schuldig, der andere fünfzig. [42] Als sie ihre Schulden nicht bezahlen konnten, erließ er sie beiden. Wer von ihnen wird ihn nun mehr lieben? [43] Simon antwortete: Ich nehme an, der, dem er mehr erlassen hat. Jesus sagte zu ihm: Du hast recht: [44] Dann wandte er sich der Frau zu und sagte zu Simon: Siehst du diese Frau? Als ich in dein Haus kam, hast du mir kein Wasser zum Waschen der Füße gegeben; sie aber hat ihre Tränen über meinen Füßen vergossen und sie mit ihrem Haar abgetrocknet. [45] Du hast mir (zur Begrüßung) keinen Kuss gegeben; sie aber hat mir, seit ich hier bin, unaufhörlich die Füße geküsst. [46] Du hast mir nicht das Haar mit Öl gesalbt; sie aber hat mir mit ihrem wohlriechenden Öl die Füße gesalbt. [47] Deshalb sage ich dir: Ihr sind ihre vielen Sünden vergeben, weil sie (mir) so viel Liebe gezeigt hat. Wem aber nur wenig vergeben wird, der zeigt auch nur wenig Liebe. [48] Dann sagte er zu ihr: Deine Sünden sind dir vergeben. [49] Da dachten die anderen Gäste: Wer ist das, dass er sogar Sünden vergibt? [50] Er aber sagte zu der Frau: Dein Glaube hat dir geholfen. Geh in Frieden!

An dieser Übersetzung sind tatsächlich einige, zum Teil bedeutsame Korrekturen anzubringen.

An den Beginn der exegetischen Erarbeitung werde ich hier und in den folgenden Kapiteln die Meinungen von Fachexegeten stellen. Ich beschränke mich auf wenige Autoren, deren Arbeiten sowohl für ausgezeichnet als auch für repräsentativ gehalten werden dürfen. Für den ersten Text Lk 7, 36–50 ziehe ich heran den Kommentar des 1992 verstorbenen evang. Prof. Dr. Karl-Heinrich Rengstorf, der u. a. auch judaistische Studien betrieben hat; ferner den Kommentar über das Lukasevangelium des 1999 verstorbenen kath. Neutestamentlers Heinz Schürmann; den Lukas-Kommentar des evang. Neutestamentlers François Bovon, veröffentlicht in der Reihe „Evangelisch-Katholischer Kommentar zum Neuen Testament"; und schließlich den neuesten Kommentar zum Lukasevangelium von Dr. Walter Radl, kath. Professor für neutestamentliche Exegese, aus dem Jahre 2003. Damit die Lektüre der fachwissenschaftlichen Erörterungen für den normalen Leser und Nichtfachmann leichter und spannender wird, erlaube ich mir, meine Meinung gleich hinter jene Auffassungen der Fachleute einzureihen, die ich in Frage stelle. Diese mögen mir meinen „Vorwitz" nachsehen.

Meine Absicht ist dabei eine vierfache:

Erstens will ich in Form und Sprachstil allgemeinverständlich und interessant schreiben. Zweitens auf der Grundlage wissenschaftlicher Standardwerke vorangehen, die die Fülle der erarbeiteten Spezialliteratur bereits zusammengefasst haben. Drittens die Lektüre der Darstellung zu einer geistlichen Lektüre werden lassen, die Glauben möglich macht, indem sie ihn auf begründete Grundlagen stellt. Viertens nicht bei „Papier" stehen bleiben[296], sondern durch die Traditionen der Überlieferungsprozesse hindurch zu jenen Menschen vordringen, von denen „das Papier" resp. die Texte des Evangeliums sprechen wollen.

---

[296] Bei den „4+2" methodischen Analysen der Texte; s. Anm. 234 + 235.

Interpretationen der klassischen Exegese

Karl Heinrich Rengstorf

Rengstorf überlegt, ob dieses Gastmahl in Betsaida oder Chorazin stattgefunden haben könnte. Ich werde einen Grund angeben, warum definitiv weder diese beiden Städte noch ähnliche andere in Frage kommen können. Zunächst stellt Rengstorf die Besucherin beim Pharisäer korrekt mit „Frau" vor, doch in der anschließenden Erarbeitung übergeht er diese grundlegende Ebene der Schöpfung wie überhaupt die zentrale Bedeutung des Wortes „Frau" im ganzen Text. Statt dessen reflektiert er fast ausschließlich den status des „Sünders" gegenüber dem der „Gnade" Gottes. Für die Einladung Jesu beim Pharisäer Simon – Rengstorf weist darauf hin, dass derlei Besuche zum Sondergut des Lukas gehören – sei „auf der Seite des Gastgebers von Misstrauen oder Feindseligkeit gegen Jesus" nichts zu spüren. Doch zwei Zeilen weiter gesteht Rengstorf, dass Jesus auch hier „kritisch beobachtet wird". Ich werde zeigen, dass Lukas durch seine Komposition deutlich zu verstehen gibt, dass Jesus sogar primär zu „kritischer Überprüfung" eingeladen worden ist. Wenn der Pharisäer ihn „Lehrer/Meister" nennt, verstehe ich das nicht als Anerkennung der Person Jesu, sondern im Gegenteil: Verglichen mit der Volksmeinung („großer Prophet", Lk 7, 16) als eine deutliche Herabstufung des zwielichtigen Gastes.

Die Sünderin identifiziert Rengstorf als „Dirne". Es fällt auf, dass er dafür weder eine Begründung liefert noch diese Klassifizierung der Frau für den folgenden Ablauf der Begegnung berücksichtigt. Dass diese Frau mit Maria Magdalena identisch sei, deute der Evangelist, meint Rengstorf, nicht einmal an. Ich habe bereits auf einen überraschend anderen Zusammenhang hingewiesen. Die „Dirne" sei „mit neugierigen Zuschauern" in das Haus gekommen; auch hierfür fehlt eine einleuchtende Begründung, denn der Hinweis „Wie es heute noch Sitte ist" rückt die Aussage in die Nähe einer unerlaubten Übertragung und geht zudem nicht auf die besondere Situation der von Lukas geschilderten Einladung ein. So unterlässt Rengstorf auch die Erörterung der berechtigten Frage, ob Jünger Jesu dabei gewesen sein mögen. Ganz recht räumt er jedoch ein, dass diese Frau Jesus schon gekannt haben müsse, und ebenso sieht er, dass Jesus, wäre er ein traditioneller Prophet gewesen, sich von der Frau nicht hätte berühren lassen dürfen. Sodann fügt Rengstorf einige schöne Gedanken über „Vergebung" ein und stellt der Liebe der Frau die „Lieblosigkeit" des Pharisäers und seiner Freunde gegenüber. Allerdings versäumt er, das Motiv für deren Einstellung herauszuarbeiten; wir werden das tun.

Das Thema „Vergebung" wird von Rengstorf immer wieder angeführt, so dass unter diesem Führungswort der gesamte Text etwas einseitig interpretiert wird. Richtig ist sein Hinweis, dass „religiöse Leistung den Weg zu Gott" nicht bahnen könne, doch fehlt eine Einordnung dieser Haltung in das Gottesbild des Pharisäers. Wie denn weder dieses noch das Gottesbild Jesu thematisiert werden. Nicht verständlich bleibt, warum Rengstorf in der geistlichen Deutung des Textes ausdrücklich und schön vom „Vertrauen" der Frau zu Jesus spricht, um dann in der Übersetzung des griechischen Textes den Begriff „Glauben" vorzuziehen, was nicht nötig wäre, wie ich zeigen werde.

Im Blick auf das Ganze des Textabschnittes verweist Rengstorf auf ähnliche „Salbungsberichte" bei Johannes, Matthäus und Markus, findet im lukanischen aber „besondere Züge" (Liebeserweis und Sündenvergebung in origineller Weise verknüpft), die hinter diesem Bericht ein eigenes Salbungs-Ereignis annehmen ließen. Einflüsse aus Mk 14, 3ff. seien nicht erkennbar. Ich folge ihm darin. Willkommen ist mir seine Feststellung, dass sich zwischen Johannes und Lukas „leichte Berührungen im Ausdruck" erkennen ließen. Rengstorf erklärt sie aus einer „Reminiszenz" bei Johannes. Ich werde einen anderen Zusammenhang vorschlagen.

Heinz Schürmann

Einleitend gesteht Schürmann dem Text eine gewisse „Widersprüchlichkeit" zu. Sein theologischer Sachverhalt sei am Ende nur dialektisch zu fassen: Die geforderte Liebe sei sowohl Auswirkung wie Wirkgrund der Vergebung. Auch wenn Vergebung am Anfang gänzlich unverschuldete Gnade sei, am Ende fordere sie doch die menschliche Liebe. Ich werde das Geschehen von seiner natürlichen Seite her beleuchten und nicht von „Forderungen" sprechen, die Jesus dem Text nach nicht gestellt hat. Dass die Stadt nicht genannt werde, solle, so Schürmann, nicht Anlass zum Raten geben, sondern auf die eigene Situation abstellen. Mich wird jedoch gerade dies interessieren, ob man die Stadt herausfinden kann, in der der Besuch stattfand. Schürmann gesteht dem Pharisäer „wohlwollendes Interesse" zu, die Meinung des

Volkes, Jesus sei ein „großer Prophet" (Lk 7, 16), zu prüfen. Wir werden die Einladung in eine Reihe ähnlicher kritisch prüfender Einladungen einordnen und vor dem Hintergrund des damals herrschenden Gottesbildes betrachten.

Die Frau wird von Schürmann sogleich als „stadtbekannte Dirne" eingestuft. Auch er begründet diese Behauptung nicht. Dass schon eine Begegnung zwischen ihr und Jesus vorausgegangen sein muss, ist für Schürmann klar, denn aus Dankbarkeit bringe die Frau ein Gefäß. Es sei „ein aus Glas gefertigtes Salbengefäß mit länglichem Hals" voll Myrrhe, um Jesus zu salben. Jesus habe auf seinem Polster gelegen.

Schürmann interpretiert aus der Sicht heutiger Christologie: Die „ehrfürchtige Zurückhaltung" der Frau gegenüber der „Heiligkeit Jesu" habe sie nur bis hinter seine Füße gelangen lassen. „In sich selbst erniedrigender Liebe alle Ehrung den Füßen Jesu" zuwendend, die „Liebeserweise" der Frau angesichts der „Heiligkeit" Jesu von ihrem „Rueschmerz" und ihrer „Vergebungsbitte" motiviert ... Zum Kuckuck! Sind wir hier bei einen Besuch von Bischöfen beim Heiligen Vater oder erleben wir eine „stadtbekannte Dirne"? Sie wird doch von ihrer Vergangenheit bestimmt und sucht diese zugleich zu überwinden.

Sehr schön sagt Schürmann, dass Jesu „Stillhalten" ein Ja zur Sünderin sei und ihr „reine Gemeinschaft" schenke.

Interessant sein kleiner Hinweis, Jesus sei bei Simon ein „ortsfremder" Gast gewesen: Dem werde ich nachgehen. Dass Simon sein „Bedenken" gegen Jesu Verhalten aus Respekt nicht geäußert habe, sehe ich anders. Ebenso, dass er ihn „ehrfurchtsvoll" als „Rabbi" anrede (*didáskale* bedeutet „Lehrer/Meister"). Im Kontrast zur Volksmeinung („großer Prophet") ist es als Herabstufung zu verstehen. Kaum, dass er von Jesus Belehrung anzunehmen bereit ist, denn seine Ahnung, dieser Gast sei ein Scharlatan, wird in seinen Augen einmal mehr bestätigt.

Das „fast farblose" (oh nein, ganz im Gegenteil!) Gleichnis von den zwei Schuldnern konzentriert Schürmann auf die gänzliche Schenkung der Schuld, einer Ansage von Gottes „eschatologischer Vergebungstat": „Sünder erfuhren Gottes Vergebung und wurden darob zu Liebenden." Ich folge dem Text, der sagt, dass die Frau in den Augen Jesu nicht erst durch die Vergebung zur Liebenden geworden ist. Der Pharisäer, eingeladen, den Sündern frohe Gemeinschaft zu gewähren, gebe statt dessen seine Antwort „recht zaghaft", wohl, weil er eine Falle vermute.

Sodann bemüht sich Schürmann, das Gleichnis „vom großen und kleinen Schuldner" in Beziehung zu setzen zur Sünderin und zum Pharisäer Simon. Letzterer habe die große Liebe nicht, weil er nur ein kleiner Schuldner gewesen sei, dem nur wenig vergeben werden musste. Schürmann vermag mit diesem Ansatz die festgestellte dialektische Spannung nicht zu lösen. So findet er denn auch eine „Diskrepanz zwischen Gleichnis und Rahmenerzählung": Nirgendwo sonst seien die Pharisäer von Jesus als die „kleinen Schuldner" dargestellt, deswegen müsse man fragen, ob der „Vergleich mit dem Verhalten des Pharisäers (Verse 44b bis 46, auch 47b) in der ursprünglichen Erzählung nicht gefehlt hat", wie dies auch von anderen Exegeten angenommen werde.

Ähnlich unlösbar wird ihm die Spannung in Vers 47 selbst: Die erwartete „Anwendung" (Nämlich: Wem viel vergeben wird, der liebt viel - wem wenig vergeben wird, der liebt wenig) stehe nicht da. Fast bemängelt Schürmann die Unkorrektheit der Darbietung des Evangeliums: Das Gleichnis hätte „gebieterisch gefordert", dass die Vergebung der Grund der Liebe ist bzw. wird, nun aber werde umgekehrt ihre große Liebe als Grund für die Vergebung dargestellt. Er fragt, ob „ihre Tränen solche der Reue waren und ob ihr liebendes Verhalten nicht von dankbarer Freude, sondern von Reue und gläubiger Vergebungsbitte beseelt gewesen wäre". Auf jeden Fall aber müsse die „Liebe als Christusliebe" verstanden werden. Noch einmal: Lukas berichtet nicht über ein Treffen von Theologieprofessoren, sondern von der Begegnung einer Frau („Dirne"), zu Boden gedrückt von ihrer Lebensgeschichte, mit diesem vertrauenswürdigen Mann, in dessen Person sie, ohne es zu ahnen, auf das Denken und Handeln Gottes trifft, das alles menschliche, auch theologische Denken weit übersteigt.

Der grundlegende Sinn der Erzählung ist nach Schürmann: Gottes Vergebung und daraus resultierend die Umkehr des Sünders. „Die aus reiner Gnade erlangte Vergebung bewirkte Liebe; aber nicht nur das: Die erhaltene Vergebung musste sich auch in Liebe umsetzen, um der Vergebung weiterhin gewiss sein zu können." Vergebung gebe es immer nur unter der Bedingung, dass sie sich in Liebe umsetze. Ich kann keine „Bedingung" finden, die Jesus ausgesprochen hätte. Dagegen werde ich in den Worten Jesu über die Frau etwas Ungeheuerliches entdecken. Wir werden beim Gleichnis „vom kleinen und großen Schuldner" beachten, dass Jesus es dem Pharisäer zuspricht. Und schließlich werden wir durch eine menschlich gezeichnete Begegnung zwischen der Frau und Jesus etwas Anderes als theologisch-dogmatische Korrektheit finden. Schon Schürmann ahnt, dass das Anstößige des Textes aus der Umformung „des lebendigen Verkehrs in eine Reihe erstarrter Begriffe" herrühre. Papier, wie wir schon festgestellt haben.

Abschließend wendet er sich dem Schluss der Begebenheit zu und stellt fest: „Nicht eine selbstgerechte Liebe, sondern ihr ‚Glaube' hat letztlich die Frau gerettet." Ihre Liebe habe Jesus angenommen und in der „Absolution" ins Wort gehoben, das „sakramentale Geschehnis" damit vollendend. Noch einmal wendet er sich gegen das „idealistische Missverständnis", dass „zur Vergebung keine Heilsveranstaltung besonderer Art" notwendig sei. Deutlich wird, wie Schürmann aus heutiger Sakramententheologie zu fassen sucht, was Jesus in seinem Handeln offenbart hatte. Und deswegen verfehlt er es in seiner spezifischen Originalität. Denn Jesus ist das Sakrament! Ich werde versuchen, das gänzlich Neue zu sehen und damit Jesu ureigenes Verständnis zu begreifen, deshalb auch nicht von theologischem „Glauben", sondern von menschlichem „Vertrauen" sprechen, das die Frau gerettet hat.

Interessant sind Schürmanns Schlussüberlegungen zum redaktionsgeschichtlichen Werdeprozess der Erzählung: Inwieweit spiele die Salbung in Betanien (Joh 12, 1-8 und Mk 14, 3-9) hier herein? Kommt der Name des Pharisäers, Simon, aus Mk 14, 3 hierher? Schürmann scheint das anzunehmen. Ich werde eine andere Erklärung vorlegen. Kommt das „ganze Salbungsmotiv", „das in den Liebesbekundungen der Sünderin sachlich keinesfalls notwendig ist", aus der Betanienerzählung hierher? „Notwendig", sage ich, ist das Salben und Küssen nicht theologisch, auch in Betanien nicht. Aber bei dieser Frau ist es das menschlich und von ihrem Beruf her (Schürmann hat sie doch als „Dirne" erkannt) völlig normale Tun. Wovon das Herz voll ist, davon geht der Leib über. Würde es fehlen, wäre das fragwürdig.

Wenn diese Sünderin, überlegt Schürmann, identisch wäre mit der salbenden Frau aus Markus 14, die in Joh 12 zur Schwester des Lazarus wird, dann könnte dies zu einer Identifizierung der beiden Traditionen beitragen, aber „man sollte die Schwester des Lazarus nicht zur großen Sünderin machen". Aus welchem Grund, sagt Schürmann nicht.

Wir haben dagegen für diese Identität (Maria von Betanien ist die hier namenlose Sünderin) schon gute Gründe vorgelegt. Und wegen dieser Sachgründe brauchen wir nicht konstruieren, die Betanienerzählung habe als das primäre Geschehen auf die Erzählung von der Salbung beim Pharisäer Simon abgefärbt, sondern umgekehrt: Dieser Frau, die die Exegeten als „Dirne" einführen, war Salben und Küssen von Füßen aufgrund ihrer professionellen Tätigkeit vertrautes Tun. Sie hat dieses Tun auch später Jesus zuteil werden lassen, als Ausdruck ihrer Dankbarkeit und Liebe. Von daher erklären sich die frappierenden Übereinstimmungen der „Salbungserzählungen" ganz natürlich.

Walter Radl

Eingangs weist Radl darauf hin, dass in unserer Perikope kurze Sätze vorherrschen, überwiegend wörtliche Rede eines Dialoges (dem das wortlose Tun der Frau gegenübersteht, fügen wir an), den hauptsächlich Jesus bestreitet und der in seiner Form an das griechische Gastmahl (Symposion[297]) erinnere. Die Frau verkörpere die Rolle des ungebetenen Gastes. Das eigentliche Thema des Gastmahls erklinge in der erst am Ende ins Wort gehobenen Frage: Wer ist dieser? Ich werde zeigen, dass diese Frage bereits Motiv für die Einladung war.

Radl geht sofort auf die ungelöste Spannung in den Versen 47 und 48 ein: Ist die Liebe die Ursache für Vergebung oder umgekehrt die Vergebung Ursache für Liebe? Erfolgt die Vergebung bereits durch Liebe oder erst durch Jesu Vergebungswort? Der zu erwartende Parallelismus in V. 47 stimme nicht, passe nicht zum erzählten Gleichnis. Daraus zieht Radl den Schluss, dass die ursprüngliche Erzählung redigiert worden sein müsse: Lukas habe „Bausteine" anderen Erzählungen entnommen. So z. B. das Vergebungswort „sind vergeben/*aphéōntai*". Dazu verweist er auf Mk 2, 5/Lk 5, 20, wo sich das gleiche Vergebungswort schon vorfinde. Den ganzen Abschnitt Verse 44 bis 46 hält Radl (neben den Versen 40c, 48 bis 50) für lukanische Redaktion.

Welche Stilmittel Lukas verwandt hat, welche Überlieferungsstücke er zusammengestellt hat, wird uns weniger interessieren als die innere Logik der ganzen Begebenheit. Die aber scheint stimmig, wenn man auf der Ebene der Menschen und nicht papierner Fiktionen arbeitet. Der „unausgewogene Parallelismus" von V. 47 gehört zur exegeti-

---

[297] Diese Bemerkung, die wir auch bei *Bovon* finden werden, ist nicht korrekt. *Symposion* wurde der Umtrunk genannt, der *nach* dem Essen/*deipnon* begann. Durch Würfeln wurde dabei ein „Präsidium" gewählt, der sogenannte Symposiarchos oder Basileus, dessen Anordnungen sich die Zecher zu unterwerfen hatten. Er bestimmte das Verhältnis, nach dem der Wein mit Wasser gemischt werden sollte. Unter geistig angeregten Männern war es üblich, die Freuden des Weines durch angeregte Unterhaltung zu würzen. Bedient wurden die Gäste beim Symposion meist von jungen (nackten) Sklaven; persische Mundschenkknaben galten als die geschicktesten. Als beliebte „Strafe" wurde in feuchtfröhlicher Weinlaune verhängt, nackt herumzutanzen oder eine leichtbekleidete Flötenspielerin dreimal im Saal umherzutragen. (Nach *Licht*, S. 108) In Lk 7, 36–50 handelt es also um ein *deipnon*. – Vgl. auch *Bernhard Heininger*, in NTAK, Bd. 2, S. 34–37; Artikel „Tischsitten". – S. unseren EXKURS 4.

schen Kategorie der „schwierigeren Lesart" und wird uns deswegen reizen, ihm auf den Grund zu gehen – und darin das Schönste zu entdecken, was Gott uns Menschen zu sagen hat.

Wie schon Schürmann, erwägt auch Radl die Herkunft unserer Perikope von Mk 14, 3–9 („Haus Simons des Aussätzigen"). Auch dort komme eine Frau während eines Mahles, bringe ebenfalls ein Alabastergefäß, auch dort komme bei den Tischgenossen Unwille auf. Radl fragt, ob Lukas „die Erzählung von der frommen Verehrerin in Mk 14 zu der von der stadtbekannten Sünderin umgestaltet" habe?

Mein Ansatz bietet eine einfache Lösung: Nicht Mk 14 wirkt auf Lk 7 zurück, sondern umgekehrt: Lk 7 findet seine Fortsetzung in Mk 14. Und zwar auf der menschlichen Ebene der lebendigen Frau, der Maria aus Betanien, beim Pharisäer Simon noch „stadtbekannte Sünderin" ohne Namen. (Im Griechischen steht nicht „stadtbekannte".) Weil sie dieselbe ist, tritt sie in Betanien in ähnlicher Weise auf wie bei ihrer Begegnung mit Jesus im Haus des Pharisäers. Deswegen auch dort das Alabastergefäß, auch dort die Salbung, auch dort die Füße Jesu.

Radl meint, die Einladung bei einem Pharisäer komme überraschend. Zwar hätten die Pharisäer Jesus und seine Jünger zuvor schon kritisiert, eine böse Absicht sei bei diesem Gastmahl aber nicht angedeutet. Ich werde zeigen, dass es in ihren Augen keine böse Absicht, sondern hohe religiöse Pflicht war, diesen Mann einzuladen, um ihn zu überprüfen. Mitnichten war die Führungsschicht der Juden Jesus gegenüber „aufgeschlossen". In Lk 5, 21 stufen sie ihn als Gotteslästerer ein, in Lk 6, 11 (par Mk 3, 6) beraten sie in „sinnloser Wut", was sie gegen ihn unternehmen können (bei Markus: Sie wollen ihn „verderben"). Denn sein gesetzwidriges Verhalten, bewusst und frei gegen den in der Tora offenbarten Willen Gottes gestellt, verpflichtete sie zum Handeln: „Du sollst das Böse ausrotten aus deiner Mitte!" (Deut 13, 6)

Auch Radl hält die Frau für eine „stadtbekannte Dirne", ebenfalls ohne dafür Argumente zu bringen. Richtig weist er darauf hin, dass hinter dem Berufsstand „Dirne" nicht zuerst ein moralisches Problem stehe, sondern ökonomische und andere Zwangssituationen anzunehmen seien. Leider bringt er keine Unterscheidung in Prostituierte und Hetären, er unterlässt es auch, das Alabastergefäß mit dem Öl zu hinterfragen, was dieses über die Frau aussagen könnte. Das Verhalten der Frau mit Salben und Küssen versteht er sodann als Ausdruck eines „überschwänglichen Dankes für erlassene Schuld" ... das vergebende Wort Jesu wird aber erst nach dem Küssen ausgesprochen. Aus „Ehrfurcht vor der Hoheit Jesu" sei die Frau zu Jesu Füßen stehen geblieben (nein, wegen der Position der bei Tisch auf hohen Polstern Liegenden.), und das Küssen der Füße nennt er Ausdruck liebender und „zugleich demütiger" Verehrung ... Wie schnell Exegeten doch aus den Augen verlieren, dass sie diese Frau gerade eine Dirne genannt haben! Statt theologischer Methoden helfen psychologische zum Erfassen des ursprünglich Geschehenen hier mehr.

Die Fußsalbung ist nach Radl etwas in der Bibel und ganzen Antike „völlig Ungewöhnliches". Nur noch in Joh 12, 3 begegne sie. Wir frohlocken: Natürlich! Fußsalbung gehöre „entweder in die häusliche Pflege des Mannes durch die Gattin oder Tochter oder in das Leben von Lüstlingen und Weichlingen der griechischen und römischen Welt". Sehr richtig – unsere Frau ist ja eine „Dirne", wie Radl sagt; sie hat ihr „Berufswerkzeug" mitgebracht. Für diesen Mann das beste.

Radl meint, nicht daran stoße sich der Pharisäer, dass Jesus sich von einer Sünderin berühren lasse, sondern daran, dass er nicht wisse, was das für eine Frau ist. Das ist nicht ganz korrekt; ich werde diese Frage aus dem alles leitenden Gottesbild des Pharisäers und dem anderen, das Jesu leitet, schlüssiger beantworten. Richtig ist, dass Jesus den Verachteten seine Gemeinschaft schenken will. Ich werde deshalb diese Begegnung Jesu mit der Sünderin mit seinem Besuch beim Oberzöllner Zachäus vergleichen und Parallelen entdecken.

Richtig beobachtet ist, dass Jesus sein Gleichnis (ebenso die „Anwendung" V. 47) dem Pharisäer erzählt. Höhepunkt des Gleichnisses ist, dass der Geldverleiher auf die „Rückzahlung überhaupt verzichtet" – Lukas sagt prägnanter: „schenkte" er sie beiden (*echarísato*). Darin würden die Regeln einer anderen Welt, des Reiches Gottes, sichtbar. Völlig richtig. Und gerade weil es hier um eine ganz andere Welt geht, werden wir erkennen, dass alle Überlegungen verschiedener Exegeten, was denn nun Ursache, was Folge, was Erkenntnisgrund, was Realgrund sei, als Gedankenspiele unserer Welt überholt sind: Jesus entscheidet nach der Art des Reiches Gottes.

Radl nimmt zunächst an, die Sünden der Frau seien erst mit Jesu Wort vergeben worden („Die Perfektform besagt nicht, dass die Sünden bereits früher vergeben worden sind"). Doch etwas später erklärt er: „Eigentlich ist (die Frau) schon im Vollzug ihrer Umkehr und liebenden Begegnung mit Jesus von ihrer Schuld befreit und mit Gott versöhnt worden." Jesu Wort in Vers 49 komme als das „deutende Wort" hinzu, damit die Frau ausdrücklich wisse, dass ihr vergeben ist. Damit sei Jesu Vollmacht, Sünden zu vergeben, klar angesagt.

Dem stimme ich zu, denn die Rettung des Menschen hängt am „Guten Willen Gottes": „Ich will dem Letzten ebensoviel geben wie dir" (Mt 20, 14; Tit 2, 11). Dafür braucht Gott keine „Voraussetzung", wie Radl im Blick auf die „Liebeserweise" der Frau und die Umkehr des Verlorenen Sohnes (Lk 15) und das Versprechen des Oberzöllners (Lk 19, 8) meint – Jesus geht auf das „Bußangebot" des Zöllners gar nicht ein. Heil wird diesem nicht wegen versprochener Bußleistung gegeben, sondern weil er ohne eigenes Zutun „Sohn Abrahams" ist, Mensch, Geschöpf Gottes. Und der Verlorene Sohn, der seine äußerste Steigerung in der Verlorenen Drachme findet, die überhaupt keine „Vorleistung" für ihre Rettung mehr liefern kann, wird gefunden durch jenen ganz Anderen, der sucht, ohne müde zu werden, bis er findet. Deswegen kann ich allen Interpreten nicht folgen, die von Gott menschlich denken: Die Liebeserweise der Sünderin seien die „Voraussetzung" ihrer Vergebung, ihre Umkehr die Bedingung des Heils. Nein, Gott schenkt sein Heil! Und deswegen erst kann der Mensch umkehren. Nicht, weil der Mensch das Heil verdient hätte – so denken jene, deren Gottesbild auf Gesetz wie einem Geschäft aufbaut –, sondern weil der Mensch die Zuwendung Gottes braucht.

Radl weist darauf hin, dass die Tischgenossen darüber verwundert seien, dass Jesus „sogar Sünden vergibt", und sieht darin die „christologische Frage" gestellt. Wir werden zunächst auf die zur Zeit Jesu übliche Form der „Sündenvergebung" im herrschenden Judentum rund um den Tempel eingehen. Denn diese ist der Hintergrund, auf dem die Frohe Botschaft Jesu erklingt und Ärgernis erregt. Er vergibt Sünden und heilt Krankheiten als deren Äußerung so „einfach", dass, sollte dies alles wahr sein, die herrschende Religion in ihrem Kern getroffen wäre. Denn sie erklärt Vergebung von Sünden als Vorrecht Gottes und meint damit den Tempel und seine Diener – und das sind jene, die daran verdienten. Deswegen war Jesu Art der Sündenvergebung ein Angriff auch auf ihre Macht- und Verdienststrukturen.

Radl sagt abschließend, Jesus würde die Frau entlassen mit dem Wort „Dein Glaube hat dich gerettet", und er fragt, warum Lukas (Lukas? nein: Jesus!) nicht gesagt habe: Deine Liebe hat dich gerettet. Ich werde fragen, ob die Übersetzung von *pístis sou* mit „dein Glaube" das trifft, was Jesus meinte. Denn man kann von dieser Frau nicht theologisches Glauben erwarten. Leider merkt Radl nicht, dass der Entlassungsgruß „Geh in Frieden" im Griechischen anders lautet, nämlich „Geh in den Frieden" (*eis eirēnēn*)! Damit scheint mir für diese Frau ein Prozess angedeutet zu sein, der von Bedeutung ist.

Mit Blick auf die Sündenvergebung beim Gelähmten Lk 5, 17–26 stellt Radl fest, dort hätte Jesus auf die erboste Reaktion der Pharisäer über seine gotteslästerliche Sündenvergebung mit der Heilung des Gelähmten als Beweis seiner Vollmacht reagiert. Hier bei der Frau lasse er keine Heilung folgen. Die Beobachtung erscheint mir hilfreich. Doch werde ich von meinem Ansatz her (dass nämlich diese namenlose Sünderin Maria von Betanien und wahrscheinlich auch Maria Magdalena ist) sagen können: Doch, auch hier wird anschließend eine Heilung berichtet, nämlich die Befreiung von sieben Dämonen.

François Bovon

In einer ersten Analyse des Textes verweist Bovon auf bekannte Themen und Fragen. Dogmatische Voreinstellungen wie: Ob die Liebe der Frau Ursache oder Folge der göttlichen Vergebung gewesen sei, lenkten den Disput. Die Salbungsgeschichten von Betanien und hier beim Pharisäer seien ausdauernd verglichen worden. In einigen Quelltexten fehle die Salbung der Füße. Was sei ursprünglich, was lukanische Redaktion oder Zufügung zum Text? Worum gehe es in ihm eigentlich?

Jesu Handeln zeige „prophetische Herzenskenntnis" – ich werde diese zur Erklärung seines Handelns nicht heranziehen brauchen. Der Vers 47b sei bis in seine Form hinein „nichts als eine weisheitliche Beobachtung". Bovon stellt diese allerdings nicht in den religionssoziologischen Hintergrund der Zeit Jesu. Am Ende schicke Jesus die Frau liebevoll (*eis eirēnēn*) weg, „indem er in einer bisher nicht benutzten Terminologie (Glaube und Heil) den Grund ihrer Vergebung" enthülle. Die Erzählung schließe farblos und betont dogmatisch ... Ich fasse es nicht! Die ganze Erzählung bis zum Schlusswort ist überaus farbig gestaltet, von hoher Dramatik und geradezu „anti-dogmatisch".

Die vier Berichte (Mk 14, 3–9; Mt 26, 6–13; Joh 12, 1–8 und Lk 7, 36–50) versteht Bovon als schriftliche Fixierungen einer einzigen (!) evangelischen Erinnerung. Dazu führt er mehrere angebliche Übereinstimmungen an: Gleiche narrative Form, Alabastergefäß und Simon, Salbung der Füße und Abtrocknen mit Haaren, Frage nach dem Geld, usw. Die vorlukanische Tradition habe die Geschichte als anthropologische Legende erzählt, eine theologische Deutung samt dem „banalen Gleichnis" sei dazugekommen, schließlich wurde die Erzählung aktuell interpretiert und dogmatisiert je nach katechetischen Bedürfnissen. Sitz im Leben dieser Entwicklung sei eine Gemeinde gewesen. Darauf wiesen „polemische Untertöne" hin: Aus dem Gastgeber ist ein Pharisäer geworden (bei Markus ein Aussätziger, bei Johannes der geliebte Lazarus), die größere Liebe der Dirne weise auf die Heiden hin. Lukas richte sein Interesse auf die christologische Wurzel der Sündenvergebung und ende mit einer frommen Formel.

Nach dieser „Analyse" muss der Leser kräftig durchatmen. Bovon verwendet kein wissenschaftliches Interesse daran, ob und inwieweit der „Legende" historische Geschehnisse, tatsächliche Begegnung, geschichtliche Zeitzusammenhänge, religiös/theologische Konfrontationen, anthropologische und psychologische Prozesse zugrunde liegen könnten. Seine Zusammenschau der vier Szenen – die fünfte: Lk 10, 38–42 übergeht er – bestätigt zwar meine Überzeugung, dass diese zusammengehören; nur erkenne ich als verbindendes Glied nicht „schriftliche Fixierungen" und kreative und polemische Bedürfnisse einer späteren Gemeinde, sondern die lebendige Frau selbst und ihre Entwicklung. Wie schon die anderen Exegeten, weist auch Bovon irrtümlich auf die literarische Form des Symposium hin, für das die Juden die Sitte des Liegens übernommen hätten. Sie „liegen" zwar, aber es handelt sich um das *deipnon*. Lukas sähe in der Frau eine Dirne, was sich aus dem Ausdruck „in der Stadt" ergäbe. Wieso? Wie andere bedenkt auch Bovon nicht, was aus den Angaben „Dirne" und „Stadt" logisch gefolgert werden müsste.

Über den Preis des Öls im henkellosen Salbgefäß werde nichts gesagt, „im Unterschied zu den drei anderen Evangelien" (Bovon weigert sich, das dort Geschilderte als selbstständiges Ereignis zu sehen), doch dürfte es wertvoll gewesen sein. Das werde ich aus meinem Ansatz her bestätigen. Nach dem Weinen über den Füßen Jesu sei das Haar der Frau „theatralischer Ersatz des Tuches", die Füße habe sie „lange" (Imperfekt) geküsst. Gesalbt wurden in Israel Könige, Priester oder Propheten. Salbung des Kopfes habe damals zu den Empfangsriten, ja zur täglichen Körperpflege gehört. Salbung der Füße jedoch sei ein für die Antike „unerhörter Vorgang". Doch als Ausdruck ihrer Liebe konnte die Frau nichts Besseres finden als eine Geste des Eros. Bovon schränkt jedoch ein: Man solle darin keine erotische Szene sehen, schließlich weine die Frau. Anschließend gibt auch Bovon zu, dass das Lösen des Haares für jüdisches Empfinden besonders erotisch gewirkt habe. Dass er die Frau eine Dirne genannt hatte, scheint er vergessen zu haben. Da ich die Frau von vornherein als Hetäre erkenne, ist es für mich nur natürlich, dass sie in der Freiheit ihrer Tätigkeit auftritt und handelt und dass dies bei ihr immer erotisch und schön gewirkt hat.

Zu der bekannten Frage, ob die Liebe der Frau Ursache oder Folge der Vergebung sei, weist Bovon darauf hin, diese Diskussion sei von katholisch-evangelischen Voreinstellungen in dogmatischen Fragen überdeckt. Bei Lukas sei die Liebe Gottes Zentrum seines Evangeliums, zugleich stehe menschliche Verantwortung im Vordergrund: „Es gibt keine göttliche Liebe ohne Reziprozität." (Bovon versteht darunter eine „Gegenseitigkeit der Liebesbeziehung.") Weder reflektiert er, aus welcher konfessionellen Voreinstellung seine eigene Auffassung stammt, noch belegt er sie mit Beispielen. Ich halte sie für unmöglich, denn Gott ist in seiner Liebe nicht konstitutiv abhängig davon, ob sie ihm zurückgeschenkt wird, und nur unter dieser Voraussetzung würde er lieben. Denn auch die Strahlen der Sonne sind weder abhängig von Rückspiegelungen der Planeten noch vom Fruchtbringen der Gewächse der Erde (Mt 5, 45; auch Lk 18, 13), sie haben ihren Grund in sich selbst. Und Jesus benutzte dieses Naturbeispiel zur Darstellung, wie sein Vater in Wahrheit ist! (Mt 5, 45)

Zur Frage der Vergebung sagt Bovon treffend: „Am Zeitpunkt der Vergebung ist Lukas nicht interessiert", es werde zugleich ihre Verwurzelung „in Gott als auch ihre anthropologische Verwirklichung ausgesprochen". Ich werde das alles etwas einfacher und vor allem als menschlich normalen Prozess darstellen. Die zusätzliche „christologische Verwurzelung" zeige sich in der erstaunten Frage der Gäste. Ich bleibe dabei, dass diese Gäste Juden und nicht Christen waren, Freunde des Pharisäers. Durch ihre Frage ist einmal mehr der damalige religiöse Hintergrund als maßgebend hingestellt.[298]

Zu den Schlussworten bemerkt Bovon, dass Lukas Glaube und Heil deckungsgleich gebrauche. Beim Entlassungsgruß („gehe in den Frieden") achtet auch Bovon nicht auf den Akkusativ (ebnfalls in Mk 5, 34 und Lk 8, 48); die Frau werde so in „eine Gemeinschaft hineingerufen". Er scheint nicht zu ahnen, wie recht er mit dieser Aussage hat. Schön sind die abschließenden Zusammenfassungen Bovons: Nicht die Anwendung schriftlicher Regeln bestimmten die Szene, sondern eine Begegnung (also doch keine Dogmatik). Die Frau wolle Jesus anhän-

---

[298] Nur als kurzen Verweis in der Anmerkung bringt *Bovon* (Lk I, S. 396, Anm. 65) einen Hinweis auf eine Arbeit von *J. Dupont*, ‚Pharisien', in der dieser zwei Gottesvorstellungen unterscheide, die des Pharisäers und die Jesu. Genau dieses werde ich vor allem anderen tun. Denn aus solcher unsichtbaren, manchmal unreflektierten Grundeinstellung werden die sichtbaren Handlungen der Menschen bestimmt und geleitet.

gen, dazu ist ihr Körper Ausdrucksmittel des Glaubens und der Liebe. Das Wort „lieben" erklinge auffallend oft, wo sonst eher von Hören und Glauben die Rede sei. Ich werde gerade dieses Wort lieben/*agapáō*, wie Jesus es gebrauchte, in seiner Bedeutung hervorheben.

Zusammenfassung der vier Kommentare

Da ich von der Grundüberzeugung ausgehe, dass es bewusste Absicht des Evangelisten Lukas war, uns weitaus mehr an historischen Daten von tatsächlich so Geschehenem mitzuteilen, als vor allem Bovon anzunehmen bereit ist, und dass der Evangelist dies auch getan hat, beurteile ich die vier Kommentare von diesem Prinzip her. Dabei begnüge ich mich mit dem, was mir wesentlich erscheint, und beschränke mich zugleich auf unsere Thematik, nämlich diese eine Frau. Auch wenn die Erarbeitungen der Fachexegeten allesamt eine Identität dieser „Sünderin" mit Maria von Betanien oder Maria Magdalena kategorisch ablehnen, ja, diesen „unwissenschaftlichen" Gedanken gar nicht erst andeuten, so werde ich genau danach fragen: Gibt es Hinweise, die eine Identität der Frau bestätigen?

Alle vier Exegeten sehen die Szene in Lk 7, 36–50 in einem Zusammenhang mit den bei Markus, Lukas und Johannes geschilderten ähnlichen Episoden. Grundsätzlich gehen sie aber von einem Einfluss von Mk 14 (par Mt 26) auf unsere Lukasstelle aus. (Nur Rengstorf sieht, dass man Lk 7 nicht aus Mk 14/Mt 26 ableiten kann.) Johannes sei eine weitere Ausformung. Derlei Zusammenhänge werden von ihnen aber nur auf der literarischen Ebene späterer Traditionsbildung als Ergebnis „katechetischer" Einflüsse verstanden.

Im Blick auf den von allen Autoren fraglos akzeptierten Zusammenhang der drei Szenen bei Lukas, Markus/Matthäus und Johannes darf man eine Gegenfrage stellen: Wenn diese drei Szenen (oder zwei, falls jemand akzeptiert, dass Joh 12 dasselbe schildere wie Mk 14/Mt 26 – dann aber fehlte noch Lk 10) ursprünglich dasselbe Ereignis meinen, warum ist dann nicht auch die Frau in allen Begegnungen, also auch in Lk 7, ein und dieselbe? Dort Maria von Betanien mit Namen, hier Sünderin ohne Namen – aber auch Maria von Betanien? Wenn darauf geantwortet wird, Lk 7 sei eine literarische Dublette jener Mk-Begebenheit von Betanien und nur diese dürfe Wirklichkeit beanspruchen; doch sei sie mit anderer katechetischer Absicht erzählt und dort werde eben kein Name genannt, so läuft man mit dieser Deutung in die Gegenfrage hinein, wie dann die nicht wenigen Besonderheiten in Lk 7 zu erklären seien, die gegen eine Dublette sprechen, wie man also größere Unähnlichkeiten bei kleinerer Ähnlichkeit erkläre? Zudem müsste man belegen, dass Lukas die Begegnung im Haus des Pharisäers Simon gar nicht als tatsächlich historisch geschehene Begegnung habe schildern wollen.

Wir dagegen haben ausreichend Belege gefunden, um die hier ungenannte „Dirne" als Mariam von Betanien zu identifizieren. Deshalb fällt es uns nicht schwer, die Stellen bei Markus/Matthäus und Johannes als weitere Begegnungen dieser Frau mit Jesus zu erklären. Ihren immer ähnlichen Umgang mit Salböl und das Erwähnen der Füße wird man dann als normal empfinden, auch wenn jede neue Begegnung natürlich wieder Neues mit sich bringt. Selbstverständlich werden wir dann auch die Begegnung Lk 10, 38–42 (Jesus bei Marta und Maria) als nächsten Schritt im Prozess des Heilwerdens dieser Frau in ihren Lebensweg einbeziehen.[299]

Hilfreich ist mir, dass alle vier Fachleute, ohne auch nur an Maria von Betanien oder die Magdalenerin zu denken, das Auftreten der namenlosen Frau mit ihrem Alabastergefäß voll Salböl mit der Kategorie „reich" belegen. Zusammen mit den von allen genannten übrigen Attributen (Abwischen, Trocknen der Füße mit aufgelöstem Haar, langes Küssen, äußerst ungewöhnliches Salben von Füßen) ergibt dies tatsächlich das normale Erscheinungsbild einer reichen Dirne, die natürlicherweise immer erotisch-schön wirkt. Nehmen wir den von den Autoren erwähnten Preis des Salböls (den sie von ihrem Ansatz her bei Joh 12 genannt hören), dann verbietet es sich einmal mehr, von einer normalen Straßendirne zu sprechen. Wer aber konnte sich etwas so Teures leisten? Doch nur eine Frau mit großem Vermögen. Und die wohnte in einem jüdischen (Fischer-)Dorf?

Dann haben uns diese Erörterungen, von ihren Autoren durchaus nicht beabsichtigt, ein Stück näher zu Maria Magdalena und Maria von Betanien gebracht: Von der ersten hören wir bei Lukas, dass sie Vermögen besaß, von der zweiten bei Johannes, wie kostbar ihr Salböl im Alabastergefäß war.

---

[299] Interessanterweise endet *Radl* (Lk I, S. 504) seine Erörterungen zu Lk 7, 36–50 mit einem angehängten kurzen Verweis auf ein „nächstes Gastmahl", nämlich den Besuch Jesu bei Marta und Maria. Dabei erwähnt er den „ungewöhnlichen Umgang Jesu mit Frauen". Es scheint, als habe er eine Ahnung vom inneren und lebendigen Zusammenhang beider Begegnungen, wage aber nicht, dies wissenschaftlich zu äußern.

Keiner der vier Autoren geht auch nur ansatzweise auf das Gottesbild bzw. die Gottesvorstellung ein, die den Pharisäer und seine Freunde geleitet hat. Erst recht nicht auf jene andere, die Jesus in seinem Handeln geführt hat und die in seinem Leben offenbar wurde. Genau diese unsichtbaren Grundannahmen bestimmen aber durchgehend die ganze Begegnung und ebenso das, was bei diesem Gastmahl vorfällt. Sie sind maßgebend bereits für die Einladung durch Simon und ebenso für sein stilles Urteil über den angeblichen Propheten. Dagegen steht ein entgegengesetztes Gottesbild hinter dem Gleichnis Jesu und seinem befreienden Wort an die Frau. Ja, auch sein Wort von der Liebe als Ursache der Vergebung wird von diesem neuen Gottesbild bestimmt. Dagegen ist bei den vier Autoren eine Tendenz zu politischer Harmonisierung zu beobachten: Die Pharisäer seien Jesus gegenüber wohlwollend eingestellt, usw. Doch wir wissen als Tatsache: Nicht sehr viel später werden sie ihn wegen Gotteslästerung zum Tode verurteilen. Eine solche Gotteslästerung aber zeigt Jesus auch und gerade bei diesem Gastmahl.

Denn er will Gott offenbaren, wie der in Wahrheit ist. Und dieser Gott überschreitet alle menschliche Theologie. Vor allem die von Gesetzesreligionen, wo immer und unter welchen Formen auch immer sie auftreten.

Natürlich interessiert die vier Autoren nicht die Frage, in welcher Stadt diese Begegnung stattgefunden habe, das verbietet sich ihnen von ihrem Ansatzpunkt her. Da wir aber fragen, ob wir weitere Anhaltspunkte (oder Gegenargumente) finden, dass uns Mariam von Betanien bereits in dieser „Sünderin" begegnet, und ob die dann auch die Magdalenerin sein könnte, werde ich mit dieser Frage meine Erarbeitung der Begegnung beim Gastmahl beginnen, auf dem Jesus überprüft werden sollte – und das am Ende alles auf den Kopf gestellt sieht.

Um welche Stadt handelt es sich?

Stellen wir also zunächst jene Frage, die zwar für die wunderschöne Gottesoffenbarung in dieser Episode keine Bedeutung hat, uns aber nach all dem, was wir schon entdeckt haben, geradezu auf den Nägeln brennt: In welcher Stadt begegnete diese Frau Jesus?

Lukas sagt uns zwar, dass der Pharisäer, der Jesus einlädt, Simon genannt wird, aber mit keinem Wort erfahren wir, wie die Stadt heißt, in der dieser Simon wohnt. Warum wird das nicht gesagt? Einige Autoren schlagen als Antwort vor: Der Evangelist wolle verallgemeinern.[300] Wie das auch in Mk 3, 1–6 geschähe: In welchem Ort diese Synagoge steht, wird nicht gesagt. Aussage: Das gilt überall. Dann würde das Nichtnennen des Namens der Stadt bedeuten: Was nun erzählt wird, könnte überall passieren. Es gilt für jeden Menschen auf der ganzen Welt. Denn es geht nicht um einen Ort, auch nicht um einen bestimmten Menschen (deshalb werde der Name der Frau nicht genannt), sondern um Gottes Sein und Handeln.

Diese Deutung ist sehr schön. Sie trifft in der Sache zweifellos auch für unseren Fall zu und lässt die geschickte Weise des Evangelisten erkennen, mit Hilfe der Geographie und der literarischen Form eine theologische Aussage zu machen.

Doch könnte das Nichtnennen des Namens der Stadt und der Frau auch bedeuten, hier solle jemand bewusst verborgen werden. Immerhin wird ja ein Name genannt: Der des Pharisäers Simon. In 14, 1 nennt Lukas den Namen des „führenden Pharisäers" nicht. Warum werden dann hier nicht auch die Namen der Stadt und der Frau mitgeteilt? Sind wir in der Lage, diese Stadt zu identifizieren? Denn auch wenn man die theologische Deutung bevorzugt – in irgendeiner Stadt hat sich die Begebenheit schließlich zugetragen. Können wir die herausfinden? Ist es vielleicht Magdala/Tarichea am See Gennesaret?

Wenn wir das geographische Umfeld dieser „Gastmahl-Perikope" nach Spuren absuchen, entdecken wir, dass zu Beginn des 7. Kapitels Jesus in Kafarnaum ist. Dort geschieht die Heilung des Dieners des römischen Hauptmanns. Einige Zeit später befindet sich Jesus in Naim, wo er den Sohn der Witwe erweckt. Darauf halten die Leute ihn für einen großen Propheten: Gott hat sich seines Volkes angenommen. Das erinnert an den Beginn des Gebetes des Zacharias (Lk 1, 68). Die

---

[300] So etwa *Schürmann*, S. 431.

Kunde von Jesus eilt nun wie ein Lauffeuer durch die ganze Gegend am See. Kafarnaum liegt am Nordende des Sees Gennesaret, Naim liegt südlich des Sees und dazu 23 km westlich landeinwärts. Vom Berg Tabor aus ist es in südlicher Richtung zu sehen und in etwa 3 Stunden Fußmarsch durch die Jesreel-Ebene angenehm zu erreichen.

Weitere Ortsangaben gibt Lukas nicht. Wo z. B. die Begegnung Jesu mit den Jüngern des Johannes stattgefunden hat, die der Evangelist anschließend an Naim berichtet und an welchem Ort Jesus die Menge über Johannes belehrt hat, hören wir nicht. Doch indirekt hat Jesus uns tatsächlich ein Indiz für den Ort dieser Rede hinterlassen.

Jesus spricht in diesem Abschnitt von „Schilfrohr", das im Winde schwankt („Was wolltet ihr sehen, als ihr in die Wüste hinausgegangen seid? Ein Schilfrohr, das im Winde schwankt?" Lk 7, 24f.) und gleich darauf von „Palästen der Könige". Jesus hat gern und häufig Dinge und Ereignisse aus dem gesellschaftlichen Leben und Alltag der Menschen in seine Gleichnisse eingebaut und sie auf das Reich Gottes hin gedeutet. „Wüste" und „Schilfrohr" passen botanisch nicht zusammen. In die „Wüste" gingen die Leute zu Johannes, aber „Schilfrohr"? Schilfrohr gibt es nur am Wasser. Am Jordan also? Es gibt nur ein Wasser in Israel, wo „Schilfrohr" und „Paläste der Könige" frappierend exakt nebeneinander stehen, nämlich am Wasser des Sees Gennesaret beim neugegründeten Tiberias. Hier konnte Jesus, wenn er von Naim kam und nach Norden ging, mit dem rechten Arm auf das Schilf am Seeufer zeigen und brauchte sich dann bloß halb umwenden und mit dem linken Arm nach oben weisen, auf die neugebauten „Paläste der Könige" in Tiberias. Es ist dies die einzige Stelle in ganz Palästina, wo Schilf und Paläste so nahe beieinander zu finden sind.[301]

Tiberias dürfte sich zur Zeit Jesu immer noch im Bau befunden haben. Es lag nur etwa 5,5 km südlich von Tarichea/Magdala. Unsere Perikope mit der Frau im Haus des Pharisäers Simon setzt danach ohne direkte Verbindung ein. Und nach dieser Perikope beginnt der Evangelist einen neuen Gedankengang, in dem er zum ersten Mal Maria von Magdala erwähnt. Fazit: Eine objektiv sichere Identifizierung des Ortes, wo der Pharisäer Simon wohnte, ergibt sich aus diesem Hinweis „Schilfrohr und Paläste" nicht, aber doch ein stiller Hinweis auf

---

[301] Auf des Antipas Münzen sei Schilfrohr abgebildet, das typische Gewächs am Seeufer, so *Sandra Fortner*, in: Leben am See Gennesaret, hier S. 87. Mir sind nur Münzen bekannt, die Palmzweig und/oder Lorbeer zeigen.

ein Geschehen „nahe bei Magdala". Zudem sagt der Text, dass es sich bei dem Wohnort des Pharisäers um eine „Stadt" (*polis*) handelt. Auch Naim wird von Lukas als *polis* eingestuft (er verwendet den Begriff in einem weiten Sinn[302]). So fallen all jene Orte weg, die damals keine Stadt waren. Ferner befinden wir uns im Raum Galiläas. Wir werden später einen Hinweis auf die gesuchte Stadt entdecken.

Die namentliche Nennung des Pharisäers Simon wäre nur dann eine „Orts-Hilfe", wenn wir mit diesem Namen, einem recht allgemeinen übrigens, einen definitiven Wohnort verbinden könnten. Das ist nicht möglich. Also hilft der Name Simon nicht weiter. Jedoch, im Bericht der Begebenheit selber findet sich ein indirekter Hinweis auf eine Stadt. (Übrigens: Die Frau lebte in der Stadt, besuchte sie nicht nur.) Es heißt dort: „Wenn er (Jesus) wirklich ein Prophet wäre, dann müsste er wissen, was das für eine Frau ist, von der er sich berühren lässt." (V. 39) Dahinter steckt folgendes Denken:

Ein Prophet weiß Dinge, die ein normaler Mensch natürlicherweise nicht wissen kann.[303] Wäre Jesus ein solch normaler Mensch, dann würde er nicht wissen, was das für eine Frau ist – und dann würde er sich von ihr ruhig berühren lassen. Simon wusste offensichtlich, dass Jesus so selten in dieser Stadt gewesen war oder überhaupt noch niemals, dass er die Frauen und Männer, die hier wohnten, aus natürlichem Wissen nicht kennen konnte. Oder die Stadt muss so groß gewesen sein, dass Jesus selbst bei einem oder zwei Besuchen nicht gleich alle 5000 Leute gekannt hätte, wie das bei einem Dorf mit seinen 200 Einwohnern der Fall gewesen wäre.

Als Prophet aber hätte er sie (er)kennen müssen.

Nur unter dieser Voraussetzung funktioniert die Schlussfolgerung des Pharisäers: Ein Prophet, anders als ein normaler Mensch, würde diese Frau erkennen. Simon und seine Freunde am Tisch jedenfalls konnten sie sogleich identifizieren, als sie hereinkam, aus natürlichem Kennen. Aber Jesus erkannte sie offensichtlich nicht, denn – und hier kam ihr Tora-Maßstab zum Tragen – er ließ sich von ihr berühren. Das würde ein echter Prophet nie zulassen. Also besaß Jesus nicht das Kennzeichen eines Propheten. Und also war er keiner.

---

[302] *Freyne* weist ebenfalls darauf hin (S. 60), dass sowohl Josephus wie Lukas einen „flexiblen Gebrauch" des Begriffes Stadt haben.
[303] Auch die Frau am Brunnen von Sychar (Joh 4, 19) denkt so. Als Jesus ihr gesagt hatte, dass sie fünf Männer gehabt habe, erkennt sie: „Herr, ich sehe, dass du ein Prophet bist." Natürlicherweise hätte er das nicht wissen können.

Was bedeutet das? Der Pharisäer und die Frau müssen in einer Stadt gewohnt haben, in der Jesus selten oder noch nie gewesen ist und deshalb diese Frau von einem normalen Besuch her nicht kennen konnte. Damit fallen weitere Städte in Galiläa weg, von denen wir wissen, dass Jesus dort gewesen ist. Übrig bleiben z. B. Sepphoris oder Tiberias: Wir hören nicht, dass Jesus dort gewesen wäre. Allerdings: Wir hören es nur nicht. Es gab damals in Galiläa um die 200 Dörfer[304], von denen wir nicht namentlich hören, dass Jesus dort gewesen sei. In Sepphoris, der Provinzhauptstadt Galiläas, nur eine gute Stunde Fußweg von Nazaret entfernt, wird er doch sehr oft gewesen sein.

War Jesus einmal in Magdala/Tarichea gewesen?

Matthäus berichtet, dass Jesus nach der ersten Brotvermehrung (für die 5000) über den See gefahren und „nach Gennesaret" (Mt 14, 34) gekommen sei. Die Schreibweise dieses Ortes, der eindeutig an das Westufer in die Gegend der Ebene Ginnosar, also etwas nördlich von Magdala verweist, wird in den Quelltexten verschieden überliefert: neben *Gennēsaret* auch *Gennēsar*, *Gennēsarat*, *Gennēsareth*. Markus bringt an seiner Parallelstelle nichts Neues, allerdings fährt Jesus bei ihm nach dieser Brotvermehrung erst nach Betsaida (am Nordufer des Sees), bevor er nach Gennesaret fährt (Mk 6, 45 und 53).

Anders ist es bei der Brotvermehrung für die 4000 (Mk 8, 1–10; Mt 15, 32–39): Bei Matthäus steigt Jesus nach diesem Ereignis ins Boot „und fuhr in die Gegend von Magadan" (Mt 15, 39). Hier bieten die Quelltexte für Magadan auch unser Magdala oder Magedan. Bei Markus (8, 10) heißt der Ort „Dalmanuta" (*ta merē*/Teile/Gebiet von *Dalmanutha*). Für Dalmanuta gibt es Varianten: *ta horia*/Grenzen/Gebiet von; *to horos*/Berg (bei) *Dalmounai* oder *Mageda*; *ta merē Magdala* oder *Mageda*; *ta horia Magada* oder auch *Melegada*.

Wir können Folgendes festhalten: Unser Name Magdala wird in diesem Zusammenhang klar genannt, der „Berg" (nur der Arbel kann gemeint sein) deutet auf Magdala, das östlich direkt am Fuß des Arbel lag. Die Verschiedenheit der Benennung des Ortes geht auf die damalige Ethnienvielfalt in dieser Gegend zurück, wo jede Volksgruppe einem Ort die ihrer Sprache gemäße Benennung verlieh. Die spätere Tradition hat dies bewahrt oder noch vermehrt. Außerdem gab es mehrere Stadtviertel in Magdala. Der griechische Ortsname für Magdala/Tarichea taucht allerdings nicht (mehr) auf – Tarichea wurde im Spätsommer 67 erobert.

---

[304] Nach *Willibald Bösen*, S. 57.

Alle Namen verweisen zweifelsfrei in die Gegend (nördlich) von Magdala oder meinen gar „das Gebiet" dieses Ortes selber. Zumindest also in dieser Gegend ist Jesus sicher gewesen, wie er ja das heidnische Gebiet der Dekapolis keineswegs gemieden, sich dort in Tyrus sogar „ein Haus" gemietet hat (Mk 7, 24).

Eine Einladung zur Überprüfung des Verdächtigen

Vor allem im Evangelium des Lukas lesen wir des Öfteren, dass Jesus von Pharisäern zum Essen eingeladen wurde. So z. B. in 11, 37–54, wo er die von den Reinheitsgeboten vorgeschriebene Händewaschung vor dem Essen unterlässt. Dafür erntet er die Empörung der Pharisäer über sein gesetzwidriges, gotteslästerliches Tun (das ihn am Ende ans Kreuz brachte) und nutzt sie zu einer deutlich-derben Abfuhr ihres heuchlerischen Verhaltens. Am Ende dieses Passus wird das Motiv ihrer „hartnäckigen Fragen" mitgeteilt: Sie hatten versucht, ihm eine Falle zu stellen, damit er sich in seinen eigenen Worten verfange. In welcher Stadt diese Auseinandersetzung zu lokalisieren sei, wird auch hier nicht gesagt.

Ähnliches steht im Hintergrund eines anderen Gastmahles (auch hier wird die Stadt nicht genannt), das im Haus eines führenden Pharisäers am Sabbat stattfand (Lk 14, 1–6 und folgende): Wiederum wird Jesus „genau beobachtet" – und tatsächlich: Er heilt am Sabbat den Mann mit Wassersucht. Das war gegen das Gesetz.

Sehr deutlich wird das Motiv des „Fallenstellens" durch Spitzel in Lk 20, 20–26 geschildert. In diesem Abschnitt geht es um die bekannte Frage nach der kaiserlichen Steuer. Aber weder im Umfeld eines Essens bei amtlichen Pharisäern noch bei einer Diskussion in der Öffentlichkeit, wo auch politische Vertreter anwesend sein konnten, war Jesus bei einem Wort oder einem Tun zu ertappen, das er nicht entwaffnend vernünftig und klar begründen konnte.

Warum wurde Jesus bespitzelt? Warum stellten gerade die Pharisäer ihm Fallen? Sie waren dazu von der Tora verpflichtet.[305] Es war nach

---

[305] Vgl. Kap. III, 2,e. – *Schnackenburg* (Johannesevangelium, 2. Teil, S. 457) sagt: „Das Strafrecht der Mischna sieht ein Verfahren vor, nach welchem ein Verleiter zum Götzendienst mit List überführt werden soll (Sanh VII, 10)." Solche Bespitzelungen sind nicht auf die damalige Zeit und die Pharisäer beschränkt, es gibt sie auch heute, motiviert durch die Pflicht zur „Wahrheit",

dem Gesetz ihre Pflicht herauszufinden, ob ein Mensch wirklich ein Prophet, ein Mann von Gott gesandt war, oder ob er nur ein Scharlatan, ein Verführer des Volkes war und sich selber zu einem Propheten gemacht hatte. Ihr Vorgehen konnten und mussten sie dabei als völlig mit dem Willen Gottes übereinstimmend sehen. Denn Gott hatte geboten: Du sollst das Böse aus deiner Mitte ausrotten! (z. B. Dtn 13, 2–6) Wenn nun jemand ein echter Prophet war, würde er die Falle erkennen und nicht hineintappen. War er aber ein falscher und tappte hinein, dann war's nur recht, wenn er dafür bestraft wurde.

Nach der Heilung des Sohnes der Witwe von Naim war das Volk „von Furcht ergriffen", die Leute „priesen Gott" und sagten: „Ein großer Prophet ist unter uns aufgetreten! Gott hat sich seines Volkes angenommen!" Die Kunde sowohl vom Tun Jesu als auch von der Reaktion des Volkes verbreitete sich schnell „in Judäa und im ganzen Gebiet ringsum" (Lk 7, 16f.). Damit aber war ein religiöser Tatbestand geschaffen, der eine prüfende Reaktion des Hohen Rates erforderlich machte: War dieser Jesus wirklich ein Prophet oder war er ein Scharlatan und führte das Volk in die Irre? Bei Letzterem drohte ihm die Todesstrafe. Der Maßstab der Unterscheidung war natürlich die Tora und ihre Auslegung durch die Gesetzeslehrer[306], das Gesetz des Mose mit seinen über 600 schriftlichen Ge- und Verboten. Hinzu kamen zahllose mündliche Weisungen und Vorschriften, die wir nicht mehr kennen. Diese Weisungen galten als die Offenbarung des Willens Gottes. Sie regelten zugleich den Alltag und alles im Leben. Und vor allem Pharisäer und Schriftgelehrte suchten sie genau zu erfüllen.

Wie um seine Position nach der Erweckung des jungen Mannes in Naim noch angreifbarer zu machen, setzte Jesus ein provozierendes Wort oben drauf: „Doch die Pharisäer und die Gesetzeslehrer haben den Willen Gottes missachtet und sich von Johannes nicht taufen lassen" (Lk 7, 30). Gerade jene also, die den Willen Gottes (wie sie ihn verstanden) mit Punkt und Jota zu erfüllen trachteten, gerade sie taten es laut Jesu Urteil nicht. Diesen „scharfen Hund" mussten sich die Vertreter der Religion unbedingt vorknöpfen.

Das Wort vom „Missachten" des Willens Gottes durch „Pharisäer und Gesetzeslehrer" steht bei Lukas unmittelbar vor dem Gastmahl

---

wobei die eigene Meinung fraglos die wahre und jede andere, das „Unkraut", auszurufen ist. Schon Jeremia kannte Spitzel (etwa Jer 18, 22;19, 10).

[306] „Die Tora ist zur Auslegung gegeben." *G. Stemberger*, in: Hermeneutik der Jüdischen Bibel und des Alten Testamentes, Stuttgart/Berlin/Köln 1996, S. 130.

beim Pharisäer Simon, den man sich aus diesem Grund nicht als „wohlwollenden" Gastgeber vorstellen darf. Das Motiv für die Einladung Jesu zu diesem Gastmahl ist eine Überprüfung seiner Person und Lehre. Deshalb waren auch, wie wir erst am Ende hören, „andere Gäste" eingeladen. Sie waren als amtliche Zeugen notwendig, denn einer allein konnte kein rechtsrelevantes Zeugnis ablegen. Wir gehen kaum fehl in der Annahme, dass Simon ausgesuchte Genossen aus seinem pharisäischen Umfeld eingeladen hatte, die in der Materie bewandert waren. Und die machten sich, wo notwendig, insgeheim ihre Notizen.

Allen war klar, um was es bei diesem Essen eigentlich ging: Wird sich dieser Mann verraten und als Verführer entlarven? Der Maßstab ihrer Unterscheidung war, wie gesagt, die Tora.

Es liegt auf der Hand, dass die Akteure solcher Handlung, die „Fallensteller", von einer gewissen Nervosität befallen sind, je näher der Augenblick kommt, da der geheimnisvolle Gast eintreten wird. Prophet oder Verführer? Mann Gottes oder Scharlatan? Ihre Unruhe führte in unserem Fall offensichtlich dazu, dass der Hausherr, der Pharisäer Simon, bei der Begrüßung des Gastes derart aufgeregt war, dass er die beim Empfang eines so bedeutsamen Menschen üblichen Gesten wohlwollender Aufnahme vergaß: Kein Wasser für die Füße, kein Kuss, kein Salben des Haares mit Öl.[307] Bei diesem Gast war Simon sich nicht sicher, wer der wirklich war, da wollte er keinen Gestus setzen, den er später nur bereuen würde.

Spätestens zu diesem Zeitpunkt der unterlassenen Formen höflicher Begrüßung musste Jesus klar werden, was hier gespielt wurde: Sie

---

[307] *Schürmann* (Lk I, S. 435) fragt, ob Jesu „aufrechnende Vorhaltungen" nicht unhöflich gewesen seien. Uns seien keine Beispiele bekannt, die die von Jesus genannten Begrüßungsformen (Fußbad, Begrüßungskuss, Salben des Hauptes) als damals allgemein üblich erkennen ließen; wir müssten sie wohl als „Taten der Übergebühr" verstehen. Die Frau aber tue sie. –
Dagegen ist zu sagen: Waschen der Füße (s. Joh 13, 13f.) und Begrüßungskuss (Lk 22, 47) waren so sehr üblich, dass sie nicht eigens erwähnt werden. In angepasster Form gehören sie auch heute zur Begrüßung. Außerdem besitzen wir keine originalen jüdischen Quellen aus der Zeit Jesu (nur Abschriften aus späterer Zeit) außer den Evangelien. Das Salben des Hauptes mit Öl war eine besondere Ehre (Ps 23, 5: „Du salbst mein Haupt mit Öl"), die der Pharisäer an Jesus gewiss nicht vorgenommen hätte, um nicht „messianische Missverständnisse" zu provozieren. Die Frau tat es, nicht aus theologischen Gründen, sondern weil sie im Metier der Parfüme zu Hause war.

waren mit ihren Gedanken ganz woanders. Aber wahrscheinlich war ihm schon bei der überbrachten Einladung zum Essen klar, dass dem Pharisäer nicht die Sorge um sein leibliches Wohl am Herzen lag, sondern dass eine inoffizielle Untersuchung seiner Person und Lehre auf dem Speiseplan stand.

Es kennzeichnet den Charakter Jesu, wenn er die missachtete Formpflicht bei der Begrüßung stillschweigend übergeht. Er mag unmerklich geschmunzelt haben. Der Zeitpunkt würde schon noch kommen, wo er in passender Weise auf die Missachtung eingehen konnte. Sein ganzes Leben lang ist Jesus diese Auseinandersetzungen nicht los geworden. In den meisten Fällen, jedenfalls so weit wir davon wissen, geschahen solche „Untersuchungen" auf gemeine Weise, also insgeheim, als Falle getarnt und durch Spitzel. Nur einer brachte sein Unverstehen, seinen Argwohn und seine Zweifel offen hervor: der Ratsherr Nikodemus (Joh 3, 1f.). Er stellte seine Frage ehrlich, das heißt, er war bereit, sich zu ändern. Deshalb musste er sich vor seinen Kollegen im Hohen Rat mit dem „verstockten Herzen" (Mk 3, 5) schützen und deswegen des Nachts kommen, damit sie nicht gleich auch ihn verdächtigten (Joh 7, 50ff.).

Waren auch Jünger Jesu beim Gastmahl des Simon eingeladen? Es wird von Lukas kein Jünger genannt. Der Evangelist deutet auch nicht an, dass sie stillschweigend im Hintergrund anwesend gewesen und mit den anderen Gästen zusammen am Tisch gelegen hätten.

„Nichterwähnen" von Begleitern Jesu erleben wir in den Evangelien des Öfteren, z. B. in Mk 1, 21–29: Genau besehen hören wir dort nur, dass Jesus am Sabbat in die Synagoge von Kafarnaum gegangen ist, auch „Volk" („einer fragte den andern") ist anwesend, doch von Jüngern bei Jesus hören wir nichts. Erst am Ende heißt es: „Sie verließen die Synagoge und gingen zusammen mit Jakobus und Johannes gleich in das Haus des Simon und Andreas." Oder in Mt 9, 1–18 hören wir nicht, dass bei der Heilung eines Gelähmten die Jünger dabei wären – und doch muss man das als sicher annehmen. Beim nachfolgend geschilderten Festmahl im Haus des Matthäus hören wir zunächst auch nicht, dass Jünger dabei wären, doch als die Pharisäer kommen und das Verhalten Jesu („Wie kann euer Meister zusammen mit Zöllnern und Sündern essen?") beanstanden, wenden sie sich zunächst an die Jünger.

Es scheint also möglich, die Anwesenheit von Jüngern Jesu beim Gastmahl des Pharisäers Simon anzunehmen. Doch etwas spricht dagegen: Schauen wir nämlich auf die beiden anderen Mahlzeiten, wo Jesus von Pharisäern zum Essen eingeladen ist (Lk 11, 37–54; 14, 1–24), so findet sich dort auch nach dem Gastmahl keine Andeutung, dass Jünger dabei gewesen seien. Das führt uns zu einer neuen Überlegung:

Erstens scheint es, dass die Religiöse Behörde zu solchen inoffiziellen, getarnten Vorladungen und Befragungen nur den Kopf der Gruppe eingeladen hat. Und das war Jesus. Umgekehrt hat zweitens Jesus seine Jünger bei solchen spitzfindigen Diskussionen offensichtlich lieber zu Hause gelassen, denn in dieser Materie waren seine Männer mit ihrem Denken noch weit zurück. Als z. B. die Steuereintreiber vom Jerusalemer Tempel sich erkundigten, ob „euer Meister die Doppeldrachme" etwa auch nicht zahlt (wie er sich ja auch sonst nicht an die Tora hielt, so muss man sinngemäß ergänzen), da gab Petrus furchtsam zur Antwort: „Doch!" (Mt 17, 24f.) Und wusste insgeheim, dass sein Meister das keineswegs vorhatte. Für eine gefährliche Diskussion über die frei schenkende Gnade Gottes war er noch lange nicht vorbereitet.

Wir haben also mehr Gründe anzunehmen, dass Jünger Jesu bei diesem Gastmahl im Haus des Pharisäers Simon nicht anwesend waren, als Gründe dafür, dass sie dabei waren. Weil seine Leute solcher Auseinandersetzung nicht gewachsen waren, ist Jesus alleine hingegangen, wenn nicht gar nur er alleine eingeladen war. Auch beim Gespräch mit der Frau am Brunnen von Sychar – Joh 4 – hat er seine Männer zuvor, so vermute ich, selber weggeschickt: In ihrem Beisein wäre das Gespräch mit der Frau zu einer Katastrophe geraten.

Seine Jünger waren unsichere und ein wenig furchtsame Männer, in Rhetorik nicht bewandert; sie steckten noch fest in den „alten Schläuchen" und waren weder den hintergründigen Fragen der Gesetzeslehrer gewachsen noch besaßen sie die Sensibilität und Freiheit, um mit einer samaritanischen Frau einfühlsam zu sprechen.

Die Freiheit der Frau

Die Einheitsübersetzung führt unseren Abschnitt in Vers 37 mit folgender „Übersetzung" fort: „Als nun eine Sünderin, die in der Stadt lebte, erfuhr ..." Das ist eine schreckliche Übersetzung. Erstens stimmt sie nicht mit dem griechischen Text überein, zweitens ist sie eine peinliche Unhöflichkeit und drittens eine theologische Dekadenz dazu! Der Mensch ist nicht zuerst Sünder! Nicht zuerst verderbt. Er ist zuerst Geschöpf Gottes, Mann oder Frau. Zuerst ist die Natur da, die Gott gut geschaffen hat, nicht die Sünde. Wer einen Menschen zuerst von seinen negativen Seiten her charakterisiert, charakterisiert sich selber.

Lukas schrieb viel korrekter: „*kai idou gynē hētis ēn en tē polei hamartōlos*" Wörtlich in Deutsch übertragen: „Und siehe, (eine) Frau welche in der Stadt (eine) Sünderin (war)."[308] Zuerst nennt der Evangelist sie mit dem Namen der Schöpfung: Frau. (Unter 27 „Mitarbeitern an der Übersetzung des Neuen Testamentes" werden zwei Frauen angeführt.) Das ist Lukas, der Arzt, der die Würde jedes Menschen achtet. Und ebenso hat auch Jesus das Attribut „Sünder" niemals als erste Kennzeichnung oder Anrede für einen Menschen verwandt. Selbst den Judas, seinen Verräter, nennt er „Freund" und nicht Sünder.

Das Wort „Frau" wird in dieser Perikope fünfmal verwendet, es ist somit eines der führenden Worte. Wenn man will, kann man es sogar als Rahmenwort einstufen: „Frau" ist die erste und die letzte Kennzeichnung der Besucherin (Verse 37 und 50). Wie kann man dieses Wort am Beginn weglassen?[309]

Gleich im folgenden Text (Lk 8, 1–3) werden viele „Frauen" genannt, die Jesus und den Jüngern dienten. Auch die von ihrem Leiden seit 18 Jahren Gekrümmte spricht Jesus mit diesem Wort an: „Frau, sei gelöst von deiner Krankheit!" (Lk 13, 12) Und es ist wiederum „eine Frau" in der matthäischen und markinischen Tradition, die (in Betanien) mit wohlriechendem Öl aus einem Alabastergefäß Jesus salbt (Mt 26, 7; Mk 14, 3). Unwillkürlich eilen die Gedanken nach Golgota unters Kreuz, als Jesus zu seiner Mutter sagt: „Frau, siehe, dein Sohn!" (Joh 19, 26) Und weiter zu jenem Augenblick am Morgen des ersten Wochentages am offenen Grab. Da spricht der Unbekannte Maria Magdalena mit dem Wort an: „Frau, warum weinst du?" (Joh 20, 15)

Es entsteht der Eindruck, Jesus habe das Wort *gynē*/Frau/Weib geradezu gerne gebraucht. Ist nicht allein schon heilsam, dass Jesus jedem

---

[308] *Hamartōlos* kann trotz maskuliner Endung männlich wie weiblich gebraucht werden, also „Sünder" oder „Sünderin" bedeuten. Hier meint es „Sünderin".
[309] *Meister Eckhart OP*, geb. um 1260 bei Erfurt, gest. vor 1328, hat in einer Predigt zu Lk 10, 38 Folgendes zu „Frau" gesagt: „Wäre ein Mensch stets in diesem Sinne ‚Jungfrau' (= ein Mensch, der von allen bildlichen Vorstellungen befreit ist ... im Sinne völliger Freiheit und ohne Behinderung durch alle Vorstellungen und Ideen), er würde nichts hervorbringen, sondern bliebe unfruchtbar. Wenn er Früchte bringen will, so muss er unbedingt auch zur ‚Frau' werden. ‚Frau' oder ‚Weib' ist der erhabenste Name für die Seele, viel schöner noch als ‚Jungfrau'". – Zitiert nach „Meister Eckhart, Einheit mit Gott", hrsg. von *Dietmar Mieth*, Düsseldorf 2002, S. 114f. – Eckhart denkt nach der Auffassung seiner Zeit, Maria von Betanien sei Maria Magdalena und die Sünderin.

Menschen mit Respekt begegnet? Gott begegnet seinem Geschöpf mit Hochachtung, auch wenn dieses ein Sünder geworden ist. Denn auch dann ist und bleibt der Mensch zuerst sein Geschöpf, Mann oder Frau.

Was bedeutet nun in unserem Zusammenhang die Kennzeichnung der Frau als „Sünderin"? Die Exegeten tippten auf „Dirne", wie wir sahen. „Sünder" ist jedoch zunächst eine Allgemeinbezeichnung (wie ebenso die „sieben Dämonen") und benennt für den Ahnungslosen nicht, um welche Sünde (resp. Krankheiten oder Abhängigkeiten) es sich konkret gehandelt haben könnte.

Doch wiederum lässt der Evangelist uns eine feine Spur entdecken.

Unmittelbar vor unserem Abschnitt hat Lukas einen Passus eingefügt – ich habe schon davon gesprochen – , in dem Jesus eine Einstellung wiedergibt, die „die Menschen" einmal über Johannes und dann auch über ihn selber kolportieren. Über ihn sagen sie: „Dieser Fresser und Säufer[310], dieser Freund der Zöllner und Sünder!" (Lk 7, 34) Die Exegeten weisen darauf hin, dass Lukas im Begriff „Sünder" das Stichwort gefunden habe, um so eine nahtlose Verbindung zur nachfolgenden Begebenheit mit der „Sünderin" zu schaffen. Tatsächlich enthält es mehr Bedeutung, als diese Fachleute gesagt haben.

Wenn hier vom Evangelisten der Begriff „Sünder" gebraucht wird, können wir daraus allein nicht schlussfolgern, dass auch Jesus selber genau dieses Wort so gesprochen hat. Denn die Formel „Zöllner und Sünder" ist ein Stereotyp ohne individuelle Kennzeichnung. Zudem fällt auf, dass die beiden Begriffe nicht zueinander passen, sie liegen auf verschiedenen Ebenen. Der Begriff „Zöllner" spricht von einem konkreten Berufsstand, der Begriff „Sünder" dagegen kann auf viele Berufsstände angewandt werden kann. Auch Zöllner sind Sünder. Deswegen müsste neben „Zöllner" ein zweiter Berufsstand genannt sein. Doch kann man diese Formulierung, die im NT öfters verwandt wird, auch als eine Art Redewendung erklären, im Sinn von „Zöllner und andere Sünder". Schauen wir uns diesen Satz deshalb genauer an.

Die Worte (Lk 7, 34) „Dieser Fresser und Weintrinker, dieser Freund der Zöllner und Sünder!" sind der Abschluss einer längeren Rede Jesu, in deren Zentrum Johannes der Täufer steht. Nur Matthäus (11, 2–19) und Lukas (7, 18–35) bringen diese scharfen Worte Jesu an verschiedene Adressaten. Sein kritischer Vorwurf gliedert sich in vier Teile: 1. Die Frage des Johannes und die Antwort Jesu. 2. Jesu unter-

---

[310] Genau steht da „*oinopótēs*/Weintrinker". *Freyne*, S. 271–286, geht auf den kulturellen und gesellschaftlichen Hintergrund dieses Vorwurfs ein.

scheidende Frage nach dem Motiv der Leute gegenüber Johannes (hier stehen die Worte vom „Schilfrohr" und von den „Palästen der Könige"). 3. Zöllner haben den Willen Gottes erkannt und getan, nicht aber Pharisäer und Gesetzeslehrer. Der 4. Abschnitt demaskiert die heuchlerischen Entschuldigungen „der Leute" gegenüber Johannes und Jesus. Jesus fasst ihre Einstellung ihm gegenüber in der genannten Redewendung zusammen, als würden die Leute diese gebrauchen: bei Matthäus (11, 19): „Darauf sagen sie ...", bei Lukas (7, 34): „Darauf sagt ihr ..."

Nun gibt es im Evangelium des Matthäus einen weiteren Disput Jesu um das Thema „Johannes der Täufer", in Mt 21, 28–32. Zunächst formuliert Jesus ein kurzes Gleichnis: Ein Mann sagt, er gehe in den Weinberg arbeiten, tatsächlich aber geht er nicht. Der zweite sagt zunächst, er wolle nicht gehen, doch dann reut ihn seine Ablehnung „und er ging doch". Daran knüpft Jesus die Frage an seine Zuhörer, Hohepriester und Älteste des Volkes: Wer von beiden hat den Willen des Vaters erfüllt? Sie antworten korrekt mit „der zweite". Daraufhin fügt Jesus eine überraschende und konkrete Schlussfolgerung an, die an persönlicher Schärfe und theologischer Deutlichkeit nichts zu wünschen übrig lässt: „Amen, das sage ich euch: Zöllner und Dirnen (*hoi telōnai kai hai pórnai*) gelangen eher in das Reich Gottes als ihr" (V. 31). Und gleich darauf noch einmal (V. 32) stellt er seine geistlichen Zuhörer definitiv ganz hinten an: „Ihr habt ihm nicht geglaubt, aber die Zöllner und Dirnen haben ihm geglaubt."

Diese Worte sind als Jesu eigene Worte überliefert. Die weiter oben zitierten Sätze dagegen werden vom Evangelisten als ein Zitat dargestellt, in dem Jesus zusammenfasse, wie das Volk rede: „Zöllner und (andere) Sünder". Aber das ist nicht Jesu eigene Formulierung. Jesus scheint keine Scheu gehabt zu haben, derb und volksnah zu formulieren: Zöllner und Dirnen. Er nahm kein Blatt vor den Mund. An die Stelle der „allgemeinen Sünder" traten bei ihm die Vertreter eines konkreten Berufsstandes, die Prostituierten, die in den Augen der Toratreuen auf der gleichen untersten Ebene standen wie die Zöllner.

Kommen wir noch einmal auf den „Weintrinker Jesus" zurück.[311] Bestimmte Mysterienkulte in der griechisch-römischen Gesellschaft hatten im 1. Jahrhundert eine besondere Anziehungskraft auf Frauen entwickelt. Weingelage (eine Mischung von Wein, Honig und Milch) und Sexorgien bildeten da eine Einheit. Einige Autoren gehen so weit, die Unmenge Wein, die Jesus auf der Hochzeit zu Kana „produziert"

---

[311] Das Folgende nach *Freyne*, S. 273ff.

hatte, mit dionysischen Trinkgelagen in Verbindung zu bringen – das halte ich für gänzlich falsch, da das Tun Jesu in Kana überdeutlich mit Israels Geschichte und zeitgenössischer Theologie in Verbindung steht. Zudem lassen sich Jesu Gleichnisse vom „Weinstock und den Reben" vollends nicht mit dionysischen Sexorgien in Verbindung bringen. In Sepphoris, Tiberias und auch in Tarichea muss man jedoch dionysische Riten und Gelage annehmen, die den frommen Juden natürlich als die Ausgeburt des Bösen vorkamen. Wenn man jetzt noch einmal fragt, was wohl mit „sieben Dämonen" gemeint gewesen sein könnte, die Jesus aus der Magdalenerin ausgetrieben hat, dann wäre ihre Deutung mit solchen Gelagen nicht abwegig. Und umgekehrt wäre dann mit dem rhetorisch-schimpflichen Vorwurf gegen Jesus, er sei „Weintrinker", auch auf solche Gelage und Orgien angespielt. Jesus, der angebliche Sohn Gottes, wäre in eine Ecke mit Flöten, Frauen und dem Gott Pan gestellt worden. Wenn zudem der Begriff „Sünder", mit dem die Frau gekennzeichnet ist, in diesem gesellschaftlichen Umfeld schnell mit ungebundenem geschlechtlichen Verkehr assoziiert werden konnte, dann hängt an dem gemeinen Vorwurf „Weintrinker" auch noch die Vorstellung von „Dirnen" dran. Und das alles zusammen wäre eine gute Begründung, warum diese Frau eine Dirne gewesen war.

Das führt uns zu der Frage, was unter „Dirnen/*hai pórnai*" in der damaligen Zeit zu verstehen ist? Es gab ja auch noch die *hetairai*/Hetären, wer ist mit ihnen gemeint? Worin unterschieden sich Dirnen von Hetären? Können wir vielleicht herausfinden, ob mit der „Dirne", wie die Exegeten die namenlose Sünderin einstufen, eher eine Prostituierte oder eine Hetäre gemeint ist?

Ich beschränke mich auf den griechisch-römisch geprägten Lebensraum und versuche, diesen einzuschränken auf die Jahrtausendwende und das von westlichen (und östlichen) Einflüssen geprägte Palästina. Dabei beziehe ich die Ergebnisse zu Magdala/Tarichea mit ein: Dies muss eine überwiegend griechisch-römisch geprägte Stadt gewesen sein.

EXKURS -4-

Hetären im griechisch-römisch geprägten Lebensraum

Schon in den frühesten Zeiten ihrer Kultur hatten die Griechen erkannt, dass es zwei weibliche Typen gibt: den Typus „Mutter" und den Typus „Dirne".[312] Und danach handelten sie. War das griechische Weib erst mal Mutter geworden, so hatte es das Ziel seines Lebens erreicht. Dann wurden der griechischen Frau zwei Aufgaben zuteil, die sie als die denkbar höchsten betrachtete: die Führung des Hauswesens und die Erziehung der Kinder. Bei den Mädchen bis zu deren Verehelichung, bei den Knaben bis zum Erwachen ihres seelischen Eigenlebens. „So wurde den Griechen die Ehe ein Mittel zum Zweck, das Mittel zur Erzielung legitimen Nachwuchses und geordneter, treulicher Haushaltung. Das Reich der Frau war durchaus die Häuslichkeit, aber in dieser war sie unumschränkte Herrin."[313]

Im Lauf der Geschichte formte sich die hellenische Kultur immer mehr zu einer männlichen. Das zeigte sich auch darin, dass eine wirkliche Erziehung nur den Knaben zuteil wurde. Sparta war eine Ausnahme. Auch die Mädchen erhielten zwar von ihren Müttern Unterweisung im Lesen und Schreiben, ebenso wurden ihnen

---

[312] Ich benutze für diesen Exkurs folgende Literatur: *Hans Licht* (alias *Paul Brandt*), Sittengeschichte Griechenlands, Hrsg. *H. Lewandowski*, Stuttgart 1965; rororo Taschenbuch 6641-6642-6643, 1968. – *Elke Hartmann*, Heirat, Hetärentum und Konkubinat im klassischen Athen, Dissertation, Frankfurt/ New York 2002. – *Debra Hamel*, Der Fall Neaira, Die wahre Geschichte einer Hetäre im antiken Griechenland, Deutsche Ausgabe Darmstadt 2004. – Neues Testament und Antike Kultur (NTAK; dieses neue Nachschlagewerk bringt keine eigene Abhandlung zu unserem Stichwort.)

[313] Nach *Licht*, 32. – Vgl. ferner *Christina Urban*, Die Rollen der Familienmitglieder, in NTAK, Bd. 2, S. 17–21. Für Griechenland gilt: „Die Hausherrin (*despoina*) war zuständig für Vorratshaltung, Erziehung der Kinder, Pflege der Kranken sowie die Textilherstellung ... Die der Frau angeborenen Eigenschaften (passten) am besten zu ihrer Rolle als Hausfrau und Mutter."
In Rom wurde die Rolle der Frau vor allem darin gesehen, „dem Mann Kinder zu gebären, was die Bezeichnung für Ehe als *matrimonium* (von *mater* = Mutter) zeigt." Das soziale Umbruchklima des Hellenismus brachte „einen neuen Frauentyp hervor, nämlich die vom Mann emanzipierte und innerhalb der Familie und Gesellschaft geachtete Oberschichtenfrau".

weisung im Lesen und Schreiben, ebenso wurden ihnen Fertigkeiten in Handarbeiten beigebracht, unter denen die wichtigste das Spinnen und Weben war. Wo die Umstände es erlaubten, kam noch ein wenig Unterricht in der Musik hinzu. Damit dürfte aber die weibliche Erziehung im Wesentlichen erschöpft gewesen sein.

Unter dem Einfluss seiner mythologischen Überlieferung warnt der Dichter Hesiod (um 700 v. Chr.) in seinem Bauernkalender vor solchen Mädchen, „die durch kokettes Bewegen ihre posterioren Reize zu erhöhen suchen, die also den Mann gerade mit dem zu ködern bestrebt sind, was die Griechen am Jüngling besonders schätzten. Dass das Motiv des mit ihrem Hinterteil kokettierenden Weibes sich schon bei dem naiv-einfältigen Dichter des Bauernkalenders findet, ist sehr beachtlich."[314] In der klassischen Zeit – so kann man vermuten – durften die Frauen erst in solchem Alter das Haus verlassen, dass der, der ihnen auf der Straße begegnete, nicht fragte, wessen Gattin das wohl sei, sondern wessen Mutter.

Anders verlief die Entwicklung in Sparta: Dort erschienen die Mädchen in der vom übrigen Griechenland oft verspotteten Tracht, die das Kleid bis zur Hüfte öffnete, so dass beim Schreiten auch die Schenkel zu sehen waren. In Athen dagegen, so beschreibt es Aristophanes (445–385), musste sich sogar die „verheiratete Frau in das Innere des Hauses zurückziehen, falls sie etwa im Fenster von einem vorübergehenden Mann gesehen wurde".[315]

Im griechischen Altertum bezeichnete man mit *gynē* (Weib) die Frau ohne Rücksicht auf ihr Alter. Es spielte keine Rolle, ob sie verheiratet war oder nicht. Folglich war es weder für eine Königin noch für eine Frau aus dem Volk eine Schande, mit *gynē* angeredet zu werden. Auf diesem Hintergrund ist die Anrede Jesu an seine Mutter bei der Hochzeit zu Kana (Joh 2, 4) oder vom Kreuz herunter (Joh 19, 26) mit *gýnē* ganz normal. Sie zeigt den Einfluss griechischer Kultur im Palästina der Zeitenwende an. Auch die fünffache Erwähnung von *gynē* in der Begegnung der namenlosen Sünderin mit Jesus in Lk 7 spiegelt diese Kultur wider.[316] Von seiner Sprachwurzel her bezeichnet *gynē* „die Gebärende". So bestätigt die Etymologie die schon erwähnte Tatsache, dass der Grieche im Weibe hauptsächlich die Mutter seiner Kinder verehrte.

---

[314] *Licht*, S. 36.
[315] *Licht*, S. 38.
[316] Vgl. unsere Gedanken zu „Frau" in VI, 1, 4.

Erst in der römischen Kaiserzeit kam das Wort „*domina*/Herrin" als Anrede für Frauen des kaiserlichen Hauses auf. Durch Vermittlung über das Französische hat sich daraus das Wort „Dame" entwickelt. Die Griechen dagegen sparten sich ihr Wort für „Herrin", nämlich *désponia*, für wirkliche Herrinnen auf, also für Gattinnen von Königen. So verkam es nicht zur konventionellen Phrase und blieb ein Gegensatz zum Gesinde. Im Hause waren die Frauen die „Herrinnen" in allem, was ihre eigentliche Domäne ausmachte; so hebt es Plato (427–347) an einer bekannten Stelle ausdrücklich hervor.

Nach modernem Empfinden zwar nicht galant, aber für die Griechen bezeichnend war ihre Unterscheidung der „Weiber" in drei Klassen, wie sie der Autor der „Rede gegen Nearia" überliefert hat: „Die Hetären haben wir zu unserem Vergnügen, die Nebenfrauen zur täglichen persönlichen Bedienung und die Ehefrauen, um uns Kinder zu gebären und unser Haus getreulich zu verwalten."[317] Die öffentliche Meinung Griechenlands sah keinen Grund, einen Ehemann zu tadeln, der in den Armen einer geistig anregenden Hetäre willkommene Abwechslung suchte, weil er des „ewigen Einerlei der Ehefrau müde" geworden war. Ebenso wenig unlauter erschien es, wenn er die Eintönigkeit des Alltags durch das Geplauder eines schönen Knaben zu veredeln wusste. Die Ehe war eine Pflichterfüllung, das Verhältnis mit einer Hetäre eine Liebesangelegenheit.[318] Die für wenig Geld käuflichen Frauen nannte man *pornaí*[319], jene Frauen dagegen, denen man standesgemäße „Geschenke" gab, waren die *hetairai*. Hetäre heißt eigentlich „Gefährtin"[320], man konnte den Ausdruck aber auch mit

---

[317] *Licht*, S. 39. – Bei *Hamel* (S. 190) lautet das Zitat: „Wir haben Prostituierte wegen des Vergnügens, Hetären für die tägliche Dienstleistung unserer Körper – und Ehefrauen für den Zweck, eheliche Kinder zu zeugen, und um einen vertrauenswürdigen Vormund unserer Haushalte zu haben." (In der Literatur taucht der Name jener Frau mal als „Nearía", mal als „Neaira" auf.)

[318] Alles nach *Licht*, S. 98.

[319] Im Kern bedeutet *porne* den „Transfer einer Person in eine andere Region zwecks der Versklavung". Nach *Hartmann*, S. 147. – Griech. *hetaira*/*hetairai* wird gewöhnlich mit Freundinnen, Gefährtinnen übersetzt. *Plutarch* sagte den Athenern die Neigung nach, „dass sie die hässlichen Dinge mit höflicher Umschreibung hinter hübschen und freundlich klingenden Worten verstecken, wenn sie etwa die Huren (*pornai*) Freundinnen (*hetairai*) ... nennen". Nach *Hartmann*, S. 134.

[320] In Mt 26, 50 spricht Jesus den Judas mit *hetaire*/Freund/Gefährte an.

„Freudenspenderin" oder „Freundin" übersetzen. Über diese „Priesterinnen der Venus" sprach und schrieb man offen und unbefangen. Es gab eine Unmenge Schriften über die Hetären einzelner Städte wie namentlich Korinth und Athen, auch von großen Grammatikern und Philologen. Doch von all diesen Schriften ist uns leider wenig mehr als der Titel bekannt. Nur die geistreichen „Hetärengespräche" Lukians (geb. um 120 n. Chr. in Samosata am Euphrat, gest. um 180) und die des Alkiphron (im 2. Jh. n. Chr.; er lässt Fischer, Bauern und Hetären aus dem 4. Jh. v. Chr. sprechen) sind uns erhalten geblieben, oder die „Chrieen" (Anekdoten) des Machon.

Die Bordellmädchen

Die in den Bordellen kasernierten Dirnen nahmen den untersten Rang in der sozialen Stellung der Freudenmädchen ein; sie wurden nicht als Hetären bezeichnet, sondern hießen Huren.[321] Die Gründung von Bordellen führte man in Athen auf den weisen Solon zurück. In den Bordellen standen die Dirnen leicht bekleidet oder auch nackt zur Schau, damit jeder Besucher die Wahl nach seinem persönlichem Geschmack treffen konnte. Das ist ja an sich glaubhaft genug, wird uns aber zum Überfluss noch durch zahlreiche Zeugnisse ausdrücklich bestätigt. So sagt Athenaios (aus Naukratis in Ägypten; um 200 n. Chr.):

„Weißt du nicht, wie es in der Komödie ‚Pannychis' des Eubulos (405–330) heißt, von den musikliebenden, geldherauslockenden Vogelstellerinnen, den aufgeputzten Venuspferdchen, wie sie nackt, der Reihe nach in Parade dastehen, in durchsichtigen Spinnefädchen, wie die Nymphen an den heiligen Wassern des Eridanos? Bei ihnen kannst du nach Herzenslust und ohne Gefahr die Wollust für wenig Scheidemünzen kaufen."[322] In Walletjes, dem Rotlichtviertel von Amsterdam, beäugen noch heute spärlich bekleidete Mädchen Interessenten vom Fenster aus, in dem sie wie „frauenförmiges Frischfleisch" ausgestellt sind. Oder man präsentiert sich als „Philosophin": Hinter dem „Schau-Fenster" zu ebener Erde dem Innenraum zugewandt steht die Studen-

---

[321] Die Bezeichnung *porne* leiten manche von *pernemi* ab, was das „Wegführen" in die Sklaverei bezeichnet, also den Statusverlust und die daraus resultierende Käuflichkeit jener Frauen in den Vordergrund stellt. – Nach *Hartmann*, S. 147f.
[322] Alles zitiert nach *Licht*, S. 201f.

tin an ihrem Lesepult, studiert in dicken Büchern – und zeigt derweil ihre blendende Rückseite den potentiellen Kunden.[323]

In einer anderen griechischen Dichtung wird der getadelt, der auf kostspielige Hetären und freie Frauen scharf ist. Denn schöngewachsene Mädchen könne man einfacher in den Bordellen sehen und sich seine auswählen. Niemand müsse heimlich durch eine Dachluke einsteigen oder sich unter einem Strohhaufen, von Juckreiz geplagt, einschmuggeln. Denn diese Mädchen würden einen beinahe mit Gewalt in ihr Haus ziehen. Selbst wenn du schon ein Greis bist, würden sie dich noch Väterchen, sonst aber Brüderchen oder auch Jüngelchen nennen. „Und jede von ihnen könntest du ohne Gefahr besitzen und für wenig Geld, am Tage oder gegen Abend."[324]

„Der Eintrittspreis war in keinem Fall sehr hoch, da die Bordelle eben die niedrigste, daher auch billigste Form der Prostitution darstellten. Allerdings ist zu sagen, dass außer dem Eintrittsgeld noch besonderes Entgelt für die Dirnen zu zahlen war, dessen Höhe sich nach den Ansprüchen richtete, die man an die Freudenmädchen stellte. Dieses Entgelt schwankte wohl zwischen Oboloi, Drachmen und in den besseren Häusern sogar Stateren[325]", also zwischen 10 und über 300 EUR.

Von seinen durch das Honorar der Dirnen erzielten Einnahmen hatte der Bordellbesitzer eine jährliche Steuer abzuführen, die sogenannte Hurensteuer, mit deren Eintreibung ein Beamter, der *Pornotelones* beauftragt war. Ebenso wurde das Honorar, das der Besucher den Mädchen zu zahlen hatte, von besonderen Beamten, den *Agoranomoi*, festgesetzt. Die Bordelle, wie überhaupt das gesamte Prostitutionswesen, standen unter der Aufsicht städtischer Beamter, der *Astynomoi*, die für die Wahrung des öffentlichen Anstands zu sorgen hatten. Sie mussten wohl auch bei Streitigkeiten eine Entscheidung finden.

In den am Meer gelegenen Städten befanden sich die meisten Bordelle naturgemäß in der Hafengegend. Aber selbst die Heiligkeit religiöser Feststraßen empfand man durch zahlreiche Bordelle nicht sonderlich beeinträchtigt.[326] Sie lagen in Athen an einer breiten Straße

---

[323] Nach *Hamel* u.a., 182.
[324] Alles nach *Licht*, S. 202.
[325] *Licht*, S. 203. – Eine Drachme hatte 6 Oboli, dann entspräche ein Obolus heute etwa 10 EUR. Ein Stater (Tetradrachme) hatte 4 Drachmen.
[326] S. dazu: Welt und Umwelt der Bibel. ATHEN Von Sokrates zu Paulus, Heft 1/2006. Dort zahlreiche Artikel zum Thema, etwa: „Wo waren die Frauen im antiken Griechenland?" von *Daniela Ziegler*, und ebenso „Spiele und Feste zu

(der „Heiligen Straße", der *via sacra*), die auf beiden Seiten mit Säulenhallen geschmückt war, in denen sich Kaufläden befanden.

Über die Einrichtung der Bordelle, ihre Ausstattung und den inneren Betrieb ist von den griechischen Schriftstellern nicht viel überliefert worden. Doch dürfen wir wegen des interkulturellen Charakters dieses Geschäftes davon ausgehen, dass sie sich von den römischen und italienischen Bordellen nicht wesentlich unterschieden haben. Über Letztere sind wir gut unterrichtet.

Die Bordelle der Römer (*Lupanaria* oder *Fornices*) nennen Horaz (65 v. Chr. bis 8 n. Chr.) und andere „übelriechend". Das lässt auf Unreinlichkeit schließen. Nach einer Bemerkung des Seneca (4 v. Chr. bis 65 n. Chr.) nahmen die Besuchenden den Geruch davon mit sich. In seiner bissigen Satire über die im Bordell sich preisgebende Kaiserin Messalina (25–48) bemerkt Juvenal (60–140) dies mit grimmigem Behagen. In jedem Bordell gab es eine genügende Anzahl von Kammern, die man *cellae* nannte.[327] Über jeder war der Name des dort wohnenden Mädchens angeschrieben, vielleicht auch der Mindestpreis, der ihm zu zahlen war. Die Schriftsteller erwähnen noch die verschiedenen Decken, die über das Lager oder auf den Fußboden ausgebreitet wurden, und selbstverständlich die Lampe (*lucerna*).

Der Preis musste den Dirnen vorausbezahlt werden, wie aus einer Stelle des Juvenal hervorzugehen scheint. Die Dirnen hießen nach Persius (34–62) auch „*nonariae*/Neunerinnen", weil ihre Häuser nicht vor der neunten Stunde, das heißt vier Uhr nachmittags, geöffnet werden durften, um „die Jugend nicht von ihren Übungen abzuhalten".

„Um die Vorübergehenden anzulocken, standen oder saßen die Dirnen auch wohl vor den Lupanarien, weshalb sie auch *prostibula* oder *prosedae* hießen; das erste Wort ist von *prostare* abzuleiten, woher ja auch der Ausdruck Prostitution kommt. Hatte ein Mädchen in ihrer Zelle Besuch, so schloss sie die Tür ab, nachdem sie vorher an die Tür ein Schild mit Aufschrift »Besetzt« (*occupata*) gehängt hatte. Wohl gegen Morgen wurden die Bordelle geschlossen."[328]

Ehren der Athene" von *Florence Thomas*, wo auch von der „Heiligen Straße" die Rede ist. Ebenso vorzügliche Fotos und Graphiken zum alten Athen.

[327] Aus römischen Bordellen sind Graffiti auf uns gekommen. Ein harmloser lautet: „Rufa, es ergehe dir so gut, wie du bläst!" Ein anderer: „Iucundus besorgt's Rustica mit Lecken." Aus *Karl-Wilhelm Weeber*, Decius war hier ... Das Beste aus der römischen Graffiti-Szene, Zürich und Düsseldorf 1996.

[328] Das Vorangegangene nach *Licht*, S. 202–204.

Die Flötenspielerinnen

Eine Stufe über den Bordelldirnen standen jene zahllosen herumstreichenden Dirnen und Mädchen, welche Prostitution als ihren persönlichen Nebenerwerb betrieben. Straßenprostitution hat es immer und überall gegeben, sie wird sich damals nicht in wesentlich anderen Formen abgespielt haben als bei uns. Unendlich einfallsreich, wie das in der Natur der Sache liegt, war die Art, wie die umherstreifenden Dirnen mit ihren Kunden anbändelten, oder auch umgekehrt.

„Bezüglich der Art, wie diese ambulanten Priesterinnen der Venus vorgingen, wenn sie Männer einfangen wollten, soll hier nur etwas wirklich Originelles erwähnt werden. Durch Zufall hat sich der Schuh einer solchen Straßendirne erhalten. Auf der Sohle dieses Schuhs, die man in dem bekannten Monumentalwerk von Daremberg-Saglio abgebildet findet, ist das Wort *Akoloyti*, das heißt ‚Folge mir!' aufgenagelt, so dass beim Dahinschreiten das Wort sich in der weichen Straßenerde abformte und den Passanten keinen Zweifel über das Gewerbe des Mädchens aufkommen ließ."[329]

Die ambulanten Dirnen trieben sich überall dort umher, wo ein möglichst reger Straßenverkehr bestand. Deshalb waren sie in großer Zahl in der Hafengegend und den zu dieser führenden Straßen tätig. Die Mädchen nahmen ihre Kunden entweder in ihre eigene oder in gemietete Wohnungen mit. Oder sie gaben sich den Männern in dunklen Ecken und Winkeln hin, manchmal auch in den Gräberstraßen zwischen hohen Grabdenkmälern. Auch für öffentliche Bäder ist dies überliefert. Selbstverständlich gab es Kupplerhäuser und Absteigequartiere, die den „Zimmern auf Stunden" in unseren Großstädten verglichen werden können. Ebenso boten Kneipen und Gasthäuser, zumal in der Hafengegend, zu jeder Zeit für solche Zwecke Unterschlupf.

Neben den berufsmäßigen Dirnen gab es auch das leichtlebige Völkchen der Flöten-, Zitherspielerinnen, Akrobatinnen. Sie waren für Geld und gute Worte zu haben. „Die Flötenspielerinnen, die *auletrides* (fälschlich mit ‚Flötenmädchen' übersetzt), verwöhnten ihre Kunden

---

[329] Nach *Licht*, S. 204f – Ebenso *Hamel*, S. 17; sie fügt noch an, dass man solche Prostituierte auch „Bodendrückerin" nannte. –
Ein Nachfolgewort Jesu lautet (Lk 9, 59): „*akoloúthei moi*/folge mir nach!" Zur Beruhigung derer, die jetzt nervös werden: Jesus verbindet das „ihm-Nachfolgen" mit „sich-selbst-Verleugnen" und „sein-Kreuz-Tragen" (Lk 9, 23). Und dann erst: *akoloutheítō moi* – folge mir nach!

gegen Gebühr zusätzlich zum Geschlechtsverkehr mit einem Doppelrohrblatt, das wie eine moderne Oboe geklungen haben mag."³³⁰

Solche *auletrides* arbeiteten nun auch bei Symposien. Diese ganz und gar griechischen Treffen waren „ritualisierte Trinkgelage, bei denen Männer einander mit Gesprächen und Liedern unterhielten und ihrerseits von Flötenmädchen und Hetären unterhalten wurden. Keine anständige griechische Frau konnte an solch einem Ereignis teilnehmen."³³¹ Platon schildert in seinem Werk *Symposion* den Ablauf eines solchen Gelages, doch die Feiern, die er dort beschreibt, sind geradezu keusch. Denn dem Vorschlag eines der Gäste folgend, schicken Platons Symposiasten ihre Flötenmädchen weg und unterhalten sich nur mit geistvollen Gesprächen.

Der athenische Historiker Xenophon (430–354) hingegen stellt ein weniger verfeinertes Treffen im Haus eines gewissen Kallias dar. Die Gäste dieses Gelages, unter ihnen der Philosoph Sokrates (470–399), werden unter anderen von einem Flötenmädchen unterhalten: „Als man endlich die Tische weggeräumt, die Trankopfer dargebracht und das Gebet gesungen hatte, da kam zu ihrem Trinkgelage ein Mensch aus Syrakus, der hatte bei sich ein gutes Flötenmädchen und eine Tänzerin von denen, die sich auf Gauklerstücke verstehen, und einen blühenden Knaben, der auch sehr schön tanzen und Leier spielen konnte ... Nachdem ihnen nun das Flötenmädchen auf der Flöte und der Knabe auf der Leier etwas vorgespielt und beide viel Beifall gefunden hatten, fing Sokrates an: Wirklich, Kallias, ganz vollkommen bewirtest du uns. Nicht genug, dass du uns ein tadelloses Essen aufgetischt hast, auch Augenweide und Ohrenschmaus bescherst du uns."³³²

In Aristophanes' (445–385) Komödie „Die Wespen" wird berichtet, wie ein Gast einem Flötenmädchen nach dem Symposion das Angebot macht, mit ihm zu kommen. Er wollte die Aufmerksamkeit der Frau ganz für sich alleine haben. „Siehst du", fragt er sie, „wie klug ich dich wegbrachte, als du dich gerade daranmachtest, die Symposion-Gäste abzulutschen (*lesbiein*)"? Und laut Athenaios war es bei Symposien üblich, dass am späten Abend die Gunst der Flötenmädchen versteigert wurde.³³³

---

³³⁰ *Licht*, S. 205f.
³³¹ *Hamel*, S. 18f. – Zum „Symposion" später noch mehr.
³³² Das Ganze nach *Hamel*, S. 19f.
³³³ Dies und das Folgende nach *Hamel*, S. 21ff. – Die Interpretation von „ablutschen" für *lesbiein* ließ sich im Menge-Güthling nicht finden.

Bereits im 5. Jahrhundert v. Chr. wurde in Athen der Höchstpreis, den man Flötenmädchen bezahlen durfte und musste, gesetzlich geregelt. Unter den zahlreichen Beamten der Stadt gab es die bereits genannten *astynomoi,* zehn an der Zahl. Zu ihren Pflichten gehörte es, darüber zu wachen, dass den Flötenmädchen, den Harfenmädchen und den Leiermädchen nicht mehr als zwei Drachmen pro Abend für die Unterhaltung gezahlt wurden. Gab es heftige Konkurrenten, wurde ausgelost.

Die Hetären

Auf ungleich höherer Stufe standen die Hetären. Sie strebten danach, für einen längeren Zeitraum bezahlt zu werden. Ihr Auftreten war nicht auf das Symposion beschränkt, sondern jegliche Feste der Gesellschaft bis hin zu Staatsereignissen waren ihre Bühne. Sie unterhielten ihre Auftraggeber sowohl mit Gesprächen als auch mit Geschlechtsverkehr. Viele Hetären waren zudem Musikerinnen. Sie konnten weit höhere Gebühren verlangen als gewöhnliche *pornai.* Die Quellen nennen Preise von zehn Drachmen pro Abend und mehr. Oft ging es den Hetären gar nicht um Geld, sondern um „Geschenke". So sagte die Hetäre Theodote: „Wenn jemand mein Freund geworden ist und mich gut behandeln will, dann ist er mein Lebensunterhalt."[334]

Der Unterschied zu den Bordellmädchen war beträchtlich. Vor allem bestand er in ihrer gesellschaftlichen Achtung und in ihrer Bildung. Nicht wenige unter den Hetären zeichneten sich durch feine Bildung und schlagfertigen Witz aus. Sie wussten, wie man es anstellen musste, die ausgezeichnetsten Persönlichkeiten ihrer Zeit, Feldherren wie Staatsmänner, Literaten wie Künstler, dauernd an sich zu fesseln. Diese Damen veranschaulichten in der bezeichneten Weise die aus feinen geistigen wie auch sinnlichen Genüssen gemischte Existenz, welcher die Mehrzahl der damaligen Griechen huldigte. Es gibt kaum eine bedeutendere Persönlichkeit des Hellenismus, für die nicht bekannte Hetären nachweisbar wären.

Die Mehrzahl ihrer Zeitgenossen fand darin nichts Anstößiges. So waren zur Zeit des Polybios (200–120) die schönsten Häuser in Alexandria mit den Namen berühmter Flötenspielerinnen und Hetären bezeichnet. In Tempeln und anderen öffentlichen Gebäuden standen

---

[334] Nach *Hamel,* S. 24.

neben den Porträtstatuen verdienter Feldherren und Staatsmänner auch solche von Hetären. Als das Ehrgefühl der griechischen Freistaaten weiter abgesunken war, ließ man sich gar herbei, Hetären, wenn sie mächtigen Persönlichkeiten nahe gestanden hatten, bisweilen selbst durch Altäre und Tempel zu ehren.

„Der traditionelle Rahmen für Bekanntschaften von Männern mit Hetären war das Gelage/*symposion*, das sowohl als Bankett in öffentlichen Räumen, aber auch in den Häusern einzelner Bürger stattfinden konnte. Diese Form der Geselligkeit vollzog sich in eigens dafür vorgesehenen Männerräumen.[335] Kurz vor Einbruch der Dunkelheit eröffnete eine gemeinsame Mahlzeit (*deipnon*) das Gelage; nach dem Essen wurden die heruntergefallenen Speisereste zusammengefegt, die Gäste reinigten sich die Hände und setzten duftende Blütenkränze auf. Mit einem Trankopfer an die Götter der Gesundheit begann das gemeinsame Trinken. An diesem Symposion nahmen auch Frauen teil, Hetären, Flötenspielerinnen, auch schöne Knaben, die alle zum Amüsement der männlichen Gäste beitrugen." Wenn der Gastgeber reich war, konnte das beim Gelage verwendete Geschirr sehr kostbar sein. Aber nicht bei jedem Gelage erwartete den Gast eine nahezu endlose Folge von Gängen mit Fischen, Meeresfrüchten, allen möglichen Sorten von Fleisch, Kuchen und Brot. Es gab eben auch die „Salz- und Bohnen-Freunde", also die, die mit wenigem zufrieden waren. Wie auch heute, so waren schon damals Gelage beliebt, bei denen jeder Gast etwas beisteuerte: Speisen, Getränke, Bänder, Parfümfläschchen(!).

Die Perser waren dafür bekannt, gemeinsam mit ihren Frauen zu tafeln. Nicht so die Athener. Getrennt von den Frauen zu essen und zu trinken, war vor allem eine Frage des Anstandes. Die weiblichen Mitglieder einer Bürgerfamilie sollten möglichst wenig Kontakt mit Männern haben, die außerhalb der Familie standen.

Wenn deshalb Frauen an einem Symposion teilnehmen durften, waren das in der Regel Fremde oder Sklavinnen. Sie waren nicht den

---

[335] Diese „Männerräume" (*andrones*) hatten eine charakteristische Form: Es war ein quadratischer Raum, der vom Hof des Hauses abging. Entlang der Wände hatte er herausgearbeitete Vorsprünge, die mit Hilfe aufgelegter Polster und Matratzen zu bequemen Speisesofas wurden. Häufig gab es einen zementierten, mit einer Rinne zum Hof versehenen Boden, der es erleichterte, die beim Mahl auf den Boden gefallenen Abfälle hinauszufegen. Es finden sich *andrones* für 7 Betten, auch größere für 11 oder 15 Sofas. In späterer Zeit weisen diese *andrones* häufiger Mosaikböden auf. – Hier und im Folgenden *Hartmann*, S. 139–149.

geltenden Normen für Bürgerfrauen unterworfen, sondern zuständig für die Unterhaltung und erotische Stimulation der Gäste. Die Bezeichnung „Hetären" für diese Frauen passt aber erst ab der Zeit Herodots (490–420), also ab Mitte des 5. Jahrhunderts. Mit der Zeit wurde der erotische und sexuelle Umgang dieser Hetären mit den Gästen zu einem immer festeren Bestandteil des Symposions.[336]

Marcus Cato erwähnt z. B. ein Abendessen (etwa um das Jahr 200 v. Chr.) in Pompeji an einer reichen Tafel, das nach „neuester Sitte liegend eingenommen" wird auf U-förmig angeordneten Liegen. „Drei junge hübsche Sklavinnen reichen uns häppchenweise die Speisen und füllen ständig die Becher nach. Der Wein ist schwer und gut ..." Am Ende fragt der Gastgeber seine zwei Gäste, „ob sich die Sklavinnen zu uns legen sollen. Der Dickwanst blitzt mit den Augen, ich lehne dankend ab, nicht weil mir dazu die Lust fehlen würde, sondern weil ich so etwas gerne unter vier Augen tue."[337]

Oft waren diese Frauen zuvor als „Serviermädchen" angestellt. Sie hatten die Zecher während des Gelages mit gekühltem Wasser zum Mischen des Weines zu versorgen. Vasenbilder zeigen, wie Frauen während eines Symposions mit Schöpfkellen und Gefäßen hantieren. Diese Frauen konnten auch Sklavinnen sein. Ebenso beliebt waren schöne Knaben. Deren Bekleidung bei diesen Diensten war mitunter aufreizend und sollte auch stimulieren. Von Aristokraten wurden Frauen oft als „Stuten" bezeichnet. Denn Pferde waren ihr Statussymbol, geschätzt sowohl als Zugtiere wie auch bei Wagenrennen. Ein „thrakisches Fohlen einreiten" knüpfte daher an Statussymbole der Reichen an. Natürlich konnten Männer bei diesem Umgang mit Hetären zu Konkurrenten werden, das „Ausspannen" (Pferdeterminologie) einer Hetäre eines anderen war ein beliebtes Gesellschaftsspiel.

„Die kostbare Hetäre veranschaulichte also die Exklusivität jenes privilegierten Kreises in der Welt des aristokratischen Symposions und setzte sich somit selber von der *pornē*, der Prostituierten ab, die von jedem Beliebigen für Geld bekommen werden konnte."[338]

Die Erotik wurde als gemeinschaftliches Vergnügen erlebt. Den schönen Knaben oder Hetären wurden Geschenke gemacht, es konnten Hasen, Hähne, Fleischstücke, aber auch Geldbeutel sein.

---

[336] Dies und das Vorangegangene nach *Hartmann*, S. 141f.
[337] Nach *Andres Furger*, Übrigens bin ich der Meinung. Der römische Politiker und Landmann Marcus Cato zu Olivenöl und Wein, Zürich 2005, S. 53f.
[338] *Hartmann*, S. 148f.

Das Symposion war eine Welt für sich. Es diente der Zerstreuung und Ablenkung vom Alltag. Die Gäste waren auf sich bezogen. Berauscht vom Wein, erschien ihnen die Welt in einem anderen Licht. Dieser Scheinwelt dienten auch die Gaumenfreuden, die Duftstoffe, die Musik, Tanz und Spiel – und eben die Hetären. Diese, in der Funktion von Prestigeobjekten, gewährten im dünnen Chiton[339] ihren Liebhabern, was diese erwarten durften. Selbst im platonischen Symposion, in dem das Gelage ja als Kulisse für den philosophischen Dialog erscheint, überschreiten die Anwesenden die eingangs vereinbarten Grenzen des Weinkonsums und sind am Ende des Festes hemmungslos voll. Im Laufe der Zeit wurde das Symposion „popularisiert" und von der breiten Masse übernommen.

Noch eine andere Ehrung der Hetären ist uns bekannt, wie sie charakteristischer nicht gedacht werden kann.

Es liegt in der Natur der Sache, dass das Hetärenwesen am meisten in den Großstädten und den Mittelpunkten des Fremdenverkehrs blühte. Ganz besonders in der mächtigen See- und Handelsstadt Korinth. Das Leben in dieser reichen, von der Natur so begünstigten Metropole des antiken Handels kann man sich nicht üppig und ausschweifend genug vorstellen. Die Inschrift, die man in Pompeji gefunden hat, »hic habitat felicitas« (hier wohnt die Lust), hätte man mit derselben Berechtigung in Riesenlettern über den Hafen von Korinth schreiben können. Vor allem die Priesterinnen der käuflichen Liebe bevölkerten die Stadt in unabsehbaren Scharen. In der Gegend der beiden Häfen wimmelte es von Bordellen aller Abstufungen, und zahllose Dirnen flanierten durch die Straßen. Gewissermaßen den Brennpunkt des nichtehelichen Liebeslebens und die Hochschule des Hetärentums bildete der Venustempel, an dem nicht weniger als tausend Hetären

---

[339] Seneca, Zeitgenosse Jesu, entrüstet sich über diesen Exhibitionismus der Frauen mit folgenden Worten: „Ich sehe seidene Kleider, wenn anders man das Kleid nennen darf, an dem nichts ist, womit sich der Körper oder das Schamgefühl verhüllen könnte; mit ihnen angetan, kann das Weib kaum mit gutem Gewissen behaupten, nicht nackt zu sein. Diese Kleider werden mit bedeutenden Kosten von den äußersten Gegenden her in den Handel gebracht, damit nur ja unsere Frauen ihren Liebhabern im Schlafzimmer nicht mehr als auf der Straße zu zeigen haben." Die häufige Erwähnung dieser koischen [von der Insel Kos] Gewänder bei den alten Autoren beweist ihre große Beliebtheit. Ähnlicher Beliebtheit und Funktion erfreuten sich die tarentinischen Schleierüberwürfe. – Nach *Licht*, S. 61.

oder Hierodulen (Tempeldienerinnen), wie man sie euphemistisch nannte, ihres Amtes walteten. Auf dem unebenen Boden der Burg erhob sich auf einer mit mächtigen Blöcken ummauerten Terrasse, weithin sichtbar den Schiffen des östlichen wie des westlichen Meeres, der Aphroditetempel.

„Nun war es im Jahre 464 v. Chr., dass das Hellenenvolk in Olympia wieder einmal die großen Spiele feierte ... Der ebenso reiche wie edle Xenophon[340] gelobte, falls ihm der Sieg zufalle, werde der Aphrodite er hundert junge Mädchen für ihren Tempel weihen. Er fiel ihm zu. Und der gewaltigste aller griechischen Dichter, Pindaros (518–446), widmete ihm ein prachtvolles Siegeslied: ‚Zur himmlischen Mutter der Liebe lenkt den Flug, zur Aphrodite, die von oben süße Verzeihung gewährt euch, o Mägdlein, dass ihr die Frucht weicher Jugend bettend euch in lieblicher Lust mögt pflücken'."[341]

In vielen Werken haben anerkannte und bis heute bekannte Dichter den Hetären ihr je eigenes Denkmal gesetzt. So war z. B. Klepsydra die Heldin eines Lustspiels des Eubulos (405–330). Sie hieß eigentlich Metriche, von ihren Freunden wurde sie jedoch Klepsydra, Wasseruhr, genannt, weil sie ihre Gunstbezeugungen genau nach der Uhr stellte. Oder die Hetäre Korianno, nach der eine Komödie geschrieben wurde. Aus den wenigen erhaltenen Bruchstücken geht nur hervor, dass darin die Weinfreudigkeit der Aphroditepriesterinnen verspottet wurde, und dass Vater und Sohn sich in dasselbe Mädchen verliebten und heftig um seine Gunst stritten.

Bekannt sind die Namen der Hetären Anteia, Thalatta, Opera, Phanion und Thaïs.[342]

Thaïs nun ist neben Phryne eine der bekanntesten. Thaïs aus Athen konnte sich rühmen, die Geliebte Alexanders des Großen (356–323) gewesen zu sein. Sie ist eine der nicht wenigen Hetären, welche die Macht ihrer Schönheit zu politischen Taten missbrauchten. Nicht weit der Ruinen von Ninive hatte Alexander in der Schlacht bei Gaugamela (331 v. Chr.) das vielfach überlegene Heer der Perser geschlagen. Während ihr König Dareios (380–330) sich durch die Flucht rettete, zog Alexander in Babylon ein, nahm die Stadt Susa und hielt dann Einzug in der alten Perserresidenz Persepolis. Dort feierte er ein rauschendes

---

[340] Kaum bekannt, Sohn eines Thessalos. Der bekanntere Xenophon war der Sohn des Gryllos, er lebte von 430–353.
[341] Nach *Licht*, S. 206f.
[342] Das Vorausgegangene und Nachfolgende nach *Licht*, S. 208ff.

Siegesfest, an dem ein Schwarm von Hetären, darunter die schönste von allen, Thaïs, teilnahm. Als die bacchische und erotische Trunkenheit das Blut in Siedehitze gebracht hatte, rief Thaïs dem König zu, jetzt sei der Augenblick gekommen, alle bisherigen Ruhmestaten mit Unsterblichkeit zu krönen. Alexander solle den persischen Königspalast in Flammen aufgehen lassen und so die Verbrechen sühnen, welche die Perser begingen, als sie seinerzeit unter Xerxes (519–465) die Tempel und Heiligtümer auf der Akropolis zu Athen verbrannten. Der Vorschlag fand bei der trunkenen Jugend, die mit dem König das Siegesfest feierte, stürmischen Beifall, auch den König peitschte der ungeheure Gedanke auf. Schon sind Fackeln zur Stelle, unter Gesang, Flötenspiel und Syrinxklängen zieht man zum Königspalast, Thaïs wie eine rasende Bachantin an der Spitze des Zuges. Dort steht die stolze Pracht der Residenz des Herrschergeschlechts der Achämeniden. Alexander schleuderte die erste brennende Fackel, Thaïs die zweite, dann fliegen sie von allen Seiten, und bald ist der wundervolle Bau ein einziges Flammenmeer. Nach dem Tode Alexanders stieg die Geliebte und Hetäre Thaïs zur Würde der Königin empor, indem sie Ptolemaios I., den König von Ägypten („Der Retter", 367–283), heiratete.

Später machte Menander (342–291) die Thaïs zur Heldin eines Lustspiels, aus dem ein bekannter Vers erhalten geblieben ist: Es sind die vom Apostel Paulus im 1. Korintherbrief erwähnten Worte „Böser Umgang verdirbt gute Sitten" (1 Kor 15, 33). Andere meinen, dieser Vers stamme von Euripides (480–406). Aber es wäre möglich, dass Thaïs in dem Lustspiel des Menander die Worte des Euripides zitiert hat. Denn sie zeigte sich bei anderer Gelegenheit als gute Kennerin des Euripides und konnte mit seinen Versen launig und witzig antworten. Wo immer also in aller Welt dieser Paulus-Vers aus dem Korinther-Brief verlesen wird, geschieht dies unbekannterweise zum Gedächtnis der Hetäre Thais.

Das Bonmot der Thaïs ist nur eines von vielen Hetärenworten, die uns Einblick in die oft von starker Zweideutigkeit gewürzten Unterhaltungen der griechischen „jeunesse dorée" gewähren. Dass die Hetären in der klassischen Literatur wohlbewandert waren, ergibt sich nicht zuletzt aus der Vorliebe, mit der sie Dichterzitate anwenden. Der Altmeister der Liebeskunst, Ovid (43 v. Chr. bis 17 n. Chr.), hat dies auch den galanten Damen seiner Zeit als selbstverständliche Bedingung ihrer gesellschaftlichen Bildung empfohlen.

Die Hetären, wenn sie gut waren, kannten sich nicht nur in der Literatur ihrer Zeit aus und machten ihre Auftritte damit zu einem Ereignis, sie bauten sich auch selber Denkmäler. Lamia aus Athen war eine der gefeiertsten Hetären zur Zeit des Demetrios Poliorketes (336–283). Von Beruf Flötenspielerin, hatte sie es durch ihre Kunst und Gunst zu so ansehnlichem Wohlstand gebracht, dass sie den Sikyoniern ihre zerstörte Gemäldegalerie wieder aufbaute. Derartige großzügige Stiftungen griechischer Hetären waren keine Seltenheit. So hatte nach dem Bericht des Polemon die Hetäre Kottina in Sparta das Bronzestandbild einer Kuh geweiht. Ähnliche Beispiele finden sich zahlreich bei den alten Schriftstellern.[343]

Aber nicht nur hohe Dichtkunst mussten sie beherrschen, eine Hetäre war notwendigerweise auch Meisterin in bissigem Spott. Ein Verehrer der Hetäre Gnathaina schenkte ihr einmal ein Fläschchen Wein und bemerkte dabei stolz, dass es ein sechzehnjähriger sei. „Für seine Jahre ist er dann noch recht klein", sagte sie spöttisch.

Das Gewerbe der Gnathaina wurde von ihrer Enkelin Gnathainion (Wangelinchen) fortgesetzt. Es begab sich, dass ein vornehmer, schon an die neunzig Jahre alter Fremdling, der zum Kronosfest in Athen weilte, die Gnathaina mit ihrer Enkelin auf der Straße erblickte und, da sie ihm wohl gefiel, nach dem Preis einer Nacht fragte. Gnathaina, die aus der vornehmen Kleidung des Fremden auf seinen Reichtum schloss, forderte tausend Drachmen. Das ging dem Alten denn doch über die Hutschnur und er bot die Hälfte. „Nun gut, Alterchen", sagte Gnathaina, „gib mir, was du willst; ich weiß ja doch ganz genau, dass du meiner Enkelin das Doppelte geben wirst."

„Dass Gnathaina auch ein eigenes Haus besaß, in dem sie zusammen mit ihrer Tochter (?) lebte, ist aus einer bei Athenaios (zweite Hälfte des 1. Jahrhunderts v. Chr. ?) überlieferten Anekdote zu schließen, die nicht nur die unverfrorene Schlagfertigkeit der Hetäre und deren selbstbewusste Geldforderungen zum Ausdruck bringt, sondern auch Rückschlüsse auf einen autonomen Haushalt zulässt: Einige bettelarme Liebhaber hätten gedroht, das Haus der Gnathaina mit Spitzhacken und anderen Gerätschaften zu verwüsten, worauf sie geantwortet habe: Wenn ihr diese wirklich hättet, solltet ihr sie versetzen und davon meinen Lohn bezahlen."[344]

Selbständige Hetären bewohnten eigene Wohnungen oder Häuser, gelegentlich waren diese reich ausgestattet. Natürlich gehörten Sklavinnen dazu, auch ein „Portier", wie wir einmal erfahren. Das Haus

---

[343] Alles zitiert nach *Licht*, S. 209f.
[344] Hier und im folgenden nach *Hartmann*, S. 164–168.

war reich möbliert oder kostbar ausgestattet, je nach dem, was man aus dem Liebhaber herauspressen konnte. Frauen durften in Athen generell Immobilien besitzen. Hetären, die durch ihr geistreiches Geplauder, ihre Schlagfertigkeit im passenden Zitieren von Dichter-Versen, durch geistreiche oder obszöne Rätsel und überhaupt durch spontanen Witz und spitzes Mundwerk Männer an sich zu binden verstanden, konnten damit den nötigen Reichtum erwerben, den sie fürs Alter brauchten. Gute Rätsel, ob geistvoll oder voll sexueller Anspielungen, gehörten zu einem gelungenen Symposion und waren eines der sichersten Mittel der professionellen Hetären, einen Verehrer an den Haken zu hängen.

Umgekehrt hatte eine gute Hetäre sich so verführerisch zu sträuben, dass der „Eroberer" möglichst viel investierte. Das Spielchen gehörte zum Repertoire dieser „Gefährtinnen", damals wie heute. Es muss nicht eigens erwähnt werden, dass diese „Mädchen" unglaublich schön sein konnten. Der Wert einer schönen Frau wurde durch ihre seltene Verfügbarkeit noch gesteigert, wie es im Aufstieg der kleinen Sklavin Phryne zur renommierten „femme fatale" geschildert wird.

Im Gegensatz zu den Bordellmädchen haben die Hetären ihre Schönheit eher verhüllt: „Was also ihre Sichtbarkeit betrifft, stehen die großen Hetären den Ehefrauen näher als den *pornai*, die auf den Straßen verkehren und in den Bordellen sitzen … Auf Hetären kann, wie auf verheiratete Frauen, bei Feierlichkeiten wie den Mysterien von Eleusis oder den Poseidonien und beim Gang zum Brunnen ein Blick geworfen werden. Wenn sie aus der Türe treten, sind sie verhüllt, doch gerade bei solchen Gelegenheiten wird die Phantasie von dem, was unter den Kleidern verborgen ist, angeregt."[345]

Während die niederen Bordellmädchen ihre Leiber also eher zur Schau trugen, haben die Hetären ihren Leib eher verhüllt – allerdings zum gleichen Zweck des Reizes der Fantasie. Von den berühmten Hetären Theodote und Laïs heißt es, sie hätten zwar Malern Modell gestanden, aber nur so viel gezeigt, wie es der Anstand erlaubte. Die Hetäre Nannion dagegen hatte den Spitznamen *Proskenion*, Bühnenbild, weil sie trotz vornehmer Erscheinung, trotz Goldschmuckes und teurer Kleidung – ohne Kleidung „potthässlich" gewesen sei.

Schönheit gibt es nicht ohne Bewunderer. Charme und Ausstrahlung einer Hetäre war *charis*, hervorgerufen durch Baden, Salben, Einkleiden, Schmuck. Schönheit bestand vor allem in der Anmut und

---

[345] Dies und das Folgende bei *Hartmann*, S. 168f.

Grazie einer Hetäre, die sie durch Zitate und Schlagfertigkeit erhöhen konnte. *Charis* und Verlangen sind einander zugeordnet, *charis* war die gewährte Gunst, aber auch der Liebesdienst, *charis* war „Gefallen und Gefälligkeit" in einem. „Angesichts der schönen Theodote, die gerade einem Maler Modell steht und dabei von Sokrates und seinen Freunden bestaunt wird, richtet der Philosoph an seine Begleiter die Frage: Sind wir der Theodote mehr Dank (*charis*) schuldig, weil sie uns ihre Schönheit zeigt, oder sie uns, weil wir sie betrachtet haben?"[346]

Die Hetären betrachteten ihre(n) Liebhaber als Freund, der ihnen „Geschenke" zukommen ließ, keine Bezahlung. „Wenn aber eine, die sich hinsichtlich der Güter (*chremata*) mäßig verhält, denen, die sie darum bitten, aus Gunst (*charis*) bestimmte Dienste erweist, wird sie aufgrund der Freundschaft (*hetairia*) als Hetäre bezeichnet."[347] Zum gehobenen Stil einer Hetäre gehörte es, sich nicht zu verkaufen, sondern als „Gefährtin" zu gelten, die ihre Dienste aus Gefälligkeit anbot. Aber in der Not wurden auch Geldbeutel als Geschenke gesehen und angenommen, nicht nur von Bordellmädchen und Flötenspielerinnen. Bezahlt werden konnte im Grunde mit allem, was wertvoll war: mit Kleidern (wie bei Paulus, Apg 20, 33), mit Schmuck, Luxusgütern, Immobilien, Sklavinnen. Dies alles musste als Altersversorgung und finanzielle Absicherung in dem kurzlebigen Beruf dienen, der mit dem Alter von 26 Jahren seinen Höhepunkt zu überschreiten begann.

Man sollte sich hüten, das Hetärenleben in einem rauschhaften Glanz zu sehen. Diese Frauen konnten nicht an Liebe denken, sondern mussten sich strikt um Geschäft und ihre Zukunft sorgen. Das Alter bedeutete für viele der Hetären, die es nicht geschafft hatten, einen ihrer Liebhaber fest an sich zu binden, den Abstieg in die Armut. In einer Komödie heißt es: „Die Mädchen deines Schlages sind gewohnt, zehn Drachmen zu erpressen, Chrysis, frech, sie rennen als Hetären hin und her und sind, wo sie ein Gastmahl wittern, gleich zur Stelle und betrinken sich am ungemischten Weine, bis der Tod sie packt. Sie müssen Hunger leiden, wenn sie nicht gefällig sich erweisen..."[348]

Einige dieser Frauen ergriffen nach ihrer Zeit die Chance, wenn sie sich denn bot, als Kupplerin im Metier weiter tätig zu bleiben und jüngere Hetären zu vermieten. Viele von ihnen waren selber Sklavinnen gewesen, kamen aus der Armut und endeten dort auch wieder.

---

[346] Hartmann, S. 171.
[347] Zitat nach Hartmann, S. 173.
[348] Zitiert bei Hartmann, S. 183.

Denn je nach dem, wo sie lebten, verhinderte es womöglich das Gesetz, dass sie als nicht verheiratete Frau oder als zugereiste Fremde (*Metökin*) einen dauerhaften rechtlichen Status erlangen konnten. Handel und Gewerbe treibende Metökinnen standen nicht unter der Vormundschaft eines *kyrios* (männlicher Vormund), daher fehlte ihnen jeglicher Schutz, sowohl vor gewalttätigen Übergriffen als auch vor Verarmung.[349]

Ließ ein Mann zu, dass eine Hetäre die Position der Ehefrau besetzte, wurde ihr vorgeworfen, dass sie einen schlechten Einfluss auf den Mann ausübe. Man fürchtete, sie könnte mit ihm Kinder zeugen und diese mit seiner Hilfe gegen das Gesetz als Erben vorbringen. Mit ihren besonderen Mitteln, zu denen auch Zauberdinge und Liebestränke gehörten, hielt man sie für fähig, ihre eigennützigen Ziele durchzubringen. Umgekehrt wurde die finanzielle Situation eines Hauses, dessen *kyrios* die Verbindung zu einer Hetäre zusätzlich zu bezahlen hatte, massiv bedroht. Das führte dazu, dass Kinder von Hetären den Status von Bastarden hatten. Diese „Hurenkinder" wurden häufig verfolgt, sie wurden in der Öffentlichkeit wie in Komödien verspottet.

So manch eine Hetäre wurde denn auch, bei unglücklicher Entwicklung ihrer Geschäftslage, von Weibern, die auf ihre Schönheit neidisch waren oder sie als Bedrohung ihrer Familie und legitimen Kinder sahen, erschlagen, von Männern hingegen wegen ihrer Schönheit gerettet. So im folgenden Fall:

„Phryne, mit ihrem eigentlichen Namen Mnesarete, stammte aus dem böotischen Städtchen Thespiai; sie war die schönste, berühmteste, aber auch gefährlichste aller Hetären in Athen, so dass sie von dem Lustspieldichter Anaxilas mit der Charybdis verglichen wurde, die den Schiffsherrn mitsamt dem ganzen Fahrzeug verschlingt. Ihre Unsterblichkeit verdankt sie dem Ereignis bei ihrem Erscheinen vor Gericht. Der berühmte Redner Hypereídes (390–322), der ihre Verteidigung übernommen hatte, sah ihre Sache fast verloren. Da kommt ihm ein verwegener Gedanke, er zerreißt seiner schönen Klientin das Gewand vor der Brust und enthüllt des Busens strahlende Herrlichkeit. ‚Die Richter aber ergriff heilige Scheu vor der Gottheit, so dass sie es nicht wagten, die Prophetin und Priesterin der Aphrodite zu töten.'"[350]

Aber Männer hatten unter Hetären auch zu leiden. In der Dichtung findet neben der Untreue und Unbeständigkeit besonders die Habsucht

---

[349] Nach *Hartmann*, S. 187f.
[350] Nach *Licht*, S. 211.

der Hetären Niederschlag. So ist einmal von drei Hetären die Rede, Euphro, Thaïs und Boïdion, die von drei Kauffahrteischiffern an die frische Luft gesetzt wurden, nachdem sie die Kaufleute bis aufs Hemd ausgeplündert hatten, so dass diese ärmer waren, als wenn sie Schiffbruch erlitten hätten. In einer anderen Komödie wird geklagt: „Und auch die schönen Hetären von Korinth, so heißt's, wenn irgendein Armer ihrer froh zu werden wünscht, so gönnen sie keinen Blick ihm, doch wenn ein Reicher kommt, so drehen und blähen sie ihren Po, wer weiß wie sehr!"[351] Noch ein drastisches Beispiel in wirkungsvoller Kürze für die Geldempfänglichkeit der Hetären. Philumene schrieb an ihren Liebhaber Kriton: „Warum bemühst du dich mit langen Briefen? Ich brauche fünfzig Goldstücke, aber keine Briefe. Wenn du mich also liebst, dann gib; wenn du aber dein Geld mehr liebst, dann belästige mich nicht weiter. Damit Gott befohlen!"

Über die Preise, die Hetären forderten, finden sich verschiedene Angaben: Die Hetäre Europa sei mit einer Drachme zufrieden gewesen, dafür habe sie sogar weiche Decken und Kohlen gegen die Kälte für den Besucher bereit gehalten. Andere erhielten nur zwei Obolen, ein freilich außergewöhnlich niedriger Preis, der kaum verallgemeinert werden kann. Bei anderen hören wir von fünf Drachmen, ja, wenn eine Hetäre ihren Liebhaber durch geschickte Erregung seiner Eifersucht und langes Hinhalten zur Leidenschaft gebracht hatte, könnte er ihr womöglich ein Talent zahlen (6.000 Drachmen), wofür sie ihm dann acht Monate hindurch allein gehören würde.[352]

In den „Hetärengesprächen" rühmt sich die Hetäre Myrtale, einen Teppich und zwei Minen (2 x 100 Drachmen) von einem besseren Liebhaber erhalten zu haben. Wären ihre „Nachteinnahmen" nicht durchschnittlich sehr hoch gewesen, so hätten die Hetären kaum die kostbaren Weihegeschenke aufbringen können, die von ihnen immer wieder erwähnt werden, so Gürtel und Stickereien für Aphrodite, mit Wollbinden umflochtene Kränze aus Krokos, Myrrhen und Efeu dem Priapos, dem Gott der sinnlichen Liebe, oder ein Saiteninstrument für Aphrodite und die Musen, und andere mehr.

Schließlich brauchten die Hetären auch für sich selber Geld, um die notwendigen Kosmetika zu kaufen. In einem Fragment des Aristophanes (257–180) lesen wir folgenden Katalog von Gebrauchsgegenständen der weiblichen Kosmetik:

---

[351] Nach *Licht*, S. 214.
[352] *Licht*, S. 229.

„Schermesser, Spiegel, Schere, Wachsschminke, Soda, falsches Haar, Purpurbesatz, Binden, Bänder, rote Schminke (Anchusa), Bleiweiß, Myrrhe, Bimsstein, Busenbinde, Gesäßbinde, Augenschminke, Halsketten, Algenschminke, Pyjama, Schleier, Goldschmuck fürs Haar, Haarnetz, Gürtel, Mantille, Morgenrock, auf beiden Seiten purpurgesäumtes Kleid und rings mit Purpur umbrämtes Kleid; Schleppkleid, Hemd, Kamm, Ohrringe, edelsteingeschmückte Kolliers, Ohrgehänge in Traubenform, Armspangen, Haarspangen, Armbänder, Fußspangen, Knöchelspangen, sikyonische Schuhe, Schmuckketten, Fingerringe, Schönheitspflaster, Haarunterlage, Selbstbefriediger, Edelsteine, Halsbänder, gedrehte Ohrgehänge, alabasterne Parfumfläschchen und unzählige andere, wovon unsereins nicht einmal den Namen weiß."[353]

Zum Gewerbe der Hetären gehörte nicht nur die sorgfältige Ausübung der Kosmetik, sondern auch eine große Gewandtheit im Benehmen, im Tanzen, im Vorführen von Kunststücken und in der Stimulierung der Teilnehmer. Anders als die „Unterhaltungskünstlerinnen", die meist Sklavinnen waren, oder die Flötenspielerinnen, begleitete die Hetäre einen Gast bereits auf dem Weg zum Gelage, nahm manchmal sogar bereits an der Mahlzeit teil, lagerte während des Festes neben ihrem Partner auf dem Speisesofa, konnte grundsätzlich aber auch von einem anderen „ausgespannt" werden. Nicht die Tatsache, dass ein Mann eine Hetäre hatte, erregte Aufsehen, sondern mit welcher er Umgang pflegte und auf welche Weise.

Nach dem Gelage (Symposion) zogen Teilnehmer in einem Haufen (*komos*; sie gaben sich eigene Namen, z. B. „Die Wichser") durch die Stadt und suchten als betrunkene „Komasten" laut lärmend die Tür einer begehrten Hetäre (oder eines Knaben). Wurden sie von dieser mit Äpfeln beworfen, bedeutete dies „Ablehnung"[354].

Kenntnis der männlichen Schwächen und ein nicht geringes Raffinement, diese Schwächen in möglichst klingende Münze umzuwandeln, sicherte das Überleben und den Lebensabend dieser Frauen. Man kann sagen, dass mit der Zeit richtige „Hetärenkatechismen" entstanden, die sich zunächst durch mündliche Überlieferung fortpflanzten, mit der Zeit aber auch schriftlich niedergelegt wurden in den sogenannten Hetärengesprächen.[355] Daraus ein kurzer Ausschnitt:

---

[353] Nach *Licht*, S. 216 u. S. 232.
[354] Nach *Hartmann*, S. 194ff.
[355] Nachzulesen bei *Licht* S. 217–220; 226–228; 231–232.

„Nicht Medeas hingebende Liebe sei dir Vorbild, sondern die Hetäre Thaïs, wie sie in Menanders Komödien sich darauf versteht, ihre Liebhaber auszuplündern. Dein Portier sei genau instruiert: Nur reichen Leuten soll er im Falle eines nächtlichen Besuchs öffnen; klopft ein Armer, so bleibe die Tür verschlossen. Auch niedere Männer weise nicht zurück, wie etwa Soldaten oder Matrosen: Ist ihre Hand auch rau, die Hauptsache ist, dass sie dir Geld bringt. Selbst Sklaven, wie man sie auf dem Forum zum Verkauf anbietet, darfst du nicht verschmähen, wenn sie nur mit Geld kommen. Was hast du von einem Dichter, der dich mit seinen Versen anhimmelt, dir aber keine Geschenke machen kann? Solange dein Blut noch feurig durch die Adern kreist und deine Wangen von Runzeln noch frei sind, nütze die Zeit und die Jugend, die ja so schnell entflieht."[356]

Wie sehr es den Hetären ums Geld ging, darüber haben Dichter köstliche Verse gedichtet, so etwa Plautus (250–184): „Wenn die Liebe einen gepackt hat, dann ist bald die ganze Habe zum Teufel. ‚Schenk mir doch was‘, flüstert das Dirnchen, ‚mein Zuckerpüppchen, wenn du mich wirklich liebst!‘ Und der Liebende spricht: ‚Aber natürlich, mein Augenstern, und wenn du noch mehr haben willst, du sollst es haben.‘"

Eine andere Hetäre schrieb ihrem Liebhaber: „Ich wünschte, dass sich der Haushalt einer Hetäre mit Tränen bestreiten ließe, dann würde ich glänzend dastehen, da du mich damit sehr reichlich beschenkst. Aber wir brauchen schöne Kleider, Gold und Schmucksachen und Dienerinnen; das sind wir einfach unserem Stande schuldig. Leider besitze ich nun kein ererbtes Gütchen, noch habe ich Anteil an Silberbergwerken. Ich lebe einzig von meinem geringen Verdienste und von den oft beseufzten Gaben meiner Liebhaber."

Im Liebesleben und damit in der Praxis der Hetären spielte der Aberglaube eine bedeutungsvolle Rolle. Die große Masse glaubte fest daran, wie sie das wohl heute noch tut. Und das Völkchen der Hetären, denen die Liebe materieller Lebensinhalt war und sein musste, hat sich vom Aberglauben nie ganz frei machen können. Hier nur einige Kostproben der Griechen, soweit sie Aberglauben mit sexuellen Praktiken verbanden: Die Asche der Pflanze Brya mit Ochsenurin gemischt machte impotent; nach den Magiern durfte man sie auch mit Urin

---

[356] *Licht*, S. 217. Aus einem Gedicht des Properz (geb. 50 v. Chr. in Assisi, gest. nach 16 v. Chr.), in dem eine Kupplerin einen richtigen Lehrvortrag über die Art hält, wie ein Mädchen möglichst viel Geld aus ihrem Liebhaber herauspressen kann.

eines Eunuchen mischen. Das Mark der Granatapfelbaumzweige erhöhte die sexuelle Potenz; der gleiche Effekt ergab sich, wenn man den rechten Hoden eines Esels im Armband trug. Berührt eine menstruierende Frau eine Raute, so vertrocknet diese; Gurke und Kürbis welkten schon durch ihren bloßen Anblick, oder sie trugen wenigstens bittere Früchte. Junge Weinstöcke gehen von der Berührung zugrunde. Das Leinen wird schwarz, das Rasiermesser stumpf, das Erz rostet, die Pferde abortierten, ein Lappen mit Menstrualblut, unter einem Nussbaum vergraben, lässt diesen vertrocknen. Aber an die Pfosten des Hauses gestrichen, hält es allen Zauber ab. Sogar den Harn einer solchen Frau fürchtete man noch. Usw.[357]

Der im Altertum meist gefürchtete Zauber war der böse Blick, dem jeder und zu jeder Zeit ausgesetzt war, auch ohne dass vonseiten eines anderen eine böse, schadenwollende Absicht vorzuliegen brauchte. Es herrschte wohl der Glaube, dass man alle Wesen damit behaftet wähnte, in deren Blick oder Augenstellung etwas Eigentümliches lag, so dass dadurch der Rückschluss auf böse Gesinnung nahe lag.[358] Die Mittel gegen den bösen Blick waren zahlreich: Gemeinsam ist ihnen, dass sie durch plötzliches Erschrecken oder Verblüffen den Blick des gefürchteten Beschauers ablenken sollen. Diese Verblüffung glaubte man am wirksamsten dadurch zu erreichen, dass der Blick auf Abbildungen oder Nachbildungen der Geschlechtsteile fiel. Mit Vorliebe wurden dazu männliche Geschlechtsteile genommen. So erscheint der Phallus fast überall: an Häusern, Toren, auf öffentlichen Plätzen, nicht selten in kolossaler Größe. Man konnte durch Zauberei auch eine verhasste Nebenbuhlerin behexen, so dass ihr die Haare ausgingen oder sie ihre körperlichen Reize einbüßte. Man konnte auch den Mann behexen. Griechische Zauberrezepte dachten an Geister im Hintergrund, die empfindlich reagierten, wenn nicht alles korrekt ablief.[359]

Zu den Kennzeichen der Hetären zählen Amulette, welche sie an Oberarmen und Oberschenkeln trugen. Bei diesen Schmuckstücken handelte es sich um magische, glückbringende und übelabwehrende Talismane. Oft hantierten die Hetären auch mit „Zauberrädchen". Bisweilen versuchten sie, durch Verschleudern des Weines ihre Lieb-

---

[357] *Licht*, S. 220ff.
[358] Möglicherweise hängt das Wort Jesu „Wenn dein Auge gesund ist, dann wird auch dein ganzer Körper hell sein. Wenn es aber krank ist, dann wird auch dein Körper finster sein" (Lk 11,34) mit dieser Vorstellung zusammen.
[359] Solche Zauberrezepte bei *Licht*, S. 224ff.

haber zu gewinnen. Manchmal waren sie bekleidete und reich geschmückte „Gefährtinnen", die die Zecher musikalisch unterhielten. Sie lagen bei ihren Freiern, illustrierten und nutzten deren aufwendigen Lebensstil aus, dann wieder waren sie frech nackte Partnerinnen im Liebespiel.[360]

Alles geschah damals auf dem Hintergrund von Religion und Religionen, mithin im Zusammenhang mit Göttern und Göttinnen. Religiöse Prostitution gab es schon im babylonischen Mylittakultus und in dem ähnlichen Dienste der Aphrodite von Byblos, einer Stadt in Phönizien. Herodot (490–420) berichtet von den Babyloniern: „Einmal im Leben muss sich jedes einheimische Weib im Tempelbezirk der Aphrodite niedersetzen und sich einem fremden Mann hingeben ... Die meisten machen es so: Im Heiligtum der Aphrodite sitzen mit einem Kranz aus Stricken um den Kopf viele Weiber, die einen kommen, die andern gehen ... Die schönen und wohlgestalteten Weiber werden natürlich schnell gewählt, die hässlichen aber müssen manchmal lange warten, ehe sie das Gesetz erfüllen können."[361] Die Angaben des Herodot werden durch das Buch Baruch bestätigt: Bar 6, 42–44.

Auch auf Zypern gab es religiöse Prostitution. Lukian berichtet, dass die Frauen, die bei einem Ritus zum Tod des Adonis es ablehnten, sich das Haupt scheren zu lassen, mit der Strafe der Prostitution für einen Tag belegt wurden. Zum Verständnis der Tempelprostitution muss man bedenken, dass sie als göttliches Gebot der Aphrodite galt; wenn Mädchen sich also prostituierten, vollbrachten sie letzten Endes sogar ein frommes Werk.

Von Hierodulen, also religiöser Tempelprostitution, auf Sizilien zur Jahrtausendwende berichtet noch Strabo (63 v. Chr. bis 23 n. Chr.), der bedauernd bemerkt, dass diese Kolonie „jetzt nicht mehr so viele Männer zählt wie früher und die Menge der ‚heiligen Leiber' erheblich zurückgegangen" sei.[362] Die Römer stellten das Heiligtum samt den Hierodulen unter ihren besonderen Schutz, stifteten große Geldsummen an die Tempelkasse und gaben dem heiligen Bezirk zweihundert Soldaten zu ständigem Schutz der Tempeldienerinnen – und wohl noch zu manch anderen Zwecken.

Doch religiöse Prostitution und Hetärenwesen florierten nicht nur im Bereich griechisch-römischer Kultur, sondern z.B. auch in Indien.

---

[360] Nach *Hartmann*, S. 156f.
[361] *Licht*, S. 234f.
[362] Nach *Licht*, S. 236.

Ob sie nun Hetären hießen oder Kurtisanen oder sonst wie, es ging in gleicher Weise immer um das Gleiche. Die indischen Hetären, die in Palästen wohnten, stifteten ebenfalls Tempel den Göttern und öffentliche Gärten dem Volk; in ihren Empfangssälen konnte man Dichter und Künstler, Schauspieler, vornehme Fremde, ja manchmal sogar Prinzen treffen. Ob Hetäre, Kurtisane, gewöhnliche Dirne, sie sind „allesamt von schwellgliedriger Schönheit und unbeschreiblicher Anmut". Bei den großen Festlichkeiten, bei Aufzügen und Schaustellungen bildeten sie den Hauptschmuck der blumenprangenden, wimpelumflatterten Straßen. In koschenilleroten Kleidern, duftende Kränze in den Händen, von Wohlgerüchen umwallt, von Diamanten funkelnd, sah man sie dann auf ihren besonderen Prachttribünen sitzen oder die Straßen dahinziehen, mit liebevollen Blicken, aufreizenden Gebärden und lachenden Scherzworten allerwärts die Sinnenglut der Lustverlangenden zu hell lodernden Flammen schürend.[363]

Gewiss Ähnliches gilt auch für den griechischen und römischen Kulturraum, wo von den Hetären zu Ehren ihrer Göttin Aphrodite Feste veranstaltet wurden. Auch der bekannte Sokrates konnte sich diesen Schönheiten nicht entziehen. Xenophon (430–354) erzählt in seinen „Erinnerungen an Sokrates": „Jemand behauptete, dass die athenische Hetäre Theodota (Gotteskind!) die allerschönste sei und über alle Beschreibung schöne Brüste habe ... Daher suchten die Maler sie auf, um ihren Busen abzubilden. Sokrates nun sagte: ‚So lasst uns hingehen und uns dieses Wunder anschauen; vom bloßen Hörensagen darf man nämlich nicht urteilen. Wollt ihr nicht gleich mitkommen?' So begaben sie sich denn zu Theodota und trafen sie an, wie sie einem Maler Modell stand. (Was weiter geschah, erzählt Xenophon ...!)[364]

Und was geschah mit einer solchen bewundernswerten Hetäre nach ihrem Tod? Auch darüber haben wir Zeugnisse aus dem griechischen Altertum. Athenaios schrieb: „Der Mazedonier Harpalos, der Statthalter Alexanders des Großen in Babylon, war, nachdem er viel Geld zusammengerafft hatte, nach Athen geflüchtet und hatte sich dort in die Hetäre Pythionike verliebt, die ihm nach und nach ein Vermögen abnahm. Nach ihrem Tode ließ er ihr ein überaus prächtiges Grabmal errichten; ihr Begräbnis wurde nach dem Zeugnis des Poseidonios (geb. 135 in Apamea, gest. 51 in Rom) durch Chorgesänge

---

[363] Nach *Licht*, S. 236f.
[364] Nach *Licht*, S. 239.

der hervorragendsten Künstler und durch Musik auf allen möglichen Instrumenten verklart."[365]

Natürlich gab es auch in Ägypten berühmte und wegen ihrer Schönheit ausgezeichnete Hetären, so zu Naukratis die Doricha. In Hafenstädten schickten die Hetären ihre Diener oder Mägde zum Hafen, um die ankommenden Reisenden einzuladen. Das dürfte sicher nicht nur für Ägypten gelten.

Zur Ausrüstung gehörte natürlich immer ein Bad. Und gute Kleider, worin sich die Hetären jedoch der allgemeinen Mode anschlossen, wie Vasenbilder uns zeigen. Und ebenso Öl, denn vor der Vereinigung pflegte man den Körper mit Olivenöl geschmeidig zu machen. Dies diente womöglich weniger der Hygiene als der Steigerung der Wollust. Der Arzt Galenos, ein etwas späterer Kollege des Arztes Lukas, hat der Methode, den Körper vor dem Geschlechtsverkehr mit Öl zu salben, nicht weniger als zwei Kapitel seiner Schrift „Die Erhaltung der Gesundheit" gewidmet.[366]

Und welche Kosenamen wurden von den Liebhabern ihren Hetären gegeben? „Schwesterchen! Nachtigall! Distelfink! Weinstöckchen! Kleine Kuh! Schwälbchen! Gazelle! Süßchen! Nacktfrosch! Häschen! Johanniswürmchen! Löwin! Mütterchen! Puppchen! Schiffchen! Leckerchen! Stupsnäschen! ..."

Schlussfolgerungen für die „Dirne" in Lukas 7

Unser kleiner lehrreicher wie wohl auch amüsanter Ausflug in die Welt der Bordellmädchen, der Flötenspielerinnen und Hetären beruhte auf erhaltenem Schrifttum und (Vasen-)Bildern vornehmlich des hellenistischen Raumes. Er beschrieb überwiegend die Zeitspanne vor Christus. Allerdings machten kurze Seitenblicke nach Indien, Ägypten, in den römischen Raum um die Jahrtausendwende und danach deutlich, dass mit wesentlichen Unterschieden nicht gerechnet werden muss. Zu sehr überdauern die primären und sekundären Utensilien dieses Gewerbes Zeiten und Kulturen. Immer dasselbe erfreut immer dieselben! Übertragungen sind im wissenschaftlichen Gewerbe zwar

---

[365] *Licht*, S. 241.
[366] *Licht*, S. 243. – *Claudius Galenus*. * um 129 in Pergamon, † um 199 in Rom. Laut wikipedia.org oder dem philosophenlexikon.de im Internet.

riskant, man muss sie deshalb gut begründen – und zugegeben: Im Raum Palästinas sah zur Zeit Jesu manches anders aus als in Athen und Korinth 300 Jahre früher. Andererseits wird die Stadt Gadara, nur wenige Kilometer vom See Gennesaret entfernt, bereits im Jahrhundert vor Jesus als „zweites Athen" gefeiert. Und da wir mit guten Gründen die Seestadt Magdala/Tarichea dem Gebiet der liberal griechisch-römisch beeinflussten Dekapolis zurechnen, dürfen wir die Varianten gegenüber den klassischen Konstanten dieses „ältesten Gewerbes der Welt" ohne Sorge vernachlässigen.

Wichtiger scheint folgender Gedanke:

Palästina lag im Schnittpunkt dreier großer Kulturbereiche: des arabisch-asiatischen, des ägyptisch-afrikanischen und des griechischrömischen. Durch die Handelsstraßen kamen deren kulturelle Einflüsse bis vor die Haustüre der frommen Juden, die, wie schon mehrfach zitiert, die „dionysische" Sittenlosigkeit auch Magdalas anprangerten. Verschiedene kulturelle Einflüsse beleben das Geschäft, sorgen für Konkurrenz, für Überbieten, denn der Reiz wird größer, wenn man etwas zu sehen bekommt, was man sonst nie zu sehen bekäme. Zum Beispiel maßen die semitischen Völker den Aromata bzw. Parfümen noch mehr Bedeutung bei als die Griechen. So betrachtet, dürfte das Hetärenwesen der Dekapolisstädte dem klassischen von Korinth zwar in der Quantität nachgestanden haben, wenig jedoch in der Qualität. Wobei die Definition von Qualität dem Leser überlassen bleibt.

Wie aber kommen wir dazu, sofort an Magdala/Tarichea zu denken? Dazu folgende Überlegungen:

Die Darlegungen dieses Exkurses belegen ohne jede Möglichkeit eines Irrtums, dass Dirnen Männer brauchen. Und davon nicht wenige. In der Sprache der Geschäftswelt: Dieses Gewerbe lebt vom Umsatz. Von der Fluktuation der Besucher. Besucher mit Geld und Lust, von viel „Verkehr". Nicht ohne Grund avancierten Korinth und Athen zu sprichwörtlichen Stätten des Bordellwesens (*korinthiazein* war ein einschlägiger Begriff), weil dort viele Handelswege vorbeiliefen, zu Lande und mehr noch zu Wasser. Die brachten Kaufleute, Matrosen und Geld. Und da die Städte reich waren, gab es dort auch Reiche. Und die brauchten standesgemäße Hetären. Das ist im Grunde sehr logisch: Niemand wird in einem Dorf mit 200 Einwohnern ein Bordell aufmachen! Keine Hetäre lebt und arbeitet in einem Dörfchen, deren Bauern und Sklaven unter der Obhut und Sorge ihrer Ehefrauen arbeiten und denen die mühsam verdienten 2 Drachmen zum Überleben abliefern – und nachts zu müde sind, um sich um die einzige Ecke im Dorf zu schleichen. Überwiegend jüdisch geprägte Dörfer und Städtchen können wir streichen.

Bordellmädchen und Hetären brauchen eine Stadt mit viel Durchgangsverkehr und Reichtum.

Wenn die Fachexegeten, die wir in unserer Arbeit zitierten, die namenlose Frau, die zum Mahl des Pharisäers Simon mit Jesus in den Raum tritt, eine „Dirne" nennen, die, wie der Evangelist zuvor gesagt hatte, „in der Stadt" lebte, dann gibt es wahrlich nicht viele Städte in Galiläa, die dafür in Frage kommen. Wir können sie an einer Hand aufzählen: Sepphoris, Tiberias, Magdala/Tarichea, vielleicht noch Gabara. Andere für den genannten Berufsstand geeignete sind in Galiläa nicht bekannt. Die am Mittelmeer gelegenen Städte wie Caesarea oder Ptolemais oder die bekannte Dekapolisstadt Skythopolis dürfen wir getrost aus unserem Katalog streichen, die Wanderwege Jesu bis dorthin sind nicht belegt. Und die Begegnung im Haus des Pharisäers Simon muss im Raum Galiläas stattgefunden haben.

Schauen wir uns also diese drei Städte an: Welche von ihnen kommt in Frage, wenn es um die Entscheidung geht, wo würden Dirnen, Hetären ihr Gewerbe eher aufmachen?

Sepphoris? Sepphoris war Provinzhauptstadt Galiläas und unter Herodes Antipas deutlich römisch geworden.[367] Josephus nennt, zu Beginn des Krieges gegen die Römer, Sepphoris die „größte Stadt Galiläas". Dort gab es öffentliche Gebäude und Bäder, Wohnareale, ein Amphitheater, Marktgebäude, Glasindustrie[368], es war ein Zentrum für städtisches Leben, Handel und Regierung. Aber es hatte die Ehre der Provinzhauptstadt abgeben müssen. Zur Zeit Jesu war an seine Stelle Tiberias gerückt, dort lagerten jetzt die Archive und waren die Geldkammern gebunkert. Zudem lag Sepphoris zwar nicht weit weg von Handelswegen, aber eben auch nicht direkt an ihnen. Sogar Kana in Galiläa lag näher an einem Handelsweg. Zudem scheint Sepphoris eine auch jüdisch geprägte Stadt geblieben zu sein, wo das Studium der Tora betrieben wurde, so dass die Pharisäer Dirnenwesen in Grenzen gehalten haben mögen. Sepphoris war zwar wohlhabend, doch wohl eher etwas für gesittete Damen als für Hetären. Man kann Sepphoris nicht ausschließen, aber es drängt sich auch nicht auf.

---

[367] *Freyne*, S. 69.
[368] „The Glass from Sepphoris", by *Joan Keller*, Glass Historian, 1994. In www.colby.edu/rel/archaeology/Glass.html. Die Archäologen tun sich schwer, exakte Aussagen zu Sepphoris für genau die Zeit Jesu zu machen.

Tiberias? Tiberias war eine aufstrebende Stadt, frisch gebaut, mit Palästen, mit dem königlichen Hof und Hofleben, am See und den heißen Thermen gelegen. Es zog die Geschäftswelt an sich und gab sich römische Strukturen. Auch Handelsstraßen wurden gebaut. Also Tiberias?[369]

Tiberias hatte ein Problem: Es war teilweise auf einem Friedhof gebaut. Herodes Antipas hatte seine liebe Not, diese dem Kaiser geweihte Stadt nicht zur Lächerlichkeit werden zu lassen, weil niemand dort siedeln wollte, auf alten Gräbern und Leichen, wodurch man sich gewiss den Zorn der Dämonen und Ahnengeister zuzog. Der König musste tatsächlich „Gesinde", haltloses und bewegliches Pack aus dem ganzen Land geradezu zwingen, nach Tiberias umzuziehen.[370] Irgendwie und irgendwann gelang das auch, und dann kamen die besser Verdienenden hinterher. Es wurde eine schöne, große Stadt – und ist

---

[369] Zu Tiberias s. *Sandra Fortner*, Tiberias – Eine Stadt zu Ehren des Kaisers, in: Leben am See Gennesaret, S. 86. Meiner Ansicht nach wird nicht immer darauf geachtet, ob von Tiberias oder genauer von Magdala/Tarichea die Rede sein müsste – denn vor 18/22 gab es Tiberias noch nicht.

[370] *Josephus Flavius*, JosAnt, XVIII, Kap. 3: „Da Herodes der Tetrarch mit Tiberius sehr befreundet war, erbaute er eine Stadt am See Gennesar im schönsten Teile von Galiläa, die er Tiberias nannte. Nicht weit von dieser Stadt befinden sich warme Quellen an einem Orte, der Emmaus heißt. Tiberias ward übrigens von zusammengelaufenem Volk bewohnt, worunter sich auch viele Galiläer und gezwungene Ankömmlinge befanden, die mit Gewalt dort angesiedelt wurden, obwohl sie zum Teil den besseren Ständen angehörten. Auch die Bettler, die im ganzen Lande aufgefangen wurden, sowie viele, von denen es noch nicht einmal feststand, ob sie Freie waren, erhielten hier Wohnungen angewiesen und bekamen mancherlei Vorrechte. Um sie an die Stadt zu fesseln, ließ Herodes ihnen Häuser bauen und Ländereien zuteilen, da es ihm wohlbekannt war, dass ihnen nach jüdischen Vorschriften das Wohnen daselbst nicht gestattet war. Es waren nämlich behufs Erbauung von Tiberias viele dort befindliche Grabdenkmäler entfernt worden, und unser Gesetz erklärt die Bewohner solcher Orte für unrein auf die Dauer von sieben Tagen." –
Kroll, S. 205, fügt erklärend hinzu: „Es ist nicht unwahrscheinlich, dass die Gründungsfeier im Jahre 18 n. Chr. zum 60. Geburtstag des Kaisers stattfand. Nach dem Talmud errichtete Herodes die neue Residenzstadt auf dem Gelände der alten Ortschaft Rakkat, die das Buch Josua (19, 35) unmittelbar nach Hammat, dem heutigen Chirbet el-Hammam, erwähnt. Er erbaute sie im hellenistischen Stil jener Zeit, mit Stadion, Forum und Akropolis, und umgab sie mit einer Mauer."

dies bis heute. Aber in unserem Fall befinden wir uns vielleicht nicht mal zehn Jahre nach seiner offiziellen Gründung. Wir dürfen wohl annehmen, dass zur Zeit Jesu in und an Tiberias noch gebaut wurde. Am Tempel in Jerusalem bauten die Herodesleute über 46 Jahre. Und Tiberias hatte noch keine Vergangenheit, hatte kein Fluidum, keine Kneipen und Bars, die Paläste waren noch kalt, besetzt nur von Beamten des Königs. Der Finanzbeamte Herr Chuza und seine Frau Johanna werden schon vor Ort gewesen sein. Aber in der Stadt pulsierte noch kein Leben. Gewiss gab es schon etwas „Volk", aber noch zu wenig von dem „Völkchen", das Bordelle und Hetärenwesen erst möglich machte. Und ob dort schon ein Pharisäer wohnte? Bei den Problemen?

Mir will scheinen, dass Tiberias für etwa das Jahr 28 keine guten Karten hatte, jene Stadt gewesen zu sein, in der eine wohlhabende Hetäre lebte, die unbedingt zu Jesus wollte, selbst wenn er im Haus des Pharisäers Simon zu Gast war.

Also Magdala/Tarichea?

Ja, Magdala – Magdala an erster Stelle! Warum? Magdala war eine gewachsene Stadt, mit Fluidum, mit Stadtvierteln und viel Industriezweigen samt Zulieferbetrieben, mit Banken und Geldverleihern, mit einem Hippodrom und Platz für ein römisches Heerlager gleich um die Ecke, mit Villen, Nymphäum und Gymnasion, mit einer Karawanserei an belebten Karawanenstraßen aus Nord und Süd und Ost und West, und vor allem: mit einem Hafen! Der gesamte Bootsverkehr auf dem weiten See brachte seine Fänge nach Tarichea zum Einsalzen und Pökeln, und von hier in die ganze Welt. Der See trennte nicht nur die Städte auf den westlichen und östlichen Ufern, viel mehr noch verband er sie. Die Leute von Hippos und anderswo konnten in damaligen Fährbooten – vielleicht gab es auch so was wie „Bootstaxis" – schnell hinüber in das quirlige Tarichea. Und was die Fischer in ihrem Dörfchen nicht konnten – hier überwachte sie niemand. Und hier gab es viele Ecken. Etwa 10, 20 Jahre später wird Tiberias Magdala den Rang ablaufen, aber um das Jahr 28 war Tarichea noch die beherrschende Stadt am weiten See.

Und ebenso seine Bordelle und Hetären. Sie waren bekannt im ganzen Orient, von Syrien hinunter bis nach Ägypten. Seine Karawanserei war ein richtiges „Güterverkehrszentrum", hier konnte man alles handeln, alles bekommen. Hier gab es das, wovon Männer auf langen trockenen Touren durch Wüsten geträumt hatten.

Wenn die Fachexegeten die „Sünderin" beim Pharisäer Simon also als „Dirne" einstufen, dann haben sie, in ehrenwerter Ahnungslosigkeit, Magdala mitgenannt. Dort, vor allem dort konnte es Bordelle geben und die Spitze dieses Standes, die Hetären. Letztere allerdings waren nicht unbedingt an einen Ort, eher an einen „Freund" gebunden.

Bleibt eine zweite Frage: War die Frau, die in Lk 7 zu den Füßen Jesu hinzutrat, ein Bordellmädchen oder eine Hetäre? (Eine Flötenspielerin scheint sie nicht gewesen zu sein, da Lukas nichts von Musik berichtet und wir ohnehin nicht auf einem Symposion sind.)

Von dieser Frau ist zwar wenig geschildert, aber doch genügend viel, um sie klar als Hetäre einzustufen. Es ist vor allem das „Alabastergefäß voll wohlriechendem Öl", das ihren Status bezeugt. So etwas wäre in den Händen eines Bordellmädchens nicht zu finden gewesen. Und wenn, dann hätte entweder ihr Chef oder die Kupplerin die geklaute Ware eingezogen, oder aber sie selber hätte das Glas mit dem Öl schnellstens verkauft und das Geld versteckt. Eine Frau, die ein derart kostbares Salböl auf die geschilderte Weise verschwendet, die gibt zu erkennen, dass sie wohlhabend ist, und zwar so vermögend, dass sie mit kostbaren Dingen großzügig umzugehen gewohnt ist. Das aber trifft nur auf Hetären zu.[371] Übrigens haben wir gehört, dass Parfümfläschchen zu jenen Geschenken gehörten, die man zu Symposien mitbrachte. Zusätzlich werden wir noch entdecken, dass es sehr wahrscheinlich „ausländisches" Salböl war.

Dann hat unser kleiner Exkurs Folgendes gefunden:

Das Gastmahl, zu dem Jesus von dem Pharisäer mit Namen Simon eingeladen worden war, hat ziemlich sicher in Magdala/Tarichea stattgefunden. Später, wenn wir dem Namen der Frau nachgehen, werde ich die jetzige Vermutung nahezu sicher machen. Diese Stadt am See Gennesaret, an der Verzweigung großer Handelswege, hellenistisch und römisch geprägt, voller Industrien und entsprechend auffallend reich, wie die Quellen belegen, dazu ausgezeichnet am See gelegen und mit großem Hafen ausgestattet, verdient vor allen anderen möglichen Städten den uneingeschränkten Vorzug. Und die Frau, die da hereinkommt, mit ihrem Alabastergefäß, sie muss eine wohlhabende Hetäre gewesen sein.

Aber, und das ist meine Meinung, sie müsste nach den Quellen nicht notwendig Prostituierte, Hetäre gewesen sein, um den Titel

---

[371] Ganz selbstverständlich nennt *Bernhard Heininger* in seinem Artikel „Tischsitten" in NTAK, Bd.2, S. 36 unter ausdrücklichem Verweis auf Lk 7, 36–50 die dort genannte Frau bzw. Sünderin eine „Hetäre".

„Sünderin" zu erhalten. Sie hätte auch Geschäftsfrau sein können. Denn wie die jüdischen Schriften beweisen, konnten die toratreuen Juden auch jemanden, der mit heidnischen Völkern Geschäfte machte, der „Hurerei" bezichtigen. Auch der war ein Sünder bzw. eine Sünderin. Und wenn diese Frau an dionysischen Gelagen teilgenommen hatte, was in römisch-griechisch geprägten Städten für Geschäftsleute gewissermaßen normal war, dann einmal mehr konnte und musste sie von den Frommen als „Sünderin" bezeichnet werden.

Lassen wir die Frage, ob diese Frau Hetäre gewesen ist oder nicht, für einen kurzen Moment in der Schwebe und überlegen folgende Variante: Diese Frau war beides. Sie war Hetäre und war Geschäftsfrau. Hetäre war sie früher gewesen, jetzt war sie vermögende Geschäftsfrau. Den Beruf der Hetäre wird sie nicht mehr ausgeübt, sondern ihre Fähigkeiten allein ihrem „Portfolio", ihren verschiedenen nationalen wie internationalen Geschäftszweigen gewidmet haben.

Warum soll sie Hetäre gewesen sein? Auf Hetäre deutet, so meine ich, ihr Umgang mit „Körper" hin, mit ihrem eigenen wie mit dem Jesu. So ungezwungen und frei sie mit Jesu Füßen umgeht, lässt dies auf eine Frau schließen, die schon seit langem und öffentlich mit „Leib" vertraut ist und keine Hemmungen oder Ängste hat. Auf „ehemalige" Hetäre dagegen deutet hin, dass sich die anderen von Lukas in 8, 2–3 genannten Frauen, von denen mindestens eine von höherem Stand war, einer Frau, die aktuell noch Hetäre gewesen wäre, kaum in der Weise untergeordnet hätten, wie die vier Evangelien das deutlich für Maria Magdalena schildern. Zudem bliebe fraglich, ob selbst eine ausnehmend besondere Hetäre allein durch diesen ihren Berufszweig zu solchem „Vermögen" hätte kommen können, wie wir das für die Magdalenerin herausgestellt haben.

Wenn sie aber früher Hetäre gewesen war, diese Beschäftigung vor einiger Zeit jedoch aufgegeben hatte, dann konnte sie danach vermögende Geschäftsfrau geworden sein. Auf welche Weise sie das geworden war, dürfen wir offen lassen.

So lautet also meine These:

Maria Magdalena war früher Hetäre gewesen und danach internationale Geschäftsfrau geworden. Vom Ersten war sie schon losgekommen, vom Zweiten wollte sie sich jetzt abwenden.

Die Freiheit der Frau (Fortsetzung von Kap. V, 1)

Nach allem hier Dargelegten scheint mir die Annahme gut begründet, hinter dem allgemeinen Begriff „Sünder(in)/*hamartōlos*" in Lk 7, 37 eine Hetäre zu verstehen, eine ehemalige, die noch als international agierende Geschäftsfrau tätig ist. Vergessen wir dabei nicht, dass ausgerechnet das liberal griechisch-römisch geprägte Tarichea/Magdala, vergleichbar den verrufenen Städten Tyrus und Sidon, von den frommen Rabbinen seiner Zeit als „sittenlose Stadt" eingestuft wurde, die wegen ihrer Sündhaftigkeit untergegangen sei. Ob Lukas seinen Satzbau (7, 37) im Griechischen bewusst so aufgebaut hat, dass das nachgestellte Substantiv „Sünder", das sich grammatisch auf die Frau bezieht, direkt hinter „Stadt" zu stehen kommt: „*en tē pólei hamartōlos*"?[372]

Von dieser Frau wird bei ihrem Besuch kein Wort überliefert, das sie gesprochen hätte. Sie wird nur in ihrem Hereinkommen, ihrem Auftreten, ihrem Verhalten geschildert. Zusätzlich sagt Jesus etwas über sie, über ihre Seele und ihre Vergangenheit. Versuchen wir, anhand dieser wenigen Angaben das Bild der Maria von Betanien, die hier noch eine namenlose Frau ist, nachzuzeichnen. Wiederum wird dies um so besser dann gelingen, wenn wir ihr äußeres Erscheinungsbild, von dem der Evangelist berichtet, als Ausdruck der Geschichte ihrer Seele begreifen.

Als erstes hören wir, dass die Frau, die in dieser Stadt lebte, „erfuhr" oder „vernahm" (*epignoūsa*), dass Jesus im Haus des Pharisäers zu Tisch war. Daraufhin kam sie dorthin. Wenn man das bedenkt und schaut, wie sie hier hereinkommt, lässt das nur einen Schluss zu: Sie muss Jesus zuvor schon gehört oder gesehen haben (Rengstorf). Welches Motiv hätte sie sonst haben sollen, in das Haus des Pharisäers zu gehen? Um einem fremden Mann ein Geschenk zu bringen? Um bei einem Unbekannten zu weinen? Das ergibt keinen Sinn.

Sie musste Jesus schon begegnet sein. Und dabei musste er schon ihre Seele angerührt haben. Oder sie hatte sogar schon mit ihm gesprochen, und diese erste Erfahrung hatte sie so sehr berührt, dass sie diesen Mann unbedingt noch einmal treffen wollte, ja musste. Das Evangelium hat die erste Begegnung verschwiegen. Jesus brauchte also keine „prophetische Herzenskenntnis" (Bovon), um die Frau als Hetäre

---

[372] Vgl. *Schürmann*, Bd. I, S. 431, Anm. 3.

zu identifizieren, er war mit ihr schon zusammengetroffen. Auf welche Weise sie nun erfahren hatte, dass er in diesem Hause weilte, ist uninteressant für die frohmachende Botschaft von Jesus. Aber anscheinend hatte sie dazu Nachforschungen angestellt (oder jemand hatte es ihr mitgeteilt), nun hatte sie es „erfahren" und wusste, wo er war. Die Stadt kann deshalb nicht klein gewesen sein.

Das alles lässt auf einen seelischen Druck dieser Frau schließen, auf eine Not ihres ganzen Wesens. Es legt die Vermutung nahe, dass sie Heilung im Kern ihrer Existenz suchte und bereit war, dafür vieles oder gar alles aufs Spiel zu setzen. Denn ob sie nun Hetäre oder Geschäftsfrau war, wenn sie das bleiben wollte, förderte das hier geschilderte Verhalten weder ihr Image noch ihren Umsatz. Ihr Besuch ist somit ein deutliches Zeichen dafür, dass sie ihr bisheriges Leben (auch das der Geschäftsfrau, wie uns deutlich werden wird) aufgeben will. Aber ohne Hilfe von außen würde sie das nicht schaffen.

Da der Begriff „Reue" entweder allgemein menschlich und dann im Zusammenhang mit einer bösen Tat verwandt wird oder aber von kirchlich-sakramentaler Sozialisation geprägt ist, sollte man für unseren Fall besser nach einem Ausdruck suchen, der die Frau weder als Kriminelle einstuft noch sie durch die Brille kirchlicher Sakramente betrachtet. Es müsste ein Begriff sein, der die „Stimmung" dieser Frau adäquater trifft als „Reue". Menschen heute hätten kein Problem, sie sagen zu lassen: Mein Leben war beschissen. Ich bin am Ende. Ich kann, ich will nicht mehr. Ja, das wäre Reue – und noch viel mehr. Ihre „seelische Stimmung" wird vom Evangelisten bzw. von ihr selber jedoch nicht in ein Wort gefasst – jedes Wort wäre zu wenig für das, was sie innerlich aufwühlte. Nur ihr Leib konnte etwas tun.

Ähnlich steht es mit dem Begriff „Vergebung": Das griechische Wort, das ihm zugrunde liegt (*aphíēmi*), hat einen weiten Bedeutungsraum, von fortschicken über freilassen, freisprechen bis zu erlassen, verzeihen. Das hier gebrauchte Wort ist speziell neutestamentlich. Die Übersetzung mit „Vergebung" ist korrekt, doch muss man auch hier das damalige jahwistische Religionsverständnis mithören, wo Sünden nur im Tempel durch Priester nach vorgeschriebenen Riten und Opfern vergeben werden konnten.

Wie sehr sie ihr bisheriges Leben loslassen und davon wegkommen will, wie entschieden sie dies in der bereits vorher erfolgten, vom Evangelisten nicht geschilderten Begegnung mit Jesus begonnen hat, kommt in ihrem Dank zum Ausdruck, der sie ein „Alabastergefäß voll wohlriechendem Öl" (*alábastron mýron*) mitbringen ließ. Das schließt aus, dass sie spontan, sozusagen „im Vorbeigehen" nur eben mal reingeschaut hat. Diesen Besuch hatte sie regelrecht vorbereitet. Er war für sie lebensentscheidend. Das Geschenk weist klar auf eine schon vorangegangene Begegnung hin, ja mehr noch: Der Beginn ihres neuen Lebens war untrennbar mit diesem Mann verbunden. Das Salbölgefäß schließt auch aus, dass sie vom Pharisäer als „Lockvogel" benutzt worden wäre. Im Übrigen trat diese Frau, wie wir gleich sehen werden, zu selbstbewusst und persönlich auf, um von jemand anderem benutzt worden zu sein.

Noch ein weiteres Detail lässt auf eine vorangegangene Begegnung schließen. Die Einheitsübersetzung formuliert, sie „kam mit" einem Alabastergefäß. Die Lutherübersetzung bringt den griechischen Text genauer: Sie „brachte" ein Glas (*komísasa alábastron*). Daraus entsteht die Frage: Was war ihre Hauptintention: Wollte sie etwas „bringen" und kam dazu in das Haus? Oder wollte sie „kommen" zu Jesus und brachte dazu etwas mit?

Folge ich dem griechischen Text, der eine nur hauchfeine Nuance auf das „Bringen" legt, würde das meine bisherige Vermutung bestärken, dass sie Jesus schon begegnet war. Diese Begegnung mit dem, den alle Welt den „großen Propheten" nannte, hatte sie bereits anfänglich aufgewühlt, umgestaltet, umgelenkt. Nun wollte sie dafür danken und „brachte" ihr Geschenk – ohne zu ahnen, dass die eigentliche Wandlung ihres Wesens erst jetzt geschehen würde.

Denn in der Tat ist dieses „Geschenk" sonst schwer zu erklären. Sie hat „wohlriechendes Salböl" sicher nicht deswegen mitgebracht, weil sie Jesus beim Pharisäer Simon eine Fußmassage spendieren wollte. Da sie also nicht nur „sich selbst", sondern „etwas" mitbringt, wird so noch deutlicher, dass ihr Selbst aus einer schon zuvor erfolgten Begegnung voller Dank ist und sie diesen nun ausdrücken möchte.[373] Brachte sie aber das „Alabastergefäß voll wohlriechendem Öl" als ihr persönliches Geschenk und als Ausdruck ihres Dankes für die geschenkte, eingeleitete Wendung ihres Lebens mit, dann war das kein billiges Öl vom Laden an der Ecke. Wir müssen vielmehr von einem kostbaren Öl ausgehen, ohne den Preis zu hören.

Was nun geschieht, muss man „sehen", anschauen, betrachten.

---

[373] Solche zu Gastmählern (von Hetären) mitgebrachten Geschenke (*symbola*) waren damals üblich. Ausdrücklich überliefert sind neben anderen auch „Parfümfläschchen". – Nach *Hartmann*, S. 140f.

Das Mahl ist in vollem Gange. Die Männer liegen auf ihren Sofas, den „Klinen", um die Tische, die so aufgestellt sind, dass man leicht von innen her bedienen kann. Beine und Füße der Gäste weisen bei dieser Haltung vom Tisch seitwärts nach außen.[374] Jesus liegt neben dem Gastgeber auf dem Ehrenplatz. Vom Mahl hören wir nichts, es wird nicht einmal erwähnt, ob es die eigentliche Sättigungsmahlzeit (*deipnon/cena*) war, die im griechischen Raum gegen Abend stattfand, ob in einem Innenraum serviert wurde, der vom Innenhof zugänglich war oder sonst wo. Auf dem Lande hatte man zu solchen Mahlzeiten relativ ungehinderten Zugang, in Städten konnte es sein, dass nur dem Hause bekannte Personen zugelassen wurden.

Da ereignet sich ein Zwischenfall. Er droht für alle Beteiligten peinlich zu werden. Doch für die Männer des Gesetzes gerät er zu einer willkommenen Prüfung des zwielichtigen Propheten, für Jesus dagegen zu einer Offenbarung seines Vaters, wie der in Wahrheit ist. Für die Frau schließlich zur Neuschaffung ihres Wesens.

Eine Frau ist hereingekommen.

Lassen wir nicht außer Acht, dass sie sehr schön gewesen sein muss und gut geschminkt. Das ergibt sich aus ihrem Beruf. Sie trägt, so dürfen wir annehmen, einen kostbaren Schleier, locker um das wunderschöne lange schwarze Haar gewunden; am Hals wird eine goldene Kette sichtbar, an den Füßen perlenbestickte Sandalen; in der Hand trägt sie ein auffälliges Glasgefäß.

Jeder der Männer erkennt sie: unsere Madame, die Chefin. Die Sünderin. Die frühere Hetäre ... Was will die hier?

Die Frau aber achtet die Männer nicht.

---

[374] Eine anschauliche Schilderung über mögliche Anordnungen der Tische und Sofas im *andron*, dem Raum für Männer, findet sich bei *Bernhard Heininger*, „Tischsitten", NTAK, Bd. 2, S. 35. In einem Privathaus bestand der Speiseraum wohl aus drei Klinen (*triclinium*), Speisesofas, „auf denen jeweils drei Personen Platz fanden. Sie waren im hinteren Teil des Raums um einen in der Regel quadratischen Tisch herum aufgestellt. Dabei standen die drei *lecti*/Sofas mit ihrer an der oberen Schmalseite befindlichen Lehne gegen die untere Hälfte der Längsseite des folgenden Sofas; man unterschied zwischen *lectus imus* (dem vom Eingang aus gesehen linken Speisesofa), *lectus medius* und *lectus summus*. Die mit Matratzen und darüber gebreiteten Decken gepolsterten Sofas wurden von der Außenseite bestiegen; zuvor legte man die Sandalen ab und ließ sich die Füße von einem Bediensteten des Hausherrn waschen." Der Ehrenplatz lag je nach Kulturtradition an verschiedener Stelle.

Sie verschwendet keinen Blick an die Gaffer. Sie verachtet diese Heuchler, die dem Buchstaben Genüge tun und dabei voller Gier sein können. Ohne Furcht, ohne Zögern und Scheu schreitet sie um die Liegesofas herum, die tastenden Blicke missachtend, die ihre wunderbare Sicherheit nicht verletzen können. Sie geht auf den einen Mann zu, als wäre sie mit ihm allein im Raum[375]. Ihr Schleier gleitet auf die Schulter, es stört sie nicht, sie hat nichts zu verbergen, sie kann alles zeigen. Jeder weiß, wer sie ist und wie sie aussieht. Sie muss nicht mehr spielen, so tun als ob – wie diese Männer da am Tisch, die ihr Spiel spielen und ihr Gesicht mit der Schminke scheinbarer Gerechtigkeit aufputzen.

Nicht sie versteckt sich, sondern diese Männer.

Sie ist frei.

Es ist die Freiheit der großen Sünde, die nicht verborgen werden kann. Kleine Sünden kann man verbergen, große kennt jedermann. Alle Versuche der Verstellung und Vortäuschung sind gefallen. Alles Bemühen, ein akzeptables Bild, einen ehrbaren Eindruck am Leben zu erhalten, ein wenig noch mitspielen zu können mit den Galanterien und Floskeln des Lebens, all das ist dahin. Die blanke Armseligkeit, wundgescheuert an Abhängigkeiten und Süchten, zertreten von geilem Gelächter und widerwärtiger Wollust der Besseren, die blanke Armseligkeit hat den Weg zur Ehrlichkeit geöffnet.

Wenn du schon sündigst, Mensch, dann so sehr und so öffentlich, dass du ehrlich werden musst. Armselig du selber.

Die Frau ist frei geworden, zu tun, was ihr Herz ihr sagt. Sie muss keine Rücksicht mehr nehmen auf das, was „man" tut, was alle erwarten, was sich so gehört und was, bei Gott, erlaubt ist. Und auch von dem ist sie frei, was in der Stadt so üblich ist, was so ungefähr in den Rahmen der Gefälligkeiten passt. Von all dem ist sie frei.

Die Aussätzigen sind frei. Frei, sich heilen zu lassen. Sie sind wieder wie Kinder, die von Geschenken leben. Weil sie selber nichts aufbauen können. Keine Fassade. Keine Erfolge.

Ihren Blick nur auf den Einen gerichtet, schreitet sie in aufrechter Freiheit zu diesem Jesus, dem sie schon so viel verdankt. Die anderen interessieren sie nicht. Mögen die von ihr denken, was sie wollen. Sie hat gefunden, was sie ihr Leben lang gesucht hat: wirkliche, wahrhaftige Liebe. Um ihrer selbst willen.

---

[375] Tatsächlich konzentriert der Text bei Lukas die Szene ungemein stark nur auf die Frau und auf ihr Gehen zu Jesus, als wären die beiden allein im Raum.

Die Freiheit Jesu

Was Lukas uns nun schildert,[376] gehört wohl zu den intimsten und erotischsten Passagen des Neuen Testamentes – für den erkennbar, der wagt, wirklich hinzuschauen. Doch da man den Text schon oft gehört hat, achtet man kaum darauf, dass der Evangelist ungemein feine Details schildert. Fast erübrigt sich die Frage, woher er diese wohl haben könnte. Denn wenn keine Jünger anwesend waren, wovon wir ausgehen dürfen, bleiben nur zwei Personen, die diese kostbaren Minuten würdigend miterlebt und in Erinnerung behalten haben können: Jesus und die Frau selber.

Die Frau hatte den Rabbi entdeckt. Das war kein Problem, denn es gab nur einen Platz an den Tischsofas, wo dieser Gast liegen konnte. Sie kam von hinten heran, konnte natürlich nicht über ihm stehen bleiben, beugte sich zu seinen Füßen, um näher zu sein, und umfasste sie. Und dann, dann flossen ihre Tränen. Nicht nur Tränen. Es war ein ganzer Strom, der wie eine Flut den Damm gebrochen hatte und nun den Schmutz ihres vergangenen Lebens hinausschwemmte.

Sie weinte ohne Hemmungen.

Und das tat so gut.

Als Hetäre hatte sie seit Jahren nicht mehr weinen, nie ihre Seele zulassen dürfen; sie musste ihre wahren Gefühle hinter „Geschäftsinteressen" verbergen. Als Geschäftsfrau hatte sie mit kühler Intelligenz „Herr der Situation" zu sein und die Tricks zu durchschauen. Sie wusste gar nicht mehr, wer sie war, was da auf dem Grund ihrer Seele noch lebte, wartete, sich sehnte. Jetzt weinte sie alles heraus. Den ganzen Dreck der Jahre, der Begegnungen, der Intrigen, der Unehrlichkeiten, der Gemeinheiten, der Machtspiele, alles alles alles. Ihr ganzer Körper bebte und hob sich, ihr Schluchzen erfüllte den Raum.

Und während es so aus ihr herausbrach, hatte sie sich hingekniet, ihren Kopf auf Jesu Füße gelegt, weil sie ihm näher sein wollte. Weil sie eine Stütze brauchte. Dabei waren ihre langen schwarzen Haare über ihren Kopf und über seine Füße gefallen – wie ein Zelt. Und unter diesem Zelt war sie mit ihm allein.

---

[376] Nach meiner Meinung ist die Schilderung der folgenden Begebenheit mit den traditionellen Methoden der historisch-kritischen Exegese nicht zu erfassen. Ich werde mich deshalb auf der einen Seite wörtlich an den Urtext halten, ihn andrerseits anschaulich wie eine Bildbetrachtung aufschließen, damit wir schauen, was im Innern der Menschen geschieht.

Der Freiheit der Frau entsprach die Freiheit Jesu. Die Frau musste diese Freiheit Jesu vorher gespürt haben. Sie kannte ja Männer und wusste deswegen: Dieser war anders, ganz anders. Dieser würde sie nicht wegstoßen. Dieser hatte keine Angst vor Berührung. Dieser würde nicht verurteilen. Bei diesem konnte sie ihre ganze Seele öffnen. Und Jesus wiederum spürte, was diese Frau brauchte.

Man kann recht gut das Gleichnis, das er vom Verlorenen Sohn selber geformt und erzählt hat (Lk 15), auf diese Frau anwenden als die Heimkehr der „Verlorenen Tochter". Dann weiß man, welche Gefühle in Jesus herrschten: einzig solche der Freude, der Dankbarkeit, des Festes. Er hatte sie schon „von weitem" kommen sehen und Mitleid mit ihr empfunden. Dieser Frau wollte er am liebsten einen Ring an den Finger stecken, sie in ein neues Gewand des Festes des Lebens kleiden, sie umarmen.

Deshalb sprach er kein Wort, wie Theologen es wohl mit sakramentaler Genauigkeit getan hätten. Deshalb zog er seine Füße nicht zurück. Deshalb ließ er sich berühren, umfangen. Er hatte keine Scheu vor Berührung. Diese Frau brauchte keine Ermahnungen, keine Schelte, keine Absolution, sie brauchte überhaupt kein Wort, kein einziges. Diese Frau brauchte man nur „lassen", zulassen, da sein lassen. Ihre Seele reinigte sich von selber, da sie furchtlos vertraute.

Und zugleich wusste Jesus, dass sein „Zulassen" für die gesetzestreuen Gäste anstößig war. Denn bei ihnen stand nicht der Mensch in der Mitte, bei ihnen standen die Forderungen der Tora über dem Menschen. „Wir haben ein Gesetz, und nach dem Gesetz ..." Nein, was der da tat, dürften sie und würden sie nie, niemals tun.

Aber der wahre Mann Gottes ist stets daran zu erkennen, dass er der „Überschreiter" ist. Weil Gott der immer größere ist.

Man mag sich vorstellen, wie das Gespräch der Männer an den Tischen allmählich verstummte. Vielleicht hatte der Hausherr noch versucht, das peinliche Heulen dieser Handel treibenden Hure zu übertönen, bot lautstark die scharfe Soße an, das duftende Hammelfleisch mit Erbsen, oder gebratenen Fisch mit Honig ... Aber es half alles nichts: Das Schluchzen der Verlorenen beherrschte den Raum.

Auf einmal waren beim Gastmahl des Pharisäers Simon keine verlogenen Worte mehr zu hören, sondern nur noch das ehrliche Weinen der Seele eines Menschen, der sein Leben wiedergefunden hatte. Wer je so geweint hat, weiß, wie die Wasser fließen. Wo nur eine Öffnung ist, fließt es heraus. Auch aus der Nase. Als die Frau etwas ruhiger geworden war und all den „Schnodder" auf Jesu Füßen entdeckte, war ihr das nicht einmal peinlich. Denn alles Dunkle und Fremde war aus ihr herausgespült. Die Dämonen waren weg. Sie konnte tief einatmen. Ganz tief. Der Druck war weg. In ihre Seele zog Frieden ein. In ihr war wieder Licht, zwar wenig noch, aber doch wie ein neuer Morgen nach langer Nacht.

Und dieser Mann ließ zu, dass sie bei ihm war.

Sie nahm das, was ihren Händen und seinen Füßen gerade am nächsten war, nicht den Schleier, sondern ihre Haare.[377] Damit brachte sie eine intime, persönliche Beziehung zum Ausdruck. Männer werden so etwas kaum verstehen (Bovon: „theatralisch"), für Frauen aber war dieser Gestus überaus klar: Nicht etwas schenke ich Dir, sondern mich selbst. Meinen Körper. Ich liebe Dich. Ich will Dir gehören.

Dann versuchte sie, das Malheur irgendwie zu säubern.

Und Jesus ließ seine Füße dort.

Während sie mit ihren langen Haaren die Haut wischte und ein wenig trocknete, kam sie mit ihrem Mund so nah an seine Füße heran, dass sie sie küssen musste und in ihrer Freiheit auch küsste. Und sie küsste sie mit aller Inbrunst ihrer Dankbarkeit. Vergessen wir nicht, dass sie, die ehemalige Hetäre, eine Meisterin im Küssen war.

Und Jesus ließ seine Füße dort.

Während im Raum immer noch betretenes Schweigen herrschte und die Männer nicht wussten, wohin sie nun gucken sollten oder nicht durften, störte sich die Frau an all dem überhaupt nicht. Sie hatte gefunden, was kostbarer war als all ihr Vermögen, ihre Ländereien, Schiffe und Kontore, ihre Perlen und Salböle. Und jetzt erinnerte sie sich, dass sie ihr ausgewähltes Alabastron mitgebracht hatte, das war jetzt passend. Statt es Jesus als Geschenk zu geben, konnte sie es gleich gebrauchen, nach diesem unfreiwilligen Wasserbad. So nahm sie es, öffnete das Fläschchen und goss das Öl über die Füße Jesu und salbte sie mit der duftenden Narde.[378] Nicht das Haupt, das wäre distanzierte Zeremonie, nein, die nackten Füße. Sie verbanden sie näher mit diesem wunderbaren Mann.[379]

---

[377] „Das Haar vor Männern zu lösen, galt als Schamlosigkeit und Scheidungsgrund nach Tos.Sota 5, 9; j.Git.9, 50d (nach *Jeremias*, Gleichnisse, 127)" – zitiert nach *Schürmann*, S. 432, Anm. 12.
[378] *Radl* (Lk I, S. 495, Anm. 246) verweist für „Salben des Hauptes" sehr schön auf Ex 29, 7 und Ps 133, 2. – Man muss noch Ps 23, 5b hinzunehmen.
[379] Lukas sagt einfach: Sie salbte „*tō myrō*/mit Myrrhe(nöl)". Myrrhe diente als Salbengrundlage, sie wirkt desinfizierend und desodorierend, soll auch die

Salbt man Füße mit Öl, wird daraus von selbst ein Massieren der Haut. Eine Fußmassage schließt ein Massieren der Fußsohle, des ganzen Fußes und der Beine natürlicherweise mit ein; sie bewirkt ein unbeschreiblich schönes Gefühl im ganzen Körper, das tagelang anhält. Und diese Frau war eine Meisterin der Massage. Sie wusste, was der Mann jetzt fühlte. Und sie wollte dieses Gefühl Jesus schenken. Wenigstens das konnte sie schenken.

Und Jesus ließ seine Füße dort.

Man wird sich der Freiheit Jesu dann recht bewusst, wenn man sich überlegt, wie anders er sich hätte verhalten können. Oder wie „man" sich (heute) wohl verhalten würde. Alle möglichen Variationen, von höflichen, aber doch abweisenden Gesten bis zu ungeschickten und grob verletzend zurückstoßenden Worten sind vorstellbar. Bei all denen stände, mehr oder weniger deutlich, die eigene Person des so Gesalbten, seine Sorge um sein Image im Vordergrund: Was die anderen jetzt über mich denken könnten! Bloß keine Missverständnisse provozieren.

Dann aber verschlägt es einem geradezu den Atem, mit welcher Freiheit, und das heißt jetzt: Mit welcher Achtlosigkeit um die eigene Person, ja um das eigene Leben, die eigene Zukunft Jesus diese Frau gewähren lässt und ihr seine feinfühlige Zuwendung schenkt. Sie brauchte diese Zuwendung – also gab er sie ihr. Er, der grundsätzlich dem Menschen zur rechten Zeit geben will, was dieser zum Leben braucht. (Nach Lk 12, 42)

Und hier war das sein Leib.

In dieser Frau und in diesem Mann begegnen sich zwei Freiheiten. Womöglich findet man diese tiefe Form der Freiheit nur im wirklichen Sünder, der nichts mehr hat, was er verbergen könnte, und im wirklich Heiligen, der nichts mehr hat, was er für sich festhalten will. Der wirkliche Sünder und der wirkliche Heilige sind einander geheimnisvoll verwandt. Beide haben alles überschritten und hinter sich gelassen. Wohl deswegen konnte Jesus sagen, dass „Zöllner und Dirnen" eher im Reich des Heiligen Gottes sind als die „Frommen".

---

körpereigene Produktion von Sexualstoffen angeregt haben. Der griechische Retsina-Wein enthält ebenfalls Myrrhe.

Das Gottesbild des Pharisäers

Es bleibt unerwähnt, wie lange das peinliche Schweigen mit dem nicht zu überhörenden Schluchzen der Frau gedauert haben mag, die in den Augen der Gerechten aussichtslos fern von Gott war. Jesus hatte ihr gewiss Zeit gelassen. Aber zugleich bemerkte er auch die Blicke und die unhörbare Kommunikation unter den Gästen auf ihren Sofas.

Er wusste, was sie dachten.

Simon mag den Ellenbogen auf seinen Tisch gestützt, die Finger um die Mundwinkel gewunden, die Stirn überheblich und vorwurfsvoll in Falten gelegt und vielsagende Blicke in die Runde geschickt haben: Der da ist gewiss kein Prophet! Und von allen Seiten kam leichtes und erleichtertes Nicken: Nein, nie und nimmer!

Wie könnte auch einer, der Prophet Gottes wäre, sich von einer Sünderin berühren lassen? Da würde der Schmutz der Sünde auf den Heiligen übergehen. Der Heilige aber war der Reine.[380] Und das Heiligtum in der Heiligen Stadt war von aller Sünde, von allen Sündern frei zu halten. Deshalb durften Frauen nur bis in seinen äußeren Vorhof, damit ihre mögliche Unreinheit nicht das Allerheiligste befleckte. Die Mauern waren wichtig um der Heiligkeit des Heiligen und Reinen willen. So weit, wie die Essener oder Qumran es wünschten, würden sie, die Pharisäer, zwar nicht gehen: Ganz Jerusalem zu sperren für Frauen. Damit Gott, der Reine, wirklich vom Schmutz der Sünde nicht beschmutzt werden könnte. Aber die Reinheitsvorschriften im Gesetz waren wirklich die wichtigsten.[381]

---

[380] Was im Deutschen zwei Begriffe sind – „heilig" und „rein" – , wird im Griechischen durch ein und dasselbe Wort ausgedrückt: *hieros*. So war der „Heilige" zugleich der „Reine" – und die Heilige Stadt Jerusalem musste notwendig die Reine sein. Wo jedoch etwas oder ein Unreiner das Reine/Heilige beschmutzte, musste es nach bestimmten Riten erst „gereinigt/geheiligt" werden, bevor es oder er wieder für den Dienst am „Heiligtum" (Tempel/*hieron*) des „Heiligen" (Reinen) zur Verfügung stand. Die an diesem „Heiligtum" Dienst taten, waren folgerichtig die „*hiereis*" – dafür haben wir im Deutschen kein Wort (Amtsheilige? Dienstreine?) und nennen sie unpassender Weise „Priester". – Vgl. *Kittel*, III, S. 229–240.

[381] Im Katechismus der Katholischen Kirche (KKK, Nr. 1245) findet sich im Kapitel über die Taufe ein Satz, der die „Reinheitsvorstellungen" noch nachklingen lässt: „Bei der Taufe von Kleinkindern ist die Segnung der Mutter von besonderer Bedeutung."

Gott durfte sich nur nahen, wer ganz rein war.

Hinter diesem Denken der Pharisäer stand ein Gottesbild. Man könnte es das „Gottesbild vom Kartoffeltrog" nennen: Eine faule Kartoffel im Trog – und nach gewisser Zeit hat ihre Fäulnis alle Kartoffeln angesteckt. Die Fäule der einen überträgt sich auf alle gesunden. Die Fäule des einen Sünders machte Gott, den Reinen, unrein.

Man meine nicht, dieses Gottesbild sei ein Charakteristikum nur für das damalige Judentum, man findet es auch heute in Jerusalem, in Mea She'arim. Ebenso im Islam, in christlichen Kirchen, in Chefetagen. Es kann auch Hand in Hand gehen mit einer subjektiv echten Form von Ehrfurcht oder Unterwürfigkeitsdenken.

Womöglich ist dieses Denken gar nicht allein oder nicht primär religiösen Ursprungs, sondern Ausdruck menschlichen Dünkels aller Zeiten und Völker. Der Mensch hat sich schon immer seine Klassen geschaffen und die je besseren Räume für die je weißeren Westen reserviert. Apartheid, wo sie prügelt und tötet, ist nicht mehr „in", weil die Medien zuschauen könnten. Aber Aussperrung und Nicht-Zulassen, sich als im Wesen höherrangig, als wertvollerer Mensch deklarieren und dafür gesellschaftliche Räume mit Mauern und Schranken schaffen, das hat es immer gegeben, gibt es auch heute und wird es immer geben.

Es liegt auf der Hand, dass derlei „Lehre von Gott" denen gut ins Konzept passt, die sich selber schon „oben" auf der sozialen Leiter der Gesellschaft wähnen. Mit solcher „Theologie" schaffen sie sich göttliche Legitimation noch dazu, da Gott sich nach ihrer Vorstellung ebenfalls vom Schmutz des gemeinen Volkes fernhält. Nicht nötig zu betonen, dass es sich hierbei um die Projektion der eigenen Wünsche und Rechtfertigungen in theologischem Gewand handelt.

Das gesellschaftliche Sein schafft eben nicht nur das Bewusstsein, sondern auch das Gottesbild. Nach dem Motto: „Wie auf der Erde so im Himmel!" Wie bei uns Menschen, so bei Gott. Und dieser letztlich von mir geschaffene Gott legitimiert dann mich und mein Tun. Wir sind in der Wahrheit! Und die wir als „unrein" erklären, sind selber schuld an ihrer Verlorenheit.

Ein Einwand: Ist es nicht sinnvoll, weil zumindest arbeitssparend, den Schmutz der dreckigen Straße nicht mit Schuhen und Kleidern ins saubere Haus zu tragen? Nur der darf doch ins Haus hinein, der selber genügend sauber ist? Diese Regelung geht natürlich in Ordnung; den feuchten Dreck von draußen will niemand im Wohnzimmer haben.

Doch Vorsicht! Wo jemand diese vernünftige Alltagsregelung unserer Erde nähme, um sie auf den Himmel zu übertragen und mit ihr zu beweisen, wie Gott selber sei und handle, muss er sich fragen lassen, warum er gerade diesen Vergleich gewählt hat. Und ob er nie andere Gleichnisse Jesu aufmerksam gelesen und bedacht habe, etwa das von den Arbeitern im Weinberg (Mt 20, 1–16) oder jenes von den Bösen Winzern (Mt 21, 33–46) oder das folgende vom Königlichen Hochzeitsmahl (Mt 21, 1–10) oder das vom Feigenbaum im Weinberg (Lk 13, 1–9). Das Handeln Gottes, das Jesus in diesen und vielen anderen Bildworten offenbart, ist eben nicht die Verlängerung unseres menschlichen Handelns.

Die nach oben verlängerte Erde ist noch lange nicht der Himmel.

Denn der Himmel Gottes beginnt unten.

Ganz unten.

Gott ist der ganz Andere. Er folgt anderen Prinzipien. Nicht denen rechnenden Verstandes, sondern denen der „verrückten" Liebe seines Herzens. Und dieses will dem Letzten ebenso geben wie dem Ersten. Gerade das ist ja unsere Hoffnung, dass es im Reich Gottes nicht so zugeht wie unter uns auf der Erde. Ein Gott, der sich fernhielte vom Schmutz der Sünder und somit den selbsterklärten besseren Zehntausend gliche, wäre keine Hoffnung mehr für die ganze Erde. Er wäre ein Herrscher von verachtender Art und seine Kirche ein Monarchismus mit absolutistischem Zuschnitt.

Eine Kirche nämlich, die verkündete: Du darfst Gott erst nahen, wenn du es verdient hast, erst wenn du seiner würdig und rein geworden bist, wie unsere Gesetze es vorschreiben – eine solche Kirche hätte den Gott und Vater nicht erkannt, den Jesus in seinem Leben bezeugt und offenbart hat.

Das Gottesbild Jesu

Natürlich war Jesus sich bewusst, was alle dachten, als er sich von der Frau berühren ließ: Er würde nicht wissen, „was das da für eine" ist und wäre also gewiss kein Prophet.

Das griechische Wort, das Lukas in 7, 39 verwendet, lautet „*potapē hē gynē*/was das für eine Frau (ist)". *potapē* ist die weibliche Form zu *potapos*, einem speziell religiös gebrauchten Begriff, der von *podapos* herkommt. Dieser bedeutet: „Woher gebürtig? Was für ein (Landsmann)?" An unserer Stelle müsste man übersetzen mit „Wer und was für eine/von welcher Beschaffenheit/von welcher Art diese Frau ist"[382]. Jedoch, Jesus wusste sehr wohl, „von welcher Art" diese Frau war. Er war ihr schon begegnet. Doch davon hören und lesen wir im Evangelium nichts, und davon wussten auch Simon und seine Freunde nichts. Das schließt übrigens die Folgerung mit ein, dass diese Stadt recht groß gewesen sein muss und selbst das Argusauge eines Pharisäers nicht alles beobachten konnte. In jedem Fall wusste Jesus besser als alle anderen, wer diese Frau war.

Gerade deshalb musste er sich von ihr berühren lassen.[383]

Mit seinem Denken und Tun war er bei den Frommen im Land schon öfter aufgefallen, weil er sich nicht an die Überlieferungen und Weisungen hielt, von denen sie behaupteten, sie seien der Wille Gottes, den dieser dem Mose offenbart hätte. Indem sie aber die eine wichtige Unterscheidung scheuten, wichen sie der alles entscheidenden Frage aus: Was kommt wirklich von Gott und was kommt (nur) aus den eigenen, menschlichen Traditionen? Letztere aber gaben sie ununterschieden als „Weisung Gottes" aus. Sie wollten nicht unterscheiden. Denn Unterscheidung hätte letztlich zum Verlust ihrer Machtstruktur geführt. Jesus musste sterben, weil er unterschied: Sehr geschickt setzt ihr das Wort Gottes außer Kraft und haltet euch an eure eigenen Überlieferungen. Auf diesem Hintergrund war es in der Tat eine Provokation, wenn Jesus sich mitten im Haus des Hüters des Gesetzes von dieser Frau berühren ließ.

Aber dann war es eben eine Provokation! Sie musste sein, wenn er zeigen wollte, wie Gott, der Vater aller, in Wahrheit ist. Denn zu ihrer Heilung und zu ihrem Heil brauchte die Frau die Berührung. Und Jesus, vom Vater gesandt, um zu offenbaren, wie Gott in Wahrheit ist, wollte, ja musste Berührung seines Leibes geben. Sein Gottesbild war dem des Pharisäers völlig entgegengesetzt: Nicht, wer Gnade, Zuwendung Gottes verdient hat, erhält sie, sondern der bekommt sie, der sie mehr braucht. Er erhält sie geschenkt.

Um nach der Art Jesu ein Bild aus der heutigen Alltagswelt zu gebrauchen, könnten wir sagen: Jesu Gottesbild war das einer „Waschmaschine"!

---

[382] Vgl. auch *Bovon*, I, S. 392, Anm. 44.

[383] Es sei darauf verwiesen, dass Lukas für „berühren" das gleiche Verb verwendet – *haptō* – , das Johannes später bei der Szene am Ostermorgen für das Tun („(be)rühre mich nicht an!") der Maria Magdalena gebraucht. – S. Anm. 270.

Die Waschmaschine sagt zur schmutzigen Wäsche nicht: Igittigitt, du schmutzige Wäsche, bleibe mir fern! Komme mir nicht zu nah! Du machst mich ja unrein! Sondern umgekehrt: Ah, du schmutzige Wäsche, komm näher, komm herein, ich mag dich! Du kannst gar nicht schmutzig genug sein. Je schmutziger du bist, desto lieber bist du mir. Denn es ist mein Wesen, zu reinigen und zu säubern. Ich will dich frisch machen, wie neu, damit du dich wohl fühlst.

Denn ich bin der Retter, dein Erlöser von Anbeginn.

Das wäre das passende Bild für Gottes Wille, mit dem Sünder, mit jedem Menschen umzugehen: Nicht weil du es verdient hast, erhältst du mein Heil – das ist das Denken der Menschen – , sondern weil du es brauchst. Denn mein Name heißt „Retter". Und mein Wesen, mein Name ist „retten", befreien, „Jesus". Und je mehr du es brauchst, desto mehr erhältst du mein Heil, meine Zuwendung, die ganze Gnade Gottes. Damit gibt Jesus der Heiligkeit Gottes eine neue Bedeutung, die zugleich die uralte ist. Die Heiligkeit Gottes bedeutet darin nicht, dass er sich fernhält vom Schmutz der Sünder, sondern umgekehrt: dass er in der Mitte der Sünder bleibt.

Woher hat Jesus diese Auffassung?

Israel hat in seiner Geschichte viele Theologien entwickelt, manchmal standen sie sich sogar entgegen (etwa Mich 4, 3 und Jes 2, 4 gegen Joel 4, 10). Jesu Lehre von Gott, dem Vater, von seiner „Heiligkeit", knüpft an die ältesten Überlieferungen an, noch weit vor dem Exil. Nämlich an Hos 11, an das Lied von der großen Liebe Gottes zu seinem Volk: „Als Israel jung war, gewann ich ihn lieb ..." In den folgenden Versen entwickelt der Prophet das Drama, geradezu die Tragödie Israels, zugleich die klassische Tragödie aller Religionen (auch die der Erziehungsdramen vieler Familien), die auf je eigene Art deren jeweiliges Denken bestimmt: Gott hat zuerst alles gut gemacht, dann aber läuft sein Volk (oder der Einzelne) von ihm fort, zurück zu falschen Göttern. Es wird treulos. Nun kommt die ebenso entscheidende wie bange Frage: Was wird Gott jetzt tun? Wenn wir treulos sind, wird Gott dann auch treulos sein? (Mt 10, 33; 2 Tim 2, 12f.) Wird er sein Volk mit einem Fußtritt in den Abgrund treten? Wenn jemand doch gar nicht will, so sagen bis heute vor allem gewisse Fromme, dann bleibt doch nur ein Ort übrig: die Hölle.

Was also wird Gott mit denen tun, die nicht wollen, die sich von ihm wieder abkehren? Mit diesen Sündern, die dem, der sie schuf, den Rücken kehren und in die Ferne laufen? Hosea gibt darauf die zeitlos gültige Antwort, die auch Jesu Denken und Handeln bestimmt hat und hinter die keine Offenbarung des Ewigen je zurückgehen kann: In Vers 9 heißt es: „Ich will meinen glühenden Zorn nicht vollstrecken und Efraim nicht noch einmal vernichten. Denn ich bin Gott, nicht ein Mensch, der Heilige in deiner Mitte. Darum komme ich nicht in der Hitze des Zorns."

Normalerweise, wenn man nach Menschenart reagieren würde, dann müsste man voll gerechtem Zorn diesen Sünder, diese ganze Bande der Treulosen vernichten. Ab in die Hölle! Wenn ihr nicht wollt, bitte, euer Wille geschehe. Weg mit euch für immer!

Doch Gott denkt und handelt nicht wie ein Mensch. Petrus musste dies überdeutlich hören, als er seinem geliebten Meister den schönsten Freundesdienst anbieten wollte: Dich wird keiner umbringen, wir passen schon auf. Worauf Jesus ihn auf schlimmstmögliche Weise maßregelte: Du Satan! Du denkst, wie Menschen denken. „Du hast nicht das im Sinn, was Gott will, sondern was die Menschen wollen" (Mk 8, 33; Mt 16, 23). Vielleicht ist dies in der Tat die schlimmste Sünde, die ein Mensch überhaupt begehen kann: von Gott zu denken wie von einem Menschen.

Was aber enthält die Aussage des Hosea? Gott lässt sich nicht, wie das Menschenart wäre, von seinem Zorn bestimmen, von Emotionen hinreißen, auch wenn diese völlig verständlich wären. Auch wenn es ein sozusagen „gerechter", ein gar „heiliger" Zorn oder Krieg wäre, eine vernünftige und gerechtfertigte Reaktion: Wenn du nicht willst, bitteschön, tu, was dir beliebt, ich wasche meine Hände in Unschuld.

Nein, die Heiligkeit Gottes ist sein Erbarmen.

Wenn du, mein Volk, treulos wirst und zurückläufst zu deinen Göttern nach „Ägypten" – dann gehe ich mit. Und wenn du durch Wasser schreitest, durch Ströme ... und wenn du durchs Feuer gehst: Ich, der Herr, bin dein Gott, Ich, der Heilige Israels, bin dein Retter ... Weil du in meinen Augen teuer und wertvoll bist und weil ich dich liebe. (Nach Jes 43, 2–4) Und wenn du die größte aller Sünden begingest, ich kann dich nicht von mir stoßen und allein lassen. Und wenn du der schlimmste aller Sünder wärest, ich kann dich nicht ins Verderben laufen lassen. Ich bleibe in deiner Mitte. Und wenn du in die Hölle selber liefest, ich laufe mit dir. Denn meine Liebe drängt mich, bei dir zu sein.

Wo aber Gott ist, ist keine Hölle mehr. Denn die Nacht ist für ihn wie der Tag und die Finsternis wie Licht (Ps 139, 11f.). Und die Gottesferne? Gott ist schon da, bevor du hinkommst.

Ich bleibe in deiner Mitte! Das ist die Heiligkeit Gottes.

So wesentlich ist ihm sein Erbarmen, dass Gott sein Bleiben, seine Heiligkeit (das wird bei Hosea überdeutlich) von keiner Bedingung abhängig macht nach der Art: Ich bleibe in deiner Mitte, wenn du ... Nur der Mensch macht Bedingungen, Gott nicht. Die Begründung für das „Bleiben" Gottes wird genau umgekehrt gegeben: Wenn du wegläufst, gerade weil du wegläufst, deswegen bleibe ich bei dir.

Nicht die werden des Erbarmens Gottes teilhaftig, die es verdienen, sondern die es brauchen. Die es je mehr brauchen.

Nur das ist Liebe.

Alles andere ist Geschäft. Und Macht.

Schauen wir unter dieser Perspektive in das Leben Jesu, wird uns das Prinzip seiner Heiligkeit, nämlich Gottes Zuwendung zu den Verlorenen, überdeutlich. An mindestens einer Stelle sagt Jesus klipp und klar: Nicht die Gesunden brauchen (!) den Arzt, sondern die Kranken (Mt 9, 12f.). Und provozierend stellt er diese „Theologie" der kultischen Opfertheologie gegenüber: Barmherzigkeit will ich, nicht Opfer. (Und wieder ist dies ein Zitat aus Hosea, nämlich Hos 6, 6.)

Dieser Satz scheint für Jesus eine Grundeinstellung seines Lebens und Handelns zu sein, worin sich sein Gottesbild ausdrückt. Denn noch einmal hören wir ihn in Mt 12, 7: „Wenn ihr begriffen hättet, was das heißt: Barmherzigkeit will ich, nicht Opfer, dann hättet ihr nicht Unschuldige verurteilt." Und auch hier spricht er diese scharfen Worte an die Adresse der Vertreter der herrschenden Kult- und Opfer- und Gesetzes-Religion, die ihm vorgeworfen hatten: Deine Jünger tun etwas, was am Sabbat verboten ist. Gleich anschließend – wie um die Worte Jesu in seinem Tun darzustellen – bringt Matthäus die Begebenheit von der Heilung des Mannes mit der verdorrten Hand (12, 9–14) mit dem Kernsatz: „Darum ist es am Sabbat erlaubt, Gutes zu tun" – wenn man damit einen Menschen retten kann. Um einen Menschen zu retten, übertritt Jesus das angebliche Verbot Gottes.

Es scheint ein Naturgesetz zu bestehen, dergestalt: Wenn keine Propheten mehr gesandt werden und wenn die letzten Propheten nicht mehr reden, dann treten an die Stelle von „Recht tun, Güte und Treue lieben, in Ehrfurcht den Weg gehen mit deinem Gott" (Prophet Micha 6, 8) Gesetze und Kulte, Paragraphen und unbarmherzige Exaktheit samt ihren Vertretern. Und diese bestimmen nun Religion und Gottesbild. Aber wenn sie lange genug an der Macht gewesen sind und „Unschuldige verurteilt" haben, dann werden aus den unschuldig Verurteilten wieder Propheten geboren, die Gott verkünden und leben, wie er in Wahrheit ist.

Die Heiligkeit Gottes stellt den Menschen in die Mitte, nicht das Gesetz. Und die Heiligen werden, wie „Der Heilige", stets das Gesetz übertreten und vom Gesetz verurteilt werden, um des Menschen willen, um beim Menschen zu sein und ihn zu „retten", egal wie schmutzig und fern von Gott er ist. Ja, je mehr er Gott braucht, desto mehr werden die wirklich Heiligen, nicht die nur Heiliggesprochenen, sich ihm zuwenden.

Der Schmutz der Sünder an ihren Kleidern und auf ihrer Haut ist das einzige und untrügliche Kennzeichen der Heiligen Gottes.

Deswegen geht Jesus zu den Sündern in die Häuser, setzt sich an ihre Tische, spricht und isst und lacht mit ihnen, lässt sich von ihnen berühren, schenkt ihnen seinen Leib – weil er darin die wahre Heiligkeit Gottes sichtbar macht und mitteilt.

Ist es nicht eine Schande für jede Religion und Kirche, die ihre Mitglieder lehrt und behandelt nach dem Prinzip „Nur die bekommen Gottes Gnade, die sie verdienen"? Und entsprechend jene als „verworfen" etikettiert, die wegen ihrer Sünde die Gnade Gottes nicht „verdient" hätten? Ist das nicht eine Schande, weil doch ein Sanitäter oder ein Arzt, ein Feuerwehrmann oder eine Krankenschwester oder eine Sozialarbeiterin bei einem Katastropheneinsatz sich „natürlich" zuerst jenen Verwundeten zuwenden, die mehr und dringender ihrer Hilfe bedürfen! Diese helfenden Menschen, die vielleicht kaum mehr in die Kirche gehen oder mit Kult und Geboten, die sie mal gelernt haben, seit langem nichts mehr am Hut haben, gerade die tun das, was Jesus gesagt hat: Nicht die Gesunden bedürfen des Arztes, sondern die Kranken (Mt 9, 12).

Dann aber öffnet sich uns eine Schlussfolgerung, zu der Jesus selber einlädt. In Lk 11, 13 vergleicht er die Liebe von Eltern mit der Liebe des Vaters im Himmel: „Wenn nun schon ihr, die ihr böse seid, euren Kindern gebt, was gut ist, wie viel mehr wird der Vater im Himmel ..." Das aber führt zur einfachsten und tiefsten Theologie über Gott, die es geben kann:

Gott kann nicht weniger lieben als ein Mensch!

Finde auch nur einen Menschen, der einen anderen, und mag der nach menschlichen Maßstäben überhaupt keine Liebe „verdient" haben, liebt – Gott wird ihn noch mehr lieben. Denn er lässt sich in der Liebe nicht lumpen noch übertrumpfen. Die syrophönizische Mutter (Mt 15, 27) packt Jesus an dieser „Schwachstelle": Soll es sein, dass du, Sohn Davids, meine Tochter weniger liebst als ich, heidnische Frau?

Und Jesus gibt sich geschlagen: Nein, niemand soll sagen können, er liebe mehr als ich.

Lieben aber heißt, sich dem zuwenden, der es mehr braucht, und ihm jetzt das geben, was er jetzt zum Leben benötigt (Lk 12, 42). Auch dann, wenn das für mich unangenehme Folgen hat. Müssten nicht all jene, die den Namen Christi tragen, sich denen mehr zuwenden, die mehr Hilfe brauchen? Eine solche schenkende Zuwendung ist wahrhaft Sakrament, „wahrnehmbares Zeichen, Wort, Handlung, die kraft des Wirkens Christi und des Waltens des Hl. Geistes die Gnade bewirkt, die es bezeichnet"[384], wenn in ihr doch das geschieht, was Jesus mehrfach und ausdrücklich als das sogar einzig Entscheidende hingestellt hat (Mt 25, 35–40).

Gleich anschließend an das Zitat aus Hose 11, 9 fügt Jesus, wie eine offizielle Interpretation des Prophetenspruches, ein Wort an, das die Pharisäer, die sich nach der Tora orientieren, nie und nimmer verstehen können: „Ich bin gekommen, die Sünder („zur Umkehr", Lk 5, 32) zu rufen, nicht die Gerechten!" (Mt 9, 13)

Kehren wir zurück zum Gastmahl des Pharisäers Simon.

Die Frau zu Füßen Jesu ist Sünderin. Vielleicht aufgrund ihres Geschäftsverhaltens. Ihr Schmutz macht – nach der Denkweise der Pharisäer – auch Jesus unrein und weist ihn durch sein Zulassen dieser körperlichen Berührung als Nicht-Propheten aus. Aber was die Männer, die bestimmt sind von Gesetzen und Zwängen, dort im Raum und überall in der Welt nicht wahrnehmen, gar nicht denken können: Das Heil Jesu, der von Gott gesandt ist, macht diese Frau heil. Viel mehr als die Sünde der Frau den Mann Gottes befleckt, strömt die Heiligkeit Gottes in Jesus auf die Frau über und macht sie heil.

Und selbst wo jemand Gott im Schmutz der Sünde der Welt untergehen sähe: Der Sündenschmutz, der zu Gott fließt, versinkt bei ihm im unendlichen Meer seiner Liebe und hört auf zu existieren. Die Sünde der ganzen Welt kann den unendlichen Ozean Gottes und seiner Liebe nicht schmutzig machen, selbst aber wird sie gewandelt zum Guten. Das Lamm Gottes trägt die Sünde der Welt.

Denn Liebe will wandeln, alles und alle.

---

[384] Vgl. KKK, Nr. 1084.

Das Gleichnis vom Banker

Die Einheitsübersetzung fährt im Text fort: „Da wandte sich Jesus an ihn [den Pharisäer Simon] und sagte ...". Der griechische Text (und korrekt auch die Lutherübersetzung) sagt aber nichts von „sich zuwenden", sondern bringt knapp und zugleich vielsagend: „Da antwortete Jesus und sprach zu ihm."

In dieser Formulierung drückt der Evangelist aus, dass Jesus die Gedanken Simons „gehört" hat und gewissermaßen auf dessen Überlegungen und auf das in ihnen verborgene Gottes- und Menschenbild antwortet. Aber er „wandte" sich diesem Menschen bzw. seinem Denken nicht „zu". Das tut er gleich bei der Frau. Und noch später am offenen Grab wird eine Frau sich ihm zuwenden. Und dort schreibt es der Evangelist deutlich in den Text.

Was sagte Jesus zu ihm? „Simon, ich möchte dir etwas sagen" (oder: Ich habe dir etwas zu sagen).

Das klingt nach einer offenen Einladung: Willst du das hören? Du musst nicht ... Aber der Pharisäer ist offensichtlich erleichtert, dass die Zeit des peinlichen Schweigens und Weinens vorüber ist und das normale Gespräch wieder in Gang kommt. Nichts ist ihm lieber, als wenn nun der Gast den Faden wieder aufnimmt.

„Er erwiderte: Sprich, Lehrer!" Doch er ahnt ja nicht, was Jesus ihm nun sagen will.

Wir mit unserer Bibelkenntnis wissen, was Jesus ihm jetzt sagen wird. Er wird ihn haargenau über dieses sein Gottesbild aufklären bzw. über das wahre, wirkliche Verhalten Gottes zum Sünder belehren, und zwar mit Hilfe genau des Verhaltens dieser Frau zu seinen Füßen. Und er wird ihm klarmachen, wie falsch sein Gottesbild ist. Interessant ist nun, wie Jesus auf dieses Ziel nicht zugeht.

Er greift das Thema nicht direkt auf. Er sagt nicht etwa: Simon, du hast da ein Problem mit meinem Verhalten. Nach deiner Theologie dürfte ich nicht ..., weil Gott ... Ich muss dir aber sagen: Du irrst! Gott ist anders! Er wendet sich Sündern zu. Er lässt sich von ihnen berühren, lädt sie an seinen Tisch ein, wird sie sogar bedienen.

Wäre Jesus so vorangegangen, wäre er auf eine feste Wand von grundlegenden Voreinstellungen und Überzeugungen und somit auf notwendige Ablehnung bei Simon und dessen Freunden gestoßen. Fest eingewurzelte Ideologie bringt man nicht mit ein paar entgegengesetzten Thesen zu Fall. Die Pharisäer kannten ja ohnehin sein Verhalten und Denken und waren gerade dabei, ihn deswegen anzugreifen und festzunageln. Nicht im Entferntesten waren sie dazu bereit, ihr eigenes Denken in Frage zu stellen und zu ändern. Die direkte Konfrontation hätte also versagt.

Jesus griff wieder zum Hilfsmittel der Bildworte, wie er das sehr oft zu tun pflegte (z. B. Mt 13, 1–9; 24–30).

Diese Bildworte oder Gleichnisse, heutigen Kurzfilmen (der Werbung) vergleichbar, sind wie eine „internationale Sprache". Alle Welt kann sie verstehen. Warum? Weil sie nicht nur sprachliche, sondern auch ideologische Barrieren durch die Kraft des klaren Bildes überschreiten. Ferner bleiben sie länger im Bildgedächtnis des Menschen gespeichert als Worte im Sprachgedächtnis. Sie erklären sich auch nicht vom rationalen Verstand her (der ja das Gegenteil denkt), sondern aus dem einfachen, spontanen Erfassen des Bildes, gleichsam an den eingespurten Denkmustern des Verstandes vorbei. Sie öffnen sich zu unterschiedlich tiefen Verstehensebenen hin. Und schließlich: Man muss sie nicht gleich verstehen. Sie bleiben ja – im Gegensatz zu Worten und Sätzen – unbegrenzt lange in Erinnerung und lassen sich später „einsehen".

Im Fall des Simon kam noch etwas hinzu:

Jesus wollte ihn über das belehren, was gerade vorgefallen war. Und zwar sollte Simon selber, mit seiner eigenen normalen Vernunft erkennen, wie das rechte, das helfende Verhalten Gottes und des Menschen dieser Frau gegenüber aussehen musste. Aber, und darin bestand für den „Bild-Erzähler" das Problem, Simon durfte das mit seinem Verstand nicht merken. Durfte nicht bemerken, dass Jesus ihn über die Frau und Gott belehren wollte. Dann wäre er automatisch in seine eingespurten Denkschablonen der „Paragraphen" gerutscht. Jesus musste ein völlig neues und neutrales Terrain schaffen, dort den Fall ansiedeln, der gerade passiert, für Simon nun aber nicht mehr zu erkennen war. Dann würde dieser, von tiefsitzenden Voreinstellungen unbelästigt, ein spontanes und korrektes Urteil fällen.

Wie vollbrachte Jesus dieses Kunststück? Er wählte tatsächlich einen durch und durch andersartigen Bildaufbau.

„Zwei Schuldner hatte ein Geldverleiher ..."[385]

Statt um eine Frau ging es jetzt also um Männer. Statt um eine Person um drei. Statt um Tränen um Geld. Statt um Sünde und Strafe nun

---

[385] Lukas verwendet die Bezeichnung *danistē tini*, ein Begriff, der nur im Griechisch des NT auftaucht; er bedeutet: Gläubiger, auch Wucherer.

um Geschäft und Gewinn oder Verlust. Allein mit diesem Bildaufbau aus fünf (griechischen) Worten war es Jesus gelungen, die Aufmerksamkeit des Simon und seiner Freunde von der Frau weg und auf eine völlig andere und zudem äußerst interessante Situation hinzulenken. Geld, das klingt gut. Geldverleiher gab es in ihrer Stadt genug. Wie geht die Geschichte weiter?

„Der eine schuldete ihm 500 Denare, der andere 50."

Oh oh! Das sind ganz erhebliche Beträge, eineinhalb Jahresgehälter plus fast zwei Monatsgehälter. Da muss er aufpassen. Soll er die Burschen ins Gefängnis stecken? Oder etwas pfänden lassen? Vielleicht Frauen und Kinder und Grundstücke? Oder welchen Druck kann er sonst ausüben? Er muss etwas tun, sonst ist er pleite.

„Da sie nicht bezahlen konnten ..."

Da haben wir's! Diese Schurken. Aber auch: Was für ein Schwachkopf an Geldverleiher. Er musste sich doch um mehr Sicherheiten kümmern. Dieser Bankier[386] ist noch ein Anfänger. Er muss jetzt aufpassen, sonst wird er arm dastehen. Was wird er nun tun?

„... schenkte er sie beiden."[387]

Wie bitte? Wir hören wohl nicht recht! Er schenkt beiden die Schulden? 550 Denare? Ja ist der Mann noch bei Verstand? Oder ist er so maßlos reich, dass er den Verlust nicht merkt? Oder sind das besondere Freunde von ihm? Nee nee, so etwas gibt es nicht. Das kommt doch überhaupt nicht vor. Nein, niemals!

„Wer von ihnen wird ihn nun mehr[388] lieben?"

Was hat denn das mit Liebe zu tun? Der Bankier verliert seine Lizenz. Er ist ein Trottel. Dankbarkeit? Ja, die beiden sind überglücklich, sind ihm verpflichtet, aber lieben? Ja, irgendwie auch ... Worum, zum Baal Zebub, geht es eigentlich in der Geschichte? Warum hat dieser Jesus uns solch einen Schwachsinn erzählt? Was soll man da antworten? Sag du etwas, Simon ... Simon schaut ratlos in die Runde, trotz

---

[386] In Mt 25, 27 übersetzt die Einheitsübersetzung das Griechische *trapezitais* mit „Bank" (... auf die Bank bringen). Die Lutherübersetzung sagt „Wechsler", was sachlich nicht korrekt ist, denn bei Wechslern gibt es keine Zinsen wie bei der Bank. Üblich waren Zinsen zwischen 12% bis 18%.

[387] *Radl* (Lk I, S. 497, Anm. 262) verweist auf ein mögliches Wortspiel im Aramäischen: Gläubiger = *mar hobha*, Schuldner = *bar hobha*, Schuld/Sünde = *hobha*, lieben = *habbebh* (oder *ῡahebh*).

[388] Griech. *pleîon*. Im nächsten Satz steht *to pleîon*, eigentlich „das meiste" oder „am meisten".

heftigen Nachdenkens kommt er nicht dahinter, worum es in dieser Geschichte eigentlich geht. Irgendeine Falle? Er schaut hilflos von einem zum anderen und versucht dann zögernd eine Antwort mit Schulterzucken:

„Simon antwortete und sprach: Ich nehme an, der, dem er mehr geschenkt[389] hat ..."

Man merkt noch das Zögerliche, Unsichere in der Antwort des Simon. Eigentlich ist ja klar, wer ihn mehr lieben wird ..., aber was soll die ganze Geschichte eigentlich?

Jesus hat sein Ziel erreicht. Der fromme Pharisäer hat mit seiner eigenen normalen Vernunft die Antwort gefunden, die all seine theologischen Lehrhäuser nicht zuwege gebracht haben. Theologie scheint so manches Mal die gottgegebene Vernünftigkeit blind zu machen und mit konfusen Ableitungen lahm zu legen. Jesus hat gern den normalen „Hausverstand" gegen die ganze Tora antreten und gewinnen lassen.

Und noch eines: Simon hat diese Antwort selber gefunden. Man muss den Menschen durch die richtigen Fragen führen – dann findet er die Antwort Gottes von selber. Doch diese Antwort Gottes ist für den menschlichen Verstand nicht mehr zu verstehen. Sein Handeln des „Schenkens" überschreitet einmal mehr alle menschliche Geschäftslogik. Aber es geht auch gar nicht um Banken und Finanzwirtschaft, es geht um das Reich Gottes. Und um Gott, wie er in Wahrheit ist und mit den Menschen umgeht.

Denn das schier Unbegreifbare in diesem kostbaren Gleichnis Jesu findet sich im Motiv, warum der Geldverleiher seinen Schuldnern die

---

[389] Im Griechischen steht beides Mal (V. 42 und 43) *echarísato*: „schenkte" er sie beiden..., dem er mehr „geschenkt" hat.
Interessant ist, dass das griechische Wort *charis*, welches dem *echarísato* zugrunde liegt, auch zur Bezeichnung der „Gefälligkeiten" zwischen Hetären und ihren Liebhabern gebraucht wurde – wir haben davon gehört. Wenn es zwischen beiden „funkte", war das *charis*, ein Phänomen, das man heute auch mit „Ausstrahlung" und „Charme" bezeichnen könnte. Gleichwohl *charis* zwar mit dem bloßen Auge wahrgenommen wurde, resultierte sie jedoch keineswegs nur aus körperlichen oder äußerlichen Besonderheiten. Gewiss, schöne Kleider und der Schmuck der Frauen riefen *charis* hervor, das Objekt wurde durch sie verschönert. Auch die von Hetären gewährte Gunst ließ sich als *charis* verstehen, denn *charis* konnte den Liebesdienst meinen, den eine Frau einem Mann gewährte. Beim Betrachter selbst löste *charis* ein Verlangen aus und stellte ein Band der Freundschaft her. – Nach *Hartmann*, S. 169f.

Schuld „schenkt": Nämlich einfach deshalb, weil sie nicht bezahlen können. Dieses „Nicht-Können" des Menschen ist etwas, was wirklich jeder „kann". Gott ist es Grund genug, alles zu schenken. Wie es schon in Hos 11 anklang: Weil du nicht treu sein kannst, bleibe ich treu, bleibe bei dir.

Reich Gottes ist wirklich anders als alle Reiche der Menschen.

Die Rolle, in die Gott sich in diesem Bildwort kleidet, ist übrigens die eines „Bankers", eines allerdings „verrückten" Geldverleihers. Von Magdala/Tarichea, der geschäftsüchtigen Handelsstadt am See, dürfen wir mit vernünftiger Sicherheit annehmen, dass die Stadt voller Geldwechsler und Banker war. Wer dort „Vermögen" gewann, besaß ganz sicher Geldverleihe, „Banken". Ob Jesus von dieser Frau wusste, dass sie arme Schlucker beschenkt hatte?

Die Menge des Geldes, die hier mittels des teuren Salböls geschenkt wird, und überhaupt die ganze Begebenheit, in der Jesus sich einer Ausgestoßenen zuwendet und ihr Gemeinschaft schenkt, was den Unwillen der Gesetzestreuen hervorrufen muss, lenkt unseren Blick nach Jericho. Wenige Tage vor seinem Tod besucht Jesus dort die Villa des reichen Oberzöllners Zachäus.[390] Was beim Pharisäer Simon nur in seinem und seiner Freunde Kopf gedacht wird („Die da ist doch eine Sünderin!"), das ruft bei Jericho die Menge der mitlaufenden Schmarotzer lauthals Jesus entgegen: „Bei einem Sünder ist er eingekehrt!" Was nach ihrem Gottes- und Toraverständnis zur Folge hat, dass Jesus nun selber den Schmutz der Sünde an sich kleben hat.

Ja, er hat unsere Sünden getragen.

Später ist dann in der Villa des Oberzöllners von Sünden nicht mehr die Rede, auch nicht von Vergebung, nicht von Reue oder Buße oder sonst einer Forderung, sondern: „Heute ist diesem Haus Heil widerfahren (*sēmeron sōtēría*)!" Jesus in seiner Sendung vom Vater will retten, die verloren sind. Er will es! Beachten wir, dass das „Bußangebot" des Oberzöllners (dies und das und so viel werde ich zurückerstatten) von Jesus überhaupt nicht gefordert oder auch nur erwähnt war – und deswegen auch gar nicht beachtet wird.

Gott stellt keine Bedingungen. Er will nur schenken, retten.

---

[390] Die frühchristliche Tradition hat behalten, dass dieser Zachäus später der erste Bischof von Caesarea maritima gewesen sei. Sehr gut konnte Lukas, als er um das Jahr 60 auf Paulus wartete, der in Caesarea im Gefängnis saß, von diesem Zachäus persönlich die Geschichte gehört haben, die sein Leben gewendet hatte. Nur Lukas bringt die Begebenheit mit Zachäus.

Es ist müßig zu fragen: Wann geschah die „Rettung" bei Zachäus? Als Jesus ihn auf dem Baum ansprach? Als er auf sein Grundstück ging? Oder erst durch ein „sakramentales" Wort, das er sprach? Bei diesem Sünder sagt Jesus nicht: Deine Sünden sind dir vergeben! Er gibt eine ganz unfaßliche Antwort: Diesem ist das Heil gegeben, weil er ein „Sohn Abrahams" ist, weil er ein Mensch ist.[391] Das reicht Gott.

Diese Frau beim Pharisäer Simon ist „gerettet", ihr sind ihre Sünden vergeben worden – weil sie ein Mensch ist! Ein Kind Gottes, und: weil in ihrem Leben viel Liebe war.

Die Liebe der Frau

„Er [Jesus] aber sprach zu ihm: Du hast recht geurteilt."[392]

Mit seiner normalen Vernunft hatte der Pharisäer erkannt, was seine Theologie ihm an Einsicht über Gott verbaut hatte, dass nämlich Gott sein Heil schenken will zur Heilung des Menschen. Und zwar dem je mehr, der es mehr braucht.

Jesus lobt und anerkennt den Pharisäer für seine gedankliche Leistung. Es ist nicht das einzige Mal, dass Jesus zu einem Gegenüber sagt: Du hast recht. So auch bei der samaritischen Frau am Brunnen von Sychar: Du hast recht gesagt. Und noch einmal am Ende: Damit hast du die Wahrheit gesagt (Joh 4, 17f.). Es ist, als freue sich Jesus, wenn der Mensch selber das Richtige erkennt und recht ausspricht.

---

[391] In Lk 13, 16 ist die gekrümmte Frau eine „Tochter Abrahams" – auch hier ist die Bedeutung: sie ist „ein Mensch".

[392] Auf Griechisch: *Orthōs ékrinas!* – *Bovon* (EKK III/1, Lk I, S. 393) und *Radl* (Lk I, S. 492) weisen auf eine amüsante Parallele hin: Der Sokrates der Dialoge Platos antwortet seinem Jünger auf eine richtig beantwortete Frage mit fast demselben Wort: *paný orthōs*. Als wolle Jesus sagen: Wenn du mich schon als „Lehrer"/*didáskale* anredest, dann antworte ich dir auch wie der große Lehrer. Was spricht übrigens dagegen, dass Jesus Plato gelesen hätte? *Ratzinger* (S. 241) bringt ein interessantes Zitat aus *Platos Staat* (Politeia II, 361e–362a), wo der große Philosoph die Überzeugung äußert, zum vollkommenen Menschen gehöre auch, den Schein der Ungerechtigkeit auf sich zu nehmen: „Sie werden dann sagen, dass der Gerechte unter diesen Umständen gegeißelt, gefoltert, gebunden werden wird ... dass er zuletzt nach all diesen Misshandlungen gekreuzigt werden wird ...". Hat Jesus Plato gelesen oder Jesaja? Oder Plato den Jesaja? Oder Jesaja den Plato? Oder jeder hat es selber original entdeckt.

Doch dem Simon ist noch gar nicht klar, auf welche Frage er, ohne es zu ahnen, die rechte Antwort gegeben haben soll. An die Frau und an Gott denkt er im Moment überhaupt nicht, er ist noch bei dem verunglückten Geldgeschäft. Da auf einmal lenkt Jesus seinen äußeren und inneren Blick auf die Frau:
„Und er wandte sich zu der Frau und sagte zu Simon: Siehst du diese Frau ..."
Das Geschehen, das Lukas nun in Worte fasst, ist eine kunstvolle Delikatesse, die ihresgleichen sucht. Wieder gilt: Man muss die Szene schauen. Betrachten. Mit den Augen erfassen.
Das erste ist: Jesus wendet sich der Frau zu. Hier nun geschieht „Zuwendung", Wendung Jesu zur Frau. Im Griechischen steht dasselbe Wort, das Johannes für Maria Magdalena am Grab gebrauchen wird: *strephestai*,[393] sich umwenden. Dort am Grab, wenn ihr Name erklingt, wird sich die Frau Jesus zuwenden. Der grundlegende Anfang aber geschieht hier: Gott zuerst wendet sich dem Menschen zu, damit dieser sich seinem Gott zuwenden kann. So wie Jahwe sein Volk zuerst gerettet hat aus der Verbannung, damit es sich ihm zuwenden und vertrauen und nachfolgen kann.

Oder wie jene wunderschöne Szene aus Gen 16, 13 es wiedergibt, als Hagar, die Magd der Sarai, der sie weggelaufen ist, nach ihrer Begegnung mit dem Engel in der Wüste von Beersheba dem Brunnen dort den Namen „El-Roi" gibt und ihn deutet: Habe ich nicht nach dem geschaut, der (immer schon) nach mir (ge)schaut (hat).

Das zweite ist: Jesus wendet sich zwar der Frau zu – aber zugleich spricht er zu Simon, den er dabei also nicht anschaut. Er schenkt der Frau seinen Blick, als wollte er dem Simon sagen: Schau sie nur ruhig an! Schau ihre wunderbare Schönheit. Du wirst deswegen nicht unrein. Hab keine Angst. Genieße die Klarheit ihrer Seele, bade in ihrem reinen Herzen und werde selber rein.

Die folgenden Worte Jesu machen das, worum es nun geht, noch deutlicher: „Siehst du diese Frau?" Wieder erklingt, jetzt in der Mitte der Erzählung, das Hauptwort „Frau". Jesus sagt nicht: Siehst du die da! Diese Nutte, diese Schlampe, diese Betrügerin. Er nennt auch sonst keinen Spitznamen, den die Leute solch einer Frau gerne anheften, einen Namen, der verletzt. Nein, hier wird das Wort der Schöpfung Gottes wiederholt: Frau! Es ist, als habe Jesus, als habe Gott diesen Menschen soeben neu geschaffen und ihm seine ursprüngliche Würde

---

[393] S. Anmerkungen 258, 259 und 267.

als „Frau" in der Schönheit des ersten Schöpfungsmorgens wiedergeschenkt. Als Mann und Frau schuf er den Menschen. Und Jesus selbst genießt es, diesen neugeschaffenen Menschen anzuschauen. Dafür begeht er die Unhöflichkeit, zu Simon zu sprechen, während er die Frau anschaut – als wolle er dessen Blick auf sie hinziehen.

Durch sein Ansehen hat er der Frau ihr Ansehen wiedergegeben.

Jeder Mensch lebt aus dem Ansehen. Das kleine Baby, das zum ersten Mal bewusst die Eltern anschaut und wahrnimmt, ruft bei denen eine große Freude hervor: Es hat mich angeschaut! Und der Freund, die Freundin, sie leben von den Augen dessen, der sie anschaut. Und die Fans von dem Augenblick, da ihr Star sie – vermeintlich – angeschaut hat. Und der Pilger in Rom von jenem kostbaren Moment, da der Papst ihn, gerade ihn angeschaut hat. Und der Sterbende, was schaut er? Zum letzten Mal? Zum ersten Mal?

Ganz am Anfang der Bibel kennen wir eine Stelle, wo es ebenfalls um das Ansehen geht: Gott schaute „wohlgefällig auf Abel und sein Opfer, auf Kain aber und sein Opfer schaute er nicht"[394]. Das Nicht-Angeschaut-Werden schuf bei Kain jene Verwirrung, die ihn zum Mörder machte. Hier, im Haus des Pharisäers Simon, so kann man betrachten, macht Gott es umgekehrt: Er schaut nicht auf den gesetzestreuen, Opfer darbringenden Abel, den Gerechten, sondern auf den Sünder, den Kain, der nichts hat, was er darbringen könnte.[395] Und indem Gott in Jesus die Frau anschaut, empfängt sie alle Würde der Schöpfung wieder: Siehst du diese Frau!

Wer möchte, mag die Allegorie weiterführen und in dieser „Frau" die ferne Nachfahrin der Eva finden: Im Paradies hat sie die Frucht vom verbotenen Baum weitergereicht an den Mann, hier reicht sie die Frucht der Sünde, das Salböl, zurück an ihren Schöpfer und Herrn. Dort hat sie Schuld abgeschoben, hier bekennt sie weinend ihre Verlorenheit.

Gott schaut auf Kain.

Eva und Kain sind gerettet.

---

[394] Gen 4, 4f. Zum Text vgl. *Chr. Wrembek*, Adams Rettende Vertreibung, Tartu ²2005, S. 137ff. – Das Nicht-Angeschaut-Werden Kains wird dort nicht als Abwertung oder Bestrafung des „Ackerbauern" gedeutet, sondern als Ausdruck für die – jenseits von Eden, getrennt von Gott – grundsätzliche Ungleichheit aller Menschen, die diese nun anzunehmen und zu bestehen haben.
[395] Vgl. das ähnliche Bild im Gleichnis Jesu der zwei Männer (Pharisäer und Zöllner), die in den Tempel gehen... Lk 18, 9–14.

Und nun lädt Gott auch noch den „Abel", den „Gerechten", dazu ein, mit ihm auf jene zu schauen, die aller Welt als Sünder gelten. Und so wie „Gott der Herr" damals, jenseits von Eden, auf Abel schaute, aber mit Kain sprach, so schaut er jetzt auf „Kain" und spricht mit „Abel". Und so, wie damals Kain beschloss, den Bruder umzubringen, so beschließt jetzt Abel, seinen Gott umzubringen. Denn dieser Jesus ist ja kein Prophet. Er ist ein Frevler. Er muss ausgerottet werden.

Der Mensch bleibt der gleiche. Aber Gott, wie die Menschen ihn im Gang durch ihre Geschichte allmählich begreifen, hat sich „geändert", um den Menschen, das Geschöpf seiner Hände, zu retten.

Die Worte, die Jesus nun spricht, sind gerichtet an Simon, den Pharisäer. Er war „von seiner eigenen Gerechtigkeit überzeugt" (Lk 18, 9). Nie wäre es ihm in den Sinn gekommen, auch nur verglichen werden zu können mit „dieser da". Wie wir es ähnlich von den Pharisäern in Joh 9, 40 hören: „Sind etwa auch wir blind?" Blind, wie dieser ehemals Blindgeborene, nämlich Sünder, fern von Gott? Wir, die wir die Tora mit Strich und Punkt erfüllen? Dies auch nur zu erwägen, uns auch nur mit „solchen" zu vergleichen, ist bereits strafbarer theologischer Nonsens.

Nun lenkt Jesus die Gedanken des Simon zurück auf sein Kommen und Eintreten ins Haus. Er mag zu ihm gesagt haben:

Erinnerst du dich? Wasser für meine staubigen Füße? Fehlanzeige. Freundlichen Begrüßungskuss? Fehlanzeige. Salben mit Öl? Natürlich hättest du das niemals getan, das hätte ja messianisch missverstanden werden können. Die Frau hier hat es getan und hat als Sünderin, also fern von Gott, prophetisch genau die Wahrheit getan, die du als Gerechter, nahe bei Gott, nicht erkannt hast. Weißt du, bei den Heiden habe ich größeren Glauben gefunden als bei den Kindern Israels. Ich denke da an einen römischen Hauptmann, dem ich in Kafarnaum begegnet bin, in ihm ist viel Liebe für unser Volk, das ja eigentlich sein Feind ist. Ich denke an eine samaritanische Frau, der ich am Brunnen von Sychar begegnet bin und die ehrlich die „Wahrheit" gesagt hat. Ich denke an die Sünder, die zu Tausenden zu Johannes an den Jordan gezogen sind und sich taufen ließen ... Weißt du, Simon, dieses gemeine Volk, das vom Gesetz nichts versteht, diese Heiden und Huren, ich glaube, die tun, was in Gottes Augen wertvoll und gut ist. Sie tun es weitaus eher und einfacher als du und deinesgleichen. Manchmal tun sie es, ohne auch nur an Gott zu denken. Einfach aus Höflichkeit, aus Mitleid für einen Menschen, einen armen Schlucker, dem sie Wasser reichen. Wo du erst überlegst und in der Tora nachschaust, ob du überhaupt helfen und berühren darfst, wenn da jemand von Räubern überfallen wurde.

Deshalb, Simon, weil Gott ganz anders ist als deine Theologie, die deine Rabbis dich gelehrt haben, sage ich dir: „Ihr sind ihre viele Sünden vergeben, weil sie viel geliebt hat."

In unserer Perikope sind diese Worte Jesu der Höhepunkt des ganzen Dialoges. Er entspricht dem Höhepunkt des wortlosen Tuns, das auf Seiten der Frau am Anfang geschah, in ihrem Weinen und Wischen, ihrem Küssen und Salben der Füße. Damit enthüllt Jesus und hebt ins Wort, was unhörbar in ihrem Tun das Wesentliche war, das, was Gott sehr wohl wahrgenommen hat.

Nun müssen wir aber etwas ganz und gar Drolliges, vielleicht auch Armseliges nennen und es zurechtrücken.

Die Einheitsübersetzung „entschärft" nämlich den griechischen Text, indem sie übersetzt: „Weil sie (*mir*) so viele Liebe gezeigt hat". Das in Klammern gesetzte „mir" (was dann die Umschreibung mit „hat Liebe gezeigt" notwendig macht statt „hat geliebt") bedeutet, dass dieses Wörtchen im Griechischen nicht dasteht. Es wurde von den gelehrten Übersetzern der Einheitsübersetzung „sinngemäß" eingefügt. Tatsächlich steht im griechischen Original einfach: *ēgápēsen*/(sie) hat geliebt bzw: „Weil sie ... geliebt hat."[396]

Was war wohl der Grund für die „entschärfende Umschreibung" der Einheitsübersetzung? Deren Autoren (unter 39 Übersetzern findet sich keine Frau) sahen sich offenbar vor ein heikles Problem gestellt, das sie erröten ließ. Wenn sie korrekt übersetzen würden mit: Ihr sind ihre vielen Sünden vergeben, „weil sie viel geliebt hat", dann könnten doch vielleicht oder sogar wahrscheinlich viele „ungelehrte", um nicht zu sagen „sündige" Leser, also das „gemeine Volk", auf die Idee kommen, Jesus meine die Liebe im Vorleben dieser Frau, die ja nun eine Dirne war oder noch ist. Und die Missverständnisse, die dann entstünden, wären nicht auszudenken. Dann könnte man noch auf den Gedanken kommen, Jesus meine, derartige Liebe – Gott verzeihe uns diesen Gedanken – hätte vor Gott einen gnadenhaften Wert, wäre in der Lage, ähnlich der sakramentalen Absolution des geweihten Priesters, Sünden zu vergeben – o Gott o Gott! Nein, solche Missverständ-

---

[396] Auch die Rev. Lutherübersetzung sagt „denn sie hat viel Liebe gezeigt". Korrekt ist die Jerusalemer Bibel „(darum) hat sie viel geliebt"; das ‚darum' statt ‚weil' ist allerdings falsch. Die Fachexegeten *Schürmann*, *Radl*, *Bovon* übersetzen richtig mit ‚sie hat viel geliebt' oder ‚weil sie viel liebte'.

nisse mussten vermieden werden. Und so „klemmten" sie kurzerhand die „Liebe" (wenn man solches Dirnen- und Geschäfts-Verhalten überhaupt so bezeichnen durfte) im Leben dieser Frau ab und beschränkten ihre „Liebe" in moralischer Korrektheit auf jene paar letzten Minuten, da die Frau die heiligen Füße Jesu, des Sohnes Gottes, untertänig, reuevoll, bußfertig und „christologisch" geehrt hatte: „Weil sie mir so viel Liebe gezeigt hat."

Aber so, wie Jesus damals den Pharisäer Simon vor den Kopf gestoßen hat, so würde er auch heute viele Theologen vor den Kopf stoßen. Denn er, der Sohn Gottes, denkt viel weiter und barmherziger und menschlicher als alle, wirklich alle Theologie und alle Theologen. Er ist der „Deus semper maior" (Przywara SJ), der „immer größere Gott", der „immer größere Christus" (Teilhard de Chardin SJ).

Was steckt in dem griechischen Wort *ēgápēsen*/hat geliebt?

Schürmann, der diesen grammatischen Fragen am gründlichsten von allen herangezogenen Exegeten nachgeht, verwirft den Vorschlag anderer Fachleute, das Wort „präsentisch" zu übersetzen: Weil sie so viel „liebt", nämlich hier und jetzt, also mich. Nein, sie „hat geliebt"! Wo findet sich diese gleiche grammatische Form dieses selben Wortes noch im Neuen Testament, damit wir aus dem Vergleich finden können, was Jesus gemeint hat? Da stoßen wir auf eine Stelle, an die keiner der Fachexegeten gedacht hat. Die aber jedem, der mit der Materie gründlich vertraut ist, den Atem stocken lässt:

„Gott hat die Welt so sehr geliebt, dass er seinen ..." (Joh 3, 16).

Zur Wiedergabe dieser Worte Jesu gebrauchte der Evangelist Johannes das gleiche griechische Wort: *ēgápēsen*. Gott aber hat die Welt nicht gerade erst in den „letzten fünf Minuten" geliebt. „Weil ich dich liebe, gebe ich für dich ganze Länder" (Jes 43, 4), weil ich dich liebe, „setze ich mein Leben ein für die Schafe" (Joh 10, 11). Er hat „die Vielen", alle, immer schon, von Anfang an bis jetzt, in allem, was geschah, geliebt „mit Ketten der Liebe" (Hos 11, 4). Hat sich der Welt zugewandt, wollte ihr immer näher kommen, ihr geben, was sie zum Leben braucht. Hat sie „an die Wange gehoben" (Hos 11, 4).

Und wenn wir schon in Hosea wie bei keinem anderen Propheten diese bräutliche Liebe Gottes zu seinem Volk sehen und hören, mit allen Bildern und Gesten der Erotik – dieser Hosea wurde anfangs zu einer Dirne geschickt (Hos 1, 2), dass er mit ihr Kinder zeuge.[397]

---

[397] Jeder Hoffnung, ich würde jetzt *Dan Brown* und andere bestätigen, soll hier im Keim widersprochen werden..

Und nun, im Haus des Gerechten, des Simon, begegnet Jesus einer Hetäre. Darf man in ihr das Volk Israel vertreten sehen, wie damals bei Hosea in der Dirne Gomer mit ihren zwei Söhnen und der Tochter? Nur dass Jesus jetzt, wie schon im Blick auf Eva und Kain, alles umkehrt: Ja, ich bin Erbarmen – in Umkehrung von Hos 1, 6. Und ihr seid mein Volk und ich bin da für euch – in Umkehrung von Hos 1, 9. Und du, treuloses Israel, du bist meine Frau und ich bin dein Mann – in Umkehrung von Hos 2, 4.[398]

Bevor Gott den Menschen zur Umkehr auffordert, kehrt er selber um, wendet sich dem Menschen neu zu und sagt: Du selbst hast von deinem „Gesicht das Dirnenzeichen" entfernt und von deinen „Brüsten die Male des Ehebruchs" (Hos 2, 4b) – weil du so viel geliebt hast.

Ja, Jesus war der „große Prophet". Wirklich und wahrhaftig. Er führte Hosea fort, aber in neuer, überbietender Weise. In ihm wandte Gott sich neu und endgültig seinem Volk, der ganzen Menschheit von neuem zu. Auf immer und ewig. Und das Volk hatte schon Recht, wenn es Jesus als „großen Propheten" ausrief. Einzig die „Gerechten" erkannten ihn nicht, denn sie wünschten, getreu ihrer Theologie, dass Gott sich nur den „Treuen" zuwende, nicht den „Treulosen". Aber wem könnte sich Gott dann noch zuwenden?

So lässt sich dieser Satz, der Höhepunkt der ganzen Begegnung, theologisch-exegetisch-geistlich deuten.

Ich möchte aber auch noch die Betrachtung der menschlich-psychologischen Ebene hinzufügen, die ja die Grundlage für alle theologischen Spekulationen ist, wie die Natur es ist für die Gnade. Dazu müssen wir uns in diese Frau, ihren Lebensweg (den wir nicht kennen), in das Geschehen der letzten Tage (was wir nur vermuten können) hineinversetzen, um ihre Seele zu erfühlen.

Uns sind nur wenige Indizien gegeben: Sie war wohl eine Hetäre, ist jetzt vermutlich eine reiche Geschäftsfrau, sie will von diesem verkorksten Leben loskommen. Bei einer zuvor geschehenen Begegnung mit Jesus war dies alte Leben schon aufgebrochen, das Sich-Lösen hatte

---

[398] Bei dieser „geistlichen" Deutung kann es passieren, dass nun einige Exegeten frohlocken: Da haben wir den Beweis! Lukas hat diese ganze Szene „komponiert" im Blick auf Hosea - historisch passiert ist die Episode also überhaupt nicht. Der Text ist nichts als eine zwar großartige, aber eben doch literarische „Erfindung" des Evangelisten: Die Dirne im Haus des Gerechten als Bild für Gottes Bund mit dem neuen Israel ... Auch dieser Hoffnung, ich hätte so etwas sagen wollen, sei hier im Keim widersprochen.

begonnen. Sie hatte die sichere Überzeugung gewonnen: Wenn einer, dann ist es dieser Jesus, der mir helfen kann, aus dem Alten herauszukommen und neu zu beginnen. Ich muss zu ihm, noch einmal, ihm danken, ihn festhalten. Ich brauche ihn.

Was dann geschehen ist, haben wir auf den vorangegangenen Seiten anschaulich und doch dürftig zu zeichnen versucht. Was geschah nun *in* der Frau, als Jesus sein Gespräch mit dem Pharisäer Simon begann? Vor allem, als er dies Wort vom „lieben" sagte?

Die Frau ist ja auffallend sprachlos. Was sie empfand, dachte und wollte, drückte sie mit ihrem Leib aus. Wie ein kleines Kind. Als ihr Weinen sich beruhigt hatte, als sie die nackte Haut der Füße Jesu nur noch salbend streichelte, beruhigte sie sich noch mehr. Ob sie wirklich zuhörte, was dieser Prophet zum Pharisäer sprach, kann man in Zweifel ziehen, da sie ganz und gar auf sich selbst in der Einheit mit diesem Mann unter dem Zelt ihrer Haare bezogen war: Ich bin neu durch den, den ich habe und salbend, streichelnd festhalte. Alles um sie herum, so deutet es auch der Text an, nahm sie gar nicht wahr.

Als sie ihren Kopf hob, schaute sie in die Augen, die sie anschauten. Sein Blick war nicht der übliche der Männer mit ihrem Abtasten und Habenwollen, der Blick der Lust und Verachtung, sondern das Schauen der Anerkennung und Wertschätzung, der normalen, herzlichen Zuwendung in Liebe.

Und dann hörte sie es: „Ihr sind ihre vielen Sünden vergeben."

Ein Wort, das sie so schnell kaum fassen konnte. Denn an ihre Sünden im theologischen Sinn, womöglich noch nach der Tora, hatte sie gewiss nicht gedacht. Nur an dieses vergeudete Leben, das sie abwerfen wollte, diese Leere, in die sie nicht mehr zurück wollte, an all diesen Schmutz der vergangenen Jahre ... Sünden? Ja, natürlich, sie war keine Besucherin der Synagoge gewesen. Vom Tempel und seinen Opfern samt Beten gar nicht erst zu reden. Vergeben? Ihre vielen Sünden vergeben? Ja, aber was sollte das? Das ging doch nicht so einfach. Sie müsste zum Tempel, zu den Priestern, Opfertiere kaufen. Vergeben? Das konnte nur Gott.

„... weil sie so viel geliebt hat."

Ich habe geliebt? Das alles nennt er Liebe? Er sieht in meinem Leben viel Liebe? Ich sehe nur Dreck und Intrigen, Sucht nach Macht und Zerstören der Gegner, Gier nach Reichtum, Wollust in rauschhaften Festgelagen mit ihren Orgien ... Und er sagt, da war viel Liebe? Und weil ich geliebt habe, werden meine Sünden vergeben?

Wahrscheinlich kamen der Frau die Tränen von neuem, denn nichts bewegt einen Menschen so sehr in erschütterter Dankbarkeit, wie wenn jemand in seinem Leben, das er selber nur noch wie Schund und Schande sieht, Liebe entdeckt. Das ist göttlich.

Gott sieht alles gut. Schau auf meine Sünden!

Und worauf Gott schaut, das wird gut. Er hat kein Interesse an Sünden, „am Tod des Sünders", er sucht sie nicht einmal, er hat seine Freude am Guten,[399] an diesen winzigen Perlen im Misthaufen des Lebens. Und er durchwühlt den Misthaufen des Menschen unermüdlich, um die eine Perle zu finden.

Er wird sie finden.

Auch dort, wo du, Mensch, nicht mal mehr suchen würdest.

Drei Ursachen

Wir stehen nun bei dem Satz, der allen Auslegern große Schwierigkeiten bereitet hat: „Ihr sind ihre vielen Sünden vergeben, weil sie viel geliebt hat; wem aber nur wenig vergeben wird, wenig nur liebt er" (Lk 7, 47). Denn einmal provoziert diese Formulierung die Frage: Wenn Liebe die Ursache zur Tilgung von Sünden ist, wozu dann noch das Vergebungswort Jesu? Oder konfessionell-dogmatisch: Wozu dann noch sakramentale Absolution durch einen Priester? Zum anderen provoziert der Satz unsere Logik: Er steht in seiner grammatischen Struktur „quer" zum Denkablauf, er ist unlogisch formuliert und bringt den logisch denkenden Menschen durcheinander, indem er Ursachen und Wirkungen austauscht.

Gehen wir zunächst der ersten Frage auf den Grund: Hat Liebe die Kraft, Sünden zu tilgen? Ist die Liebe im Leben auch dieser Frau die ausreichende Ursache, dass ihre Sünden vergeben sind? Jesus sagte klar: „Sind vergeben, weil sie so viel geliebt hat."[400]

---

[399] „Ich werde mich über sie freuen, wenn ich ihnen Gutes erweise" Jer 32, 41.
[400] Wie schwierig dieser Satz des NT für christliche Theologen zu akzeptieren ist, mag aus einem Buch klar werden, das ein deutscher kath. Bischof 1978 veröffentlicht hat; darin schrieb er: „Heilige Menschen, d. h. Menschen im Stand der Gnade sind die einzigen, deren Werke vor Gott Geltung haben. Die guten Werke von Sündern, die vor Gott tot sind, können keine Geltung haben vor Gott, besitzen keinen übernatürlichen Wert." (S. 121) Bei diesem Bischof

Jesu Lehre ist nicht neu. Sie findet sich schon in Spr 10, 12: „Hass weckt Streit, Liebe deckt alle Vergehen zu." Petrus (1 Petr 4, 8) kannte diesen Spruch aus seiner jüdischen Tradition. Ob er auch von diesem Wort Jesu beim Pharisäer Simon an die Frau wusste, ist uns nicht bekannt. Die Offenbarung Gottes in Jesus, seinem Sohn, kann nicht hinter eine Offenbarung zurückfallen, die im AT schon einmal erklungen ist, sie kann diese nur noch übersteigen.

Das Problem entsteht eigentlich an einer anderen Stelle: Die Bereitschaft Gottes, dem Sünder Sünden zu vergeben durch dessen kleinste Tat der Liebe, wird in einer verfassten Religion, in Kirchen und religiösen Strukturen allgemein, in ein „System" eingebunden und somit gebunden an Ritus und Personen. Das ist soziologisch gesehen völlig normal: Jede „Beglaubigung" holt man sich in einem bestimmten Büro, jede Vergebung in einem bestimmten Rechtsakt.

Doch darüber kann der Eindruck und sogar die lehramtlich abgesicherte Praxis entstehen, dass man Vergebung von Gott „nur" unter der Bedingung erhält, in eben diesem „Büro" (alias Beichtstuhl) nach entsprechender Gebühr (oder Buße) den ersehnten Stempel (die Lossprechung) zu erhalten. Das wird in jedem staatlichen und staatsähnlichen Apparat so laufen müssen. Nur, unsere Kirche ist zumindest in ihrem eigentlichen Kern „nicht von dieser Welt", sie ist in ihrem Wesen nicht Institution oder Apparat. Bei ihr muss noch etwas anderes da sein, insofern wir eben nicht deckungsgleich sind mit einer soziologischen gesellschaftlichen Größe, sondern auch mit Gott, mit dem wir, wie man heute formuliert, „Schnittflächen" haben.

Der Katechismus der Katholischen Kirche bringt einen wunderbar verrückten Satz, der diesen Zusammenhang ähnlich „unlogisch" ausdrückt wie Jesus in seinem Wort an die Sünderin. Beim Kapitel über die „Notwendigkeit der Taufe" heißt es am Ende von Nr. 1257:

„Gott hat das Heil an das Sakrament der Taufe gebunden, aber er selbst ist nicht an seine Sakramente gebunden."[401]

---

hätte die Hetäre keine Hoffnung gefunden – und er hätte in ihrem Leben Liebe überhaupt nicht gesucht.

[401] Ein gebildeter Laie, dem ich diesen Satz ruhig vortrug, schüttelte den Kopf: "Versteh' ich nicht." Denkt man über den Satz nach, muss man beglückt sein: Besser kann man das Zusammenspiel zwischen Gott und seiner Institution Kirche kaum ausdrücken. –
Dabei mag dieser Satz aus einer Spannung entstanden sein: Ein Theologe hatte nur den ersten Teil formuliert, im Sinn von „außerhalb der Sakramente kein

Was ist der Grund für diesen Satz, der irgendwie sich selbst aufhebt? (Wenn da stände: „Wir haben" oder „Kirche hat" das Heil an das Sakrament gebunden, Gott aber nicht ..., dann wäre der Satz logisch korrekt. Aber hier steht eben: Gott hat sein Heil gebunden ..., aber Gott hat sich selbst nicht gebunden.)

Der Grund für alle „Ungebundenheit Gottes" ist Gottes eigener Wille. „Gott will, dass alle Menschen gerettet werden!" (Tit 2, 11) Wenn Gott dieses *mysterion* seines Willens kundgetan hat (Eph 1, 9), dass er gut sein will (Mt 8, 3), dann kann keine Institution, keine Lehre oder Tradition oder Person dagegen bestehen: Gott bewirkt, was er will.

Nehmen wir ein Gleichnis:

Da ist so einer wie Bill Gates: Unser Bill hat viel Geld und tut viel Gutes. Er will Gutes tun. Er findet eine Familie mit einem behinderten Kind, er sagt: Ich will euch jeden Tag eine Million gben. Die Leute freuen sich, freuen sich sehr. Sie glauben dem Wort und fahren beglückt nach Hause. Doch dem Mann kommen Bedenken: Was, wenn wir den Bill mal nicht antreffen? Weiß sein Geschäftsführer Bescheid? Was, wenn Bill mal im Krankenhaus liegt, wer zahlt dann aus? Was, wenn Bill morgen stirbt? Und so geht der Mann wieder zu Bill und fragt: Könntest du uns die Sache mit der Million nicht schriftlich geben? Mit Stempel und Siegel? Kein Problem, sagt Bill, gerne. Ich mag euch ja, ich will euch ja helfen. Doppelt beglückt geht der Mann mit seiner Beglaubigung in der Tasche nach Hause. Nun hat er alles schwarz auf weiß. Doch da passiert das Unglück: Ihr Hund Lumpi hat die Beglaubigung gefunden, ihm schmeckt das Papier und er frisst die Beglaubigung auf. Entsetzt steht der Mann da. Was nun? Ohne Papier gibt ihm keine Bank mehr etwas. Ohne Papier schickt ihn der Pförtner bei der Firma von Bill wieder weg. Ohne Papier ist er so arm dran wie eh und je. Da glückt es ihm, Bill ans Telefon zu bekommen: Wir haben das Papier verloren, nun bekommen wir nichts mehr ... Wieso?, fragt Bill, ich will doch! Ich bin doch nicht von meinem Papier abhängig. Wenn ihr wollt, gebe ich euch ein neues Papier. Ich kann euch auch hundert geben, falls Lumpi ...

Die Exegeten, die den Satz bei Lukas mit leichter dogmatischer Erschütterung lesen, warten wohl geradezu auf die nachfolgenden Worte

---

Heil!" Dann musste der Text einem zweiten vorgelegt werden, der schüttelte den Kopf, dachte ans Konzil und machte aus dem Punkt ein Komma: „..., aber er selbst ist nicht an seine Sakramente gebunden." Sehr, sehr schön.

Jesu: „Vergeben sind dir deine Sünden!" Na endlich, welch Glück! Nun ist der sakramentale Satz erklungen, schwarz auf weiß, den die Institution als unabdingbar hingestellt hat. Hier erst und durch ihn erst werden die Sünden vergeben.

Vielleicht würde Jesus diesen Theologen fragen: Willst du vergeben? Willst du wirklich? Willst du zutiefst, dass Menschen gerettet werden? Willst du wirklich das Heil aller? Willst du das aus deinem ganzem Herzen? Und über alles? Wie ich? Warum wirfst du diesem Menschen dann nicht die Vergebung hinterher? Warum schenkst du ihm dann nicht alles Heil? Warum suchst du nicht auf Knien danach, wie du ihn erfreuen kannst? Warum bietest du, Bischof, dich nicht lieber selber zur Verdammnis an, um diesen einen Menschen zu retten? (Röm 9, 3)

Wie sehr es darauf ankommt, ob der Mensch wirklich will, wird an einer Episode aus dem AT deutlich, die unauslöschlich aus früheren Kinder-Katechesen in der Erinnerung verblieben ist: Daniel in der Löwengrube (Dan 6, 2–29). In dieser Geschichte von Intriganten und Intrigen wurde eine Falle für Daniel ersonnen und ebenso für den König, der Daniel mochte und ihn zum höchsten Beamten seines ganzen Reiches einsetzen wollte. Das brachte die Neider in Aktion. Wie üblich. In V. 15 steht der für unseren Zusammenhang wichtige Satz: Der König „dachte nach, wie er Daniel retten könne". Der heidnische König will einen Ausländer retten. Er will! Und dazu „trickst" er sein eigenes Gesetz und dessen Befürworter aus, „das unwandelbare Gesetz der Meder und Perser", das er gerade unterzeichnet hatte. Er überschreitet sein eigenes Gesetz, seine eigene Ordnung, weil er retten will. Wie viel mehr wird dann Gott die retten wollen, die doch sein eigen sind.[402]

Mit blutenden Knien hat Jesus den Schlüssel gefunden, der jedes Tor aufschließt, auch das Tor des Himmels für „Böse und Gute" (Mt

---

[402] Übrigens hat der König clever nachgedacht, wie er Daniel vor den Löwen retten könnte. Er kannte sich mit solchen Tieren aus. „Bis Sonnenuntergang bemühte er sich" - durch endlose Diskussionen mit den Intriganten, wozu? Um selber aus der Falle herauszukommen? Keineswegs! Er brauchte die stundenlangen Gespräche mit den Intriganten, denn dadurch waren diese an den Thronsaal gebunden und konnten von dort nicht weggehen. Der König aber reichte hinterrücks heimlich einen Zettel an seinen privaten Diener, auf dem stand ... Na was wohl? „Füttere die Löwen, bis sie pappsatt in der Ecke liegen!" Er wollte eben retten.

22, 10): den Schlüssel des Willens seiner Liebe. Den Schlüssel des Tuns des Guten in seiner allerarmseligsten Gestalt. Denn: Ich will doch, dass du bei mir bist! (Joh 14, 3)

Deshalb müssen wir abschließend zu dieser ersten Frage sagen: An dieser Stelle im Haus des Pharisäers begegnen wir nicht der Institution, sondern Gott. Begegnen wir dem, der jeden retten will. Und der sich natürlich nicht selber eine Bedingung setzen kann. Es wäre widersinnig, wenn sein abschließendes Wort „Vergeben sind dir deine Sünden" nun erst ursächlich die Vergebung gäbe. Denn die Liebe und Gottes Vergebungswort sind eins, worauf uns Johannes aufmerksam macht (gerade Johannes), wenn er schreibt: „Gott ist die Liebe, und wer in der Liebe bleibt, der bleibt in Gott, und Gott bleibt in ihm" (1 Joh 4, 16b). Liebe ist göttlich, und Gott ist in ihr gegenwärtig. Er will in jeder Liebe gegenwärtig sein.

Das Wort Jesu kann nur so verstanden werden, dass es öffentlich objektiv, für die „Pförtner" und „Bankangestellten", für alle hörbar ins Wort hebt, was schon geschehen ist durch jenen Willen, jene Liebe, die Gott selbst in seine Schöpfung, also in jeden Menschen hineingelegt hat, als einen Abglanz seines eigenen Wesens. Denn er will ja retten, auf jede nur denkbare Weise.

Kommen wir zur zweiten Frage: Ist der Satz Jesu unlogisch formuliert? Verwechselt er unzulässig die Ursachen? Noch einmal der anstößige Satz: „Ihr sind ihre vielen Sündern vergeben, weil sie viel geliebt hat; wem aber nur wenig vergeben wird, wenig nur liebt er."

Korrekt hätte Jesus den Parallelismus so weiterführen müssen: „... weil sie viel geliebt hat; wer aber weniger liebt, dem wird auch weniger vergeben." Dann wäre beide Male die Liebe die Ursache gewesen, einmal das „viel lieben", das andere Mal das „wenig lieben". So wäre der Vergleich logisch korrekt formuliert. Jetzt aber gerät der Hörer durcheinander, weil Jesus zwei Positionen wechselt, indem er die Ursachen vertauscht und auch die Folgen austauscht.

Und damit das Vergleichen unmöglich macht.

Vielleicht will er gar nicht so vergleichen, wie wir es erwarten?

Um das Problem zu lösen, begeben wir uns wieder in die konkrete Situation hinein, die uns Lukas dankenswerterweise präzise überliefert hat. Jesus spricht diese Worte ja an Simon: „Deshalb sage ich dir!" Was nun muss dieser Simon verstehen, was soll *er* kapieren? Wir haben schon darauf hingewiesen, dass im Hintergrund der Auseinandersetzung zwei Gottesvorstellungen aufeinandertreffen, die des Pharisäers und die Jesu: Beim Pharisäer erscheint Gott hinter all den Regeln und

Bedingungen der Institution wie verborgen, bei Jesus tritt Gott sogar im Versagen des Sünders unverstellt hervor. Jesus will nun dem Simon sagen, wie Gott in Wahrheit ist.

Jesus begann seinen Dialog beim Gastmahl, indem er Simon anredete: Simon, ich möchte dir etwas sagen ... Und er endet den Dialog, indem er den Bogen schließt mit dem letzten Wort wieder an Simon: Wem aber weniger vergeben wird, der liebt auch weniger: Simon, du hast so korrekt gelebt, so ordentlich und perfekt nach der Tora, dass dir kaum Sünden unterlaufen sind. Vergebung? Bei dir reicht ein Schulterklopfen. Anerkennend, versteht sich. Denn deine religiöse Leistung, Simon, was du alles so schaffst und tust in jeder Woche, dein Pensum an Gebeten und Fasten und Opfern, an Verneigungen und Almosen, das ist bemerkenswert. Da stehst du weit über den anderen! Dein Eifer für die Erfüllung der Tora lässt sich sehen. Nur, eines hast du darüber mehr und mehr aus den Augen verloren: Bei all dem stehst du selbst in der Mitte. Um von den Menschen gesehen zu werden, tust du das alles. Und um von Gott gesehen zu werden. Was bleibt Gott bei deiner Korrektheit noch zu tun übrig? Ihm bleibt nichts anderes übrig, als dir die Eintrittskarte für den Himmel zu knipsen, erster Klasse.

Aber Gott ist nicht der Knipser.

Die Kehrseite deiner Vollkommenheit, die fast keine Vergebung nötig hat, ist nämlich, dass du Gott nicht kennen gelernt hast. Denn Gott ist voll Erbarmen. Gott ist Zuwendung von Anbeginn bis in alle Ewigkeit. Doch dir kann Er Erbarmen nicht schenken, weil du es nicht brauchst. Du schaffst ja alles selber. Bis auf eines: Du hast noch nicht begriffen, was Liebe ist. Dem, der Zuwendung braucht, Beziehung schenken. Über all deiner Leistung hast du deine Liebe verloren.[403] Weißt du, was dir fehlt? Dir fehlt, dass du mal so richtig sündigst! So richtig kopfüber in die Scheiße tunkst. Dass all deine Vollkommenheiten platt liegen wie eine alte Tonscherbe. Dann müsstest du auf Liebe hoffen, um Erbarmen klagen – und dann würdest du Gott finden und erkennen, wie Er wirklich ist.

Und sie, diese Frau hier, sie würde dir dabei helfen.

Ganz recht haben einige Exegeten den Vergleich mit dem Gleichnis vom Verlorenen Sohn geahnt: Simon gleicht dem Sohn, der zu

---

[403] Der KKK bietet ab S. 771 bis 814 ein umfangreiches „Thematisches Register". Unter „Jesus Christus" gibt es das Unterthema „Themen der Predigt Jesu". Darunter werden vier (!) Äußerungen zu „Ehe" genannt – und keine einzige zu „Liebe"! Eigenwillige Registrierung? Peinliches Versehen? Bezeichnend?

Hause geblieben ist. Er hat weder sich selbst noch den Vater kennen gelernt. Er hat treu und routinemäßig seine Arbeit getan, nichts war ihm vorzuwerfen, alles korrekt. Political correctness. Deshalb brauchte er keine Vergebung. Aber er kannte auch keine Liebe. Merkwürdiger Zusammenhang. Der jüngere Sohn, der „Spring-ins-Feld", der nur Sorgen machte und zu nichts zu gebrauchen war, der geriet in die Ferne von Gott – und deshalb lernte er Gott kennen, dessen Barmherzigkeit und Umarmen, die sein Wesen sind. Sein Name.

Paulus wird später den gleichen Gedanken, die gleiche Erfahrung, die hier die Frau und Simon machen, so ausdrücken: „Und wie ihr einst Gott ungehorsam wart, jetzt aber infolge ihres Ungehorsams Erbarmen gefunden habt, so sind sie infolge des Erbarmens, das ihr gefunden habt, ungehorsam geworden, damit jetzt auch sie Erbarmen finden. Gott hat alle in den Ungehorsam eingeschlossen, um sich aller zu erbarmen" (Röm 11, 30ff.).

Fern von Gott erfährt man seine Liebe.

Ist es da überraschend, dass unsere Theologen vor gut 1000 Jahren im Blick auf den Verlorenen Sohn zu der Einsicht kamen, diese Umkehr, dieser Rückweg und das Heimkommen des Jüngeren, das sei eigentlich Reue und Umkehr und Absolution (!) in einem? Genauso sieht es Jesus bei dieser Frau.

Und mehr noch. Jesus nennt uns drei Ursachen, die zur Liebe führen und Vergebung bewirken.

Die letzte und schwächste Ursache, jenes Verhalten, das mehr theoretisch als praktisch zur Liebe hinlenkt, ist die eigene Vollkommenheit, die sich ihrer Tadellosigkeit mitunter recht bewusst ist. Sie kommt folgerichtig fast ohne Vergebung aus. Nur wenig Liebe geht deshalb aus ihr hervor, weil sie nicht auf den anderen schaut, der Zuwendung braucht, sondern auf sich selbst, auf die eigene Perfektion vor Gott. Auch psychologisch dürfte stimmen, dass die auf Gesetz und Norm Bedachten, die Perfekten und manchmal Zwanghaften jene sind, die sich am schwersten in der Liebe tun. Denn Liebe übertritt Gesetze um des Menschen willen, der Hilfe braucht.

Davor nennt Jesus die zweitbeste Ursache, den „Weg, der alles übersteigt" (1 Kor 12, 31), nämlich die Liebe im Menschen. Jene wirkliche Liebe, die die Last der anderen mitträgt[404], jene Liebe, die einander dient, egal ob ein Gesetz das vorschreibt oder verbietet, die allen

---

[404] „Einer trage des anderen Last..." (Gal 6, 2) oder Ignatius von Loyola: „Die Liebe muss mehr in die Werke als in die Worte gelegt werden."

Menschen Gutes tut und nicht fragt, ob es erlaubt sei, die ohne Wissen um Gott und Religionen und Riten sich herabbeugt zum Letzten, um ihm ein Glas Wasser zu reichen (Mt 25, 35). Jene Liebe, die Leben mitteilt. Diese Liebe, die das Herz der Welt ist, der Pulsschlag der Atome und fernsten Milchstraßen. Jesus fand davon viel im Leben der Hetäre Maria von Betanien. Und da Gott kein Buchhalter ist, der Plus gegen Minus aufrechnet, um am Ende mit Stirnrunzeln den Finger auf die Bilanz zu legen, da Gott nicht auf das Minus schaut, sondern dem Letzten ebenso viel geben will wie dem Perfekten, darum hat er nach dieser Liebe gesucht und sucht nur nach ihr, immer und ewig. Und er findet sie. Viel davon hat er gefunden im Leben dieser Frau! Das reichte bei weitem.

Bleibt noch eine, die erste Ursache, die die Grundlage für die beiden anderen ist. Keiner der Exegeten hat sie gesehen. Keiner hat bedacht, dass Jesus diese über allen menschlichen Möglichkeiten stehende Ursache in seinem Gleichnis genannt haben könnte: Es ist die paradoxe Ursache des „Nicht-Können": „Da sie ihre Schuld nicht bezahlen konnten, erließ er sie beiden."

Das war das erste, was Simon hörte und was er an seinem Gottesbild hätte ändern müssen: Vor allem Tun des Menschen steht Gottes Sein und Tun. Und dieses ganz andere Sein Gottes führt zu seinem Handeln, das ganz anders ist, als menschliche Geschäftemacher jemals sein könnten oder gar dürften. Im Erlass der Schulden der ärmsten Länder hat die Weltbank, haben die Reichen wohl ungeahnt und etwas widerwillig Züge von Gottes Art aufblitzen lassen. Denn die erste „Ursache", die Gottes Vergebung bewirkt, ist das „Nicht-Können" des Geschöpfes, des Menschen. Wir können nicht zurückzahlen, wir können nicht wiedergutmachen – deshalb schenkt Gott.

Wie eine Mutter dem Baby alles gibt, weil es nichts kann.

Matthäus, der Zöllner, hat diese wohl auch persönliche Erfahrung und Einsicht in jenem Gleichnis aufbewahrt, das er als einziger überliefert hat: im Gleichnis vom Knecht, der nicht zurückzahlen kann und dem der Herr alles schenkt. „Weil du mich so angefleht hast." Der Herr hatte Mitleid und schenkte ihm die Schuld. (Mt 18, 27.32)

Oder noch einmal jener Zöllner im Gleichnis Jesu von den beiden Männern, die in den Tempel hinaufgingen um zu beten. Der Pharisäer und der Zöllner – es hätte auch eine Dirne sein können. Und letzterer, der nichts in Händen hielt und kein gutes Werk, absolut gar nichts vorweisen konnte wie auch hier die Frau, der deswegen alles ganz und gar auf Gott und dessen Erbarmen setzen musste, der hörte das völlig unverständige, das allen Selbstgerechten so widerwärtige Wort: Dieser kehrte als Gerechter nach Hause zurück (Lk 18, 14), jener, der Pharisäer, nicht.

Schon lange vor Jesus haben die Beter in Israel, die wirklich Betenden und nicht nur „sich selbst Erhöhenden", den Kopf geschüttelt und beim Psalm 130 gemurmelt: Wenn Gott wirklich auf unsere Sünden schaut, wenn er die wirklich alle zählt und wiegt – dann haben wir keine Chance. Dann können wir gleich aufgeben. „Aber bei ihm ist Vergebung!" Sie muss bei ihm sein! Er muss erlösen von allen Sünden. Umsonst. Wenn er es nicht tut – wir schaffen es nimmermehr.

Und Paulus nimmt genau dies Beste aus der Tradition seines Volkes, findet es in Jesus von Gott neu offenbart und bestätigt und wird nicht müde, es immer wieder zu schreiben: „Er hat sie uns geschenkt in seinem geliebten Sohn, durch sein Blut haben wir die Erlösung" (Eph 1, 6). und gleich noch einmal, damit es in deinem Hirn, Mensch, eingebrannt sei: „Denn aus Gnade (Zuwendung) seid ihr durch den Glauben (im Vertrauen) gerettet, nicht aus eigener Kraft – Gott hat es geschenkt!" (Eph 2, 8) Die größte, alle „Zweitursachen" tragende „Erst-Ursache" für Vergebung ist Gott selber in seinem Wesen. Denn das Wesen Gottes, sein Herz, sein Wille, seine Liebe, will schenken. Schenken eben nicht nach Verdienst, das wäre Geschäft, sondern dort und dem, wo ein Mensch nicht mehr kann.

Die Frau konnte nicht mehr.

Deshalb griff Gott schnell nach ihr, zog sie heraus aus ihrer Verlorenheit und schenkte ihr alles, indem er ihr sein eigenes Selbst zuwandte.

Glaube oder Vertrauen?

Es ist geradezu natürlich und notwendig, dass die Gäste des Gastmahls, Freunde des Pharisäers, die dachten wie er, von diesem Wort Jesu völlig überrascht waren: „Und es begannen die mit zu Tisch lagen zu sprechen unter sich: Wer ist dieser, der auch Sünden vergibt?" Das kann doch nur Gott![405] Das ist nur im Heiligtum auf dem Zion möglich!

---

[405] Mir kommt eine Begebenheit in Erinnerung, als ich Studentenpfarrer in Berlin war. Bei der Hl. Messe mit Studenten war ein Jude anwesend; er war ein Freund unserer Gemeinde geworden, der gerne zu vielen Veranstaltungen kam.

Das geht nur nach den Vorschriften der Tora. Was ist das hier für ein Mensch? Ist der von Sinnen? Oder ein Gotteslästerer, wie einige von uns schon festgestellt haben? Ein neuer Sektierer?

Aber Gott in seiner bedingungslosen Bereitschaft, alle Vergebung einfach zu schenken, setzt sich der Verurteilung durch den kleinen menschlichen Geist aus, der Verurteilung aller kleinen Theologien mit ihrem kleinen Glauben.

Gott wird zum Gotteslästerer menschlicher Gottesbilder.

Das ist wahre Entmythologisierung.

Aber noch etwas: Indem Jesus dieses Wort sprach: „Deine Sünden sind dir vergeben!", mit dem er offiziell–amtlich feststellte, was die Liebe im Leben der Frau schon bewirkt hatte, machte er den Tempel und alle, die von ihm lebten, überflüssig. Den Tempel, insofern dieser mit seinen Priestern und Opfern und Riten notwendiger Bestandteil des Prozesses zur Vergebung war. Denn wenn man künftig Sünden so einfach vergeben, wenn ein Mensch das so einfach sagen konnte: Deine Sünden sind dir vergeben, ja, wenn die Liebe im Menschenleben selbst schon Sünden tilgte, dann sah es um die religiöse Institution und ihre Einkünfte für alle Zukunft düster aus. Denn der Hohepriester verdiente an den Sünden der Menschen, er war Millionär, er konnte den Silberpreis im Land regulieren.

Deswegen war dieses Wort Jesu von den vergebenen Sünden keineswegs nur eine „neue Lehre", es war ein indirekter Angriff auf die Institution der herrschenden Religion und ihre Vertreter. Auch dies finden wir als durchgehenden Zug im Leben Jesu – und sogar nach der Auferstehung. Denn nach seiner Auferstehung haucht er den Jüngern den Geist ein zur Vollmacht, Sünden zu vergeben (Joh 20, 23).

Ob die ebenso verwunderte wie entsetzte Frage des Pharisäers und seiner Freunde „Wer ist dieser?" auch nur ein Quäntchen an ehrlichem Fragen enthielt, muss offen bleiben. Eine deutlich positive Reaktion von ihrer Seite hören wir jedenfalls nicht. Jesus überging ihre Verwunderung, die in der Runde am Tisch in erregtem Flüstern bestand (*légein en heautoís*/zu sprechen bei/unter sich), das unter hartnäckiger Empörung der Herren Gesetzesdiener um die Sofas lief. Jesus ließ sich

---

So auch einmal zur Eucharistiefeier. Als er meine Worte von der „Sündenvergebung" zu Beginn der Hl. Messe hörte, sprang er auf und er, der immer nur lieb und nett war, wurde direkt böse: Sünden kann nur Gott vergeben! Ich versuchte die Antwort, dass Gott diese seine ureigene Vollmacht delegiert hätte an mich – da überlegte er und akzeptierte die Lösung.

davon nicht stören. Er blieb in der Beziehung zu seiner „Klientin", die für ihn im Vordergrund stand, konzentriert in seiner Hinwendung zu dieser Frau. Sie schaute er wieder an „und sprach zu der Frau: Dein Glaube hat dich gerettet.[406] Geh in den Frieden."

Die Frage entsteht: Was für einen „Glauben" meinte Jesus bei der Frau? Oder genauer gefragt: Was hat er damals in seiner Sprache gesagt und gemeint? Es wäre vielleicht aufschlussreich, wenn man anhand des Textes herausfinden könnte, ob diesem Wort in seiner heutigen griechischen Form damalige aramäisch/hebräische Sprach- und Wortwendungen unterlägen. Haben die Teilnehmer des Gastmahls hier im galiläischen Raum jenes Aramäisch gesprochen, an dem man die Leute aus Galiläa erkannte? Oder Griechisch? Mir ist es nicht möglich, diese Frage zu beantworten; ich fand auch keinen Autor, der sie gestellt und als Fachmann beantwortet hätte; die meisten haben den Text sowieso nicht als wirklich geschehen gelesen. Also bleiben wir bei unserem Griechisch.

Jesus sagte also: „*pístis sou*/dein Glaube". Was meinte er damit?

Als erste Bedeutung des Substantivs *pístis* und des Verbs *pisteúō* nennt das Lexikon „Vertrauen" bzw. „vertrauen". Für das Verb weiterhin: sich auf jemanden verlassen, auf jemanden bauen, Vertrauen schenken, zutrauen. Ferner auch: fest glauben, für wahr halten, überzeugt sein, usw. Für das Substantiv weiterhin: Glaube, Glauben oder Vertrauen schenken, Anerkennung, Ansehen, usw. Aber auch: Treue, Zuverlässigkeit, zuverlässiger Charakter, Echtheit, Ehrlichkeit, Gewissenhaftigkeit, u. v. a.

Diese Übersicht macht eines sofort klar: Die Übertragung von *pístis sou* mit „dein *Glaube*" ist eine Interpretation, die sich begründen muss. Eine Interpretation deswegen, weil das eine und selbe griechische Wort eine Bedeutungsvielfalt enthält, für die wir im Deutschen – wie oben dargelegt – eine Fülle von verschiedenen Begriffen haben. Aus den vielen möglichen haben die Autoren der Einheitsübersetzung einen Begriff herausgewählt: Glauben. Sie haben nicht übersetzt mit: Deine Ehrlichkeit ... oder mit: Deine Zuverlässigkeit ... oder: Dein Vertrauen ... Die ganze Sache wird dadurch noch bedenklicher, dass man bei der Einheitsübersetzung den Eindruck gewinnt, als hätten deren Autoren eine Grundentscheidung getroffen: *pístis* (und die ver-

---

[406] Das griechische Verb *sōzō* hat die Bedeutungen: gesund machen, am Leben erhalten, behüten, (er)retten, glücklich ans Ziel bringen, erlösen, befreien.

wandten Formen) übersetzen wir generell mit „Glaube(n)" – wenn nicht sehr zwingende Gründe eine andere Übersetzung fordern.

Dieser Entscheidung, sollte es sie so gegeben haben, könnte man aus sachlichen Gründen nicht zustimmen.[407] Allein die beiden Bedeutungen „Glaube" und „Vertrauen" sind im Deutschen nur zu einem geringen Teil deckungsgleich. So kann man durchaus sagen: „Ja gut, ich glaube dir, dass morgen schönes Wetter wird" im Sinn von „Ich vertraue dir und deiner Erfahrung". Oder wenn jemand sagt: „Glaubst du nicht, dass ich dich liebe?", so ist dies im Sinn von „Vertrauen" gesagt: „Vertraust du mir nicht?"

Doch finden sich weitaus mehr Wortbedeutungen, wo diese beiden Begriffe nicht ausgetauscht werden können, etwa: Der Katechismus der Katholischen Kirche enthält 2865 Glaubensartikel. Man kann nicht sagen: Vertrauensartikel. Oder: Im Katechismus findet sich „Der Glaube der Kirche" dargelegt ... man kann nicht sagen: Das „Vertrauen der Kirche". Oder: In der Hl. Messe beten wir das „Glaubensbekenntnis" – noch niemand hat je das „Vertrauensbekenntnis" gebetet. Oder: Papst Benedikt XVI. war als Kardinal Ratzinger der Chef der „Glaubenskongregation" – hat ihn mal einer als Chef der „Vertrauenskongregation" bezeichnet?

Das heißt: Eine prinzipielle Entscheidung „wir übersetzen *pístis* immer mit ...", wäre grundsätzlich falsch. Statt dessen müsste jede einzelne Stelle eigens bedacht werden: Was ist der vom biblischen Autor bzw. von Jesus hier und jetzt gemeinte Sinn, der im Griechischen mit *pístis* wiedergegeben wird, für den im Deutschen zehn verschiedene Übersetzungen zur Verfügung stehen?

Wie leichtfertig eine Nichtbeachtung dieses Prinzips sein und zu welch falscher Theologie sie führen kann, mag ein Beispiel aus dem Neuen Testament veranschaulichen. Da heißt es in Mk 9, 42: „Wer eines von diesen Kleinen, die an mich glauben, zur Sünde verführt ...". Eines Tages stolperte ich bei dieser Übersetzung und fragte mich, wie

---

[407] *Norbert Baumert SJ* hat in seinen zahlreichen Werken insbesondere auf Paulus hingewiesen: Sein Gebrauch des Wortes *pístis* erfordert je eigene Überlegungen, wie dies immer gleiche griechische Wort an der jeweils untersuchten Stelle treffend ins Deutsche zu übersetzen sei. Z.B. für Röm 12, 3 weist Baumert nach, dass die Einheitsübersetzung (ebenso die Revid. Lutherbibel, auch die Jerusalemer Bibel) den paulinischen Gedanken klar verfehlt, wenn sie mit „Maß des Glaubens" übersetzt; *Baumert* schlägt vor zu übersetzen mit „Maß der Echtheit".

kleine Kinder schon an Jesus glauben könnten, dass er der Messias sei, wenn das nicht einmal Jesu Jünger zustande brachten? Und ich schaute im griechischen Text nach. Da verschlug es mir die Sprache. Dort stand gar nicht jenes „an mich/*eis eme*"! Es war bereits hier zum Text hinzugefügt. Nach ihren eigenen Regeln hätten die Übersetzer ihr deutsches „an mich" in Klammern setzen müssen, um dem Leser anzuzeigen, das ist unsere Interpretation, im Original steht das nicht. Zwar findet sich an der Parallelstelle bei Matthäus (18, 6) dieses „an mich/*eis eme*", aber es scheint klar zu sein, dass die Formulierung dort als christologische Deutung später eingefügt worden ist. Der Markus-Text bringt die ursprüngliche Fassung, jene Worte, die Jesus selber gesprochen hat. Und er hat ohne „an mich" formuliert. Das ist ja auch von der Sache her klar, denn zufällig dabeistehende kleine Kinder können nicht schon an Jesus „glauben". Wie aber muss man dann den Text mit *pisteuein* übersetzen? Natürlich mit „vertrauen". „Wer aber einem von diesen Kleinen, die vertrauen (Vertrauen haben), zum ‚Skandal' wird" (so im Griechischen), im Sinn von: Wer einem von diesen Kindern, die auf Vertrauen angewiesen sind, ihr Vertrauen missbraucht ... Damit spricht Jesus etwas Grundsätzliches aus, etwas Universelles für alle Menschen: Wehe, ihr missbraucht Vertrauen! Sein Wort ist viel fundamentaler zu verstehen als nur christologisch für die Christen.

Kehren wir in das Triclinium zurück, wo Jesus nach dem peinlichen Weinen der Frau zu ihr sagt: Dein ... hat dir geholfen. Was für eine *pistis* meint er da? Um die Frage zu lösen, bleibt nichts anderes übrig, als noch einmal in den Text zu schauen, besser: in die ganze Szene am Tisch „hineinzugehen", um von innen her zu ertasten und zu erfassen, was Jesus gemeint haben könnte, als er der Frau sagte: *pístis sou* hat dich gerettet.

Die Frau war eine Hetäre in Magdala gewesen, jetzt eine vermögende Geschäftsfrau; sie wird als Sünderin bezeichnet. Sie kommt in großer Freiheit in das Haus des tora-gerechten Simon, sie äußert in ihrem Leib alle Sehnsucht, das vergangene Leben loszuwerden. Alle Bemühungen der Fachexegeten, ihre Begegnung mit Jesus als „christologisch" und „reuevoll" und „demütig" vor der „Heiligkeit" Jesu zu interpretieren, sind deutlich in den Text und in die Frau hineingetragen. Sie kommt mit ihrer natürlichen Vergangenheit.

Ihre Herkunft spricht eher dafür, dass sie mit dem „Glauben Israels", mit Synagoge und Tora, vielleicht sogar mit Gott überhaupt seit vielen Jahren nichts mehr zu tun hatte. Eher mit dem Gott Pan als mit dem Gott ihrer Väter. Ein tiefes Verlangen nach dem Ewigen mag sie weiter in sich getragen haben, weil jeder Mensch auf dem Grund seiner Seele nach Gott sucht. Doch bei wem und wo und wie sollte sie Gott suchen und finden? Das wusste die Frau nicht. Gewiss nicht in seinen herkömmlichen Vertretern und Festen des Tempels, nicht in den traditionellen Gebeten, Opfern und Vorschriften der Tora. Sie muss schon sehr am Ende gewesen sein, dass sie dem lauten Gerede der Leute überhaupt noch Gehör schenkte, dieser Jesus aus Galiläa, der könnte es wohl sein, der wäre der „große Prophet". Sie wollte keinen von den üblichen Propheten. Sie kannte schon zu viele.

Ihre erste Begegnung mit Jesus kennen wir nicht. Was sie dabei gefunden hatte, nehmen wir nur als Reflex ihres jetzigen Auftretens wahr. Lässt sich die Motivation, durch die sie zu Jesus gegangen und bei ihm Rettung gefunden hat, mit einer spezifisch religiösen Vokabel ihres jüdischen oder gar unseres christlichen Glaubens benennen, eben mit „Glaube", wie übersetzt wird? Man vergisst dabei, dass die Juden ihre Beziehung zu Gott gar nicht in unser Wort „Glauben" kleideten. Deswegen allein schon sollte man bei der Übersetzung von *pistis* sehr behutsam vorangehen. Müsste man die innere Kraft, die sie zu Jesus trieb, nicht besser mit „Vertrauen zu diesem Menschen" umschreiben? Er war für sie „vertrauenswürdig" geworden, weil er sich menschlich als glaubwürdig erwiesen hatte. Diesem Mann konnte sie sich anvertrauen. Sich und alles. Er würde sie nicht wegstoßen oder ausnutzen oder verurteilen. Von ihm ging etwas Gutes aus, etwas Heilendes und Haltendes, so etwas wie Liebe, die sie in ihrem Milieu lange gesucht und nie gefunden hatte.

Sie spürte, er wollte ihr helfen.

Auch aus einem anderen Grund noch scheint eine Übersetzung von *pístis sou* mit „Dein Vertrauen" passender. Der Pharisäer Simon war nämlich der Vertreter des „Glaubens" Israels. Der Vertreter all der Lebensweisungen der Tora und ihrer Ausleger. Er war der Vertreter der heiligen Institution Tempel und Priester, der „Glaubens"normen und „Glaubens"weisungen für das Volk. Als solcher wurde er von Jesus jedoch gerade nicht als Beispiel hingestellt, sondern kritisch gesehen. Seine Art „Glauben" verwehrte ihm die Einsicht in Gottes wahres Werk und führte nicht zur Erkenntnis Jesu. Was diesem Mann des Glaubens Israels fehlte, war gerade sein persönliches Vertrauen. Ihm fehlte die Fähigkeit, echte Beziehung schenken können, etwa von der Art, wie Nikodemus dies mit aller Kraft versucht hatte.

Genau das aber fand Jesus bei der Frau. Als den „Messias Israels" hatte sie ihn noch nicht erkannt. Sie glaubte noch lange nicht „an

Christus und sein Evangelium" (Radl) – wie sollte sie auch! Sie glaubte noch nicht wie Petrus, dass Jesus der Sohn Gottes sei, das wäre viel zu früh gewesen, wäre unnatürlich und psychologisch unpassend in dieser Situation. In dieser Begegnung schaffte sie nur, überhaupt erst einmal Beziehung zu diesem Menschen und Mann aufzunehmen. Beziehung des Vertrauens, fernab aller Theologie und Gesetze und Normen. Eine Hingabe, die sie mit ihrem ganzen Leib, mit ihrem ganzen Wesen auszudrücken bemüht war.

Bis zum „Glauben an ihn" war es noch ein weiter Weg. Aber das „Vertrauen in ihn" war schon da. Wahrscheinlich ist „Der Glaube" ohne „Vertrauen" sogar unvollständig oder gar nicht möglich und führt nur zum eigenen Selbst, zu eigenen Wunschvorstellungen zurück. Denn „Der Glaube" ist nicht eine Sache, sondern eine personal-persönliche Beziehung zu einem Du. Und umgekehrt: Das Wissen und die Erfahrung des Glaubens führen am Ende, als Kriterium seiner Echtheit, zum Vertrauen in den, dem ich mein Leben anbiete zum Dienst.

Diese Frau war zudem bei allem Suchen nach Vertrauen nicht unkritisch. Im Gegenteil: Kritisch und selbstkritisch zu sein, gehörte zu ihren primären „Geschäftsbedingungen" und persönlichen Eigenschaften und Tugenden, die sie schnell hatte erwerben müssen, wollte sie nicht in ihren Tätigkeiten brutal aufgerieben werden. Sie war kritisch, sehr kritisch. Sie hatte es bitter lernen müssen, niemandem zu vertrauen. Und wie hatte sie sich gerade nach Vertrauen gesehnt! Aber durch ihr missbrauchtes Vertrauen hatte sie eine enorme Kenntnis über den Menschen erworben. In langjähriger Erfahrung hatte sie ein Gespür dafür gewonnen, wo es einer ehrlich meinte, wo einer auf dem Grund seiner Seele doch ein guter Mensch war oder es wenigstens sein wollte. Sie hatte unterscheiden gelernt, wo einer war, dem sie sich anvertrauen und vielleicht öffnen dürfte.

Sie hatte lange warten müssen.

Nun hatte sie ihn gefunden. Und jetzt würde sie ihn nicht mehr loslassen. Im Leben dieser Frau steht nicht die Frage des Glaubens an erster Stelle, sondern die viel grundlegendere des Vertrauens. Deswegen muss die Übersetzung gewiss lauten: „Frau, Dein Vertrauen hat Dich gerettet!"

Kommen wir zum Schlusswort der Szene.

Das abschließende Wort Jesu übersetzen alle Autoren mit „Geh in Frieden!" Das Wort wird als „wirkmächtige Zusage des Friedens und damit des Heils im umfassenden Sinn" gedeutet (Radl) oder auch „farblos, aber betont dogmatisch" (Bovon) genannt. Letzterer sagt allerdings auch, „im Frieden gehen" hieße, dass die Frau „in eine Gemeinschaft hineingerufen" sei.[408] Wir werden sehen, wie sehr diese Aussage stimmt.

Da die vier von uns zu Rate gezogenen Autoren den genauen griechischen Text nicht mitteilen, soll dies hier geschehen: Lukas schreibt: *poreúou*[409] *eis eirēnēn*/gehe in den Frieden. *eirēnēn* ist Akkusativ, nur ein Quelltext bringt den Nominativ. Einen gleichlautenden Friedenswunsch gibt es nur noch einmal in den vier Evangelien: Frappierend übereinstimmend mit unserem Satz in Lk 7, 50 steht er bei Markus 5, 34 (und in der Parallele bei Lukas 8, 48) im Bericht von der blutflüssigen Frau, die in der Menge von hinten Jesu Gewand berührt; abschließend sagt Jesus zu ihr:

„Meine Tochter, dein Glaube (*hē pístis sou;* richtiger auch hier „dein Vertrauen") hat dir geholfen (*sésōken se*). Geh in den Frieden (*hýpage*[410] *eis eirēnēn*). Du sollst/wirst von deinem Leiden geheilt sein."

Lukas bringt in seiner Wiedergabe der gleichen Begebenheit den gleichen Wortlaut, nur sagt er statt *hýpage* sein auch in 7, 50 verwendetes *poreúou*. Das abschließende Wort von der Feststellung der Heilung lässt er weg. Vergebung von Sünden ist bei dieser Frau allerdings kein Thema, weder bei Markus noch bei Lukas. Weitere Worte des „Geh in (den) Frieden" im Zusammenhang mit einer Heilung gibt es in den Evangelien nicht.

Können wir diesen zwei Stellen (mit ihrer Parallele), der blutflüssigen Frau und der Hetäre bei Simon, etwas entnehmen, was Jesus mit seinem Wort „Gehe in den Frieden" gemeint haben könnte?

Auch bei der Frau, die seit 12 Jahren unter Blutungen litt, muss man dafür plädieren, dass Jesus mit *pístis sou* nicht „deinen Glauben" im theologischen Sinn gemeint hat, ein Glaube, der in seiner Person den Messias erkannt hätte und also christologisch zu deuten wäre;

---

[408] *Bovon,* S. 396.
[409] Das griechische Verb hat an unserer Stelle die Bedeutung von „reisen, gehen, aufbrechen, vorrücken", im übertragenen Sinn auch von „sterben". – Das gleiche Wort gebraucht Jesus, der Auferstandene, als er die Magdalenerin zu seinen Brüdern schickt: *poreúou*/geh' (Joh 20, 17).
[410] Dieses griechische Verb kann hier übersetzt werden mit „sich langsam zurückziehen, sich auf den Weg machen, aufbrechen", im übertragenen Sinn ebenfalls „sterben".

denn wer sie heilen würde, war dieser Frau höchstwahrscheinlich egal. Bisher hatte es niemand geschafft. Hauptsache, sie war die körperliche Last und seelische Unreinheit endlich los. Ihre ganze Hoffnung setzte diese Frau auf jenen Mann, von dem sie mit vielen anderen gehört hatte, dass er heilen könne. Alles und jeden. Er war ihre letzte Chance. Sie glaubte fest, vertraute diesem Mann, dass er auch sie heilen würde. In diesem Sinn von „Glauben" als „festem Vertrauen" in eine Person ist hier *pístis* gemeint. Denn Jesus sagt ja nicht: „der Glaube", sondern „dein" Glaube/Vertrauen hat dich gerettet.

Was meint dann aber jenes „Geh in den Frieden", was Jesus sowohl dieser Frau mit Blutfluss als auch der Hetäre und Geschäftsfrau bei Simon, der Maria aus Betanien zusagt?

Unter psychologischer Rücksicht scheint es kaum möglich, dass beide Frauen schon „im Frieden" gehen könnten. Dieser Friede ist beileibe noch nicht da. Sie sind ja kein Auto, wo nach dem Einsatz des Ersatzteils in den lädierten Motor dieser gleich wieder „rund läuft". Bei einem tief zerstörten Menschen öffnet sich der Friede vor der geheilten Person wie ein Prozess, wie etwas, das man sich noch erwerben muss: „Geh in den Frieden (hinein)." Die Grammatik ist bemüht, die Psyche korrekt wiederzugeben.

Jeder Mensch, der an seiner Seele geschädigt ist und einen „Seelsorger", einen Psychotherapeuten braucht, der ist nach einer ersten Behandlung, nach einem einmaligen Gespräch nicht gleich „im Frieden". Die Vergangenheit ist keineswegs im Handumdrehen in Ordnung, sondern kommt im Gegenteil sogar erst ganz zu Bewusstsein. Vor diesem Menschen liegt nun ein langer Weg, auf dem er oder sie vieles Schwere und Unangenehme aufarbeiten muss, bis alles verstanden ist, bis vergeben werden kann, bis man sich und andere annehmen kann und schließlich am Ende „im Frieden" ist. Es ist ein Weg „in den" Frieden.

Wenn wir diese Gedanken, die bekannt sind, auf unsere beiden Frauen anwenden, hieße das: Bei der Frau, die seit 12 Jahren an Blutungen litt, hatte Jesus ebenfalls einen tiefen Schaden ihrer Seele „diagnostiziert". Somit sieht er einen längeren Prozess voraus, den die Frau zu bewältigen hat, um vieles in ihrem Leben aufzuarbeiten. Die Heilung hatte erst angefangen, der Friede war erst anfänglich da. Sie würde ihn wieder verlieren, wenn sie nicht an sich selbst arbeitete.

Gleiches gälte dann bei Maria von Betanien im Haus des Simon, des Pharisäers. Bei ihr wissen wir, verglichen mit der blutflüssigen Frau, erheblich mehr aus ihrem Leben: Lange Jahre als Hetäre gelebt, andere demütigend und selbst noch mehr von anderen gedemütigt, dann eingebunden in die Machtstrukturen ihrer Geschäftskontakte, beherrschend und beherrscht, davon nicht losgekommen, obwohl sie es wollte, das führte zu Ersatzhandlungen, zu Depressionen, zu Kompensationen. Sie war gefangen in Trieben, besetzt von „Dämonen". Das konnte einen Menschen zerstören und seine Seele zersplittern.

Hätte Jesus gesagt „Gehe im Frieden", dann wäre dies ein geradezu schamloses, ahnungsloses, neu verletzendes Wort gewesen. Das hätte sie vor den Kopf stoßen müssen. Sie hätte wohl geschrieen: Ich bin noch nicht im Frieden! In mir ist alles noch wund. Ich fange erst an, Frieden zu suchen.

Aber Jesus wusste das, er kannte die Seele des Menschen, er war mitfühlend, einfühlsam, behutsam.

Und deswegen sagte er: Geh in den Frieden.

Geschenkte Gemeinschaft

Doch dann müssen auch wir Leser im Blick auf Jesus noch etwas „fühlen" und bedenken. Er konnte diese Frau nicht einfach sich selbst überlassen im Sinn von: Wir beide sind fertig, du kannst jetzt gehen.

Bei der blutflüssigen Frau geschah zwar genau dies, aber die Situation war eine ganz andere: Diese Frau war mitten in erdrückender Menge von hinten an ihn herangeschlichen, hatte sein Gewand berührt, hatte ihn also nicht als Person gewollt, sondern eine magische Berührung gesucht. Sie selber wollte heimlich schnell wieder weg, als sie merkte, die Blutung hatte aufgehört.

Ganz anders die Frau im Haus des Gesetzeslehrers. Sie hatte ihn als Person gesucht. Hatte ihn bewusst berührt, von Haut zu Haut, von Seele zu Seele. Sie wollte ihn nicht wieder loslassen, sondern ihn festhalten und nicht mehr weggehen. Ihre Heilung bestand darin, ihn zu haben. Denn bei ihrer Heilung ging es nicht um einen Teil des Körpers, sondern um ihre ganze Seele, ihr ganzes Ich.

Wagen wir an dieser Stelle einen vorauseilenden und übergreifenden Gedanken:

Diese Sünderin beim Pharisäer Simon in Magdala ist Maria von Betanien: „Es war nämlich Maria, die den Herrn mit Öl gesalbt und seine Füße mit ihrem Haar abgetrocknet hat" (Joh 11, 2), die Schwester des Lazarus und der Marta. Das haben wir im Kapitel IV als „das Geheimnis der Evangelien" mit guten Gründen dargelegt. In Kapitel VI.1 konnten wir weitere Hinweise zur Identität der beiden Frauengestalten entdecken: Jene von allen Exegeten zwar gesehene, ihnen aber rätselhaft anmutende Beziehung zwischen der Szene Lk 7 und den ähnlichen bei Markus, Matthäus und Johannes. In beiden Begegnungen kostbare Narde, anstößiges Handeln bei den Salbungen, beide Male eine Frau ohne Namen, auffallende Zuwendung Jesu zu ihr. Zusammen genommen legte dies die zusätzliche Schlussfolgerung nahe, dass diese Maria von Betanien zugleich auch die vermögende Maria von Magdala sein könnte, ja sein müsste. Überraschend in dieser Vermutung bestätigt wurden wir durch die Nachforschung, was „Dirne" damals bedeutete. Das Ergebnis: Dirnen- und Hetärenwesen ebenso wie große Geschäftswelt setzte eine entsprechende Stadt voraus – und diese fanden wir am besten in Magdala. Die Szene beim Pharisäer Simon spielte also mit großer Wahrscheinlichkeit in Magdala.

Unter dieser Annahme, so haben wir schon gesehen, fügen sich nun auch viele Angaben der Evangelisten sehr viel einfacher und natürlicher und logischer zusammen als unter den bis heute herrschenden Konstruktionen der Fachleute. Wir werden darauf im Schlusskapitel noch ausführlich zurückkommen.

Wenn wir uns mit den bisherigen handfesten Hinweisen vorerst begnügen, ergibt sich aus ihnen nun ein weiteres Bindeglied, das unsere gefundenen Erkenntnisse sauber mit Maria Magdalena verbindet: Weil Lukas von ihr, der ehemaligen Hetäre und Geschäftsfrau aus Tarichea, im Haus des Pharisäers Simon berichtet hat, allerdings unter dem Mantel der Verschwiegenheit, deshalb erwähnt er sie anschließend (8, 2) zum ersten Mal mit Namen: „Maria, die so genannte Magdalenerin", aus der Jesus sieben Dämonen ausgetrieben hat. Nach allem, was wir allmählich begreifen, fügen sich diese Daten nahtlos zu einer Einheit zusammen: Im Haus des Pharisäers Simon hat die (zweite) Begegnung der beiden sie zu einer „Gemeinschaft" (Bovon) zusammengeführt. Diese Frau, die bekannte Hetäre und Inhaberin eines Geschäftsimperiums, war voller „Dämonen", voller Abhängigkeiten und Süchte gewesen, aber sie wollte ihr vergangenes Leben loslassen.

Daraus tatsächlich befreit zu werden, erforderte jedoch einen langen Weg, erforderte geradezu eine „Langzeittherapie".

Nach meiner früher vorgelegten Interpretation der „7 Dämonen" und auf dem Hintergrund heutigen Wissens und der Erfahrung zahlreicher Therapeuten und Seelsorger ist sicher anzunehmen, dass eine „Lösung" aus tiefsitzenden Abhängigkeiten kein Rettungsakt nur eines

Besuches oder kurzen Gespräches ist, wie man das bei der Heilung von Blinden (etwa Lk 18, 42f.) oder von Aussätzigen (etwa Mk 1, 41f.) und bei anderen körperlichen Heilungen nach der Überlieferung der Schrift annehmen kann. Heilung des Körpers, der „Materie", geschah in einem Augenblick. Heilungen der Seele dagegen implizieren einen langen Weg des Abklingens und Aufarbeitens, des Vergebens, der inneren „Umpolung" und grundsätzlichen Neuorientierung der ganzen Existenz des Menschen. Er muss den Mut finden, die Tiefen seiner Seele anzusehen, um sie neu zu ordnen. Das geschieht nicht mit einem Wort, nicht in einem Augenblick. Vielmehr gehört der „lange Weg zurück" zur Heilung der Seele dazu, wie beim Verlorenen Sohn. Psychologisch ganz korrekt lässt Jesus den „Spring-ins-Feld" einen langen Weg zurückgehen; dieser Weg ist seine Therapie „in den Frieden".

Sollte Jesus die Frau aus Betanien, von der ich immer sicherer behaupte, dass sie zugleich auch Maria Magdalena ist, nach der Befreiung von sieben Dämonen einfach sich selbst überlassen haben? Und ähnlich die anderen von Lukas in 8, 2f. genannten Frauen? Das ist zwar nicht auszuschließen: Kein Therapeut kann alle von ihm Behandelten anschließend in einem Hauskreis um sich sammeln. Bei anderen Dämonenaustreibungen hören wir denn auch nicht, dass Jesus sich um die Betreffenden weiter gekümmert hätte.

Aber, und das ist nun wichtig: Niemand von anderen „Besessenen" hatte eine derart persönlich–intime Beziehung zu Jesus aufgenommen wie diese Frau. Und bei niemand anderem hatte Jesus derart zustimmend, geradezu „sich-hingebend" darauf reagiert wie bei der Hetäre, der Maria von Betanien, bekannt als „die Magdalenerin". Ihr hatte er seine Füße, seinen Leib geschenkt.

Deshalb dürfen wir bei diesen Frauen von einem Sonderfall ausgehen. Als „Befreite" bildeten sie den Kreis der „dienenden Frauen", die mit Jesus in der Folgezeit viel zusammen waren. Dann aber hat Jesus sich um sie auch in der Folgezeit gekümmert. Das Evangelium stellt ja die (zweite) Begegnung dieser Frau, der Maria von Betanien, mit Jesus als sehr persönlich dar und gibt sie mit (bis heute) anstößigen Einzelheiten präzise wieder wie keine andere Begegnung Jesu mit irgendeinem Menschen. Müssen wir da nicht annehmen, dass Jesus die „Gemeinschaft", die er hier mit der Frau begonnen hatte, über eine lange Zeit fortführte, in der er diese Frau begleitet haben wird?[411]

---

[411] Dass geistvolle Männer im Lauf der Geschichte immer wieder großartige Frauen angezogen und um sich gesammelt haben und dass außerordentliche

Dieser Person, der Maria von Betanien, musste, wollte sich Jesus anders widmen als anderen kranken und besessenen Menschen. Denn bei ihr hatte er sich selbst zu einem Teil ihres Heilungsprozesses gemacht. Er selber war in seiner Person Teil jenes „Weges in den Frieden" geworden, den er ihr zugesagt hatte. So wie er ihr seine Füße nicht entzogen, sondern sie ihr gelassen hatte; so wie er sie angeschaut hatte, damit sie in seinem Blick geboren und geborgen war, so konnte er sich jetzt in seiner ganzen Person ihr nicht entziehen.

Er hatte sich selbst ihr zur Hilfe angeboten.
Er hatte ihr seinen Leib gelassen.
Er hatte ihr Gemeinschaft geschenkt.
Und sie brauchte ihn als Person.
Brauchte sein Verstehen, seine Annahme, seine Zuwendung.
Er stand zu seiner Verantwortung.

Frauen immer wieder hervorragenden Männern zur Hand gingen, wissen wir von Hieronymus, der in Betlehem drei Frauenklöster und ein Männerkloster gründete. Einige „seiner" Frauen hatte er zuvor dem Papst Damasus, wie man heute sagen würde, „ausgespannt", darunter die hl. Paula, die sich entschied, mit Hieronymus zu gehen. „Es liegt darin gleichsam ein geheimnisvolles Gesetz unserer Natur, dass sich fast immer in der Nähe eines großen Mannes eine große, ein wenig verschleierte weibliche Gestalt findet ..." Alice Teillard-Chambon über Teilhard de Chardin, in *Günther Schiwy*, Pierre Teilhard de Chardin – Briefe an Frauen, Freiburg 1988, Zitat auf S. 43.

2. Mk 14, 3–9 / Mt 26, 6–13
Simon der Aussätzige – der Vater der drei Geschwister

Wer war Maria Magdalena? Wo kam sie her? Wer waren ihr Vater, ihre Mutter? Wo war ihr Dorf, in dem sie aufgewachsen war? Wie passen Marta und Lazarus in diese Lebensgeschichte? Und wenn die Magdalenerin identisch ist mit Maria von Betanien: Wie kam diese Maria nach Magdala? Was geschah derweil mit ihren Geschwistern?

Wie diese Maria zu Jesus gekommen ist, haben wir relativ ausführlich und versuchsweise anhand des griechischen Textes des Neuen Testamentes rekonstruiert. Aber wie ist sie, wenn sie denn die Maria aus Betanien war, aus ihrem Dorf in jene andere Stadt gekommen, wo der Pharisäer Simon wohnte?

Dass diese ehemalige Hetäre, jetzige Inhaberin von Geldverleihanstalten und anderen Geschäftsbereichen, identisch ist mit Maria aus Betanien, dazu habe ich, scheint mir, mehr Gründe und Hinweise gefunden als die Vertreter der herrschenden Meinung für ihre Hypothese, dass die beiden Frauen nicht identisch seien. Dass die Maria von Betanien noch einmal identisch ist mit der Magdalenerin, dazu haben wir ebenfalls Hinweise im Text der Evangelien selbst gefunden, wodurch vieles einfacher erklärt werden kann, als es mithilfe der heute vorherrschenden Meinung möglich ist. Dann aber legt es sich nahe, nach Betanien zu gehen und sich kritisch umzuschauen, was dort zu sehen und zu finden ist.

Beginnen wir bei einer Tatsache, die die Evangelien nicht erwähnen. Nämlich bei den Eltern der drei Geschwister von Betanien.

Wo immer Lukas und Johannes einen Besuch Jesu im Haus der Geschwister berichten, ob den ersten Besuch in Lk 10, 38–42, oder den späteren beim Tod des Lazarus (Joh 11) oder den letzten bei der Salbung in Betanien (Joh 12), stets erleben wir nur die zwei Schwestern bzw. die drei Geschwister, als gäbe es deren Eltern nicht bzw. nicht mehr. Das ist auch deshalb auffällig und sehr zu beachten, weil „der Herr des Hauses", der Mann, der das Sagen hat, für Begrüßung und Empfang der Gäste zuständig ist.[412] Wenn dieser „Vater", der Mann

---

[412] Als ich mit einer Gruppe auf Pilgerexerzitien zu Zelten befreundeter Beduinen in der judäischen Wüste kam, war einmal kein Mann dort anwesend; die Frauen beredeten sich ausgiebig, ob sie die Gruppe mit Männern einladen

und „kyrios", Herr des Hauses, in keiner Weise bei Jesu Besuchen in Erscheinung tritt, dann darf und muss man aufgrund kultureller Traditionen davon ausgehen, dass es den „Vater des Hauses" zur Zeit der Besuche Jesu dort nicht oder nicht mehr gab. Auch Simon der Pharisäer war der, der Jesus bei dessen Eintreffen am Tor seines Hauses empfangen musste, nicht eine der Frauen, die gewiss im Hause waren.

Die synoptische Tradition dagegen, die von Markus und Matthäus weitergegeben wird (ich sagte schon, dass nach meiner Überzeugung Lukas und Johannes aus einer gemeinsamen Quelle geschöpft haben – und diese war die Mariam selber), berichtet bei der Salbung in Betanien nicht von den Geschwistern, deren Namen wir kennen, sondern sagt: „Als Jesus in Betanien im Haus Simons des Aussätzigen bei Tisch war" (Mt 26, 6ff.; Mk 14, 3ff.). Diese Tradition spricht anschließend ebenfalls von einer Frau, jedoch ohne einen Namen zu nennen, die mit einem Alabastergefäß voll echtem, kostbaren Nardenöl gekommen sei, es zerbrochen und das Öl über Jesu Haar ausgegossen habe.

Zu diesem „Simon dem Aussätzigen" können die Fachexegeten nicht viel zusammentragen: Simon müsse nicht unbedingt beim Mahl zugegen gewesen sein, vermuten einige, und: „Spekulationen über seine Person verbieten sich", sagen andere.[413]

Hören wir zunächst wieder einige Fachautoren, was sie zu „Simon dem Aussätzigen" und jenem Haus, wo eigentlich auch Marta, Maria und Lazarus wohnen müssten, zu sagen haben. In meiner Erarbeitung beschränke ich mich auf die uns interessierende Thematik: Was kann uns diese Begebenheit im Haus Simons des Aussätzigen zu Maria von Betanien alias Magdalena alias der „Sünderin" sagen?

---

dürften. Sie taten es nach längerem Palaver. Frauen von „niedergelassenen Beduinen" dagegen in einer kleinen Stadt taten sich unkompliziert leicht, uns Gäste auch ohne ihre Männer zu bewirten; doch der alte Großvater Mahmud war der Mittelpunkt, der zuzustimmen hatte.

[413] So *J. Gnilka*, Das Matthäusevangelium II. Teil, Freiburg 1988, S. 386.

Interpretationen der klassischen Exegese

Julius Schniewind[414]

Schniewind überlegt, ob der Hausherr Simon (der Aussätzige) den Lesern des Markus bekannt gewesen sei, weil Jesus ihn vielleicht geheilt habe. Wir werden diese Überlegung ausschließen und stattdessen eine ganz und gar unübliche Schlussfolgerung vorschlagen. Dass die Frau ungenannt bleibt, wird von Schniewind so wenig thematisiert wie der ungeheure Wert des Salböls. Dagegen wird „das gute Werk" (korrekte Übersetzung: „Schönes Werk") tief gedeutet: Das Liebeswerk, das höher stehe als Almosen geben, nehme die Bestattung eines Toten vorweg.

Schniewind weist auf Billerbeck (I 427 u. a.) hin, „dass Frauen berühmten Rabbinen das Haupt salbten, um den Lehrer dadurch zu ehren". Die jetzige Ehrung mit der kostbaren Salbe scheine zunächst Jesu „Armen-Evangelium" zu widersprechen, doch verstehe die Frau wohl, wer Jesus ist, und für ihn, den Messias und König der Könige, sei keine Ehrung zu gering ... Ich sehe in der Frau keine promovierte Theologin und werde deshalb eine andere, situationsbezogene Deutung bevorzugen. Richtig ist, dass vor allen Jüngern Jesu es eine Frau ist, die sein nahes Ende begreift.

Äußerst interessant und für unsere Gesamtdeutung ungemein passend ist die Erläuterung Schniewinds zum Satz „Sie hat mich im voraus zum Begräbnis gesalbt": Dass sie die Salbe auf meinen Leib goss, hat sie getan für mein Begräbnis. Denn die Salbung des Leichnams, die nach Darstellung aller Evangelisten durch die Frauen am Ostermorgen eben nicht geschieht, wird schon hier getan. Ob die Frau jetzt schon weiß, dass Jesus sterben wird, werden wir bejahen. In jedem Fall ist „die Frau die erste Verkünderin ‚dieses' Evangeliums."

---

[414] *Julius Schniewind*, Das Neue Testament Deutsch, Hrsg. P. Althaus und G. Friedrich, Göttingen 1963; J. Schniewind mit Kommentaren zu Markus und zu Matthäus. – Prof. Dr. *Julius Schniewind* war evangelisch-lutherischer Neutestamentler, 1948 in Halle verstorben.

Rudolf Pesch[415]

Der Beiname des Mannes „der Aussätzige" lege keineswegs die Vermutung nahe, dass Simon ein von Jesus geheilter Aussätziger sein müsse. Kaum dürfe man annehmen, ein „unreiner Hausherr", der dann mit seinem Aussatz auch die Gäste unrein gemacht hätte, habe dem Gastmahl vorgestanden. Dann blieben als Erklärungsmöglichkeiten noch: „Simon ist ein ... vom Aussatz Geheilter", oder: „Das Haus gehörte einmal einem Aussätzigen, nach dem es noch benannt war."[416] Zudem müsse das „Haus Simons des Aussätzigen" nicht Jesu (übliches) Quartier in Betanien gewesen sein. Meine Gegenfrage lautet prompt: Müssen wir dann annehmen, dass Jesus in Betanien sowohl Kontakt zur Familie der Geschwister Marta, Maria, Lazarus (wo kein Mann als Familienoberhaupt auftaucht) als auch zu diesem Simon dem Aussätzigen gehabt habe (wo niemand anders auftaucht)? Müssen wir dann zusätzlich noch annehmen, dass der Bericht bei Joh 12, der die gleiche Handlung berichtet, jedoch ohne Simon, dafür mit den Geschwistern, eine kompliziert zu erklärende Ableitung der Parallelszene bei Mk 14/Mt 26 sei? Ich werde das alles als unwahrscheinlich darstellen und eine viel einfachere Erklärung geben. Schließlich, das gibt auch Pesch zu, steht in diesem Bericht „die namenlose Frau" im Mittelpunkt, nicht Simon, der Aussätzige.

Das Salböl der Frau[417] wird von Pesch „nicht als echtes, sondern eher als aus Pistazien gewonnenes Salböl" gedeutet. Dies begründet er mit einer Ableitung des griechischen *pistikēs* von Pistazie. Lexika jedoch sagen zu *pistikós* ganz eindeutig: „(bei Sachen) echt, unver-

---

[415] *Rudolf Pesch*, Das Markusevangelium, 2. Teil, Freiburg 1977, S. 331. Ferner *Ders. Autor* in „Jesu ureigene Taten" in Quaestiones Disputatae, Bd 52, Freiburg/Basel/Wien 1970, S. 49–51. – Prof. Dr. *Rudolf Pesch* ist kath. Exeget für Neues Testament.

[416] Eine hypothetische Deutung, die *Pesch* in der Fußnote nach *Lapide* zitiert, es handle sich hier um eine Fehlübersetzung von ‚Simon der Fromme', können wir getrost übergehen: Dann stellte sich erst recht die Frage, warum der ‚fromme Mann' nicht zur Begrüßung erwähnt wird oder sonst irgendwie in Erscheinung getreten ist.

[417] Ein Druckfehler hat wohl bezeichnenden Charakter: In seiner Übersetzung von Mk 14, 3–9 nennt Pesch korrekt „300" Denare, im analysierenden Text stehen nur „200" Denare – immer noch genug zum Staunen: „das Jahreseinkommen eines Arbeiters" (*Pesch*, MkEv, S. 332).

fälscht". (Matthäus gebraucht an der Parallelstelle: *barytímou*, hochgeehrt, teuer, kostbar.) Pesch widerspricht sich mit seinem „nicht-echt" auch deshalb, als er selber sagt, dass dieses Öl ein ganzes Jahresgehalt wert war. Später nennt er es zusätzlich einen „Luxusgegenstand". Zudem: Pistazie würde auf Griechisch *pistákē* (Pimpernuß) heißen. Andere überlegen, ob nicht ein bekanntes indisches (!) Aroma der Narde beigemischt gewesen sei. Das liegt voll in meiner Linie, da ich die Frau als vermögende Dame aus der reichen Geschäftsstadt Tarichea mit weltweitem Handelsnetz deute. Übrigens ignoriert auch Pesch die naheliegende Frage, wie diese namenlose Frau zu einem derart teuren Öl gekommen sein könne. Für diese Frage liefern die verwickelten Annahmen der Exegeten noch weniger eine Erklärung als für die anderen Fragen. Ich biete eine einfache Lösung.

Hellhörig macht Pesch's Hinweis, die Handlung der Frau sei eine „ungewöhnliche, anstößige Tat", zugleich aber erscheine sie wie „nicht motiviert". Richtig, aber was bedeutet dann diese Spannung? Das innere, seelische Geschehen der Menschen um Jesus bekommt die sogenannte „historisch-kritische" Exegese (die bisweilen eher unhistorisch und unkritisch voranzugehen scheint) mit ihren eingeschränkten Methoden nicht zu fassen. Im Tun der Frau sehe ich etwas ganz Persönliches, das sein Motiv in ihrer besonderen Beziehung zu Jesus hat. Inwieweit auch Anspielungen auf jüdische Traditionen einfließen (Salbung als Rechtsakt im Alten Orient, als messianische Königssalbung), scheint hinter diesem ganz Persönlichen, was die Frau mit ihrem Salben[418] ausdrücken möchte, zweitrangig zu sein. Wichtig ist, was Jesus zu ihrer Verteidigung gegen den Vorwurf „Verschwendung" von Seiten der Männer sagt: Sie hat ein „Liebeswerk" getan. Darauf werden wir in der Erörterung des Textes bei Johannes 12 zurückkommen. Jesus selbst deutet die Salbung „auf sein Begräbnis", auf seinen Tod – auch dieser Hinweis passt sehr gut in das, was wir noch aufzeigen werden.

Verwirrend auffällig sei der feierliche Hinweis Jesu, den die Evangelisten nicht unterschlagen haben: „Wo immer das Evangelium verkündet wird in der ganzen Welt, wird auch, was diese getan hat, erwähnt werden zu ihrem (!) Gedächtnis."[419] Stände hier zu „meinem"

---

[418] Salbung mit Olivenöl ist gesund. Cato rieb sich mit solchem ein (*Furger*, S. 113). – S. auch S. 301f., ebenso S. 307f.
[419] Die Übersetzung im Einheitstext „wird man sich an sie erinnern" ist stark abgeschwächt. Das griechische Wort *mnēmósyson* kommt im NT nur an dieser Stelle Mt 26, 13 und der Parallele bei Markus 14, 9 vor und dann noch einmal

Gedächtnis, wäre die Theologie der Theologen noch in Ordnung, aber das Evangelium sagt: „Zu ihrem"! Pesch geht darauf nicht ein, denn die Frage wäre unvermeidlich: Wer ist dann diese Frau? Pesch hilft sich damit, die Tat der Frau werde als Verdienst (wieso Verdienst?) „vor Gott" genannt werden. Aber Jesus hat nicht Gott als Adressaten und Hörer des Gedächtnisses dieser Frau genannt, sondern „alle Welt". Er hat viel natürlicher (und damit auch provozierender) auf diese Frau aus Fleisch und Blut hin gesprochen, als heutige Exegeten sich das trauen oder von ihrem Ansatz her können.

Zusammenfassend macht Pesch noch folgende Bemerkungen: Dem Text liege wohl eine aramäische Urfassung zugrunde, spezifisch jüdische Merkmale in ihm wiesen auf ein hohes Alter hin; die Erzählung sei genau lokalisiert, plastisch-konkret geschildert, es handle sich um ein einmaliges Geschehen. Der Text wirke „nicht konstruiert", sondern an überliefertem Geschehen orientiert, mithin an historischen Grundlagen. Das gefällt uns sehr. Aber auch Pesch sagt kurz und lapidar: Joh 12, 1–8 sei gegenüber Mk sekundär, und ebenso sei Lk 7, 36–50 von Mk 14, 3–9 beeinflusst. Eine Begründung erfolgt nicht.

Joachim Gnilka [420]

Gnilka erläutert Matthäus 26, 6–13, die Parallele zu Mk 14,3–9. Gnilka verweist gleich anfangs auf eine Spannung: Präzise Ortsangabe – aber namenlose Frau, die zudem im Mittelpunkt steht. Er gesteht der Szene „historisches Geschehen" zu. Sehr schön stellt er sodann eine innere Struktur des Geschehens heraus, der ich mich dankbar zuwenden werde. Die Frau, so Gnilka, stehe am Anfang und am Ende der Geschichte, „am Anfang mit ihrem Tun, am Ende im Verheißungswort". Der aufmerksame Leser ahnt schon die Parallele, die ich herausstellen werde: Auch dort stand am Anfang das Tun einer Frau, am Ende ein

---

in Apg 10, 4: (Gott hat sich an deine Gebete und Almosen) „erinnert". Die Bedeutung besagt eigentlich: „Das Andenken einer Sache erhaltend".
Zugleich enthält der griechische Wortstamm noch den Namen der Göttin des Gedächtnisses: Mnemosyne.

[420] *Joachim Gnilka*, Das Matthäusevangelium, II. Teil, Freiburg/Basel/Wien, 1988, S. 385–389. – *Joachim Gnilka* ist kath. Prof. em. für neutestamentliche Exegese und biblische Hermeneutik, er zählt zu den international angesehensten Bibelwissenschaftlern.

Verheißungswort Jesu. In der Frage nach der Gattung der Erzählung müsse man sie den „biographischen Szenen" zuordnen; auch dies passt mir gut in meine Deutung. Im Blick auf das Salböl fehle bei Matthäus eine Zahl zur Wertangabe, insgesamt habe Matthäus seine Vorlage auf Jesus hin konzentriert.

Betanien werde von Matthäus nur noch in 21, 17 erwähnt, der Ort sei Jesu Quartier während seines letzten Jerusalem-Aufenthaltes. Das Haus „Simons des Aussätzigen" sei präzise die Stätte der Handlung, doch müsse man nicht annehmen, der Mann sei zugegen gewesen. „Spekulationen über seine Person verbieten sich." Ähnliche Beinamen seien bekannt. Interessant ist Gnilkas Hinweis, der Ort Betanien bedeute „Haus der Elenden" – die salbende Frau könne jedoch kaum zum Symbol von Elend werden, da auch Matthäus den Wert des Öls herausstelle mit (wörtlich) „schwer von Wert", eine Angabe, die einzig an dieser Stelle erkling. Zwar sei es durchaus normal gewesen, dass man dem Gast Öl zur Salbung gereicht oder durch einen Sklaven dessen Füße habe salben lassen – Salbungen während des Mahles (für anwesende Rabbinen) seien nur aus Babylon bekannt –, aber die Motivation dieser Frau für ihr Salben, so gesteht auch Gnilka, werde nicht mitgeteilt.

Sodann bemüht sich Gnilka, die Jünger gut wegkommen zu lassen: Der „verschwenderische Luxus" der Frau bringe die Jünger zwar auf, denn sie seien „einfache Leute aus dem Volk und Luxus nicht gewöhnt". Ihr Einspruch richte sich aber gegen die Verschwendung, nicht gegen die Frau. Schade, dass Gnilka nicht der Frage nachgeht, wie diese namenlose Frau im „Dorf der Elenden" zu solchem Luxus gekommen sei, der sie in Spannung zu den Jüngern bringt, während sie von Jesus hohes Lob erfährt. Mir ist die Charakterisierung vom „Luxus der Frau" nur recht. Andrerseits gesteht auch Gnilka, dass die Frau (und später die Frauen) den Jüngern und Männern etwas voraushätten, „ein Wissen, das den Jüngern noch abgeht".

Mit einem feierlichen „Amen-Wort" beschließe auch Matthäus diese Szene, in der die „weltweite Verkündigung" des „Evangeliums" (allein hier *to euaggélion toũto*/dieses Evangelium, statt „Evangelium vom Reich") mit dem einzigartigen „zu ihrem Gedächtnis" verknüpft wird. Das Gedächtnis der Frau, überlegt Gnilka, könnte sich „ursprünglich auf das eschatologische Gericht" bezogen haben, „dort soll ihrer gnädig gedacht werden". Oh du lieber Gott! Wie schwer fällt es doch einem großen Denker, vor der Theologie die Natur zu achten. Warum dieses „eschatologische Gericht"? Ganz natürlich wird heute in jedem Gottesdienst, in jedem Bibelkreis, jedem Bibliodrama, sogar in jedem Kino und Roman dieser Frau gedacht. Verwunderlich ist vielmehr, dass Jesus überhaupt diese namenlose Frau beehrt mit dem „Gedächtnis" ihrer Salbung – was wollte er damit ausdrücken?

Zusammenfassung der drei Kommentare

Zu unserer speziellen Frage: Was sagt der Text bei Mk/Mt zur Beziehung zwischen „Simon dem Aussätzigen" und den Geschwistern Marta, Maria, Lazarus und dem Ort Betanien, wo diese Geschwister wohnen, haben wir wenig erfahren. Durchgängig stoßen wir bei allen drei Autoren auf eine Wand von Schweigen in dem Sinn, dass sie sich solcher Frage überhaupt nicht stellen. Anscheinend steht für sie von vornherein fest, dass man dazu nichts sagen könne oder brauche. Nicht einmal die Frage wird zugelassen, ob es sich bei der Frau, die mit der Salbe kommt, vielleicht um jene Maria gehandelt haben „könnte", die bei Joh 12 in der gleichen Szene erwähnt wird. Johannes, so heißt es lapidar, habe seine Schilderung von Markus abgeleitet. Wieso der Vierte Evangelist dann diese bei Mk/Mt namenlose Frau in seinem Evangelium mit Maria, der Schwester der Marta und des Lazarus, benennen kann, wird nicht erörtert; es wäre hilfreich, wenigstens Gründe dagegen zu hören. Genauso wird dem Leser nicht mitgeteilt, welche Gründe dafür oder dagegen sprächen, dass das „Haus", wo das Gastmahl stattfindet, eben jenes Haus in Betanien gewesen sein könnte, das wir von Johannes als das der Geschwister kennen.

Hervorragend für meine Linie der Deutung ist dagegen die Herausarbeitung des „Luxus" dieser Frau, der im Gegensatz steht sowohl zu den Aposteln als auch zum Dorf Betanien. Hervorragend passt ebenfalls in mein Bild, dass Jesus diese „namenlose" Frau in einer Weise lobt und anerkennt, die im ganzen Evangelium einzigartig ist: Zu ihrem Gedächtnis! Und dann ohne Namen? Hervorragend für meine Einstellung ist auch die innere Struktur des Geschehens, wie Gnilka sie aufzeigt: Wortloses Tun – Verheißung Jesu.

Wer ist diese außerordentliche Frau, die „anstößig und ungewöhnlich" mitten während des Gastmahls Jesus salbt? Die dabei Luxus zeigt. Deren Tun Jesus auf sein Begräbnis deutet und die abschließend von ihm mehr gelobt wird als irgendein Jünger oder Apostel in allen Evangelien?

Sieben Möglichkeiten zu Simon dem Aussätzigen

Ich beginne mit dem, was alle angeführten Exegeten übereinstimmend festhalten: Die Frau hat keinen Namen. Zugleich besitzt sie offenkundig so viel Vermögen, dass sie sich eine unglaublich kostbare Salbe (Jahresgehalt) leisten kann, sie sogar „verschwendet", was den Jüngern mit ihrer ärmeren Herkunft gewaltig aufstößt. Die Frau verschwendet das kostbare Salböl nicht etwa, wie man in Beachtung der Tora und im Blick auf das nahe Paschafest erwarten könnte, für die Armen, sondern – an Jesus. Noch auffallender ist, dass die Fachexegeten dafür kein Motiv erkennen können. Solches Salben während des Mahles sei anstößig und ungewöhnlich, halten sie fest. Dennoch eigne der ganzen Szene historischer Charakter, sie sei wirklich passiert und schon sehr früh, noch in aramäischer Form, in die Traditionsbildung eingegangen. Dort sei auch bewahrt worden, dass Jesus selber diese Salbung in Hinsicht auf sein Begräbnis gedeutet habe: „Um mich für das Grab zu bereiten" oder „Meinen Leib für das Begräbnis zu salben".

Schließlich: Die Frau hört für dieses Salben ein anerkennendes Wort Jesu, wie es kein Jünger je gehört hat: Wo immer in der Welt dieses Evangelium verkündet wird, wird man, was sie getan hat, erzählen „zu ihrem Gedächtnis". Man muss sogar sagen, dass Jesus nicht einmal seine Mutter Maria derart überschwänglich gepriesen hat. Das erinnert uns an die griechischen Überlieferungen zur Magdalenerin: Dort wird sie aufs engste mit der Gottesmutter verbunden.

Ich beginne mit einer einfachen Gegenfrage: Wie kann man etwas zu „ihrem" Gedächtnis erzählen, wenn „ihr" Name nicht bekannt gewesen wäre? Die Spannung besteht zwischen „präziser Ortsangabe", „konkret-plastischer" Zeichnung des historischen Vorgangs mit „biographischen" Daten und – einer angeblich namenlosen Frau. Einer Frau zudem, die eine hohe, einzigartige Ehrung durch Jesus speziell auf sie hin ausgesprochen erhielt. Und sie sollte keine bekannte Frau gewesen sein? Das muss einer Erklärung zugeführt werden. Die Spannung ist zu auffällig und verwunderlich.

Bei einer systematischen Erfassung der genannten Details fällt noch etwas Merkwürdiges ins Auge: Der Herr des Hauses, Simon der Aussätzige, geht völlig unter. Er hat sozusagen nur die Funktion der „Hausnummer", dort und dort ist das Folgende geschehen. Aber in Beziehung zu Jesus steht er nicht. Ja, nicht einmal zum Gastmahl. Die Hauptpersonen sind, in einem spannenden Geschehen des stillen Tuns und Salbens, kontrastiert durch Worte des Vorwurfs, der Deutung und der Anerkennung, die namenlose Frau und Jesus. Die Jünger stellen das matte, unverstehende Gegenüber dar, das kein Lob erfährt und die beiden Hauptfiguren nur deutlicher hervortreten lässt. Die Frau ohne Namen steht über den Aposteln, wie schon Gnilka sieht.

Fragen wir also nach der „Hausnummer". Die Forschung hat für diesen Simon verschiedene Hypothesen durchgespielt und sie auf ihre Wahrscheinlichkeit hin abgeklopft.[421]

Hypothese eins:
Simon war ein ehemaliger Aussätziger, den Jesus geheilt hatte.

Schon Hieronymus vertrat diese Ansicht, und viele sind ihm bis heute darin gefolgt. Als solcher Geheilter hätte Simon Jesus eingeladen und säße nun mit ihm zu Tisch. Doch erscheint diese Hypothese äußerst unwahrscheinlich. Denn wenn dieser Simon einem Kreis um Jesus und der frühen Gemeinschaft vom „Neuen Weg" angehörte oder auch einfach in Betanien bekannt war („im Haus Simons des Aussätzigen"), dann dürften wir eine entsprechende Formulierung über diesen allseits Bekannten erwarten, etwa: „Im Hause Simons, den Jesus von seinem Aussatz geheilt hatte". Doch die Kennzeichnung, die Markus/Matthäus jetzt verwenden, lässt im Gegenteil nicht vermuten, Jesus habe ihn vom Aussatz geheilt. Noch weniger wird erkennbar, dass dieser Simon jetzt der Einladende ist und mit den anderen am Tisch sitze. Im Gegenteil: Er scheint nicht anwesend zu sein.

Es kann sich also beim Aussatz Simons nicht um eine frühere, inzwischen von Jesus geheilte Krankheit handeln.

Hypothese zwei:
Simon hatte früher einmal Aussatz, von dem er nicht durch Jesus geheilt worden war, sondern an dem er einfach normal gesundete, wobei er den Namen „der Aussätzige" beibehielt.

Das scheint eine Möglichkeit zu sein, die erklären kann, warum keine Beziehung Jesu zu Simon erwähnt wird: Er war einfach normal gesund geworden. Doch liegt das Problem jetzt darin, dass er seinen Beinamen

---

[421] Die vorgetragenen Hypothesen 1 bis 5 stammen als These aus *R. Pesch*, S. 49f., Nr. 6 von *Gaechter SJ*. Ich habe sie frei nacherzählt und durch eigene Überlegungen argumentativ ergänzt. Die siebente These stammt von mir.

„der Aussätzige" behalten hätte. Man wird aber annehmen müssen, dass ein vom Aussatz Geheilter die Erinnerung an seine Krankheit, die nach damaliger Auffassung eine Strafe Gottes für schwere Sünde war, nach erfolgter Heilung wenn auch nicht aus der Erinnerung, so doch gewiss aus seinem offiziellen Namen gestrichen hätte. Er war nicht mehr Sünder. Hinzu kommt: Von Aussatz auf normale Weise zu gesunden, entlarvte den Aussatz als „unechten". Dann erst recht ist fraglich, ob man den Beinamen „der Aussätzige" behalten hätte, weil es ja kein echter Aussatz gewesen war. Unerklärt bliebe ebenfalls, warum er bei diesem Gastmahl überhaupt nicht in Erscheinung tritt. Fazit:

Es kann keine Krankheit sein, von der Simon normal gesundete.

Hypothese drei:
Der Beiname „der Aussätzige" ist gar nicht der ursprüngliche. Diese Bezeichnung ist eine Fehlübersetzung. Simon war nie aussätzig gewesen und hieß vielleicht „der Töpfer", der „Fromme".

Auch diese Variante ist erforscht und wieder verworfen worden: Die allererste, noch aramäische Überlieferung muss bereits von „Simon dem Aussätzigen" gesprochen haben. „Übersetzungsfehler" ist eine Konstruktion. Wenn es anfänglich eine andere, positive Kennzeichnung dieses Simon gegeben haben sollte, dann wäre sie nach dieser Hypothese ersetzt worden durch die schwerwiegende negative vom „Aussätzigen". Das ist unwahrscheinlich. Vor allem wenn man annimmt, er wäre gar nicht aussätzig gewesen. Auch diese Variante kann man also zu den Akten legen, ein solcher Beiname hält sich nicht in der Öffentlichkeit, wenn es nur eine Gelegenheit gegeben hätte, ihn durch einen seriösen zu ersetzen. Also bleibt das Problem.

Der Beiname „der Aussätzige" ist korrekt und beinhaltet die primäre Kennzeichnung dieses Mannes.

Hypothese vier:
Mit „Aussätziger" ist eine Krankheit gemeint, von der Simon auch jetzt noch befallen ist.

Diese Variante kommt einem Leser vielleicht spontan in den Sinn. Dann müssen wir aber zwei Dinge überlegen: Durfte er als jetzt immer noch Aussätziger an einem Gastmahl teilnehmen? Oder musste er nicht abgeschieden in der Sperrzone für Aussätzige leben?

Die erste Möglichkeit ist völlig klar auszuschließen: Einem Aussätzigen war es verboten – wir kennen das – , im bewohnten Gebiet der Bürger zu leben. Eine Teilnahme am Gastmahl ist völlig abwegig.

Bliebe die zweite Möglichkeit: Er lebte jetzt als Aussätziger abgeschieden in dem für diese Menschen vorgesehenen Bereich. Das scheint zunächst möglich. Doch ergeben sich daraus neue Fragen: Dann würde Jesus ein opulentes Gastmahl feiern, sich salben lassen – und der Herr des Hauses vegetierte nicht weit weg im „Tal des Todes", Jesus aber würde sich nicht um ihn kümmern? Warum hören wir dann nicht, dass Jesus um Heilung dieses so nahen Menschen gebeten wird? Hier ein fröhliches Mahl, einige Steinwürfe weiter der Herr des Hauses, der mit dem Tode ringt? Wo Jesus doch im gleichen Dorf den Lazarus aus dem Grab herausgerufen hatte? Und jetzt bittet ihn niemand, den Simon aus dem Grab zu holen? Das wäre doch mehr als merkwürdig. Wir hören ja mit keiner Silbe, dass Jesus sich diesem Simon zugewandt habe, weder früher noch später. Jesus hat zu ihm keine Beziehung aufgenommen, die überliefert wäre. Fazit: Eine Gleichzeitigkeit – hier Jesus beim Mahl, dort Simon im Tal der Tränen – passt nicht in das uns bekannte Verhalten Jesu.

Ergebnis: Simon, der Hausherr, kann nicht zur Zeit des Gastmahles abgeschieden als Aussätziger auf sein Ableben gewartet haben. Genauso undenkbar ist seine Teilnahme als Aussätziger am Gastmahl.

Hypothese fünf:
Das Haus hatte früher einem Aussätzigen namens Simon gehört, war jetzt aber im Besitz eines anderen.

Ein interessantes Lösungsangebot. Es würde alle bisherigen Widersprüchlichkeiten umschiffen. Wir müssten nicht nach einer Heilung, welcher auch immer, suchen, wir bräuchten keine Beziehung Jesu zu diesem Mann, Simon braucht uns überhaupt nicht mehr zu interessieren, das Haus gehört jetzt einem anderen. Aber es heißt im Text: im Haus Simons des Aussätzigen. Simon also ist die primäre (männliche) Bezugsperson, mit der dieses Haus in Erinnerung steht. Sollte jetzt ein anderer, nachfolgender Besitzer in diesem Hause wohnen, dürften wir erwarten, dass dieser genannt worden wäre. Oder der frühere Simon der Aussätzige war eine derart über Ort und Zeit hinaus markante Persönlichkeit gewesen, dass sein Name untrennbar mit diesem Haus verbunden war, egal wer später darin wohnte. Das könnte vielleicht der Fall gewesen sein. Ja, Simon muss sogar eine bekannte Persönlichkeit gewesen sein – aber seine Kennzeichnung als „der Aussätzige", die eine schwere Strafe Gottes für eine große Sünde bedeutete, würde den ehemals guten Leumund dieses Mannes doch so einschränken, dass sein Andenken nicht positiv mit diesem Haus verbunden wäre. Man hätte diese Bezeichnung dann doch eher vermieden. Außerdem und letztlich: Wo war dann der neue, jetzt das Haus leitende „kyrios", der Hausherr, der Jesus schließlich hätte begrüßen müssen?

Also: Simon der Aussätzige war immer noch irgendwie der Besitzer dieses Hauses, auch wenn er nicht mehr dort lebte (weil er überhaupt nicht in Erscheinung tritt), es gab keinen nachfolgenden Hausbesitzer.

Eine weitere, sechste Hypothese hat Gaechter[422] ins Spiel gebracht, sie ist überraschend: Simon wurde aussätzig erst nach diesem Mahl.

Zunächst stellt auch Gaechter klar fest, dass dieser sonst unbekannte Simon entweder von einer Krankheit bereits geheilt sei, sonst hätte er von allem sozialen Leben fernbleiben müssen. Eine Heilung auf natürlichem Weg sei nur denkbar, wenn es sich um „unechten" Aussatz gehandelt hätte. Von einer „wunderbaren" Heilung hörten wir nichts, sie müsse damit als ausgeschlossen gelten. Oder: Simon wurde „erst später vom Aussatz befallen" und sei unter diesem Attribut in der Urkirche bekannt geblieben. Dieser Hypothese kann man logisch nicht widersprechen, denn der Besuch Jesu in seinem Haus hätte ihn positiv in das ganze Evangelium eingebunden, späterer Aussatz hätte die Erinnerung an Jesus in seinem Haus nicht mehr auslöschen können. Jedoch, ein kleines Detail bringt auch diese Hypothese ins Wanken: Die Texte bei Markus und Matthäus sprechen nicht davon, dass Simon der Einladende gewesen ist. Dies müsste man nach damaliger (und heutiger) Gepflogenheit jedoch erwarten, auch nach Gaechters eigener These. Es heißt nur, dass Jesus im Hause Simons des Aussätzigen „zu Tische war". Deutet das umgekehrt nicht darauf hin, dass dieser Simon gar nicht anwesend war? Weder als Einladender noch als Begrüßender oder Teilnehmer. Er spielte bei diesem Mahl überhaupt keine Rolle. Warum wohl?

Auch diese Hypothese passt also schlecht zum Text.

Zwei Dinge können wir immerhin festhalten:

---

[422] *Paul Gaechter SJ*, S. 832–836. – *Gaechter SJ* war Professor für Bibelwissenschaft und orientalische Sprachen in Innsbruck.

Jesus wird erstens mit einer eventuellen Heilung dieses Simon nicht in Verbindung gebracht; eine normale Gesundung ist auszuschließen. Wenn in Joh 12, 9 von Lazarus (aus demselben Dorf) eigens als Kennzeichen gesagt wird: „Den er von den Toten auferweckt hatte", wäre ein ähnlich lautender Hinweis anzunehmen, wenn Jesus diesen Simon ebenfalls geheilt hätte. Der Mann ist also krank geblieben. Nimmt man an, er sei erst später aussätzig geworden, kann man nicht erklären, warum er beim Gastmahl in seinem Haus nicht als Einladender und Begrüßender und zu Tisch Liegender genannt wird, statt dessen wie abwesend erscheint. Das bedeutet zweitens, dass Jesus mit dem aussätzigen Simon aus Betanien keine Beziehung gehabt haben konnte. Gleichwohl war dies ein so bekannter Mann, dass die Identifizierung „im Haus Simons des Aussätzigen" allen klar machte, wo und bei wem das Mahl stattfand. Nur: Der Mann scheint beim Gastmahl für Jesus in seinem eigenen Haus nicht anwesend zu sein.

Somit können wir ein Ergebnis festhalten: Bei allen „Wahrscheinlichkeiten", mit denen wir bei diesem Text arbeiten müssen, vermochte keine der vorgetragenen Hypothesen eine widerspruchsfreie Erklärung vorzulegen. Es bleibt uns nichts anderes übrig, als eine siebte Hypothese vorzustellen.

Hypothese sieben:
Simon ist schon tot!

Wenn Aussatz die primäre Kennzeichnung dieses Mannes war, wenn eine natürliche Heilung ebenso ausgeschlossen werden kann wie eine Heilung durch Jesus, wenn ausgeschlossen werden muss, dass er als jetzt Aussätziger im Tal der Verdammten dahinvegetierte, während Jesus ein opulentes Mahl in seinem Haus hielt (und niemand ihn um Heilung des Hausherrn bittet), wenn es doch den Anschein hat, dass er beim Mahl im eigenen Haus weder den Gast begrüßte noch mit den Gästen am Tisch saß, dann bleibt nur eine Schlussfolgerung als die mit der höchsten Wahrscheinlichkeit übrig: Er ist schon tot.

Simon ist vor nicht allzu langer Zeit an Aussatz gestorben. Seine Bekanntheit ist mit dem Haus noch lebendig verbunden. Ja, wir dürfen auch Folgendes vermuten: Er ist vor jener Zeit gestorben, da Jesus sein „Haus", seine Familie kennen lernte – denn dann hätten wir von einer Bitte seiner Angehörigen um Heilung ihres Vaters gehört (wie bei Lazarus), da dieser auch nach seinem Tod noch sehr bekannt und mit Jesus und seiner Bewegung verbunden erscheint.

Wenn aber Simon schon verstorben ist, ergibt sich daraus sofort die nächste, überaus spannende Frage: Wer dann hat Jesus in „sein" Haus eingeladen?

Vielleicht fällt erst jetzt auf, dass Mk/Mt überhaupt nicht sagen, dass Simon Jesus „eingeladen" hätte. Es heißt da einfach nur: „Als Jesus im Haus Simons des Aussätzigen bei Tisch war". Wenn sonst deutlich gesagt wird, dass „ein Pharisäer" Jesus eingeladen hatte, wer hatte hier die Einladung ausgesprochen? Wer hatte ihn in diesem Haus empfangen, begrüßt, bewirtet? Wer wohnte jetzt im Haus des Simon?

Manchem Leser mag schon die einfachste aller Antworten auf der Zunge liegen: Natürlich Marta, Maria und Lazarus!

Die Fachexegeten haben diese Antwort gemieden, sogar die einfache Erörterung dieser doch theoretisch möglichen Antwort. Das halte ich für unwissenschaftlich. Der Grund dafür ist ihren Texten nicht zu entnehmen. Dabei liegt diese Antwort auf der Hand: Befinden wir uns nicht notwendig in demselben Haus, in dem nach Johannes 11 und 12 (und Lukas 10) die Geschwister Marta, Maria und Lazarus wohnen? Wenigstens der Gedanke legt sich doch nahe, drängt sich geradezu auf. Wenn einige Exegeten (Schürmann und Bovon) sogar die Frage wagen, ob der „Pharisäer Simon" beim Gastmahl mit der Sünderin in Lk 7 nicht derselbe „Simon" sei, der hier bei Mk/Mt als „der Aussätzige" tituliert werde, so scheint mir diese Kombination weitaus verwegener (Gegensatz des Ortes, der Titulatur, des Umfeldes, der Thematik) als meine Anfrage.

Nicht nur, dass die Exegeten diese Frage nicht stellen, sie formulieren auch keinen Einwand dagegen, dass dieses Haus nicht zugleich das Haus der Geschwister sein könnte. Letztere würden nicht genannt, also müsse man von unterschiedlichen Traditionen ausgehen.

Exegetisch gesprochen sind wir hier beim Thema der Traditionsgeschichte: Wie ist Johannes zu seiner speziellen Darstellung gekommen, die gegenüber Markus und Matthäus für dieses Gastmahl Ähnlichkeiten und Unähnlichkeiten aufweist? Die Antwort dazu werde ich im Abschnitt zu Joh 12, 1–10 geben[423]. Hier mag reichen, dass ein Fachexeget eine klare Antwort bereithält: „Im wesentlichen hat der Evangelist den Bericht aus seiner Quelle geschöpft."[424] Diese Antwort passt sehr gut in meine eigenen Überlegungen. Allerdings werde ich als

---

[423] Dort werde ich auch Erarbeitungen einbringen, welche die drei in diesem Kapitel befragten Fachexegeten zu Mk/Mt genannt haben.

[424] *R. Schnackenburg*, Das Johannesevangelium II. Teil, S. 466.

Quelle jemanden nennen, den die klassischen Exegeten nicht in ihrem Notizbuch führen.

Kehren wir zurück in das Haus Simons des Aussätzigen. Nach kritischer Würdigung aller Hypothesen der Fachexegeten sowie damaliger gesellschaftlicher Traditionen legt sich eine Schlussfolgerung als selbstverständlich nahe:

Simon von Betanien, der aussätzig wurde und daran starb, ist der Vater der drei Geschwister Marta, Maria von Betanien und Lazarus. Wo seine Frau bzw. die Mutter von Marta, Maria und Lazarus geblieben ist, wissen wir nicht. Sie tritt nirgendwo in Erscheinung. Nach semitisch-jüdischer Tradition wird „das Haus" nach dem Mann benannt. Es wäre deswegen nicht auszuschließen, dass die Frau des Simon noch lebte und beim Mahl mit Jesus anwesend war. Doch ebenso könnte auch sie schon gestorben sein. Über diese Frau/Mutter können wir also nichts sagen, wohl aber zu ihrem Mann.

Der Vater von Marta, Maria und Lazarus ist Simon von Betanien. Er muss als der Herr/*kyrios* des Hauses von Betanien gelten, in dem wir nach der Tradition, die Johannes heranzieht, die drei Geschwister antreffen. Er ist zu einer Zeit an Aussatz gestorben, als Jesus diese Familie, dieses Haus noch nicht kannte. Die verbliebenen Familienmitglieder ließen das Haus „reinigen", wie in der Tora vorgeschrieben,[425] und lebten danach weiter im Haus ihres Vaters „Simons des

---

[425] Mir liegt ein deutscher Artikel unserer Zeit eines *Rabbiner B. S. Jakobson* vor: BINA BAMIKRA mit der Überschrift: MEZORA, Der Aussatz – Krankheit oder Wunder, S. 222–229, ohne weitere Angaben. [‚Mezora' ist das Buch Leviticus.] Darin heißt es zu Beginn:

„… Und die Isolierung, von der die Tora spricht, bedeutet sie eine Absonderung des Kranken, um die Ansteckung gesunder Menschen zu verhüten, oder ist sie eine Art Strafe, die auf wunderbare Weise über den Menschen verhängt wird, denn in ‚Mezora' ist auch von Aussatz am Hause die Rede – können Häuser erkranken? … Die Gemara in Arachin 16a zählt diejenigen Vergehen auf, die mit Aussatz bestraft werden, und erklärt und begründet ihre Auffassung mit dem Text selbst. Wir zitieren diese Talmudstelle und fügen einige Bemerkungen hinzu: Rabbi Schemuel bar Nachmani sagte: Wegen sieben Vergehen kommen Aussatzplagen: wegen übler Nachrede, wegen des Blutvergießens, wegen des Meineides, wegen der Unzucht, wegen des Hochmutes, wegen des Raubes und wegen der Missgunst."

Auf S. 225 fährt der Autor fort: „In seinem halachischen Hauptwerk ‚Mischne Tora' stellt Maimonides seine Auffassung noch ausführlicher dar: ‚Aussatz' ist ein Substantiv, das für viele, ganz verschiedene Erscheinungen, als gemeinsame

Aussätzigen". Da ihr Vater an Aussatz gestorben war, bedrückte und ängstigte die todbringende Krankheit ihres Bruders Lazarus die Schwestern umso mehr. Aber da kannten sie Jesus bereits und konnten nach ihm schicken. Zu klären bliebe allerdings, warum die synoptische Tradition, also Markus und Matthäus (Lukas berichtet diesen Besuch nicht), die Namen der beiden Schwestern unterdrückt. Auch dazu werde ich im Schlusskapitel eine Antwort versuchen, die sich die Mitteilungen der Apokryphen zunutze macht.

Marta und Maria waren es also, die Jesus zum Mahl eingeladen haben. Jetzt wird klar, warum weder Einladung noch Begrüßung genannt werden: das passte im jüdischen Raum nicht zu Frauen. Marta war wohl wieder diejenige, die mit ihrem Können den Part in der Küche übernahm. Warum Lazarus in dieser synoptischen Überlieferung keine Rolle spielt, kann man fragen. Man müsste sich dazu eine Antwort aus dem Gesamt der Überlieferung, Johannes eingeschlossen, ausdenken.

Wenn aber die Hetäre bei Lk 7 unsere Maria von Betanien ist, wenn diese als Mädchen (in welchem Alter? Wir wissen es nicht) den Vater verloren hatte, vielleicht auch die Mutter, wie kam sie nun nach Galiläa? Denn Lk 7 ist sicher in Galiläa zu lokalisieren, während Marta und Lazarus in Betanien blieben. Wie wurde sie in Galiläa zur Hetäre und später zur weltweit agierenden Geschäftsfrau? Und schließlich: Was geschah mit ihr nach dem Wort Jesu: Geh in den Frieden?

Bezeichnung dient ... so bezeichnet die Tora Veränderungen an Kleidern und an den Wänden des Hauses auch mit dem Wort ‚Aussatz', trotz der in diesem Fall ganz ungewöhnlichen Erscheinung, die als ein Zeichen und ein Wunder in Israel angesehen wurde, als eine Warnung vor Verleumdung, denn die Wände im Hause desjenigen, der üble Nachrede treibt, verändern sich. Wenn er aber Buße tut und umkehrt, wird sein Haus wieder rein. Fährt er fort, zu sündigen, nachdem sein Haus eingerissen worden war, verändern sich alle Utensilien aus Leder, auf denen er sitzt und liegt. Tut er ‚teschuwa', werden sie wieder rein, beharrt er aber in seiner Verderbtheit bis nach der Verbrennung der vom Aussatz behafteten Geräte – verändert sich seine eigene Haut, er selbst wird aussätzig ..."
Lev 14, 33–57 schildert den Ritus der Reinigung von Aussatz bei Häusern.

Die namenlose Frau mit dem Alabastergefäß

Es mag verwunderlich und Wissenschaftlern sogar ärgerlich erscheinen, wenn ich aus den Evangelien, die doch vom Glauben an Jesus, den Messias, sprechen, die persönliche Lebensgeschichte einer Frau herauszusezieren suche. Denn die vier Evangelien wollen doch nicht von persönlichen Lebensgeschichten sprechen, sondern vom Christus des Glaubens. Warum also bemühen wir das Evangelium?

Versuchen wir auf diesen Einwand eine Antwort.

Die Apostelgeschichte berichtet nach ihrer griechischen Überschrift „Taten der Apostel" genau genommen von Personen aus dem Umfeld Jesu, von ihren Taten der Verkündigung der Frohen Botschaft. Von einigen Aposteln hören wir so gut wie überhaupt nichts (Bartolomäus, Matthäus, Simon Kananäus, Jakobus Sohn des Alphäus), andere dagegen werden mehr oder weniger reichhaltig geschildert, man könnte von ihnen sogar eine persönliche Lebensgeschichte schreiben, etwa von Petrus, Paulus, etwas auch von Thomas, weniger von Barnabas oder Markus.

Was aber ist wichtiger: Personen oder „die Sache Jesu"?

Die Frohe Botschaft von Jesus, dem Sohn Gottes, wurde nicht in Schriften wie bei griechischen Philosophen übermittelt, sondern in lebendigen Personen. Jesus hat nichts Schriftliches hinterlassen. Dafür umso mehr seine Person. Denn seine Person war und ist die Botschaft! Oder umgekehrt: Seine Botschaft ist Person. Deswegen konnte Paulus mehrfach schreiben: „Was ihr ... gehört und an mir gesehen habt, das tut" (Phil 4, 9). Nun war seine Person selbst Frohe Botschaft geworden. Und bis heute will die Frohe Botschaft in Personen Fleisch, Sakrament werden. Wir nennen diese Personen die „Heiligen" der Kirche.

So betrachtet, ist es überhaupt nicht verwunderlich, wenn Menschen, wenn persönliches Leben in den Evangelien, in der Weitergabe des Glaubens die entscheidende Rolle spielen. Bei all unseren wirklichen Heiligen ist es genauso: Sie sind die Botschaft! Sie handeln „in persona Christi". In ihnen begegnen die Suchenden der Person Christi. Die objektive Botschaft des Glaubens wird in unserer Kirche wesentlich vermittelt und gewinnt Gestalt in Personen: Die Kirche zeigt ihr wahres Antlitz in den Heiligen. Deswegen kann es eigentlich nichts Falsches sein, im Neuen Testament nach Personen und ihrer persönlichen Lebensgeschichte zu suchen. Gewiss: Nicht ihre Geschichte, erst recht nicht „Geschichten" stehen im Vordergrund, sondern das Suchen des Menschen nach Heil; die in diesem Menschen aufscheinende Selbstmitteilung Gottes ist das Thema der Evangelien.

Am meisten „Persönliches" hören wir im Neuen Testament von Petrus, dem „Simon bar Jona". Von ihm wissen wir sogar, dass er verheiratet war, dass er bis nach Rom kam (und dort im Tiber getauft hat). Im II. Kapitel habe ich mit vielen Argumenten herausarbeiten können, dass diesem Mann auf der Seite der Frauen die Magdalenerin gegenüberstand, ja, dass diese Frau ihm und anderen Aposteln in mancherlei Hinsicht überlegen gewesen sein dürfte. Außerdem hatte diese Frau ebenfalls eine leitende Funktion in der Jesus-Bewegung.

Wenn wir nun von Petrus und von Paulus viel aus ihrem persönlichen Leben und ihrer Entwicklung wissen, ist es dann völlig unsinnig zu forschen, ob die Evangelien nicht auch von dieser Frau Einiges an Persönlichem mitgeteilt haben? Weil auch in ihr Christus aufgeleuchtet ist? Vielleicht müssen wir bei ihr sogar eher nach Spuren des Persönlichen suchen, wo wir bei Petrus und den anderen Aposteln gewissermaßen nur nach „christologischen" Glaubensentwicklungen fragen.

Schauen wir unter dieser Rücksicht noch einmal auf die Salbung in Betanien nach Markus und Matthäus.

Unsere drei Fachexegeten sagten, dass für die „anstößige" Salbung Jesu durch die Frau keine Motivation erkennbar sei. Die exegetische Wissenschaft sucht „Motivation" auf der objektiven Ebene der Christologie, der beginnenden Passionsgeschichte, sie sucht nach „eschatologischen" Verweisen (bis zum „Gericht") und redaktionellen Einschüben. Sie sucht jedoch nicht auf der Ebene des „Persönlichen" oder gar „Privaten" der damaligen Menschen, weil sie dafür kaum Methoden zur Verfügung hat. Immerhin ist das Genus der „biografischen Erinnerung" bekannt.

Wenn die Exegeten nun nach eigener Feststellung auf der objektiven Ebene keine Motive ausmachen können, darf man dann nicht versuchsweise schlussfolgern, dass die Motive dieser Frau stärker auf der persönlichen Ebene lagen? In ihrer persönlich–personalen Beziehung zu diesem Mann? Und hatte Jesus diesem Ansinnen nicht dadurch entsprochen, dass er – ebenfalls völlig unmotiviert und nicht notwendig – dieser Frau zusagte, ihr Tun werde in aller Welt „zu ihrem Gedächtnis" verkündet werden?

Ja, es kommt noch schlimmer:

Die beiden Evangelisten berichten aus ihrer Tradition, die Frau habe ein (frei umschrieben) gläsernes Alabastergefäß mit kostbarem, duftendem, echtem Salböl gebracht[426] und dieses kostbare Öl auf sein (Jesu) Haupt gegossen. Dieses Öl kommt mit ziemlicher Sicherheit tatsächlich aus Indien! Denn *nardos* ist bereits im Griechischen ein Lehnwort und meint eine Narde, eine indische Gewürzpflanze, beheimat in den Bergen des Himalaja.[427] Später werde ich dazu noch mehr mitteilen.

Diese exotische Narde nun gießt die Frau auf Jesu Haupt. Markus und Matthäus schreiben genau: *epì tēs kephalēs autoũ*/auf sein Haupt. Als Jesus aber dies Tun der Frau anschließend würdigend wiederholt, sagt er: „Als sie das Öl über meinen Leib goss ..." bzw. „Sie hat im Voraus meinen Leib für das Begräbnis gesalbt."[428] Jesus machte aus dem Kopf seinen Leib. Er hätte auch korrekt sagen können: Über meinen Kopf. Jedoch änderte er diesen „rationalen" Teil des Körpers in den ganzheitlichen, fühlbaren und fühlenden Leib.

Das ist etwas Persönliches! Als stände diese Frau in einer besonderen Beziehung zu seinem Leib und Begräbnis. War es nicht schon einmal sein Leib gewesen, den er einer Frau in seinen Füßen überlassen hatte? Wenn wir uns später der Johannes–Fassung dieses Ereignisses in Betanien zuwenden, werden wir allerdings „sehen", warum sachlich, logisch nach dem Gießen des Öls über das Haupt auch vom Leib gesprochen werden konnte, ja musste.

Das besondere Merkmal dieser Frau besteht in ihrer Namenlosigkeit. Wir kennen bereits eine „Frau ohne Namen", die in verblüffend ähnlicher Weise wie diese hier mit einem Alabastergefäß voll wohlriechendem Öl (*alábastron mýrou*) zu Jesu Füßen getreten war und diese Füße (Leib) mit ihrem Öl gesalbt, massiert hatte. „Am Anfang ein Tun – am Ende ein Verheißungswort", sagte Gnilka. Hier haben wir die gleiche Struktur. Und diese Ähnlichkeit soll rein literarisch sein? Auffallend ist unter unserem jetzigen Blickwinkel nämlich auch noch die damalige (Lk 7) Reaktion Jesu: Er hat seine Füße in den Händen jener

---

[426] Matthäus: *alábastron mýrou barytímou*/ein Alabastergefäß voll kostbarem Salböl; Markus: *alábastron mýrou nárdou pistikēs*/ein Alabastergefäß mit duftendem, unverfälschtem (echtem) Nardenöl.

[427] Nach Jerusalemer Bibel-Lexikon, Hrsg. der deutschen Ausgabe *Kurt Hennig*, Neuhausen-Stuttgart 1990, S. 287.

[428] Beide Male im Griechischen „Leib", (Mk): *sōma mou* bzw. (Mt): *epí toũ sōmatos mou*. Die Einheitsübersetzung ahnt allerdings wieder das Anstößige an dieser Formulierung und präsentiert erneut eine „entschärfte" Übersetzung: Als sie das Öl „über mich" goss ... Nein, über meinen Leib!

Frau gelassen. Das kann man kaum „christologisch" deuten, sondern nur persönlich. Jesus hat „das anstößig Persönliche" darin gezeigt, dass er Gemeinschaft schenkte, indem er der Hetäre seine Füße zum massierenden Salben ließ. Auch das ist Christologie!

Schon damals nahm er die namenlose Frau in Schutz vor dem Pharisäer und dessen Freunden, sah „viel Liebe" im Leben dieser Frau. Und jetzt wiederum: Er nimmt sie in Schutz vor seinen eigenen Jüngern, sieht in ihrem verschwenderischen Ausgießen ein „schönes Tun", einen Akt der Liebe für sein Begräbnis. Ist das nicht wiederum eine Deutung im Bereich des Persönlichen?

Man kann diesen Überlegungen und der Schlussfolgerung aus ihnen nicht dadurch entgehen, dass man annimmt, diese Frau mit dem echten indischen Salböl sei eben mal so von der Straße hereingekommen. Niemand habe sie gekannt, und anschließend sei sie genauso anonym wieder verschwunden. Das erscheint konstruiert, genauer: Das ist unmöglich. Wie hätte Jesus einem zufälligen, unbekannten Zaungast dieses „Jubelwort" zusprechen können.

Wer also war diese namenlose Frau, die von Jesus derart auffallende persönliche Zuwendung erfuhr? Es kann nicht angehen, dass man auch damals ihren Namen, mithin sie selbst, nicht kannte. Wenn doch schon jener Simon der Aussätzige bekannt war, der beim Gastmahl in Betanien überhaupt keine Rolle spielte, dann soll diese Frau, die neben Jesus die Hauptrolle spielte, ja, die der Auslöser für seine tröstenden, korrigierenden, verheißenden Worte war, nicht bekannt gewesen sein? Wie sollte man das Gedächtnis dieser Frau in aller Welt verkünden, wenn ihr Name nicht bekannt war?

Sie hatte einen Namen.

Und alle kannten ihn.

Die Frage muss wieder einmal andersherum gestellt werden: Warum hat die früheste Tradition der Frohen Botschaft, die zweifelsfrei durch Männer geschah, den Namen dieser Frau nicht schriftlich festgehalten? Obwohl alle wussten, wer das gewesen war.

Weiten wir unsere Frage auf jene andere Frau ohne Namen aus, die fast genauso wie diese hier gehandelt hatte und eine ähnlich „unnötige", stark persönliche Zuwendung von Jesus erfahren hatte. Wer war jene namenlose Sünderin beim Pharisäer Simon? Alle mussten auch diese Frau kennen, sie war ja eine, wie Exegeten unbekümmert sagen, „stadtbekannte Dirne".

Ja, gehen wir noch einen Schritt weiter: Ist nicht das Schweigen über den Namen der beiden Frauen ein weiteres Indiz, das sie verbindet und zu einer einzigen macht? Das noch einmal verstärkt wird durch das auffällig ähnliche Salben des Leibes, der Person? Und durch die unnötige, persönliche Zuwendung Jesu, die in dem Anstößigen viel Liebe sieht und die Frau schützt und preist?

Die Exegeten sehen natürlich die Ähnlichkeiten – und retten sich zu deren Erklärung mit der schon bekannten Formel von der literarischen Abhängigkeit des Lukastextes von Mk/Mt und/oder Johannes, also mit Hilfe der Hypothese von der „Dublette" einer ursprünglich nur einen Begebenheit. Dafür müssen sie aber die Augen verschließen vor den Unähnlichkeiten in den Texten, vor der gänzlich anderen „theologischen" Situation und Aussageabsicht der beiden Szenen, von ihrer verschiedenen Einordnung in innere wie äußere Zusammenhänge. Nur das anstößige Salben scheint das Gleiche geblieben zu sein. Ist das nicht also dieselbe Frau?

Warum hat dann die früheste christliche Tradition (Mk/Mt) den Namen dieser Frau, die eine unglaubliche Verheißung erhalten hat, verschwiegen? Warum auf einmal nennt Johannes den Namen doch?

Gaechter nimmt als Tatsache, bei dem von Mk/Mt berichteten Gastmahl mit Salbung handle es sich um das gleiche, das Johannes erzählt hat.[429] Das ist ja auch vernünftig. Die Anwesenheit der dortigen Frauen Maria und Marta (sowie ihres Bruder Lazarus), die bei Mk/Mt nicht erwähnt werden, deutet er jedoch so, dass diese Geschwister mit der Familie des Simon befreundet gewesen sein mussten – wenn nicht gar umgekehrt „die Einladung auf ihn um der ihm ergebenen Geschwister willen ausgedehnt wurde".

Wir hatten schon festgehalten, dass die Tradition von Mk/Mt den Simon weder die Einladung hat aussprechen noch die Begrüßung vornehmen lassen. Natürlich nicht, haben wir geantwortet: Er war ja schon tot. Es wird nur gesagt, das Gastmahl habe in seinem Haus stattgefunden. Also konnten Marta und Maria die Einladenden gewesen sein. Gaechter fragt nun, warum die Namen nicht genannt würden. Seine Antwort: Aus Sorge um das Wohl dieser Menschen. Denn dieser Bericht sei schon so früh im Umlauf in der Gemeinde gewesen, dass die Gegner Jesu und des Lazarus noch im Amte waren und also Gefahr bestand, dass man diese Menschen noch ergriffe und tötete. Deshalb seien die Namen verschwiegen worden.

Mir gefällt, dass Gaechter überhaupt dem Problem der fehlenden Namen nachgeht. Doch schwächelt seine These daran, dass die „sal-

---

[429] *Gaechter,* Das Matthäus Evangelium, S. 833f.

bende Frau" ohne Namen sich in keiner uns bekannten Gefahr befunden hat. Eher befanden sich die Männer um Jesus in Gefahr. Wenn eine Frau einen Mann salbte, brachte das die Mächtigen nicht um ihren Schlaf. Wir hätten ihren Namen also hören können. Warum dann hören wir ihn nicht?

In Kapitel IV habe ich die These vorgelegt, warum der Name der Maria Magdalena bzw. der „anstößigen" Hetäre und Geschäftsfrau mit all ihrer Vergangenheit, ihrem Reichtum usw. in der frühen Kirche besser nicht genannt wurde: Ihr Beruf als Dirne, ihre Besessenheit durch Dämonen waren genauso verwerflich aus der Sicht der gesetzestreuen Juden wie der Beruf des Zöllners. Solche Leute gehörten zu jenen Sündern, die fern von Gott waren. Derlei Menschen in der sich bildenden Gemeinschaft vom Neuen Weg zu haben, stellte diese neue Gemeinschaft, die schon genug Probleme gegenüber den „orthodoxen" Juden hatte, zusätzlich in ein schlechtes Licht. Bei dieser Frau kam noch hinzu, dass sie weit über jüdisch-fromme Kreise hinaus bekannt war, und zwar in einer überaus sündvollen Weise: Mit ihrem Handelsimperium und dem früheren Hetärenleben plus etlichen Dämonen stellte sie Zöllner noch in den Schatten.

Jesus hatte diese Frau unerklärlicherweise gemocht und auch noch geschützt. Wenn sie sich jetzt bekehrt hatte – nun gut. Aber man sollte sie nicht groß herausstellen. Es war schon heikel und missverständlich genug, dass Jesus beim Mahl in Betanien tatsächlich laut gesagt hatte: Überall auf der Welt ... werde man von diesem Salben erzählen zu „ihrem" Gedächtnis. Nicht einmal die größten aller Hetären Griechenlands hatten ein solches Denkmal von ihren Gefährten gestiftet bekommen. Ihr Name sollte besser nicht mehr erwähnt werden, damit diese Person nicht alle Aufmerksamkeit auf sich zöge. Außerdem hatte sie zu ihrer Zeit die Männer, vor allem den armen Petrus, ziemlich überflügelt. Jetzt sollte mal sie zurückstehen. Man wollte von ihr nur das Notwendigste sagen, und besser ohne Namen. Wer sie noch nicht kannte, musste diese frühere Hetäre und von Dämonen besessene Geschäftsfrau nicht erst noch kennen lernen.

Erst als sie tot war, konnte Johannes das Geheimnis lüften.

Oder als sie ihm und Lukas das erlaubte.

Die namenlose Sünderin in Lukas 7, Maria von Betanien (und vermutlich auch Maria Magdalena) – wir ertasten die Wirklichkeit dieser einen Frau vor allem auf der Ebene des Persönlichen.

3. Lk 10, 38–42
Jesus versöhnt die Geschwister

Nur der Evangelist Lukas berichtet von der Begegnung zwischen Jesus und den beiden Frauen in einem Dorf. Der Name des Dorfes wird nicht genannt; die Namen der Frauen sind Marta und Maria. Jünger sind allem Anschein nach nicht anwesend. Es scheint also ein privater Besuch gewesen zu sein. (Wieder etwas Persönliches!) Auf dem Hintergrund der damaligen Zeit, selbst im Raum liberaler hellenistisch-römischer Kultur, war das ein auffälliges Verhalten Jesu – ein anstößiges sogar, wenn es sich um ein jüdisches Dorf gehandelt haben sollte. Was waren ihm Grund und Ziel, ins Dorf der Schwestern zu gehen? Um ohne die Anwesenheit seiner Jünger mit zwei Frauen zu sprechen? Ging es um Theologie und Regeln für spätere Gemeinde? Schließlich, welche Absicht leitete den Evangelisten, diese private Bagatelle ohne christologische Bedeutung in sein Evangelium aufzunehmen?

Die christliche Tradition der Spiritualität hat aus diesem eigenartigen Besuch Jesu bei Marta und Maria viel an Einsicht geschöpft. Bis heute erscheinen immer neue Bücher und Aufsätze, welche diese Szene ergründen und beleuchten, auskosten und deuten, in Seminaren vor allem mit und für Frauen. Zu den tiefsten und schönsten Gedanken, die den inhaltlichen Reichtum dieses Besuches aufschließen, gehören gewiss jene, die Meister Eckhart OP vorgelegt hat.[430] So sagt er z. B. in der Gegenüberstellung von Marta und Maria im Blick auf die letztere: „Drei Gründe ließen Maria zu den Füßen Christi sitzen: Der erste war,

---

[430] S. Anm. 310, „Meister Eckhart, Einheit mit Gott", hrsg. von *Dietmar Mieth*, Düsseldorf 2002. - Nach dem Buch von *Mieth* legt Eckhart von Lk 10,38-42 gleich zwei Ausdeutungen vor, deren erste das Thema umkreist: Unser Herr Jesus Christus ging hinauf in eine Burgstadt (die Seele) und wurde dort von einer Jungfrau empfangen, die zugleich Frau war. Zentrale Gedanken, nach Mieth, sind: „die ‚Eigenschaftslosigkeit', die Fruchtbarkeit und die Gottesgeburt in den Seelenkräften." Eckharts zweite Predigt „lebt vom inneren Dialog der Gestalten Maria und Marta: während einerseits die Figur der Marta schrittweise gesteigert und gefüllt wird, wird damit andrerseits der Weg Mariens zur wahren Maria vorgezeichnet, so dass man hier eine Schilderung des geistlichen Weges durch Eckhart vor sich hat." - Eckhart geht von der zu seiner Zeit geltenden Lehre aus, dass Maria von Betanien auch Maria Magdalena und die namenlose Sünderin in Lk 7 sei. - Das obige Zitat aus *Mieth*, S. 156.

dass die Güte Gottes ihre Seele umgriffen hatte. Der zweite war eine unaussprechliche Sehnsucht: sie sehnte sich, sie wusste nicht wonach, und wollte, sie wusste nicht was. Der dritte war ein süßer Trost und Lust, die sie aus den zeitlosen Worten schöpfte, die da rannen durch Christi Mund."

Es war dann kein weiter Weg mehr, dass christliche Spiritualität aus dem Sitzen der Maria zu Füßen Jesu die Kontemplation herauslas und aus den Worten Jesu, sie habe „das Bessere" erwählt (was gar nicht im Text steht), die Schlussfolgerung zog, das kontemplative Leben sei die vollkommenere Lebensweise gegenüber dem tätigen Leben. Mithin sei der kontemplative Ordensstand der Weg der Vollkommenheit.[431]

Darüber nachzudenken, worauf es im Leben des Menschen letztlich ankommt, was die jeweils bessere Entscheidung zu welchem Ziel ist, sollte in der Tat jedem Menschen vorrangiges Herzensanliegen sein. Doch christliche Kontemplation und Spiritualität von der Maria zu Füßen Jesu herzuleiten und ihr „Ruhen" gegen die Tätigkeit der Marta aufzuwerten, trifft nicht die originale Situation, von der Lukas berichtet und um die es Jesus ging.

Was können wir, mithilfe unseres Ansatzes des Schauens und begründeten Rückschließens, in wenigen Worten einleitend zu diesem Besuch Jesu im Dorf der Schwestern sagen? Gestützt auf unsere vorgelegten Argumente sahen wir in Maria von Betanien die namenlose Hetäre und Geschäftsfrau aus Lk 7. Inzwischen wissen wir zusätzlich bzw. gehen mit vergleichsweise guten Gründen davon aus, dass Simon aus Betanien ihr und Martas und Lazarus' Vater war, jedoch an Aussatz gestorben ist. Lazarus bleibt in dieser „Familiengeschichte" ausgespart; daraus machen wir uns kein Problem. Die Maria aus Betanien kam aus Gründen, von denen das Evangelium nichts berichtet, nach Galiläa. Dort wurde sie zur Hetäre, später zur Geschäftsfrau mit großem Vermögen; im Laufe der Jahre geriet sie in Abhängigkeiten und Süchte, war unter der Herrschaft von Dämonen. Es ging ihr ähnlich wie ihrem Vater: Vor ihr lagen nur Hoffnungslosigkeit und Tod.

Nun füge ich eine weitere Schlussfolgerung hinzu, die sich von selber nahe legt: Irgendwann werden die Geschwister Marta und Lazarus davon gehört haben, was aus ihrer Schwester geworden war. Damit war sie ein Schandfleck für den Ruf des Hauses geworden. Sie war

---

[431] Auf 4 Seiten bietet *Fr. Bovon* (EKK, III/2, Das Evangelium nach Lukas, 2. Teilband, S. 112–115) eine Zusammenfassung der christlichen Traditionen zum Thema „Kontemplation", von Origenes bis Calvin und dem 19. Jahrhundert.

noch mehr „Aussätzige" als ihr Vater Simon, denn sie hatte Verkehr mit fremden Männern und führte Handelsverkehr mit fremden Volkern. Als solche Hure gehörte sie ausgesperrt aus der Familie. Mit dem Vater durfte man nicht mehr, mit ihr wollte man nicht mehr Gemeinschaft haben.

Sie war eine aus der Familie Ausgestoßene.

Wenn Jesus zu der Sünderin bei Simon dem Pharisäer sagte: „Geh in den Frieden", und wenn doch die Frau zu seinen Füßen Maria von Betanien war, die ihren Vater verloren hatte, aber auch die Geschwister und die Heimat ihrer Kindheit, wenn diese Frau sich als Verstoßene erlebte – dann gehörte zu dem Frieden, der kommen sollte, als erstes, die Versöhnung mit der Familie wieder herzustellen! Das aber war für Maria selber so gut wie unmöglich.

Deshalb werden wir annehmen dürfen, dass Jesus selbst Kontakt zu der Familie in Betanien aufgenommen und darum geworben hat, dass Marta und Lazarus die jüngere Schwester wieder annähmen, sie aufnähmen in das gemeinsame Haus und sich mit ihr aussöhnten. War nicht „Versöhnung" eines der Hauptthemen seiner Botschaft? Jenes „Beziehung–Schenken" über jede Grenze hinweg, das er selber praktizierte?

Dann mag die folgende Episode die Fachexegeten zwar irritieren, da sie kein richtiges theologisches Motiv für diesen so persönlich-privat scheinenden Besuch ausmachen können – und als Ersatz dafür Probleme und Ordnungen der nachösterlichen Gemeinden behaupten. Für diese würden hier Verhaltensweisen gegenüber dem *Kyrios*, dem (erhöhten) Herrn, bzw. Missionaren als seinen Vertretern skizziert und als Norm gesetzt. Doch in dem Besuch beim „Rest der Familie" Simons des Aussätzigen ging es Jesus um nichts anderes als worum es ihm in seiner Sendung vom Vater immer schon gegangen war: Dem Einzelnen Versöhnung und Beziehung schenken im Vergeben von Schuld.

„Vergib uns unsere Schuld, wie auch wir ..." Gleich anschließend an diesen „Hausbesuch" bringt Lukas das VaterUnser mit der Vergebungsbitte. Vor dieser Bitte bat Jesus den Vater ebenfalls um etwas ganz und gar „Häusliches", Privates und Persönliches: Um das tägliche Brot. Und unmittelbar vor den Hausbesuch bei den Schwestern platziert Lukas in seinem Evangelium das Gleichnis Jesu von dem Mann, der unter die Räuber gefallen war. Sehr passend fügt er nun den Hausbesuch an, weil es jetzt eine Frau war, die unter die Räuber, die „Dämonen", gefallen war – und Jesus selber nun der gute Samariter.

Interpretationen der klassischen Exegese

Karl Heinrich Rengstorf

Rengstorf vermutet, Lukas habe den Besuch Jesu bei den zwei Frauen deswegen an dieser Stelle eingefügt, weil er die Wanderung Jesu von Galiläa nach Jerusalem als annähernd erfüllt habe darstellen wollen. Dagegen ist zu beachten, dass Jesu Weg nach Jerusalem (Lk 9, 51) auch noch in 13, 22 und 17, 11 erwähnt wird – an letzter Stelle durchquert er „erst" Samarien. Da Rengstorf das Dorf, wo Jesus die zwei Frauen besucht, als Betanien nahe bei Jerusalem identifiziert, kann der Weg nicht bereits sieben Kapitel zuvor schon annähernd erfüllt sein. Die Lokalisierung mit Betanien nehme ich gerne an, doch als Motiv Jesu, in dieses Dorf zu den Schwestern zu gehen, werde ich ein persönliches aufzeigen. Auch zu der für Rengstorf offenen Frage, wie es überhaupt zur Bekanntschaft mit diesen Geschwistern habe kommen können, konnten wir bereits eine Vorgeschichte präsentieren, wiederum eine persönliche. Marta erscheint auch Rengstorf als „Hausherrin", worauf wir bereits hingewiesen haben. „Griechisch" wirke die Erzählung wegen „der Art des freien Umgangs" der beiden Frauen mit Jesus (bzw. umgekehrt). Dass Lazarus nicht erwähnt werde, gehöre zu den Dingen, die in diesem Passus „undurchsichtig" blieben. Natürlich sieht auch Rengstorf die „Spannung" zwischen den beiden Schwestern. Martas Mühe, so interpretiert er die schwierig zu verstehende Antwort Jesu, sei auf ein vorübergehendes Bedürfnis gerichtet, während Maria das suche, was „jenseits alles Irdischen" liege. Auch hierfür werde ich eine andere Deutung vorlegen, in der gerade das normal Irdische der Ort des Handelns Gottes in Jesus ist. Dass diese Erzählung zum „Sondergut des Lukas" gehört, passt ausgezeichnet in unsere Darstellung der Maria.

Heinz Schürmann

Seine recht ausführliche exegetische Untersuchung der wenigen lukanischen Zeilen überschreibt Schürmann mit „,Hören auf sein Wort' als das eine Notwendige". Damit gibt er zu erkennen, worin er das Wesentliche dieses Textes sieht. Einleitend stellt er den Abschnitt an den Schluss eines großen Bogens, der in 9, 51 begonnen habe: Dort die von den Samaritanern verweigerte Aufnahme, hier die erfolgte Aufnahme durch zwei Frauen. Im Mittelpunkt Schürmanns bewundernswerter Erarbeitung steht immer wieder der Verweis auf den *Kyrios*, den Herrn, und auf sein Wort. Lukas wolle die Erzählung transparent „auf aktuelle Gemeindeprobleme verstanden" wissen, die im Wort der Boten, der Missionare (die von der Gemeinde beköstigt werden müssten), dem *Kyrios* begegneten: Wer euch hört, hört mich (Lk 10, 16a). Doch die Art und Weise, wie die Evangelisten Normen für spätere Gemeinden überliefern, lesen wir in Lk 6, 27 bis 7, 1 oder in Lk 9, 3 – 6 oder in Mt 10, 5 bis 11, 1 oder bei Mt 18, 15 – 20. Die Zeilen hier in Lk 10, 38ff. unterscheiden sich himmelweit von den oben genannten Stellen. Sie als „Norm für spätere Gemeinde" zu interpretieren, wird nicht einsichtig. Man berücksichtige zudem, dass Jesus die Jünger zu dieser „Lehrstunde" gar nicht mitgenommen hat. Schürmann braucht aber diese Deutung auf die Gemeinde hin, da ihm der gesamte Abschnitt ansonsten in privater Bedeutungslosigkeit versänke.

Die Erzählung sei in eine Reiseerzählung eingebettet, geprägt von einem „ziellosen Wandermotiv". Jesus ist „ziellos" gewandert? Wenn er die anfangs noch begleitenden Jünger zu diesem Besuch nicht mitnimmt, besagt dies doch, dass er eine klare Absicht verfolgte. Die Jesus aufnehmende Marta sei offensichtlich die Herrin des Hauses, was auch ihr Name („Herrin") besage. Dass später in Joh 11, Verse 1 und 45, Maria der „Herrin" Marta vorgeordnet sei, erklärt Schürmann „kontextbedingt"; was er damit meint, sagt er nicht. Über seine Feststellung der „Vorordnung" der Maria bin ich entzückt, habe dafür jedoch eine andere Erklärung vorgelegt.[432] Dagegen sind wir darauf vorbereitet, dass Schürmann aus Joh 11 und 12 nicht „harmonisierend" schließen möchte, „Jesus sei hier schon in Betanien" – doch wo ist er dann, wenn doch Maria und Marta nach Joh 11, 1 mit Betanien fest verbunden sind? Ebenso solle man diese Maria hier nicht mit der salbenden Frau von Mk 14/Mt 26 oder Joh 12 oder Lk 7 oder gar mit Maria Magdalena (Lk 8, 2) identifizieren – zur Begründung sagt Schürmann lediglich, der lukanische Text biete dafür keinen Anlass. Wir werden in diesem Text des Lukas sogar zwei Hinweise auf die Identität entdecken!

Einige alte Textzeugen fügen ein: (Marta nahm ihn freundlich) „in ihr Haus" auf (*eis tēn oikían autēs*), das sei jedoch – Schürmann zitiert R. Borger – für damalige Verhältnisse „anstößig" gewesen [wir werden dieses Wort nicht mehr los!] und deswegen weggelassen. C. Martini

---

[432] S. den Text zu Anm. 292, S. 235.

dagegen meint, die Formulierung „in ihr Haus" sei eigens „zugesetzt worden, um einen anstößigen Anklang an die Dirne Rahab Jos 2, 3 zu vermeiden". Nun sind wir voll beim Thema! Ich werde aufweisen, dass diese Wendung „in ihr Haus" sehr gut in den Text und unsere Deutung hineinpasst und in die Hauptlesart aufgenommen werden sollte. (Schürmann und Bovon vertreten die gleiche Meinung.[433])

Maria hocke sich nun vor Jesus, wie ein Schüler vor den Rabbi, und höre auf sein Wort, das nämlich des *Kyrios*, den die ausgesandten Jünger (10, 1) angekündigt hatten. In seiner Analyse räumt Schürmann jedoch ein, dass die Bezeugung von „(zu Füßen) *toū kyríou*/des Herrn" an dieser Stelle (Vers 39) weniger gut bezeugt sei als „zu Füßen *Iēsou*/Jesu". Schürmann, der den Kyrios-Titel gerne gelesen hätte, kann nicht erklären, warum die nach seiner Ansicht gewichtigere Kyrios-Bezeichnung vom unwichtigeren Jesus-Namen in schon frühester, vorlukanischer Zeit verdrängt worden sei. Ich werde darauf eine klare Antwort geben. Ähnlich ungewöhnlich ist für Schürmann, dass Jesus die Maria belehre – das Belehren einer Frau gehöre nicht zum Tun eines Rabbi! Schürmann hilft sich mit der Erklärung, es gehe hier um die neue Stellung der Frau in den christlichen Gemeinden – aber warum belehrt Jesus dann nicht in gleicher Weise die Marta? Vor allem: „Gemeindebelehrung" klingt in den Evangelien anders. Was an dieser Stelle geschrieben und wie es formuliert ist, lässt etwas Persönliches erahnen! Ich werde dazu eine situationsbezogene Erklärung bieten.

Sodann wendet sich Schürmann der „sorgenden" Marta zu, die eine „ichhafte, gereizte und einem Gast gegenüber taktlose Aufforderung" stelle. Schürmann versteht dies als ein literarisches Mittel des Lukas. Wir dagegen können die Gereiztheit und Aggression der Marta sehr klar aus der viel grundlegenderen, von uns schon vermuteten existenziellen Spannung der gespaltenen Familie heraus erklären.

Sodann wendet sich Schürmann dem „eigentlichen Urteil Jesu" zu, das ein „unbestimmtes Rätselwort" geblieben wäre, stände nicht in Vers 42b der Hinweis auf das „Notwendige". Die Wendung *tēn agathēn merída* („den guten Teil") dürfe man nicht mit „das Bessere" übersetzen (wie es die Einheitsübersetzung tut). Denn nicht eine bessere und eine weniger gute Verhaltensweise ständen sich gegenüber, son-

---

[433] *Strack/Billerbeck* bringen zu 10,38 „aufnehmen": „Von den Frauen als Gastfreundinnen sagte man sprichwortartig einmal, dass sie sich auf die Einschätzung der Gäste besser verstänrden als die Männer; aber auch, dass sie mehr als die Männer missgünstigen Auges auf die Gäste blicken."

dern zu wählen sei „zwischen zwei alternativen Verhaltensweisen". Es gehe um das ewige Leben. Der „gute Teil" sei das „Aufgeschriebensein des ‚Namens' im Himmel". In Maria werde in „erzählerischer Unbekümmertheit" der „notwendige Heilsweg zum Leben herausgestellt".

Nach unserer Schau der Dinge geht es nicht um das ewige Leben im Himmel, sondern um den Abbau von Aggressionen im Rest der Familie zur Wiederherstellung des Friedens. Verständlich, wenn Schürmann, um seine Theorie einigermaßen plausibel zu machen, die „Notwendigkeit der Versorgung von wandernden Missionaren als praktisches Gemeindeanliegen" im Hintergrund des lukanischen Textes vermutet. Aber diese Hilfshypothese passt nicht zur geschilderten Begebenheit, aus gleich mehreren Gründen erweist sie sich als falsch.

Zusammenfassend stellt Schürmann fest: Jesus stehe im Mittelpunkt, in ihm sei unübersehbar das Heil verkörpert, die Christologie komme hier indirekt zur Sprache, sie werde „anthropologisch" angegangen – wir werden unbekümmert von „persönlich-privat" sprechen. Das Wort über die „missionierenden Sendlinge" werde von Lukas in Kap. 10 in einen „ekklesiologischen Kontext" gestellt, in unserer Erzählung jedoch erlange diese Verkündigung fast die Gestalt einer *tractatio familiaris verbi divini*, einer „familiären Verkündigung des göttlichen Wortes". Für diese Charakterisierung bin ich Schürmann herzlich dankbar, denn „familiär" passt ausgezeichnet in meine Deutung. Schürmann dagegen sucht immer wieder nach christologischen Aussagen, um den Text nach seinem Vorverständnis schlüssig erklären zu können. Aber die fehlen in dieser „familiären" Begegnung.

Am Ende, bei der Frage nach der Gattung des Textes, stellt Schürmann denn auch deprimiert fest: „Unsere Erzählung gibt ihre Erzählabsicht nicht preis", wenn motivgeschichtlich nach ihrer Entstehungs- und Überlieferungsgeschichte gefragt wird. War bereits vor Lukas ein genialer Erzähler am Werk? Ging es diesem mehr um das „Generelle" oder „Individuelle"? Woher das Interesse am oppositionellen Verhalten der Marta zu dem der Maria? Liegt ein biografisches Interesse vor? Schürmann geht sechs verschiedene Gattungen durch (Biografisches Apophthegma, Beispielerzählung, verhaltensnormierende Jesus-Erzählung u. a.), die verschiedene Autoren dem Text zugeordnet haben. Aber er findet für keine Gattung eine befriedigende Zuordnung.

Auch seine eigene Lieblingsidee (christologischer Text, Begegnung hoheitlich einfordernd, ethisch normierend durch häufige Kyrios-Anrede; letztere taucht nach seiner eigenen Analyse jedoch nur einmal im Text auf) kann er nicht überzeugend positionieren. Deshalb wagt er, nach einer „vormals isoliert tradierte(n) Erzählung" zu fragen. Dieser müsste man dann die *Kýrios*- und *Sōtēr*-Funktion absprechen, dort sei vielleicht die steigernde Überbietung „Dienen – Hören" zu lesen gewesen: Hören auf das Wort sei wichtiger als Bewirtung des Boten. Aber Letzteres sei doch für den Orientalen das Wichtigste an der Gastfreundschaft! Oder gehöre zu dieser lukanischen Sondertradition die „Frauenfrage in der Gemeinde"? Zum lukanischen Sondergut gehörten auch, fügt Schürmann ein, „Hausszenen", in denen Gedanken vom Reich Gottes, vom Menschensohn u. ä. fehlten. Müsse man vielleicht an einen Zusammenhang mit Lk 19, 1–10 denken, Jesus beim Oberzöllner Zachäus?

Am schönsten finde ich die Schlussbemerkung des großen Exegeten: „Der Evangelist Johannes, schon sein ihm zugekommenes Traditionsgut, wird die vorlukanische Tradition von 10, 38–42 gekannt haben. Diese Beobachtung betrifft aber auffallend viele Perikopen des lukanischen Sondergutes."

Besser kann meine eigene These gar nicht vorbereitet werden!

François Bovon

Einleitend fährt Bovon dort fort, wo Schürmann stehen geblieben ist: „Die kurze Geschichte von Marta und Maria bleibt durch das bloß Andeutende der Erzählweise oft mehrsinnig." Sicher seien „kirchliche Realitäten von existenzieller Tragweite angedeutet", doch „der suggestive Charakter dieser Zeilen ist mit einem Dunstschleier belegt, der sich verdichtet, je mehr wir uns um Aufklärung bemühen." Da Bovon die „Geschichtlichkeit dieser Szene" nicht einmal als mögliche Variante zulässt, wird er ihren Dunstschleier auch nicht auflösen.

Maria, die zentrale Person, spreche überhaupt nicht – wir kennen schon eine Frau, die überhaupt nicht gesprochen hat! Unwahrscheinlich sei, dass Lukas, der als einziger diese Passage bringt, sie „selber erfunden" habe. Sie könnte als lukanisches Sondergut neben der Geschichte des Samariters gestanden haben. Diesen Zusammenhang werde ich sorgfältig beachten! Die vorlukanische Form unseres Textes zu rekonstruieren, fehlten dem Exegeten ausreichende Elemente.

Sodann vergleicht Bovon unsere Perikope mit Joh 11, wo Marta und Maria in ihrem Haus Jesus aufnahmen und wie Maria sich dort Jesus „zu seinen Füßen" geworfen habe (ja ja, diese Füße). In Joh 12 hören wir, dass Marta beim Mahl diente/*diēkónei*, hier nun heißt es, sie „rieb sich auf viel zu dienen (in vielfaltigem Dienst)/*periespáto peri pollēn diakonían*". Jedoch fehle hier Lazarus, „den Lukas nicht kennt". Dies ist eine unlogische Schlussfolgerung: Ein Nicht-Erwähnen ist nicht ein Nicht-Kennen. Auch würde Johannes Maria mit der Frau identifizieren, die Christus salbt, „was Lukas nicht tut" – ich bin dabei zu zeigen, dass er es tut! Sodann erscheint es Bovon „abenteuerlich", sich „Johannes bei der Lektüre des Evangeliums von Lukas vorzustellen oder umgekehrt". Ich will zeigen, dass sich dies sogar historisch aufdrängt. Allerdings hören (!) in meiner Sicht der Dinge beide Evangelisten auf die gleiche eine Frau, die ihnen das alles erzählt. Immerhin berührt Bovon die Frage, wie es zu diesem Erzählstück gekommen sein könnte: „Diese Frauen ... bildeten eine christliche Gemeinschaft in ihrem Dorf und in ihrem Haus." Dass dieses Dorf Betanien gewesen sein könnte, scheint Bovon für möglich zu halten. Das Historische sieht Bovon also nur in der nachösterlichen Gemeinde gegeben, nicht im Leben Jesu und in seinen Begegnungen.

Die Erzählung des Lukas habe „eine narrative und normative" Bedeutung: Im Dienst einer bestimmten Theologie erschienen Marta und Maria „als zwei Typen des Christseins". Wer allerdings damit angesprochen werden sollte, in welchem Rahmen die Geschichte erzählt worden sei, wäre schwierig zu sagen. Im hellenistisch-christlichen Milieu? Eine Unterweisung in Bezug auf das Empfangen von Missionaren, wobei den Frauen dieser Dienst zufiele?

Die Einleitung des Abschnittes erinnere an Jesu Weg zur Passion, die anwesenden Jünger bildeten die „gemeinschaftliche Komponente der Reise", aber sie verschwänden plötzlich „ins Dunkel" und überließen die Bühne den Frauen und Jesus. Dabei sei es im Judentum kaum vorstellbar, dass eine Frau ihre Güter selber verwaltete (einige Autoren vermuteten deswegen, sie sei Witwe gewesen – das kommt unserer Deutung ja schon näher), und noch weniger, „dass sie wie hier einen Mann empfängt". Weniger eingeschränkt in ihrer Freiheit seien die griechischen Frauen gewesen – also werde griechisches Milieu angesprochen? Jedenfalls werde hier die „Hauskirche" angedeutet und die Aufnahme wandernder Missionare. Zu Füßen Jesu sitzend nähme Maria die Haltung eines Jüngers ein. (Diese Haltung könnte auch etwas Anderes ausdrücken.) Dann äußert Bovon die Vermutung, Lukas wolle sagen, „dass Maria sich dem Studium zuwendet, ohne es ausdrücklich auf ein Amt zu beziehen". Wenn eine Frau einem Mann in der Wohnküche ihres Hauses zu Füßen sitzt und ihm bei einer kurzen Antwort auf ein vorwurfsvolles Wort ihrer Schwester schweigend zuhört, scheint mir das eine merkwürdige Art von „Studium" zu sein!

Interessant sind Bovon's Ausführungen (ebenso die analogen bei Schürmann) zur Wendung „*periespáto peri pollēn diakonían*/(Marta aber war) ganz davon in Anspruch genommen, für ihn zu sorgen". „Ganz davon in Anspruch genommen" habe den Sinn von „nach allen Seiten gezerrt, aufgerieben/zerstreut/absorbiert sein". Marta ist also (oder hat sich selber) in die verschiedensten Beschäftigungen hinein „verzettelt". Dieses Wort ist (neben der Paulus-Stelle 1 Kor 7, 35 *aperispástōs*/nicht hin und her gezogen) einmalig im Neuen Testament. So entsteht die Frage: Woher hat Lukas diese sehr spezielle Beschreibung der Marta? Was ist mit diesem „Extrabegriff" angedeutet? Marta sei als „Herrin" des Hauses zu sehen („in ihrem Haus"), ist ihr sorgendes Hin und Her deswegen aber schon verständlich? Sie fühle sich von ihrer Schwester im Tun der vielen Dinge allein gelassen – gab es bei drei Personen wirklich so viel zu tun? Bovon will Tisch-Dienst nicht gegen Wort-Dienst gestellt sehen, sondern zwei spirituelle Haltungen erhielten je ihren Platz. „Spirituelle" Haltungen, wenn die eine schweigend am Bein hockt und die andere im Haus gereizt herumsaust?

„Ermüdet und einsam" würde sich Marta an Jesus wenden – Schürmann hat mit „gereizt" den Gemütsausdruck der Marta treffender wiedergegeben. Jesu Antwort sei weniger eine Kritik als vielmehr eine „Diagnose". Dem pflichte ich bei. Doch dass es „der Herr" sei und nicht „Jesus", der antwortet, scheint mir wieder hineingetragene Christologie. Wenn nun die Antwort Jesu „Marta, Marta, du sorgst dich und bist unruhig um vieles" eine Diagnose ist (*thorybō* bedeutet Unruhe schaffen, heftige Bewegung hervorrufen, Lärm, Aufruhr, etc.), auf welche inneren Unruhen und Sorgen weist Jesus die Marta dann hin?

Bovon meint, der Text weise auf eine Gefahr christlichen Lebens hin, die aus der Isolierung des Einzelnen von Christus und der Gemeinschaft entstände, was zu tausenderlei Aktivitäten führte. Ist das nicht eine Projektion des Autors aus Hilflosigkeit, da er die historische Situation prinzipiell nicht gelten lässt? Doch dann merkt Bovon die Unstimmigkeit seiner Deutung selber, wenn er anschließend festhält, Marta könne nicht mit dem Samen, der unter die Dornen gefallen ist, verglichen werden: Ihre Sorge gelte ja dem Wohlergehen Jesu und nicht ihrem eigenen Reichtum. Warum dann die obige künstliche Deutung? „Fordernde Normativität" nur, weil Jesus „Herr" genannt wird? (Marta bedeutet „Herrin"!) Wie sonst sollte Marta Jesus anreden, wenn sie mit diesem Mann nicht sehr vertraut war, als mit „Herr"?

Der Teil, den Maria gewählt hat, ist „gut", „der wird ihr nicht genommen werden." Hier sei „eschatologischer Lohn" zu denken. Ich bin perplex: In dieser Szene werde Gott als eschatologischer Richter dargestellt? Mit Jüngstem Gericht im Hintergrund? Ich werde das Wort Jesu auf der psychologischen und seelsorglichen Ebene verstehen, denn Jesus wendet sich dem konkreten Menschen zu und gibt ihm jetzt, was dieser jetzt zum Leben braucht! (Lk 12, 42)

Abschließend stellt Bovon mehrere Überlegungen an: Ob der Text auf der redaktionellen Ebene „auf die Aufmerksamkeit des Glaubens ausgerichtet" sei; ob auf der vorlukanischen Stufe das „Problem der Ämter zu klären" war (unter Abwesenheit der Männer?); ob hier zwei Arten von Dienst in der Gemeinde, „die Verkündigung des Wortes" und „karitative Diakonie", erörtert würden. Sollte Letzteres tatsächlich der Fall sein, dann waren diese Regelungen für Frauen bereits in Apg 6, 1–7 vergessen, als die Suppenküche für die Witwen der Hellenisten organisiert wurde! Ich finde nicht den geringsten Hinweis, an unserer Stelle „das Problem des Amtes von Frauen" diskutiert zu sehen, dazu ist der Text, wie Bovon selber eingangs sagte, viel zu „mehrsinnig" und von einem „Dunstschleier" belegt. Aus den wenigen und persönlichen Worten Jesu in einer emotional gespannten Situation zweier Schwestern hätte eine Gemeinde nur wenig Normatives heraushören können.

Bovon selber sagt denn auch, Lukas bringe, ohne es zu wollen, „die Karten ein wenig durcheinander in seinem Wunsch, das Problem (Amt von Frauen) zu verallgemeinern." ... Lukas? Wird die Sache nicht auf den Kopf gestellt? Bringt nicht im Gegenteil der Interpret die Karten durcheinander, weil er den Evangelisten nicht versteht? Nach Bovon ginge es Lukas nicht um das Amt von Frauen, sondern um die Priorität des Wortes und des Hörens. Ich werde zeigen, dass es dem Lukas (und Jesus) nicht einmal um diese theologisch-spirituelle Priorität ging, sondern um ein therapeutisch-psychologisches Anliegen in genau dieser Situation für diese beiden Frauen. Abgesehen davon findet sich bei Jesus eine deutliche Priorität der Tat vor dem Wort.

Nach einer Darlegung der „Wirkungsgeschichte" dieser Zeilen in der Geschichte der christlichen Spiritualität fasst Bovon seine Gedanken zum Text zusammen: Jesus lege keinen Wert auf eine Verurteilung, er schlage Marta einfach eine Abstufung der Werte und Handlungen vom Glauben her vor. An erster Stelle stehe im Text die Christologie, an zweiter erst die Anthropologie und Ethik. Ich werde einmal mehr zeigen, dass Gott zuerst auf den Menschen schaut und ihn in die Mitte stellt.

Martas Sorgen, so Bovon, seien nicht die „Sorgen der Welt", Lukas male auch nicht in Schwarz-Weiß, Jesus gebe der Marta „zärtlichste Ratschläge" (das doppelte ‚Marta'), Jesus wolle sie nicht von ihrem Dienst befreien, sondern von dem, „was ihr ihre Freude und ihr Strahlen nimmt: die Angst, allein zu sein". Lukas lege uns nahe, zuerst Maria zu sein und dann Marta zu werden.

Diese Schlussgedanken mag jeder Leser für sich persönlich überlegen. Doch die Beziehungen der drei Personen untereinander und vor allem die Beziehung der Marta zu sich selber, sind nur auf einem anderen Hintergrund treffend zu verstehen. Dann verfliegt auch der „Dunstschleier" und alles wird historisch und menschlich klar.

Zusammenfassung der drei Interpretationen

Alle Autoren siedeln diesen Abschnitt vor allem, wenn nicht ausschließlich (Bovon), in einer späteren Gemeindesituation an: Fragen nach Diensten und Ämtern von Frauen würden beantwortet, Normen für den Umgang mit Missionaren gegeben. Oder sie sehen Theologisches als primäre Aussageabsicht: Der *Kyrios*, der erhöhte Herr, der auf seinem Weg zur Passion sei, verbunden mit christologischen und ekklesiologischen Fragen, gäbe hier das Thema vor. Die spirituelle Thematik im Gegenüber von Kontemplation und Aktion, mit diesem Passus seit Jahrhunderten verbunden, wird von allen Autoren zurückgestuft auf eine normale Spannung zwischen Dienen und Hören, wobei dem Hören auf das Wort des *Kyrios* der Vorrang zu geben sei.

Keiner der Autoren zeigt an Beispielen auf, wie in der späteren Gemeindesituation diese angebliche „Lehre Jesu" umgesetzt worden wäre. Wir wissen, dass die spätere „Suppenküche" in Jerusalem ohne Frauen (oder gar gegen sie) durchgeführt wurde. Lydia in Philippi (Apg 16, 14f) hätte erwähnt werden können, aber wenn sie „mein Haus" für Paulus und dessen Gefährten öffnet, tut sie damit etwas normal Menschliches, was auch Heiden tun, wofür „der *Kyrios*" keine normative Lehre zu geben brauchte. Die Aussageabsicht des Lukas mit späterer Gemeindesituation zu erklären, scheint weit hergeholt, weil man die primäre Aussage des Textes nicht sieht.

Gegen derartig künstlich in den Text hineingetragene Interpretationen sprechen andrerseits auch „biografische" und „familiäre" Daten, die sich deutlich genug in Lukas' Text finden. Mehr oder weniger räumen die drei Autoren ein, den Abschnitt nicht befriedigend fassen zu können. Doch zugleich sträuben sich alle, vor allem Bovon, in den zwei Frauen womöglich die Frauen aus Betanien zu erkennen, die Schwestern des Lazarus. Ebenso wehren sie sich, eine Beziehung zum johanneischen Gastmahl mit der salbenden Frau herzustellen. Alle möglichen fantasievollen Vermutungen dürfen geäußert werden (Studium zu Füßen Jesu, Bewirtung von Missionaren), nur die so naheliegende Einsicht, dass wir hier in der Familie der drei Geschwister von Betanien sind, wird nicht einmal als theoretische Möglichkeit erwähnt.

In diesem Zusammenhang möchte ich noch einmal ein Problem hervorheben, das sich aus jener Interpretation des Textes ergibt, die in den Evangelien nur „Glaubensmitteilung", aber keine „Berichte" liest. Wenn dem Text von vornherein ein Sitz im historischen Leben der Marta, Maria und Jesu abgesprochen wird, wenn prinzipiell der Text nur als eine Lehre des Evangelisten für spätere Gemeinde verstanden wird, zu der dieser irgendwelche losen Überlieferungen aus der Zeit Jesu und der Jünger in seinem Sinn zusammengebaut hätte, dann haben wir hier kein Evangelium von Jesus mehr! Jesus ist dann nichts weiter als eine austauschbare Chiffre in der Lehre eines anderen, die in unserem Fall auch noch lächerlich banal ist.

Wo das Evangelium von Jesus, dem Messias, dem Sohn Gottes (Mk 1,1), nicht primär im Schnittpunkt geschichtlicher Entwicklungen, religiöser und gesellschaftlicher Traditionen, im Schnittpunkt von Landschaften der Natur und der menschlichen Seele, kurz: im Schnittpunkt von konkreter Historie mit all ihren Implikationen angesiedelt wird, wo es statt dessen als literarisches Produkt gewiefter Schreiber späterer Zeit interpretiert wird, dort wird die Frohe Botschaft ihrer Einzigartigkeit beraubt. Denn die Frohe Botschaft ist Jesus, ein realer Mensch unter realen Menschen und für sie von Gott gesandt.

Bovon merkt nun, dass er mit seiner „literarischen" Interpretation, unter Ausklammerung jedweder historischen Verwurzelung der Szene, nur in Dunstschleiern herumtappt, die immer dichter werden, je mehr er sie zu fassen sucht. Aber er vermag nicht über seinen methodischen Schatten zu springen und die Szene einfach mal, und wenn auch nur zur Probe, als Wiedergabe von Historischem zu lesen – sofort würde sie klar eine wunderbare Botschaft Jesu mitteilen. Schon bei Ruschmann und ihrer Deutung von Joh 20 (Maria von Magdala am Ostermorgen am leeren Grab) stießen wir auf das gleiche Problem: Sie sieht in dem Text „zahlreiche Brüche, Doppelungen und scheinbare Lücken", für die man „mit den klassischen Methoden historisch-kritischer Auslegung keine befriedigenden Erklärungen" gefunden habe.

Natürlich nicht, füge ich kopfschüttelnd hinzu! Weil man nicht wagt, durch die literarischen Schleier hindurch die tatsächliche Historie dahinter, die real geschehene Begegnung zu sehen, zu ertasten. Denn von dieser will das Evangelium doch sprechen und künden. Nicht der Evangelist hat diese Szene erfunden, sondern er berichtet von etwas, was vor ihm und unabhängig von ihm tatsächlich geschehen ist.

Ähnliches sehe ich hier bei Lk 10, 38–42: Der Text des Evangelisten berichtet von einem tatsächlich geschehenen Besuch Jesu bei den Schwestern. Erst wenn ich auf diese historische Ebene hinübersteige, wird sich der Text erschließen und eine wunderschöne Botschaft Jesu klar erkennen lassen.

Schürmann scheint mir am Ende am ehrlichsten mit der Schulter zu zucken, er komme mit den traditionellen wissenschaftlichen Methoden diesem merkwürdigen Text nicht bei. Bovon behilft sich mit dem Blick in die weite Ferne des Amtes oder Dienstes von Frauen, von Jüngerinnen in Gemeinden und in Hauskirchen: Marta und Maria als zwei Typen des Christseins. Rengstorf sieht Maria auf der Suche nach dem, was jenseits alles Irdischen liege.

Doch eine auffallende Merkwürdigkeit im griechischen Text dieser Stelle haben alle Autoren völlig übersehen. Diese Tatsache allein schon finde ich köstlich, unglaublich! Sie reizte mich natürlich, diesem klitzekleinen Etwas nachzuforschen. Es ist eine Sonderbarkeit, die man sehen muss, schauen und befragen. Dann lassen sich aus ihr überraschende Schlussfolgerungen ziehen, die nebenbei einmal mehr die historische Echtheit dieser Szene beweisen.

In dieser Sonderbarkeit teilt uns Lukas nämlich indirekt mit, dass die Mariam, die Schwester der Marta, die „so genannte" Magdalenerin ist, die gar nicht aus Magdala stammt.

Eine Familientherapie mit Marta und Maria

Das unerlässlich Wichtige bei der Arbeit mit den Schriften des Neuen Testamentes (und des Alten) besteht in der Frage: Was wollte der Evangelist mit diesem Bericht sagen? Was war seine Aussageabsicht?

Wollte Lukas etwas über spätere Gemeindeordnungen sagen – und hat dazu die Jünger nicht dabei sein lassen? Oder über den spezifischen Dienst von Frauen, insbesondere über ihren Umgang mit wandernden Missionaren, die zu Besuch kamen – die im jüdischen Raum bei Frauen gar nicht einkehren durften? Wollte er den Vorrang des Hörens auf das Wort des *Kyrios* vor dem praktischen Dienen normativ herausstellen – wo er doch oft genug das „Tun" als das Eigentliche hervorgehoben hat? Oder sollten die Christen lernen, erst Maria zu sein und dann Marta zu werden – wovon nichts im Text steht? Ist Lukas tatsächlich „glücklich, verkünden zu können, dass Jesus Frauen auf den Weg des Glaubens miteingeladen und sie in seine Schule aufgenommen" habe? (Bovon, S. 116) Wobei man dann vergessen muss, dass Lukas bereits in 8, 2f Frauen, die Jesus und den Jüngern dienten, in der Nachfolge den Aposteln gleichgestellt hatte, doch ohne sie zur Verkündigung in die Dörfer und Städte zu senden. Hatte er dabei vergessen, ihnen eigens Anordnungen vorzuschreiben, wie sie Jünger aufzunehmen und zu bewirten hätten? Als ob Frauen das nicht besser wüssten als jeder Mann.

Man kann auf die oben zitierten, von Fachleuten vorgeschlagenen hypothetischen Aussageabsichten des Evangelisten die Gegenprobe machen: Wenn es dies und jenes gewesen wäre, was Lukas der späteren Gemeinde als normative Regel (von Jesus?) hätte mitteilen wollen – hätte er es dann auf die Art dieser Erzählung getan? Mit einem so privaten Szenarium zwischen Jesus und zwei eigenartigen Frauen, ohne Jünger? Das kann man mit Sicherheit ausschließen!

Hinzu kommt noch etwas: Einerseits scheinen uns einige dieser dem Evangelisten bzw. Jesus unterstellten „Lehren" absolut selbstverständliche Verhaltensweisen zu sein, die eine derartige „Lehre" zu einer peinlich primitiven gemacht hätten! Zum anderen entsprechen einige dieser angeblichen Lehren Jesu gar nicht seiner primären Verkündigung, denn Jesus hat das Tun oftmals vor das Hören gestellt.

In Mt 25, 35–40 werden ausschließlich jene selig gepriesen und in den Himmel gerufen, welche das getan haben, was jetzt richtig ist. Also das Gute, das sich aus der gerade gegebenen Situation als das je hilfreichere Handeln nahe legte. Nichts von Hören auf den Kyrios! Die

„Gerechten" haben nicht einmal an den *Kyrios* oder Gott gedacht, geht aus dem anschließenden Dialog hervor.

Aber wir brauchen gar nicht bis zu Mt 25 zu gehen! Hat Lukas nicht gerade zuvor, unmittelbar zuvor!, in seinem Evangelium jenes weltbekannte Gleichnis Jesu von dem Mann gebracht, der unter die Räuber gefallen war? Die Männer, die vorübergingen und nicht „dienten", waren ausgerechnet jene, die von Amts wegen auf das Wort „hörten". Und derjenige, der wie ein „Nicht-Hörender" daherkam, der „tat" ganz natürlich das Richtige! Es scheint mir völlig verkehrt, das „Dienen" der Marta wertend hinter das „Hören" der Maria einzuordnen.

Nein, die Aussageabsicht des Lukas, der in seinem Evangelium nichts anderes tut, als Jesus zur Sprache kommen zu lassen, muss eine ganz andere gewesen sein, als jene Exegeten zu erraten suchten.

Schürmann hat uns einen großen Dienst erwiesen, indem er immer wieder einräumt, den Text nicht richtig fassen zu können. Es sei erlaubt, ihn mit einem Wissenschaftler zu vergleichen, der eingesteht, mit all seinem speziellen methodischen Instrumentarium dem Text nicht beikommen zu können, und der nun wie ein Blinder mit seinen Fingerkuppen über die Worte streicht, um den Text zu ertasten, sensibel zu erspüren, was der wohl sage und in sich berge. Dabei ist Schürmann auf die Formel gekommen, der Text sei am Ende so etwas wie eine *tractatio familiaris verbi divini*, eine „familiäre Abhandlung, Verkündigung des göttlichen Wortes". Schürmann weist darauf hin, dass Exegeten das literarische Genus „biografisches Apophthegma", „treffender biografischer Ausspruch" kennen. In unserem Text sehen wir das Biografische des Ausspruches noch treffender durch den Zusatz „familiär" und „privat" gekennzeichnet. Dem will ich folgen.

Die Berechtigung dazu finde ich im Text selber.

Sehr schön hat Schürmann den großen Bogen herausgestellt, an dessen Ende Lukas unseren Abschnitt platziert hat: Am Anfang (9, 51) mit großer Feierlichkeit wie bei einer Hofzeremonie: „Es begab sich aber, als die Tage seiner Aufnahme im Begriff waren, zur Erfüllung zu kommen, da richtete er das Angesicht entschlossen darauf, nach Jerusalem zu gehen. Und er sandte Boten her vor seinem Angesicht; die gingen hin und kamen in ein Dorf der Samariter ..."[434]

Der Besuch in deren Dorf aber schlug fehl. Die Samariter wollten die jüdische Männerschar um Jesus ganz und gar nicht aufnehmen. Darauf „zündelten" die Jünger mit himmlischem Donnerwetter: „Herr

---

[434] Übersetzung nach *Schürmann*, Lukasevangelium, Teil II, S. 24.

(auch hier *Kyrie*, natürlich, es ist die normale Anrede einer Respektsperson), sollen wir befehlen, dass Feuer vom Himmel fällt und sie vernichtet?"[435] Armer Jesus, das sind deine Jünger! Einmal mehr musste der Meister erkennen, dass seine Apostel in kritischen Situationen um keinen Deut besser reagierten als jeder, der nie auf sein Wort gehört hatte. Er „wies sie zurecht", sagt Lukas lapidar.

Am Ende dieses großen Bogens nun der geglückte Besuch im Haus der beiden Frauen. Aber geglückt um welchen Preis? Schürmann und Bovon haben den Wechsel der Subjekte bemerkt, ihm jedoch nicht die gebührende Aufmerksamkeit gezollt und deswegen eine naheliegende und bedeutsame Schlussfolgerung übersehen.

„Als sie weiterzogen, kam er in ein Dorf ..." (10, 38) Zunächst sehen wir als Subjekt „sie", die ganze Gruppe, Jesus inmitten der Schar seiner Jünger. Wie viele zu dieser Zeit mit ihm wanderten, können wir nicht sagen. Im Verlauf des großen Bogens hören wir von den 72, die „der Herr" auswählte und aussandte (10, 1). Wir hören auch, wie sie wieder zurückkamen (10, 17). Dann wandte sich Jesus „an die Jünger" (10, 23), aber ob das noch alle 72 waren, muss man nicht annehmen. Die Anzahl der Jesus begleitenden Männer (und einiger Frauen) hat gewiss geschwankt, sie ist auch nicht so wichtig. Wichtig dagegen ist das Folgende: „... er kam"!

Jesus nahm seine Männer nicht mit in das Dorf der beiden Frauen! Dorthin ging er allein! Schon daraus kann man erschließen, dass er nun gewiss keine „normativen Regelungen für Umgang mit Missionaren" geben würde. Gab es für den Wechsel des Subjektes von den vielen Männern zu ihm allein einen Grund?

Bereits bei einer anderen Begegnung Jesu mit einer Frau waren seine Jünger nicht anwesend: Joh 4 berichtet vom Gespräch Jesu mit der samaritanischen Frau am Brunnen von Sychar. Die Jünger waren ins Dorf gegangen, um etwas zum Essen zu kaufen – wirklich? Aus der Analyse der Situation heraus (wozu auch topographische Kenntnisse gehören, um alles recht zu „schauen"), erscheint mir sinnvoller anzunehmen, Jesus habe selber seine Jünger ins Dorf weggeschickt, weil er die Frau zur Mittagsstunde und alleine kommen sah. Das war sehr

---

[435] Papst Benedikt XVI. hat bei seiner Vorlesung in Regensburg (September 2006) einen alten Text zitiert: „ ... Wer also jemanden zum Glauben führen will, braucht die Fähigkeit zur guten Rede und ein rechtes Denken, nicht aber Gewalt und Drohung ..." In seinen eigenen Reihen hatte Jesus dieses falsche Denken zu korrigieren, bis heute.

ungewöhnlich. Es machte ihm sofort klar, dass diese Frau ein größeres Problem in sich trug. Ein seelsorgliches Gespräch mit ihr war aber nicht möglich, wenn seine Männer dabei standen. Bei ihrer Rückkehr „maulten" sie denn auch über Jesu Freiheit, mit einer Frau zu reden.

Auch mit einer anderen Frau hatten die Jünger Jesu Probleme: Mit der syrophönizischen Mutter! „Sie schreit hinter uns her!" (Mt 15, 23) Oder auch mit Kindern (Mt 19, 13): Die Jünger wiesen die Eltern schroff ab. Eine weitere Unfähigkeit seiner Apostel, mit besonderen Situationen umzugehen, hatte Lukas kurz vor unserer Stelle berichtet: Als die Samaritaner diese Gruppe von Juden nicht aufnehmen wollten, polterten die Jünger los wie eine Horde von Räubern.

Mit dieser Gruppe undisziplinierter Männer konnte der Herr nicht in das Dorf zu diesen Frauen gehen! Seine Jungs waren dafür weder sensibel, noch ging sie dieser Besuch etwas an. Deshalb sollten sie irgendwo anders hingehen, Jesus wollte allein in das Dorf zu dieser Familie.[436] Hier wollte er persönlich etwas sehr Delikates in der Beziehung der beiden Frauen wieder ins Lot bringen. Das konnte er nur alleine tun, im geschützten Raum einer privaten Begegnung!

Mit diesem kleinen, leicht zu übersehenden Wechsel im Subjekt, von der „Gruppe" zu „Jesus allein", deutet der Evangelist selber an: Jetzt geht es nicht um Gemeindenormen, um Ämter für Frauen, jetzt geht es um Familie, um den einzelnen Menschen darin und um seelische Konflikte und Beziehungen, die Heilung brauchen. Nicht um spätere Hauskirchen und Missionare, sondern um Wiederherstellung zerstörter geschwisterlicher Bande. Gewiss konnten später daraus allgemeingültige Verhaltensweisen abgeleitet werden, aber die standen jetzt nicht im Vordergrund. Jetzt ging es um diese Menschen in Not in diesem Augenblick mit ihrer ganz persönlichen Lebensgeschichte.

Wir erleben Jesus den Psychotherapeuten, nicht den *Kyrios*.

Welches Dorf ist es, wo er Marta und Maria besuchte? Wir haben schon gehört, dass die Exegeten nur sagen, es sei nicht Betanien! Aber sie nennen keinen Grund, warum es nicht doch Betanien gewesen sein könnte. Nach Johannes 11, 1 – und Johannes war, mehr als die Synoptiker, daran interessiert, wieder genau Orte und Zeiten zu nennen –

---

[436] *Schürmann* sagt einfach: (mit den Jüngern), „die dann in der Erzählung nicht mehr begegnen" (S. 154); *Bovon*: (sie, die mitwandernden Jünger) „werden ins Dunkel verschwinden." (S. 104). Ich werde später noch eine weitere Situation entdecken, in der Jesus die Jünger zurücklässt und allein weitergeht. Und wieder wird es dabei um einen Besuch bei diesen beiden Frauen gehen.

müssen wir folgenden Hinweis berücksichtigen: (Ein Mann war krank, Lazarus aus) „Betanien, dem Dorf, in dem Mariam und ihre Schwester Marta wohnten." Eine präzise Ortsangabe wird mit den zwei Schwestern und ihrem Bruder fest verknüpft. Wenn Lukas in 10, 38 nicht den Ortsnamen Betanien nennt, dann können bzw. dürfen wir eigentlich nur fragen, warum er den Namen Betanien nicht genannt hat. Aber wir können nicht einfach sagen, es sei nicht Betanien gewesen!

Exegeten haben nicht die geringsten Probleme, eine Frau namens Salome, die in Mk 15, 40 genannt wird, als dieselbe Salome zu identifizieren, die dann in Mk 16, 1 erwähnt wird: Derselbe Name, dieselbe Frau. Oder eine gewisse Johanna, die in Lk 8, 2 genannt wird, ist natürlich dieselbe, die in Lk 24, 10 wieder erwähnt wird. Derselbe Name, dieselbe Frau. Ja, sogar bei „Simon dem Pharisäer" (Lk 7, 40) wird gefragt, ob er nicht identisch sei mit „Simon dem Aussätzigen" (so Schürmann und Bovon zu Mk 14, 3), wo doch nicht einmal die Spezifika der Namen übereinstimmen. Vollends wird der Umgang der Evangelisten (und Exegeten) mit Namen deutlich bei den zwei Brüderpaaren unter den Aposteln: Irgendwann wird gesagt, aus welchem Dorf Petrus und Andreas, Johannes und Jakobus herstammen, aber dieses Dorf wird nicht bei jeder weiteren Nennung ihrer Namen wiederholt. Das wäre, beim Bekanntheitsgrad dieser Personen, geradezu lächerlich!

Genauso ist es bei dem Schwesternpaar Marta und Maria.

Für sie werden vier Identitäten genannt: Erstens Marta, zweitens Maria, drittens beide Namen zusammen als Schwesternpaar, viertens schließlich „aus Betanien". So wie es viele Simon in Israel gegeben haben wird, viele Salome, hat es auch viele Marta und erst recht viele Maria gegeben – aber Marta und Maria und beide als Schwesternpaar zusammen, das ist ein dreifaches, also ein auffallendes und einzigartiges Kennzeichen. Wenn nun die Exegeten bei einer neuen Nennung von „Salome", „Johanna" sofort zu der Feststellung bereit sind, es müsse sich hier um dieselbe Person handeln, wie viel mehr müssen sie diese Schlussfolgerung bei dem hier genannten Schwesternpaar ziehen! Wer das leugnet, stellt sich gegen alle Gepflogenheiten der Evangelien!

Die Namen der beiden Frauen als Schwesternpaar reichen also voll zur Identifizierung des Ortes. Hätte es ein weiteres Schwesternpaar „Marta und Maria" in einem anderen Dorf gegeben, hätten wir umgekehrt einen entsprechenden Hinweis gehört, wie das bei dem vielfach gebräuchlichen Namen „Maria" der Fall war: „Maria, die von dem ...", „Maria, die von dem ...". Oder „Jacobus, der ...", „Judas, der ..." Wenn Lukas nur einfach sagt „Marta und Maria", dann müssen wir, gerade bei der anzunehmenden Verbindung mit dem Evangelisten Johannes[437], annehmen, wir sind hier in Betanien! So wie jeder Exeget bei der Nennung von „Petrus und Andreas" sofort den Ort „Kafarnaum" mithört. Wenn Lazarus nicht erwähnt wird, können wir daraus nicht ableiten, die Begegnung spiele nicht in Betanien. Sein Nicht-Erwähntwerden reicht nur zu der Frage: Warum wird er nicht erwähnt? Oder: Warum war er nicht da? Oder schließlich: Warum hat Johannes in seinem Evangelium diese Namens- (Marta und Maria) und Ortsangaben (Betanien) aus seiner „vorlukanischen Quelle" miteinander verknüpft und klar gemacht, wo wir uns befinden?

Meine Argumentation ist einfach:

Sind wir bei Marta und Maria, sind wir in Betanien. Denn das Schwesternpaar ist durch Johannes 11, 1 und 12, 1–3 fest mit diesem Ort verbunden. Einen Hinweis auf ein anderes Schwesternpaar mit diesen Namen im gleichen oder einem anderen Dorf haben wir nicht. Also sind wir zur Schlussfolgerung verpflichtet: Wir sind in Betanien!

Marta, so sagt Lukas, nahm Jesus auf „in ihr Haus", wie einige alte Textzeugen schreiben. Wie kam sie, die jüdische Frau, dazu, ein eigenes Haus zu haben? Wir hören von keinem Ehemann, der gestorben wäre, so dass sie nun Witwe war. Wieder kommen wir mit unserer vermuteten Familiengeschichte um diese Schwierigkeit herum: Es ist das Haus ihres Vaters, Simons des Aussätzigen! Er ist gestorben, vor wie langer Zeit, wissen wir nicht. Marta führte nun den Haushalt weiter, wohl zusammen mit Lazarus. Das Haus ist vom Aussatz gereinigt worden, wie die Tora es vorschrieb. Die Geschwister hielten alles zusammen, so gut es ging, und sorgten beide für ihren Lebensunterhalt. Da musste sie, die Frau, sich tatsächlich um vieles sorgen.

Warum weder Lazarus noch die Mutter der Geschwister erwähnt werden, können wir nicht klären. Deshalb mag jeder Leser sich etwas

---

[437] *Schürmann* selber weist auf Beziehungen zwischen Johannes und Lukas hin (S. 165f): „Der Evangelist Johannes – vermutlich schon sein ihm zugekommenes Traditionsgut... – wird die vorlukanische Tradition von 10, 38–42 gekannt haben; vgl. Joh (11, 1–54) 12, 1–8." Johannes, so *Schürmann*, sei von der Tradition des Lukas abhängig, nicht umgekehrt. Er zitiert *Blinzler*, der sagt: „Ein nicht unerheblicher Teil der Berührung des Joh-Evangeliums mit dem Lk-Evangelium dürfte darin seine Erklärung finden, ... dass der vierte Evangelist zu Traditionen Zugang hatte, die auch vom dritten Evangelisten verwertet worden sind." – Genau dies will ich erhellen, indem ich als verbindendes Glied und Informationsquelle für beide Evangelisten eben diese Frau herausstellen werde.

ausdenken, was den geschilderten Umständen angemessen ist. Aber zu diesen „Umständen" gehört noch eine zweite Frau: Mariam.

Lukas gebraucht hier die hebräisch/ägyptische Form des Namens[438], wie auch Johannes in Kap. 11 und 12. Die Art und Weise, wie diese Mariam in unserer Szene von Lukas eingeführt wird, verdient genaue Beachtung. Zunächst ist nämlich alleine aktiv die Marta, sie alleine nimmt Jesus auf („Freundlich" steht nicht im Text, es wird im Begriff *hypodechomai*/aufnehmen mitgehört.) Erst später, im Gegenüber zu ihrer Schwester, kommt das auf, was Schürmann „gereizt" nennt.

Diese Schwester dagegen wird eher distanziert eingeführt, wie eine fast fremde Person: „Und diese hatte eine Schwester ..." Es hat den Anschein, als sei die Schwester beim freundlichen Empfang an der Tür des Hauses nicht zugegen. Hat sie sich scheu zurückgehalten und ist erst später dazugekommen? Dann aber hat sie sich sogleich hingehockt zu den Füßen Jesu (oder „des Herrn").[439]

Die „so genannte" Magdalenerin, die wieder Mariam heißt

Im griechischen Text unseres Abschnittes findet sich nun etwas, was keiner der drei Fachleute erwähnt hat. Nach der soeben zitierten Einführung „Und diese hatte eine Schwester" fährt der griechische Text nämlich fort: *„kalouménē Mariám hē kai* .../genannt Mariam die(welche) und ..."

Zwei Dinge fallen hieran auf:

Erstens hat der Evangelist die Marta einen Vers zuvor eingeführt mit *„onómati Mártha/*namens Marta". Diese Mariam jedoch führt Lukas mit *„kalouménē Mariám/*genannt Mariam" ein. Hat der Wechsel von *onómati* zu *kalouménē* nur den Sinn, eine Wiederholung des Wortes auf engem Raum zu vermeiden? Dann ginge es um nichts weiter als eine stilistische Glättung. Oder steckt hinter dem Wechsel von *onómati* zu *kalouménē* ein Grund, der mit der genannten Person zusammenhängt?

Zweitens erscheint der Satz irgendwie abgebrochen oder falsch übersetzt: „...Mariam, die und ..." Oder: „...Mariam, welche und ..." Das ergibt keinen Sinn. Auch die Fachwelt sieht das so.

---

[438] S. dazu unser Kapitel EXKURS 3. Ebenso *Schürmann*, II, S. 156, Anm. 31.
[439] Die Lesart „Jesu" ist übrigens gut bezeugt: P[45.75] u. a.

Forschen wir genauer nach. *Onómati* bedeutet zweifelsfrei: mit Namen. Aber was bedeutet dieses *katouméne*? Manchmal wird es mit Artikel *hē*, manchmal ohne geschrieben. In welchem Sinn gebraucht Lukas es in seinem Evangelium?

Das Wort *katouméne* kommt vom griechischen *kaléō*/rufen, mit zahlreichen Unterbedeutungen: beim Namen rufen, nennen, benennen, bezeichnen, usw. Das Vorkommen dieses Wortes im Neuen Testament ist naturgemäß reichhaltig, sogar unser Wort „Kirche/*ekklēsía*" leitet sich davon ab. Beschränken wir uns für unser Ziel auf Lukas, auf sein Evangelium. Bei diesem Autor kommt unser Wort (in der Grundform) am häufigsten vor: 43 mal im Evangelium, 18 mal in der Apostelgeschichte. Das Partizip *kaloúmenos* bzw. *kalouméne* verwendet Lukas im Evangelium aber nur elfmal, für Personen sogar nur fünfmal (dazu eine Mischform in Lk 1, 3): davon für Frauen nur zweimal, nämlich einmal für die Magdalenerin in 8, 2 und ein zweites Mal für die Mariam, die Schwester der Marta, in unserem Abschnitt 10, 39.

Beschränken wir unser Nachforschen auf die Namen von Personen und schauen wir uns dazu die fünf Stellen des Evangeliums an:

Die erste Nennung einer Person mit dem Partizip *kaloúmenos* findet sich in Lk 6, 15 bei der Aufzählung der erwählten 12 Apostel: *Zímona tòn kaloùmenon zēlōtēn*, Simon den (so)genannten Eiferer. Die zweite ist jene aus der Sammelnennung der Frauen, die Jesus und den Jüngern dienten: *María hē kalouméne Magdalēnē*/Maria die (so)genannte Magdalenerin (8, 2). Die dritte Namensnennung einer Person erklingt an unserer Stelle 10, 39: *adelphē kalouméne Mariám*/ Schwester, genannt Mariam. Unsere besondere Form erklingt viertens in 19, 2 mit einem Personennamen: *onómati kaloúmenos Zakchaïos*/mit Namen genannt Zachäus. Die fünfte Stelle betrifft *Joúdan tòn kaloúmenon Iskariōtēn*/Judas den (so)genannten Iskariot (Lk 22, 3).

Da ist also einmal „Simon der Eiferer", dann „Maria Magdalena", dann die „Schwester, genannt Maria", ferner mit Namen „genannt Zachäus" und Judas „genannt der Iskariot" (der *isch*/Mann aus Kariot).

Konzentrieren wir uns auf die Frauen.

Es sind nur zwei!

Wenn wir in 8, 2 beachten, wie Lukas die Frauen mit ihrem Namen einführt, fällt die Parallele zu 10, 39 deutlich auf: In 8, 2 sagt er: „Maria, die *kalouméne* Magdalenerin ..., und Johanna Frau des Chuza ..., und Susanna und viele andere ..." Nur die Magdalenerin erhält den Zusatz *hē kalouméne*, die anderen Frauen werden entweder mit einem anderen Zusatz (Frau des Chuza) oder einfach mit ihrem Namen (Susanna) eingeführt. An unserer Stelle 10, 38f wird die erste der Schwestern eingeführt: „(eine) Frau *onómati*/namens Marta". Die zweite jedoch, die Maria von Betanien, mit „Schwester *kalouménē* Mariam".

Ich bin überzeugt, Lukas wollte nicht nur guten Stil schreiben, er wollte mit dieser anderen Namenskennzeichnung etwas in der Sache andeuten! Wenn er die Magdalenerin und die Schwester der Marta in seinem Evangelium nennt, gebraucht er für diese Marias, und nur für diese, gleichermaßen die Form (*hē*) *kalouménē*! Spricht er dagegen von den anderen Frauen im gleichen Vers 8, 2f und von der Marta in 10, 38, nennt er sie entweder ohne jede Zufügung einfach mit ihrem Namen oder mit „die des ..." oder er fügt ein *onómati*/namens hinzu. Wenn der Evangelist aber bei den Frauen nur die Magdalenerin und Maria, die Schwester der Marta, mit (*hē*) *kalouménē* bezeichnet, steckt darin der Hinweis, hier spreche ich von ein und derselben Frau?

Befragen wir das Lexikon: Was heißt eigentlich *hē kalouménē*? Die Antwort lautet: Wenn im klassischen, attischen Griechisch *kalouménē* verbunden ist mit dem Artikel *hē*, bedeutet diese Wendung: die(der) „so genannte"! Zur Erklärung fügt das Lexikon an: „als oder für etwas gelten". Das heißt im Fall von 8, 2, wo *hē* steht: Indem Lukas diese Maria die „so genannte" Magdalenerin nennt, sagt er, dass die Leute von ihr annähmen, sie stamme aus Magdala. (Wie man bei Jesus annahm, er stamme aus Nazaret.) Wo sie aber wirklich herstammt, bleibt offen. Und ganz richtig übersetzt deswegen Rengstorf mit „die so genannte". Andere Bibelübersetzungen sagen „genannt", so Radl in seinem Kommentar, ebenso die Zürcher Bibel von 1955 und die revidierte Lutherübersetzung. Bei Simon, dem „so genannten Eiferer", ist es ähnlich: Diese Bezeichnung ist dem Mann aufgrund seines Auftretens als sein Spezifikum zugefügt worden – aber das ist nicht sein ursprünglicher Name. Ähnlich beim Apostel Thomas: *ho legómenos Dídymos* bedeutet: „der so genannte Zwilling".

Schaut man bei Lukas in Evangelium und Apostelgeschichte nach, wie er die Wortform *kaloumen...* mit und ohne Artikel einsetzt (17 mal mit, 7 mal ohne Artikel), wird dem Leser bei Städten, Bergen, Häfen u. a. das Kriterium nicht leicht klar, nach dem Lukas einmal den Artikel gebraucht („so genannt"), dann wieder ohne Artikel („hieß") formuliert. Bei Personen lässt sich seine Unterscheidung gut nachvollziehen. Unsere Form *kaloumen...* ohne Artikel taucht nur bei zwei Personen auf (Zachäus – Lk 19, 2 – hat noch den Zusatz *onomati kaloúmenos*/mit Namen genannt), nämlich bei Saulus (Apg 7, 58) und bei Mariam, der Schwester der Marta (Lk 10, 39).

Für sich alleine genommen wäre die Stelle mit der Formulierung „*hē kalouménē Magdalēnē*/die so genannte Magdalenerin" in Lk 8, 2 vielleicht kein tragfähiger Beweis, dass die derart bezeichnete Person „in Wirklichkeit" noch eine andere Identität mit sich trägt. Doch im Kontext dieser und anderer Stellen, im Vergleich mit der Nennung anderer Frauen, im Duktus all unserer vorgelegten Gedanken sollte oder muss man aus *hē kaloumēnē*, in grammatikalischer und sprachlicher Korrektheit heraushören, dass hinter der allem Volk geläufigen Bezeichnung „die Magdalenerin" noch eine andere, die eigentliche Herkunft dieser Frau verborgen ist. Nur einfach zu übersetzen „Maria Magdalena" scheint mir falsch zu sein.

Indem der Evangelist Lukas in 8, 2 diese Maria bezeichnet mit *hē kaloumēnē Magdalēnē* will er zu verstehen geben: Sie stammt gerade nicht aus Magdala! Sie wird nur so genannt.

Aber in Lk 10, 39 fehlt der Artikel „*hē*"! Hier schreibt Lukas nur „Schwester *kaloumēnē* Mariam". Diese Form bedeutet einfach: die „hieß" Mariam. Das ist ja nicht falsch, die Frau hat ja wirklich so geheißen. Aber wir haben nun keine sprachliche, bestenfalls eine assoziative Verbindung zu *hē kaloumēnē*, zur „so genannten" Magdalenerin aus 8, 2. Nach der Überzeugung aller Fachleute muss die Übersetzung von 10, 38f ohne Zweifel lauten: „Eine Frau namens Marta nahm ihn auf. Und die hatte (genau: und dieser war) eine Schwester, die hieß Mariam …" Damit scheint das Problem des Satzes gelöst.

Aber es scheint nur so.

Nach der Nennung des Namens „Mariam" geht der Satz im griechischen Urtext mit jenem merkwürdigen „*hē kai*/die und" weiter, wodurch er irgendwie abgebrochen oder falsch übersetzt erscheint – ich habe eingangs darauf hingewiesen. Dieses „*hē*/die" hängt nämlich vom Sprachgefühl her in der Schwebe: Mariam, „die" was? Eigentlich müsste da noch eine Kennzeichnung folgen von der Art „die soundso". Von den Redaktoren des griechischen Urtextes ist dieses *hē* in eckige Klammern gesetzt. Diese bedeuten, dass hier eine „besondere Schwierigkeit der Textfindung" vorliegt, die „nach dem heutigen Erkenntnisstand nicht gänzlich gesichert werden konnte".[440] Das klitzekleine Wörtchen *hē/η* findet sich bei gewichtigen frühen Textzeugen, so bei P[45.75]. Deswegen steht es jetzt trotz seiner ungelösten Deutung in der Hauptlesart von Nestle-Aland. Die von mir eingangs befragten drei Fachexegeten haben dieses „Klammerwort" keines Kommentars gewürdigt.

---

[440] Nestle-Aland, Einführung, S. 7*.

Und gerade dies reizte meine Neugier.

An unserer Stelle 10, 39 trägt *he* einen Akzent, in 8, 2 dagegen keinen, denn (einige) Artikel tragen im Griechischen keinen Akzent. An unserer Stelle scheint das *hē* wegen des Akzentes ein Relativpronomen zu sein „Mariam, welche ..." Doch Vorsicht! Man muss die Papyri selber befragen. In ihnen standen nämlich keine Akzente oder andere Zeichen. Diese wurden von späteren Autoren nach deren Meinung hinzugefügt – und sind damit Interpretationen! Das *hē* aus 10, 39 wurde im Papyrus-Original genauso wie das andere *hē* in 8, 2 geschrieben.

Was bedeutet dann *hē* an dieser Stelle?

Fachexegeten akzeptieren nicht, *hē* als Artikel zu lesen, das würde eine Spezifikation notwendig machen im Sinn von: „die soundso". Die aber fehlt. Folglich müsste man hier einen „Anakoluth", einen Satzbruch annehmen. Den lehnen sie ab. Darauf ließe sich erwidern, dass die formal falsche Weiterführung eines Satzes als Stilmittel im klassischen Griechisch bekannt ist. Im Neuen Testament haben wir einen berühmten „Satzbruch" in Röm 5, 12 (der nur im griechischen Text zu merken ist). Doch die Fachexegeten bevorzugen an unserer Stelle, das *hē* als Relativpronomen zu lesen: Mariam „welche"... Jetzt haben sie ein letztes Problem: Sie müssen das nachfolgende *kai*/und erklären; denn man kann schlecht übersetzen: „Mariam welche und ..." Deshalb schlagen sie für *kai* vor, es mit „fürwahr" zu übersetzen. *Kai* würde adverbiell gebraucht im Sinne einer Bestätigung: „Wirklich! In der Tat! Fürwahr!" Dann würde der Satz lauten: „Und diese hatte eine Schwester, genannt Mariam, welche fürwahr, nachdem sie sich zu den Füßen des Herrn gesetzt hatte, lauschte auf sein Wort."

Die vorgeschlagene Übersetzung von *kai* mit „fürwahr/wirklich/in der Tat" wird vom Lexikon als möglich bestätigt, unter „besondere Bedeutungen". Sie ist recht ungewöhnlich. Lukas hätte ein geläufiges Wort, etwa *alēthōs* (das er dreimal in seinem Evangelium verwendet), durch ein ungewöhnliches ersetzt. Er hätte *kai* im üblichen Sinn von „und" gerade noch zuvor verwandt, um nur sieben Worte später dasselbe *kai* im Sinn des seltenen „fürwahr/wirklich" zu gebrauchen. Damit hätte er genau den Stilfehler begangen (zweimal *kai* dicht hintereinander), den die Interpreten ihm bei einer Wiederholung des *onomati*/namens gerade haben absprechen wollen. Aber vielleicht ist das eine Eigenheit, die Lukas sich erlaubt hat. Oder die Interpreten.

Ist mit dieser Übersetzung, die von der Fachwelt bevorzugt wird, unser Problem endgültig gelöst? Da die Fachleute für ihre Variante das *hē* als Relativpronomen deuten müssen, bliebe theoretisch die Möglichkeit offen, es doch als Artikel zu lesen. Ferner müssen die Fachleute, wie gerade gezeigt, für das *kai* eine ungewöhnliche Bedeutung heranziehen. Könnte man stattdessen beim gewöhnlichen „und" bleiben, wäre das ein Vorzug. Auf diesem Hintergrund erlaube ich mir, freilich nur hypothetisch, eine andere Übersetzung vorzuschlagen.

Ich nehme das *hē* als Artikel, was vom Papyrus her möglich ist. (Übrigens ist es im Griechischen nicht ungewöhnlich, den Artikel nachzustellen!) Dann aber fehlt mir eine folgende Bestimmung, die durch den Artikel eingeleitet wäre, etwa „die ... Magdalenerin". Könnte ich etwas Derartiges finden, hätte ich dann kein Problem mehr, mit *kai* ganz normal als „und" weiterzulesen.

Schauen wir einmal zur nächsten Stelle, wo Lukas von Maria Magdalena spricht – von der ich natürlich weiterhin annehme, dass sie die hier genannte Mariam ist; nichts spräche bisher dagegen. Es ist bereits die Ostererscheinung. In 24, 10 schreibt Lukas: „*ēsan dè hē Magdalēnē María kai Iōánna kai María hē Iakōbou/es* waren aber die Magdalenerin Maria und Johanna und Maria die (des) Jakobus". Interessant ist nun, dass einige Textzeugen die Reihenfolge der Worte der heutigen Hauptlesart *hē Magdalēnē María* in anderer Reihenfolge wiedergeben: *María hē Magdalēnē*/Maria die Magdalenerin. (So D)[441] Genau diese Wortstellung *María/m „hē"* steht auch in Lk 10, 39! Das merkwürdige, wie „verirrt und nicht abgeholt" erscheinende *hē* stand tatsächlich im ursprünglichen Text, und zwar als Artikel, wie ich annehme. *Hē* müsste dann ohne Akzent geschrieben werden. Der Schreiber hat nach dem Artikel *hē* aufgehört, so weiterzuschreiben, wie das üblich gewesen wäre: *kalouménē Mariam hē - Magdalēnē*. Er hat das *hē* wie abgebrochen und doch hinweisend auf die Magdalenerin stehen gelassen.

Warum hat Lukas das getan? Wollte er damit andeuten, dass diese Frau ihre bedrückende Vergangenheit unter der Bezeichnung „die so genannte Magdalenerin", wo Dämonen sie durch ihr Leben getrieben hatten, jetzt abgelegt und hinter sich gelassen hat? So hätte Lukas mithilfe feinster Stilsicherheit eine inhaltliche Aussage gemacht: Der „Satzbruch" würde den erlösenden „Bruch" ihres Lebens widerspiegeln. Sie ist nicht mehr die „Magdalenerin" von früher!

Aber warum hat Lukas dann am Ostermorgen wieder „die Magdalenerin Maria" erwähnt, wenn sie doch die Vergangenheit von Magdala hier schon abgelegt hat? Als Erklärung schlage ich vor: In 24, 10

---

[441] D, der sog. *Codex Cantabrigiensis* oder *Bezae*, der als Hauptvertreter des „westlichen" Textes angesehen wird; er weist bis ins 2. Jahrhundert zurück.

übernimmt Lukas einen von der Tradition fest vorgeformten Bericht von Auferstehung mit den üblichen Namen der Frauen – hier aber haben wir, wie man sagt, „Sondergut" des Lukas! Diesen Passus hat er von der Mariam selber erfahren und ihn stilistisch einfühlsam geformt.

Meine Übersetzung würde also lauten: „Eine Frau namens Marta nahm ihn auf. Und die hatte (genau: Und dieser war) eine Schwester, die hieß Mariam die ... Und nachdem sie sich zu den Füßen des Herrn gesetzt hatte, lauschte sie auf sein Wort." Ich würde den stilistischen Satzbruch akzeptieren, weil ich in ihm den existenziellen Bruch im Leben dieser Frau zum Ausdruck gebracht sehe. Dem Leser bleibt die Assoziation überlassen, gestützt auf das von Lukas nur für diese Frau(en) verwandte *kalouménē*, an dieselbe Maria in Lk 8, 2 zu denken, dort noch die „so genannte" Magdalenerin – hier ohne diesen Zusatz; denn sie hat ihr Leben wenden lassen. Wie auch „*kaloúmenos* Saulus" sein Leben zur Nachfolge Christi wenden ließ.

Ein Einwand könnte gemacht werden: In 8, 2 hat Lukas die Maria Magdalena mit ihrer griechischen Namensform „Maria" bezeichnet – warum dann gibt er ihr in 10, 39 die hebräisch/ägyptische Namensform „Mariam" statt die gleiche griechische? Als Antwort weise ich auf Textzeugen hin, die an unserer Stelle 10, 39 statt „Mariam" ebenfalls „Maria" bringen (P[45], dazu andere gewichtige). Doch könnte man auch sagen: Hier in ihrem heimatlichen Vaterhaus trug diese Frau wieder den jüdischen Namen, den sie als Mädchen getragen hatte: Mariam. Einen weiteren Hinweis gibt Johannes, der mit Lukas ja offensichtlich in Verbindung gestanden hat: In seiner Schilderung der Ereignisse vom Ostermorgen nennt er Maria Magdalena zweimal mit dem griechischen „Maria" und gleich anschließend zweimal mit dem hebräischen „Mariam" – doch gibt es für jede Stelle auch die jeweils andere Lesart bei anderen Textzeugen. In Kapitel 11 dagegen nennt Johannes die Schwester der Marta durchgehend Mariam.

Nach dieser kriminalistischen Arbeit, die winzige Details genau unter die Lupe genommen und exakt verglichen hat, sehe ich mich mit guten Gründen zu der Behauptung berechtigt:

Diese Maria, die Schwester der Marta, die Jesus zu Füßen sitzt, während ihre Schwester absorbiert ist von vielerlei Geschäftigkeit, ist die bzw. war die „so genannte" Magdalenerin! Zuvor hatten wir schon, auch dort mit guten Gründen aufgewiesen, dass die Maria von Betanien, die Schwester der Marta, die namenlose Sünderin beim Pharisäer Simon gewesen sein musste: „Es war nämlich Mariam gewesen, welche dem Herrn ... gesalbt hat." Und weiterhin hatten wir überzeugende

Gründe dafür anführen können, dass die namenlose Sünderin, wenn sie denn eine Dirne war, eine Hetäre und große Geschäftsfrau gewesen sein müsste; die aber gab es am sichersten in Magdala.

Mit diesem weiteren Aufweis hat sich nun eine Kette von reizvollen Überlegungen und nicht schlechten Argumenten gefunden, dass die namenlose Sünderin beim Pharisäer Simon die Maria von Betanien und diese auch die „so genannte" Magdalenerin ist.

Ich nenne dies meine „tragende Leithypothese". Dann stellt sich jetzt die Aufgabe, diese im Folgenden wieder und wieder zu verifizieren und als stimmig zu erweisen (oder zu widerlegen), indem diese Annahme die von den Exegeten in den Texten gespürten Schwierigkeiten leichter und einfacher, sozusagen „natürlich" löst im Gegensatz zu den bislang von ihnen dazu aufgestellten zusätzlichen Hypothesen.

Diese Mariam setzt sich sofort Jesus zu Füßen. Die Einheitsübersetzung bringt zweimal „Maria": „hatte eine Schwester, die Maria hieß. Maria setzte sich ..." Der griechische Text sagt prägnanter: (wörtlich) „hatte (eine) Schwester, genannt Mariam die und sich hockend/sich gesetzt habend/nachdem sie sich gesetzt hatte zu den Füßen Jesu hin hörte sie seinem Wort zu".

Das Wesen dieser Frau, das wird aus der griechischen Schreibform deutlicher, ist „zu-Füßen-Jesu-sein" und „ihm-zuhören". (Die grammatische Form für „zuhören" will ein andauerndes Zuhören ausdrücken.) Das an dieser Stelle gebrauchte *pròs tòus pódas*/"zu" seinen Füßen drückt etwas mehr eine Bewegung als einen Zustand aus (Zustand wäre „bei"/*para* seinen Füßen), nämlich: „hin zu" seinen Füßen.[442]

Ob Bewegung oder Zustand: Der „Sitz im Leben" dieser Frau waren die Füße Jesu! Dort hatte sich ihr Leben gewendet, dort hatte sie Heil erfahren, dort war sie neue Schöpfung geworden. Dies war ihr Ort, wo sie Gott begegnet war, wo sich ihr der Himmel geöffnet hatte wie einst dem Jakob (Gen 28, 10–19). Zugleich war dies ein Ort der Wärme und Nähe (natürlich nicht des Studiums), der ihr Geborgenheit gab. Menschen, vor allem solche, die in ihrer Kindheit zu wenig Zuwendung erfahren haben, möchten sich „anlehnen", Nähe und Berührungen spüren, bis sie genug Lebenswärme und Bestätigung empfangen haben und selbständig stehen können. Zugleich war sie, die ehemalige Hetäre, solche körperliche Nähe aus „Geschäftsgründen" gewohnt. Das war nichts Ungewöhnliches. Ungewöhnlich und neu war die Echtheit der Liebe in dieser Nähe, die sie nicht mehr verdienen musste.

---

[442] In 7, 38 steht die namenlose Frau *parà toùs pódas*, bei den Füßen.

Wie schon die namenlose Sünderin bei Simon dem Pharisäer, so fällt auch diese Mariam dadurch auf, dass sie kein Wort spricht. Das Schweigen umhüllt sie wie ein Kokon, in dem sie sich wandeln kann. Übrigens: In welcher Sprache haben Jesus und Marta miteinander gesprochen? (Die Exegeten fragten das nicht.) Man muss wohl auf Aramäisch tippen, ihre Heimatsprache. Dann aber ist das Wort *kyrios*, das vor allem Schürmann wichtig findet, niemals erklungen! Welches Wort für die allgemeine Anrede „Herr" wird Marta stattdessen gebraucht haben, wenn sie sich in ihrer Sprache an Jesus wandte? Ebenso umgekehrt: Als Jesus die Marta anredete mit jenem zweifachen „Marta, Marta" – in der aramäischen Fassung dieses Namens klang unüberhörbar „Herrin" an, was dieser Name nämlich bedeutete.[443]

Öfter also nennt Jesus die Marta „Herrin", als diese ihn „Herr" genannt hat![444] Es geht eben nicht um spätere Gemeindetheologie, um christologische Hoheitstitel, um den erhöhten Herrn usw. Wir nehmen an einem ganz normalen, familiären Gespräch zwischen befreundeten Menschen in einer allerdings gespannten Situation teil. In solchen Gesprächen sagen auch wir ganz selbstverständlich: „Herr" Röper, „Herr" Ludwig, „Herr" Nowak, aber niemand möchte solche normale Anrede „christologisch" verstanden wissen.

Doch wenn Jesus die Marta anredete und dies in doppelter Nennung ihres Namens (was notwendig in einer gewissen Melodie geschieht), mag ein Unterton auf „Herrin" gelegen haben und eine feine Anspielung auf ihr Benehmen gewesen sein: Du bist wirklich eine Herrin? Herrin dieses Hauses? Willst du hier befehlen, ohne den anderen zu respektieren? Willst du ihr etwas vorschreiben, ohne zu fragen, was sie braucht? Willst du kommandieren, ohne mit ihr zu sprechen? Ohne auch nur zu hören, was ihre Seele sagt?

Aus unserer Leithypothese erkennen wir jetzt auch den Grund jener Spannung, die Schürmann korrekt gespürt und mit „gereizt" ausgedrückt hat: Die „verlorene Tochter" ist zurückgekehrt.

Und die zu Hause gebliebene Schwester hat ihre Probleme, zu akzeptieren, dass „der Vater" jetzt alle Zuwendung jener schenkt, während sie „schon viele Jahre gedient hat" und nie Zuwendung erhielt.

---

[443] *Strack/Billerbeck* bringen zu 10, 38 „Marta": „Femininum zu (hebräisch) Herr, Besitzer; (es) bedeutet ‚Herrin, Gebieterin, Besitzerin'."
[444] *Hartmann*, S. 188, weist darauf hin, dass in Athen der „männliche Vormund" *kyrios* genannt wurde. Vgl. auch *R. Just*, Women in Athenian Law and Life, London/New York, 1989, S. 54.

Aber „kaum ist diese hier gekommen, die dein Vermögen (nicht *mit* Dirnen, sondern) *als* Dirne durchgebracht hat ...", die ihr ganzes Leben mit Männern rumgefummelt hat, da fängt sie schon wieder an! Das bringt Marta in Wallung. Vielleicht hat sie solche Nähe selber schrecklich lange vermisst und täte nun selber gerne das, was Mariam tut. Was sie sich aber nie getraut hat. Nun bewundert sie die Freiheit ihrer Schwester und lehnt sie zugleich neidisch-wütend ab. So kann man Lk 15, 30 (Verlorene Sohn[445]) für die hier geschilderte Begegnung umformulieren und aus der Psyche der Personen ergänzen.

Es fällt ja auf, dass Marta nicht ihre Schwester anredet, etwa: Du, kannst du mal kommen und mir helfen?, sondern sie wendet sich, eigentlich ungehörig, an den Gast: Herr, kümmert es dich nicht, dass meine Schwester mich alleine dienen lässt?! Darin schwingt eine gehörige Portion Wut mit. Sie scheint ihre Schwester nicht einmal anzuschauen. Woher kommt diese Aufregung, in die sie Jesus mit hineinzieht? Sie kann ihren Grund nicht in der Situation selber haben, dazu sind die Umstände zu harmlos. Man muss das als eine Überreaktion ansehen, zusätzlich als versteckte Anklage gegen ihre Schwester.

Eine Überreaktion aber weist über die gegebene Situation hinaus auf Vorausliegendes, wo sich Aggressionen angesammelt haben. In einer Überreaktion wird „schmutzige Wäsche" hervorgeholt und endlich gehörig die Meinung gesagt! Es ist die Stunde der Emotionen, nicht des Verstandes. Da ist es gut, einen Therapeuten, einen Mediator dabei zu haben, sonst kriegt man sich nur noch schlimmer in die Haare.

Wieder ist meine Hypothese in der Lage, die „Dunstschleier" mit Leichtigkeit aufzulösen. Ich erlaube mir dazu eine innere Zusammenschau: Die Maria zu Füßen Jesu, die so genannte Magdalenerin, ist die „Verlorene Tochter", die unter die Räuber gefallen war!

Die verlorene Tochter, die unter die Räuber geraten ist

Tatsächlich war der Marta und dem Lazarus zu Ohren gekommen, was aus ihrer Schwester Mariam geworden war: Eine weithin bekannte Hetäre und Geschäftsfrau mit großem Vermögen in der ebenso reichen

---

[445] Im Gleichnis vom Verlorenen Sohn nennt der ältere Sohn (Lk 15, 29) sein Tun *douleúō soi*/diene ich dir; Marta nennt ihr Tun *pollēn diakonían*/viel Dienen.

wie sittenlosen Stadt Tarichea! Sie hatte die Ehre ihrer Eltern, ihres Hauses geschändet. Sie hatten den Vater verloren, die Mutter, jetzt auch die Schwester. Viel Not lag auf ihnen. Nun war dieser Jesus gekommen, dieser Prophet, und hatte sie darum gebeten, die Schwester wieder aufzunehmen. Was konnte man da machen? Einem Propheten lässt sich nicht widersprechen. Aber in der Seele der Marta weinte noch der Schmerz der vergangenen Jahre und kochte die Wut, als dieses Luder von einer Schwester wieder ins Haus kam. So schnell ging Vergebung nicht. Sieh doch, Herr, was das für eine ist! Da sitzt sie und geht schon wieder an die Wäsche! Die soll jetzt mal arbeiten! Lazarus? Er war einfach nicht da. Vielleicht war er auch schon krank.

Und so wie in Lk 7 der Pharisäer, der gerechte Simon, an dieser Frau etwas lernen und begreifen musste, nämlich wie Gott wirklich ist, so musste nun auch die Marta an ihrer Schwester lernen, dass Gott Sünde und Schuld nicht nachträgt, nicht anrechnet, nicht zornig ist, sondern dort hilft, wo es nötig ist, indem er Vergebung schenkt. Und dort Aggressionen abbauen möchte, wo sie die Einheit zerstören.

Ja, dass er sogar dem mehr hilft, der es mehr braucht!

Lukas muss diese innewohnende Verkündigungssituation (die so betrachtet auch der Kirche Norm sein wollte) sehr gut gespürt haben, so gut, dass er diesen „privaten" Besuch Jesu bei den Geschwistern in Betanien gleich nach dem Gleichnis Jesu vom Barmherzigen Samariter und direkt vor dem VaterUnser mit der Bitte um Vergebung der Schuld eingebaut hat. Denn der Samariter tat, ohne auf sich selbst und seine Sicherheit zu achten, das, was dem, der – aus eigener Schuld? – unter die Räuber gefallen war, das Leben rettete: Er goss Öl und Wein auf seine Wunden, holte ihn mit persönlichem Einsatz aus dem gefährlichen Wadi Quelt und bezahlte für ihn die Unterkunft in der Herberge. Bezahlte mit eigenem Geld für dessen Schuld und brachte somit sich selber in Gefahr. Das ist Christologie und Passionsgeschichte!

Jetzt aber war eine Frau unter die Räuber ihres Lebens gefallen, wurde ausgeraubt, von Dämonen in Sucht und Abhängigkeiten getrieben und halbtot liegengelassen. Ihr musste man mehr geben als Öl und Wein, ihr musste man den eigenen Leib, die eigene Seele anbieten. Es waren seine eigenen Worte, seine „Ethik", die Jesus jetzt in die Tat umsetzte: Sich als Nächster anbieten (Lk 10, 36) und erweisen für diese Frau, indem er ihr eine „Herberge" beschaffte. Zu seinen Füßen. Doch indem er die Grenzen des Normalen und Erlaubten überschritt, setzte er sich selber der Gefahr aus, dadurch seinen guten Ruf als Prophet zu verlieren und sein Leben zu riskieren.

Wenn überhaupt etwas, dann sollte die spätere „Sammlung"/Kirche anhand dieser nicht erfundenen, sondern tatsächlich geschehenen Begegnung eine Norm lernen: Stelle den Menschen in die Mitte! Den Verlorenen! Nicht Traditionen und Gewohnheiten (Ein jüdischer Mann besucht nicht zwei Frauen!), nicht Gesetz und Normen (Ein Sünder muss büßen, beichten, Opfer bringen, Strafe auf sich nehmen, er hat Gottes Gnade nicht mehr verdient), nicht deine eigene Schlauheit und Karriere (Das könnte man mir falsch auslegen und dann wäre es vorbei mit meinem Aufstieg in Würden). Selbst wenn du dir Ansehen und Zukunft verbaust, stelle dennoch den Menschen in die Mitte! Gerade den, der jetzt deine Hilfe braucht. Denn Gott, der Aba für alle, stellt den Menschen in seine Mitte. Den Einzelnen, der anderen als verloren gilt. Das mussten Marta und Lazarus noch lernen.

Das muss die Kirche lernen, immer und immer wieder!

Der Schlusssatz Jesu fasst die Situation noch einmal zusammen, stellt das Tun der Marta dem der Maria nicht grundsätzlich, sondern hier und jetzt gegenüber und begründet Jesu eigenes Handeln: „Marta, Marta, du mühst/sorgst dich und beunruhigst dich um vieles. Nur eines ist notwendig. Mariam hat nämlich/schon den guten An-/Teil erwählt, der soll/wird nicht von ihr genommen werden."[446]

Nach meiner vorausgegangenen Erklärung merkt man sofort, dass dieser Satz viel „Zwischentöne" enthält und überhaupt untergründig, sozusagen „hinter" den Worten seine eigentliche Aussage vermittelt. Etwa: „Marta! Marta![447] (Man muss hören, wie Jesus fast im Sington Wut und Schmerz der Marta zur Ruhe zu bringen sucht.) Machst du dir Sorge um mich? Oder um dich selber? Du willst mir doch nicht weismachen, dass du nicht in der Lage wärest, für 3 Personen ein Mittagessen zu zaubern! Das würde sogar ich schaffen.

---

[446] Übersetzung nach *Schürmann* und *Bovon*, mit eigener Ergänzung.
[447] *Strack/Billerbeck* (S. 258) bringen zur Wiederholung des Namens: „Die Wiederholung des Namens war in der Anrede ganz gebräuchlich ... In den alttest. Beispielen für die Wiederholung eines Namens haben die rabbin. Gelehrten ausgesprochen gefunden a. Liebe u. Ermunterung; b. dass in dem Angeredeten zugleich die mitgemeint seien, die ihm in der späteren Zeit gleichen würden; c. dass der Angeredete ein Sohn dieser u. der zuk. Welt sei; d. dass der Angeredete immer sich selbst gleichgeblieben sei." – Ich nehme noch eine fünfte Bedeutung an, die heutiges psychologisches Wissen beachtet: Die Doppelung des Namens soll eine friedvolle, begütigende Besänftigung des so Angesprochenen bewirken.

Also, was ist dein Motiv für deine Unruhe und Aggressivität? Wo kommen die eigentlich her? Willst du dich dem eigentlichen Problem nicht stellen und kompensierst durch Hyperaktivität? Du saust hier herum wie ein knurrender Koyote, als seiest du in Wirklichkeit auf der Flucht vor etwas oder willst eine Beute verschlingen. Wem oder welcher Sache willst du dich nicht stellen? Was willst du nicht bestehen lassen? Warum nicht zur Ruhe kommen? Sag doch mal klar, was dich umtreibt? Bist du neidisch, weil ich zu deiner Schwester gut bin? (Mt 20, 15) Ich weiß, du brauchst auch Zuwendung! Bitte warte etwas, die hier braucht sie, braucht mich jetzt dringender! Den Letzten muss ich mich zuerst zuwenden!"

Es folgt das Wörtchen *chreía*/notwendig. Im Griechischen hat das Wort wieder einen weiten Bedeutungsspielraum: 1) Gebrauch, Benutzung. 2) Brauchbarkeit. 3) Notwendigkeit. Unter 1) fallen auch Nebenformen bis hin zu Dienst, Geschäft, Umgang haben, auch Geschlechtsverkehr haben.[448] Unter 2) fallen Formen mit Nützlichkeit, Vorteil, Genuss. Für unsere Stelle gibt ohne Zweifel 3) die rechte Bedeutung: Notwendigkeit, Bedürfnis (auch Notdurft, Befriedigung der Geschlechtslust), Not, Mangel – und eben auch „etwas nötig haben".

Lukas gebraucht dieses Wort außer an unserer noch an sechs anderen Stellen im Evangelium, einige davon passen sehr gut zu unserer Passage, so 5, 31: Nicht die Gesunden haben den Arzt nötig, sondern die Kranken. Ebenso 9, 11: Redete zu ihnen vom Reich Gottes und heilte alle, die seine Hilfe nötig hatten. Oder 15, 7 (im Gleichnis vom Verlorenen Schaf): ... als über 99 Gerechte, die es nicht nötig haben, umzukehren.

Das „Eine Notwendige" hat in jüdischer Tradition aber noch eine besondere Bedeutung, nämlich die Tora. Auf diesem Hintergrund sagt Jesus: Eines braucht sie notwendig: Nicht die Tora, sondern mich![449]

---

[448] „Wenn das Wort *chreiai* für den sexuellen Verkehr benutzt wird, so drückt es den Anspruch des Besitzers gegenüber einer Sklavin aus." – *Hartmann*, 164.

[449] *Strack/Billerbeck* (S.185) bringen zu *chreia*/notwendig den interessanten Hinweis: „Die Synagoge würde für das eine Notwendige die Beschäftigung mit der Tora erklärt haben." Als Beispiel dafür wird zitiert R. Meïr (um 150): ‚Vermindere deine weltliche Beschäftigung (Berufsgeschäfte) u. beschäftige dich mit der Tora u. sei demütig gegen jedermann." Oder R. Chanina ben Teradjon (gest. um 135): „Wenn zwei dasitzen, ohne dass Worte der Tora zwischen ihnen verhandelt werden, so ist das ein Sitz der Spötter." – Auf unsere Stelle angewandt, hieße das: Jesus ersetzt die Beschäftigung mit der Tora durch Sich

Mariam hat nicht „das Bessere" (oder gar „das Beste") gewählt, sondern „tēn agathēn merída"/den guten Teil. Das griechische merída kommt von méris, das bedeutet unkompliziert: Teil, Stück, Anteil, Portion, auch Abteilung, Klasse, Gattung; in einer weiteren Bedeutung auch Hilfe, Beistand, Nutzen oder auch Gemeinschaft, Verkehr. Interessant ist, dass das Wort in einer negativen Wendung auch „Taugenichts" (kakē meris) bedeuten kann.

Es mag nicht ohne Bedeutung sein, dass dieses Wort in den Evangelien einzig hier an dieser Stelle bei Lukas gebraucht wird (noch zweimal in der Apostelgeschichte). Es ist also für die Frohe Botschaft ein ganz und gar unübliches Wort. Was meinte Lukas damit am besten ausdrücken zu können? Oder genauer: Was meinte Jesus mit diesem „guten Teil", den die Mariam gewählt hatte? Der Begriff meris ist dabei nur das Ins-Wort-Fassen eines lebendigen seelischen Vorgangs in einem oder zwischen zwei Menschen. Diesen müssen wir also zuerst suchen.

Das aber geht nur, indem wir uns in Mariam hineinfühlen: Was suchte sie? Was war für sie das primär Notwendige? Und was spürte und sah Jesus, das sie suchte?

Die traditionelle Antwort der Exegeten lautet: Mariam hat das Hören auf das Wort des Kyrios gewählt! Ich dagegen sehe sie nicht als Theologiestudentin, sondern als eine Frau, die ihre Bindungen an die Vergangenheit mit deren Süchten und Abhängigkeiten gelöst hat und nun im „Dazwischen" steht, im Nicht-mehr und Noch-nicht und zuallererst Kontakt und Beziehung sucht. Eine Frau, die nicht existieren kann, ohne eine neue, befreiende Bindung geschenkt zu bekommen. Die also in großer seelischer Not gefangen ist, noch keine Gemeinschaft hat mit ihrer Schwester, welche im Gegenteil in unverhohlener Spannung zu ihr steht. Die menschliche Nähe, Wärme, Berührung sucht. Erst in dieser Erfahrung der Sicherheit und Geborgenheit durch geschenkte Beziehung von diesem Mann her ist sie aufnahmebereit und kann zuhören. Sie braucht sozusagen kein Essen, kein Trinken – all die üblichen menschlichen Bedürfnisse stehen bei ihr im Hintergrund und haben dem einen notwendigen Bedürfnis Platz gemacht: Gemeinschaft, Nähe haben, angenommen sein. Das täte ihr jetzt „gut". Einen Ort haben, wo mir Frieden zukommt.

---

selbst. Er ist die neue Tora. Das Kommen zu ihm, die Berührung seiner Person, ist Beschäftigung mit der wahren Tora Gottes. In den Augen der Frommen wieder ein gotteslästerliches Handeln.

Wenn es tatsächlich genau um dies ging, dann wäre es sehr interessant, das Wort zu wissen, das Jesus auf Aramäisch gebraucht hat. Es musste ebenfalls ein seltener Begriff gewesen sein, so dass Lukas diesen mit dem in seinem Evangelium nur hier benutzten *méris* wiedergab. Enthielt er die Bedeutung von „Beziehung schenken", von Gemeinschaft haben mit, gehören zu, Teilsein von? Oder klang darin das Buch der Psalmen nach: „Gott ist mein Anteil und mein Erbe", etwa Ps 73, 26; 142, 6; 16, 6?

Eine Bestätigung für diese Vermutung finde ich im Verhalten Jesu: Wieder – wie schon beim Pharisäer Simon – entzieht er sich nicht, zieht seine Füße von der Frau nicht zurück. Er schenkt bewusst Gemeinschaft, auch auf die Gefahr hin, dass er Marta verletzen könnte. (Um Lazarus muss er sich gesondert bemühen.) Er ist für Mariam da, für sie zuerst, er hat gespürt, dass diese von allen „die so genannte Magdalenerin" bezeichnete Frau Zuwendung, menschliche Nähe braucht.

„Was willst du, dass ich dir tun soll?" Diese Frage ist nicht nötig, hier ist alles klar. „Ein Armer rief, und der Herr erhörte ihn. Er half ihm aus all seinen Nöten. Der Engel des Herrn umschirmt alle, die ihn fürchten und ehren, und er befreit sie. Kostet und seht, wie süß der Herr ist. Wohl dem, der zu ihm sich flüchtet." (Ps 34, 7–9) Jesus lebte in diesem Psalm. „Nahe ist der Herr den zerbrochenen Herzen, er hilft denen auf, die zerknirscht sind." (34, 19)

Mariam war am Leib Jesu in jenem Prozess der Neuwerdung, der sie „erlöste von dem Bösen" in ihr und in ihrer Vergangenheit. Und Gott erwies sich in Jesus als der, der rettet. Jesus schenkt seine Person in seinem Leib zur Rettung des Menschen.

Nimm hin den Leib Deines Lösers, Mariam!

Wie ging dieser schwierige therapeutische Besuch weiter? Marta, so mag Jesus hinzugefügt haben, ich werde mich deiner Schwester nicht entziehen. Sie hat das gewählt, was sie jetzt nötig hat: Mich! Einen guten Beistand. Komm, lass uns gemeinsam ein Fest feiern, nicht mit feinsten Speisen und Weinen, sondern mit Tränen der Vergebung und mehr noch mit Tränen der Freude und der Dankbarkeit.

4. Joh 11, 1–45
„Jesus liebte Marta, ihre Schwester und Lazarus"

Bereits in unserem Teil IV hatten wir uns dem 11. Kapitel im Johannes-Evangelium zugewandt und dabei nur drei Worte aus dem zweiten Vers unter die Lupe genommen: *ēn dè Mariàm*. Dabei hatten wir entdeckt, dass die Einheitsübersetzung diese drei Worte in fünffacher Weise nicht korrekt oder gar falsch übersetzt. Die genaue Übersetzung „Es war nämlich Mariam gewesen, die ... getrocknet hat" mit ihrem eindeutigen Blick zurück in die Vergangenheit hatte uns auf die Spur der bis dahin namenlosen Frau im Haus des Pharisäers Simon geführt, der ehemaligen Hetäre und Geschäftsfrau aus Magdala/Tarichea, die wir mithilfe dieser redaktionellen drei Worte als die Maria von Betanien identifizieren konnten, die Schwester des Lazarus und der Marta. Die Fachleute der Exegese haben diese Möglichkeit nicht einmal genannt, nicht erwogen, geschweige denn widerlegt.

Unsere erste Erkenntnis half uns zur zweiten Entdeckung: Der Vater der drei Geschwister begegnete uns in der synoptischen Fassung des Markus und Matthäus als Simon der Aussätzige, der zum Zeitpunkt des Mahles schon gestorben war. Auch diese Schlussfolgerung konnten wir als besser begründet vorstellen als die herrschende Hauptmeinung in der Fachwelt der Exegese, die diesen Mann nirgendwo korrekt einordnen kann und deshalb zu Hilfskonstruktionen Zuflucht nimmt, um sich letztlich doch in Widersprüche zu verwickeln.

Daran schloss sich die dritte Erkenntnis: Der Besuch Jesu bei den Schwestern Marta und Maria (Lk 10, 38–42) fand natürlich in Betanien statt, im Haus des verstorbenen Vaters, und die dortige Mariam konnten wir mithilfe genauer Textuntersuchung als „die so genannte Magdalenerin" identifizieren, die nämlich gar nicht aus Magdala stammte, wie Lukas klar andeutet. Diese Erkenntnis fügte sich weitaus besser als andere Interpretationen in den von Lukas geschilderten sehr privaten Besuch Jesu in diesem Haus ein. Denn wir fanden ein klares Motiv für den Besuch Jesu bei den Geschwistern, wir nannten es „Familientherapie": Mariam, die „verlorene Tochter", wieder zu versöhnen mit ihren Geschwistern und sie zugleich zu befreien von all den Wunden, die „die Dämonen", unter die sie gefallen war, ihr zugefügt hatten. Dazu bot Jesus sich „als Nächster" an, indem er der Maria, aber ebenso der Marta und ihrem Bruder, seine persönliche Gemeinschaft schenkte.

Weil dieser Besuch sehr familiär, geradezu privat war, konnte die traditionelle Exegese mit ihren Methoden zu diesem Text nur schwerlich Zugang finden und musste merkwürdige Konstruktionen ersinnen, denen sie selber nicht ganz glaubte. Aus den Evangelien aber ist bekannt, dass Jesus sich wieder und wieder in seiner Sendung vom Vater gerade dem einzelnen Menschen zugewandt und ihm das Du Gottes angeboten hat, so der Schwiegermutter des Simon (Mk 1, 30) oder dem Blinden (Mk 8, 22) oder der syrophönizischen Mutter (Mk 7, 26)!

Denn Gott stellt den Menschen in die Mitte, er sorgt sich um den einen Verlorenen mehr als um 99 Gerechte.

Aus dem Kontakt mit Marta und Maria (und Lazarus) muss dann eine wahre Freundschaft erwachsen sein, die zu jenem Satz führte, den uns Johannes in 11, 5 als weiteren redaktionellen Einschub überliefert hat: „Denn Jesus liebte Marta, ihre Schwester und Lazarus." Jesus scheint, nach den Aussagen vor allem des Johannes-Evangeliums, Betanien als seinen persönlichen Ort der Ruhe und Erholung gewählt zu haben. Wir hören ausdrücklich davon für die letzten Tage seines Lebens. Da im Neuen Testament Betanien immer und nur mit den Geschwistern Marta, Maria und Lazarus verbunden wird, sind wir dieser Überlieferung in unseren Gedankengängen gefolgt.

In diesem Abschnitt wenden wir uns noch einmal dem 11. Kapitel bei Johannes zu. Auch jetzt interessieren uns nur die beiden Schwestern und Jesus: Können wir etwas mehr vor allem über die Mariam erfahren? Etwas, was unsere leitende Hypothese stützt, oder etwas, das gegen sie spricht? Was sagen die renommierten Exegeten zum Text? Wird unsere schon recht gut begründete Vermutung bestätigt, dass die Mariam von Betanien jene „so genannte" Magdalenerin ist, die zur ehemaligen vermögenden Geschäftsfrau in Tarichea wurde, der wir zuerst in der namenlosen Frau beim Pharisäer Simon begegnet sind, oder stoßen wir nun auf Probleme? Wie erklären die Exegeten die Verschiebung der Dominanz von Marta zu Mariam in diesem Haus, worauf wir schon früher hingewiesen haben? Schließlich: Können wir etwas Neues zur Traditionsgeschichte dieser besonderen Johannes-Überlieferung beitragen, die von den Exegeten mit der lukanischen Sondertradition (zu der Lukas 7, 36–50 und 10, 38–42 gehören) verbunden wird, ohne dass man dafür bisher eine einleuchtende These aufstellen konnte?

Lassen wir zunächst wieder zwei Fachexegeten zu Worte kommen; wir beachten ihre Forschungen nur insoweit, als sie die Schwestern Mariam und Marta betreffen.

Interpretationen der klassischen Exegese

Rudolf Schnackenburg [450]

Schnackenburg empfiehlt, mit einer literarkritischen Analyse zu beginnen, diese jedoch mit traditions- und redaktionsgeschichtlichen Aspekten zu verbinden, um Tradition und Redaktion scheiden zu können. Er arbeitet mit einer alten „Zeichenquelle", zu der Johannes aus eigenem Sondergut viel hinzugefügt habe.

In unserem Kapitel 11 gehöre der Vers 1 mit der Einführung „Lazarus von Betanien" sicher zur Quelle, da die „Kennzeichnung eines Mannes durch seinen Herkunftsort ... allgemein jüdische Sitte" sei, ähnlich beim Hauptmann von Kafarnaum (4, 46b), bei den Aposteln (1, 44.45; 12, 21; 19, 38; 21, 2) und Maria „Magdalena" (20, 1). Anders wertet er die Angabe „aus dem Dorf der Maria und Marta" und fragt: Stammt diese „nachträgliche Hinzufügung" vom Evangelisten oder stand sie schon in der alten Quelle? Da aber auch die lukanische Tradition (10, 38–42) dieses Schwesternpaar kannte, könnte der Verweis schon in der Zeichenquelle gestanden haben. Lukas würde allerdings nur das Schwesternpaar, nicht aber den Lazarus kennen – eine Schlussfolgerung, die wir als unbegründet bereits zurückgewiesen haben.

Schnackenburg verweist darauf, dass die Lokalisierung solcher Wundergeschichten sich aus dem Interesse erklärte, das die Einwohner des Ortes und noch die späteren Erzähler daran hatten; „Lokaltraditionen halten sich hartnäckig." Das Lazarusgrab ist heute zu besuchen in der arabischen Ortschaft *el-ʿazarīje*; in welchem Wort noch die Erinnerung an „Lazarus" aufbewahrt werde.[451] Auch heute noch gelangt man über den Ölberg die Straße am Abhang entlang an Betfage vorbei durch einen mit Schutt gefüllten Weg hinab nach Betanien.

Dann wendet sich Schnackenburg dem Vers 2 zu, der uns schon in beschäftigt hat. Dieser Vers sei eine „Glosse, die dem Leser erläutert, wer die eben genannte Maria war, wohl wegen der Häufigkeit des

---

[450] *Rudolf Schnackenburg*, Das Johannesevangelium, II. Teil, Freiburg/Basel/Wien 1971, S. 396 – 447. Seine Arbeit muss sich der zu seiner Zeit aufgekommenen Überzeugung stellen, das Markus-Evangelium sei erst nach dem Jahre 70 geschrieben worden.

[451] Die beste Dokumentation dazu in *G. Kroll*, Auf den Spuren Jesu, S. 278–287.

Namens". Schnackenburg verweist auf die jüdische Grundform „Mariam". Die besondere griechische Wendung „(Es) war nämlich Mariam, die" beachtet er nicht und übersetzt „Maria aber war es, die". Dazu sagt er: „Die Schilderung, wie sie Jesus die Füße salbte und mit ihren Haaren trocknete, ist keine Erinnerung an die Sünderin von Lk 7, 37f, sondern eine Vorwegnahme von 12, 3." Weder gibt Schnackenburg dafür eine Begründung, noch erörtert er die dann entstehende Problematik. Ich werde auf diesen Vers zurückkommen.

Über die besondere Krankheit des Lazarus erfahren wir nichts. Die Schwestern schicken eine Botschaft zu Jesus, deren Bitte „still" ausgesprochen sei: *„kyrie, íde hòn phileîs astheneî*/Herr, siehe, dein Freund ist krank." (Dass die Bitte um Jesu Kommen nur „still" ausgesprochen sei, werde ich im Blick auf die historische Situation anders deuten.) Da der Hebräer kein adäquates Wort für „Freund" habe, werde die Verbundenheit Jesu mit Lazarus durch das Verb *„phileîn*/lieben (gern haben, zugetan sein)" ausgedrückt.[452] Da die deutsche Sprache das Substantiv „Freund" nicht in ein Prädikat wandeln kann, nimmt die Einheitsübersetzung für *phileîs* „den du liebst". Mit diesem Wort „Freund/*philos*" spricht Jesus in Vers 11 von Lazarus, „unser Freund".

Als Johannes jedoch vom „freundschaftlichen Verhältnis Jesu zu den Geschwistern von Betanien" spricht, gebrauche er „mit sicherem Stilgefühl ... für Jesu Liebe zu ihnen jetzt das Verbum *agapān*/lieben". Es würde die natürliche Zuneigung nicht ausschließen, aber den „Nachdruck auf das geistige Nahestehen" legen, wie auch beim Jünger, „den Jesus liebte" (13, 23; 19, 26).

Nach der Ankunft Jesu („in Betanien", wie gewichtige Handschriften ergänzten, doch Johannes erwähne den Ortsnamen nicht. Schnackenburg bemerkt dies, geht aber nicht darauf ein. Ich werde darlegen, warum Johannes sehr bewusst nicht sagt „in Betanien") werden auch wieder die Schwestern erwähnt (11, 17–45). Nun beginne ein Dialog, bei dem Merkwürdigkeiten auffielen. Marta geht als erste zu Jesus, während Maria noch im Hause bleibt – warum Marta den Vorzug erhalte, wüssten wir nicht. Schnackenburg hat allerdings kein Problem, die lukanische Tradition von 10, 38–42 hier anzuwenden, deswegen ist ihm die Maria „die beschaulichere", während die Tradition „auch die dienstbereite, tatkräftige Marta hochschätzte". Marta beginne mit einem allgemeinen Wort der Erwartung, das später Maria ei-

---

[452] So wird bei Johannes auch die dritte Frage Jesu an Petrus (21, 17) „Liebst du mich" und dessen Antwort formuliert.

genartigerweise genauso ausspreche. Marta soll als eine zum Glauben bereite Frau erscheinen, wobei sich ihr Glaube mehr auf die Person Jesu richte als auf die Art der Hilfe. Deswegen könne Marta am Ende dieses Dialoges ein Bekenntnis zu Jesus als dem Messias ablegen, das dem des Petrus (6, 69; Mt 16, 16) in nichts nachstehe und das der Evangelist am Ende seines Buches selber noch einmal ausspricht: Du bist der Messias, der Sohn Gottes! (20, 31) Hier seien wir auf einem Höhepunkt der Erzählung angekommen, die der Evangelist – und dies gehöre zu seiner Erzählkunst – just jetzt abbreche. (Vgl. auch 4, 26.)

Mit einem neuen Ansatz werde nun Maria ins Spiel gebracht, als hätte Jesus dazu den Auftrag gegeben: „Der Meister (*didáskalos*/Lehrer/Rabbi) ruft dich!" Ich werde die Umstände beachten und fragen, was Jesus tatsächlich gesagt haben könnte. Wenn es anschließend heißt, dass Marta ihre Schwester „heimlich" rufe, solle „nicht nur jedes Aufsehen vermieden", sondern auch Maria aus dem Kreis der Juden entfernt werden; denn das „Gespräch Jesu mit ihm vertrauten Menschen sei anderer Art als das mit Fernstehenden und Ungläubigen". Auch hier werde ich fragen, ob mit dem „heimlich" nicht eine andere, sehr überraschende Tatsache angedeutet werden soll. Maria stehe „eilends auf und geht zu Jesus", das deute ihre Verbundenheit mit Jesus an. Dass sie ihm auch gleich „zu Füßen" falle, könnte traditionsgeschichtlich von Lk 10, 39 (oder der Salbungsgeschichte 12, 3) her beeinflusst sein, aber, so Schnackenburg, „die Zeichnung der beiden Frauen wird durch jenes lukanische Sondergut nicht voll erklärt." Ich stimme dem sofort zu und werde eine recht neue Erklärung vorlegen.

Jesus sei also der Marta nicht gefolgt, sondern habe gewartet, was bedeute, „dass er die beiden Schwestern zunächst persönlich sprechen wollte". Dieses persönliche Gespräch Marias mit Jesu werde denn auch plötzlich beendet, als die Juden, die anfangs bei Maria im Haus waren, ihr nachgegangen waren. Maria gebrauche die gleichen Worte wie ihre Schwester. Die Begegnung bleibe eine „Zwischenszene" und ziemlich „farblos"; ich werde zeigen, wie „farbvoll" diese Szene durch die geschilderten und angedeuteten Emotionen tatsächlich ist.

In einem eigenen Kapitel stellt Schnackenburg sodann traditionsgeschichtliche und geschichtliche Überlegungen an: Wie sei zu erklären, dass die Synoptiker diese Auferweckungsgeschichte überhaupt nicht erwähnen? Gebe es Parallelen zur Auferweckung der Tochter des Jairus? Ebenso der Name Lazarus: Er tauche nur noch einmal im Neuen Testament in der Parabel vom reichen Prasser und dem armen Lazarus auf (Lk 16, 19–31): Ist der gleiche Name ein Zufall oder gibt es Berührungspunkte? Sie könnten in der „Warnung an Verstockte" liegen, von denen Johannes anschließend berichtet. Oder wurde das lukanische Gleichnis „historisiert", indem eine Parabel „vom reichen Mann und armen Bettler" mit der konkreten Gestalt des Lazarus verbunden wurde? Denn nur in diesem Gleichnis erhalte die Hauptfigur einen Namen!

Sodann die beiden Schwestern: Auch im lukanischen Sondergut würden die beiden nebeneinander genannt (Lk 10, 38–42). Da dort Lazarus nicht erwähnt werde, sei sichergestellt, dass diese lukanische Tradition von Johannes unabhängig sei. Nach der johanneischen Darstellung gewänne man allerdings den Eindruck, dass Lazarus mit seinen Schwestern im gleichen Hause wohne – dann hätte er in Luk 10 kaum verschwiegen werden dürfen. Doch weil die beiden Frauen in Joh 11 in anderem Licht erschienen als in Luk 10, müsse man zusätzlich zum Verschmelzungsprozess von Traditionen noch eigene, „dem Evangelisten verfügbare Traditionen oder Informationen vermuten", in denen „Maria die gewichtigere Stellung im Vergleich zu Marta innegehabt haben" dürfte. Schnackenburg vermag mit seiner Methodik die merkwürdige Zeichnung der beiden Frauen durch den Evangelisten nicht zu klären. Über Ansätze zu Hypothesen kommt er nicht hinaus, muss sogar vermuten, die „vorjohanneische Tradition" wüsste wohl noch nicht, dass Marta, Lazarus und Maria Geschwister waren. Immerhin, sein Suchen ist hilfreich, wir werden den naturhaften Zusammenhang hervorheben[453] und das „andere Licht", in dem die Frauen später erscheinen, leicht erklären können.

Im Blick auf die „Salbungsgeschichte" (Joh 12, 1–8) stellt Schnackenburg fest, Maria sei auch hier die Hauptfigur, es handle sich um eine selbständige Tradition, durch denselben Ort mit der Lazaruserweckung verbunden. Lukas habe die johanneische Tradition mit Maria als der salbenden Frau nicht gekannt, er übergehe diese Geschichte, weil er seine eigene Salbungsgeschichte erzähle (7, 36–50). „Von einer Verbindung mit Maria von Betanien hat Lukas nichts gewusst". Oh doch!

Abschließend stellt Schnackenburg fest, die erschlossene Zeichen-Quelle sei wohl erst spät anzusetzen, man müsse mit einem Zusam-

---

[453] *Schnackenburg* (S. 430, Anm.) weist in diesem Zusammenhang auf *J. A. Bailey* hin, der annehme, „dass in der kirchlichen Tradition ein Zyklus von mindestens drei Geschichten (über die Geschwister von Betanien) existierte und dass die beiden Evangelisten, wahrscheinlich in mündlicher [!] Überlieferung, Zugang dazu" besessen hätten. Das deckt sich recht gut mit meiner Vermutung.

menfließen disparater Ströme rechnen. Dass ein außergewöhnliches Ereignis in Betanien in lokaler Tradition festgehalten wurde, ohne Eingang in den breiten Strom (galiläischer) Wundererzählungen gefunden zu haben, sei vorstellbar. Dann aber war diese Totenerweckung in Betanien den Synoptikern vielleicht gar nicht bekannt oder war ihnen entbehrlich – Schnackenburg nennt dies ein Hauptproblem. Ich werde zeigen, warum sie tatsächlich nicht bekannt war.

Ulrich Wilckens [454]

Den Kern der literarisch kunstvoll komponierten Erzählung habe der Johannesevangelist schon vorgefunden. Als „leichte Unebenheiten im Textzusammenhang" führt Wilckens an, dass von den beiden Schwestern einmal Maria die Hauptperson sei, dann wieder Marta; erstere auch in der folgenden Salbungsgeschichte 12, 3ff. Entsprechendes gelte für die Erzählung in Luk 10, 38–42. Durch den von uns herausgearbeiteten „familiären Hintergrund" der Geschwister können wir die „leichten Unebenheiten" flüssig erklären, ebenso die Frage, warum Maria das Gleiche zu Jesus sagt wie zuvor ihre Schwester.

Auch Wilckens ist überzeugt, dass Vers 2 ausdrücklich auf die folgende Salbungsgeschichte hinweise. Von dorther seien die Namen der Schwestern den Lesern bekannt. Die Erzählung des Lukas (10, 38–42) dagegen kenne den Namen des Dorfes nicht; dies ist eine irrige Schlussfolgerung („nennen" und „kennen" sollte man nicht verwechseln), da das Geschwisterpaar gleichen Namens schon bei Lukas 10 genannt wird. Wilckens muss eingestehen, dass wir von Lazarus „erst hernach beiläufig in Vers 19" erfahren, dass er der Bruder der Schwestern ist. Wir dagegen sind sicher, dass Marta, Maria, Lazarus und Betanien eine historische und damals allseits bekannte Einheit bildeten.

Wilckens muss ferner einräumen, es sähe „so aus, als ob die drei erst in dieser Geschichte zu Geschwistern geworden sind". Deshalb scheint es ihn zu irritieren, wenn in „Lk 10, 38ff ... von Lazarus nicht die Rede" ist und dieser in der „Salbungsgeschichte Joh 12 ... nur in der Einleitung (V. 1f.) genannt" werde, in der Geschichte selbst aber keine Rolle mehr spiele. Zu unserem Thema sagt Wilckens nicht viel Neues:

---

[454] *Ulrich Wilckens*, Das Evangelium nach Johannes, in: Das Neue Testament Deutsch (NTD), Teilband 4, 17. Auflage (Neubearbeitung), Göttingen 1998.

Maria werde von ihrer Schwester „heimlich" gerufen, „damit sie, ohne von der Menge der Trauergäste umgeben zu sein, ‚dem Lehrer' begegnen kann". Alles weitere berührt nicht unser Thema und ist nicht viel mehr als eine Nacherzählung des Textes bei Johannes.

Zusammenfassung der zwei Interpretationen

Einerseits trage unsere Geschichte Anzeichen einer sicheren Lokaltradition an sich, zum anderen entstände gerade dadurch die Frage, warum die Synoptiker diesen Auferweckungsbericht nicht übernommen hätten. Mit dem lukanischen Sondergut entstünden weitere Reibungsflächen: Warum würden in Lk 10 zwar das uns bekannte Schwesternpaar, nicht aber Lazarus und ebenso wenig Betanien genannt? Lasse sich aus der gemeinsamen Nennung von Maria und Marta bei Johannes wie auch bei Lukas auf eine sehr alte Tradition schließen? Der Hinweis des Evangelisten in der (falschen) Übersetzung „Maria war/ist die, die" wird von beiden ohne jedwede Problematisierung auf die nachfolgende Salbungsgeschichte bezogen. Ebenso wenig wird darüber nachgedacht, was die ausdrückliche Einfügung des Johannes besagen soll, dass Jesus die Marta, ihre Schwester und Lazarus liebte.

Ohne ausreichende Erklärung bleibt ferner der etwas eigenartige Dialog der beiden Schwestern mit Jesus: Zuerst spricht Marta zu Jesus, mit denselben Worten darauf die Maria, allerdings viel kürzer. Dass Marta ihre Schwester deswegen „heimlich" rufe, um die störende Menge der Juden fernzuhalten, überzeugt nicht, denn diese folgen der Maria nun gerade. Die Zeichnung der beiden Frauen durch den Evangelisten erscheine nicht ganz klar. Maria habe sicher eine besondere Verbundenheit mit Jesus, weil sie eilends zu ihm gehe und sich ihm zu Füßen werfe; dieser Gestus wird meines Erachtens zu wenig „erfühlt". Bezüge zu Joh 12 und Lukas 7 werden gesehen, aber nicht wirklich bedacht. Es wird überlegt (Schnackenburg), ob der Name Lazarus in einen Bedeutungs- oder gar historisierenden Zusammenhang eingebunden werden könne. Schnackenburg versucht noch, das „Weinen" Jesu zu erklären, ob sich darin ausdrücke, dass auch Jesus „vom Dunkel des Todesgeschickes" berührt sei. Ich werde durch genaues Hinschauen ein sehr menschliches Motiv aufdecken.

Marta hat Maria wieder aufgenommen

Die Arbeiten der Fachexegeten sind mir eine unerlässliche Hilfe, denn die Stellen, die ihnen „uneben" vorkommen, zeigen mir an, wo ich nach festen Grund graben soll. Ferner können sie die ihnen verwirrend vorkommenden Bezogenheiten und Abhängigkeiten, das Nichtkennen/ Nichtwissen von Familienzugehörigkeiten, von ähnlich scheinenden Salbungsgeschichten weder traditionsgeschichtlich noch literarkritisch befriedigend zusammenfügen. Ich möchte dafür eine Lösung vorlegen, die durch ihren „familiären" Charakter manche irritieren wird. Doch ist diese Lösung in der Lage, alle Einzelteile in einen logischen Zusammenhang zu ordnen und den Blick für ein Faktum zu öffnen, das noch keiner der Fachexegeten in Erwägung gezogen hat.

Ich gehe davon aus, dass bei jeder Nennung im Neuen Testament von „Maria und Marta" (oder umgekehrt) immer nur die beiden Schwestern bzw. drei Geschwister gemeint sein wollen und können, die in Betanien am östlichen Ölberghang wohnten, deren Vater Simon an Aussatz gestorben war. (Die Mutter lassen wir in aller Ehrfurcht unberücksichtigt.) Deren Schwester Maria von Betanien war zu einer unbekannten Zeit nach Tarichea/Magdala am See Gennesaret weggegangen und dort eine berühmte Hetäre, später eine vermögende Geschäftsfrau geworden, allerdings auch in allerlei Abhängigkeiten und Süchten gefangen, aus denen Jesus sie befreit und gerettet hatte.

Bei diesem Jesus, zu seinen Füßen, war fortan der Ort ihrer Ruhe, ihres Friedens. Er hatte sie mit ihrer Familie wieder ausgesöhnt und sie in das Haus ihrer Kindheit zurückgebracht.

Mit Jesu Hilfe und Einwilligung hatte sie als Leiterin der Gruppe der Frauen, die sich um ihn und die Jünger kümmerten und ihnen dienten, ein neues Leben begonnen. Mit dem Leben der „Magdalenerin", unter welchem Namen allein sie bekannt war, hatte sie abgeschlossen. Nur weniges aus ihrem früheren Geschäftsleben hatte sie mitgenommen. Doch ihre Bekanntheit lebte fort, zog immer wieder „die Leute" an und führte zu verschiedenen Spannungen, zu Neugier und Verdächtigungen, denen sie sich zu entziehen suchte. Sogar im Jüngerkreis begegnete sie bösen Blicken.

Den Vater hatte sie schon verloren, jetzt war auch Lazarus auf den Tod erkrankt. Deswegen hatten Marta und sie einen Boten zu Jesus unten im Tal auf die andere Seite des Jordans geschickt und ihm mitteilen lassen, dass sein Freund Lazarus krank sei. Doch fügten sie nicht an, er möge kommen und helfen, weil sie wussten, dass die Situation für Jesus hier bei Jerusalem auf den Tod gefährlich war.

Wenn Jesus von jenseits des Jordans, aus Peräa her in Richtung Jerusalem heraufkam, konnte er zwei Wege wählen, um nach Betanien zu gelangen: Er konnte aus dem Wadi Quelt ziemlich geradeaus westwärts auf Betanien zugehen, musste dann im Endstück dieser Straße im Wadi *el-Hod*, wo es die „Sonnenquelle" gab[455], in Serpentinen 300 m aufwärts steigen, bei der Steige von *Adummim*. Oder er ging das letzte Viertel des Weges weiter nordwestlich, der bequemen Römerstraße mit ausgehauenen Stufen folgend, ein Wadi zur Rechten, einen begleitenden Bergrücken zur Linken, und bog dann am östlichen Hang des Ölbergs auf einen Weg ein, der ihn südwärts am Wadi el-Lehham entlang nach Betanien führte, das bei etwa 680m Höhe bereits im Regenschatten des Ölbergs auf der Bergzunge des *ras esch-schijah* lag.

Ich möchte im Folgenden gewisse Überlegungen anstellen, die klären können, welchen Weg Jesus wahrscheinlich gewählt hat. In beiden Fällen näherte er sich dem Dorf von Nord oder Nord-Osten her – und kam dabei zuerst zum Grab des Lazarus! Der damalige Ort selber lag, aus nördlicher Blickrichtung, etwa einhundert Meter halbrechts, also südwestlich hinter dem Grab. Deshalb sagt Johannes nichts davon, dass Jesus „nach Betanien" kam: Er kam nämlich gar nicht bis zum Ort! Wahrscheinlich heißt es aus diesem Grund bei Johannes (V.17): „Als Jesus ankam, fand er Lazarus schon vier Tag im Grab liegen."

Fragen wir in einem Einschub, ob im Gleichnis Jesu „Vom reichen Mann und vom armen Lazarus" (Lk 16, 19–31) die Benennung des Armen mit „Lazarus" auf die historische Person des Bruders der Schwestern von Betanien gedeutet werden darf.[456]

Zunächst ist darauf zu achten, dass die Parabel vom „Reichen Prasser und armen Lazarus" nur von Lukas überliefert wird. Der Name Lazarus kommt somit im ganzen NT nur bei Lukas in der Parabel Jesu und noch bei Johannes in der Auferweckung des Bruders der beiden

---

[455] „*Ain el–Hod*", die im Josua-Buch (15, 7; 18, 17) mit dem Namen *En-Schemesch* erwähnt wird. – Nach *Kroll*, S. 279.
[456] Vgl. dazu *Schnackenburg*, II, 429f. *Schnackenburg* nimmt eine „verdunkelte Beziehung der beiden Gestalten zueinander" an und weist darauf hin, dass man dann einmal mehr „eine Berührung zwischen der luk. und joh. Tradition bzw. der ‚Zeichen-Quelle' in einem frühen Stadium annehmen" müsse. Von Letzterem gehe ich sowieso aus; ich werde *Schnackenburgs* Gedanken aufnehmen und noch etwas weiterführen.

Schwestern vor. Wieder einer jener auffallenden Berührungspunkte zwischen beiden Evangelisten. Im Rahmen traditionsgeschichtlicher Überlegungen, wie also johanneische und lukanische Traditionen in einem frühen Stadium miteinander in Berührung gekommen sein könnten, will ich im Schlusskapitel eine neue Hypothese vorlegen. Auch Marta und Maria werden außerhalb des Johannes-Evangeliums nur noch bei Lukas miteinander erwähnt (Lk 10, 38–42).

Schnackenburg zitiert einige Gründe, die (nach R. Dunkerley) dafür sprächen, dass zwischen dieser Parabel und einem tatsächlichen Ereignis ein Zusammenhang bestehen könnte; ich nehme davon nur den folgenden: Dies ist das einzige Gleichnis aller vier Evangelien, in dem die Hauptfigur einen Namen erhält! Das allein ist schon verwunderlich, denn der Reiche bleibt ohne Namen.

Wenn Jesus aber das Gleichnis selber „erfunden" hat, dann fragt sich, warum er erstens dem Armen überhaupt einen Namen gegeben und zweitens unter Hunderten diesen Namen[457] gewählt hat? Das kann kaum ohne Absicht geschehen sein. Es muss dabei gar nicht nach einer theologischen gesucht werden, sondern es könnte ebenso gut eine privat-persönliche Motivation vorgelegen haben. Vergessen wir nicht: „Jesus liebte Marta, ihre Schwester und Lazarus"! Das ist nur persönlich-privat zu verstehen. Und so, wie er das Salben der Frau, der Maria von Betanien, auf ewig mit der Verkündigung der Frohen Botschaft verbunden hatte „zu ihrem Gedächtnis" (Mt 26, 13; Mk 14, 9), so verknüpfte er hier die Verkündigung der Frohen Botschaft ebenfalls mit „seinem Freund" zu dessen Gedächtnis.

Dabei muss man nicht annehmen, dass das Gleichnis auch etwas vom Sterben des Lazarus aussagen wollte. Vielleicht war Lazarus von Betanien tatsächlich schon krank geworden, als Jesus sein Gleichnis formte, aber mehr als den konkreten Namen wollte er von diesem Freund nicht mitteilen außer der Sicherheit, dass sein Ziel Abrahams Schoß sein werde. Alle Details des Gleichnisses gehören zum Aufbau der Parabel. Ich neige zu der von Schnackenburg nicht verworfenen Ansicht, dass es eine Erzählung Jesu „Vom reichen Mann und dem armen Bettler" gegeben haben muss, deren Hauptperson schon Jesus selber den Namen seines Freundes Lazarus gegeben hat.

---

[457] Nach *Schnackenburg*, S. 402, ist „der Name El'azar, gekürzt Lazar, ...von Eli'ezer („mein Gott hilft"), gekürzt Liezer, zu unterscheiden." (Unter Berufung auf *Billerbeck* II, 223.) Lazarus würde bedeuten „dem Gott hilft".

Noch etwas zu diesem Wort „Freund"[458]. Jesus sagt (11, 11): „Lazarus, unser Freund, schläft." Und in der Parabel kommt Lazarus in den Schoß Abrahams. Vielleicht hat Jesus auch an Jesaja gedacht: „Du, mein Knecht Israel, du, Jakob, den ich erwählte, Nachkomme meines Freundes Abraham ... Fürchte dich nicht, denn ich bin mit dir; hab keine Angst, denn ich bin dein Gott ... Ich selber werde dir helfen, der Heilige Israels löst dich aus" (Jes 41, 8.10.14).

Kommen wir zurück zum Friedhof bei Betanien.

Jesu Ankommen geschah notwendig zuerst am Grab oder in dessen Nähe. Nicht im Dorf, nicht im Haus der Geschwister. Jesus blieb draußen vor dem Dorf! Das muss man sehen. Wenn später Mariam zu Jesus eilt, heißt es, dass die Juden, die bei ihr gewesen waren, ihr folgten, „weil sie meinten, sie gehe zum Grab" (V. 31). Wir sollten beachten, dass es nicht heißt, Mariam ginge zu Jesus! Nach dem Gespräch mit Mariam heißt es von Jesus, er wurde innerlich erregt „und ging zum Grab" (V. 38); das klingt so, als sei er dort in der Nähe gewesen. Marta und Maria mussten also etwa 150 m gehen, um zu Jesus zu kommen, der (mit seinen Jüngern) in der Nähe des Grabes angehalten hatte.

Johannes wechselt sodann die Szene ins Dorf hinein:

„Viele Juden waren zu Marta und Maria gekommen, um sie wegen ihres Bruders zu trösten. Als Marta hörte, dass Jesus komme, ging sie ihm entgegen. Mariam aber blieb im Haus" (V. 19f.).

Auffällig ist, dass die Juden, die zu den Schwestern gekommen waren, um sie zu trösten, nicht gleich die Marta begleiteten, als diese das Haus verließ, um zu Jesus zu gehen, dies aber tun, als später die Mariam sich erhob und zu Jesus ging! Irgendwie scheint diese Mariam wie ein Magnet gewirkt zu haben: Die Leute hefteten sich an sie. Blieb Mariam, dann blieben auch sie, ging Mariam, dann gingen sie mit. Mit unserer Annahme von dieser Mariam als der Magdalenerin, der genauso bekannten wie berüchtigten Geschäftsfrau, lässt sich diese „Unebenheit" gut erklären: Sie war einfach die interessantere, beeindruckendere der beiden Schwestern. Marta war seit langem hier in Betanien und den Leuten bekannt, diese Mariam aber war erst seit kurzem hier. Bei ihr gab es vielleicht etwas zu erleben, oder sie musste mehr getröstet werden. Umgekehrt erklärt es das Bleiben der Mariam: Sie wollte nicht in die Öffentlichkeit treten, sondern sich, so gut es eben möglich war, verbergen, hinter ihren Tüchern, hinter ihrer Trauer, in ihrer Verlorenheit.

---

[458] Johannes gebraucht für „Freund" *philos*, Matthäus *hetairos:* Gefährte.

Aber vielleicht war Marta auch relativ unbemerkt aus dem Haus gegangen? Mariam hatte gar nicht mitbekommen, dass ihre Schwester so eilig das Haus verlassen hatte. Es heißt nur: „Als Marta hörte, dass Jesus komme ..." Mariam und die anderen Frauen scheinen die Meldung, vielleicht durch ein Kind gebracht, nicht gehört zu haben. Man kann sich dazu einen geeigneten Ablauf selber ausdenken. Zumal anschließend deutlich gesagt wird, dass die Tatsache von Jesu Anwesenheit der Mariam erst später von ihrer Schwester mitgeteilt wurde.

Das Gespräch der Marta mit Jesus, vor allem seinen Inhalt, können wir bei unserer Thematik übergehen. Einzig jene auffallende Gleichheit der Worte mag uns interessieren: Warum gebraucht Mariam später in ihrer ersten Anrede an Jesus die gleichen Worte wie zuvor ihre Schwester Marta? Allerdings hören wir von ihr nur die erste Hälfte des ersten Satzes der Marta: „Herr, wärst du hier gewesen, dann wäre mein Bruder nicht gestorben" (V. 32; par 21a).[459]

Von Mariam hören wir keine weiteren Worte; dadurch beschränkt sich ihr kurzes Gespräch mit Jesus auf das Persönliche, Familiäre, während Martas Gespräch mit Jesus zu einer Vorlesung über Auferstehung gerät und in einem Messiasbekenntnis endet, das noch besser klingt als jenes, welches Petrus früher ausgesprochen hatte. Denn bei Marta schließt das Bekenntnis den Tod mit ein.

Die Gleichheit der zitierten Sätze scheint mir unproblematisch zu sein, da sie spontan das ausdrücken, was in dieser Situation für jede der Schwestern das gleichermaßen persönlich Bedrückende war: Der Tod ihres Bruders, nach dem Verlust schon des Vaters (und der Mutter?). Das Leben der Mariam mehr noch als das der Marta war von Verlusten und Zurücklassen geprägt! Ob auch der nachfolgende theologische Disput der Marta mit Jesus Originalton wiedergibt, wollen wir nicht untersuchen. Die Beschränkung in der Kommunikation zwischen Mariam und Jesus auf das Persönliche, leidend Belastende hat gute Argumente für sich. Doch werden wir noch einen höchst überraschenden Grund für die Kürze des Dialogs ausfindig machen.

---

[459] Im griechischen Text fällt auf: Der Satz, wie ihn Mariam spricht, hat keine Varianten bei anderen Textzeugen. Wie er dagegen von Marta überliefert wird, dazu finden sich Varianten (allerdings unerhebliche) in anderen Quelltexten. Der einzige Unterschied zwischen beiden Sätzen im Haupttext besteht jetzt darin, dass das „*mou*/mein" (Bruder) im Satz der Mariam weiter vorne wie betont steht, während es bei Martas Satz an der normalen Stelle hinten steht. Die revid. Lutherübersetzung trägt der Betonung durch Mariam Rechnung.

Nach ihrem Gespräch mit Jesus, das von den Jüngern nicht gestört wurde, ging Marta zurück ins Dorf. In ihrem Haus sagte sie heimlich zu ihrer Schwester: „Der Meister ist da und ruft dich."[460] Mariam stand sofort auf und ging nun ihrerseits zu der Stelle, wo Jesus noch war. Die Juden unterbrachen ihr tröstendes Klagen und Weinen, als sie Mariam so plötzlich aufstehen und hinausgehen sahen, und folgten ihr, wie sie meinten, zum Grab. Von diesen Juden hören wir noch zweimal ein kurzes Wort: „Seht, wie lieb/*ephilei* er ihn hatte" (V. 36) und „Viele der Juden ... kamen zum Glauben an ihn" (V. 45).

Nichts dagegen hören wir von den Jüngern! Merkwürdig!

Der Evangelist hat uns kein Wort Jesu mitgeteilt, mit dem dieser die Marta ersucht hätte, sie möge Mariam bitten, zu ihm zu kommen. Aus welchem Grund hätte er die andere Schwester noch rufen sollen? Er hätte doch ins Dorf gehen können. Und dies „heimliche" Rufen, was bedeutet dies?

Vom Evangelisten nur angedeutet, erfahren wir eine bemerkenswerte Änderung in der Einstellung der Marta zu ihrer Schwester: Hatte sie vormals diese von Jesus fernhalten wollen, so ist sie nun in der Lage, diese zu ihm zu führen! Die Einladung „Er ruft dich!" ist somit ein Ausdruck der schwesterlichen Liebe der Marta und ihres Wissens, wie sehr ihre Schwester immer schon danach verlangt hat, bei „ihrem Herrn" zu sein. Mit keinem anderen Wort hätte sie ihr mehr Freude bereiten können als mit diesem: Er will, dass Du zu ihm kommst!

Wenn Marta derart liebevoll und verständig ihrer Schwester mitteilte „Er ruft dich", dann dürfen und müssen wir schlussfolgern, dass die Versöhnung gelungen ist, die Jesus Wochen oder Monate oder ein Jahr zuvor in die Wege geleitet hatte, als er die Schwestern in Betanien besuchte. Marta hatte sich ändern lassen! Sie hatte ihre Schwester wieder aufgenommen, in das elterliche Haus und in ihr Herz.

Von Lazarus hörten wir in der Zwischenzeit überhaupt nichts, nur dass er an seiner Krankheit gestorben war und dass beide Schwestern wortgleich wünschten, er wäre noch am Leben. Dann aber war auch mit ihm gleichermaßen Versöhnung geschehen. Vielleicht soll der genau gleiche Satz, den Marta und Maria sprechen, eben gerade dies ausdrücken: Zwischen allen ist gleiche Versöhnung geschehen!

Jetzt stand noch die Versöhnung mit dem „Bruder Tod" an, mit dem letzten und äußersten Verlust im Leben! Vielleicht fühlte sich

---

[460] „... lässt dich rufen", wie die Einheitsübersetzung schreibt, passt nicht zum griechischen Text.

Jesus gerade deswegen so wohl in diesem Haus, in dieser Familie in Betanien, weil hier auf sein Bemühen hin Versöhnung gelungen war.

Indem Marta diese Einladung der Schwester „heimlich" mitteilte, stellte sie das Wort auf die privat-persönliche Ebene: Er will dich! Jedoch, die „Heimlichkeit" hatte noch einen anderen, einen geradezu gefährlichen Hintergrund!

Das Schweigen der Jünger und ein gelungener Coup Jesu

Beginnen wir mit einer provozierenden Frage: Wo sind die Jünger geblieben? Werden sie nur nicht erwähnt, weil sie wie stumme Statisten im Hintergrund stehen? Oder muss die Frage sogar lauten: Kamen die Jünger gar nicht mit Jesus nach Betanien?

Wir hören von diesen Jüngern in der Lazarus-Perikope nämlich überhaupt nichts! Das letzte Mal werden sie 11, 16 erwähnt: „Dann lasst uns mit ihm gehen, um mit ihm zu sterben." Thomas sagt diese Worte wie eine abschließende Zusammenfassung eines kontroversen Disputes unter den Jüngern: Wenn wir jetzt hinaufgehen nach Jerusalem, sind wir alle erledigt! Thomas erweist sich als Mann von klarer, realistischer Denkart, verbunden mit der Bereitschaft, wirklich bei seinem Meister zu bleiben. Er hatte dieselbe Gefahr im Blick, die auch Marta und Maria kannten und die es ihnen verbot, Jesus direkt aufzufordern: Komm schnell! Auch sie wussten nämlich, wenn Jesus jetzt zu ihnen nach Betanien käme, würde man ihn ergreifen und umbringen. Deshalb nur die angstvolle Mitteilung: Dein Freund ist krank!

Wo aber sind die Jünger bei der Erweckung des Lazarus?

Nach dem erwähnten Wort des Thomas hören wir das nächste Mal von ihnen, als sie nach der Erweckung des Lazarus mit Jesus in dessen Zufluchtsort Ephraim sind, dem heutigen Taijbe, nördlich von Jerusalem im Gebirge: „Dort blieb er mit seinen Jüngern" (11, 54). Dazwischen hören wir nichts von ihnen. Bei der Erweckung des Lazarus stehen sie also schweigend und untätig im Hintergrund, werden überhaupt nicht erwähnt und ganz und gar durch die Frauen vertreten?

Oder sind sie bei der Erweckung des Lazarus gar nicht dabei?[461]

---

[461] Schnackenburg bemerkt dies: „Weil die Jünger Jesu nur an dieser Stelle [Verse 7–16] vorkommen und dann überhaupt keine Rolle mehr spielen." Deswegen vermutet er, der ganze Abschnitt [7–16] sei eine Hinzufügung des

Sind sie jetzt vielleicht ebenso wenig dabei wie bei Jesu erstem Besuch in Betanien bei den Schwestern? (Lk 10, 38–42) Dort verweist der Wechsel des Subjekts (wörtlich: „es zogen weiter *sie* – *er* kam in ein Dorf") deutlich darauf hin, dass die Jünger im Haus der Schwestern nicht mehr dabei waren. Alle Exegeten nehmen das problemlos an.

Und hier?

Zu unserem großen Erstaunen haben wir hier den gleichen Wechsel des Subjektes! In 11, 16 sagt Thomas noch: „*ágōmen kai hēmeis hína apothánomen*/Dann lasst *uns* mit ihm hinaufgehen, um mit ihm zu sterben" – und gleich der nächste Satz (Vers 17) beginnt mit neuem Subjekt: „*Elthōn oūn ho Jēsous*/Als ankam *Jesus*, fand er den Lazarus schon vier Tage im Grab liegen."

Wieder der Wechsel von den „vielen Jüngern" zu „Jesus allein". Wieder in Verbindung mit den Schwestern, also mit Betanien. Es hat allen Anschein, als wollte Jesus seinen Besuch in dieser Familie, bei den Frauen, noch einmal bewusst persönlich, ja geradezu „heimlich" gestalten, ohne die auffallende Menge vieler Jünger.

Man kann zugeben, dass der Wechsel von den „vielen" zu „er" bei Lk 10, 38 vom Wortstil her prägnanter ausgedrückt ist. Man kann zugeben, dass allein aus dem Nichterwähnen der Jünger in Joh 11 noch nicht gefolgert werden kann, dass sie in Wirklichkeit nicht anwesend waren. Aber beachten sollte man die hier genannten sprachlichen Tatsachen dennoch! Denn Johannes hätte die Möglichkeit gehabt, die Jünger zu erwähnen, etwa in V. 39 „Jesus sagte ‚zu den Jüngern': Nehmt den Stein weg." Oder in V. 41: „Da nahmen ‚die Jünger' den Stein weg." Wie er bei der Brotvermehrung die Jünger in sein Tun einbezogen hatte: Gebt ihr ihnen zu essen! (Mt 14, 16) Statt dessen klingt es jetzt so, als hätten den Stein irgendwelche Männer oder Frauen weggerollt, die gerade bei den Gräbern anwesend waren. Die Jünger aber waren nicht anwesend!

Können wir näher erläutern und begründen, dass die Jünger bei der Erweckung des Lazarus nicht anwesend waren?

Um nicht zu weit auszuholen[462], setzen wir bei Johannes in Kapitel 10 ein. Nach der Rede Jesu über den Guten Hirten, der sein Leben für

---

Evangelisten. – Wir lösen das Problem, indem wir die historische und geschichtliche Situation kritisch einbeziehen.

[462] In einer späteren Arbeit will ich darlegen, wie Jesus etwa ab dem Tode des Johannes einen Entschluss bezüglich des Endes seines Lebens gefasst hat. Entsprechend diesem Entschluss führte er nun selber Regie, wie und wann und auf

seine Schafe gibt, setzt der Evangelist in Vers 22 neu ein: „Um diese Zeit fand in Jerusalem das Tempelweihfest statt. Es war Winter." Dieses Fest dauerte acht Tage und sollte an die Wiedereinweihung des Tempels durch Judas Makkabäus (165/164 v. Chr.) erinnern. Da während des Festes vor den Häusern Lichter angezündet wurden, trug es auch den Namen „Fest der Lichter".[463] Dieses Fest wurde in der zweiten Hälfte des Dezember gefeiert. „Es war Winter", sagt Johannes,[464] also die Zeit zwischen Mitte Dezember und Mitte Februar.

Im Verlauf des Festes, knapp vier Monate also vor Jesu Tod, kam es zu einer heftigen Diskussion zwischen dem fragwürdigen Propheten aus Nazaret und gesetzestreuen Juden. Jesus war in der Halle Salomos (an der Ostseite des Tempels zum Ölberg hin) auf und ab gegangen, als die Auseinandersetzung begann. Am Ende seiner Erwiderung sagte er: „Ich und der Vater sind eins." Das war eine knallharte Gotteslästerung. Die frommen Juden wollten, mussten ihn sofort steinigen. Jesus konnte sie gerade noch zurückhalten: „Für welches der guten Werke wollt ihr mich steinigen?" Aber nach einigem Hin und Her eskalierte die Auseinandersetzung von neuem: „... werdet ihr erkennen, dass in mir der Vater ist und ich im Vater bin." Dieser Prophet lenkte einfach nicht ein! Wieder wollten sie ihn wegen „Gotteslästerung" festnehmen und steinigen, wie es das Buch Numeri vorschrieb (15, 30).

Nun sagt Johannes (10, 39): „Jesus entzog sich ihrem Zugriff." Stellt man sich das realistisch vor Augen, wird man sehen, wie Jesus um sein Leben gerannt ist! Er wollte nicht von aufgebrachten Fanatikern auf

---

welche Weise er sterben wollte. Bereit dazu war er. Das verlangte aber, dass er des Öfteren fliehen und sich mit allen Mitteln dieser Kunst verstecken musste. Eine der aufregendsten Fluchten dieser Art werden wir jetzt miterleben.

[463] Nach *Kroll*, S. 277. –
Strack/Billerbeck (S. 539ff.) bringen zu ‚Tempelweihfest': „Das Tempelweihfest heißt 2 Makk 1,9 ‚das Laubhüttenfest des Monats Kislev' ... u. zwar weil es nach Art des Laubhüttenfestes gefeiert wurde 2 Makk 10,6f.; *Josephus*, Antiq. 12,7,7 nennt es *Phōta*, Lichterfest; im Rabbinischen führt es durchweg den Namen... ‚Weihefest' (Chanukkafest), dessen Übersetzung das Johanneische *enkaínia* ist. Die Veranlassung des Festes war die Tempelweihe am 25. Kislev 165 v. Chr. durch Judas Makkabäus 1 Makk 4,47ff. Damals wurde angeordnet, dass das Fest jährlich acht Tage lang vom 25. Kislev an gefeiert würde 1 Makk 4, 59 ..." Dort auch zahlreiche Stellen zur Bedeutung und Verwendung von Lichtern.
[464] *Strack/Billerbeck* (S. 541) bemerken zu „es war Winter": „Der halbe Kislev, der Tebeth u. der halbe Sch^{e}bat (also etwa vom 15. Dezember bis 15. Februar) ist Winter."

der Stelle umgebracht werden. Also begann eine Hetzjagd, und Jesus sauste um Ecken und über Tische, durch Tore und Gassen, mit wehendem Gewand und fliegenden Haaren, hinter ihm die wilde Menge mit Geschrei. Steine flogen. Doch seine Flucht gelang. Allerdings konnte er ab diesem Tag nicht mehr in Jerusalem bleiben.

In der Sprache des Evangelisten, später in Ruhe aufgeschrieben, lautete das so: Er ging „weg, auf die andere Seite des Jordan, an den Ort, wo Johannes zuerst getauft hatte; dort blieb er" (Joh 10, 40). Es ist das Wadi *el-charrar*. Dieser Ort jenseits des Jordans hatte folglich die Funktion eines Versteckes. Es war an dieser Stelle, hier gegenüber Jericho, wo vor gut zweieinhalb Jahren des Johannes und sein eigenes Auftreten in der Öffentlichkeit begonnen hatte, wo die Stimme vom Himmel gesagt hatte: Du bist mein geliebter Sohn! Was war aus all dem geworden! Johannes war schon umgebracht, jetzt war er dran. Aber Jesus wollte seinem Sterben Bedeutung verleihen, er wollte am Pessach sterben, zu der Stunde, wo auf dem Tempelplatz die Paschalämmer geschlachtet wurden. Bis dahin musste er aufpassen, nicht geschnappt zu werden. Dazu bedurfte er entweder einer schützenden Menge oder eines guten Versteckes. Diesen Ort jenseits des Jordans hatte Jesus als Versteck vor plötzlichem Zugriff gewählt. Wenn dann die Festpilger nach Jerusalem strömten, war er in dieser Menge, solange sie ihm zujubelte, sicher.

Aber wie das mit großen Leuten so ist, man findet sie. Johannes berichtet, dass „viele" zu ihm kamen und dort den Glauben fanden. Damit aber war sein Versteck kein Versteck mehr. Jesus musste damit rechnen, dass der Hohe Rat eine getarnte Greiftruppe schicken würde, ähnlich wie zu Zeiten des Jeremia. Damals hatte König Jojakim durch seinen Geheimdienst den tapferen Propheten Urija, den keine Lobby schützte wie den Jeremia, heimlich aus Ägypten, wohin der arme Kerl geflohen war, holen und in Jerusalem umbringen lassen (Jer 26, 20–24). Jesus stand also vor der Notwendigkeit, aus Gründen taktischer Sicherheit seinen Zufluchtsort zu wechseln.

Just zu dieser Zeit, Ende Februar, Anfang März 30, kommt nun ein Bote aus Betanien am Ölberg und bringt die Nachricht von Marta und Maria: Der, den du lieb hast, ist krank! Die Schwestern wagen laut Evangelium nicht einmal, Jesus zu bitten, schnell zu kommen. Denn die aktuelle Sicherheitslage ist derart riskant, dass ein Besuch Jesu in Betanien, ohne Schutz durch die Pilgermassen, für ihn und seine Schar ein Selbstmordunternehmen geworden wäre. Zwar war er bereit, zu sterben, aber er verfolgte dazu seinen eigenen Plan.

Wie er es anstellte, nach Betanien zu kommen, dort Lazarus zu erwecken, ohne dabei geschnappt zu werden, wie er anschließend auch das neue Versteck erreichte, ohne dass dieses bekannt wurde, das war ein Meisterstück an Tarnung und Irreführung. Sean Connery alias James Bond hätte ihm dazu zweifelsohne gratuliert. Doch im Gegensatz zu den Agenten mit der Doppelnull und der „Lizenz zum Töten", hatte Jesus die Lizenz zu retten. Alle zu retten. „Mission possible!"

Versuchen wir, seinen Coup zu rekonstruieren. Dabei halte ich mich an die Fixpunkte, die das Johannesevangelium gibt, sowohl bezüglich der allgemeinen dramatischen Situation um Jesus als auch der Geografie, der Kommunikation der Beteiligten untereinander und vor allem der Absichten Jesu. Die Zwischenräume zwischen diesen Punkten, die ich nach meinem Leitprinzip des „Schauens" ausfülle, müssen mit diesen einen logischen Zusammenhang ergeben.

Nach meiner Vorstellung konnte Jesus davon ausgehen, dass er beim Wadi *el-charrar* unter Beobachtung stand. Wenn er von dort aufbrach, bei der Menge um ihn herum, konnte das nicht unbemerkt bleiben. Was nicht zu vermeiden war, nutzte er nun zu seinem Vorteil! Andrerseits wollte er nach Betanien, das wiederum musste unbemerkt bleiben. Denn die Agenten des Synedriums wussten ebenfalls, dass Jesus gern in Betanien bei diesen beiden Frauen war. Dort hockten deshalb schon seit geraumer Zeit Nacht und Tag zwei Männer herum (heute sitzen sie im schwarzen Auto, kauen Pommes und philosophieren über ihr Privatleben), um sofort zu melden, wenn Jesus zu diesem Haus käme. Er musste folglich sowohl die Überwacher am Wadi *el-charrar* wie auch die Observierer in Betanien in die Irre führen.

Im Schutz der ihn begleitenden Menge zog Jesus an Jericho vorbei durchs Wadi Quelt hinauf in Richtung Jerusalem. Er hatte sich einen hellblauen Mantel besorgt, der weithin sichtbar war und in der Menge leicht ausgemacht werden konnte. Das gehörte zu seinem Plan. In Jerusalem wurde die zuständige Stelle der Behörde über die eigene Info-Linie (mit Licht- oder Rauchzeichen) informiert: Er geht los!

Nach etwa drei Viertel der Strecke gab es eine Abzweigung. Ich hatte schon erwähnt, dass für Wanderer aus östlicher Richtung zwei Möglichkeiten bestanden, nach Betanien zu gelangen: Ein erster Weg führte ungefähr westwärts durch das Wadi *el-Hod* an der Sonnenquelle vorbei, sodann über die *Adummim*-Steige 300 m aufwärts und schließlich noch etwa 1 km auf Betanien zu. Der andere Weg verlief weiter nördlich: Dazu bog man etwa 6 km vor der *Adummim*-Steige auf der Römerstraße Richtung Nordwest ab, sie führte langsam ansteigend zu einem römischen Wachposten (dessen Reste heute noch zu sehen sind), weiter über Römerstufen (ich bin sie mehrfach gegangen) am Wadi *Umm-es-shit* oder dem *Nahal Og* entlang auf geradezu malerischem Weg bis an den Ostabhang des Ölbergs. Von dort waren es dann etwa 3 km in südlicher Richtung auf ebenem Weg bis Betanien.

Welchen Weg hat Jesus genommen, den direkten über die *Adummim*-Steige oder den mehr nördlichen? Die Frage lässt sich leicht beantworten, wenn man die zwei Absichten Jesu bedenkt: Er wollte erstens nach Betanien, aber seine Gegner durften das nicht merken. Er wollte zweitens ein neues Versteck beziehen, das aber lag nördlich von Jerusalem in den Bergen, wie wir gleich anschließend vom Evangelisten hören werden. Dann konnte Jesus eigentlich nur den nördlichen Weg gewählt haben, denn der lenkte die Überwacher von Betanien ab und brachte Jesus selbst näher an seinen Fluchtort im Norden.

Als Erstes inszenierte er deshalb für die, die ihn auf dem Weg überwachten, den Eindruck, dass er nicht Betanien ansteuerte. Dann brauchten die Überwacher keine Meldung an die Behörde zu machen, er sei soeben auf dem Weg nach Betanien. Er ging also den nördlichen Weg über die Römerstraße, der ihn scheinbar von Betanien wegführte. Was passierte dann?

Irgendwo dort, wo er später nach Norden schnell in sein neues Versteck abbiegen konnte, legte er eine Pause ein. Nun kam eine knifflige Aufgabe: Er musste die begleitende Schar seiner Jünger und Mitläufer, vielleicht waren es 50 oder 100 oder mehr, zurücklassen. Sie zogen ja die Aufmerksamkeit der Überwacher auf sich. Und das sollten sie weiterhin! Vielleicht hat er nur den Thomas eingeweiht und ihn still zur Seite genommen: Du, ich muss mal kurz woanders hin, das soll aber niemand merken. Ich bin gleich wieder zurück. Sag den Leuten, ich würde da im Gebüsch ausruhen. Und dann mach hier ein bisschen Tamtam. Häng dir meinen Mantel um … Und während die Schar seiner Nachfolger mit sich selbst beschäftigt war, verschwand Jesus zwischen Gebüsch und Felsen; dorthin hatte er sich einen alten Ziegenbock und einen sackartigen Mantel bringen lassen. Er stülpte den Mantel über, wickelte ein dunkles Tuch um den Kopf, nahm die Ziege am Strick und eilte (so schnell war der Bock noch nie gelaufen) als ganz anderer Mann mit dem Tier gen Süden, am Wadi el-Lehham entlang, etwa drei Kilometer bis nach Betanien. Auf diesen einsamen Ziegenhirten achtete niemand, denn Jesus befand sich ja, wie die Überwacher seit Stunden beobachten konnten, als „blauer Mantel" im Pulk der großen Gruppe. In einer guten halben Stunde war er in Betanien.

Nein, nicht in Betanien, sondern bei den Gräbern! Sein Weg führte ihn damals, wie wir aufgrund der Ausgrabungen wissen, zunächst zum Grab. Das Dorf lag dahinter, etwa 100 bis 150 m weiter südwestlich. Ganz korrekt sagt Johannes deswegen in Vers 30: „Denn Jesus war noch nicht in das Dorf gekommen, er war noch dort, wo ihm Marta begegnet war." Die Observierer vom Hohen Rat, die das Haus der Schwestern zu beschatten hatten, ahnten also nicht, dass der Gesuchte ganz in der Nähe war. Jesus kannte die Spielregeln. Dort am Friedhof muss er jemandem gesagt haben: Geh in das Haus der Marta und sag ihr, sie möge sofort kommen. Nur der Marta. Und leise! Hätte Jesus gleich beide Schwestern gerufen, wäre sofort die ganze Menge der Klageweiber mitgerannt. So hatte er noch eine intime Atmosphäre.

Es folgt das Gespräch mit der Marta. Anschließend ruft sie ihre Schwester, aber „heimlich", denn die anderen sollen immer noch nicht wissen, dass Jesus am Ort ist. Auch wenn wir nicht hören, dass Jesus sie gebeten habe, die Mariam zu rufen, so ist dies doch anzunehmen, denn bei der Erweckung sollten natürlich beide Schwestern am Grab sein. Nun können wir auch das „heimlich" erklären: Niemand sollte merken, dass Jesus hier war! Tatsächlich haben die beim Haus sitzenden Klageweiber die Information „Der Meister ist da und ruft dich" nicht mitbekommen. Denn als sie sehen, wie Mariam hinausgeht, denken sie, „sie gehe zum Grab, um dort zu weinen" (V. 31), und also folgen sie ihr – nicht zu Jesus, sondern zum Grab. Damit aber blieben die Observierer vor dem Haus noch bei ihren Pommes und ohne Alarmsignal. Die rennen mal alle wieder zum Grab, mögen sie gemurmelt haben, schlenderten langsam hinterher oder blieben einfach sitzen.

Doch ab dem Moment, da die Leute am Grab Jesus identifizierten, rann für Jesus die Sanduhr. Jetzt erfuhren auch die Geheimpolizisten, dass der Gesuchte völlig überraschend hier war. Johannes berichtet anschließend (V. 46), „einige von ihnen gingen zu den Pharisäern und berichteten ihnen, was er getan hatte". Die Spione informierten also in höchster Eile die Behörde. Diese war verärgert über die „Schlafmützen" bei der großen Gruppe weiter im Norden, ließ diesen „Blinden" ausrichten, sie sollten in Höllentempo nach Betanien eilen und Jesus ergreifen. Jetzt musste Jesus also schnell handeln. Deswegen kein langes Gespräch mehr mit Mariam. Johannes schildert nur noch die Gemütsbewegungen Jesu (zu denen wir gleich etwas Neues und sehr Schönes sagen wollen) und dann den kurzen Prozess der Erweckung. Auffallen muss dabei, dass nach der Erweckung überhaupt keine fröhliche Umarmung mehr geschieht oder sonst eine Feier der Freude stattfindet, wie Jesus das selber in seinen Gleichnissen geschildert hat. Nach seinen Worten „Löst ihm die Binden und lasst ihn gehen" hören wir nichts mehr vom Evangelisten. Wir müssen aber annehmen, dass die Anwesenden, allen voran die beiden Schwestern, voll Staunen und freudigem Entsetzen auf ihren Bruder zugeeilt sind, ihn umarmt haben. Und als sie nach wenigen Augenblicken sich umdrehten, um Jesus zu danken war dieser verschwunden! Sein Plan verlangte Eile.

Schleunigst musste er verschwinden, bevor die Eingreiftruppe erschien. Im Schutze seines übergestülpten Mantels eilte er wieder nach Norden, wo er zwischen Felsen aus dem Gebüsch harmlos hervortrat und seine Jünger traf. Ziemlich sicher hat er denen überhaupt nicht gesagt, wo er gewesen war und was er getan hatte. Danach fragte ihn auch keiner. Jesus schickte die große Menge der Mitläufer weg, wie er schon bei der Brotvermehrung die Menge nach Hause geschickt hatte (Mk 6, 45b); nun war er unbeobachtet von Spionen und konnte mit der kleinen Schar seiner 12 Jünger in die Berge bei Ephraim verschwinden. Hier oben kam keiner mehr zu ihm wie am Jordan, denn dieses Versteck kannte niemand, nicht einmal der Hohe Rat. Johannes überliefert, dass die Herren, wütend, wie sie reingelegt worden waren, Jesus zur Fahndung ausschrieben: „Wenn jemand weiß, wo er sich aufhält, soll er es melden!" (Joh 11, 57) Also, sie wussten es nicht.

Dies also war der Grund, warum die Jünger bei der Erweckung des Lazarus gar nicht anwesend sein durften und es tatsächlich nicht waren. Und ebenso der Grund, warum die Synoptiker von der Erweckung des Lazarus nichts berichtet haben: Sie wussten nichts davon! Nur Johannes erfuhr es später. Von wem? Ich werde es aufzeigen. Wenn Lazarus später beim Mahl unter denen war, die zu Tisch lagen (Joh 12), mögen sich die Jünger zwar gewundert haben, wie der wieder gesund geworden sei, aber den wahren Vorgang haben sie nicht erfahren.

Nun zog sich Jesus mit seinen Jüngern ins Gebirge zurück, nördlich von Jerusalem, am Dorf Anatot vorbei, wo Jeremia herstammte. Er kannte den Entschluss des Synedriums, ihn noch vor dem Fest zu töten (Joh 11, 53), und wollte sich dem Zugriff oder auch einem Verrat entziehen. Dieses Efraim ist identisch mit dem heutigen Taijbeh.[465] Es ist ein unwegsames Gebiet dort oben, erst recht im Winter, wenn Schnee

---

[465] Ich war auf Wanderexerzitien mit Gruppen mehrfach in Taijbeh, das im Westjordanland liegt. Charles de Foucauld hat sich dort ebenfalls aufgehalten. – *Strack/Billerbeck* weisen auf Josephus (*Bell Jud* 4, 9, 9) hin, der ein Städtchen Ephraim erwähnt, das in der Nähe von Bet–El gelegen habe. Korrekt.

liegen kann, mit klebrigem Boden. Schlecht für Verfolger! Dort oben hat man eine wunderbare Fernsicht; von bestimmten Punkten aus kann man sogar den Tempelplatz sehen. Solche Verstecke im Gebirge sind aus der Geschichte des Alten Testamentes zur Genüge bekannt.

Bewegend ist jedoch, dass gleich in der Nähe die Reste der uralten Orte Bet–El und Ai liegen, die bereits in der Abraham-Geschichte erwähnt werden (Gen 12, 8). Mit diesen ist nämlich eine andere Flucht verbunden, die von Jakob (Gen 34 bis 35, 5): Er musste sich vor den Bewohnern des Landes in Sicherheit bringen, denn „wenn sie sich nun wider mich zusammenrotten, so werden sie mich schlagen". Und hinauf flieht Jakob ins Gebirge nach Bet–El, „dort will ich einen Altar bauen dem Gott, der mich zur Zeit meiner Drangsal erhört hat und mit mir gewesen ist auf dem Weg, den ich gezogen bin." Dort oben starb Deborah, die Amme der Rebekka. Jesus macht hier oben in Ephraim tatsächlich noch einmal „Exerzitien", so wie er sein öffentliches Leben mit 40-tägigen „Exerzitien" in der Wüste Juda begonnen hatte.

Betrachtet man die letzten Monate und Wochen im Leben Jesu aus solchem Blickwinkel, dann hatte er sein eigenes „timing"! („Meine Stunde ist noch nicht gekommen!" Joh 12, 23) Ein sehr überlegtes zudem! Er wollte nicht irgendwann ergriffen und am Straßenrand gesteinigt werden. Er wählte seine Fluchtorte mit Bedacht. Sein Besuch in Betanien, um dem Wunsch der Schwestern zu entsprechen, war riskant, aber er brachte immer sein Leben in Gefahr, wenn er einem Menschen half. So auch bei diesem unangekündigten, unvorhersehbaren „Blitzbesuch", bei dem er nicht einmal ins Dorf hineinging! Er spielte mit denen, die ihn töten wollten, und trickste sie aus.

Mit dieser Aktion geschickt verknüpft, wechselt er in strategischer Klugheit seinen Fluchtort. Unten am Jordan waren schon zu viele zu ihm gekommen. Aus Sicherheitsgründen musste er den Ort wechseln. So kam es zu diesem schnellen Besuch in Betanien, ohne Jünger, danach mit wenigen hinauf in die Berge.

Betanien gehörte zu jenen Dörfern außerhalb des Stadtgebietes von Jerusalem, „an denen sich laut Gesetz alle aufhalten durften, die in der Stadt keine Unterkunft mehr gefunden hatten".[466] Als Jesus etwa am 30. März von Jericho wieder herauf nach Betanien kam, waren jetzt so viele Pilger in Jerusalem und auch Betanien zusammengeströmt, dass ein öffentliches Ergreifen dieses „gotteslästerlichen Propheten" eine

---

[466] So *William Barclay*, The Gospel of John, Edinburgh (8/1965). Deutsche Ausgabe Wuppertal 1970, Bd. II, S. 168.

von Tag zu Tag riskantere Angelegenheit für den Hohen Rat geworden war (Mt 26, 5). Jetzt genoss Jesus den Schutz der Menge. Noch.

Kehren wir zurück zur Ebene der Beziehung zwischen den beiden Schwestern Marta und Maria: Jesus liebte die drei Geschwister! Er nahm die Liebe gerade der Mariam zu ihm frei und unkompliziert an, auf der natürlichen und geistigen Ebene, ohne darüber seine Sendung vom Vater zu allen Menschen aufzugeben. Indem Johannes den Schleier beiläufig lüftet[467] und ausdrücklich einfügt: „Jesus liebte die Marta und ihre Schwester und Lazarus", wird Jesus in seinen persönlichen Beziehungen deutlich: Der von Gott kam, war Mensch!

Nur als dieser Mensch, als dieser Mann, der auf der Flucht war (manche würden lieber von „Passion" sprechen) und zugleich liebte und sich lieben ließ, war er der *Kyrios*! Der Sohn des Vaters von Ewigkeit her! Er konnte Menschen, einen Menschen lieben und dessen Liebe zu sich annehmen! Johannes verwendet für „lieben" genau das gleiche Wort, das Lukas für die namenlose Frau beim Pharisäer Simon überliefert hat (Lk 7, 47) und mit dem Jesus die „Liebe" im Leben dieser Frau als Kraft zur Vergebung, zur Versöhnung gepriesen hatte.[468]

Theologisch drückt sich darin aus:

Gott, das unendliche, unfassbare Geheimnis, liebt wirklich den einzelnen Menschen persönlich! Er schaut dir in die Augen! Er lächelt dir zu! Ob du der größte Schuft bist oder der ärmste Schlucker, ob du dein Leben versaut hast in Abhängigkeiten und Egoismen oder gesetzmäßig hingelenkt aufs höchste Ziel, ob du einen weltbekannten Namen hast oder schon vergessen bist, bevor du stirbst ... Er, der alles Denken übersteigt, freut sich darüber, wenn du, ja du ihn liebst, ihn anrührst mit Seele und Leib und Geist. Und wenn du ihn nicht anrührst aus welchen Gründen auch immer, Er rührt dich an, mit den Augen seiner Liebe. Denn Er, der Ewige, mag dich!

Diese Liebe Jesu (und seines Vaters) zu Marta und Mariam ließ Jesus handeln! Er erschöpfte sich nicht in Predigten, beließ es nicht bei Worten, sondern er tat etwas. Etwas, das ihn selber in Gefahr brachte:

---

[467] Wie er uns in Joh 4, 2 die wie beiläufig eingeschobene und doch so wichtige Mitteilung macht: „... obwohl Jesus nicht selber taufte, sondern seine Jünger".

[468] Mit dem gleichen Wort *agapáo*/lieben, das am häufigsten Lukas und Johannes verwenden, wird auch der Jünger gekennzeichnet, „den Jesus liebte" (Joh 13, 23; anders jedoch in 20, 2); ebenso erklingt dieses Wort bei der bekannten dreimaligen Frage Jesu an Petrus: Liebst du mich? (Joh 21, 15ff) Bei der dritten Frage wird allerdings ein anderes griechisches Wort gebraucht.

Er ging einen ganzen Tagesmarsch hinauf nach Betanien, um seine Liebe Leben spenden zu lassen. Das, was das Ureigenste der Liebe ist: Leben hervorbringen, Leben retten (Mk 3, 4). Das, was das Wesen Gottes selber ist, die Schöpfung ins Leben zu rufen (Hebr 1, 2f.; Röm 1, 19f.), dieses Wesen bringt Leben. Und da Gottes Wesen die Liebe schlechthin ist, umfängt seine Liebe, die Leben gibt, auch den Tod.

Jeden Tod!

„Lazarus, komm heraus!"

Vom Weinen der Mariam und vom Weinen Jesu

Im Bericht über die Erweckung des Lazarus münden die theologischen Erörterungen über Tod und Auferstehung und Leben in eine bestimmte Art von Sprachlosigkeit: ins Weinen! In das Weinen der Mariam und in das Weinen Jesu. Von einem Weinen der Marta wird nicht berichtet. Diesem Weinen kommt im Evangelium des Johannes (und des Lukas) eine geradezu dramaturgische Funktion zu.[469] Diese ist verknüpft mit Jesus und Mariam, der Schwester der Marta, die sich uns immer deutlicher als die Magdalenerin zu erkennen gegeben hat.

Um dies besser zu begreifen, schauen wir zunächst auf alle Stellen im Neuen Testament, wo vom „Weinen" berichtet wird. Insgesamt sind es 25 Stellen in allen vier Evangelien, wenige bei Matthäus und Markus, auffallend viele – wir sind schon darauf vorbereitet – bei Lukas und Johannes. Beginnen wir mit Matthäus und Markus.

Zum ersten Mal hören wir von „Weinen und Klagen" in Form eines Zitates aus Jeremia 31, 15 nach dem Kindermord von Betlehem: Ein

---

[469] *Schnackenburg*, II, S. 419–425, vermerkt einleitend zu den Versen 11, 33–41a, die Erzählung enthalte „einige merkwürdige Züge, vor allem Jesu widersprüchlich erscheinende Gemütsbewegungen. Eine psychologisierende Erklärung ist wie für das ganze Ev abwegig; aber auch eine christologisch-dogmatische Fragestellung nach der Gottheit und Menschheit Jesu (die hier im ‚Weinen' hervorträte), führt in die Irre. Man wird die Darstellung des Evangelisten am besten aus seiner Aufnahme des Quellenberichtes begreifen, den er durch kommentierende und erweiternde Bemerkungen gestaltete."
Warum die Berücksichtigung der Psyche der Menschen zum Verstehen der geschilderten Szene (und des ganzen Evangeliums) abwegig sei und in die Irre führe, ist nicht einsichtig, da es doch um lebendige Menschen geht, die hier handeln und die es nicht ohne „Gemüt" und „Psyche" gibt.

Geschrei war in Rama zu hören, lautes Weinen und Klagen (Mt 2, 18). Zum zweiten und letzten Mal verwendet Matthäus diesen Begriff für Petrus nach seiner Verleugnung Jesu: Er ging hinaus und weinte bitterlich (Mt 26, 75).

Markus spricht zum ersten Mal von „Weinen und Jammern" der Leute nach dem Tod des Töchterleins des Jairus (Mk 5, 38), sodann nach dem schon erwähnten Verleugnen durch Petrus: Und er begann zu weinen (Mk 14, 72), ein drittes Mal begegnet es uns nach der Auferstehung, die Jünger „klagten und weinten" (Mk 16, 10).

Daraus ergibt sich: In drei der angeführten Begebenheiten hören wir von „Weinen" im Zusammenhang mit einem Todesfall (nach dem Kindermord als Zitat, beim Tod der Tochter des Jairus, nach Jesu Tod), in der vierten und letzten als starke Gemütsbewegung nach dem Bewusstwerden der angstvollen Verleugnung.

Auffallend anders die Begebenheiten mit „Weinen" bei Lukas und Johannes.

Lukas nennt in seiner Form der Bergpredigt an dritter Stelle jene selig, „die ihr jetzt weint, denn ihr werdet lachen" (6, 21), und umgekehrt „weh euch, die ihr jetzt lacht; denn ihr werdet klagen und weinen" (Lk 6, 25). An der nächsten Stelle hören wir von der (weinenden) Mutter des jungen Mannes von Naim, zu ihr sagt Jesus: „Weine nicht!" (Lk 7, 13) Im gleichen siebten Kapitel vergleicht Jesus „diese Generation" mit Menschen, die alles nach ihrer Lust und Laune befehlen wollen: Wenn wir auf der Flöte spielen, müsst ihr tanzen, wenn wir Klagelieder singen, müsst ihr weinen! (7, 32)

Nach diesen drei Stellen folgt nun das Weinen jener namenlosen Sünderin beim Pharisäer Simon: „Dabei weinte sie, und ihre Tränen fielen auf seine Füße" (Lk 7, 38).

Sodann erwähnt auch Lukas das Töchterlein des Jairus, über dessen Tod die Leute weinen (Lk 8, 52), worauf Jesus nur sagt: „Weinet nicht! Sie ist nicht gestorben, sie schläft nur." (Ähnliches wird er von Lazarus sagen: „Lazarus, unser Freund, schläft!" Joh 11, 11. Um gleich darauf den Realitätssinn der Jünger zu befriedigen: Lazarus ist gestorben.) Sodann folgt auch bei Lukas eine Stelle, wo Jesus selber weint: „Als er näher kam und die Stadt sah, weinte er über sie" (Lk 19, 41). Sodann hören wir erneut die schon bekannte Stelle von der Verleugnung durch Petrus: „... und weinte bitterlich" (Lk 22, 62). Schließlich sehen wir einige Frauen am Rande des Kreuzweges Jesu, wie sie „klagten und weinten". Ihnen antwortet Jesus: „Weint nicht über mich, weint über euch und eure Kinder!" (Lk 23, 27f)

Fassen wir die acht Stellen mit Weinen bei Lukas zusammen, ergibt sich folgendes Bild:

Mit Matthäus und Markus erwähnt Lukas das Weinen wegen des Todes des Töchterleins des Jairus und das bitterliche Weinen des Petrus nach dessen Verleugnung. Neu kommen hinzu: Die Seligpreisung der Weinenden aus der Bergpredigt, das Weinen der Mutter aus Naim, das Weinen der Frau beim Pharisäer Simon, Jesu Weinen über Jerusalem, das Weinen der Frauen am Rande seines Kreuzweges. (Die Erwähnung von „Weinen" im Zusammenhang mit Jesu Kennzeichnung „dieser Generation" lassen wir heraus, da es sich nicht um tatsächliches Weinen handelt.)

Aus den so verbleibenden sieben Begebenheiten mit Weinen haben drei mit Tod zu tun: Töchterlein, Naim, Kreuzweg. Zwei mit einer Art „Weltanschauung" oder den „Prinzipien des Reiches Gottes": Bergpredigt, Jerusalem – wobei Jesus, indem er über Jerusalem weint, nun selber der ist, der in der Bergpredigt als „jetzt weinend" dargestellt worden ist: Er also „wird lachen!"[470]

Zwei wichtige Begebenheiten schließlich stellen ein Weinen als Ausdruck missglückten Lebens und Handelns dar: bei der Frau und bei Petrus! Bei ihm als dem Leiter der Männerschar, bei ihr als der Leiterin der Frauengruppe! Petrus weint in Verzweiflung, weil er sich in selbstbezogener Angst getrennt hat von Jesus, die Frau weint in Erlösung, denn sie hat sich von sich selbst gelöst und Einheit gefunden mit Jesus.

Schauen wir in das Evangelium des Johannes.

Bei Johannes gewinnt man sofort den Eindruck, er habe das Weinen als Mittel dramaturgischer Komposition eingesetzt. Nur zwei Szenen sind es nämlich, in denen er „Weinen" erwähnt. (Eine dritte, 16, 20: „Ihr werdet weinen und klagen, aber die Welt wird sich freuen", können wir für unsere Untersuchung übergehen; sie enthält Anklänge an die genannte Seligpreisung bei Lukas.)

In der ersten Szene (Joh 11: Lazarus) und in der zweiten (Joh 20: Ostermorgen) wird je vier Mal (!) das Wort *klaiō*/weinen gebraucht, davon einmal als *dakryō*/weinen. Es ist jedes Mal Ausdruck vor allem

---

[470] *Umberto Eco* hätte seinen vortrefflichen und gelehrten Franziskaner William von Baskerville aus seinem Roman *Im Namen der Rose* etwas bibelfester darstellen dürfen. Es gibt nämlich nicht wenige Stellen auch im Neuen Testament, wo das Lachen als etwas Göttliches aufleuchtet. Der blinde Bruder Jorge von Burgos hat wohl nur selektiv die Bibel durchgeblättert, was man ihm bei seiner Blindheit und mehr noch um des schönen Romans willen nachsieht.

seelisch-existenzieller Erschütterung. Beide Szenen scheinen wie aufeinander hinkomponiert: Die weinen, sind in der ersten Szene Mariam von Betanien und Jesus selber, in der zweiten nur die Magdalenerin.

Die erste Szene ist die gerade zur Sprache stehende Episode von der Auferweckung des Lazarus in Kapitel 11. Viermal wird hier vom Weinen gesprochen: Die Juden sehen Mariam weggehen und meinen, sie gehe zum Grab, „um dort zu weinen" (V. 31). Sie trifft Jesus, fällt ihm zu Füßen, spricht ihre Hoffnung aus. Als Jesus sieht, „wie sie weinte" (V. 33), wie auch die Juden „weinten", ist auch er „im Innersten erregt und erschüttert.[471] Er fragt: Wo habt ihr ihn bestattet? Sie sagen: Komm und sieh! „Da weinte Jesus"! (V. 35)

Schnackenburg erklärt[472], der Ausdruck *embrimāsthai en pneumati* (schnauben, anschnauben; die EÜ übersetzt mit „im Innersten erregt und erschüttert", die RL mit „ergrimmte er im Geist") zeige eine zornige Gemütserregung an, und jede Umdeutung auf eine innere Ergriffenheit durch Trauer, Schmerz, Mitleid sei unberechtigt. Im übernommenen Bericht könnte das Verbum sogar ein zorniges Anfahren der Klagenden ausgesagt haben.[473] Der Evangelist habe es als ein inneres Ergrimmen Jesu gedeutet. *Tō pneumati* meine hier nicht „im Geist" (RL), sondern bringe die andere Bedeutung von *pneuma* ins Spiel: „Hauch", „Atem"; deshalb sei „Schnauben", „Anschnauben" ganz korrekt.[474]

Aber was war der Grund, der Auslöser, dass Jesus „schnaubte"? Trauer, Schmerz, Mitleid der Umstehenden sollen keinen Einfluss auf seinen Gemütszustand gehabt haben? Das widerspräche seinem sonstigen uns bekannten Verhalten! Erzürnte ihn, wie Schnackenburg vorschlägt, der mangelnde Glaube der Klagenden? Aber dass er die ungläubig Klagenden zornig angefahren habe, wie das an anderen Stellen der Evangelien angedeutet wird, hören wir hier nicht. Oder richtete sich seine Empörung gegen die Macht des Todes? Auch dies kann nicht

---

[471] Die RL sagt: "ergrimmte er im Geist und wurde sehr betrübt".

[472] Das Folgende nach *Schnackenburg*, II 420ff.

[473] Als Vergleichsstellen, wo *embrimāsthai* verwendet wird, führt *Schnackenburg* an Mk 1, 43: Heilung eines Aussätzigen „Jesus schärfte ihm ein"; 14, 5: Jünger machen der salbenden Frau „heftige Vorwürfe"; Mt 9, 30: Heilung von zwei Blinden „und Jesus drohte ihnen".

[474] Hier in V. 33 fügt der Evangelist noch das von ihm bevorzugte *tarassein* (vgl. 12, 27; 13, 21; 14, 1.27) an und interpretiert Jesu „heftiges Schnauben" mit dem zusätzlichen „Aufgewühltsein."

der Grund für seine Erregung gewesen sein, denn er hatte gerade zur Marta davon gesprochen, dass jeder, der an ihn glaubt, leben werde.

Also, warum „schnaubte" Jesus?

Darin hat Schnackenburg recht: Wo Markus und Matthäus das Wort *embrimāsthai* verwenden, geschieht es in der Weise eines strengen Befehls, heftigen Anfahrens oder eines Vorwurfes. Stellt man sich nämlich einen Menschen anschaulich vor, der „zornig erregt", „heftig anfahrend" redet, dann geht eben viel Luft durch Nase und Mund, seine Brust hebt und senkt sich, wie wir sagen, oder aber: Er ist aufgewühlt, er schnaubt sie an! Doch stellt sich die Frage: Darf man die Bedeutung des Wortes, wie Matthäus und Markus es fassen, ohne Weiteres auf diese eine Stelle bei Johannes übertragen? Denn an keiner der angeführten drei Stellen bei Matthäus und Markus geht es um Tod oder Trauer, um inneres Aufgewühltsein darüber.

Vollends schwierig wird nun für Schnackenburg „die nach V. 33 in der Tat überraschende Bemerkung über die Tränen Jesu". Sie habe „alte und neue Ausleger irritiert. Mit der zornigen Aufwallung hat dieses Weinen nichts mehr zu tun; aber auch die Menschlichkeit Jesu, seine Gefühlswärme, die eine stille Trauer nicht verbietet, soll damit schwerlich hervorgehoben werden." Was aber dann?

Oder, fragt Schnackenburg weiter, leite den Evangelisten vielleicht ein theologisches Motiv? Das griechische Wort für das Weinen Jesu – *dakryō* – werde im ganzen NT nämlich nur hier verwendet! Es „scheint damit die Traurigkeit und Dunkelheit der bestehenden Welt, die Situation der Bedrängnis und Verfolgung angesprochen zu werden. Auf dem traurigen Gang zum Grab des Freundes wird auch Jesus von der Dunkelheit des Todesgeschicks berührt. Das Grauen des Grabes verschweigt der Evangelist nicht, will es aber im Glauben überwunden wissen (vgl. V. 25c.39)."

Dagegen muss man einwenden: Soeben hat Jesus der Marta deutlich erklärt, dass „wer an mich glaubt, leben wird, auch wenn er stirbt"! Kann man da annehmen, eine Minute später werde Jesus „vom Dunkel des Todesgeschicks berührt"? Nein, dieser Mann hat das Grauen des Grabes in einen umfassenden Lebenssinn integriert. Und wer Weinende aus Überzeugung „zornig anfährt", dreht sich nicht um und beginnt selber zu weinen. Das erklärt nicht die einmalige Verwendung dieses Wortes. So bleiben die Irritationen der gängigen Exegese.

Was nun ist der Grund für Jesu Weinen?

Es ist das Weinen der Mariam! Es ist Jesu persönliche Beziehung zu dieser Frau und ihrer Schwester und ihrem Bruder, die er liebt. Und

Jesu Zuneigung zu ihnen wird einmalig in diesem Kapitel genannt! Deswegen das einmalige Verbum *dakryō* für dieses Weinen Jesu. Schauen wir genau in den Text:

In V. 33 kniet Mariam zu Füßen ihres Herrn: Wärest du hier gewesen, er wäre nicht gestorben! Und dann weint sie. Natürlich bebt ihr Körper dabei, ihre Schultern, Ihre Brüste, ihr ganzer Körper hebt und senkt sich. Nicht nur sieht und hört dies Jesus, er fühlt Mariam beben am eigenen Körper. Er sieht und hört, wie die Umstehenden ebenfalls weinen. Da „schnaubt" er. Natürlich! Das ist die organische Vorstufe zum Weinen! Er atmet schnell, kurz, heftig, will das Weinen noch vermeiden – und lenkt ab: Wo habt ihr ihn hingelegt? Komm und sieh! „Da weinte Jesus"[475], da brach es aus ihm hervor.

In Lk 7, 38 heißt es von der namenlosen Frau beim Pharisäer Simon *klaíousa toīs dákrysin*, sie „weinte Tränen". Diese Stelle bei Lukas (auch noch 7, 44) ist neben der hier behandelten bei Johannes die einzige (!) in allen vier Evangelien, wo dieses gleiche Wort (dem Wortstamm *dakry* nach) verwandt wird! Wollten die beiden Evangelisten Lukas und Johannes die Mariam aus Betanien bzw. die namenlose Frau beim Pharisäer Simon bewusst durch Tränen mit Jesus verbinden?

Wenn die Juden daraus schließen, „wie lieb er ihn hatte", so ist das schon richtig; aber der Auslöser für Jesu Weinen ist nicht primär Lazarus, sondern das an seinem Leib gespürte Weinen der Mariam. Seine persönliche Beziehung zu ihr, seine Anteilnahme an ihrem Schmerz über den Bruder, der ihr schon wieder genommen ist. Und schließlich: Der kalte Fels, der den Freund verbirgt, das Gegenbild von Leben. Es ist dies alles, das den Mann Jesus in Tränen ausbrechen lässt.

Es lässt ihn „schnauben"! Ganz recht! In V. 38 heißt es noch einmal „da ergrimmte Jesus abermals"[476] und kam zum Grab.

Schauen wir noch einmal dieses „Schnauben". Es ist seine ganz natürliche Natur, die sich mit einem letzten, tief aus ihm herauskommenden Schluchzen (*en heautō*, „in sich") bemerkbar macht. *Embrimáomai*, das Johannes nur in diesem Zusammenhang verwendet, wird laut Wörterbuch auch im Sinn von „hineinschnauben" verwandt – hineinschnäuzen wie in ein Taschentuch!

---

[475] RL übersetzt dieses einmalige griech. Wort mit „gingen ihm die Augen über". Das Wort *dakryō* meint ganz allgemein „weinen", auch „in Tränen ausbrechen".

[476] So die RL; die EÜ bleibt bei ihrem „wurde Jesus wiederum innerlich erregt"; das Griechische fügt hier ein *en heautō* an, „(schnaubte) in sich selbst".

Jesus ist hier ganz einfach Mensch, im Gemüt ergriffener Mann, der die Tränen nicht verbergen kann und will, der sich anrühren lässt von der Liebe und Not der Mariam, die den wiedergefundenen Bruder schon wieder loslassen muss. So wie Mariam bei ihm damals geweint hatte, so weint er jetzt bei ihr. Nichts von „ergrimmte im Geist"! Auch nicht nur irgendwie „innerlich erregt" war Jesus; sondern er ließ sich hineinnehmen in den Schmerz des Menschen, den er liebte. Und spätestens hier muss einem auffallen, dass die Marta gar nicht mehr genannt wird, als es um das Weinen geht! Es scheint fast, als sei ihr Gemüt ruhiger, gefasster als das ihrer Schwester Mariam. Diese mit ihrem aus tiefster Seele aufbrechenden Schluchzen rührte Jesus an. Sein Mitleiden offenbarte sich dann in seinem „Schnauben/Schnäuzen".

Beides kann im Menschen nebeneinander bestehen: Abgrundtiefes Aufgewühltsein über den Verlust des geliebten Menschen – und das Wissen des Glaubens: Ich werde ihn wiedersehen, und mein Herz wird sich freuen, und meine Freude wird mir niemand nehmen!

Tränen der Verzweiflung, Beben des Körpers als Ausdruck der verlorenen Liebe und Einheit – und das ruhige sichere Wort „er wird leben, auch wenn er gestorben ist" stehen nebeneinander.

Denn der Mensch ist beides: Endlich und unendlich. Aber die Ewigkeit, die er schon in sich trägt, löscht die Zeit mit ihren Begrenztheiten und Enden nicht aus.

Im Tod berührt der Mensch die Ewigkeit.

In den Tränen das ewige Lachen!

Mariam, die Hauptperson

Durch die Wahl ihrer Worte vom Weinen haben die Evangelisten Lukas und Johannes zwei Personen miteinander verbunden: die namenlose Frau beim Pharisäer, die hemmungslos die Flut ihrer Tränen über die Füße Jesu herausströmen lassen kann, und die Schwester der Marta, die angesichts des Grabfelsens, der ihr das Festhalten des Bruders verwehrte, an den Beinen Jesu schluchzte. Beide weinen am selben Leib Jesu. Der Leib dieser Frau, die Jesus liebte, und ihre Tränen sind es, die ihn selber zum Weinen bringen am Leib dieser Frau.

Vielleicht auch deshalb haben die Evangelisten Markus und Matthäus nicht einmal später, als sie von all dem erfuhren, die Szene mit der Auferweckung des Lazarus in ihr Evangelium aufgenommen: Hier war doch viel Persönliches im Spiel – aus der Perspektive der Männer!

Jesus liebte sie auffallend, die drei Geschwister. Und außerdem: Er hatte sie, seine Jünger, gar nicht nach Betanien mitgenommen!

Johannes vollends verbindet die Auferweckung aus dem Grab von Betanien mit jener anderen Szene am Grab bei Jerusalem am Ostermorgen, wo wiederum das Weinen, auch hier viermal ins Wort gehoben, das Gespräch leitet. Die Mariam von Betanien, nun die Magdalenerin genannt, wird wirklich von Verlusten heimgesucht! Niemanden und nichts kann sie festhalten, immer muss sie hergeben, immer wieder alleine zurückbleiben.

Aber immer wieder sind es auch ihre Tränen, die alles wandeln und tragen: Das erste Mal (Lk 7) ihre Verlorenheit zu neuer Gemeinschaft. Das zweite Mal (Joh 11) Jesu Tränen in seine Kraft des Lebenspendens. Das dritte Mal (Joh 20) wandeln ihre Tränen den Unerkennbaren zum Gegenüber ihrer ganzen Existenz.

Sie muss eine Frau von ungeheurer innerer Kraft gewesen sein.

Ich versuche, eine mögliche Skizze ihres Lebens zu zeichnen.

Der Name „Maria(m) von Betanien" wäre, nach meinen Darlegungen, der normale Name dieser Frau gewesen. Aber unter diesem Namen ist sie nie in der Öffentlichkeit bekannt geworden! Denn als sie von ihrem Heimatort Betanien wegzog, war sie noch zu jung; danach hatte sie so lange im hellenistisch/römisch geprägten Tarichea gelebt und gearbeitet, dass ihre ursprüngliche Herkunft in Vergessenheit geraten war – so wie von Jesus kaum noch jemand wusste, dass er in Betlehem geboren war! Alle hielten ihn für den „Mann aus Nazaret". Niemand hätte damals gewusst, wer „Jesus von Betlehem" oder wer „Maria von Betanien" sein sollte. Zumal bei der Frau alle Kontakte zur alten Familie durch die bekannten Umstände abgebrochen waren. Alle Welt kannte sie nur als die „Magdalenerin". Doch wer um die Zusammenhänge wusste, fügte jenes hinweisende „die so genannte" hinzu. Wenn Johannes von ihr allerdings im Raum ihrer Familie in Betanien sprach, nannte er sie einfach „Mariam". Doch mit seinem Zusatz „es war aber Mariam gewesen, die ... hat" lüftete er den Schleier und machte klar, wer die Maria von Betanien auf der gesellschaftlichen Ebene ihrer Zeit war. Damals hatte man seine Andeutung noch verstehen können – für Spätere und uns ist die Kenntnis dieser Verbindung und Identität seit Hunderten von Jahren verloren gegangen.

Nun war diese Mariam zurückgekommen, eine ganz andere Frau!

Erlaubt uns das bisher erarbeitete Material, mit ein paar Linien das Leben der Magdalenerin anzudeuten? Mein Anliegen bei dieser „Nacherzählung" ist, die vielen Stellen, die den Fachexegeten „uneben",

„schleierhaft", „dunkel" oder „widersprüchlich" erscheinen, in einen logischen und verständlichen Zusammenhang zu bringen, der weder den geschichtlichen Umständen jener Zeit noch den sicheren Ergebnissen der Exegese widerspricht. Rufen wir uns in Erinnerung, dass die Fachexegeten nirgendwo bewiesen haben, dass die Maria von Betanien auf keinen Fall auch die namenlose Sünderin und die Magdalenerin sein könnte. Sie haben dieses Problem überhaupt nicht erörtert.

Ihre Schwester Marta, über die Zeit auch in die Jahre gekommen, mag die jüngere Schwester von damals nicht wiedererkannt haben! Und was aus ihr geworden war! Dank der Bemühungen Jesu war ihre Familie, nach dem Verlust zuerst der Eltern, dann der Schwester, jetzt auch des Bruders, wieder zusammen gewachsen. Mariam hatte ihren Platz in der Heimat, in der Familie wiedergefunden.

Aber sie war nicht mehr das junge Mädchen, das damals weggegangen war! Sie war eine im ganzen Land und darüber hinaus bekannte Persönlichkeit geworden. Ihr Leben hatte viel mit ihr angestellt – internationale Geschäftsfrau, großes Handelsimperium, zuvor jenes besondere Milieu der weithin bekannten Hetäre, als die sie anfangs und immer wieder Liebe gesucht, aber nie bekommen hatte. Sie hatte keine normale Jugend leben können, hatte überall den Vater und die Zuwendung der Eltern gesucht. Schließlich dort, wo sie wirkliche Liebe erst recht nicht erhielt. Das Leben war eigenartig mit ihr umgesprungen. Um so wohler fühlte sie sich nun im heimatlichen Umfeld.

Aber sie konnte nicht dort anknüpfen, wo sie hier, in diesem Hause, vor vielen Jahren einmal aufgehört hatte. Das Leben war weitergezogen, hatte sie mitgerissen, sie zu einer erwachsenen, reifen, allzu reifen und mit allen Wassern gewaschenen Frau gemacht. Wenn sie eins nicht mehr war, dann dies: unschuldig und naiv! Aber sie war dieses Geschäftsleben leid geworden! Und sie war müde geworden. Sie wollte wieder ein Kind sein, ein kleines Mädchen in ihrem Dorf.

Für die Leute in Betanien bis hinüber nach Jerusalem war sie jedoch immer noch die „berüchtigte Magdalenerin", die Frau mit den vielen Gesichtern und Geschichten, mit dem ungeheuren Vermögen an Geld und Häusern, Schiffen und Latifundien, mit Geschäftskontakten bis nach Indien und Rom. Und diese Frau war jetzt hier! Und sie war tatsächlich die Schwester der Marta und des Lazarus? Sie stammte wirklich hier aus Betanien, aus dem Haus Simons des Aussätzigen? Diese Frau musste man sehen, kennen lernen, vielleicht auch – und dann mögen die Träume angefangen haben, so manches Hirn zu vernebeln.

Anfangs hatte ihre Schwester Marta nicht das allergeringste Interesse, ihre Schwester, diese Hure, wieder ins Haus aufzunehmen. Lazarus war noch mehr dagegen, absolut! Marta führte als „Herrin" nach dem Tod des Vaters (und der Mutter) recht und schlecht das große Haus, es gab viel zu tun. Sie rackerten mächtig, die beiden, um am Leben zu bleiben. Von der Schwester in Magdala hörten sie ab und zu Gerüchte, aber sie wollten davon nichts wissen. Gar nichts.

Dann kam dieser Prophet, dieser Jesus. Am Ende hatte er sie überzeugt, dass ihre Schwester anders war, als man nach all den Jahren annehmen musste, dass sie zurück wollte, dass sie Mariam eigentlich aufnehmen müssten. Es kostete sie viel Überwindung! Und es ging nicht immer alles glatt. Aber Jesus half, er wurde zum Freund der Familie. Er mochte die Mariam, und sie mochte ihn über alles! Sie hing an ihm. Nur Lazarus tat sich schwer, außerdem war er oft krank ...

Mariam verkaufte nach und nach ihre Geschäfte in Tarichea, alle Häuser und Kontore im Ausland, gab Besitz an bestimmte Freigelassene weiter. Nur einiges, so hatte sie gesagt (aber das war mehr, als Marta und Lazarus je träumen würden), wollte sie behalten. Damit unterstützte sie nun die Bewegung, die dieser Jesus im ganzen Land entfacht hatte. Geld hatte sie genug. Sie organisierte einen Stab von Frauen, die sie von Tarichea her kannte, und sie zusammen sorgten dafür, dass der etwas illustre Haufen von Männern, die Jesus schmeichelhaft seine Jünger nannte, überhaupt vorankam und auftreten konnte. Daneben kümmerten sie sich um die Familien dieser Männer, die auf ihre Brotverdiener zeitweise verzichten mussten. Bisweilen gab es viel zu organisieren, sie konnte ihre Kontakte zu Behörden und zum Militär, zu Handelsfirmen und Zollpächtern spielen lassen, und es machte auch Spaß. Immer öfter war sie nun in Betanien, und allmählich sickerte dort durch, wer sie wirklich war.

Aber dann wurde Lazarus auf den Tod krank. Jesus war weit weg. Und Lazarus starb. Auch den musste Mariam nun hergeben. Jetzt, wo sie sich hier gerade heimisch zu fühlen begann. Sie war wieder am Rande des inneren Abgrunds. Und jetzt drohte auch Jesus der Tod.

Die Klageweiber kamen, heulten und trösteten um die Wette. Besonders um die Mariam drängten sie sich, die war ja doch die bedeutendere der beiden Schwestern. Jetzt war eine Gelegenheit, sie besser kennen zu lernen. Sie schien auch mehr als Marta bedrückt, verzweifelt geradezu. Dazwischen mischten sich auch Männer, die bei der Mariam ein paar Streicheleinheiten anbringen wollten; aber die Klageweiber passten höllisch auf!

Marta hatte kein Problem damit, dass Mariam nun zur Hauptperson in ihrem Haus in Betanien geworden war. Durch das Geld, das die Schwester mitgebracht hatte, war sie großer Sorgen entledigt. Zum ersten Mal seit vielen, vielen Jahren lag kein Druck mehr auf ihrer Seele. Selbst den Tod des Bruders konnte sie leichter verkraften als Mariam, die ihn so lange vermisst hatte. Er kränkelte ja schon seit Jahren, und das Ende hatte sich angedeutet.

Dass Mariam nun mehr im Mittelpunkt stand, dass alle sie sehen und mit ihr sprechen wollten – das war ihr, der älteren Schwester, nur recht. Und Mariam konnte auf der Bühne der Öffentlichkeit gut auftreten. Im Haus war sie eher die kleine Schwester, aber draußen souverän die erfahrene Dame! Viele der Juden kamen nun nach Betanien, eigentlich nur um ihre Schwester zu sehen, die alle noch die Magdalenerin nannten. Wegen ihr waren sie gekommen – und hatten unerwartet Jesus erlebt, staunend gesehen, wie Lazarus wieder aus dem Grab kam, mit den Binden umwickelt.

Da kamen sie zum Glauben an ihn. (Joh 11, 45)

Aber nicht alle. Einige gingen zu den Pharisäern und berichteten, was passiert war. Die beriefen eine Sondersitzung des Hohen Rates ein, und der beschloss endgültig, diesen Jesus töten zu lassen.

Jesus aber hatte sich an einem anderen Ort versteckt.

5. Joh 12, 1–11
„Damit sie es tue für den Tag meines Begräbnisses"

Der Evangelist Johannes beginnt seinen Bericht von der Salbung in Betanien mit einer genauen Zeitangabe, der eine Ortsangabe und zusätzlich eine Erinnerung zugeordnet sind: sechs Tage vor dem Paschafest, in Betanien, wo Lazarus war, den er von den Toten erweckt hatte. Können wir diese Zeit- und Ortsangaben bestätigen?

Das Pascha fand am 14./15. Nisan, zum Frühlingsvollmond, statt. Sechs Tage davor, das wäre der 8. Nisan gewesen. In unsere Zeitrechnung umgerechnet ergibt sich daraus Ende März, genauer: Mit hoher Wahrscheinlichkeit dürfte es der 30. März des Jahres 30 gewesen sein. Denn Jesus ist am 7. April 30 gestorben,[477] im Alter übrigens von 37 Jahren! Lässt sich unsere Episode in diesen Zeitrahmen historisch und geografisch einordnen?

Anders als manche Ausleger halte ich es mit den Evangelien, dass Jesus von Efraim in den letzten Märztagen nicht direkt nach Betanien gegangen, sondern dass er von Efraim den uralten Karawanenweg (den schon der Lot genommen hatte; Gen 13, 10f.) hinab ins Jordantal gezogen ist. In Jericho kehrte er bei Zachäus, dem Oberzöllner, ein, heilte den blinden Bartimäus, und dann zog er durchs Wadi Quelt den Weg hinauf nach Betanien. Als Schutz vor dem Ergriffenwerden durch Männer des Hohen Rates diente ihm jetzt die Menge der Mitläufer, die offensichtlich hoffte, Jesus werde seine Messianität als Sohn Davids endlich offenbaren. Nach dem Einzug in Jerusalem, als Jesus die Erwartung der Massen nicht nutzte und auch jetzt keine aufhetzende Rede zum Aufstand gegen die Römer, zur „Erlösung" (Lk 24, 21) aus Unterdrückung hielt (Mk 11, 11), wird diese Hoffnung der Vielen allmählich in eine aggressive Enttäuschung umgeschlagen sein.

---

[477] Zur Berechnung des Todestages Jesu gibt es viele Untersuchungen. Soweit sie mir bekannt sind, scheint immer wieder die von *Gerhard Kroll* vorgelegte sich zu bewahrheiten (*Kroll*, S. 349–350). Ihr folge ich.
In der Frage, ob das von den Evangelien angedeutete „Letzte Abendmahl" das jüdische Pessach-Mahl gewesen sein könnte, neige ich zu der Auffassung, die schon Johannes überliefert, dass es dieses nicht gewesen sein kann; denn das Pessach wurde nach dem Schlachten der Lämmer gegessen, als Jesus also schon tot war. Es muss ein Mahl davor gewesen sein. (Vgl. hierzu auch *Welt und Umwelt der Bibel*, Ostern und Pessach, 2/2006.)

Gehen wir einige Tage zurück. Als Jesus etwa zum 30. März von Jericho herauf zum letzten Mal den Weg nach Betanien ging, waren jetzt schon so viele Pilger in Jerusalem und in Betanien zusammengeströmt, dass ein öffentliches Ergreifen dieses „gotteslästerlichen Propheten" eine von Tag zu Tag riskantere Angelegenheit für den Hohen Rat geworden war (Mt 26, 5). Deswegen schützte Jesus jetzt die Zeit des nahen Pascha und die Menge der Menschen, die schon zum Fest gekommen waren, vor einem möglichen Zugriff.

Zeitlich und historisch, geografisch und menschlich scheint alles zusammenzupassen.

Was sagen Fachexegeten zu unserem Text?

Interpretationen der klassischen Exegese

The Interpreter's Bible [478]

Gleich zu Beginn stellt der Autor eine gewisse Abhängigkeit des Textes von den Erzählungen über die salbende Frau bei den Synoptikern Markus und Matthäus fest. Der Vergleich zeige übereinstimmend, dass die Szene in Betanien kurz vor dem Paschafest stattgefunden habe, dass eine Frau eine außerordentlich kostbare Narde gebracht und Jesus damit während des Mahls gesalbt, dass diese „Extravaganz" Ärger und Unwillen hervorgerufen habe: Man hätte das Öl besser für 300 Denare verkaufen und den Erlös den Armen geben sollen. Jesus dagegen habe diese Kritik abgelehnt: Arme gäbe es immer, er jedoch sei nicht immer gegenwärtig. Zugleich verweise er auf sein Begräbnis. So weit die übereinstimmenden Angaben in den Berichten.

Die auffälligste Übereinstimmung jedoch läge in dem für Markus und Johannes identischen griechischen Adjektiv *pistikēs*/kostbar: Markus 14, 3: „*échousa alábastron mýrou nárdou pistikēs polytelous*/kam mit einer Alabasterflasche voll echter, teurer Nardensalbe". Johannes: „*labousa lítran mýrou nárdou pistikēs polytímou*/nahm ein Pfund echter, kostbarer Nardensalbe". Dieses äußerst unübliche Wort *pistikēs*/kostbar habe schon immer die Exegeten verwundert und zu allen möglichen Erklärungen verleitet. Zugleich werde ein Unterschied festgehalten: Bei Markus wird die Narde über das Haupt ausgegossen, bei Johannes über die Füße, welche die Frau dann mit ihren Haaren abgewischt habe. Dies sei offensichtlich von der gänzlich verschiedenen Tradition bei Lukas 7, 36–50 entliehen. Wir haben dafür schon eine andere Erklärung dargeboten.

Völlig korrekt merkt The Interpreter's Bible an, es sei schon merkwürdig genug, dass bei Johannes das kostbare Öl über die Füße ausgegossen werde, doch undenkbar sei, dass die Frau es mit ihrem Haar wieder abgewischt habe. Leider wird die Menge des Öls nicht beachtet. Zur Erklärung dieses praktisch nicht möglichen Ölabwischens werden zwei Versionen angeboten: Entweder habe Johannes zwei gänzlich verschiedene Traditionen (einmal geschah die Salbung im Haus eines Pharisäers, bei Johannes dagegen in dem Haus, wo Lazarus war) ver-

---

[478] Übersetzung aus dem Englischen vom Autor.

mischt, oder ein späterer Herausgeber habe einige Sätze von Lukas und ebenso von Markus in den eigenständigen Bericht des Johannes eingefügt. Wir werden von der ersten Version ausgehen und einen neuen Vorschlag zur Lösung des „Ölabwischens mit den Haaren" vorlegen. Auf jeden Fall, so wird festgestellt, musste das Tun der Frau, die doch zum Haus gehörte, als schamlos (shameful) gelten.

Sodann werden Überlegungen zum Datum angestellt, da Johannes eine genaue Angabe macht. Abhängig von der Festlegung des Karfreitags auf den 14. oder 15. Nisan, würde „sechs Tage vor" unser Samstag der 8. Nisan sein, der letzte Sabbat vor der Passion. Am folgenden 9. Nisan hätte der triumphale Einzug Jesu in Jerusalem stattgefunden. Wenn ein Mahl „ihm zu Ehren" gegeben wurde, müsse diese Bemerkung nicht notwendig dem Hinweis bei Markus widersprechen, das Mahl habe im Haus Simons des Aussätzigen stattgefunden – aber The Interpreter's Bible erklärt auch nicht, wie man beide Traditionen vereinen könnte. Wir haben das getan.[479] Woher die unterschiedlichen Formulierungen bei Markus und Johannes stammen könnten, dazu soll im Schlusskapitel ein eigener Vorschlag unterbreitet werden.

Der Vorwurf „der Jünger" (Mt 26, 8) oder das Murren „einiger am Tisch" (Mk 14, 4) werde von Johannes dem Judas zur Last gelegt. Sein kommender Verrat war schon 6, 70f. erwähnt worden, hier lege Johannes den Finger auf eine moralische Abweichung des Kollegen: Er war der „Schatzmeister" der Gruppe, zweigte aber einiges aus der Kasse ab. Anders als die Synoptiker, wird Johannes nicht mehr vom Geldhandel zwischen Judas und den Hohenpriestern berichten, er hat jene Angelegenheit mit dieser Bemerkung schon erledigt.

Bleibt noch die Antwort Jesu, mit der er das Tun der Frau verteidigt. The Interpreter's Bible hält sich an die griechische Konstruktion und übersetzt das „*hína ... tērḗsē*" als „erlaubenden Imperativ" mit „lass sie es bewahren für den Tag meines Begräbnisses". Während bei den Synoptikern der Eindruck vermittelt werde, das Gefäß wurde zerbrochen und die gesamte Narde ausgegossen, scheine Johannes anzudeuten, dass etwas kostbares Öl im Gefäß zurückgeblieben sei, was nun zum Begräbnis Jesu verwandt werden solle. Unverständlicherweise versäumt The Interpreter's Bible, auf dieses Begräbnis zu schauen – dann hätte sie etwas Besonderes entdeckt! Auch der Schlussvers mit dem auffälligen „zu ihrem Gedächtnis" (der sich allerdings nur bei Markus und Matthäus findet) wird nicht kommentiert.

---

[479] S. Kapitel VI, 2, 2.

Schön ist dagegen die Schlussbemerkung zur exegetischen Erarbeitung: Diese Erzählung sei verbunden mit den Ereignissen, die im vorangegangenen Kapitel 11 erzählt wurden. In abgrundtiefem Dank für die Erweckung ihres Bruders Lazarus sei diese verschwenderische Gabe gegeben, ohne Rücksicht auf die Kosten. In der Liebe gebe es keine Verschwendung!

Anders als in der bei uns vorherrschenden fachexegetischen Tradition fügt The Interpreter's Bible der Texterarbeitung nun eine „geistliche Erwägung" an, die den Text dem Leser zur persönlichen Aneignung neu darbietet. Daraus zusammengefasst das Folgende:

In den Versen Joh 12, 1–50 werde von Christi „Fehlschlägen und Erfolg" gesprochen. Urteilte man nach populärem Erfolg, war er gescheitert! Aber nicht alles sei Misserfolg gewesen! Gerade in diesem Kapitel hörten wir von einem lebendigen Beispiel der Liebe und Dankbarkeit, die Jesus in zahlreichen Menschen erweckt hatte. Maria von Betanien habe die Ehre gehabt, als die Repräsentantin dankbarer Herzen erwählt zu sein, die zu Jesu Lebzeiten zu ihm liefen, mit anbetend-dankbarem Gemüt, ohne es richtig ausdrücken zu können.

Matthäus teile uns mit, dieses Mahl habe im Haus Simons des Aussätzigen stattgefunden, unser Evangelist erwähne diesen Mann nicht, konzentriere statt dessen die Aufmerksamkeit auf Marta – wie immer dienstbereit und selbstlos, auf Lazarus – mit Christus ein lieber Gast, und besonders auf Maria, die in ihrer emotionalen Art ihrem Herzen erlaubte, in Dankbarkeit überzufließen. Zweifellos sei ihr impulsives Salben der Füße Jesu ein wohlmeinender, spontaner Akt der Liebe gewesen. „Sie hat ein schönes Ding getan", antwortet Jesus bei Matthäus (26, 10). Man hätte, wie Judas, über Marias Verhalten auch schockiert sein können. „Warum wurde das Öl nicht für 300 Denare (60 Dollar) verkauft und der Erlös den Armen gegeben?" (Wie man 300 Denare mit 60 Dollar gleichsetzen kann, verstehe ich nicht. Auf jeden Fall handelte es sich um mehr als ein durchschnittliches Jahresgehalt.)

Bezüglich des Judas scheine Johannes ein gewisses Vorurteil zu haben, nach Matthäus (26, 8) standen nämlich alle Jünger auf dessen Seite! Armut sei damals in Palästina in der Tat eine grimmige Tatsache gewesen, hervorgerufen durch Überbevölkerung, schreckliche Wohnverhältnisse, fürchterlichen Wettkampf um Arbeitsplätze, nicht geringe Arbeitslosigkeit. So habe es viele Arme gegeben. Auf diesem Hintergrund musste dem Judas bzw. allen anderen die Verschwendung durch die Frau unerhört vorkommen. Aber gelte das nicht auch für unsere Kirche? Was werde da alles für Gottesdienste ausgegeben – und diese scheinbare Absurdität bringe niemanden voran! Religion, nach Marx, versorge einen mit dem Glück der Illusionen, anstatt mit dem Glück der Realität! Also: Besser etwas Materielles für die Armen tun? Wäre das praktisch und hilfreich und wertvoll? Ob Judas für solches Denken Pate stehen könnte, als erster Vorläufer von Karl Marx?

Der Autor des Geistlichen Kommentars von The Interpreter's Bible hält dagegen: Schon Jesus habe darauf verwiesen, dass „die Armen" allezeit da seien, nicht aber er! So warf er seinen Schutz um Maria. Sie solle das Öl bewahren und helfen, Jesus für sein Begräbnis vorzubereiten. Doch tatsächlich würden das dann zwei Männer tun. Wir werden diese Spannung in anderer Weise auflösen.

Maria lehre uns also eine vielfach notwendige Lektion: Die Wunder Jesu, seine Taten und Wohltaten nicht einfach nur hinzunehmen, ohne weiteres Nachdenken, und es dann dabei bewenden zu lassen. Nein, was Er uns gibt und schon gegeben hat, solle uns anregen zur Gegenfrage: Was kann ich Ihm geben? Was, wenn nicht mein Herz!

Rudolf Schnackenburg [480]

Schnackenburg weist einleitend (zu 11, 55–57) darauf hin, dass die levitische Reinigung vor dem Fest, von der auch Josephus Flavius berichte, umfangreich und langdauernd sein konnte, da die „Männer zum Opfer der Paschalämmer den Priestervorhof betreten mussten". Nach A. Schlatter, den er zitiert, konnte das *hagnízein*/sich reinigen, heiligen – ein terminus technicus, der nur hier bei Johannes verwendet werde und einmal mehr seine Vertrautheit mit jüdischen Sitten zeige – sieben Tage in Anspruch nehmen. Menschen aus dem Volk, die von der Erweckung in Betanien erfahren hatten und auf weitere Wunder warteten, überlegt Schnackenburg, würden keine feindliche Gesinnung Jesus gegenüber gezeigt haben; dies sei offensichtlich anders bei den „Behörden" gewesen, diese übten Druck auf Jesus aus.

Ein „Fahndungsedikt" sei in der jüdischen Theokratie sicher möglich gewesen. „Schon das atl. Gesetz sah vor, dass ein Jude eine laute Verfluchung, die er gehört hatte, anzeigen musste (Lev 5, 1)." Jemand, der zum Götzendienst verleitete, sollte „mit List überführt" werden.[481]

---

[480] *Schnackenburg*, Johannesevangelium, 2. Teil, S. 456–467.
[481] *Schnackenburg* zitiert Sanh VII, 10.

Darunter fiel Jesus allemal: „Wer aber, sei er einheimisch oder fremd, etwas tut (sündigt), der begeht eine Gotteslästerung" (Num 15, 30). Dieser Text geht mit dem Gotteslästerer wenig zimperlich um: „... der soll aus seinem Volk ausgemerzt werden!"

Schnackenburg meint, „einen direkten Beleg für solche Denunziationspflicht gibt es nicht"; und anzunehmen, es wäre im Fall Jesu ein besonderes Edikt erlassen worden, sei „schwerlich berechtigt". Eher würden sich hierin „Maßnahmen des Judentums zur Zeit des Evangelisten gegen die Bekenner Christi widerspiegeln". Doch wenn Christen späterer Zeit verfolgt wurden, wurde dann nicht erst recht der Christus, von dem die Bewegung ausging, bis zum Tod verfolgt? Zudem ist nicht anzunehmen, dass ein öffentliches, schriftliches Edikt erlassen wurde – der Mann war ja beim Volk beliebt, wie Schnackenburg selber sagt, da musste man ihn heimlich, mit List beseitigen.

Solche „Einsatzkommandos" kannte die Geschichte Israels! In Jer 26, 20–24 wird geschildert, wie es dem Propheten Urija aus Kirjat-Jearim, Zeitgenosse des Jeremia, nicht einmal nützte, nach Ägypten zu fliehen. Er hatte, ähnlich wie Jeremia, doch ohne dessen „Lobby", „gegen diese Stadt und dieses Land" geweissagt. König Jojakim schickte einfach ein paar Geheimdienstleute hinterher, die holten Urija aus Ägypten nach Israel zurück, der König ließ ihn erschlagen und „seinen Leichnam zu den Gräbern des niederen Volkes werfen". König Jojakim brauchte für die Ergreifung und Liquidierung des unbequemen Mahners kein „besonderes Edikt". Herodes Agrippa bei Johannes dem Täufer auch nicht. Ein König oder „die Behörde" brauchen gar nichts. Es wird „kurzer Prozess" gemacht.

Sodann kommt Schnackenburg auf das Gastmahl in Betanien mit der Salbung zu sprechen. Einleitend stellt er fest, dass auch die Synoptiker von solch einem Ereignis berichteten (Mk 14, 3–9; Mt 26, 6–13) und dass es bei Lukas (7, 36–50) eine vergleichbare Erzählung gebe. Das führe zu Fragen, in welchem Verhältnis der johanneische Text zu denen des Markus und Matthäus stände? Welche Beziehungen gebe es zu der Geschichte bei Lukas, „die trotz erheblicher Abweichungen einige gemeinsame Züge mit dem joh. Bericht" aufweise? Was hat der vierte Evangelist von sich aus „hinzugetan oder weggelassen"? Eines stände fest: Die Erzählung setze „eine Quelle" voraus, die der Evangelist benutzt und kommentiert habe. Sehr richtig, sage ich, und diese „Quelle" ist ein lebendiger Mensch, der das alles selber miterlebt hat.

Schnackenburg moniert anschließend, Jesus hätte „wenig klug" gehandelt, als er seinen Schlupfwinkel Ephraim verlassen und sich nach

Betanien begeben habe, da er doch „vor der Verfolgung der Behörden sicher sein wollte". Sein Verhalten sei außerdem „historisch unwahrscheinlich". Wir dagegen erkannten, gerade bei kritischer Analyse der Umstände, dass die Taktik Jesu sowohl sehr klug wie auch historisch völlig kongruent war! Denn sechs Tage vor dem Pascha waren bereits so viele Menschen in Betanien, wo sie nächtigen durften, dass Jesus im Schutz dieser Menschen, die, nach Schnackenburg, Jesus „wohlgesonnen" waren, gegenüber einem Zugriff der Behörde sicher war!

Der Gastgeber des Mahles werde nicht genannt. Bei Markus und Matthäus sei es „Simon der Aussätzige". Hier irrt Schnackenburg, denn Matthäus/Markus sagen nur „im Haus Simons des Aussätzigen"! Der angebliche Gastgeber Simon erscheint wie abwesend.

Unverständlich ist auch die folgende Feststellung Schnackenburgs: „Aber wie im syn. Bericht findet das Mahl irgendwo im Ort statt, nicht bei den mit Jesus befreundeten Geschwistern, ein Anzeichen dafür, dass der Evangelist an eine Tradition gebunden ist. Die Angabe, dass Lazarus einer von den Gästen war, die mit Jesus zu Tisch lagen, und Marta bei Tisch bediente, dürfte nur dann in der Quelle gestanden haben, wenn diese auch schon in V. 1 den Hinweis auf Lazarus enthielt. Als Geschwister werden die drei dem Leser schon aus Kap. 11 bekannten Personen nicht bezeichnet. Die Bemerkung über den Tischdienst Martas erinnert an Lk 10, 40; aber mit dieser Tradition kann auch der Evangelist irgendwie vertraut sein. Wenn danach Maria unvermittelt eingeführt wird, sieht es so aus, dass der Evangelist die Bemerkungen über Lazarus und Marta hinzugefügt hat, um die Geschichte mit Kap. 11 zu verbinden."

Demgegenüber haben wir gezeigt, dass als Ort des Mahles nur das Haus „Simons des Aussätzigen", des verstorbenen Vaters der Geschwister, in Frage kommen könne. Beim Evangelisten Johannes befinden wir uns natürlich im selben Haus. Wo sonst sollten die Geschwister im von Pilgern überfüllten Dorf ein Gastmahl mit einer größeren Gruppe in feiern, wenn nicht im eigenen Haus! Ein Wirtshaus im heutigen Sinn, falls es eines in Betanien gab, war wegen des Festes sicher besetzt. Der ganzen Szene eignet zudem wieder familiärer Charakter.

Dass die Angabe fehle, es handle sich bei den drei Personen um „Geschwister", kann nicht als Argument angeführt werden. Auch die Apostelbrüder werden nicht bei jeder Nennung eigens je neu „Geschwister" genannt, das wusste ja jeder. Und von Petrus hören wir durch eine Nebenbemerkung des Paulus nur einmal, dass er ein verheirateter Mann war, aber auch das wussten damals alle. Marta, Mariam und Lazarus waren überall als Geschwister bekannt, so wie Petrus und Andreas, Johannes und Jakobus als Brüderpaare bekannt waren. Ebenso war bekannt, dass die drei Geschwister in Betanien wohnten. Wie auch bekannt war, dass Petrus und Andreas aus Betsaida stammten. Dass Jesus zu den Drei eine enge Beziehung hatte, dass ihr Vater schon gestorben war – das musste nicht immer wiederholt werden.

Man muss festhalten: Ein Personenname bezeichnete durchgehend ein und dieselbe damit identifizierte Person als „Hauptträger" dieses Namens. Wurde eine andere Person mit demselben Namen erwähnt, fügte man einen eigenen Hinweis ein, etwa Joh 14, 22: „Judas – nicht der Judas Iskariot – fragte ihn ..."

Sodann kommt Schnackenburg auf die Maria zu sprechen. Kurz geht er auf die in den Quelltexten verschiedene Namensform ein[482] und gibt der semitischen Form „Mariam" als Urform den Vorzug. Im Blick auf das „Nardenöl" stellt er fest: „... das aus den Wurzeltrieben der in Indien heimischen Nardenpflanze gewonnen wurde[483], und durch zwei Attribute als besonders kostbar hervorgehoben." Auch Schnackenburg sieht, dass die Bezeichnung der Narde mit *pistikos* hier „echt" bedeutet. Andere Ableitungen, die er erwähnt (die Pistaziennuss spielt dabei eine Rolle), scheinen nicht überzeugend. Auffällig sei dagegen die Übereinstimmung in diesem singulären Wort mit Markus, wie „dann auch die Wertangabe ,300 Denare' bzw. ,mehr als 300 Denare' (Mk 14, 5)". Noch auffälliger sei das Salben der Füße, das „wenigstens nicht während eines Mahles erfolgen durfte". Schnackenburg fährt fort:

„Am befremdlichsten aber ist es, dass Maria das kostbare Öl dann mit ihren Haaren wieder abwischt. Diese besonderen Züge finden sich nur noch in der lukanischen Salbungsgeschichte, wo sie aber in der Situation viel verständlicher sind: Die Sünderin tritt weinend von hinten an die Füße Jesu heran, benetzt sie mit ihren Tränen, trocknet sie mit den Haaren ihres Hauptes ab, küsst sie und salbt sie dann mit Öl." (Schnackenburg übersieht, dass in Lukas 7 nicht Öl, sondern „Wasser" mit den Haaren abgewischt wird.) Er schließt aus all dem, dass ein Traditionszusammenhang mit den anderen Salbungsgeschichten bestehen müsse. Wir werden dem zustimmen, da wir ein und die-

---

[482] S. unseren ausführlichen Exkurs 3.
[483] *Schnackenburg* verweist dazu sehr schön auf Hld 1, 12 und 4, 13f. Ferner auf A. Steier, in: *Pauly-Wissowa* XVI, 1705–1714; *Billerbeck* II, S. 49; *R. H. Harrison*, Healing Herbs of the Bible (Leiden 1966) S. 48f. – Zu *pistikos* vgl. auch S. 353f.

selbe Frau als verbindendes Element erkennen. Johannes gebe, anders als die Synoptiker, noch den Namen der Frau an und dass es „ein Pfund" war, das sie vergoss (ein römisches Pfund von damals entspricht heutigen 327,25 Gramm), die Synoptiker dagegen sprechen „von einem Alabastergefäß". Schnackenburg weist darauf hin, dass bei der Grablegung Jesu auch von (hundert) „Pfund" gesprochen werde. Ich werde schauen und überlegen, was die Menge (327 gr) an vergossenem Salböl in der Praxis bewirken musste.

„Dass das ganze Haus vom Duft des Öls erfüllt wurde, steigert den Eindruck der außergewöhnlichen Tat. Im jüdischen Midrasch wird der gute Ruf mit dem Duft des Nardenöls verglichen." Schnackenburg fügt[484] an: „Bezeugt ist die babylonische Sitte, dass Frauen bei der Hochzeit einer Jungfrau den anwesenden Rabbinen Salböl aufs Haupt tropfen ließen; ferner, dass eine Sklavin einem Gast Hände und Füße in Öl badete. Eine Salbung der Füße während des Mahles durch eine Frau war für jüdisches Empfinden sicher unschicklich." Schnackenburg interpretiert die Schilderung als das Bemühen des Evangelisten: „Die Hoheit Jesu sollte hervorgehoben werden, der mit Recht diese Ehrung vor seinem Tod empfängt."

Wir werden den gesamten Vorgang sehr natürlich aus dem Leben und Sein der Maria von Betanien erklären können. Die Verschwendung des kostbaren Öls – Schnackenburg fragt nicht, woher die Frau solch kostbares Öl haben könnte – werde bei Markus von „einigen" moniert, bei Matthäus von „den Jüngern", allein bei Johannes werde Judas, der Iskariot, verantwortlich gemacht. Ein aggressiver Einspruch müsse jedenfalls gefallen sein, denn nur ein solcher liefere die Voraussetzung für die Antwort Jesu, die den Höhepunkt der Geschichte bilde.

Dabei fällt die Angabe über den Wert des Nardenöls: Man hätte es für „(Mk: mehr als) 300 Denare" verkaufen können.[485] Schnackenburg

---

[484] Nach einer Anmerkung aus Billerbeck I, S. 427, b und S. 428, f

[485] *Paul Faure*, Magie der Düfte, überlegt (S. 95), ob der Preis von 300 Denaren für das Öl aus Relation zu den 30 Silberlingen des Judas gebildet sei, und fragt, ob man nicht statt von einer echten *Salbe*, die „nie ein ganzes Haus mit ihrem Duft erfüllen" konnte, von einem weniger kostbaren ätherischen Öl, einem Nardenextrakt ausgehen müsse. Dazu sage ich: Matthäus nennt den Preis des Öls nicht, spricht aber von 30 Silberlingen; Markus nennt die 300 Denare, aber nicht 30 Silberlinge. Lukas erzählt die Geschichte überhaupt nicht. Johannes nennt wieder 300 Denare, sagt aber nichts vom Verratsgeld des Judas. Fazit: Kein Evangelist bringt in seinem Evangelium sowohl die 300 Denare als auch

schätzt diese Summe auf „etwa 200 – 300 Mark"[486]. Seine Umrechnung ist unverständlich, denn Schnackenburg weiß, dass 300 Denare damals mehr als ein Jahresgehalt waren.

Das Motiv für eine „bessere" Verwendung des Geldes werde in den Evangelien verschieden angegeben: Dem Judas ginge es um die Armen, doch Johannes verdächtige ihn der Habsucht, da er die Kasse geführt und das Geld für sich selber habe behalten wollen. Diese Verdächtigung klänge nach späterer (legendärer) Ausdeutung. Auch Matthäus (26, 15) mache die Habsucht des Judas für seinen Einwand verantwortlich. Johannes sage nichts über den späteren Verräterlohn des Judas, vielleicht deshalb bezichtige er ihn jetzt des Diebstahls und unterstelle ihm somit ein insgesamt niederes menschliches Motiv.

Die Antwort Jesu lasse sich ebenfalls nicht leicht übersetzen. Das Öl, so interpretiert Schnackenburg die Antwort Jesu, habe letztlich einen anderen Zweck gehabt: Mariam sollte es „für den Tag meines Begräbnisses aufbewahren". Folge daraus, dass noch ein Rest des Öls in der Flasche übrig blieb? Aber davon stehe nichts im Text. Außerdem werde bei der Grablegung (19, 31) nicht von Maria und ihrem restlichen Öl gesprochen, sondern von Nikodemus und Josef von Arimatäa, die 100 Pfund von konservierenden und duftenden Substanzen brachten. Sprachlich liege das Problem im „*hina*-Satz": „(lass sie,) damit sie es aufbewahre für den Tag meines Begräbnisses." Sei dies ein indirekter Imperativ? Oder könne man einfach mit „sollen" übersetzen? Zusammen mit dem „lass sie" gebe es eine auffällige Berührung mit Mk 14, 6: „lasst sie (in Ruhe)!" Der eigentliche Sinn der Antwort Jesu bei Johannes sei jedenfalls von der bei Markus überlieferten „Sie hat im Voraus meinen Leib für das Begräbnis gesalbt" kaum verschieden.

Diese Deutung gefällt mir sehr gut; ich werde zeigen, wie überraschend sie in Erfüllung gegangen ist. Denn aus dem Wort Jesu höre ich nicht nur eine „Todesprophetie" (Schnackenburg), sondern eine „Auferstehungsprophetie" heraus!

„Zur christologischen Tendenz des joh. Berichts" passe das Abschlusswort Jesu, das sich fast wörtlich auch in Mk 14, 7 (mit einer

---

die 30 Silberlinge. Ich sehe daher keine zwingende Beziehung zwischen den 300 Denaren und den 30 Silberstücken. 30 Silberstücke (= Tetradrachme) waren der Preis für einen (jüdischen) Sklaven. Sie entsprachen 120 Denaren. – Auf S. 251 geht *Faure* dann ebenfalls von echtem, durch Destillation gewonnenen Nardenöl aus.

[486] Sein Kommentar ist im Jahr 1971 erschienen.

Erweiterung) und Mt 26, 11 findet, ausgezeichnet: „Die Armen habt ihr nämlich immer." Jesus dagegen „nicht immer". Die Frau bezeuge durch ihre Tat einen hohen Glauben an Jesus, sie habe die „Hoheit und Größe Jesu erkannt und durch eine beispielhafte Tat den Anwesenden gezeigt, wen sie in ihrer Mitte haben". So bezeuge sie, ohne dass ihr das selber bewusst werde, auch Jesu Herrlichkeit in Tod und Begräbnis.

Abschließend stellt Schnackenburg einen Vergleich mit den synoptischen Salbungsgeschichten an und erörtert Traditionsgeschichte und Tendenz des johanneischen Berichtes. Er hebt Berührungen mit dem markinischen Bericht hervor: Echtes, kostbares Öl, durch bestimmte Worte verdeutlicht, Wertangabe über 300 Denare, die Antwort Jesu „lasst sie", das Substantiv „*entaphiasmós*/Begräbnis", das nur an dieser Stelle im NT gebraucht werde, Matthäus benutze das Verbum. Sodann auch die Änderungen gegenüber Markus bzw. Auslassungen: die Zeitangabe, ein Pfund, Salbung der Füße, Abwischen mit den Haaren, der Duft erfülle das Haus, Belastung des Judas, Weglassen des Anfahrens der Frau, Hinweis auf die Liebestätigkeit der Frau, „ein gutes Werk" habe sie getan, das Rühmen der ganzen Liebestat der Frau.

Die letztgenannten Auslassungen ergäben sich, so Schnackenburg, aus der christologischen Sicht des vierten Evangelisten, sie zielten letztlich auf die Ehrung der Person Jesu. Die Änderungen bei Johannes lenkten den Blick auf die lukanische Salbungsgeschichte (7, 36–50). Trotz deren anderen Charakters schildere auch sie eine Mahlsituation; das Salben der Füße samt dem Abwischen mit den Haaren seien so auffällige Züge, dass man eine Beeinflussung durch jene Geschichte (nicht Geschichte, sondern Frau) nicht leugnen könne. All dies verlange eine traditionsgeschichtliche Erörterung, denn einerseits scheine Johannes eine literarische Kenntnis des Markusevangeliums zu besitzen (er hatte es gelesen), andererseits wiesen seine besonderen Elemente in eine andere Richtung (richtig, er hatte mit der Frau gesprochen).

Schnackenburg prüft sodann verschiedene Modelle, wie es zur johanneischen Salbungsgeschichte gekommen sein könnte. Entweder habe der Evangelist nur mündliche Traditionen benutzt, oder er habe zwar den markinischen Bericht gekannt, ihn aber nach anderen mündlichen Traditionen abgeändert. (Genau das werde ich zeigen.) Oder der Evangelist habe eine mit den Synoptikern verwandte Quelle benutzt, in der Maria und Judas bereits Kontrastgestalten waren, so dass Züge aus ursprünglich verschiedenen Erzählungen wie Salben der Füße aus Lukas 7 und das Geschehen in Betanien zusammenfließen konnten. Und die Marta, die dient? Wenn der johanneische Bericht eben Züge aus Lukas 7 aufnahm, könne man ihm grundsätzlich auch die Verbindung mit Marta nach Lukas 10, 38–42 zutrauen. Eine christologische Akzentuierung sei schon in der Quelle vorgegeben gewesen, aber dass Maria die Füße Jesu salbte und abtrocknete („*tous podas autou*/seine Füße" werde zweimal gesagt), ginge wohl auf den Evangelisten zurück.

„Im ganzen dürfte schon die Quelle die Salbung so erzählt haben, wie sie uns vorliegt."[487]

Die Überlegungen Schnackenburgs, vor allem seine letzteren zur traditionsgeschichtlichen Entstehung des Textes Joh 12, 1–8, passen ausgezeichnet in unsere schon bis jetzt vorgelegten Sichtweisen. Man hat das Gefühl, Schnackenburg sei auf dem Weg, durch die Wand traditioneller und absolut gesetzter Voreinstellungen (die namenlose Sünderin in Lk 7, Maria von Betanien und Maria Magdalena seien fraglos und zweifelsfrei drei verschiedene Frauen bzw. literarische Dubletten) durchzustoßen zu jenem einfachen Blick, dass die Frau, die Jesus hier salbt, Maria von Betanien, selber das verbindende Glied zwischen all den Gastmählern und Salbungsgeschichten ist. Sie und nicht literarische Abhängigkeiten und Beeinflussungen! Doch wo man diesen Schlüssel noch nicht in der Hand spürt, lassen sich die seltsamen Teile des „Salbungs-Puzzle" nie alle befriedigend zu einem klaren Bild zusammenlegen.

Auf eine Zusammenfassung beider Erarbeitungen kann verzichtet werden, da der exegetische Anteil bei The Interpreter's Bible vergleichsweise gering ist und gegenüber Schnackenburg keine wesentlich anderen Hinweise gibt.

---

[487] *Joachim Gnilka*, Das Matthäusevangelium, 2. Teil, S. 385–389, sagt zu der Salbungsgeschichte bei Matthäus Folgendes: Eröffnende Handlung sei die Salbung, dann beherrsche Dialog die Szene, Einwand der Jünger, Murren, und Verteidigung der Frau durch Jesus. Beide ständen in formaler Hinsicht parallel zueinander: die Jünger/Jesus machen eine Beobachtung (8 und 10), reagieren mit einer vorwurfsvollen Frage: Wozu diese Verschwendung? Dann Jesus: Wozu belästigt ihr die Frau? Eine Begründung schließe sich an (9 und 10b). In der abschließenden Stellungnahme Jesu folgten freilich noch zwei weitere Begründungssätze (11f.) und eine abschließende mit Amen eingeleitete Verheißung (13). Die Frau stehe am Anfang und am Ende der Geschichte, am Anfang mit ihrem Tun, am Ende im Verheißungswort. Gattungsmäßig sei die Perikope am besten unter die „biographischen" Szenen einzuordnen. So sehe ich das auch.

Wer ist diese vermögende Frau?

Wir hatten schon klargestellt, dass Jesu Kommen nach Betanien zu diesem Zeitpunkt keineswegs unklug war oder historisch unstimmig. Er genoss den Schutz der Menge der Pilger, die sechs Tage vor dem Pascha für den Propheten aus Nazaret, der vielleicht doch der neue David-Messias war, durchaus noch eingenommen waren. Wir sahen auch keinen Grund, nicht einmal eine praktische Möglichkeit, dieses Mahl in einem anderen Haus in Betanien zu lokalisieren als in dem der drei Geschwister, deren Vater schon vor einiger Zeit gestorben war. Wenn diese Dinge nicht eigens vom Evangelisten wiederholt werden, so deshalb, weil das aus seiner Sicht völlig selbstverständlich und also überflüssig war. Damaligen Hörern und Lesern des Evangeliums hätte ein eigener Hinweis lächerlich vorkommen müssen.

„Sie bereiteten nun ihm ein Mahl dort, und die Marta diente ..." (so die genaue Übersetzung). Das klingt familiär-biografisch, wie schon einmal, worauf auch Gnilka hingewiesen hat. Das „Dienen" der Marta wird im Griechischen mit demselben Wort ausgedrückt, das schon in Lk 8, 3 zur Kennzeichnung des Tuns der Frauengruppe für Jesus und die Jünger benutzt wurde: Sie „dienten" mit ihrem Vermögen. Aber noch etwas klingt im einfachen „sie diente" an: In Lk 10, 40, beim ersten Besuch Jesu in Betanien, steht zwar dasselbe Wort, aber dort „sauste" Marta umher mit „viel Dienen"! Jetzt ist sie ruhig geworden, nicht mehr in Aggressionen gegen die Schwester gefangen. Sie kann ruhig dienen, weil sie die Schwester angenommen hat und versöhnt ist mit jener und ihrem eigenen Leben. Ein Prozess ist in Marta zu einem heilen, friedvollen Ende gekommen.

Das Mahl fand in einem Haus statt (Markus und Matthäus sagen das ausdrücklich), das ergibt sich aus der Jahreszeit: Am 30. März war es in Betanien (abends) empfindlich kühl, vom konkreten Wetter abgesehen, und ein Mahl im Freien kaum möglich. Zudem hören wir später, dass der Duft der Narde „das Haus" erfüllte. Auch dies darf man als Hinweis auf das eigene Haus der Geschwister verstehen; denn schwerlich wird man sich so in einem fremden Haus verhalten.

Welche Haltung nahm Jesus bei diesem Mahl ein? Lag er wieder wie in Lk 7 auf einem Tischsofa oder saß er dieses Mal auf einem Stuhl? Das wäre insofern von Bedeutung, als ein Salben von Füßen bei der Haltung des Sitzens wenn nicht unmöglich, so doch erheblich schwieriger zu tätigen gewesen wäre, auch komisch ausgesehen hätte.

Was sagen die griechischen Worte zu unserer Frage?

Johannes verwendet das Wort *anakeimai*. Es bedeutet für unseren Fall „(offen) daliegen oder dastehen, zu Tisch liegen".[488] Das gleiche Wort verwendet an der Parallelstelle auch Matthäus (26, 7). Markus (14, 3) benutzt den Begriff *katakeimai* – man sieht sofort, dass der Stamm *keimai* der gleiche ist. Dieses Wort bedeutet „sich niederlegen, sich niederlassen (auf etwas), darniederliegen, daliegen, zu Tische liegen, müßig daliegen, ausruhen ..."[489]

Dieses von Markus verwendete Verb findet sich bei Lukas auch dort, wo er von der namenlosen Frau beim Pharisäer Simon berichtet. Auch dort „legte sich Jesus zu Tisch" (*kateklíthē*).[490]

Wenn wir nun annehmen müssen, dass Jesus beim Mahl in Betanien ebenso „zu Tische lag" wie beim Pharisäer Simon, dann scheint dies zunächst verwunderlich! Das Haus des Pharisäers Simon haben wir mit überzeugenden Gründen in Magdala/Tarichea lokalisieren können, einer griechisch-römisch geprägten Stadt. Jetzt aber sind wir in jüdischem Gebiet, und Betanien ist auch noch von der Tora zugelassen als Wohnstätte für die Pilger der heiligen Feste! Und hier nun eine griechisch-römische Sitte? Entweder hebt sich dieses spezielle Haus von der allgemein üblichen Sitte der Juden ab – oder wir müssen annehmen, dass diese Sitte schon generell Eingang im palästinensischen Judentum gefunden hatte. Was sagen die Texte?

Als Jesus den Jüngern die Füße gewaschen hat, so berichtet Johannes (Kap. 13), „nahm er wieder Platz". Im Griechischen steht das Verb *anapiptō*. Es bedeutet „zurückfallen, sich zurückbiegen, sich lagern, sich zu Tische legen". Als er ein andermal im Haus eines führenden

---

[488] Die RL ebenso wie die Zürcher Evangelien-Synopse (Wuppertal ¹⁴1975) übersetzen *anakeimai* sowohl bei Johannes als auch bei Matthäus mit „sitzen", Jesus „saß zu Tisch". Das muss man als falsch bezeichnen.

[489] Ganz richtig übersetzt *R. Pesch*, Markusevangelium, 2. Teil, S. 329, mit „während er zu Tisch lag". –
Pesch sagt zur ganzen Erzählung bei Markus: „... ist an der Einheitlichkeit der ganzen Erzählung (einschließlich V. 9) festzuhalten. Das erzählte Geschehen einschließlich der relativ langen Rede Jesu ist folgerichtig, ohne Widersprüche, auffällige Spannungen, Doppelungen oder Wiederholungen." Zureichend viele Indizien sprächen ihm dafür, dass in diesem Text eine Übersetzung aus einer aramäischen Urfassung vorliege. (S. 335)

[490] Auch für diese Stelle übersetzen RL und Zürcher Evangelien-Synopse unrichtig mit „setzte sich zu Tisch".

Pharisäers eingeladen ist, beobachtet er, wie die Gäste sich die „Ehrenplätze" aussuchten (Lk 14, 7). Im Griechischen steht das Wort „*prōtoklisías*/erster Sitz, erster Platz, Ehrenplatz". Damit wird unsere Frage nicht klar beantwortet. Die Silbe „*kli*" deutet aber ein Liegen an, denn solche Räume mit ihren Liegesofas hießen *triclinium*.[491]

Fragen wir deshalb: Was heißt griechisch „sich setzen"?

„Stuhl" heißt im Griechischen *kathédra* oder kurz *hédra*. Aber auch *thrónos*/Thron und *díphros*/niedriger Stuhl ohne Lehne. Der Richterstuhl war *bēma*. „Sich setzen" (auf einen Stuhl) oder „sitzen machen, zum Sitzen bringen" heißt entsprechend *kathízein* oder einfach *hízesthai, kathízesthai, kathēsthai*.

Das NT verwendet überwiegend die Worte *kathēmai* und *kathízō*. Bei welchen Gelegenheiten kommen diese vor?[492]

Als Jesus mit der samaritanischen Frau am Brunnen von Sychar spricht, sitzt er auf dem Brunnenrand (Joh 4, 6). Jesus sitzt gern im Freien, etwa am Ufer (Mt 13, 1) oder im Boot (Mk 4, 1) oder auf Bergen (Mt 5, 1; 15, 29; 24, 3; Joh 6, 3). Petrus sitzt auf dem Hof des Hohenpriesters (Mt 26, 58.69). Sitzen war Ausdruck und Zeichen besonderer, göttlicher Würde; Gott sitzt auf seinem Thron (Mt 5, 34 u 23, 22). Da die Herrscher der alten Zeit sich gern mit Gott verglichen, kam ihrem Sitzen königliche Würde zu, so auch dem messianischen König (Mt 26, 64). Die Hohenpriester folgen diesem Stil (Apg 23, 3). Ebenso gehört zur Autorität des Lehrers, dass er sitzt; Jesus lehrt fast durchweg im Sitzen (Lk 5, 3.17). Sitzen war aber auch Zeichen der Trauer, man saß zum Klagen (Lk 1, 79; Mt 20, 30; 27, 61). Auch Büßer saßen: Lk 10, 13 heißt nämlich genau übersetzt: „in Sack und Asche gesessen". Natürlich saß man auch im Gottesdienst, die Teilnehmer oft auf Matten, der Lehrer (und Frauen) auf dem Stuhl: Lk 4, 20.

Bedenkt man alle hier genannten Stellen systematisch, wird mit einem der genannten Begriffe niemals ein Sitzen in einem Privathaus zu einem Essen geschildert. Bei Markus (3, 32) hören wir, dass viele um Jesus herum saßen, als er einmal im Haus lehrte. Der Zöllner Levi sitzt am Zoll (Lk 5, 27), und auch der Engel („junger Mann") bei der Auferstehung sitzt auf dem Grabrand (Mk 16, 5), und die Geldwechsler sitzen im Tempel (Joh 2, 14). Aber nirgendwo wird eines unserer Worte für ein Sitzen bei einer Mahlzeit verwendet.

---

[491] S. unsere Erklärung in Anm. 335.

[492] Der folgende Abschnitt nach *Carl Schneider* in *Kittel*, Theologisches Wörterbuch zum Neuen Testament, Bd. III, S. 443–447.

Aus diesem Befund legt sich die Annahme nahe, dass man im Palästina zur Zeit Jesu auch unter Juden zu Mahlzeiten im Allgemeinen „zu Tische lag". Die westlichen Sitten hatten schon weitgehend Eingang gefunden. Die semitisch-arabische Tradition, von Wüste und Zelten geprägt, hat demgegenüber wohl am Sitzen (oder Liegen) auf Matten, nicht auf Stühlen festgehalten.

Machen wir die Gegenprobe: Wo überall tauchen die Worte *anakeimai* und/oder *katakeimai* auf, die für „liegen" gebraucht werden?

Als Matthäus nach seiner Berufung ein Essen gab (Mt 9, 10), „lag" Jesus dort zu Tisch. Beim himmlischen Hochzeitsmahl (Mt 22, 10.11) heißen die „Gäste" im Griechischen „*anakeiménous*/die (zu Tisch) Liegenden"; die Gäste des Herodes Antipas, vor denen die Tochter der Herodias tanzte (Mk 6, 26), heißen genau übersetzt „die zu Tisch Liegenden". Und auch beim Letzten Abendmahl „legt" sich Jesus mit seinen Jüngern zu Tisch (Mt 26, 20; Mk 14, 18). In Joh 13, 23 übersetzt die EÜ: „keiner der Anwesenden verstand"; griechisch heißt es: „keiner der (zu Tisch) Liegenden"! Auch nach der Auferstehung „liegen" die Jünger zu Tisch, als der Herr ihnen erscheint (Mk 16, 14).

Die Schwiegermutter des Petrus „lag" mit Fieber im Bett (Mk 1, 30). Ebenso „lag" der Gelähmte auf seiner Bahre (Mk 2, 4). Im Haus des frisch berufenen Zöllnerapostels „lag" Jesus zu Tisch (Mk 2, 15; Lk 5, 29), genauso wie er auch „zu Tisch lag" im Haus Simons des Aussätzigen beim letzten Mahl (Mk 14, 3) und ebenso im Haus des Pharisäers Simon (Lk 7, 37), als die Frau mit der Salbe hereinkam.

Am deutlichsten beantwort Lukas unsere Frage, wo er das Wort Jesu überliefert: Wer ist größer, der „zu Tisch liegt oder der bedient/ *ho anakeímenos ē ho diakonōn*"? (Lk 22, 27).

Wir müssen also auch für dieses Mahl in Betanien davon ausgehen, dass man dort zu Tische lag![493] Damit löst sich zumindest das Problem auf, wie die Frau an die Füße Jesu herangekommen wäre, wenn er in der Enge dieses Hauses zu Tisch gesessen hätte. Über die Anzahl der am Mahl Teilnehmenden hören wir nichts. Nehmen wir die Notiz bei Matthäus „Als die Jünger das sahen", so scheinen wir mit einer Zahl von um die 12 Männern rechnen zu müssen. Markus sagt nur unbestimmt „einige/*tines*", Johannes konzentriert das Geschehen beim Mahl sowieso auf wenige Personen. Nehmen wir 12 Jünger an plus Jesus plus

---

[493] S. auch *Wolfgang Thiel* („Das Haus und seine Einrichtung", in NTAK, Bd 2, 9–17), hier vor allem S. 16. Er spricht von „Klinen", „Liegen", „Polstermatratzen".

Lazarus, sind wir schon bei 14 „zu Tisch Liegenden" – eine in diesem Haus beachtliche Anzahl. Entweder müssen wir ein ausnehmend großes Haus annehmen, oder es muss auf den Matratzen eng zugegangen sein. Oder eine dritte Möglichkeit: Nur Jesus als besonderer Gast hatte eine „Kline", und die anderen hockten auf Matten.

Ob das Mahl am Nachmittag oder am Abend stattfand, lässt sich nur ungefähr rückschließen. Jesus „kam nach Betanien" ... ziemlich sicher von Jericho herauf, und der ehemals blinde Bartimäus folgte ihm schon. Unter dieser Annahme sollten wir vom späten Nachmittag oder frühen Abend für den Beginn des Mahles ausgehen.

Nun geschieht die überraschende Salbung.

Mt 26, 7: „Eine Frau, die hatte ein Alabastergefäß voll kostbarem, wohlriechendem Salböl und goss es auf sein Haupt, als er zu Tisch lag." Mk 14, 3: „Kam eine Frau mit einem Alabastergefäß voll echtem, kostbarem Nardenöl, zerbrach es und goss das Öl über sein Haupt." Joh 12, 3: „Da nahm Mariam ein Pfund echtes, kostbares Nardenöl und salbte die Füße Jesu und trocknete mit ihrem Haar seine Füße."[494]

Beginnen wir mit dem Verkaufswert dieser Narde. Kaum ist das Salböl geflossen, kaum beginnt sein unbeschreiblicher Duft das Haus zu erfüllen, da merken die Männer auf – und werden heftig. Ungehalten äußern sie in vorwurfsvollem Ton: 300 Denare oder mehr hätte man dafür bekommen können! Was bedeutet die Wertangabe?

Römische Legionäre, die seit Augustus eine Dienstzeit von 16 Jahren hatten, wurden im Allgemeinen regelmäßig und gut besoldet, mit „brutto 225 Denare/900 Sesterzen pro Jahr. Zudem winkte ihnen am Ende ihrer Dienstzeit ein fester Betrag von 12.000 Sesterzen, d.h. ca. 14 Jahresbruttogehältern."[495] Um 5.000 Männer plus Frauen und Kinder zu speisen, wäre Brot zu kaufen gewesen im Wert von mindestens 200 Drachmen (Joh 6, 7). Ein Tageslohn lag im Durchschnitt bei 1 Denar (Mt 20, 13). Diese Angabe stimmt mit außerbiblischen Überlieferungen der damaligen Zeit im römischen Reich überein.

---

[494] Wenn *Faure* (S. 95) davon ausgeht, *pistikēs*/kostbar komme nur bei Johannes vor (bei Markus, meint er, stände *pistikēs* nicht in den ältesten Handschriften), möchte er damit offensichtlich den Wert des Öls herunterspielen. Mir käme sein „nur bei Johannes" entgegen, denn allein die Magdalenerin wusste um den wirklichen Wert des Öles – und sie hat ihn nur Johannes (und Lukas) mitgeteilt.

[495] *Rudolf Haensch*, Das römische Heer und die Heere der Klientelkönige im Frühen Prinzipat, in NTAK, Bd 1, S. 158.

Auf diesem Hintergrund ist der Wert des Nardenöls zu wägen. Wollte man den Geldwert des EURO aus dem Jahr 2007 zum Vergleich nehmen und setzte man einen Tageslohn mit durchschnittlich 60 EUR fest, dann hätte das Salböl der Frau den unglaublichen Gegenwert von 18.000 EUR gehabt! Nähme man das Jahresbruttogehalt eines gedienten Soldaten der Bundeswehr plus 30% (Differenz von 225 zu 300), dann würde die Endsumme noch höher ausfallen!

Sofort entsteht die Frage: Woher hat diese Frau aus diesem jüdischen Dorf Betanien hinter dem Ölberg in einer Familie ohne Eltern eine derart kostbare Salbe? Oder umgekehrt: Was muss das für eine reiche Frau gewesen sein, dass sie etwas derart Kostbares nicht nur besaß, sondern auch „verschütten" konnte? Das Alabastergefäß allein war schon wertvoll genug – sie zerbrach es (Mk 14, 3)!

Einen ersten Teil der Antwort erhalten wir, wenn wir das Wort *nardos* befragen, das Johannes verwendet. Die meisten Bibelwissenschaftler (außer Schnackenburg) gehen mehr oder weniger schnell über dieses Wort hinweg. Dabei war *nardos* schon damals ein Lehnwort im Griechischen, wie Lexika wissen! Wo die *VITA* des Rhabanus die Spezereien und Salben „echt indisch" nennt, wertet Gössmann dies z. B. als Beleg für die „Unechtheit" des Textes. Jedoch:

Schon der gute alte Brockhaus[496] bringt unter dem Stichwort „Narde" weitaus mehr an Aufklärung, als so mancher Exeget dahinter je vermutet hätte. Da heißt es gleich zu Beginn, dass das Wort „Narde" aus dem Altindischen komme! Nun denn …! Die wohlriechende Pflanze und ihre Teile seien für Salben, Salböle, Arzneien schon im Altertum benutzt worden. Die Indische Narde gehöre zu den Baldriangewächsen; sie werde auch Nardenwurzel oder Indischer Speik genannt. Das Fachwort lautet *Nardostachys jatamansi*. Die Wurzel dieser Indischen Narde, aus der direkt die Blüte sprießt, sei wohlriechend, sie habe zu den beliebtesten und kostbarsten Duftstoffen des Altertums gezählt. Bei Festmählern seien die Gäste oft mit Narde gesalbt worden. Und auch im Kochbuch des Aspicius tauche die Narde als Gewürz auf. Ihr Name sei schon früh auf andere Pflanzen oder Aromata übertragen oder mit diesen verwechselt worden. In der Bibel werde sie viermal erwähnt.

Ungleich mehr findet sich zu „Nardos/Narde" im Internet.[497]

---

[496] Brockhaus, Wiesbaden ¹⁷1971, Bd. 13, S. 198.
[497] Internet, Artikel „Valerian and Nardostachys" von Subhuti Dharmananda, Ph.D., Director, Institute for Traditional Medicine, Portland, Oregon.

Im Altertum war Nardostachys bekannt als „Narde". Der spezielle Name *jatamansi* war der Sanskritname für diese Pflanze. Im Griechischen hieß sie *nárdos*, im Altpersischen *nárda*, was sich wiederum von Sanskrit *nálada* (oder *narada*) abgeleitet habe = die Wohlriechende.[498]

Die biblische Narde (Hld 1, 12 und 4, 13f.) war eine kostbare, aromatische Salbe, die in Alabasterkästchen aufbewahrt wurde. Ihr Duft galt als anziehend, berauschend und ähnelte teurem Moschus. Ihr Öl war Grundlage für Parfüme. Die Duftstoffe von *jatamansi* wurden von Frauen zum Parfümieren ihrer Haare benutzt, ebenso für Badewasser, aber auch mit Weihrauch gemischt. In Indien galt die Narde als wertvoll für Massageöle, aber auch als nützlich gegen allerlei Krankheiten. Besondere Verwendung fand die Narde zur Beruhigung und gegen Störungen im Verdauungs- und Atmungsbereich.

Nardostachys komme ursprünglich aus Nordindien und gedeihe dort in hoher Lage (3500 bis 5500 m) zu Füßen des Himalaja. Von Indien sei die Pflanze auch nach China eingeführt worden.

Das Salböl war also ein kostbares ausländisches Produkt. Allein dies rechtfertigt schon seinen hohen Preis. 400 bis 500 kg Wurzeln ergaben 1 kg ätherisches Öl! Dieses Salböl war auch deswegen teuer, weil es auf seinem langen Weg vom Himalaja bis in den Mittelmeerraum viele Grenzen zu überqueren hatte. Diese Zollstellen (plus Räuber) auf dem Weg konnten den Preis des Öls[499] verdoppeln. Am Ende musste ihn jemand bezahlen. Und es ist völlig klar, dass dies nur ein vermögender Mensch der Oberschicht vermochte! Einer, der mehr als ein Jahresgehalt so mir nichts dir nichts auf den Tisch legen konnte. Das dazugehörige Alabastergefäß war ebenfalls kostbar.

Damit stehen wir wieder vor der Frage: Wer war diese Frau?[500] Sie muss vermögend gewesen sein. Und zwar so reich, dass sie mit solchen

---

[498] Nach de.wikipedia.org/wiki/Indische_Narde. Oder bei *Michael Zohary*, Pflanzen der Bibel, Calwer Verlag 1986.

[499] In Anm. 379, 417, 426 und auf S. 158f. hatten wir bereits etwas zu dieser „Narde" gesagt, Schnackenburg hat unsere Angaben bestätigt. Alle Mutmaßungen, es könnte sich um „Pistazienöl" handeln (So vor allem von *Pesch*, Markusevangelium 2. Teil, S. 331, vorgetragen. Die Summe von „200" [Druckfehler] Denaren kann er deswegen auch nicht problematisieren), erweisen sich auch deswegen als falsch, weil dieses niemals auch nur entfernt hätte so teuer sein können, da es im Raum des Mittelmeeres, also „vor Ort" hergestellt werden konnte.

[500] *R. Pesch*, Das Markusevangelium, 2. Teil, S. 335: „die unbekannte Frau ..."

Werten umzugehen gewohnt war und sie „verschwenden", geradezu verschütten konnte wie andere Ziegenmilch. Zugleich aber teilte sie etwas vom Wert der Narde an den Mann mit, für den sie es verschwendete. So wie die Narde, war mehr noch Er selber ihr „kostbar".

Johannes nennt ihren Namen: Mariam von Betanien. Markus und Matthäus erwähnen zwar auch die kostbare Narde, die zur überraschenden Salbung Jesu verwendet wird, bzw. das Alabastergefäß. Aber sie lassen die Frau, die sie verschwendet, namenlos. Auch Marta und Lazarus werden von Markus und Matthäus nicht erwähnt, nur der Ort Betanien und das Haus „Simons des Aussätzigen", der aber nicht in Erscheinung tritt. Bei allen Übereinstimmungen zwischen Markus/Matthäus mit Johannes in dieser Sache, bei allen Unterschieden zwischen ihnen, die aus ihrem anderen Blickwinkel herrühren, die gesamte Szene aber nur noch einmal bestätigen, kann überhaupt kein Zweifel bestehen, dass auch Markus und Matthäus eben diese Maria von Betanien meinen, wenn sie sagen: Es „trat eine Frau zu ihm". Die Frage kann eigentlich nur lauten: Warum nennen die beiden Synoptiker den Namen dieser Frau nicht?

Die eher traditionelle Antwort, „die frühchristliche Tradition habe sie nicht gekannt", überzeugt überhaupt nicht. Eher war sie früher bekannt (bei den Synoptikern), und erst später (beim vierten Evangelisten) war ihr Name verloren gegangen, aber nicht umgekehrt. Wenn aber Johannes sie kennt, dann kannte die frühchristliche Tradition sie erst recht. Außerdem muss berücksichtigt werden: Eine derart reiche Frau hat einen Namen. Und diesen Namen merkt sich jeder. Versteht sich. Vor allem bei einer solchen Salbung, die, wie alle Exegeten zugeben, eine äußerst ungewöhnliche Handlung darstellte.

Darüber hinaus war solch eine vermögende Frau nicht nur der beginnenden christlichen Tradition, sondern mehr noch den Einwohnern des Örtchens Betanien bekannt. Dort auf jeden Fall hatte sie einen Namen – im doppelten Sinn des Wortes.

Und wenn sie noch keinen Namen gehabt haben sollte – indem Jesus ihr die Verheißung zusagte: „Wo immer verkündet wird der ganzen Welt das Evangelium, dort wird, was diese getan hat, gesagt werden zu ihrem Gedächtnis!" (Mk 14, 9; Mt 26, 13), musste man sich ihren Namen merken und gut behalten. Es gibt kein Gedächtnis an einen Menschen ohne dessen Namen. Wo immer die „Evangelisten" (Eph 4, 11; Gal 2, 14) das „Evangelium" verkündeten, werden sie der Frage begegnet sein: Und wer war das? Wie hieß sie?

Wenn Johannes uns nun mitteilt, dass es „Mariam" war, Maria von Betanien, dann wussten die Synoptiker das ebenfalls. Und die Leute im Dorf erst recht kannten die reiche Mariam. Sie war dort keine Fremde, sondern die allseits bekannte Schwester der Marta und des Lazarus, die als Kinder des verstorbenen Simon des Aussätzigen dort gelebt hatten.

Die Frage lautet also nicht: Wer ist (bei Markus und Matthäus) die namenlose Frau? – sondern: Warum verschweigen die beiden den Namen dieser Maria, der Schwester der Marta und des Lazarus, den sie natürlich kannten?[501] Und warum nennt ihn dann Johannes? Nur so herum gestellt ist die Frage berechtigt und interessant.

Eine Frau, die derart vermögend ist, wie man es für den Vorfall mit der Verschwendung des indischen Nardenparfüms annehmen muss, tritt im Evangelium des Markus und Matthäus nicht auf. Beide Evangelisten erwähnen nicht einmal die Mutter Jesu in einer geziemenden Weise, Markus nur allgemein und indirekt (Mk 3, 31–35). Ja, bei diesem Evangelisten kommen Frauen fast gar nicht vor: Da nennt er kurz die fiebrige Schwiegermutter des Petrus (Mk 1, 30), dann die syrophönizische Mutter in Tyrus (Mk 7, 25–30), der er den längsten Raum einräumt, und schließlich jene alte Witwe, die zwei kleine Münzen in den Opferkasten wirft (Mk 12, 42–44). Sonst gibt es bei Markus (außerhalb der Passion) keine Frauen. Umso überraschender erscheint jene namenlose Frau, die Jesus unglaublich verschwenderisch salbt und dafür vom Herrn auch noch eine Ehrung erfährt, die dem Jubelruf der Elisabet angesichts des Besuches der Maria, der „Mutter meines Herrn", nicht nachsteht (Lk 1, 42), ja, diesen übertrifft.

Bei Matthäus sieht es nicht viel anders aus: Anfangs bei der Geburt wird Maria namentlich erwähnt (Mt 1, 18ff.), die Schwiegermutter des Petrus wird auch hier nicht vergessen (8, 14), auch nicht die Mutter Jesu, die nicht bis zu ihrem Sohn vordringen kann (12, 47), dann wird erwähnt, dass seine Mutter Mariam heiße (13, 55), Herodias und ihre Tochter spielen eine unangenehme Rolle (14, 3ff.), die kanaanäische

---

[501] Eigentümlich und bezeichnend für heutige Exegese ist, dass z. B. auch *Gnilka* (Das Matthäusevangelium, 2. Teil, S. 385–389) dieser Frage nach dem Namen der Frau, die doch mit einer einzigartigen Verheißung gesegnet ist, nicht nachgeht, ja, die Frage nach ihrer Identität (mit Matthäus und Markus) überhaupt nicht stellt.
Ebenso wenig *Pesch*, Markusevangelium, 2. Teil, S. 328–336. *Pesch* sagt: „Joh 12, 1–8 ist gegenüber Mk sekundär weiterentwickelt, Lk 7, 36–50 von Mk 14, 3–9 beeinflusst" (S. 335). Das reicht nicht zur Erklärung.

Mutter wird nicht vergessen (15, 22ff.), neu ist die Frau des Zebedäus, die mit ihren Söhnen zu Jesus kommt (20, 20ff.) – und mehr Frauen werden auch bei Matthäus vor der Passion nicht erwähnt. In 21, 17 heißt es nur allgemein, dass Jesus abends Jerusalem verließ und nach Betanien ging, um dort zu übernachten; ein Name wird nicht genannt.

Das führt zu einem merkwürdigen Ergebnis: Die Salbung der in den Evangelien des Markus und Matthäus namenlosen Frau in Betanien ist der längste Passus (von der kanaanäischen Frau in Tyrus abgesehen) und die intensivste Handlung, die sie von einer Frau berichten. Sie wird durch die geradezu überschwängliche Reaktion Jesu deutlich positiv abgehoben gegen die eigenen Jünger und erfährt dadurch noch eine höchste Steigerung. Von den Frauen wird nur noch die alte Witwe von Jesus gelobt, die ihre 2 Lepta in einen der Opfertrichter zwischen dem Schönen Tor und dem Nikanor-Tor wirft. Sie ist das Gegenbild zu dieser vermögenden Frau.

Soll man nun annehmen: So zufällig und namenlos wie jene alte Witwe im Vorhof der Frauen sei auch die reiche und namenlose Frau zu sehen, die zufällig in das Haus kommt, wo Jesus mit den Jüngern versammelt ist? Sie gießt die kostbare Narde über ihn aus – und verschwindet dann genauso wie die Witwe vom Tempel? Wer das annehmen möchte, übersieht zweierlei: Zwei Lepta in den Opfertrichter zu werfen, ist zwar ein Tun, das auf Gott gerichtet ist, aber in diesem Moment geschieht es „unpersönlich". Die reiche Frau in Betanien dagegen handelt ganz entgegengesetzt: Ihr Salben gilt in einer anstößig persönlichen Weise der gegenwärtigen Person Jesu.

Ein zweites: Das aggressive Murren der Jünger über diese „Verschwendung", das gegen die Frau gerichtet ist, lässt fragen: Hätten sie das bei einer ganz und gar fremden, zufällig hereingekommenen Frau, die sie gar nicht kannten (!), gewagt? Führt uns die Reaktion der Jünger nicht im Gegenteil zu der sicheren Vermutung, dass sie diese Frau gekannt haben mussten? Oder sogar noch mehr: Sie lebten schon seit langem in einer untergründigen Spannung zu ihr, die sich nun aber, bei dieser Verschwendung, lauthals Luft verschaffte, im Sinn von: Also, jetzt reicht es aber! (Es sollte übrigens beachtet werden, dass die „vermögenden Frauen" in der Jesus-Bewegung bei all ihrem Dienen die Kasse des Judas offensichtlich nicht aufgefüllt haben.) Jesus dagegen schützt nun diese Frau. Ihre Handlung werde zu „ihrem" Gedächtnis erzählt werden. Aus solcher Erwägung scheint noch einmal hervorzugehen, dass diese Frau bekannt war.

Ein Letztes: Vergessen wir nicht, dass Markus und Matthäus mit keinem Wort die Frauengruppe unter Maria Magdalena erwähnen, die „für Jesus und die Jünger mit ihrem Vermögen" sorgte. Diese Gruppe hat es aber ohne Zweifel gegeben. Und Markus und Matthäus wussten von ihr und von ihnen. Nur in dieser Gruppe aber begegnen uns „vermögende" Frauen, die um Jesus und die Jünger herum anzunehmen sind. Diese reiche Frau mit ihrer kostbaren Narde, sie hatte einen Namen. Alle kannten ihn, auch Matthäus und Markus. Warum haben sie ihn nicht genannt? Übrigens den der Marta und des Lazarus auch nicht. Zwei Motivbündel legen sich zur Antwort nahe:

Einmal ein mehr objektives: Diese Frau brachte ein Image mit, das für die Jesus-Bewegung, die noch nicht stabil war, negative Folgen gehabt haben könnte. So wie es nachteilig war, im toratreuen Jerusalem einen ehemaligen Zöllner in der Leitung zu haben, so war es nachteilig, Jesus und die „Sammlung vom Neuen Weg" mit einer ehemaligen, liberalen Geschäftsfrau, die Hetäre und auch noch von Dämonen besessen gewesen war, in Verbindung zu bringen.

Ein zweites Motiv könnte mehr Subjektives beinhaltet haben: Die Männer um Jesus mochten weder diese Frau noch ihre Helferinnen, denn sie waren ihnen überlegen. Die eine Frau ganz besonders. Jesus hatte mit ihr häufiger Kontakt als mit ihnen, ging gern nach Betanien und hatte sich dort seine „Familie" zugelegt. In der beginnenden Traditionsbildung, ohne Jesus, konnte man diese Frauen an den Rand rücken. Das war notwendig, um die junge Bewegung vor Angriffen zu schützen. Was ihr Kyrios Jesus Frauen alles hatte tun lassen, wie er sie an sich herangelassen hatte, das passte nicht in die Normen ihrer jüdischen Welt. So verschwiegen sie besser die „Frauenkontakte" Jesu und gaben Frauen in ihren Evangelien einen möglichst knappen Raum. Vor allem: keinen Namen.

Als Lukas und Johannes ihr Evangelium schrieben (vielleicht um 60; Markus und Matthäus schrieben zwischen 45 und 55; siehe Kapitel VII) war die Zeit schon weitergegangen, die Interessen und Konflikte der verschiedenen Gruppen in Jerusalem hatten sich verlagert und begannen, sich gegen die römische Besatzungsmacht zuzuspitzen. Von den Frauen waren die meisten ihre Wege gegangen oder schon gestorben, die eine besondere war nicht mehr im Land – jetzt konnte man etwas mehr von ihnen sprechen und schreiben.

Als zusammenfassende Schlussfolgerung dieser Gedanken soll folgende Überlegung gelten: Selbst wenn wir nicht die klare Darstellung des vierten Evangelisten zu Hilfe nehmen, der ausdrücklich die Frau mit der indischen Narde benennt als Maria von Betanien, müssen wir bei genauer Betrachtung der Evangelien des Markus und Matthäus eine an Sicherheit grenzende Wahrscheinlichkeit dafür einräumen, dass die von ihnen ohne Namen dargestellte Frau in Betanien mit der unglaublich kostbaren Narde im Kreis der vermögenden Frauen zu suchen ist, welche Jesus und die Jünger seit langem begleitet und ihnen vielfältig gedient haben. Nichts bei Markus und Matthäus spräche dagegen, in der namenlosen salbenden Frau Maria, die „so genannte" Magdalenerin, zu sehen. Warum ihr Name verschwiegen wird, dafür haben wir Motive vorgelegt.

Vollends klar tritt uns diese Frau jedoch bei Johannes entgegen: Von ihm wird sie auch die Schwester der Marta und des Lazarus genannt. Und als solche haben wir sie bereits identifiziert als die ehemals namenlose „Sünderin" bei Lukas im siebten Kapitel. Und diese musste die Magdalenerin sein.

Meinen Leib zur Auferstehung gesalbt

Maria von Betanien also, in der Öffentlichkeit bekannt als „die Magdalenerin", die Leiterin der Gruppe von Frauen, die Jesus und den Jüngern mit ihrem Vermögen dienten, diese Mariam, die mit ihrer Schwester Marta und dem Bruder Lazarus nach dem Tode des Vaters Simon das Haus und jene Familie wurden, zu der Jesus ein persönliches Verhältnis pflegte, um sich dorthin wie in seine Familie zurückziehen zu können, sie ist es, die hier mit der kostbaren indischen Narde kommt und sie über Jesus ausgießt.

Als ehemals vermögende Geschäftsfrau hatte sie genügend Geld für solche Kostbarkeit. Vielleicht gehörten derartige Salben, ihr „Im- und Export", sogar zu ihren Geschäftsbereichen, mit denen sie ihren Reichtum verdiente. Uns fällt es bei dieser Annahme natürlich leicht, die Verbindung zur „namenlosen Sünderin" bei Lukas 7 herzustellen, die ebenfalls ein *alábastron myrou*/Alabastergefäß voll wohlriechendem Salböl" gebracht hatte. Schon damals hatte sie die Füße Jesu gesalbt. Jetzt tat sie es wieder. Diesmal war ihr Motiv jedoch ein anderes.

Mit ihrem Realitätssinn hatte sie gespürt, dass Jesu Leben auf sein Ende zuging. Schreckliches stand bevor. Schon sein heimlicher, kurzer Besuch, als er Lazarus erweckte, war ein Risiko gewesen. Jetzt aber nahm Jesus die Konfrontation offen an. Es ging um das Entweder Oder.

Und sie wusste: Er war bereit, für seine Botschaft vom Gott des Erbarmens, wie er in Wahrheit war, zu sterben. Das musste sie so sehr bedrücken, dass es ihr war, als stände ihr eigenes Leben auf dem Spiel. Sie hatte ihr Leben ja ganz und gar an seines gebunden.

Wenn er nicht mehr war, wollte auch sie nicht mehr sein.

Einige Tage später wird Petrus sagen: Mein Leben will ich für Dich geben (Joh 13, 37) – diese Frau tat es bereits jetzt. Wenn Judas Iskariot bald hingehen wird, und für den Verrat Geld für sich kassiert: Was wollt ihr *mir* geben? (Mt 26, 15) – diese Frau gibt hin, gibt ihr Geld, ihre letzte Sicherheit, gibt sich selbst an einen anderen. Sie war den Aposteln weit voraus. Es war ihre vielleicht kostbarste Salbe, die sie aufgehoben hatte. Sozusagen eine Erinnerung an das Gestern oder Rücklage für das Morgen. Aber wenn Er nicht mehr war, dann wollte auch sie nicht mehr sein. Wenn er sein Leben verschwendete, dann wollte auch sie ihres verschwenden: Schau, Jesus, jetzt habe ich nichts mehr, was mich an diese Welt fesselt. Wenn Du weggehst, dann will auch ich nicht mehr sein. Wenn Dein Leben endet, dann hat auch meines keinen Sinn mehr. Dann gebe auch ich meines weg.[502]

Die kostbare Narde im Alabastergefäß ist ein Bild für sie selbst.

Markus und Matthäus berichten, sie habe die Narde über das Haupt Jesu gegossen, Johannes dagegen sagt, sie habe sie über die Füße Jesu ausgegossen und diese dann mit ihrem Haar abgetrocknet. Beide Überlieferungen lassen sich verbinden.

Jesus lag ja, wie wir festgestellt haben, auf dem „Ehrensofa". Andere Teilnehmer an diesem Mahl können auf den Matten gehockt haben, weil für genügend Liegesofas vermutlich nicht ausreichend Raum im Haus bestand. Es war der Magdalenerin also möglich, sowohl sein Haupt wie auch seine Füße zu erreichen. Mariam begann, ihre kostbare Narde über dem Haupt Jesu auszugießen – und den Rest der Alabasterflasche goss sie über seine Füße aus. Man muss bedenken, dass die Flasche „ein Pfund" enthielt, das sind nach unseren Maßen etwa 327 (oder 336) Gramm Salböl, oder einfacher: mehr als ein Viertelliter.

---

[502] Wenn *Pesch* (S. 334) sagt, „die Frau hat situationsgemäß gehandelt, getan, was sie vermochte (V. 8a): sie hat den Leib Jesu (vgl. 15, 43) im voraus zum Begräbnis gesalbt (V. 8b). Sie hat die kostbare Salbe (V. 3), den Luxusgegenstand, zum jetzt gebotenen Liebeswerk der Totensalbung Jesu benutzt", dann setzt er voraus, das Motiv der Frau für ihr Salben sei das gleiche gewesen, das Jesus anschließend als seine Deutung ihres Tuns nennt. Ich nehme jedoch an, dass das Motiv der Frau unausgesprochen ein sehr persönliches war.

Als Alabastron[503] bezeichnete man Glasgefäße mit einem Bauch und einem langen Hals. Das bei Kroll abgebildete Gefäß hat eine Höhe von 16 cm und einen größten Umfang von 26,5 cm. Sein Inhalt wird auf 275 cm³ geschätzt. Das von Mariam benutzte Alabastron müsste, wenn es 327 cm³ enthalten konnte, größer gewesen sein. Die bei Schnackenburg genannten „327 Gramm" sind für uns ein Gewichtsmaß. Gehen wir von den genannten 275 cm³ aus, so wäre dies mehr als ein Viertelliter. Um realistisch zu sehen, was die Frau hier tut, nehme die Leserin ein Küchengefäß, fülle es mit 275 ml/cm³ Olivenöl und gieße diese Menge über das Haupt ihres Freundes aus ... es sollte ein erprobter Freund sein! Denn diese Menge legt nahe, dass Mariam die Narde über Haupt *und* Füße Jesu ausgegossen haben muss.

Die Menge des Salböls hat aber noch eine andere Bedeutung; ob der Evangelist sich ihrer bewusst war, vermag ich nicht zu sagen.

Johannes schildert als „erstes Zeichen" Jesu, worin gewissermaßen das Thema seiner Sendung vom Vater zu den Menschen angegeben wird, wie dieser auf der Hochzeit zu Kana in Galiläa das Wasser in Wein gewandelt hat. Johannes berichtet auffällig exakt von „sechs steinernen Krügen", „sie fassten je zwei bis drei Metreten"; das sind rund je 100 Liter. Umgerechnet in unsere Gewohnheiten, wären das insgesamt etwa 750 Flaschen Wein. Dieses Zeichen, das bei Johannes am Anfang der frohmachenden Botschaft von Jesus dem Sohn Gottes steht, geschieht in der Form der Fülle: Wenn Gott gibt, dann gibt er ohne Maß, als wollte er mit beiden Händen seine Fröhlichkeit unter den Menschen ausschütten.

Hier in Betanien schließt sich der Bogen. Jetzt ist es eine Frau, die das „erste Zeichen" der Menschheit setzt. Der Mensch, der die Fülle seines Herzens über seinen Gott ausgießt. Am Anfang bei einer Hochzeit zum Beginn neuen Lebens, am Ende bei einem Mahl zu dessen Ende; am Anfang für die vielen, am Ende für den einen; am Anfang in Fröhlichkeit, am Ende in Trauer. Aber die Liebe Gottes ist angekommen beim Menschen. Wenigstens bei einem, bei dieser Frau.

Kehren wir zu dieser Frau in Betanien zurück.

Wenn es in der Überlieferung nach Johannes heißt, sie habe die gesalbten Füße dann „mit ihrem Haar" abgetrocknet, so hat Schnackenburg durchaus Recht, wenn er sagt, das sei weder möglich noch der Sinn solcher Aktion. Aber was hat Mariam dann wirklich getan? Wie schon bei Lukas 7 gesagt, ist es weder der Sinn einer Salbung mit Öl,

---

[503] Bei *Kroll* (S. 300) findet man solch ein Alabastron abgebildet.

das Öl wieder abzutrocknen, noch ist dies mit Haaren schicklich und möglich.

Wenn wir vom Text bei Johannes ausgehen (noch einmal der Hinweis, dass in Lk 7 die Füße zuerst mit Haaren vom „Wasser" abgetrocknet und danach erst mit Öl gesalbt wurden), sie hätte „mit ihrem Haar" die Füße abgetrocknet, dann soll man wieder genau hinschauen: Sie musste sich dazu mit ihrem Kopf dicht über die Füße Jesu beugen – wir kennen eine, die das schon einmal getan hat. Ihre Haare fielen dabei über ihren Kopf und über die Füße Jesu. Und niemand konnte mehr sehen, was sie eigentlich tat. Sie nahm nämlich die Füße ihres Herrn zwischen ihren Haaren in die Hände, umfasste und küsste sie.

Das aber zu berichten, falls es den Männern überhaupt aufgefallen war, wäre für sie denn doch zu „anstößig" gewesen (wir kennen das Wort), war es doch sowieso schon gegen alle jüdischen Gepflogenheiten, „so etwas" bei einem Mahl zu tun. „Wir sind hier doch nicht in Korinth bei einem Symposion mit Hetären!" mögen manche gedacht haben. So begnügten sie sich in der Überlieferung dieser Szene, das mit den Füßen überhaupt wegzulassen (Markus und Matthäus) oder nur von einem „Abtrocknen" der Füße (Johannes) zu sprechen, auch wenn dies einem kundigen Menschen merkwürdig vorkommen musste.

Diese Auslegung scheint eine Bestätigung in den Worten Jesu zu erfahren, mit denen er die Mariam gegen die polternde Entrüstung der Männer verteidigt. „Als sie dies Öl über meinen Leib goss, ... (*epi tou sōmatos mou*)"[504] (Mt 26, 12; „*to sōma mou*/meinen Leib" Mk 14, 8), sagt Jesus bei den Synoptikern. Hätte er so formuliert, wenn sie nur das Haupt oder nur die Füße gesalbt hätte? Hätte er dann nicht gesagt entweder „über mein Haupt" oder „über meine Füße"? Haupt aber und Füße zusammen umfassen wie Endpunkte den ganzen Leib. Einen Viertel Liter Öl nur über eine Körperstelle auszugießen, über den Kopf oder über die Füße, ist zudem unschicklich, da solche Menge Öl weit fließt und reichlich kleckert.

Doch bevor Jesus das Tun der Frau auf seine Weise deutet, schützt er sie vor den Angriffen seiner Männer: „Lasst sie! Was betrübt ihr sie"? (Mk 14, 6) „Sie hat eine schöne Tat (Mt: *ergon gar kalon*/Mk: *kalon ergon*) an mir getan." Jesus sagt diese Worte nicht nur so dahin, etwa: Na ja, das ist doch ganz nett, was sie da getan hat. Im Gegenteil: In seinen Worten steckt geradezu ein Kapitel jüdischer Gesetzeslehre.

---

[504] Die EÜ wagt sich nicht an den „Leib" heran, sondern übersetzt „über mich".

Grundlegend zum Verständnis seiner Antwort ist die jüdische Unterscheidung von Almosen und Liebeswerk. Das Spätjudentum unterschied von den Pflichtgeboten der Tora, deren es 613 gab, die guten Werke, und bei diesen noch einmal Almosen und Liebeswerke. Das Almosen wurde durch drei Merkmale vom Liebeswerk unterschieden: Es wurde den Armen gegeben, erstreckte sich nur auf Lebende und bestand in einer Geldgabe. Das Liebeswerk dagegen umfasste neben den Armen auch die Reichen, neben den Lebenden auch die Toten, und es erforderte neben der Geldaufwendung zugleich den persönlichen Einsatz. Darum stand das Liebeswerk über dem Almosen.[505]

Pesch fügt hinzu[506]: „Die wichtigsten Liebeswerke sind: Speisung der Armen, Kleidung der Armen, Gastlichkeit, Auslösung von Gefangenen, Teilnahme an Hochzeitszügen, Krankenbesuche, Tröstung von Trauernden, vor allem Totenbestattung. Vgl. Mt 25, 31ff."

Jesus sagt also seinen Männern: Jungs, ihr könnt der Frau gar nicht verbieten, was sie da getan hat! Wenn ich mal annehme, dass du, Judas, die 300 Denare wirklich den Armen geben würdest, dann wolltet ihr aus dem Geld ein Almosen machen. Die Mariam aber hat ein Liebeswerk, ein schönes Werk getan – das, meine Herren, steht über eurem Almosen! Ihr könnt ihr also keinen Vorwurf machen. Außerdem: Wenn ihr wirklich den Armen zum Pascha etwas geben wollt, kein Problem, ihr habt sie immer bei euch. Mich nicht. Jedoch, ich bin das Pascha![507]

Anschließend gibt Jesus seine eigene Deutung vom Tun der Frau: Sie hat es „für das mich-Begraben getan" (Mt 26, 12). Sie hat „meinen Leib im voraus gesalbt zum Begräbnis" (Mk 14, 8). Was sagt er damit?

Zunächst fasst er die wortlos, nur im Gestus ausgedrückte Angst der Frau ins deutliche Wort: Sie will ihn nicht verlieren. Dann lieber will sie mit ihm sterben. Sie hat Angst davor, ihn zu verlieren, sie will

---

[505] Nach *Kroll*, S. 299.
[506] *R. Pesch*, Das Markusevangelium, 2. Teil, S. 333.
[507] Der Bedeutungsspielraum des griechischen Wortes *kalos* ist umfangreich. Von: schön, stattlich, hübsch, liebreich, anmutig über: trefflich, ehrenvoll, tüchtig, brauchbar bis: gut, lieb. – Wie der jüdische Fachausdruck, den wir annehmen müssen, auf Hebräisch hieß, ist bei *R. Pesch* nachzusehen. – Wichtig in diesem Zusammenhang ist der Hinweis bei *Pesch* (S. 332 u. 335), dass für die frommen Juden eine Verpflichtung zum Almosengeben in der Paschawoche bestand. Jesus hebt dieses Gesetz auf bzw. bezieht es einmal mehr auf sich und seine Person: Ich bin das Pascha!

ihn festhalten, mit dem Salben sagen: Du bist mein! Gehe nicht weg! Aber Jesus antwortet ihr: Doch, ich werde weggehen. Meine Sendung hat nicht Dich und uns beide zum Ziel, sondern die ganze Menschheit und das wahre Bild Meines Vaters. Deshalb muss ich weggehen, nämlich sterben und begraben werden und ... und Du ...

„Du hast schon im voraus meinen Leib zum Begräbnis gesalbt!"

Johannes berichtet (19, 39), Nikodemus habe nach der Grablegung Jesu „eine Mischung aus Myrrhe und Aloe" gebracht, „etwa 100 Pfund". Myrrhe stammt aus der Borke eines Baumes, der in Ostafrika und Arabien beheimatet war. Und Aloe? Solches Parfüm (Ps 45, 9; Hld 4, 14) „wird aus dem Harz eines Baumes gewonnen, der in Nordindien und Malaysia beheimatet ist".[508] Damit sind wir, wie schon bei der Narde, wieder in Indien oder im noch ferneren Malaysia – und bei einer sehr teuren Salbmischung. Den Preis für 100 Pfund dieser Mischung habe ich, aus vergleichbaren Preisen solcher Salben im Rom jener Zeit, mit (wenigstens) 10.000 Denaren geschätzt. Wer diese 100 Pfund in aller Eile gestiftet haben könnte, das herauszufinden sei der Findigkeit des Lesers überlassen.

Das oben zitierte Wort Jesu ist aber nicht nur „Todesprophetie". Vielmehr klingt darin schon Verkündigung der Auferstehung: Du salbst meinen Leib jetzt, weil Du es später nicht mehr tun kannst. Denn tatsächlich wird diese Frau, zusammen mit ihren Gefährtinnen, am ersten Tag der Woche Jesus nicht mehr salben. Als sie in der Morgenfrühe nach dem Sabbat zum Grab eilt, um dies zu tun, ist der Leib, der Leichnam nicht mehr da.[509] Sie hat ihn schon gesalbt, hier, im Haus in Betanien.

Den Lebenden.

Weil es den Toten nicht geben wird.

Abschließend spricht Jesus jene Ehrung und Segnung der Frau aus, die ihresgleichen im ganzen Neuen Testament sucht. Sie ist auch noch eingeleitet mit dem feierlichen Amen: „Amen, ich sage euch: Wo immer in die ganze Welt (in der ganzen Welt) das Evangelium verkündigt wird, da wird auch, was sie getan hat, erzählt werden zum Gedächtnis an sie!" Wie zur besonderen Betonung steht dieses „an sie/*autēs*" am Ende des Satzes. Nicht zum Gedächtnis Jesu, des *Kyrios*, sondern zu ihrem.

---

[508] *Jerusalemer Bibellexikon*, Neuhausen-Stuttgart 1989, S. 287.
[509] Auch *R. Pesch* (S. 334) bemerkt oder erwähnt nicht, dass in Mk 15, 34 und 16, 1 das Salben des Leichnams Jesu im Grab eben nicht erfolgt.

Das ist nun wiederum so anstößig, dass die Exegeten geradezu nach Luft schnappen und eine Erklärung suchen: „Das Gedenken, das die Frau dabei erfährt, ist auf die Menschen gerichtet"[510] Nicht doch! Davon steht nichts im Text. Das Gedenken ist auf diese Frau gerichtet! „Das Gedenken der Frau könnte sich ursprünglich auf das eschatologische Gericht bezogen haben, das er erwartete. Dort sollte ihrer gnädig gedacht werden." Ach du lieber Himmel! Die Frau hat das Gericht gerade bestanden! Oder: „Die Tat dieser Frau wird als Verdienst vor Gott genannt werden, wo immer das Evangelium = die eschatologische Botschaft vom Herrschaftsantritt Gottes in der ganzen Welt (von den eschatologischen Boten = den Engeln) ausgerufen wird."[511]

Wie „anstößig", unerwartet, wie nicht einzuordnen dieses Wort Jesu gewesen ist, wird an solchen Interpretationen heutiger Theologen deutlich, die ohne „Gericht" und „Verdienst vor Gott" und „eschatologische Boten" bei dieser Frau nicht auszukommen scheinen.

Aber: Jesus ist das Gericht! Er ist das Eschaton. Und er hat sie schon selig gesprochen! „Ihr" Gedächtnis wird gefeiert von den Hörern der Frohen Botschaft auf dem ganzen Erdkreis.

Nehmen wir als Krönung des Ganzen noch Folgendes hinzu: Exegeten haben lapidar festgestellt, die Sünderin beim Pharisäer Simon (Lk 7) sei eine Dirne gewesen. Wir haben festgestellt, dass sie dann eine Hetäre gewesen sein muss. Nun überliefert aber die griechische Geschichte, dass im Hellenismus für außergewöhnliche Hetären von ihren Verehrern Denkmäler gesetzt wurden – dann, ja dann hat Jesus dieser ehemaligen Hetäre Mariam von Betanien, bekannter als „die so genannte Magdalenerin", ein Denkmal gesetzt, wie es nie und nirgendwo eine andere dieser Frauen in der ganzen Welt je erhalten hat oder jemals erhalten wird.

Die folgenden Tage müssen für Mariam sehr, sehr schwer gewesen sein. Ihr waren die Hände gebunden. Jetzt vollendeten die Männer das „Werk Gottes", wie sie überzeugt waren. Denn dieser Mensch hatte Gott gelästert, Gottes Gebote übertreten, dafür hatte Gott selbst die Todesstrafe ausgesprochen. Sie folgten nur der Tora.

Der so genannten Magdalenerin halfen ihre Beziehungen nichts mehr. Wen immer sie kannte in der Welt der Geschäfte, der Politik, des Geldes – in „Fall Jesus" war nichts zu machen. Vielleicht haben

---

[510] So *Gnilka*, S. 388. Ebenso der folgende zitierte Satz.
[511] *R. Pesch*, S. 334 u. 335. „Die Tat" der Frau wird erzählt werden. Aber gerühmt durch die Verkündiger wird sie selbst: zu „ihrem" Gedächtnis"!

römische Beamte noch auf ihre Intervention gehört und notiert, warum dieser Jesus unschuldig sei. Auf gar keinen Fall aber hörte die religiöse Behörde auf sie. Eine Frau, vor allem eine solche, hatte nichts zu sagen. Nicht einmal deren eigene Leute wie Nikodemus hatte eine Chance. (Joh 7, 50)

So waren ihr die Hände gebunden. Sie und die anderen Frauen waren ohnmächtig wie nie zuvor. Dass die Jünger ängstlich und feige waren, hatten sie schon lange gewusst. Jetzt kam ihre eigene Hilflosigkeit dazu.

Die Evangelien konzentrieren ihre Berichte verständlicherweise auf das Geschehen um Jesus. Petrus musste erfahren, dass er lange nicht so stark war, wie seine Worte geklungen hatten. Nach der Gefangennahme seines Meisters verschwinden er und alle Jünger im Dunkel der Nacht. Wie zuvor Judas. Retten ihr kleines nacktes Leben. Am Ende sind nur noch die Frauen da, unter dem Kreuz, und Johannes.

Hier treffen wir die Magdalenerin, herausgehoben genannt an erster Stelle nach der Mutter des Toten und deren Schwester.

Und dann wird Jesus ins Grab gelegt – unheimlich schnell ist alles zu Ende gegangen. Wie ein unwirklicher Spuk.

Jetzt hatte sie alles verloren.

Am Morgen des ersten Wochentages eilt sie mit einigen ihrer Freundinnen zum Grab. Wenigstens den Leichnam haben. Wenigstens den Toten salben, noch einmal berühren, weinen ...

Aber der Leichnam ist weg.

Einmal mehr hat Jesus Identität durch Kontinuität hergestellt. Einmal mehr hat er selbst ganz bewusst die Brücke gebaut:

Du willst zum Grab, mich zu salben?

Hast Du vergessen, dass Du es schon getan hast?

Du hast meinen Leib zur Auferstehung gesalbt!

In Deinem Haus in Betanien.

Mich, den immer Lebendigen.

Der Dich liebt in Ewigkeit!

VI. EINE NEUE THESE ZUR TRADITIONSGESCHICHTE – WIE DIE EVANGELIEN VIELLEICHT ENTSTANDEN SIND

So mancher Leser, vor allem, wenn er Fachmann der Exegese ist, wird sich verwundert die Augen reiben und fragen, warum eine lange Studie zur Magdalenerin durch ein Schlusskapitel zu traditionsgeschichtlichen Fragen beschlossen werde? „Wie die Evangelien entstanden sind" habe doch nichts mit dieser Frauengestalt zu tun. Doch mag es auch Leser geben, die auf den vergangenen Seiten immer wieder Hinweise zu Fragen der Traditionsgeschichte bemerkt haben, wie dies und das zu Johannes und Lukas gekommen sein könne, oder ob Johannes es von Lukas habe oder Lukas von Johannes, oder von Matthäus, Markus? Und auf welche Weise? Ganz abgesehen von meinen mehrfachen Ankündigungen auf eben dieses Schlusskapitel, wo ich gewisse Fragen einer neuen These zuführen wollte. Und, was manchem Leser geheimnisvoll geklungen haben mag, all diese Fragen sollten verbunden sein mit der Magdalenerin und ihrer Geschichte.

Man kann das Problem jetzt so formulieren:

Die bisherige, vorherrschende Hypothese zur Entstehung der Evangelien muss viele Fragen zu jener Frau, die Magdalenerin genannt wird, bzw. zu jenen Frauen, die zu Jesu Füßen sitzen, ihn salben usw., offen lassen. Können diese ungelösten Fragen durch einen relativ neuen Vorschlag zur Entstehung der vier Evangelien problemloser und einsichtiger beantwortet werden?

Das ist eine Frage zur Traditionsgeschichte der Evangelien. Die Traditionsgeschichte befasst sich mit der Frage, wie die Texte des Neuen Testamentes entstanden sein könnten.

Die historisch-kritische Methode hat herausgearbeitet, dass wir zum Einen von der Theorie ausgehen müssen, dass am Anfang zwei Quellen entstanden seien, aus denen alle späteren Evangelisten und Schreiber geschöpft hätten, nämlich die „Logien-Quelle" und das Markus-Evangelium. Die „Logien-Quelle" (abgekürzt mit „Q") existiert für uns aber nicht. Dass es sie gegeben haben muss, erschlossen die Fachleute aus den Übereinstimmungen und Unterschieden der synoptischen Evangelien (Markus, Matthäus, Lukas) untereinander; z. B. dort, wo man die nicht mehr erhaltene Quelle Q vermutet, beträgt die Übereinstimmung zwischen Matthäus und Lukas statistisch gesehen

71%. Wo Matthäus und Lukas die von uns kontrollierbare gemeinsame Quelle Markus-Evangelium benutzten, beträgt die wörtliche Übereinstimmung nur 56%.[512]

Diese Logien-Quelle muss jedoch auch Taten Jesu enthalten haben. Denn für die jüdisch-semitische Weltanschauung bildeten „sehen und hören" eine Einheit. Erst „Taten und Worte" zusammen machten die eine Wirklichkeit aus. Daher das oft wiederholte „... wie ihr seht und hört" (Apg 2, 33; 8, 6; die „Apostelgeschichte" heißt ja „Taten" der Apostel). Hinweise auf die Existenz einer solcher Sammlung finden sich tatsächlich bei frühchristlichen Schriftstellern. So zitiert der Kirchenhistoriker Eusebius den Bischof Papias von Hierapolis folgendermaßen: „Markus schrieb als Dolmetscher des Petrus sorgfältig alles auf, was er im Gedächtnis behalten hatte, jedoch nicht der Reihe nach, die Worte und Taten [!] des Herrn. Denn er hatte den Herrn weder gehört noch begleitet, später aber, wie gesagt, den Petrus, der seine Lehrvorträge nach den Bedürfnissen einrichtete, aber keine zusammenhängende Darstellung der Herrenworte liefern wollte ..."[513] Auch hier also „Worte und Taten". Das Wort Gottes geschieht in seinem Tun.

Diese Logien-Quelle, so vermutet Theißen, könnte „zwischen 40 und 65 n. Chr. entstanden" sein, wahrscheinlich in Palästina. In ihr seien Überlieferungen von „Wandercharismatikern" gesammelt worden. Ich stimme dem Zeitrahmen zu, setze ihn sogar früher an, kann aber nicht den Begriff „Wandercharismatiker" übernehmen: Der verleitet zu krausen Vorstellungen. Die Apostelgeschichte nennt uns dagegen ganz bestimme Amtspersonen, die „wandern"; ich werde darauf zurückkommen. Matthäus und Lukas (Johannes wird meistens gesondert betrachtet) hätten sowohl auf diese Quelle Q und das Markus-Evangelium zurückgegriffen als auch ihr je eigenes Traditionsgut hinzugefügt bzw. die Vorlagen eines anderen Evangelisten genutzt.

Zum Anderen gehört es zum Standard der historisch-kritischen Bibelforschung, dass Markus als erstes Evangelium geschrieben worden sei, und zwar kurz nach dem Jahr 70[514], als Jerusalem und vor allem das

---

[512] Angaben nach *G. Theißen*, Das Neue Testament (NT), München 2002, hier S. 24. Auch bei den folgenden Überlegungen nehme ich als Repräsentanten der heute herrschenden Meinung dieses praktische Büchlein von *Gerd Theißen*.
[513] Zitat nach *Theißen*, NT, S. 24f.
[514] Einer der Gründe dafür, nach *Theißen* (NT, S. 64), sei Jesu Weissagung über die Zerstörung des Tempels in Mk 13,1f. – Zu solcher Argumentation muss man die Möglichkeit verneinen, dass Jesus tatsächlich etwas „voher-gesagt"

Heiligtum, der Tempel, bei der Erstürmung durch die Truppen des Titus in Flammen aufging. Matthäus und Lukas – bzw. Schüler von ihnen, die schon gar nicht mehr in Palästina lebten, sondern vielleicht in Syrien – hätten nach dieser Theorie in den 80er Jahren je ihr Evangelium verfasst, Johannes das seinige noch später.

Diese „Zwei-Quellen-Theorie" zusammen mit der Entstehungszeit der Evangelien nach dem Jahre 70 wird für mein Verständnis der Wirklichkeit nicht gerecht, sie stimmt nicht mit dem Leben überein.

Es ist für unser Wissen über die historischen Vorgänge bei der Entstehung der Gemeinschaft vom Neuen Weg in Jerusalem, in Palästina und Samaria und immer weiter hinein ins weite römische Reich nicht nachvollziehbar, dass mit dem Aufschreiben der Ereignisse des Lebens Jesu, seiner Taten und Worte, 40 Jahre lang gewartet worden sein soll. Das würde bedeuten, dass die Generation, die alles noch miterlebt hat, selber nichts schriftlich aufgezeichnet hätte außer den „Logien", den Worten Jesu. Das ist nach meiner Auffassung völlig unvereinbar mit psychologischen und soziologischen Gesetzmäßigkeiten, die wir bei solch einem religiös-politischen und „charismatischen" Ereignis wie den dramatischen, umwälzenden Vorgängen im Leben Jesu und seiner Bewegung annehmen dürfen und müssen.

Als Vergleich wage ich die ersten Jahre der „Charismatischen Erneuerung" heranzuziehen. Sie entstand 1967 in den USA, in Ann Arbor, MI, aus der freikirchlichen Pfingstbewegung heraus und hieß anfangs „The Catholic Pentecostals" oder „Die katholischen Pfingstler". Sie kam schnell nach Frankreich und Deutschland. Auch dort geschahen „Zeichen und Wunder", gab es „Reden in Zungen", „Prophezeiungen" und „Taufe im Heiligen Geist". Ein Standard-Gebetsruf war „Maranatha – Komm Herr Jesus" oder „Der Herr kommt bald". Die Erlebnisse und Erfahrungen der überwiegend jungen Männer und Frauen (nach USA-Vietnam und Europa-68) geschahen sowohl im Innern der Menschen und schufen tatsächliche Bekehrungen als auch im Äußeren: Es entstanden schnell große Gemeinschaften mit Regeln und bewegenden Liedern und sozialem Engagement. In dieser Erneue-

---

haben könnte. Oder dass er im Falle eines Zusammentreffens von religiösem Fanatismus und Römischer Macht mit einfacher Vernunft solche Vorhersage machen konnte. Durchgehend wird heute eine „Weissagung" als Kriterium dafür genommen, dass sie natürlich keine „Vorhersage" sei, dafür umgekehrt als Beleg gelten könne, nach welchem Zeitpunkt der entsprechende Text geschrieben worden sein müsse. Das halte ich für unbegründet.

rungsbewegung der Kirche wäre niemand auf die Idee gekommen, nur „Worte" der ersten zwei Leiter aufzuschreiben. Im Gegenteil! Es entstand unglaublich schnell eine Vielzahl von Literatur vor allem über die „Taten", nämlich der Taten *Gottes*! (Ebenso Apg 4, 20) Zahllose Broschüren und Bücher in gewiss unterschiedlicher Qualität – aber was man als Wirken des Heiligen Geistes erlebt hatte, das musste doch an viele weitergegeben werden!

Auch an Pfingsten in Jerusalem ging es darum, die „Großtaten Gottes" (Apg 2, 11), die er in seinem Knecht Jesus gewirkt hatte, aller Welt weiterzusagen. Damit wartet, nach sozio-psychologischen Gesetzmäßigkeiten, keine Bewegung erst 40 Jahre. Eher muss man annehmen, dass auch die sogenannten Apokryphen (Texte über die Frühzeit, die später nicht in den Kanon der Schriften der Kirche aufgenommen wurden) bereits in dieser Zeit zumindest ihre Wurzeln haben.

Für die „Jesus-Bewegung" kam noch hinzu, dass sie eine „Neue Lehre voll Macht" (Mk 1, 27) war, die den Kern des traditionellen jüdischen „Glaubens" betraf (wie er zu dieser Zeit von den religiösen Führern, den Pharisäern, ihren Gesetzeslehrern und dem Synhedrium vorgeschrieben wurde) und ihn in wesentlichen Punkten auf den Kopf stellte: „Ich aber sage Euch!" Und so lautete denn die neue Antwort auf die alles entscheidende Frage: Wodurch werden wir gerettet? Etwa durch die Tora des Mose? Nein, durch die Gnade Gottes in seinem Knecht Jesus! Gott hat seinen Gesalbten in Jesus gesandt. In ihm hat der Ewige sein Heil geschenkt, über alle Grenzen hinweg, auch den Sündern und Heiden.

Bei solch zentralen Erfahrungen und Lehren wartet keine soziale Gruppe erst 40 Jahre, bevor sie eine Gesamtdarstellung aufschreibt.

Als möglicher Grund für die Verzögerung beim Aufschreiben der mündlichen Traditionen wird angeführt, die „nachösterliche Gemeinde" sei überzeugt gewesen, ihr Jesus, der Gesalbte, würde ohnehin bald „wiederkommen" (oder Jesus selber habe das geglaubt: Mt 16, 28) und den neuen Himmel, die neue Erde bringen. Aufgrund dieser „Naherwartung" sei es nicht nötig gewesen, etwas aufzuschreiben.

Ich habe schon darauf hingewiesen, dass auch in der Pfingstbewegung eine „Naherwartung" bestand – und dennoch viel Schrifttum entstand. In Israel war es damals nicht anders, denn die Textfunde aus den Höhlen bei Qumran (es spielt hierfür keine Rolle, ob die Siedlung Qumran ein „Kloster" radikaler Essener war oder eine „landwirtschaftliche Genossenschaft", wie neuerdings behauptet wird) haben offenbar gemacht, dass deren Schreiber ebenfalls die Ankunft eines oder gar zweier Messiasse erwartete; ihre Erwartung zog sich vermutlich über 150 Jahre oder länger hin. Zwischendurch haben Erdbeben viel zerstört. Das alles hat die Gemeinschaft hinter den Texten nicht davon abgehalten, erstaunlich viel zu schreiben, sogar eine Gemeinderegel. Hintergrund für ihr Verhalten dürfte gewesen sein, dass die damalige jüdische Vorstellung von „eschatologischen" Ereignissen keine absolute Zäsur zwischen Jetzt und Danach machen musste wie beim „christlichen Jenseits": Für unser Sein im Himmel brauchen wir Christen tatsächlich nichts aufzuschreiben. Anders war es, so scheint mir, bei den damaligen jüdischen Frommen und apokalyptischen Denkmodellen, die mit „Weltuntergang" arbeiteten: Sie konnten sich für das „Neue Reich Israel", für das „Neue Jerusalem" und den „neuen Himmel und neue Erde" viele Übergänge und Modelle vorstellen, von einem Fortbestand alles Bestehenden (nach einer Vertreibung natürlich aller Bösen, also Gesetzlosen) bis hin zu einem „Herabsteigen" eines neuen Jerusalem (Offb 21), einer neuen Welt, in der die Tora Gottes alles in Frieden regelte. Eine absolute Trennung in Diesseits und Jenseits, wie wir sie heute denken, war im damaligen Weltbild nicht leicht möglich. Denn die ganze Welt, Himmel und Erde, Diesseits und Jenseits, gehörte Gott. In der Tora hatte man zudem schon das „eigentliche Jenseits", den Himmel, erhalten. Vielleicht auch deswegen kann Paulus sagen: Wir sind schon mit Christus auferweckt! (Kol 3, 1)

Eine „Rückprojektion" unseres Denkens ist unhistorisch und unkritisch, sie unterscheidet nicht zwischen heutigem rationalen Denken (aus griechischer Tradition) und den damaligen Vorstellungen der Frommen Palästinas (aus semitisch-arabischer Tradition). Und selbst die haben ja, wie die Fachleute zugeben, die „Logien-Quelle" schnell geschrieben. Und dann hätten sie mit einer „zusammenhängenden Darstellung" (Papias, Eusebios) gewartet? Das überzeugt nicht.

Zudem berücksichtigt die heute herrschende Meinung nicht, dass es zwar derartige „Früherwartung" unter einigen Christen gegeben hat; der erste Brief des Apostels Paulus an die Thessalonicher wendet sich an solche Leute, die jedoch im Jahr 50/51 eine Minderheit darstellten. Aber sowohl seine eigenen Briefe wie auch die Ämter, die Paulus schafft, lassen ohne Zweifel erkennen, dass weder er noch die Mehrheit der Christen (erst recht nicht Jesus selber) eine „Frühankunft" des Menschensohnes erwarteten. Wozu dann all die Ämter? Wenn aber Ämter, dann auch Schriften, nicht nur einzelne Worte.

Auf diesem Hintergrund möchte ich die herrschende „Zwei-Quellen-Theorie" überschreiten. An ihrer Stelle möchte ich mit neuen

Überlegungen skizzieren, wie die Evangelien entstanden sein könnten. Mit ihnen ließe sich auch einsichtig machen, welche Rolle die Magdalenerin für Lukas und Johannes gespielt hat. Ich nenne meinen neuen Vorschlag die „Blumenstraußtheorie".

Ich gehe davon aus, dass schon sehr früh mit Aufschreiben begonnen worden ist. Darunter verstehe ich: Noch zu Lebzeiten Jesu.

Denn normalerweise sind es die Feinde eines Menschen, die, welche ihn aus dem Weg räumen wollen und ihn dazu tatsächlicher oder erfundener gesetzwidriger Vergehen anklagen, die als erste gegen den angeblichen „Übeltäter" Material sammeln und sich Notizen machen, was dieser Störenfried, dieser Überschreiter göttlicher Wiesungen und der Anordnungen des Kaisers dazu, in der Öffentlichkeit alles redet und tut. Man brauchte objektive Notizen, weil man später darauf die Anklage gegen ihn aufbauen würde. Deswegen gehe ich davon aus, dass zum Prozess gegen Jesus vor dem Hohen Rat und erst recht vor dem Vertreter des Kaisers bereits erste schriftliche Notizen als Aktenvorlage dienten. In ihnen war gesammelt, was dieser „selbsternannte" Prophet hier und da gesagt, was er getan hatte. Ob wir in dieser „Aktenvorlage" einen Vorläufer der späteren „Logien-Quelle" haben, ist vorerst zweitrangig.

Die Anhänger Jesu, Jünger, Frauen, Mitläufer, werden noch nichts mitgeschrieben haben. Sie alle (oder viele von ihnen) hörten nur begierig zu und warteten darauf, dass ihr Jesus, der mögliche Messias, endlich das Signal zum Aufstand, zur Befreiung aus dem Joch der Besatzungsmacht und aller Bösen überhaupt geben würde. Als dieses nicht eintraf, ja, als ihr Kandidat für den Messiasthron sogar schmählich am Kreuz der Römer starb, gab es erst recht keinen Grund für sie, etwas aufzuschreiben.

Dies änderte sich jedoch überraschend.

Als Gott Jesus von den Toten auferweckt hatte, als das Grab also leer war und Jesus den Frauen und Jüngern ohne die Spur eines Zweifels als derselbe lebendig erschienen war, da stellten diese Erscheinungen sie vor eine große denkerische Aufgabe: Sie mussten nun all ihre bisherigen Vorstellungen und Erwartungen, die sie an den Mann aus Nazaret geknüpft hatten, revidieren, korrigieren und schließlich ihn selbst neu begreifen: Was hatte er denn wirklich im Sinn gehabt? Was war denn das eigentliche Ziel seines Tuns und Redens gewesen? Vieles, was sie bisher gedacht hatten, stimmte ja überhaupt nicht.

Dies führte den Kreis der anfänglichen 120 Jünger und Frauen in eine zeitliche Phase, bei der wir fünf Vorgänge genauer benennen können; ich werde sie anschließend unter dem Bild des „Blumenstraußes" noch einmal bildhaft darstellen:

Erstens begannen sie bei ihren Zusammenkünften zu „rekapitulieren", was da alles geschehen war im öffentlichen Leben Jesu, angefangen von der Taufe des Johannes. Was alles war da passiert? Es war eine Gedächtnisarbeit, bei der jeder und jede aus der Erinnerung die Ereignisse und Worte Jesu zusammentrug, wo er oder sie dabei gewesen war. Im gemeinsamen Erinnern und Zusammentragen geschah auch Korrektur und Genauigkeit: Nein, das hatte er so gesagt! Nein, so hatte er es getan! Hier wuchs, ohne dass die Beteiligten dies bewusst beachteten, ein gemeinsamer Schatz an mündlicher und umfassender Tradition, die das mehr äußerliche Geschehen der „Worte und Taten" Jesu sammelte und dabei bereits begann, feste Formulierungen zu finden und zu wiederholen, die allen Beteiligten Gemeingut wurden.

Zweitens konnte es beim bloßen „Rekapitulieren", also Sammeln aller Ereignisse und Worte, nicht bleiben; ihr Bemühen galt darüber hinaus dem Ziel, die Worte und Taten Jesu in ihrer eigentlichen Bedeutung zu verstehen. Nennen wir dies den Prozess der „Kognition": Sie begriffen auf einmal, was ihr Herr und Meister mit diesen Worten wirklich gemeint hatte. Was er mit diesen Taten eigentlich hatte aufzeigen wollen. Es war ein wachsender Prozess neuer Ein-Sicht, neuen Ver-Stehens und Be-Greifens. Indem sie die erinnerte Wirklichkeit aus der Erfahrung der geschehenen Auferweckung betrachteten, verstanden sie das Leben Jesu ganz neu. Dieses neue Verstehen (das genau genommen bis heute fortgeht) konnte nur und musste mithilfe ihrer traditionellen jüdischen Glaubensvorstellungen geschehen, etwa mit Hilfe der Gottesknechtslieder von Jesaja, der Prophezeiungen bezüglich David, bestimmter Psalmen und anderer Schlüssel-Texte.

Eine Zäsur erfuhr dieser kognitive Prozess mit jenem Tag, an dem klar wurde, dass der Auferstandene ihnen nicht länger erscheinen würde. Wir nennen das die „Himmelfahrt" Jesu. Nach diesem Ereignis (was immer da geschah) wussten sie, dass sie keine Gelegenheit mehr haben würden, Jesus nach diesem oder jenem zu fragen, z. B. wann das „Reich für Israel" endlich kommen würde (Apg 1, 6). Jetzt waren sie auf sich selber, auf ihre gemeinsamen Erinnerungen und Einsichten angewiesen. Damit formte sich notwendig auch neue Autorität.

So ergab sich eine dritte Stufe: Es wuchsen die Anfänge einer neuen „Theologie", einer Zusammenschau der einzelnen „Worte und Taten" Jesu zusammen mit ihrer eigenen Erkenntnis, was ihr Meister darin hatte aufzeigen und ansagen wollen. Dies alles formte sich zu einem veränderten, geradezu neuen Gottesbild aus dem Handeln Jesu. Gott war nicht so, wie sie das bisher gehört hatten. Er hatte nicht so gehandelt, wie die herrschende Lehre sie das erwarten ließ. Gott war viel größer, in seiner Liebe, in seinem Mitleid und Erbarmen, in seinem Umgang mit den Menschen, mit Israel, mit den Heiden. Er hatte wirklich den „alten Schuldschein durchgestrichen". Er hatte tatsächlich sein Volk erlöst von all seinen Sünden. Gott hatte in Jesus, seinem Lamm, alle Schuld bezahlt, sie waren frei. Der Vorhang war wirklich zerrissen. Jetzt konnte der Messias kommen. Und er war gekommen. Dann waren keine Sündopfer im Heiligtum mehr notwendig und keine *hiereis*/(Opfer-)Priester. Gott war wieder in ihrer Mitte.

Solche oder ähnliche Gedanken eines „theologischen Systems" begannen sich zu entwickeln, noch auf der Basis jüdischer Traditionen, aber hier und dort diese schon überschreitend mit Hilfe alter Worte der Schriften und Propheten, die in der zeitgenössischen, theologischen Lehre kaum beachtet wurden, und mit Hilfe griechischen Denkens. Die Predigt des Petrus am Ersten Pfingstfest gibt uns einen Einblick in solche erste „Zusammenschau" und „Gesamtdarstellung" der Ereignisse des Lebens Jesu, gleichsam als Resultat der Gespräche der 120 in den vergangenen 50 Tagen. Beachten wir: Einzelne Sätze bewirken eher Moral, selten tiefe Einsicht. Erst die umfassende Theorie schafft Sinn – und der „trifft mitten ins Herz" (Apg 2, 37).

Daraus ergab sich, ganz natürlich, ein Viertes: Unter ihnen wuchs „große Freude". Auch heute können wir dies überall bei uns Menschen beobachten: Wo jemand etwas begreift, versteht, zum ersten Mal einsieht, wo ihm etwas bis dahin Unverständliches „aufgeht" oder gelingt, da freut sich der Mensch. Das kleine Kind genauso wie die Professorin, der Fußballstar genauso wie der große Manager. Sie alle freuen sich unsäglich, weil ihnen etwas „geglückt" ist, so oder so.

Aus dieser Freude aber erwuchs ein Fünftes wie von selbst: Gemeinschaft. Die 120 wuchsen durch die gemeinsame Erinnerung, das neue Verstehen bis zum Begreifen des eigentlichen Handelns Gottes, das in ihnen unsagbare Freude auslöste, zur neuen Gemeinschaft zusammen. Ohne solche Einsicht und Freude hält keine Gemeinschaft lange zusammen. Es ist ja keine „gemachte" Freude, keine ideologische, sie kommt von selbst als Frucht tiefster Einsicht, die beglückt und den Einzelnen wandelt, weil sie ihn in seinem Innersten genauso angeht und „umdreht" wie alle im Volk und sogar alle Welt.

Der Schlusspunkt dieses fünfstufigen Prozesses war das Fünf-Wochen-Fest, das Pfingstfest. Bis zu diesem Tag waren die 120 Männer und Frauen überwiegend beieinander geblieben und hatten miteinander alles überlegt und neu verstanden. Dabei war in ihnen, man kann es physikalisch ausdrücken, ein „Überdruck" an Einsicht und Freude entstanden, der am Pfingsttag durch den Heiligen Geist entzündet wurde. Die 120 wurden geradezu nach außen „katapultiert" und begannen, was sie bis jetzt selber neu begriffen und schon in festen Worten und Sätzen theologisch formuliert hatten, nämlich die großen Taten Gottes in seinem Knecht Jesus, der erstaunten jüdischen Öffentlichkeit mitzuteilen und mithilfe der heiligen Schriften als erfüllte Verheißung zu beweisen.

Bis zu diesem Tag wuchs zunächst, so darf man sich das vorstellen, die „mündliche Tradition". Es gab keinen Grund, etwas schriftlich festzuhalten, da man ja jeden Tag zusammenkam und mehr und mehr zusammentrug und ergänzte und noch besser verstand. Die 120 bürgten als lebendige Tradition für Kontinuität und Übereinstimmung.

Wenn ein Bild helfen soll, mag man sich einen großen Blumenstrauß vorstellen, der in einer mächtigen Blumenvase steht, die einen weiten Bauch und einen sich nach außen wölbenden Rand hat.

Innerhalb der Vase, ins Wasser getaucht, stehen die 120 Stängel der Blumen. Sie sind eng beieinander, saugen dasselbe Wasser auf und bilden ein gemeinsames, fast ununterscheidbar einheitliches Bündel. Dieses Bild soll jene Zeit darstellen, die in jenen fünf Prozessstufen bis zum Pfingstfest gedauert hat: Jedes Wort, was einer der 120 sprach, war Gemeingut für alle; jede Erinnerung war Gemeingut für alle; jede Einsicht, die einer aufleuchtete, war Theologie für alle.

Dann kommt jener Abschnitt in der Vase, wo die Stängel zwar aus dem Wasser hervortreten, aber noch unter dem Rand der Vase bleiben: Sie gehen bereits ein wenig auseinander, bleiben aber noch dicht beieinander. Dies vermag jene Zeit darzustellen, die nach dem Pfingstfest einsetzte, als die 120 sich über Jerusalem verteilten und den interessierten Juden aus ihrem eigenen, gerade erworbenen Schatz neuen Verstehens mitteilten, wer dieser Jesus wirklich war, was er wirklich gebracht und was Gott in ihm erfüllt hatte. Zwar wird bereits in dieser Phase der eine Jünger mehr diese Worte und Erinnerungen benutzt haben, ein anderer mehr jene, aber noch sind alle so dicht beieinander, dass die Einheitlichkeit deutlich überwiegt.

Dann aber verlassen unsere 120 Stängel den Raum der Vase, entfalten sich über den Rand hinaus – mit den „Füßen" immer noch im selben Wasser – und beugen sich nach allen Richtungen. Dies Bild kann veranschaulichen, wie die 120 Jünger und Apostel allmählich

Jerusalem verlassen haben und ins Umland gegangen sind, nach Samarien, nach Galiläa, noch weiter hinauf bis nach Antiochia, Kleinasien, Korinth und Rom. Je weiter die 120 Blumen aus der Vase hervortreten, desto deutlicher zeigen sie ihre je eigene Art und Schönheit und ihre Vielfalt insgesamt. Aber ab dieser „Phase drei" beginnt die ursprünglich eine Tradition der 120 sich auch zu differenzieren, ihre Besonderheiten zu erlangen, ihre Eigenarten zu entwickeln, je nach dem Träger der Verkündigung und je nach dem Publikum, zu dem der Bote spricht, und dessen politisch/religiös/sozialer Situation – aber immer noch geprägt und zurückgebunden in die eine Tradition, die in den 50 gemeinsamen Tagen unverlierbar gewachsen war.

Wann ist dies historisch geschehen? Gehen wir vom 7. April des Jahres 30 als dem Todestag Jesu aus (Jesus war im Alter von 37 Jahren gestorben), dann war das Pfingstfest Ende Mai desselben Jahres. Halten wir uns an die Apostelgeschichte, so konzentrierte sich die Ausbreitung des neuen Bekenntnisses in der Taufe auf „den Namen Jesu, des Christus", zunächst auf Jerusalem, was ja auch nahe liegt. Auch die ersten Konflikte und Zusammenstöße mit der „orthodoxen" jüdischen Lehre geschahen in Jerusalem, genauso wie hier die Gemeinschaft um die Apostel zu wachsen und sich zu organisieren begann.

Eine erste kritische Phase setzte mit jenem Zeitpunkt ein, als nun, immer noch in Jerusalem, Menschen zur Gemeinschaft vom Neuen Weg dazukamen, die entweder aus örtlich entfernten Gegenden stammten, wie etwa Nikanor aus Antiochia (Apg 6, 5) – oder aber aus anderen Traditionen, wie etwa „eine große Anzahl Priester" des Tempels in Jerusalem (Apg 6, 7). Gegenüber solchen Menschen, die aus deutlich anderen Regionen oder Traditionen kamen, musste die bisherige Verkündigung nach neuen Worten und Erklärungen und Bildern suchen, um sich ausreichend mitteilen und begründen zu können. Die geschlossen eingetretene Gruppe der Tempelpriester brachte ihre Überzeugungen mit. Eine Situation, die eine weitere Differenzierung der Frohen Botschaft von Jesus, dem Christus, mit sich gebracht haben dürfte, wenn nicht gar eine verfremdende Akzentverlagerung. (Man stelle sich vor, in eine heutige katholische/evangelische Pfarrgemeinde träten auf einmal 100 Mitglieder der Neuapostolischen Kirche ein – die würden viel von ihrer Tradition mitbringen und davon nicht lassen.)

Aber immer noch, so will mir scheinen, waren keine schriftlichen Aufzeichnungen nötig. Immer noch war man zeitlich genügend oft und örtlich eng beisammen, um alles in Gesprächen immer wieder neu zu bedenken und zum Gemeingut zu machen.

Eines allerdings wäre zu beachten: Unter denen, die sich auf diese Weise regelmäßig trafen und das gemeinsame Traditionsgut des neuen Glaubens festigten, waren auch die Apostel Matthäus und Johannes (wann letzterer nach Kleinasien gegangen ist, wissen wir nicht), und vielleicht auch der Evangelist Markus. Der aber muss ein anderer Markus gewesen sein als jener „Johannes mit dem Beinamen Markus" (Apg 12, 25), dessen Mutter Maria hieß und in deren großem Haus (Apg 12, 12) sich die Gemeinde von Jerusalem traf. Denn „Johannes Markus" zog mit Barnabas und Saulus nach Antiochia zu einer Zeit, als Petrus mit seinen Begleitern „an einen anderen Ort" ging. Aber es scheint mir nicht ausgeschlossen, dass der Evangelist Markus einer aus dem Anfang der mündlichen Traditionsbildung war, welche die 120 Jünger und Frauen von Anfang an zusammenband. Sie hatten „alles gemeinsam", auch alle Taten und Worte des Lebens Jesu und ihr Verständnis davon.

Doch nach einigen Jahren ergab sich eine wirklich neue Situation.

Nach der Ermordung des Stephanus – historisch befinden wir uns im Jahre 33/34[515] – brach über die neue „Sammlung/*ekklēsía*"[516] eine schwere Verfolgung herein (Apg 8, 1). „Alle wurden ... zerstreut", und zwar geografisch über ganz Judäa und Samarien. Interessant ist, dass Galiläa nicht eigens genannt wird. Später hören wir (Apg 11, 19), dass die Zerstreuten bis nach Phönizien, Zypern und Antiochia kamen. Nur die Apostel blieben in Jerusalem – ob dies numerisch exakt zu verstehen ist (also alle 12 oder schon mehr) und wie lange sie dort zusammen blieben, sei hier übergangen.

Diese „Zerstreuung wider Willen" führte zu einem Ergebnis von großer Tragweite: Nun verkündeten die so Zerstreuten eben an jenen Orten „das Wort", wohin sie auf ihrer Flucht gelangt waren. Für ihre

---

[515] Ich bevorzuge dieses frühe Datum, andere Forscher datieren die Ermordung des Stephanus in das Jahr 36/37.

[516] *Ekklēsía* kann auch „Volksversammlung" bedeuten, oder „Heeresversammlung". In der Apostelgeschichte jedoch wird ein wild zusammengelaufener Volkshaufe (Apg 19, 32) *ekklēsía* genannt. Der Stadtschreiber von Ephesus bringt schließlich die Menge im Theater zur Ruhe mit dem Hinweis, den Streitpunkt auf einer „ordentlichen Versammlung" (*ennómō ekklēsía*) zu lösen. *Ekklēsía* bedeutet zunächst also „Versammlung"; welcher Art diese ist, erklärt sich aus dem gegebenen Umfeld. Cyrill von Jerusalem ermahnt deshalb in seinen mystagogischen Katechesen die Neugetauften, bei der Ankunft in einer fremden Stadt nicht nach der *ekklēsía* zu fragen, sondern nach der *ekklēsía catholica*.

Verkündigung schöpften sie aus der in Jerusalem in den drei, vier vergangenen Jahren gewachsenen mündlichen Tradition. Zugleich aber mussten sie diese weiter differenzieren, je nach der persönlichen Eigenart des Verkündigers und je nach der neuen Hörergruppe und deren besonderen Schwierigkeiten oder Interessen. Entsprechend setzte man andere Akzente in der Darstellung der Frohen Botschaft, stellte bestimmte Ereignisse in den Vordergrund, benutzte neue Worte – eben das, von dem man merkte, dass es gerade diesen Menschen, die vor einem saßen, mehr half, den Glauben an Jesus, den Herrn, anzunehmen. Aber auch die „Eigennatur" der Verkündiger hatte jetzt mehr Spielraum, natürlich auch ihre Vergesslichkeit.

Der Einfluss der Apostel als der Hauptgaranten der Überlieferung ging damit ein wenig zurück – in unserer Blumenstraußtheorie beugen sich die Blumenstängel jetzt schon weiter über den Rand der Vase. Aber die Apostel sorgten noch selber dafür, dass die Überlieferung treu weitergegeben wurde: Die Vermittlung der Gabe des Heiligen Geistes (Apg 8, 15) behielten sie nämlich sich selbst vor, dazu reisten sie in die betreffenden Orte. Die Bezeichnung „Wandercharismatiker" (Theißen) ist deswegen unpassend, weil die Apostel selber in ausgesprochen amtlicher Mission zielstrebig zu den sich bildenden Gemeinden gingen. Die Rückbindung an Jerusalem war wichtig. Die „Wassertaufe" (Apg 10, 47 „Wasser zur Taufe") konnten auch Diakone spenden.

Die ersten Hinweise auf „schriftliche" Aufzeichnungen der Verkündigung vermute ich dort, wo die Apostelgeschichte von den „Reisen des Petrus" berichtet, die in Folge der „Zerstreuung" notwendig wurden. Da heißt es (Apg 9, 32–43): „Auf einer Reise zu den einzelnen Gemeinden kam Petrus auch zu den Heiligen in Lydda ..." Später besucht er Joppe, dann auch Caesarea. Wir hören anschließend, dass auch sechs traditionell eingestellte jüdische Brüder den Petrus begleiteten. Es wäre merkwürdig, wenn andere Apostel solche Reisen nicht gemacht hätten.

Bei diesen Besuchen in den sich formenden Gemeinden, die nun nicht mehr glaubten durch die Tora (Apg 15, 1.5), sondern durch die schenkende Gnade Gottes in Jesus, dem Herrn, gerettet zu werden (Gal 2, 16; Eph 2, 8), hören wir, dass Petrus manchmal „längere Zeit" (Apg 9, 43) an demselben Ort blieb. Er hatte also Muße und Möglichkeiten, ausführlicher von Jesus, dem Sohn Gottes, zu erzählen. Hierbei muss er darauf bedacht gewesen sein, dass am Ende seiner längeren Ausführungen das eigentlich Wichtige festgehalten wurde. Und dies geschah womöglich in Merksätzen, die schriftlich hinterlegt wurden.

Dieses Schriftliche mit treuem, mündlichem Vortrag war jetzt notwendiger Ersatz für das Element der täglichen Gemeinschaft der 120 während der ersten 50 Tage und ihres anschließenden nahen Beieinanders in Jerusalem während der ersten drei Jahre. Petrus und die anderen Apostel diktierten Kernsätze, kurze Darstellungen der Worte und Taten Jesu. Zugleich mögen sie Männer ausgesucht haben, die in der Lage waren, diese erste schriftliche Fixierung in zuverlässiger Treue mündlich zu wiederholen und zu ergänzen.

Also bereits ab dem Jahre 33/34 (oder 37) formte sich ein Anfangsbestand von schriftlich festgehaltenem Evangelium, jener neuen frohmachenden Botschaft. Die Fülle des zunächst vom Apostel mündlich Vorgetragenen wurde zusammengefasst in wesentliche Sätze, die schriftlich fixiert wurden. Die Forschung findet diese Sätze heute in der „Logien-Quelle"; doch müssen die ersten Aufzeichnungen der Katechesen des Petrus und anderer Apostel eben nicht nur „Worte/Logien" Jesu, sondern auch seine Taten enthalten haben. Wie auch die „Taten des Paulus" verkündet wurden. (Vgl. 1 Thess 1, 5)

Der Begriff „Evangelium" und ebenso der andere des „Evangelisten" taucht, nach meiner Sicht der Entwicklung ganz folgerichtig, schon vor dem Jahre 70 auf. Etwa im Brief an die Thessalonicher (aus dem Jahre 50/51) oder an die Galater (aus dem Jahre 53 oder 55) gebraucht Paulus das Wort vom „Evangelium" wie von einer festen Botschaft, wie denn Evangelium überhaupt ein Hauptwort seiner Briefe ist. Darin fasst er das Gesamt der neuen Verkündigung wie in einem theologischen Entwurf zusammen. An die Kolosser schreibt er vom „wahren Wort des Evangeliums" (Kol 1, 5); im Brief an die Römer vom „Evangelium" als einer Kraft, die jeden rettet, der glaubt (Röm 1, 16); im (Rund-)Brief an die Epheser nennt er fünf Säulen, auf denen die Kirche gegründet sei und die auf Christus zurückgingen: das Amt der Apostel, der Propheten, der Evangelisten, der Hirten und Lehrer (4, 11). Die „Evangelisten" kommen noch vor den Hirten und Lehrern. Wenn die „Evangelisten" auf Christus zurückgehen, weist das auf ihr hohes Alter im Aufbau der Gemeinden hin.

Aber weist die Formulierung „wahres Wort des Evangeliums" nicht auf Mündliches hin? Waren die Evangelisten dann nicht Männer, deren Aufgabe in genauer mündlicher Wiedergabe der Frohen Botschaft von Jesus, dem Christus, bestand? Also doch nichts Schriftliches? Dass die Evangelisten die treue mündliche Weitergabe beherrschen mussten, gehörte sicher zu ihrem Amt. Aber es ist auch zu beachten, dass die Briefe des Paulus eben „vorgelesen" werden (Kol 4, 16), also mündlich Hörern mitgeteilt werden in Form einer „Verlesung" – von etwas Schriftlichem. Wenn aber schon die Briefe des Paulus schriftlich vorgelegen haben und genau vorgelesen werden sollten, gilt Gleiches dann nicht erst recht für „Das Evangelium" selber? Auch wenn es mündlich vorgetragen wurde, ihm lag eine schriftliche Form zu Grunde. Und die Evangelisten waren die besonderen Träger dieser mündlichen Verkündigung aus der schriftlichen, die sie in Händen hielten.

Wie diese schriftliche Form des Evangeliums allmählich gewachsen ist, wie sie sich geformt und ergänzt hat, dazu bedarf es weiterer exegetischer und geschichtlicher Forschungen. Denn noch hält die Bibelwissenschaft grundsätzlich daran fest, dass alle Evangelien erst ab dem Jahre 70 entstanden bzw. geschrieben worden seien. Wenn sie aber doch früher geschrieben wurden, unter welchen Umständen könnte das erste Evangelium, das des Markus, entstanden sein?

Die Apostelgeschichte berichtet, wie etwa im Jahre 43 König Herodes Agrippa I. einige aus der „Gemeinde/*ekklēsía*/Sammlung" in Jerusalem verhaften und misshandeln ließ. Jakobus, den Bruder des Johannes, ließ er sogar enthaupten. „Als er sah, dass es den Juden gefiel, ließ er auch den Petrus festnehmen" (Apg 12, 3). Petrus aber wird auf wunderbare Weise am Morgen vor seiner Hinrichtung – es wäre ein Paschafest gewesen – gerettet. Er geht in das schon erwähnte Haus der Maria, der Mutter des Johannes Markus, und erzählt dort seine Geschichte.[517] Der Bericht des Lukas endet mit den Worten: „Dann verließ er sie und ging an einen anderen Ort" (12, 17).

Wohin ging Petrus?

Fragen wir zunächst: Wohin konnte er nicht gehen? Sicher konnte er nicht in Jerusalem bleiben. Töricht wäre es auch gewesen, nach Kafarnaum zu gehen. Wohin also? Sollte er sich irgendwo im Gebirge

---

[517] Könnte diese Maria unsere Magdalenerin sein? Geht man mit nüchternem Verstand an die Frage heran, muss man klar antworten: Dafür gibt es keinen Hinweis. Der Name „Maria" war viel zu häufig, als dass man allein aus ihm einen Hinweis auf eine bestimmte Person ableiten könnte. Man darf andrerseits beachten, dass diese „Maria von Jerusalem" ein offensichtlich recht großes Haus hat, mitten in Jerusalem (sie musste also „vermögend" sein), dass sie mit der Gemeinschaft vom Neuen Weg sehr eng verbunden ist, dass sie unverheiratet ist bzw. ohne Mann lebt, denn das Haus gehört ihr; hat die Magdalenerin es ihr vielleicht überlassen, als sie Jerusalem verließ? Niemand weiß das. Allerdings hat diese Maria von Jerusalem einen Sohn, der wohl schon ein junger Mann ist... Weitergehende Schlüsse zu ziehen ist pure Fantasie.

verstecken? Die Geheimpolizei hätte ihn gefunden. Petrus aber war wichtiger als Jakobus. Anscheinend waren um diese Zeit auch Paulus und Barnabas in Jerusalem (Apg 12, 25). Paulus mag an eine ähnliche Situation erinnert haben, als nämlich er selber, etwa sechs oder sieben Jahre zuvor, in Jerusalem mit dem Tod bedroht worden war. Damals hatten die Brüder ihn schnell auf einem Schiff außer Landes geschickt (Apg 9, 30). Wenn aber Petrus doch wichtiger war als sogar Paulus, wurde dann nicht auch er auf einem Schiff außer Landes geschickt, um dem Zugriff der Geheimpolizei sicher entzogen zu sein?

Aber wohin?

Paulus hatte sein Tarsus. Und Petrus?

Als die Brüder und Schwestern in dieser Nacht im Haus der Maria in Jerusalem fieberhaft überlegten, wohin sie ihren guten Petrus am sichersten bringen sollten, gewiss zu Schiff außer Landes, da muss ihnen jemand eingefallen sein, von dem die Apostelgeschichte zwei Kapitel zuvor berichtet hat. Ein Mann, der vor kurzem ein Freund des Petrus geworden war und diesen kniefällig verehrte, der Christ geworden war, ein überaus zuverlässiger Mann, der auch Schiffe befehligte und mächtige Vollmachten besaß – der Hauptmann Cornelius von der Italischen Cohorte in Caesarea am Mittelmeer.

Die Apostelgeschichte, die die Bekehrung dieses Mannes mit auffallender Ausführlichkeit schildert, nennt ihn *hekatontárchēs ek speírēs tēs kalouménēs Italikēs*, genau übersetzt: Hundertschaftsführer der „so genannten" Italischen Abteilung. Das Wort für „Abteilung" wird manchmal mit „Kohorte" übersetzt; das Griechische *speíra* bedeutet zunächst „Unterlage", „Sturmtau" – es meint also etwas Festes, Sicherndes. Wenn diese starke Abteilung Soldaten auch noch einen besonderen Namen auf ihrer Standarte trug, der sogar „Die Italische" hieß, dann war das keine gewöhnliche Kohorte (600 Mann), sondern eine erfahrene und wohl durch Erfolge berühmt gewordene taktische Einheit. Infolgedessen war auch ihr „Hauptmann" ein Offizier von besonderem Rang. Ob er aus Rom stammte, geht aus dem Text nicht hervor; aber „Die (so genannte) Italische" verweist auf Italien, was auch den Hauptmann dort lokalisiert. Die Hauptsoldaten des römischen Heeres mussten ja das römische Bürgerrecht haben.

Nun drängt sich ein logischer Zusammenhang auf: Petrus hatte einen Freund in Caesarea, der vor ihm sogar auf die Knie gefallen war. Der würde ihm ohne Zweifel helfen. Also eilte er mit Freunden noch in der Nacht schnellstens nach Caesarea, zum Haus des Cornelius, bat um dessen Hilfe – und schon bekam er nicht nur ein Schiff, ein sicheres der Armee, sondern auch Brief und Siegel dieses angesehenen Offiziers, und Geld. Die Beglaubigungsschreiben verschafften ihm überall Sicherheit und Einlass. Und selbstverständlich empfahl Cornelius diesen guten Petrus, seinen persönlichen Freund, auch seiner Familie in Italien, in Rom seinen Freunden, vielleicht Senatoren: Man möge den Mann ehrenvoll aufnehmen und ihm alles gewähren.

Das alles könnte der Grund sein, warum Lukas in der Apostelgeschichte nur vorsichtig sagt: Petrus ging „an einen anderen Ort". Da wollte man niemanden in Rom in etwas hineinziehen.

Solche Schlussfolgerungen legen sich nahe, wenn man genau „hinschaut". Übrigens berichtet die Apostelgeschichte anschließend (als bewussten Hinweis?), dass eben dieser Herodes Agrippa I. „von Judäa nach Caesarea" zog und dort blieb – hatte er von der Sache Wind bekommen? Wollte er im Spiel bleiben und den Petrus womöglich „abfangen"? Aber er kam nicht mehr dazu; nicht den Petrus ereilte der Tod, sondern ihn selber. „Er wurde von Würmern zerfressen und starb", sagt die Apostelgeschichte mit gewissem Unterton.

Wohin nun ging die Seereise des Fischers vom See, der natürlich in Begleitung einiger Freunde war, auch eines Markus? Direkt nach Italien, nach Rom? Die Schiffe damals machten solch lange Reisen niemals, ohne Zwischenhäfen anzulaufen. Eusebius schreibt, Petrus sei über Antiochia gereist; das wäre naheliegend. Aber noch ein anderer Ort kommt auf einmal ins Spiel.

Am Anfang seines ersten Briefes an die junge Gemeinde von Korinth kommt Paulus auf „Zank und Streit" in Korinth zu sprechen (1 Kor 1, 11ff.). Er schrieb diesen Brief zwischen 54 und 57 in Ephesus, gut zwölf Jahre nach dem oben erwähnten Zwischenfall in Jerusalem und 2 Jahre, nachdem er selber in Korinth gewesen war (Apg 18, 1–18). Der Zwiespalt unter den Korinthern äußerte sich darin, dass sie in verschiedene Parteien zerfielen: Seine eigene Gruppierung nennt Paulus an erster Stelle. Sodann die Partei des Apollos (Apg 19, 1); Apollos kam etwa im Jahr 54 nach Korinth, er war ein rhetorisch feiner Redner aus der großen hellenistisch geprägten Stadt Alexandria. Als dritte nennt Paulus eine Partei des Kēphas. Das ist unser Simon Petrus. Schließlich eine vierte: die Partei derer, die zu „Christus" hielten.

Dass es eine Gruppierung gab, die zu „Christus" hielt, bedarf keiner Begründung, denn er war der Inhalt aller Verkündigung; irgendwie hatten das sogar die Korinther kapiert. Der „Fanclub" des Paulus lässt sich ebenfalls verstehen, er war der einzige der großen Apostel, der im weiten römischen Reich wirkte, und er war eineinhalb Jahre lang in

Korinth gewesen. Apollos, ein exzellenter Rhetoriker, schmeichelte wiederum dem Bedürfnis der Korinther nach „gewandter Rede". Auch seine Gruppe ist also unschwer zu verstehen. Aber Kēphas? Der Fischer vom See war kein Redner für die anspruchsvollen Korinther; sein Griechisch reichte gerade für „Guten Morgen". Gewiss wird er neben Christus in den Evangelien und der Apostelgeschichte oft erwähnt, mehr als alle Apostel. Aber mit *Kēphas*/Fcls wird Simon nur einmal genannt, im Johannes-Evangelium (1, 42). Markus, Matthäus und Lukas bringen den Namen *Kēphas* überhaupt nicht. Von einer Evangelientradition her kann sich diese Partei nicht gebildet haben.

Worin aber stimmen Paulus, Apollos und Kēphas dann überein?

Bei Paulus und Apollos besteht ein übereinstimmendes Merkmal bezüglich Korinth darin, dass die beiden persönlich in dieser Hafenstadt gewesen waren. Wenn sich in Korinth auch eine „Partei des Kēphas" gebildet hat, stellt sich die Frage, ob nicht auch Petrus dort gewesen sei. Denn wenn die griechisch sprechende Gemeinde der Christen von Korinth den aramäischen Namen bzw. „Beinamen" *Kēphas* behalten hat, muss das auf eine sehr frühe, vor allem auf eine persönliche Information zurückgehen. Der gewandte Redner Apollos hat kaum Aramäisch gesprochen und also nicht den Kēphas herausgestellt, den er womöglich gar nicht kennen gelernt hat.

Bliebe noch Paulus, der den Namen bzw. Titel *Kēphas* eingeführt hätte, als er zum ersten Mal nach Korinth kam, etwa im Jahre 52. Tatsächlich spricht Paulus im Brief an die Galater sowohl von *Petros* (Gal 2, 7 und 8) als auch von *Kēphas* (Gal 1, 18 und 2, 9. 11 und 14). Seine erste Nennung des Kēphas (1, 18) stellt diesen als den wichtigsten Mann in Jerusalem heraus.[518] Doch hat er den Petrus meines Erachtens nicht so sehr geschätzt, hat nicht derart intensiv und ehrenvoll von ihm gesprochen, dass aufgrund dieser paulinischen Verkündigung Leute in Korinth eine eigene „Kēphas-Partei" gegründet hätten.

Wenn Paulus jemandem hervorhob, dann war es Christus.

Wenn der geneigte Leser folgen möchte, bliebe eine Möglichkeit: Simon ist selber in Korinth gewesen. Seine Segeltour auf dem römischen Kriegsschiff führte ihn über Antiochia schließlich nach Korinth, und dort gab es einen Aufenthalt, vielleicht einen Umstieg auf ein anderes Schiff. Also hatte er ein paar Tage Zeit, sich umzusehen.

---

[518] Die verschiedene Benennung des Petrus mit *Kephas* und *Petros* in den Briefen des Paulus und was man daraus für Schlüsse ziehen könnte, übergehe ich hier, es scheint mir für mein Thema nichts Entscheidendes herzugeben.

Den Juden von Korinth konnte er sich persönlich in seiner Muttersprache als Kēphas vorstellen. Fürs Griechische hatte er Begleiter, junge Leute aus Jerusalem, die ihn übersetzten. Später, in der schriftlichen Verkündigung des Evangeliums durch Markus, wurde der „Simon Petrus" in den Vordergrund gestellt. (*Petros* bei Markus 17mal, *Simon* 1mal, *Kēphas* überhaupt nicht.) Ich möchte annehmen, Petrus habe in Korinth zwar liebe jüdische Freunde und glühende Anhänger gewonnen, es aber nicht vermocht, in dieser ihm neuen und fremden Kultur, in dieser quirligen, sündigen Hafenstadt, auch gleich eine Gemeinde aufzubauen. Sogar Paulus scheiterte zunächst in Athen. Aber das Gedächtnis an diesen lieben, einfachen, friedfertigen Fischer vom See Gennesaret mit den derben Händen blieb bei einigen Juden erhalten. Nach dem Zwischenaufenthalt fuhr das Schiff von Korinth weiter nach Italien, wo Petrus und seine Begleiter wohlwollende Aufnahme in der Familie des Cornelius fanden. Die Forschung nimmt an, das Evangelium des Markus sei in Rom geschrieben worden – aber erst etwa Ende der 60er Jahre. Nach meiner Auffassung könnte Petrus schon von 43/44 bis vielleicht 46/47 in Rom gewesen sein.

Was nun hat das mit der Traditionsgeschichte zu tun?

Meine „Reisenotizen des Petrus" führen in der Tat zu einem für die Frage der Traditions- und Evangelienbildung wichtigen Gedanken. Dafür spielt es nun keine Rolle, ob Petrus tatsächlich nach Korinth oder Rom gekommen ist, es reicht die logische Schlussfolgerung, dass er vor Herodes Agrippa fliehen musste und dass er dazu ins Ausland ging. Er wäre also im Jahr 43/44 im Ausland gewesen. König Herodes Agrippa I. starb erst im Jahre 44. So lange musste Petrus außer Landes bleiben.

Was hat er dort getan?

Erinnern wir uns, dass Petrus bereits in Palästina und Samarien am Ende seiner mehrtägigen Katechesen diese in „Kernsätze" der Worte und Taten Jesu zusammengefasst hat oder haben könnte. Ganz gewiss hat er nun auch im Ausland (nehmen wir mal Rom an), wo er einige Jahre lebte, „Katechesen" gegeben und diese erst recht in Kernsätze zusammengefasst. Aber hier reichten „Logien" nicht mehr zum Verstehen der frohmachenden Botschaft von Jesus. Hier war man noch viel weiter vom Ursprung der Tradition entfernt, in jeder Hinsicht. Die Menschen in der Hauptstadt des Kaisers hatten ja nicht in „Tuchfühlung" mit all den Ereignissen und Traditionen gelebt, aus denen die Kernsätze der Frohen Botschaft entstanden waren. Ja, eine größere Anzahl der neuen Hörer hatte von Juden, ihrer Geschichte, ihren Traditionen und Gebräuchen so gut wie gar keine Ahnung. Umso mehr bedurfte es nicht nur genauer Fixierung auf den Kern der neuen Lehre, sondern mehr noch umfassender „Hintergrundinformationen". Deshalb ist anzunehmen, dass Petrus in dieser Situation seine bisherigen schriftlichen Zusammenfassungen noch erweitert hat, entsprechend den Notwendigkeiten der Juden und Heiden hier in dieser Stadt.

Allerdings gab es da einen Unterschied:

Was er in Judäa und Samarien noch auf Aramäisch hatte schreiben lassen können, hier in der Fremde musste er es auf Griechisch festhalten. In Rom womöglich auf Lateinisch. Wenn dies durch den späteren Evangelisten Markus geschehen sein sollte und dieser derselbe war, der den Petrus schon in Judäa und Samarien begleitet hatte, dann hatte dieser Markus bereits viele „Worte und Taten Jesu" nach der Erinnerung des Petrus aufgeschrieben und stand jetzt vor der Notwendigkeit, diese ins Griechische (oder/und Lateinische) zu übersetzen.

Dann war es nur natürlich, dass er die „Worte und Taten Jesu" jetzt in eine durchdachte Gesamtform brachte. Diese war als „Erstinformation" für die am Glauben Interessierten in dieser weit entfernten Stadt notwendig, sie standen ja mit der jüdischen Tradition nicht in Verbindung. Einzelne Kernsätze wären zu wenig gewesen. Die schriftliche Gesamtform seiner Lehre, das „Markusevangelium", hat Petrus in den folgenden Jahren den „Evangelisten" anvertraut, damit diese das „Evangelium von Jesus, dem Christus, dem Sohn Gottes" (Mk 1, 1) genau vorlasen und, wenn möglich, genau abschrieben.

Dafür soll ein kleiner Hinweis gegeben werden; für sich allein genommen, könnte er unsere These nicht tragen, aber er fügt sich gut in sie ein und kann sie anschaulich illustrieren.

In der 7. Höhle von Qumran wurde 1955 ein Papyrus gefunden (7Q5), der bis heute bei den meisten Fachleuten keine Anerkennung gefunden hat.[519] Dies, wie mir scheint, vor allem deswegen, weil er sich nicht in die vorherrschende Ansicht von der Entstehung der Evangelien einordnen ließ – wenn stimmte, was darauf geschrieben stehen soll. Dieses Schnippselchen Papyrus, 3,9 mal 2,7 cm klein, enthält knapp fünf Zeilen mit 20 zum Teil nur bruchstückhaft erhaltenen Buchstaben. Die Lesbarkeit der Buchstaben ist Sache für Fachleute, und auch die müssen mit Hypothesen arbeiten; aber das gehört zu ihrer Wissenschaft. Der Papyrus ist nur auf der Vorderseite beschrie-

---

[519] Hier und im Folgenden *Carsten Peter Thiede*, Die älteste Evangelien-Handschrift? Das Markus-Fragment von Qumran und die Anfänge der schriftlichen Überlieferung des Neuen Testaments, Wuppertal ²1990.

ben. Er stammt also von einer Schriftrolle, im Gegensatz zu allen anderen neutestamentlichen Papyrusfragmenten, die von Kodizes (Buchform) stammen. Zusätzlich wurde bekannt, dass in Höhle 7 ausschließlich griechische Texte gefunden worden waren, wieder im Gegensatz zu allen anderen Höhlen.

Diese Umstände bereits machten 7Q5 zu einem aufsehenerregenden Fund, aber die Papyrologen Boismard und Benoit, die sich (bis 1962) an die Entzifferung der 19 Stückchen machten, kamen nicht weit und beschränkten sich auf die fünf größten Fragmente. Zu Nr. 3 bis 5 äußerten sie die Vermutung, es könnte sich um biblische Texte handeln. Bei unserem Fragment 5 kam eine seltene Buchstabenverbindung hinzu -*nnēs*-. Alle Versuche, diese auffallende Buchstabenfolge einem bekannten biblischen Text des Alten Testamentes zuzuordnen, schlugen fehl. (Man beachte: Die vier Buchstaben wurden als diese entziffert, bevor man überhaupt wusste, woher der Text stammte und was er enthielt!) Natürlich suchte niemand im Neuen Testament, da von vornherein klar war, dass in Qumran nur Texte des Alten Testamentes bewahrt sein könnten. Außerdem war Qumran seit 68 n. Chr. verlassen, das älteste Evangelium, das des Markus, wurde nach herrschender Auffassung aber erst nach 70 geschrieben.

Nun passierte es, dass der britische Papyrologe Roberts, der schon den bekannten Papyrus p[52] entziffert und datiert hatte (der bis heute als das älteste Papyrusfragment der Evangelien gilt[520] und auf den Zeitraum 125 – 94 datiert wird), das fünfte Fragment aus Höhle sieben auf das Jahr 50 als spätesten (!) Termin datierte – ohne zu wissen, welchen Text es enthielt.

Im Jahre 1972 nahm sich der spanische Papyrologe, der Jesuit J. O'Callaghan, wiederum den Papyrus 7Q5 mit seiner -*nnēs*-Kombination vor. Nachdem alle Versuche, die ungewöhnliche Folge von Buchstaben (und den sie umgebenden Text natürlich auch) korrekt im AT zu platzieren, fehlgeschlagen waren, wagte er den „Sprung über die Mauer": Er suchte im Neuen Testament – und fand Markus 6, 52–53 als genau passend. Für diese 4 Buchstaben und alle anderen dazu. Es kamen noch weitere Kennzeichen (z. B. eine „Abstandsmarkierung" zwischen den zwei Abschnitten) hinzu, die diese 20 Buchstaben, selbst wenn sie für den Laien schwer lesbar sind, als eindeutigen Text des Markus-Evangeliums auswiesen. Einwände, die bis heute gegen diese

---

[520] Der wichtige Papyrus P[46] für die Paulusbriefe wird neuerdings auf den Zeitraum „um das Jahr 80" datiert.

Deutung erhoben werden, fußen denn auch weniger in einer objektiven Unsicherheit dieser Deutung (die Unklarheit etlicher Buchstaben wird durch die klare Zuordnung der gesamten 5 Zeilen ausgeglichen), sondern eher im Prinzipiellen: Es kann doch nicht schon Mitte der 40er Jahre das Markus-Evangelium geschrieben worden sein!

Ich zeige gerade auf, dass dies sogar naheliegend ist.

Denn wenn Markus als der Begleiter des Petrus diesen über Korinth bis Rom begleitet hatte, dann musste er sein Evangelium bereits Mitte der 40er Jahre geschrieben haben, und zwar in Rom. Als eine Art Endergebnis und erweiterte, jetzt griechische Zusammenfassung schon vieler Einzelsätze und Abschnitte, die er in den Jahren zuvor bereits als „Kernsätze" auf Aramäisch notiert hatte und die den „Evangelisten" als Vorlage bei ihrer mündlichen Verkündigung dienten.

So wäre die Vermutung der Tradition einmal mehr untermauert, dass das Markus-Evangelium in Rom geschrieben worden sei. Allerdings viel früher, als heute allgemein angenommen wird. Thiede gibt noch einen interessanten Hinweis für Rom[521]:

In den „Taten des Petrus", einem apokryphen Text, aufgeschrieben wohl am Ende des zweiten Jahrhunderts, findet sich im 20. Kapitel eine kleine Nebensächlichkeit. Da ist von einem „fliegenden Zauberer" die Rede, der in Rom sein Unwesen treibe. Schließlich wird berichtet, wie Petrus in das Haus eines Senators komme (Bekannter des Hauptmanns Cornelius?), der Christ geworden war, als dort gerade ein Gottesdienst gefeiert wird. Er sieht, dass man das Evangelium vorlesen will, nimmt es dem Vorleser aus der Hand und „rollt" es zusammen. Das „Zusammenrollen" weist auf einen Papyrus hin. Aber um 180 war alles schon in Buchform geschrieben. Diese „Nebensächlichkeit" hätte also eine korrekte Erinnerung an den Anfang bewahrt. Übrigens: Wenn Petrus um das Jahr 67 gestorben ist, welches Evangelium hatte er dann hier in der Hand, wenn als erster Markus das seinige erst 4 Jahre später – nach herrschender Auffassung – geschrieben hätte?

Wie das Markus-Evangelium nach Qumran gekommen ist? Das „Haus der Maria und des Markus" lag in Jerusalem direkt gegenüber dem damaligen Viertel der Essener. Das ist archäologisch und historisch ziemlich sicher. Da muss es Kontakte gegeben haben.

Wenn meine Hypothese von der Entstehung des Markus-Evangeliums durch die Forschung grundsätzlich bestätigt werden kann, hätten wir im Markus-Evangelium zugleich einen Querschnitt durch die

---

Thiede, S. 9–11.

Traditionsbildung und die theologische Entwicklung, wie sie etwa Anfang der vierziger Jahre in Palästina und im Umfeld des Petrus anzutreffen war. Mit seinem Weggang aus Palästina schnitt sich Petrus jedoch von der Weiterentwicklung dieser „Evolution" ab, denn Tradition und Theologie entwickelten sich in Palästina weiter.

König Herodes Agrippa I. starb im Jahre 44. In Rom herrschte Kaiser Claudius; im Jahre 49 wies er die Juden, wahrscheinlich auch die Judenchristen, aus Rom aus. Unter diesen Ausgewiesenen befand sich ein Ehepaar, das uns bekannt ist: Frau Priszilla und ihr Mann Aquila. Sie waren Juden aus Pontus in Kleinasien (Apg 18, 2), waren Zeltmacher wie Paulus und trafen in Korinth auf den Mann aus Tarsus. Vermutlich sind sie schon vor dem Jahre 49 aus Italien weggezogen. Ebenfalls noch vor diesem Zeitpunkt muss auch Petrus Rom verlassen haben, vielleicht um das Jahr 47. Denn wir finden ihn beim „Apostelkonzil" in Jerusalem wieder; das aber fand im Jahre 48/49 statt.

Als Petrus mit Markus wieder in Palästina und Jerusalem zurück ist, hört und erfährt er, wie sich Tradition und Theologie der Frohen Botschaft in den vergangenen vier, fünf Jahren weiterentwickelt haben. Wahrscheinlich unter diesem Eindruck fügt er, fügt Markus jetzt an das in Rom geschriebene Evangelium den „zweiten" Markus-Schluss an; er ist deutlich jüdisch geprägt und nimmt die Tradition auf, die sich inzwischen in Palästina entwickelt hat.

Werfen wir einen kurzen Blick auf den ersten und zweiten, den „römischen" und den „jüdischen" Schluss des Evangeliums nach Petrus, durch Markus geschrieben. Von allen Exegeten wird der (römische) Schluss seines Evangeliums – Kapitel 16 ab Vers 1, vor allem der letzte Vers 8 – bemängelt: „Und sie (Maria aus Magdala, die Maria des Jakobus, Salome) gingen hinaus und flohen von dem Grab, denn Zittern und Entsetzen hatte sie ergriffen. Und sie sagten niemandem etwas, denn sie fürchteten sich." Viele Hypothesen wurden versucht, um das negative Image der Frauen zu erklären, die furchtsam fliehen und niemandem etwas sagen, entgegen dem Befehl des Engels.[522]

Es ist klar, die Frauen werden hier äußerst schlecht dargestellt, so falsch, wie es gar nicht gewesen sein kann. Was ist passiert?

---

[522] Auch *Bauckham*, S. 294, geht dieser Frage nach. Er sagt zunächst, also „ist Mk 16, 8 nicht das Ende der Geschichte", die Geschichte ginge erst dann weiter bzw. andere Ereignisse würden erst dann geschehen, wenn die Frauen ihre Botschaft den Jüngern mitgeteilt hätten. Ich werde gern seinen ersten Hinweis aufnehmen.

Erinnern wir uns an die Apokryphen. Sie haben bewahrt, dass Petrus mit den Frauen um Jesus nicht klar kam, dass zu ihnen eine Spannung herrschte, sogar eine aggressive. Hat sich diese in der bissigen Notiz Luft gemacht hat? In Rom, wo ihn niemand daran hindern konnte, sich selbst als ersten Adressaten des Auferstandenen zu nennen? Doch scheint solche „private" Deutung für eine solide Erklärung dieses Negativ-Images nicht zu reichen. Deshalb noch einmal die Frage: Warum endete sein „römischer" Schluss so negativ? Ein Evangelium, das mit dem Wort „Frohe Botschaft von …" begann (Mk 1, 1), sollte mit dem Wort „sie fürchteten sich" enden? Das mussten auch Markus und Petrus merken.

Also?

Also war Vers 8 gar nicht der Schluss!

Das „Ende" seines Evangeliums, wie er es in Rom diktiert hatte, enthielt noch einige Zeilen mehr, wo die Frauen ihre „Flucht" umkehrten und zu den Jüngern („vor allem dem Petrus") gingen und alles berichteten, was der Engel ihnen aufgetragen hatte. Nichts hindert uns, solch einen Schluss anzunehmen; Exegeten postulieren des Öfteren Texte, die zwar nicht mehr existieren, ihnen aber notwendig scheinen, um einen Text ausreichend zu erklären.

Aber warum kennen wir diesen Schluss des Evangeliums nicht? Oder haben wir doch eine Ahnung von ihm, erhalten in einer altlateinischen Handschrift? Dort heißt es nach dem jetzigen Schlussvers 8: „Und sie berichteten alles, was ihnen aufgetragen worden war, dem Kreis um Petrus. Danach sandte Jesus selbst durch sie vom Osten bis in den Westen die heilige und unvergängliche Botschaft vom ewigen Heil. Amen."[523]

Als Petrus im Jahr 46/47 nach Jerusalem zurückkam, entdeckte er, wie sich die Erkenntnis von Jesus, dem Messias, dem Sohn Gottes, theologisch weiter entwickelt hatte. Er entdeckte ebenso, wie sich die Tradition von seinem Leben und Sterben und Auferstehen in neuen Begriffen und erweiterten Berichten niedergeschlagen hatte, nämlich durch Matthäus. (Dazu gleich mehr.) Nach meiner Annahme waren zu dieser Zeit die so genannte Magdalenerin zusammen mit Maria, der Mutter Jesu und Johannes, dem späteren Evangelisten, nicht mehr in Jerusalem. Sie lebten in Kleinasien, vielleicht in Ephesus. Die anderen Frauen, Johanna, die Maria des Jakobus und Salome, sind für uns nicht

---

[523] *Nestle-Aland*, Das Neue Testament, Griechisch und Deutsch, [27]1995. Bei einigen Textzeugen, wird dort gesagt, fänden sich auch beide Zusätze.

mehr zu fassen. Was sich da in Jerusalem in den vergangenen fünf, sechs Jahren an Erinnerung und Überlieferung herausgeschält hatte, das stellte die Frauen aber nicht „in die Ecke", sondern gab ihnen, zumindest für die Auferstehung, jenen Platz, den sie im Leben auch tatsächlich innegehabt hatten, nämlich vor den Aposteln.

So heißt es in der Tradition, die Matthäus seit dem Weggang des Petrus weitergeschrieben hatte, zum Ostermorgen: Und sie gingen eilends vom Grab weg mit Furcht und großer Freude (!) und liefen, um es seinen Jüngern zu verkündigen (!). Hier ist Petrus durch zwei entgegengesetzte Angaben gegenüber dem korrigiert worden, was er festgestellt wissen wollte. Als er bei seiner Rückkehr sah, in welche Richtung die Tradition in Jerusalem weitergegangen war, konnte er die Harmonie nicht stören. Er löste den zweiten Teil seines „römischen" Schlusses vom Evangelium und ersetzte es durch einen neuen, den „jüdischen" Schluss, den er, treu seiner Tradition als Jude, nur einfach „anhängte". Die Spannung ließ er bestehen. Sein erster Text, noch in Rom von Markus geschrieben, war schon vielfach im Umlauf. Der jetzt angehängte „jüdische" Schluss setzt regelrecht neu ein: „Als er aber früh am ersten Tag der Woche auferstanden war ..."

Und nun kommt die Magdalenerin zum Zug, in ambivalenter Weise. Statt des „jungen Mannes/Jünglings", also des Engels, erscheint „Er" jetzt selber. Das Griechische beginnt viel kräftiger: „Auferstanden aber Er am ersten ...". Jesus wird nicht genannt, aber Maria Magdalena! Ganz korrekt erscheint er zuerst der „Maria(m) der Magdalenerin". Vielleicht hatte im abgetrennten „römischen" Schluss gestanden, dass Jesus zuerst dem Petrus erschienen sei, in Galiläa; aber das stimmte ja nicht. In Jerusalem schließt sich Petrus der allgemeinen Tradition an. Doch einen kleinen Seitenhieb auf diese Frau, die ihm so überlegen war, konnte sich Kephas nicht verkneifen: Völlig unnötig merkt er gleich an, dass Jesus aus ihr „sieben Dämonen ausgetrieben hatte". Dann lässt er sie brav zu den Jüngern gehen, sich selbst erwähnt er nicht mehr. Stattdessen fügt nun auch Markus einiges von jenen Erscheinungen des Auferstandenen ein, die in der Zwischenzeit, in der Evolution der Überlieferung, ihren festen Platz in der Traditionsbildung erhalten hatten.

So weit meine Hypothese zur Entstehung des Markus-Evangeliums. Und Matthäus?

Ich folge der allgemeinen Tradition – denn es gibt keinen gewichtigen Grund dagegen –, dass der Evangelist Matthäus jener Levi gewesen ist, der die Zollstelle östlich von Kafarnaum innegehabt hatte und der in besonderer Weise vom Herrn in den Zwölferkreis „nachnominiert" worden war (Mt 9, 9–13).

Nicht akzeptieren kann ich die Ansicht mancher Exegeten, Matthäus (oder Schüler von ihm) hätte sein Evangelium zwischen 80 bis 100 in Syrien geschrieben.[524] Er nenne Jesus nämlich einen „Nazoräer", wie man die Christen dort nannte. Nach meinen Untersuchungen ist „Nazoräer" ein Hoheitstitel, den die zeitgenössischen Juden Jesus gegeben hatten, weil sie in ihm einen Nachkommen aus dem königlichen Haus Davids sahen. Die „Nazoräersekte" (Apg 24, 5) meint nicht „die Christen", sondern ist eine polemische und taktisch-politische Formulierung des jüdischen Anwalts Tertullus vor dem römischen Statthalter Felix, um gegen Paulus einen politischen (!) Prozess führen zu können. (Anmaßung des Königtums) Es ist möglich, dass sich die Bezeichnung „Nazoräer" auf die Großfamilie Jesu übertragen hat, die wie Jesus selber königlichen Ursprungs war; sie stellte bis hinauf um die Jahrhundertwende nachweislich den „Bischof" von Jerusalem. In jedem Fall weist gerade der Titel „Nazoräer" auf den historischen Jesus vor seinem Tod hin, nicht auf die Jahre 80 bis 100 in Syrien.[525]

Andere argumentieren, Matthäus habe eindeutig nach der Zerstörung des Tempels geschrieben, da er diese in einem Gleichnis erwähne. Sie spielen dabei auf den Satz Mt 22, 7 an: „Da wurde der König zornig, er schickte sein Heer, ließ die Mörder töten und ihre Stadt in Schutt und Asche legen." Dieser Vers soll auf die Zerstörung des Tempels verweisen und folglich nach dieser geschrieben worden sein. Dazu ist – über meinen Gedanken in Anmerkung 514 hinaus – kurz zu sagen: Die Zerstörung Jerusalems im Jahre 70 hatte als herausragendes Merkmal den Brand des Tempels. Erst mit diesem für die Juden überaus schrecklichen Geschehen war der Krieg in Jerusalem zu Ende. In dem oben zitierten Satz findet sich davon keine Spur. („Schutt und Asche" gehört zu nahezu jeder Ausgrabungsstätte.) Als Spezifikum hätten das Heilig-

---

[524] Ich zitiere hier *Theißen*, S. 69.

[525] Wenn Petrus sein Evangelium dem Markus in Rom diktiert hatte, könnte dies gut erklären, warum im Markus-Evangelium Jesus überwiegend der „Mann aus Nazaret" oder der „Nazarener" genannt wird, während das Matthäus-Evangelium ihn unbekümmert den „Nazoräer" nennt: In Letztem erklang für jüdische Ohren unmissverständlich „Spross aus königlichem (davidischem) Geschlecht" – das laut in Rom zu sagen, wäre ungeschickt und gefährlich gewesen. Matthäus dagegen in Palästina wollte diesen jüdischen Hoheitstitel Jesu, der sowohl messianisch wie politisch war, bewusst verwenden.

tum und dessen Brand erwähnt werden müssen, wenn Jesus denn Jerusalem gemeint haben sollte. Den jetzigen Satz aber zeichnet seine Allgemeinheit aus: Damals wurden Hunderte von Städten in „Schutt und Asche" gelegt. Matthäus bzw. Jesus gebrauchen also eine universale Formulierung, die nichts Spezifisches enthält. Schließlich, drittens, gab es bei der Erstürmung Jerusalems und des Tempels keine besondere „Tötung von Mördern"; die am Ende der Kämpfe aufgebrachten römischen Legionäre waren durch ihre eigenen Hauptleute nicht mehr zu halten und metzelten jeden nieder, der nicht schon tot war.[526] Es gab keine spezifischen „Mörder", die zu töten gewesen wären.

Ergebnis: Dieser Satz lässt sich nicht auf die Zerstörung Jerusalems deuten. Damit fehlt ein weiteres Hauptargument, warum Matthäus nach dem Jahre 70 geschrieben haben sollte. Eine genaue Analyse des „Gleichnisses vom Königlichen Hochzeitsmahl" belegt erst recht, dass der Satz vom zornigen König völlig anders verstanden werden muss.

Theißen fügt als weiteren Grund für seine Annahme einer Entstehung des Matthäus-Evangeliums nach dem Jahre 80 an: „Es ist unvorstellbar, dass ein Augenzeuge das MkEv als Quelle für Ereignisse benutzt, bei denen er selbst dabei war." Zunächst einmal kann ich nach meiner Darstellung der Entwicklung der Evangelien darauf verweisen, dass die erste Phase für drei Evangelisten – wenn wir den Petrus für den Markus einsetzen – in jenen ersten 50 Tagen bis zum Pfingstfest bestand, und noch einmal die folgenden drei, vier Jahre bis zur Krise um Stephanus: In diesen zwei Phasen bildete sich der gleiche Grundstock der Evangelien für alle späteren Schreiber gemeinsam heraus.

Für die weitere Entstehung des Matthäus-Evangeliums möchte ich sodann folgende Hypothese anfügen:

Als Petrus im Jahr 42 Hals über Kopf auf dem römischen Kriegsschiff aus Palästina flüchten musste, fehlte mit ihm die wichtigste Säule der Tradition unter den Verkündern der Frohen Botschaft. Er stand ja dem Apostelkollegium vor, er hatte das letzte Wort in Fragen der Erinnerung an die Taten und Worte des Herrn. Seine „Kernsätze" wurden zum Grundstock gleicher Mission auch für andere Apostel. Er musste also irgendwie ersetzt werden. Matthäus bzw. der ehemalige Zöllner Levi begann nun ab dem Jahre 42 auf seine Weise und unauffällig (wegen der Verfolgungen in Israel) das weiter zu führen, was Petrus schon begonnen hatte: Die ersten Anfänge schriftlicher Auf-

---

[526] Man lese den anschaulichen Bericht bei *Josephus Flavius*, Jüd. Krieg, Buch VI.

zeichnungen weiter zu schreiben. Warum gerade Matthäus, kann ich nicht erklären; vielleicht war er in der Schreibkunst mehr bewandert als andere. Zudem hatte er eine besondere Berufung, ihm war die ganze Schuld geschenkt worden (Mt 18, 27), vielleicht fühlte er sich gedrängt, aus Dank dafür sich für diesen Dienst anzubieten.

Dabei konnte er gut jene „Kernsätze" benutzen, die durch die Unterweisungen des Petrus bereits schriftlich vorlagen. Das wäre die viel genannte „Logien-Quelle", die auch „Taten" Jesu enthielt. Natürlich konnte er auch aus jener umfassenden und originalen Erinnerung schöpfen – ich habe gerade darauf verwiesen –, welche die 120 Männer und Frauen in den ersten Jahren zusammengetragen hatten; er selber war einer der vielen Augenzeugen. Drittens verwandte er für sein Evangelium jene Traditionen, die sich aus dem gemeinsamen Schatz nach dem Jahre 42 in Palästina weiter entfaltet hatten. Solche Evolution ist normal, wo eine Verkündigung auf die Fragen eingeht, die aus neuen Konfrontationen entstehen. Und viertens konnte er schließlich jene Schriftrolle verwenden, die Petrus und Markus im Jahre 47 bei ihrer Rückkehr aus Rom nach Palästina mitbrachten, unser Markus-Evangelium. Diese Darstellung würde für Matthäus gut erklären, warum die Übereinstimmung seines Evangeliums mit „Q" größer ist als die mit dem Markus-Evangelium: Er hatte seinen Text zum größten Teil fertig, als er das Markus-Evangelium in die Hand bekam.

Matthäus schrieb sein Evangelium natürlich in Aramäisch. Für diese Annahme kommt mir entgegen, dass immer mehr Forscher aramäische Grundstrukturen im griechischen Text des Evangeliums des Matthäus entdecken, die auf einen Ursprung im Aramäisch-Jüdischen verweisen. Da sind z. B. die zahllosen Verweise „Dies ist geschehen, damit sich erfülle, was beim Propheten geschrieben steht ..." (was kaum nach der Zerstörung Jerusalems geschrieben worden sein konnte), oder typisch jüdische Redeformen und Sachverweise, die in einem griechischen Lebensraum nicht so entstanden sein können, etwa die ganze Passage in Mt 16, 16–19, die auf einen sehr frühen jüdischen Ursprung, ich meine auf Jesus selbst zurückweist.

Vielleicht war sein Evangelium Anfang der fünfziger Jahre fertig geworden. Es war im jüdischen Raum geschrieben und wurde zur Verkündigung in diesem Kulturraum verwendet. Deshalb sah sich seine schriftliche Darlegung von Jesus und dessen neuer Botschaft der gleichen Gefahr ausgesetzt, der auch Jesus selber in seinem Leben ausgesetzt war. Und möglicherweise geriet Matthäus (ehemaliger Zöllner!) wegen dieser Botschaft sogar persönlich in Gefahr oder wurde deswegen sogar umgebracht.[527] Wie sein Evangelium schließlich ins Griechische übersetzt worden ist (ebenfalls noch vor dem Jahr 66, als der Aufstand gegen die Römer losbrach), das dürfte eine eigene und, wie mir scheint, äußerst spannende Geschichte gewesen sein.

Und die Magdalenerin in seinem Evangelium?

Als Matthäus schrieb, war diese Frau nicht mehr im Land. Sie lebte vielleicht schon fünfzehn Jahre in Ephesus. Die Erinnerung an sie war nicht durch ihre persönliche Gegenwart lebendig geblieben. Auch nicht die der Muttergottes. So kommen beide Frauen in diesem Evangelium, wie auch bei Markus fast gar nicht vor. Matthäus hält sich an die (von mir vermutete) Abmachung der Apostel, diese etwas exzentrische und zweifelhafte Dame nur kurz unter dem Kreuz und am Ostermorgen zu erwähnen – na ja, wenn die Salbung in Betanien wichtig war, dann auch dort. Aber ohne ihren Namen. Nur mit dem Namen eines Mannes, des Simon.

Man sollte Eines nicht aus den Augen lassen: Je weiter die Zeit auf den Beginn des Jüdischen Aufstandes zuging, desto schärfer wurde die politische Spannung im Land. Eine Komponente, die dazu beitrug, war ein Erstarken der immer zahlreicher werdenden Juden, die die Tora nutzten, um sich und das Volk gegen die Römer aufzustacheln. Mit anderen Worten: Vor allem in Jerusalem müssen wir mit einem Anwachsen des „Eifers für das Gesetz" (Apg 21, 20) rechnen. Diese allgemeine Stimmung aber hatte auch Auswirkungen auf die „Gemeinde vom Neuen Weg": Jene Frauen, die Jesus noch unkompliziert in seine Gemeinschaft zugelassen und geradezu mit Aufgaben betraut hatte, die waren jetzt nicht mehr „up to date".

Und wie entstanden die Evangelien des Lukas und Johannes?

Diese Frage führt uns zurück zur so genannten Magdalenerin.

Nach meiner Annahme, die sich aus Schlussfolgerungen und dem Kernbestand der Legenden der ostkirchlichen Tradition solide nahe legt, war diese Frau mit Maria, der Mutter Jesu, und mit Johannes, dem späteren Evangelisten, nach Ephesus gezogen. 50 Tage nach der Auferstehung, beim ersten Pfingstfest, sehen wir Johannes mit der Mutter Jesu und „mit den Frauen" (Apg 1, 14), also auch mit der Magdalenerin, noch in Jerusalem. Gut möglich, dass die Drei ebenfalls erst nach der Verfolgung, die durch den Konflikt mit Stephanus ausgebrochen war, weggezogen sind. Schließlich haben sie sich in Kleinasien niedergelassen, vielleicht in Ephesus selber, wo sie fortan lebten.

---

[527] S. Anm. 280 und 281 samt dazugehörigem Text.

Paulus kam rund 20 Jahre später auf seiner dritten Missionsreise nach Ephesus (um 54) und blieb dort „zwei Jahre" (Apg 19, 1–20). Wenn Johannes und die Magdalenerin zu der Zeit tatsächlich in Ephesus oder auch nur „in der Provinz Asien" (Apg 19, 10) waren, dann trafen sie unbedingt mit Paulus zusammen. Zwischen Paulus und Johannes lässt sich eine literarische Nähe feststellen, die sich vor allem in jenem mystischen Wort „in Christus" und „in ihm bleiben" äußert, das für beide Apostel im Zentrum ihrer Theologie und Verkündigung stand – und ihres persönlichen Lebens. Die literarische Nähe legt in unserem Fall eine geografische nahe (die nicht überliefert ist), eine Zeit, in der sie sich tiefer „in Christus" kennen gelernt haben.

Just am Ende dieser Zeit, als Paulus nach Jerusalem reisen will (um „wenn möglich" am Pfingstfest dort zu sein, Apg 20, 16) und dazu schließlich den Landweg über Mazedonien nehmen muss, da auf einmal taucht als neuer Gefährte Lukas auf, der Arzt. Ab dem Jahre 57 also ist Lukas ein fester Gefährte des Paulus, wie das der Schreibstil der Apostelgeschichte zu erkennen gibt.

Aber wann ist Lukas mit der „Gemeinschaft vom Neuen Weg" und ihrem Glauben an den Gesalbten Jesus zusammen gekommen?

Nach der Affäre mit Stephanus im Jahre 33/34 (oder erst 37?) zogen einige Juden weit herum, bis sie nach einigen Jahren nach Antiochia kamen, der drittgrößten Stadt im weiten römischen Reich. Dort waren der Arzt Lukas zu Hause wie auch Nikanor (Apg 6, 5). In seiner Stadt entstand durch die Aktivität der Flüchtlinge eine Gemeinde. Einige „aus Cypern und Zyrene", so heißt es, verkündeten die frohmachende Botschaft von Jesus, dem Herrn, auch den in der Stadt wohnenden Griechen, und „viele wurden gläubig und bekehrten sich zum Herrn" (Apg 11, 19ff.). Unter ihnen dürfte sich der Arzt Lukas befunden haben. Diese Mission in Antiochia könnte im Zeitfenster zwischen 38 und 43 geschehen sein, sodass Lukas etwa in dieser Zeit zum Glauben an Jesus, den Christus gekommen wäre.

Die Gemeinde wuchs derart auffallend, dass die Apostel in Jerusalem davon hörten und Barnabas hinschickten. Dieser wurde gewahr, was die Gnade Gottes hier Großes gewirkt hatte. Als die Arbeit der Verkündigung und Gemeindebildung immer umfassender wurde, suchte er Hilfe und holte dazu den Paulus aus dem 200 km entfernten Tarsus, wo der immer noch in „Verbannung" saß. So kam Paulus wieder zurück in die Verkündigung. Paulus wollte nichts Anderes als „Christus erkennen"; auf seinen Einfluss dürfte es zurückgehen, dass man in Antiochia „die Jünger zum ersten Mal Christen" nannte. Dies alles geschah um das Jahr 43. Der gebildete Lukas hat wohl zu den „Säulen" der Gemeinde gehört. Er hatte zu Christus und zu Paulus gefunden durch die ungeteilte Hingabe dieses ungewöhnlichen Mannes und vor allem durch dessen Fähigkeit, den Glauben „*logikos*/logosgemäß" (Röm 12, 1), also „vernünftig" darzulegen.

Als Lukas also im Jahre 57 zur Reisegruppe um Paulus hinzustößt, kennt er den Apostel schon seit gut 12 Jahren, und vermutlich einige der anderen Jünger ebenfalls. Lukas ist in Philippi dabei, in Troas, wo sie sieben Tage bleiben (Apg 20, 3–6), er segelt mit nach Assos, wo sie Paulus an Bord nehmen. Vor allem bei dessen großer Abschiedsrede in Milet, wohin die Ältesten von Ephesus gerufen werden, ist er unter den Hörern – und macht sich seine Notizen von der Rede des Paulus.

Aus all dem wird für unsere Frage klar: Lukas war nicht an Antiochia gebunden, er war im Gegenteil im ganzen Raum der Provinz Kleinasien zu Hause und unterwegs. Dies dürfen wir für einen Zeitraum von gut und gerne 14 Jahren annehmen, wenn Lukas spätestens um das Jahr 43 Christ geworden war und jetzt den Paulus im Jahre 57 begleitete. Dass er in diesem Zeitrahmen auch nach Ephesus gereist ist, als Paulus dort zwischen 54 und 57 zwei volle Jahre wirkte, legt sich von selber nahe.

Dann aber hatte er Gelegenheit, auch Johannes den Evangelisten kennen zu lernen – und ebenso Maria, die Mutter Jesu, und die sie begleitende berühmte „Frau aus Magdala", die Mariam von Betanien.

Es soll hier in Erinnerung gerufen werden, dass nur Lukas am Anfang seines Evangeliums auffallend viel von Maria, der Mutter Jesu, berichtet. Markus berichtet nichts, Matthäus wenig. Dies deswegen, weil in den dreißiger, vierziger Jahren, da Markus und Matthäus die mündlichen Traditionen in Palästina unter den genannten Umständen zu je ihrer Form des Evangeliums zusammenschrieben, Maria, die Mutter Jesu, gar nicht mehr in Palästina war. Und die Magdalenerin auch nicht. Petrus mochte letztere nicht, laut Apokryphen, Matthäus kannte sie nur aus der Zeit Jesu, Markus kannte sie noch weniger. Deswegen fehlen die beiden in diesen zwei Evangelien – auch wenn die Schreiber der Evangelien natürlich von ihrer Existenz wussten.

Lukas aber hat die beiden Frauen in Kleinasien, in Ephesus, kennen gelernt, mit ihnen gesprochen und von ihnen etwas erfahren, was die anderen und die sie umgebende Tradition gar nicht wussten. Außer – Johannes. Auch er hörte direkt von „Maria und Maria" Tatsachen, Vorgänge, die keiner der anderen Evangelisten, ja nicht einmal einer der anderen Apostel und Jünger kannte. Es war das Geheimnis der

Magdalenerin geblieben. Sie hat es nur diesen beiden erzählt. Johannes und Lukas hatten also genügend Gelegenheit, sich untereinander und mit Maria von Betanien auszutauschen.

Hier im Raum Ephesus macht Lukas sich die ersten Notizen für das, was später sein Evangelium sein wird. Warum er in seiner Schrift „Von den Taten der Apostel" mit keinem Wort weder den Johannes in Ephesus erwähnt noch die Frau aus Magdala oder die Mutter Jesu, wissen wir nicht. Gehen wir aber umgekehrt von den Evangelien des Lukas und Johannes aus, dann finden sich nur bei diesen beiden auffallende Erwähnungen der Muttergottes und der Magdalenerin: In Lukas Kap. 1 und Kap. 2 lesen wir Berichte von Maria, der Mutter Jesu, in Lukas Kap. 7 die Schilderung von „der Frau" beim Pharisäer Simon; in Kapitel 8 die Nennung der vielen Frauen mit Vermögen, die Jesus und den Jüngern dienten, angeführt von der „so genannten" Magdalenerin; in Kapitel 10 die Erzählung vom Besuch Jesu bei Marta und Maria. Es ist zu beachten, dass diese drei Erwähnungen der Magdalenerin nur von Lukas festgehalten worden sind. Johannes sodann bringt in Kapitel 11 die Schilderung von der Auferweckung des Lazarus bzw. vom „Coup Jesu"; in Kapitel 12 die Salbung in Betanien (die Markus und Matthäus nur unter einem Mann, Simon dem Aussätzigen, erwähnen); in Joh 20 schließlich der so persönliche Bericht von der Begegnung des Auferstandenen mit der Magdalenerin.

Ein Blick auf ihre Evangelien lässt den Verdacht aufkommen, dass Lukas und Johannes sich abgesprochen haben. Sie haben unter sich aufgeteilt, wer von ihnen welche Ereignisse mit der „so genannten Magdalenerin" in sein Evangelium aufnehme: Lukas nahm die ersten drei Ereignisse, Johannes die letzten drei ihrer Begegnungen mit Jesus, deren drittes und abschließendes jene wunderbare Begegnung dieser Frau mit „meinem Herrn" am Ostermorgen war.

Ich hatte in der Erarbeitung jener Passagen schon darauf hingewiesen, dass die Schilderung des Ereignisses vom Ostermorgen am Grab eine persönliche Mitteilung durch die Magdalenerin an Johannes geradezu aufdrängt. Hier haben wir die historische Situation der Traditionsgeschichte dazu: In Ephesus oder im Raum der Provinz Kleinasien trafen Johannes und Lukas mit der Frau aus Magdala zusammen; Johannes für längere Zeit, Lukas vielleicht nur für kürzere – wenn wir nicht annehmen, dass auch er sie in diesen Jahren schon immer mal wieder getroffen hatte. Von ihr selber, der historischen Frau aus Magdala alias Maria aus Betanien, erfuhren sie die damaligen Geschehnisse. All die künstlichen Konstruktionen zur Traditionsgeschichte, wer von wem welche Information für seine Dublette verarbeitet hätte, werden überflüssig. Geradezu merkwürdig erscheinen die Bemühungen, jene so gleich ausschauenden Salbungen durch „Abschreiben" zu erklären – oh nein, es war dieselbe Frau, die davon erzählt hat. Aber die Mariam aus Betanien bat um Zurückhaltung in der Schilderung der Begegnungen. Bringt keine Worte von mir, nur eines. Sie wollte niemanden ärgern. Eine Bühne für ihr Ego brauchte sie erst recht nicht.

Mit dieser Annahme kann ich auch schmunzelnd erklären, warum Markus und Matthäus nichts von der Auferweckung des Lazarus berichten – weil sie nichts davon wussten! Weil kein Apostel davon wusste. Johannes erfuhr davon erst, als Mariam es ihm und Lukas erzählte. Und den Besuch Jesu bei ihr und Marta in Betanien. Und jenen beim Pharisäer Simon, wo sie nur weinen konnte ...

Lukas also reiste mit Paulus im Jahre 58/59 zusammen weiter, kam mit diesem nach Jerusalem, erlebte die überraschende Festnahme des Apostels und seine Verlegung ins „kaiserliche" Gefängnis nach Caesarea (Apg 21, 27 bis 26, 32). Dort saß nun Paulus drinnen und Lukas draußen, und beide wussten nicht, was geschehen würde. Was machte Lukas in diesem Jahr 58/59 und den folgenden?

Lukas konnte nicht voraussehen, wie lange Paulus im Gefängnis bleiben würde. Dass es zwei Jahre werden sollten, war nicht absehbar. Paulus hätte auch früher herauskommen können. Lukas musste also in der Nähe bleiben. Damit bot sich ihm Gelegenheit, diese Wochen, Monate zu nutzen, selber durch das Land Jesu und des Paulus zu reisen und dort, wir würden heute sagen, „Interviews" zu machen. Lukas reiste also von Nazaret in Galiläa bis hinauf nach Jerusalem und notierte, was die Gläubigen ihm erzählten, was nämlich „Jesus getan und gelehrt hat" (Taten und Worte), wie er es dann zu Beginn seiner „Taten der Apostel" (Apostelgeschichte) schreiben wird (Apg 1, 1).

Zu dieser Zeit – wir sind in den Jahren 59 bis 62 – hatte sich die mündliche und schriftliche Erfassung des Geschehens um Jesus weiter entwickelt. Das Markus-Evangelium lag vollständig vor – und war schon nach Qumran gelangt. Von Matthäus war die aramäische Fassung ebenfalls im Umlauf, die griechische womöglich gerade im Entstehen. Zudem konnte Lukas noch Menschen treffen und sprechen, auch Jünger der ersten Zeit, die ihm noch aus persönlicher Erfahrung berichteten, was Jesus gesagt und getan hatte. Immer häufiger aber stieß er auf fest geformte Passagen der Überlieferung von Jesu Taten und Worten; am umfänglichsten war dabei stets der Bericht von der Passion des Nazoräers.

Als Arzt war Lukas Genauigkeit gewohnt: Wie die Leute aus der überlieferten, festen Tradition berichteten, so schrieb er es auf. Dabei müssen wir die fortgeschrittene Zeit berücksichtigen: Jetzt, um das Jahr 60 herum, war die „fundamentalistische" Sektion der Eiferer für die Tora in ungebremstem Vormarsch. Die Spannungen nach außen wurden hitziger, die nach innen rigoroser. Und sie färbten vermutlich auf die Gemeinschaft vom Neuen Weg ab: Hatte Jesus noch original gesagt, „Wer den Willen meines Vaters in den Himmeln tut, der ist mir Bruder und Schwester und Mutter" (Mt12, 50; Mk 3, 35), so begegnet Lukas bereits einer Gemeinde, die die „Schwestern" nicht mehr erwähnt. Das wäre mein Lösungsvorschlag für jene Frage, warum Lukas die „Schwestern" gestrichen habe (8, 21): nicht er hat sie gestrichen, sondern das enger gewordene Denken der Gemeinde.[528]

Eines wollte Lukas jedoch anders machen als Markus und Matthäus: Während diese beiden als Juden für Juden und für den Raum Palästinas geschrieben hatten (wobei Markus/Petrus zu berücksichtigen hatten, dass sie ihren Text in der Hauptstadt des Kaisers verkündeten und schrieben), kam er aus der griechisch-römisch geprägten Großstadt Antiochia. Er sprach gutes Griechisch, und er wollte für die Menschen der hellenistisch-römisch geprägten Kulturwelt des kaiserlichen Weltreiches schreiben. Zudem war er geprägt von der „Geist-Theologie" des Paulus, sie findet daher vorrangigen Niederschlag in seinem Evangelium, angefangen von der Verkündigung in Nazaret bis zum Pfingstfest in Jerusalem, wo er als Einziger wieder die Mutter Jesu erwähnt und die Frauen. Im Übrigen hielt er sich an die festen Traditionen, die ihm mitgeteilt worden waren, und ebenso an die Grundstruktur des Evangelienaufbaus, wie ihn Markus und Matthäus vorgegeben hatten. Er kannte natürlich ihre Texte.

Sollte die Traditionsgeschichte der Evangelien ungefähr diesen historischen Hintergrund gehabt haben, ließen sich eine Anzahl Details, für welche die Fachleute jetzt gewundene Erklärungen suchen, problemlos erklären. Die Kindheitsgeschichte z. B. hat Matthäus, der vor Lukas schrieb, aber nach Markus/Petrus, auf seinen jüdischen Hörerkreis in Palästina hin formuliert. Die Geschichte mit den Magoi konnte nur er bringen, weil er gerade zur Zeit seines Schreibens diese Geschichte original von diesen Sterndeutern mitgeteilt erhielt. Markus/Petrus kannte sie noch nicht. Als Lukas ein paar Jahre später schrieb, kannte er diese Geschichte bei Matthäus zwar auch, aber für

---

[528] S. Anm. 56.

seinen Hörerkreis im römischen Reich war es nicht ratsam, von einem „neugeborenen König in Jerusalem" zu schreiben. So verknüpfte Lukas die Fakten der Geburt Jesu mit nachprüfbaren Daten des römischen Reiches – und sprach von harmlosen Hirten, die zum Stall kamen. Theologisch sagte er damit exakt das Gleiche aus wie Matthäus mit den Magoi aus Sippar/Babylon.[529]

Auch etwas Anderes passt jetzt – wenn man berücksichtigt, dass die Magoi erst Monate nach der Geburt kamen und nicht schon im Stall ihre Geschenke auspackten – gut zusammen: Nach Lukas wurde das Kind nach acht Tagen beschnitten, nach 40 Tagen im Tempel Gott dargeboten. Nach Matthäus wäre das, in traditioneller Auffassung, gar nicht möglich, weil die Heilige Familie gleich nach der Geburt des Knaben nach Ägypten geflüchtet sei. Da nun aber, historisch betrachtet, die Magoi erst 8 bis 10 Monate später kamen, passen beide Überlieferungen gut zusammen. Matthäus und Lukas wussten natürlich von den verschiedenen Traditionen, wählten aber aus dem allgemeinen „Zettelkasten der Überlieferung" jene Traditionsstücke aus, die für ihren Hörerkreis die passenderen waren.

Aber etwas fehlte in diesem Zettelkasten.

Das waren jene Begegnungen zwischen Jesus und der Maria aus Betanien, bekannter als „die so genannte Magdalenerin". Sie selber hat den Schleier des Geheimnisses gelüftet und dem Lukas und Johannes etwas mitgeteilt, was weder im Gedächtnis der Jünger noch im Zettelkasten der Traditionen enthalten war, weil nämlich keiner der Jünger dabei gewesen war. Ob sie dies in Ephesus oder später dem Johannes und Lukas zu passender Gelegenheit „ausgepackt" hat, wird wohl niemals mehr zu ermitteln sein. Es war, nach meiner Annahme, noch zu einer Zeit, da es „sittsamer" war, ihren Namen nicht „ins Internet" der Öffentlichkeit zu stellen. Aber Lukas und Johannes haben sich dann abgesprochen, wer von ihnen welche dieser insgesamt sechs Begegnungen in sein Evangelium aufnähme.

Lukas entschied sich für die ersten drei: Jene Begegnung (genau genommen den zweiten Teil der ersten Begegnung) der noch namenlosen Frau, der geheim gehaltenen Magdalenerin und zugleich Schwester der Marta und des Lazarus mit Jesus im Haus der Pharisäers Simon. Gleich danach berichtet er von „den Frauen", die Jesus und den Jüngern dienten, mit der „so genannten Magdalenerin" an erster Stelle;

---

[529] Vgl. *Chr. Wrembek*, Quirinius, die Steuer und der Stern – Warum Weihnachten wirklich in Betlehem war, Topos-plus 612, 2006.

wer Ohren hat, zu hören, der höre! Lukas erweist sich als Gentleman, der diesen umfangreichen Dienst der Frauen nicht wie die anderen Evangelienschreiber nur am Ende, beiläufig unter dem Kreuz erwähnen wollte. Schließlich übernimmt er drittens Jesu nachfolgenden Besuch im Dorf der Geschwister, wo der Herr die beiden Schwestern in Betanien aufsuchte, um Versöhnung zu schaffen. Das passte Lukas gut in den Duktus seiner Frohen Botschaft und war für sein etwas liberaleres Publikum eine untergründig spannende Geschichte.

Johannes dagegen nahm die letzten drei Begegnungen der Magdalenerin in sein Evangelium auf: Den unglaublichen Coup Jesu mit der Erweckung des Lazarus samt dem Weinen der Mariam und Jesu; das alles hatten weder er selber noch die anderen Jünger mitbekommen. Ferner die Salbung Jesu in Betanien durch Mariam von Betanien alias „die Magdalenerin". Diese Salbung hatten zwar auch Markus und Matthäus schon mitgeteilt, jedoch unter dem Namen des Vaters der missratenen Tochter, allerdings mit dem einzigartigen Jubelruf Jesu. Johannes ergänzte die Szene durch das Salben und „Trocknen" der Füße Jesu – das hatte ihm die Magdalenerin wohl lächelnd mitgeteilt.

Und schließlich drittens nahm Johannes das Geschehen am Ostermorgen in sein Evangelium auf, als Fortsetzung der Salbung von Betanien. Johannes erlaubte sich, diese Szene so auf Maria zu konzentrieren, wie es die anderen gar nicht konnten, weil sie es nicht wussten. Denn erst sie selber hatte es dem Johannes und Lukas so persönlich mitgeteilt, dass Johannes ihren persönlichen Stil fast in der Ichform übernahm und vielfach im Präsens lebendig werden ließ: Sie hatte es so erzählt, als würde sie alles noch einmal erleben.

Wann schrieb Johannes?

Erlauben wir uns die Annahme, dass „unsere drei" aus Ephesus, Johannes, Maria und Maria, von der Inhaftierung des Paulus in Caesarea gehört hatten. Das scheint eigentlich selbstverständlich. (Außer für den Fall, dass die Magdalenerin, wie orthodoxe Tradition es bewahrt hat, schon zuvor verstorben und von den beiden begraben worden wäre.) Folgen wir ferner der Tradition, die durch die Archäologie gut belegt ist, dass die Mutter Jesu in Jerusalem begraben liegt. Dann mag die Inhaftierung des Paulus für sie alle drei der Anlass gewesen sein, nach Palästina zu reisen. Maria, die Mutter Jesu, mag zudem gesagt haben: Ich will dort sterben, wo mein Sohn gestorben ist, in Jerusalem.

Johannes fand nun, dass in Palästina zwei Evangelien kursierten (er wird von ihnen schon in Kleinasien gehört und sie gelesen haben) und das seines Freundes Lukas im Entstehen war. Die drei folgten dem gleichen theologischen Schema: Das Leben Jesu war wie ein Weg von Galiläa hinauf nach Jerusalem, wo er sterben und auferstehen sollte als das Lamm Gottes, das die Sünde aller Welt trug. Johannes aber wusste, dass es „noch vieles andere" gab, was Jesus getan hatte (Joh 21, 25) und was im „Zettelkasten" noch unbenutzt stand. Und das sollte nicht aufgeschrieben werden? So begann er, selber ein Evangelium zu schreiben. Dazu war er durch seine Arbeit der Verkündigung in Kleinasien mehr als angeregt und von der dort herrschenden kulturellen Situation mit ganz neuen Fragen und Problemen geprägt worden.

Er sagte sich deshalb: Was die Drei geschrieben haben, das brauche ich nicht noch ein viertes Mal zu schreiben. Ich bringe in meinem Evangelium vor allem solche „Taten und Worte" Jesu, die zwar alle kennen, weil wir alles miteinander erlebt und später in den 50 Tagen in Jerusalem erinnert und neu verstanden haben, die sie aber in ihre Evangelien nicht aufgenommen haben. Zugleich entschied sich Johannes für eine andere Grundstruktur: In Kleinasien, wo er lebte und im Dialog mit den Menschen stand, ging es inzwischen grundsätzlich um eine neue Frage: Warum soll ich überhaupt an Jesus glauben? Soll ich das alles so glauben? Der alt gewordene Lieblingsjünger Jesu stellte deshalb das „Glauben" in die Mitte und bemühte sich zugleich um historisch genauere Wiedergabe des realen Geschehens um Jesus. Aber sein eigenes Herz war bei all dem so sehr verschmolzen mit Jesus, dass es fast seine eigenen Gedanken waren, wenn er vor seinen Hörern Jesus reden ließ – und umgekehrt.

So finden wir im Johannes-Evangelium immer wieder drei Ebenen, alle gruppiert um die Grundstruktur „Glauben": Worte, die Jesus selber in der gegebenen Situation so gesagt hatte, Worte, die Jesus zu anderer Gelegenheit gesprochen hatte, Worte des Evangelisten, die dieser selber eingefügt hat – und die wie Worte Jesu klingen.

Johannes und Lukas werden sich über je ihr Evangelium unterrichtet und abgesprochen haben. Wenn sie im Jahre 62 noch in Jerusalem waren, dann könnten sie, folgen wir den Hinweisen aus Talmud und Flavius Josephus, die Ermordung des Matthäus und des Jakobus, des Herrenbruders, durch die jüdische Behörde (zu der damals Josephus Flavius gehörte) miterlebt haben. Um so wichtiger war es nun, dass Lukas und Johannes ihre Evangelien schrieben.

Und die Frau aus Magdala?

Ist sie vielleicht die geheimnisvolle „Maria die Jüdin", die mit Bolos von Mendes, der Stadt der Parfümeure im Nildelta, und mit Königin Kleopatra als die Begründer der Al-Chemie genannt werden? Sie soll nach historischen Quellen im Jerusalemer Raum vor dem Jahre 70 n. Chr. die ersten brauchbaren Destilliergeräte (einen *Alambık tribicos*), Öfen und Kochapparate konstruiert haben.[530] Oder ist sie insgeheim diejenige, die auch für Paulus „viel Mühe auf sich genommen" hat, ihm seine Reise nach Spanien vorzubereiten? Und ist sie dann mitgefahren nach Marseille? Und wenn sie war schon in Marseille, in der Provence, ist sie dann nicht die Rhône hinaufgereist, gewandert bis zum Hügel Vézelay und ihn hinaufgeschritten? Oder ist das nur Stoff für Legenden und Romane?

Aber vielleicht war sie ja doch beim Kaiser, um zu bekunden, was da wirklich vor Pontius Pilatus passiert war. Die Legenden berichten, sie sei in Rom gewesen. Können wir dafür Hinweise finden?

Paulus nennt am Ende seines Briefes an die Brüder und Schwestern in Rom 27 Personen mit Namen, die dort gegrüßt werden sollen, dazu Einzelpersonen ohne Namen („seine Mutter") oder eine Gruppe („die Brüder, die bei ihnen sind"). In keinem anderen Brief werden so viele Personen genannt wie am Ende dieses Briefes. Unter den 27 Personen, die mit Namen genannt werden, sind auch Frauen. Natürlich! Paulus hat gern mit Frauen zusammengearbeitet. So eröffnet er mit einer Frau die Liste der Begrüßungen: Phöbe. Außer ihr werden noch sieben weitere Frauen genannt: Priska, die Gattin des Aquila, eine Maria, („Junia" verstehe ich, trotz Bauckham, hier als Männername), Tryphäna und Tryphosa, Persis, Julia und Olympas. Von diesen acht Frauen fällt die „Maria" insofern auf (16, 6), als ihr Name jüdischer Art ist, während die anderen Namen eher aus hellenistisch-römischem Raum stammen. Der Name wird von manchen Textzeugen, so dem wertvollen P[46], in hebräischer Form überliefert: Mariam. Es dürfte sich also um eine jüdische Frau handeln. Paulus kennzeichnet sie mit „die für euch viel Mühe auf sich genommen hat".

Doch aus diesem allgemeinen Merkmal und aus dem Namen „Maria(m)" lässt sich keine solide Schlussfolgerung ableiten, dass es die so genannte Magdalenerin, Mariam von Betanien, gewesen sein müsse.

So still, wie sie in das Evangelium eingetreten ist, so still ist sie auch wieder hinausgegangen …

---

[530] *Faure*, S. 93. – S. Collection des Alchimistes grecs, 3 Bde/Tle, 1., Neudr. d. Ausg. Paris 1888, Osnabrück 1967. 1263 S., Hrsg. v. Berthelot, M/Ruelle, Ch Em, Biblio-Verlag, 49143 Bissendorf, Krs. Osnabrück.)

Still bin ich ins Evangelium eingetreten,
verkannt, verhöhnt, wie Dreck von draußen.
Man wollt mir keinen Namen lassen, auch kein Wort.
Der Tränen Meere haben mich getragen,
gewandelt mich zu Füßen Jesu, meines Herrn.
In Ihm hab ich den guten Teil gefunden.
Er hat ihn mir gelassen, Seinen Leib,
bis ich Ihn lassen konnte.
Ja, mein Entzücken hat ihn frei gemacht für Seinen Weg.
Den Reichtum meiner Tage – zerbrochen hab ich ihn.
Mit ihm gedient, mich abgemüht für viele.
Verstanden hat mich nur die Mutter,
der das Gesicht des Sohns ich ließ zum Küssen.
Dafür ward mir geschenket Frieden, Dank und
wunderliche Lieb,
die fühlt und tastet, über alls, was endet, schauend:
Zeit wird's, dass wir uns sehn, Rabbuni!

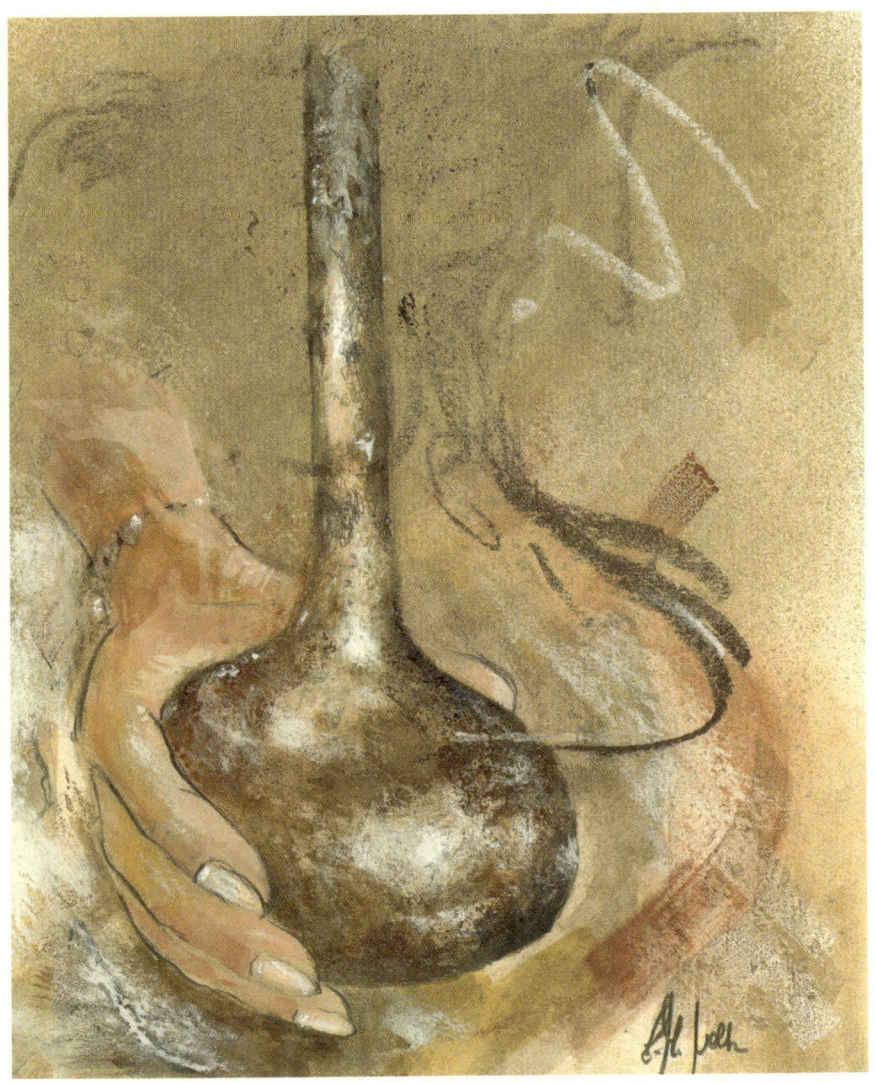

Abb. 1: Ein „Alabastron", eine kostbare Flasche aus Glas zur Aufbewahrung von Salböl. (Hier dargestellt als Gemälde von E. M. Nolte nach der Vorgabe des Originals.) Die Höhe dieser Flasche beträgt im Original 16 cm, ihr größter Umfang 26,5 cm. Der Inhalt wird auf 275 cm³ geschätzt. Das Gefäß befindet sich im Gustaf-Dalman-Institut für biblische Landes- und Altertumskunde der Ernst-Moritz-Arndt-Universität Greifswald.

Abb. 2: Palästina zur Zeit Jesu.

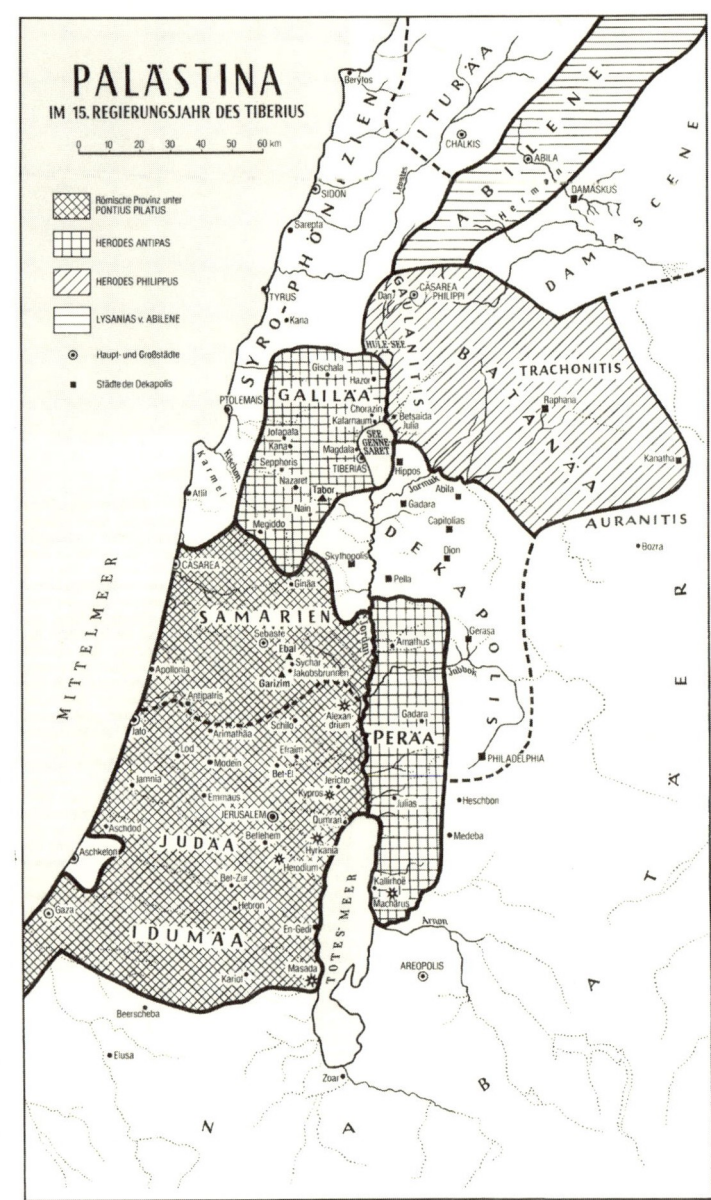

Abb. 3: Palästina im 15. Regierungsjahr des Kaisers Tiberius. Das entspricht unserem Jahr 28/29 n. Chr.

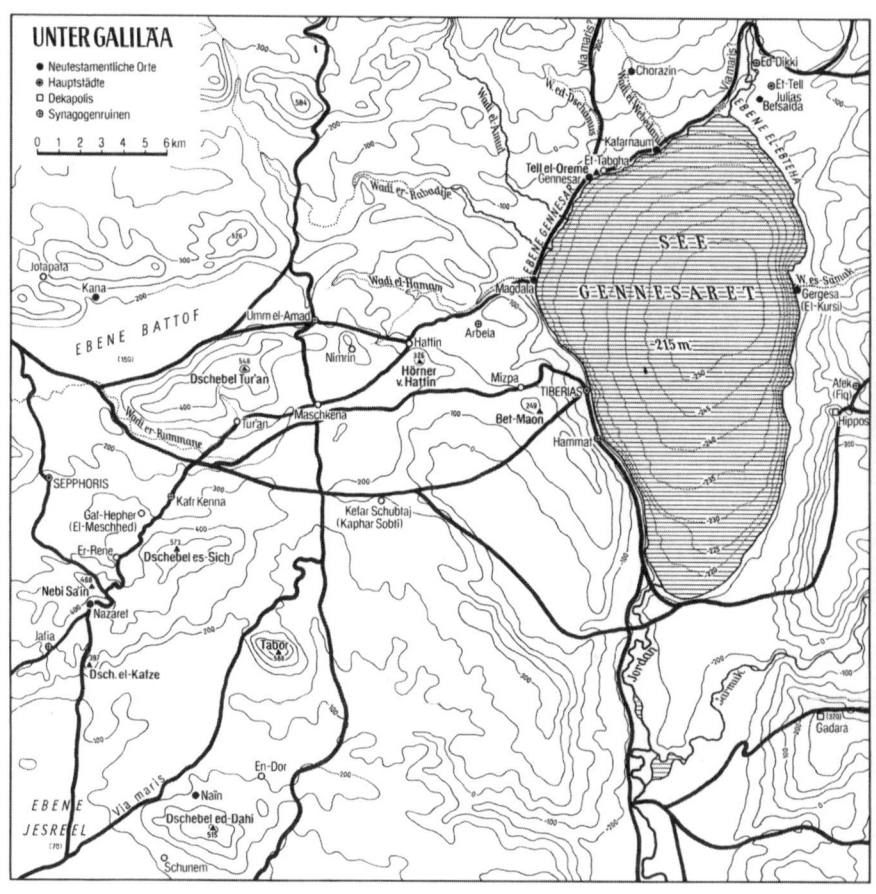

Abb. 4: Untergaliläa. Magdala, an der größten Ausbuchtung der Westseite des Sees Gennesaret zu sehen, ist als das Wohnviertel der Juden innerhalb der großen Stadt Tarichea zu verstehen. Die dicken schwarzen Striche bezeichnen die großen Straßen. Hinzuzufügen ist eine Straße, die von Magdala/Tarichea durch das Wadi el-Hamam nach Westen, die Nord-Süd-Straße überquerend, am Kana der Hochzeit vorbei zum Mittelmeerhafen Ptolemais führt. Die Entfernung von Magdala bis nach Kana betrug knapp 15 röm. Meilen, von dort bis nach Ptolemais etwa 20. Zusammen waren das etwa 50 km. Das gibt einen Eindruck von den kleinen Räumen in Galiläa.

Abb. 5: *Freigelegte Ruinen von Tarichea/Magdala im Herbst 1975. Vorne links die Reste des Nymphäums, das bisher als „Mini-Synagoge" interpretiert wurde; am oberen Rand das Areal, das ich als „Mini-Gymnasium" deute. Vgl. dazu die folgende Skizze des Ausgrabungsgeländes nach der 6. Grabungskampagne im Jahre 1977, Abb. 7.*

Die „Virtuelle Stadtführung" beginnt am oberen Bildrand, am Ausgang der Straße (II und I), deren Breite bis zu 10 m gemessen wurde. Vermutlich war sie der Cardo Maximus. Kommt man von dort (von oben, von Süden) in die Stadt, lag zur Rechten das große Areal (F), das ich als „Mini-Gymnasium" deute. Es ist ein fast quadratischer Platz mit innerem Säulengang. Hier und im Nymphäum fand man die herzförmigen Säulen, die auf den Fotos gerade noch zu erkennen sind. Der Zugang zum Platz muss am Cardo gelegen haben, bei f11, wo zwei Steine eine Torverzierung, wahrscheinlich Säulen, getragen haben. Links ein Gebäude G. Rechts folgt ein Viertel mit verschiedenen einzelnen Räumen (e1 bis e13), deren ursprünglicher Zweck nur erraten werden kann. Teilweise über der Straße errichtet ist die Wasserleitung A'. Wahrscheinlich gehört der Wasserturm A zu dieser Anlage; er ist 6,5 m hoch gewesen. Aufgrund von Münz- und

Keramikfunden lassen sich die älteren Teile des Turmes dem 1. Jahrhundert v. Chr. zuordnen. Dieser Turm (oder mehrere solcher Türme) gaben der Stadt ihren Namen: Migdal, der sich in Magdala erhalten hat. Der jüdische Talmud überliefert die Namen Migdal Nunaija (Turm der Fische) und Migdal Sebaijah (Turm der Färber), ein Hinweis auf verschiedene Stadtviertel von Tarichea, die anscheinend alle ihren Turm hatten. Magdala könnte man dann auch umschreibend deuten als „Stadt der Türme". „Magdala", die jüdische Bezeichnung Taricheas, hat sich im heutigen Namen des arabischen Dorfes el-medschdel erhalten. Dem Turm östlich gegenüber, jenseits der Straße III, liegt das Nymphäum, das dem Titelbild unterlegt ist. (S. unten Abb. 6) Nördlich, jenseits der Straße IV, schließt sich die „römische Luxusvilla" (C) an. Inmitten des Innenhofes (c2 und c4) befindet sich das Wasserbecken (c3). Der Eingang zur Villa ist durch c5 markiert; er erfolgt von der Straße (einem Decumanus) IV her. Westlich gegenüber der Villa, auf der anderen Seite des Cardo, fand man Reste eines Bürgersteiges (!) und eines Raumes (B), in dem noch ein Bodenmosaik im Original erhalten war.

Abb. 7: Plan des Ausgrabungsgeländes nach der 6. Grabungskampagne im Jahre 1977. Nach V. Corbo OFM – 1977.

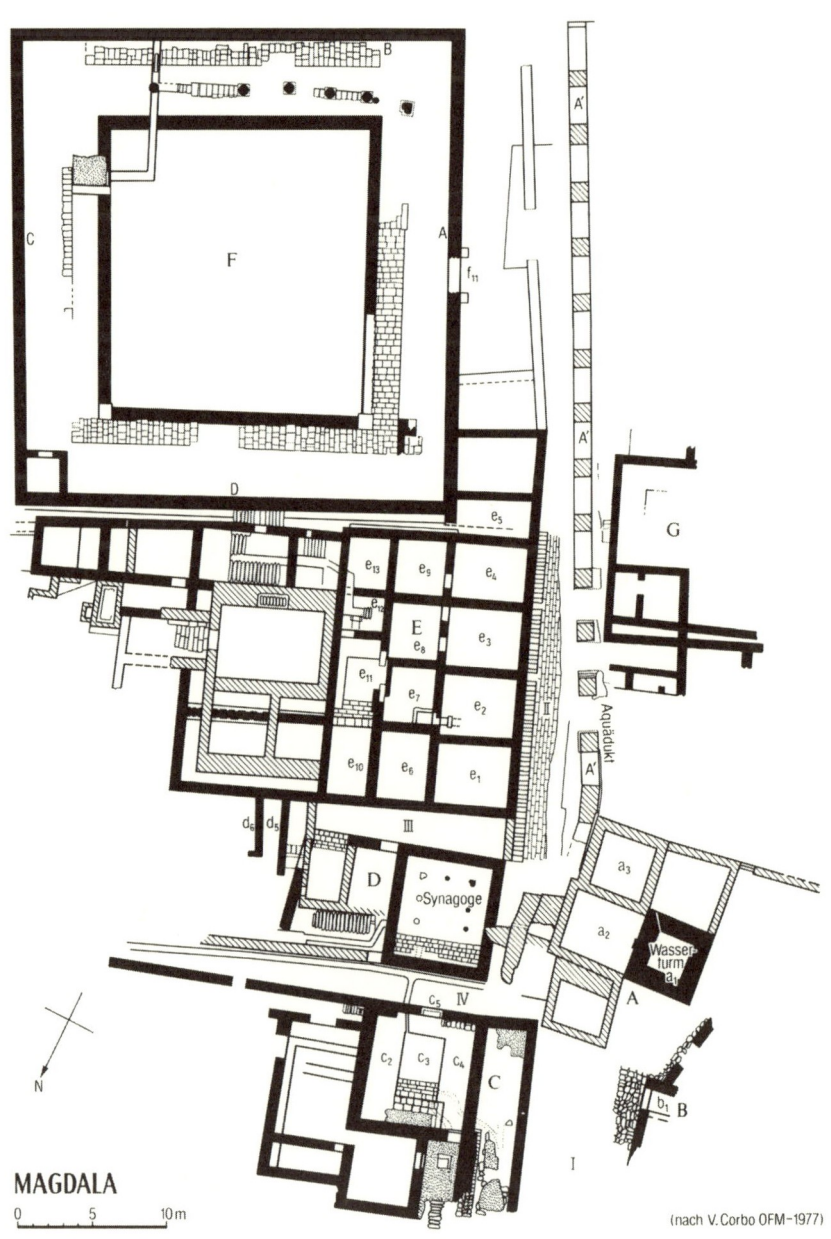

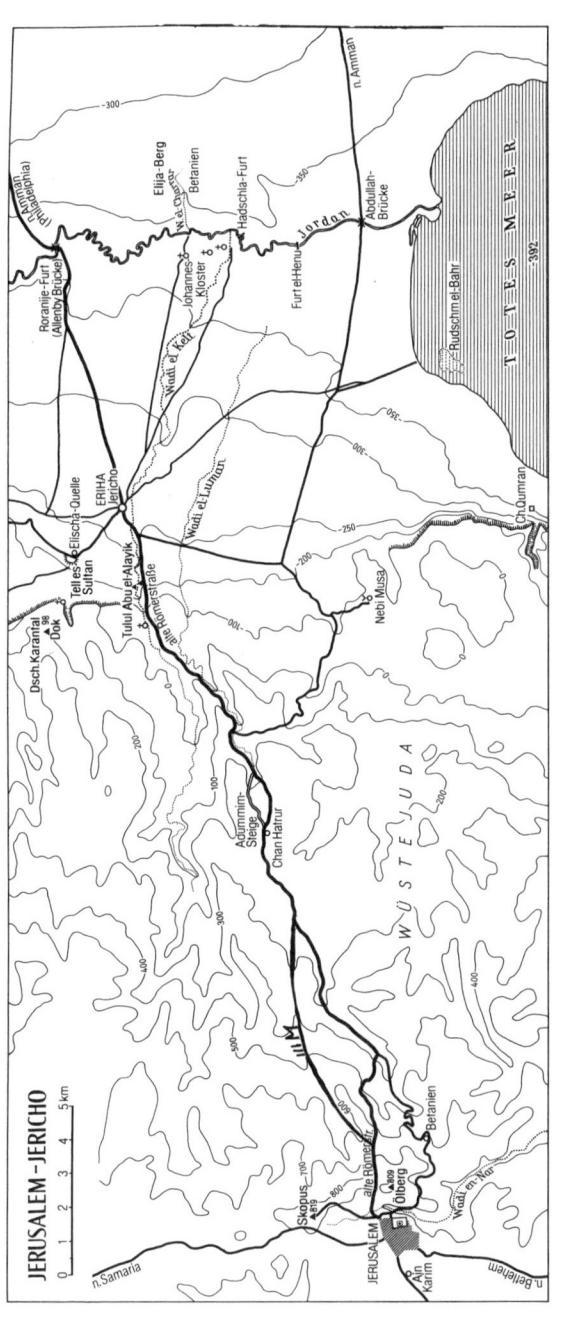

Abb. 8: Von Betanien jenseits des Jordan nach Betanien am Ölberg. Der etwas mehr nördlich verlaufende Teil der Römerstraße, vorbei an der Mansio (M) und über die Stufen (///), die erhalten sind, ist nachträglich in die Karte eingezeichnet. Von Betanien jenseits des Jordans bis nach Jericho sind es etwa 10 km. Von dort bis zur Abzweigung etwa 13 km, bis zur Mansio weitere 3 km, dann noch rund 4 km bis zur Ostseite des Ölbergs. Von dort südwärts nach Betanien etwa 2 km.

Abb. 9: Betanien am Ölberg mit dem Gelände der Lazaruskirche vor den Ausgrabungen 1949.

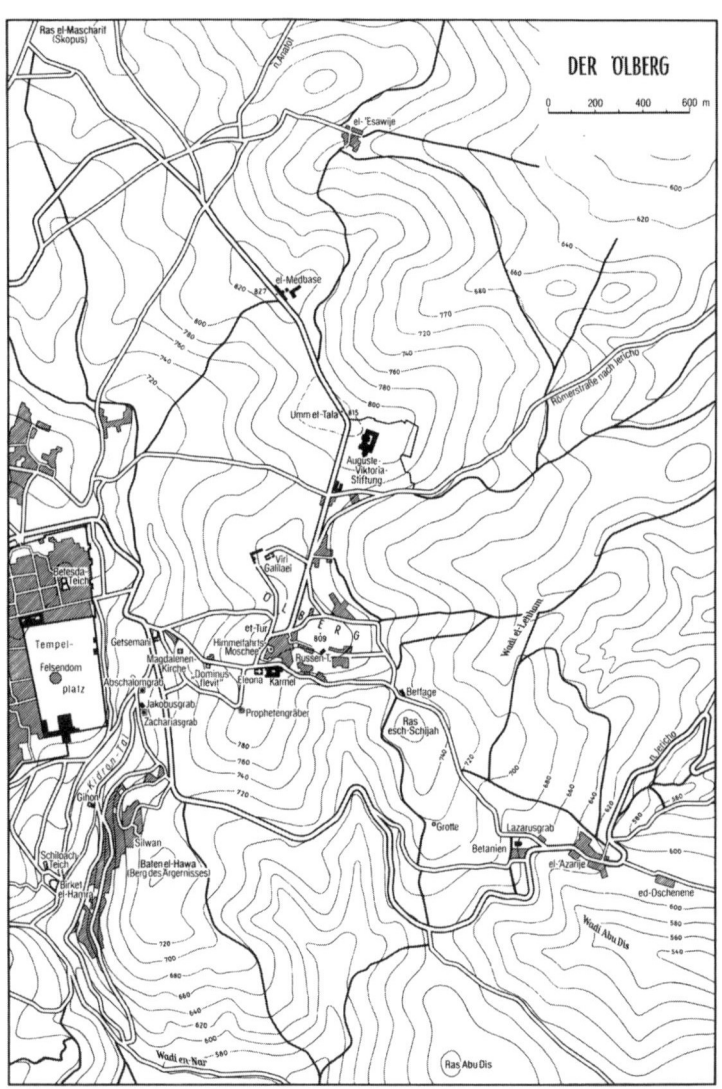

Abb. 10: Jerusalem mit Ölberg und Betanien. Nach meiner Mutmaßung konnte Jesus seine Jünger am passendsten an einem Punkt der „Römerstraße nach Jericho" zurücklassen, um von dort fast geradewegs südlich am Wadi el-Lehham vorbei gut 2 km nach Betanien zu eilen.

BETANIEN
1 Lazarus-Grab
2 Lazarus-Kirche
alte Felsgräber
0
100
200
300m
Felsgrotte
n. Jerusalem
n. Betfage
Altes Dorf
Quelle
el-'Azarije
n. Jericho
Kloster der Griechen
Wadi Abu Dis
N
720
700
680
660
640
620
600
580
560

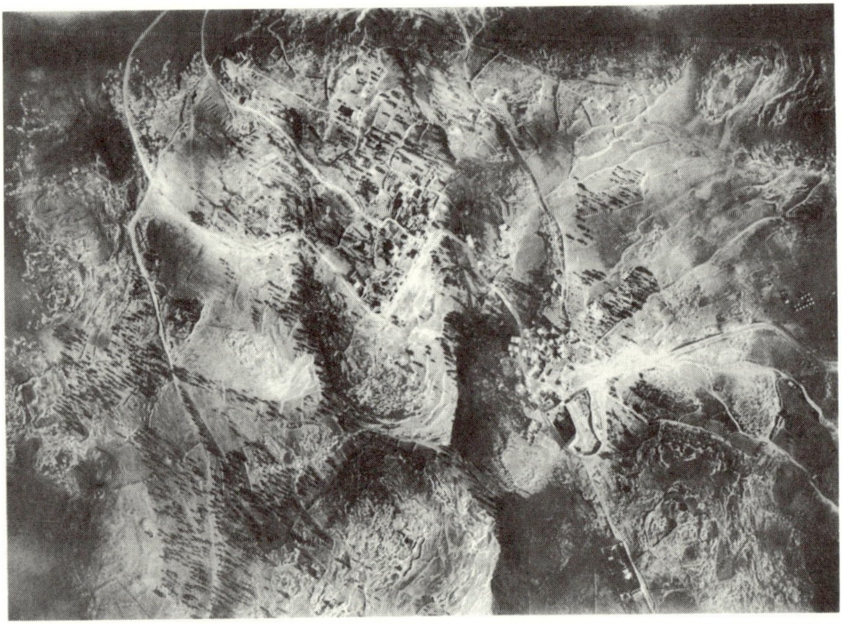

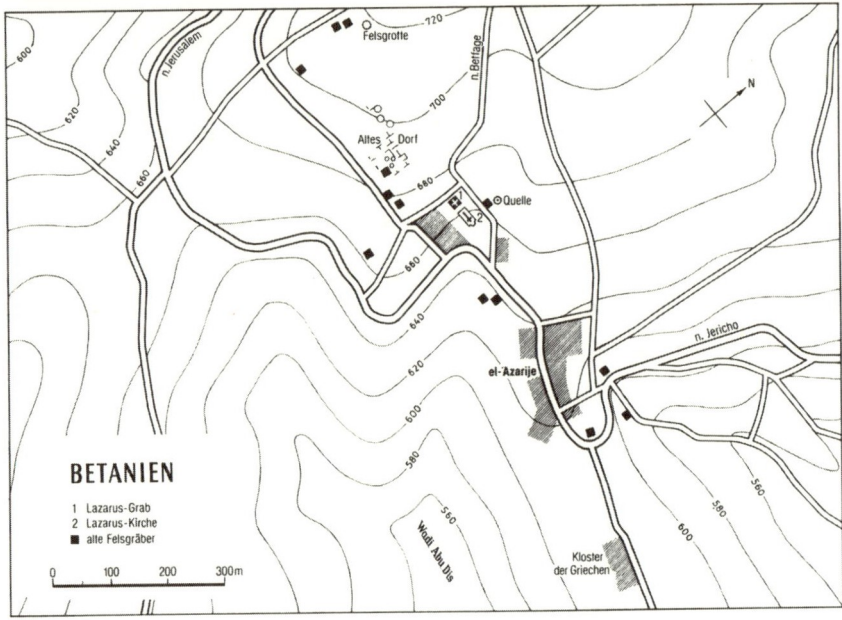

Abb. 11 und 12: Die alte Ortslage von Betanien am Ölberg. Das Alte Dorf lag südwestlich vom Grab des Lazarus. Das heutige el-Azarije liegt weiter östlich, es ist im Foto halbrechts unten zu erkennen. Folgt man auf dem Foto dem tiefdunklen Schatten von unten bis fast in die Mitte des Fotos, befindet man sich im Wadi Abu Dis. An dessen nord-westlichem Ende lag der alte Ort Betanien. Von Jericho kam man entweder auf der in der Grafik rechts unten so bezeichneten Straße oder aus nördlicher Richtung. In jedem Fall gelangte Jesus zuerst zum Grab.

Abb. 13: In der Wüste Juda bei Efraim, dem heutigen Taijbeh: Hierher, in der Nähe der alten Orte Ai und Bet-El (Gen 12, 8), zog sich Jesus im Februar/März 30 zurück, um vor den Häschern sicher zu sein. Das Foto öffnet den Blick hinunter zum Jordantal, Richtung Ost-Südost, wohin Jesus anschließend hinabzog. In Jericho kehrte er bei Zachäus dem Oberzöllner ein, heilte den Blinden und ging von dort hinauf nach Betanien zu Marta, Maria und Lazarus.

Literaturverzeichnis:

A: Quellen, Textausgaben, Hl. Schrift

Einheitsübersetzung (EÜ) der Heiligen Schrift, 1979.

La Sainte Bible, traduite en français sous la direction de L'École Biblique de Jérusalem, Les Éditions du Cerf, Paris. Deutsche Ausgabe mit Erläuterungen der *Jerusalemer Bibel* (JB), Freiburg/Basel/Wien ⁵1968.

Lutherbibel, Revidierte Fassung (RL) von 1984.

Nestle/Aland Griechischer Text in der 27. Auflage des Novum Testamentum Graece.

Nestle-Aland „Novum Testamentum Graece et Latine", Stuttgart 1984. Lateinischer Text: Nova Vulgata, 1979.

The Interpreter's Bible, In the King James und Revised Standard Versions, Nashville, ³⁷1988, Vol. VIII.

Josephus Flavius, Der Jüdische Krieg, Goldmann Verlag München, 3/1986. Aus dem Griechischen von *Hermann Endrös,* Nachwort u.a. Prof. Dr. *Gerhard Wirth.* Hier abgekürzt „*JosBell*".

Josephus Flavius, Jüdische Altertümer, Fourier Verlag Wiesbaden, 7/1987. Übersetzt mit Einleitung und Anmerkungen von Dr. *Heinrich Clementz.* Hier abgekürzt „*JosAnt*"

Flavius Josephus, De Bello Judaico Der Jüdische Krieg, Zweisprachige Ausgabe der sieben Bücher, Hrsg. *Otto Michel u Otto Bauernfeind,* Darmstadt 1959, 1963,1969, 4 Bde.

B: Wörterbücher, Synopsen, Grammatik, Konkordanz

Bibellexikon, Das Grosse, Wuppertal/Gießen, Deutsche Ausgabe 1988 R. Brockhaus Verlag Wuppertal und Zürich, Hrgb. *Burkhardt, Grünzweig, Laubach,* Maier. Original: The Illustrated Bible Dictionary, hrsg. von *Bruce/Douglas/Hillyer/Packer/Tasker/Wiseman* u. a. The Universities and Colleges Christian Fellowship, Inter-Varsity Press, Leicester. 1962/1980.

Brockhaus Enzyklopädie, Wiesbaden 1974.

Funk, Franciscus Xaverius (Hrsg.), Didascalia et Constitutiones Apostolorum, Paderborn 1905.

Calwer Bibel-Lexikon, Stuttgart ⁵1959.

Gebhardt, Oscar von und *Harnack, Adolf* (Hrsg.), Texte und Untersuchungen zur Geschichte der Altchristlichen Literatur, VIII. Band, Leipzig 1892.

Grollenberg O.P., L. H., Bildatlas zur Bibel, Gütersloh ²1958.

Haag, Herbert, BIBEL-LEXIKON, Hrsg., Einsiedeln/Zürich/Köln ²1968.

Hartenstein, Judith, Das Evangelium nach Maria (BG 1) in: Die Griechischen Christlichen Schriftsteller der ersten Jahrhunderte (GCS), Neue Folge, Band 12, Nag Hammadi Deutsch, 2. Band, Berlin/New York 2003.

Herders großer Bibel-Atlas, hrsg. von *James B. Pritchard,* Dt. Ausg. hrsg. u. bearb. von *Othmar Keel; Max Küchler,* Freiburg 1989.

Keel, O./Küchler, M., Orte und Landschaften der Bibel, Bd. I, Zürich/Einsiedeln/Köln 1984.

Dies., Herders Großer Bibelatlas, Deutsche Ausgabe, Freiburg 1989.

Kittel, G., Theologisches Wörterbuch zum NT, Stuttgart 1935.

Lexikon zur Bibel, Wuppertal 1960.

Lexikon für Theologie und Kirche (LThK), Ausgaben von 1963 und 1999.

Menge-Güthling, Griechisch-Deutsch, Berlin-Schöneberg ¹⁵1959,

Neues Testament und Antike Kultur (NTAK), Hrsg. *K. Erlemann, K. L. Noethlichs, K. Scherberich, J. Zangenberg,* Neukirchen-Vluyn, ²2005, Bd. 1-3; verschiedene Autoren.

Preuschen, Erwin, Vollständiges Griechisch-Deutsches Handwörterbuch zu den Schriften des Neuen Testaments und der übrigen urchristlichen Literatur, Gießen 1910.

Schneemelcher, Wilhelm (Hrsg.), Das koptische Thomasevangelium, in: Neutestamentliche Apokryphen in deutscher Übersetzung, I. Band, Tübingen ⁵1987. Beiträge von *Beate Blatz* und *Hans-Martin Schenke.*

Strack, Hermann L. / Billerbeck, Paul, Das Evangelium nach Markus, Lukas und Johannes und die Apostelgeschichte, Erläutert aus Talmud und Midrasch, Bd. 2, München ⁴1965.

C: Kommentare

Bovon, François EKK (Evangelisch-Katholischer Kommentar zum Neuen Testament), III/2, Das Evangelium nach Lukas, 1. Teilband 1989, 2. Teilband 1996, Benziger u. Neukirchener Verlag.

Gaechter SJ, Paul, Das Matthäus Evangelium, Innsbruck/Wien/München/ 1962.

Gnilka, Joachim, Das Matthäusevangelium, Erster Teil, Freiburg/Basel/Wien 1986.

Radl, Walter, Das Evangelium nach Lukas, Kommentar Erster Teil, Freiburg/Basel/Wien, 2003.

Rengstorf, Karl Heinrich, Das Neue Testament Deutsch (NTD), Hrsg. P. Althaus u. G. Friedrich, Göttingen 1963.

Ruschmann, Susanne, Maria von Magdala – Jüngerin-Apostolin-Glaubensvorbild, Katholisches Bibelwerk e.V., Stuttgart 2003.

Schnackenburg, Rudolf, Das Johannesevangelium, Freiburg, Basel, Wien, I. Teil bis III. Teil, 1965/1971/1975.

Schniewind, Julius, Das Neue Testament Deutsch, Hrsg. P. Althaus und G. Friedrich, Göttingen 1963.

Schürmann, Heinz, Das Lukasevangelium (Erster Teil und Zweiter Teil), Freiburg/Basel/Wien 1969.

Theißen, Gerd und Merz, Annette, Der historische Jesus, ein Lehrbuch, Göttingen ³2001.

Theißen, Gerd, Das Neue Testament (NT), München 2002.

D: Ergänzende Literatur

Bader, Dietmar (Hrsg.), Maria Magdalena – Zu einem Bild der Frau in der christlichen Verkündigung, Tagung der Katholischen Akademie

Freiburg mit fünf Beiträgen von *Helen Schüngel-Straumann, Anne Jensen, Elisabeth Gössmann, Hans Hofstätter, Marianne Dirks.* München/Zürich 1990.

Barclay, William, The Gospel of John, Edinburgh ([8]1965). Deutsche Ausgabe Wuppertal 1970.

Bauckham, Richard, Gospel Women – Studies of the Named Women in the Gospels, Grand Rapids, Michigan / Cambridge, U.K., 2002.

Boff, Leonardo, Ave Maria – Das Weibliche und der Heilige Geist, Düsseldorf 1982.

Bösen, Willibald, Galiläa als Lebensraum und Wirkungsfeld Jesu, Freiburg i. Br. 1985.

Buchberger, Michael (Hrsg), Kirchliches Handlexikon, Freiburg 1912.

Cohen, Orna, Ein Schiff wird kommen ... Die Bergung und Restaurierung eines 2000 Jahre alten Bootes am See Gennesaret, in: Leben am See Gennesaret, Kulturgeschichtliche Entdeckungen in einer biblischen Region, *Jürgen Zangenberg* (Hrsg), Mainz 2003.

Faure, Paul, Magie der Düfte –Eine Kulturgeschichte der Wohlgerüche, Von den Pharaonen zu den Römern, dtv-Sachbuch, München 1993. Titel der französischen Originalausgabe: Parfums et aromates de l'Antiquité, 1987, Librairie Arthème Fayard, Paris.

Finegan, Jack, The Archeology of the New Testament, Princeton, New Jersey 1992.

Foerster, Werner, Das Judentum Palästinas zur Zeit Jesu und der Apostel, Hamburg 1955.

Freyne, Sean, Galilee and Gospel: collected essays, Tübingen 2000.

Furger, Andres, Übrigens bin ich der Meinung, Der römische Politiker und Landmann Marcus Cato zu Olivenöl und Wein, Zürich/Mainz 2005.

Gerlach, Gudrun, Colonia Ulpia Traiana – Essen und Trinken in römischer Zeit, Archäologischer Park Xanten, Schrift Nr. 9, Köln 1992.

Haag, Herbert, Das Land der Bibel, Stuttgart 2000.

Hamel, Debra, Der Fall Neira, Die wahre Geschichte einer Hetäre im antiken Griechenland, Darmstadt 2004.

Hartmann, Elke, Heirat, Hetärentum und Konkubinat im klassischen Athen, Frankfurt/New York 2002.

Katechismus der Katholischen Kirche (KKK), 1993.

Kroll SJ, Gerhard, Auf den Spuren Jesu", Leipzig ^{12}2002 und ^{13}2002.

Licht, Hans, Sittengeschichte Griechenlands, neu herausgegeben von Dr. *Herbert Lewandowski,* Stuttgart ^{4}1965.

Lorgus, Andrej / Dudko, Michail, Orthodoxes Glaubensbuch, Eine Einführung in das Glaubens- und Gebetsleben der Russisch Orthodoxen Kirche, Würzburg 2001.

Maier, Johann, Zwischen den Testamenten, in: Die Neue Echterbibel, Ergänzungsband 3 zum Alten Testament, Würzburg 1990.

Melchers, Erna u. Hans, Das große Buch der Heiligen", München 1978.

Mieth, Dietmar (Hrsg), Meister Eckhart, Einheit mit Gott, Düsseldorf 2002.

Mühlenbrock, Josef und *Richter, Dieter* (Hrsg.), Verschüttet vom Vesuv – Die letzten Stunden von Herculaneum, Mainz 2005.

Pesch, Rudolf, Jesu ureigene Taten, Quaestiones disputatae, Bd. 52, Freiburg/Basel/Wien, 1970.

Pixner O.S.B., Bargil, Mit Jesus durch Galiläa nach dem fünften Evangelium, Rosh Pina 1992.

Raban, A., The boat from Migdal Nunia and the anchorages of the Sea of Galilee from the time of Jesus, International Journal of Nautical Archaeology and Underwater Exploration 17 (1988), 311–329.

Ratzinger, Josef, Einführung in das Christentum, München 1968.

Radford Ruether, Rosemary, Frauenbilder-Gottesbilder, Gütersloh 1987.

Ruf, Sieglinde M., Maria aus Magdala – Eine Studie der neutestamentlichen Zeugnisse und archäologischen Befunde, in: Biblische Notizen – Beihefte, Nr. 9, Hrsg. von *Manfred Görg,* München 1995.

Schottroff, Luise, Frauen in der Nachfolge Jesu in neutestamentlicher Zeit in: *W. Schottroff/W. Stegemann* (Hrsg.), Traditionen der Befreiung, Bd. 2, München 1980.

Stemberger, Günter, in: Reihe Kohlhammer „Studienbücher Theologie", Bd. 1, 2 „Hermeneutik der Jüdischen Bibel und des Alten Testamentes", Stuttgart/Berlin/Köln 1996.

Ternes, Charles-Marie, Die Römer an Rhein und Mosel, Geschichte und Kultur (La Vie quotidienne en Rhénanie Romaine (Ier-IVe siècle), Paris 1972), Stuttgart 1975.

Thiede, Carsten Peter, Die älteste Evangelien-Handschrift? Das Markus-Fragment von Qumran und die Anfänge der schriftlichen Überlieferung des Neuen Testaments, Wuppertal ²1990.

Weeber, Karl-Wilhelm, Decius war hier ... Das Beste aus der römischen Graffiti-Szene, Zürich und Düsseldorf 1996.

Weidinger, Erich, Die Apokryphen, Aschaffenburg, 1985.

Wilken, Karl-Erich, Biblisches Erleben im Heiligen Land, 2 Bde, Lahr-Dinglingen 1953.

Willam, Franz Michel, Das Leben Jesu im Lande und Volke Israel, Freiburg 1934.

Wind, Renate, Maria – aus Nazaret, aus Betanien, aus Magdala: drei Frauengeschichten, Gütersloh 1996.

Gesichter des Orients – 10.000 Jahre Kunst und Kultur aus Jordanien, 2004. (Bibliographische Daten über <http://dnb.ddb.de>)

Leben am See Gennesaret, Kulturgeschichtliche Entdeckungen in einer biblischen Region, *Gabriele Faßbeck, Sandra Fortner, Andrea Rottloff, Jürgen Zangenberg* (Hrsg.), Mainz 2003.

Welt und Umwelt der Bibel (WUB), Verlag Katholisches Bibelwerk, Stuttgart. Mit Beiträgen von *Yaldiz, Marianne u. Tremblay, Xavier*, Entlang der Seidenstraße, in: Sonderheft 2002 ; Heft 32, 2/2004 zu „Flavius Josephus"; Heft 39, 1/2006 zu „Athen, von Sokrates zu Paulus"; Heft 45, 3/2007 zu Verborgene Evangelien, Jesus in den Apokryphen".

Bildnachweis

Abb. 1: Eva-Maria Nolte, Bielefeld

Alle anderen Abbildungen wurden dem Buch

Gerhard Kroll, Auf den Spuren Jesu, 12. erweiterte Auflage,
© St. Benno-Verlag, Leipzig

entnommen.